INTEMPORALES

Antología general de la poesía mexicana

Poesía del México actual
De la segunda mitad del siglo XX a nuestros días

Antología general de la poesía mexicana

Poesía del México actual
De la segunda mitad del siglo XX a nuestros días

Selección, prólogo y notas de

JUAN DOMINGO ARGÜELLES

OCEANO

DISEÑO DE CUBIERTA: Estudio Sagahón / Leonel Sagahón y Jazbeck Gámez
DISEÑO Y FORMACIÓN DE INTERIORES: Adriana Cataño

Se ha puesto todo el empeño en la localización de los propietarios de derechos de autor.
En reimpresiones futuras se rectificará cualquier error u omisión que sea notificado.

ANTOLOGÍA GENERAL DE LA POESÍA MEXICANA
Poesía del México actual
De la segunda mitad del siglo XX a nuestros días

© 2014, Juan Domingo Argüelles (selección, prólogo y notas)

© 2008, Fondo de Cultura Económica, por los textos de
Mario Santiago Papasquiaro, *Jeta de santo. Antología poética*
Todos los derechos reservados, México, D.F.

D. R. © Editorial Océano de México, S.A. de C.V.
Blvd. Manuel Ávila Camacho 76, piso 10
Col. Lomas de Chapultepec
Miguel Hidalgo, C.P. 11000, México, D.F.
Tel. (55) 9178 5100 • info@oceano.com.mx

Primera edición: 2014

ISBN: 978-607-735-102-3
       978-607-735-176-4 (edición especial)
Depósito legal: B-12343-2014

Hecho en México / Impreso en España
Made in Mexico / Printed in Spain

9003856010514
9003857010514

ÍNDICE

PRÓLOGO

La renovación poética de México

En el primer volumen de la *Antología general de la poesía mexicana* (2012) escribí que Editorial Océano de México entendió, como pocas casas editoriales, la importancia de dotar a la bibliografía nacional de obras indispensables de referencia y consulta que, además, despierten el interés de un sector de la población potencialmente lector pero poco atendido: aquel que se inicia con compendios y antologías, con libros que llevan a otros libros, con textos o fragmentos escogidos que promueven la lectura de los libros de los autores antologados. (Así lo entendió también Sanborns cuando se unió a este proyecto de suyo ambicioso y arriesgado en un medio donde es común escuchar que no se publican libros de poesía porque no se venden ni se leen.)

Añadí que esta *Antología* es una obra de suma necesidad para el lector en general y que, por ello, es el tipo de libros de iniciación que, de manera lógica y natural, le viene bien a las bibliotecas públicas, a los centros escolares y, más ampliamente, a las instituciones culturales y educativas cuya función es dar a conocer el desarrollo de la creación intelectual de México, en este caso, la poesía, desde la época prehispánica (siglos XIV y XV) hasta la modernidad y la época contemporánea (el siglo XX y los albores del siglo XXI), pasando por la época novohispana (siglos XVI y XVII) y las corrientes neoclásica y académica, romántica y modernista (siglos XVIII y XIX).

El volumen inicial de esta obra se detuvo exactamente en la primera mitad del siglo XX. La razón es muy lógica. Hasta 1950 la poesía mexicana se caracteriza por autores que, en general, ya han dado su mejor contribución a las letras mexicanas y, en no pocas ocasiones, ya han clausurado prácticamente su producción poética. En los demás casos —los autores ya fallecidos—, se trata de poetas cuyas obras forman parte del canon más exigente de la poesía mexicana. (Cabe señalar que, a los pocos meses de la aparición de ese primer volumen

fallecieron dos poetas en él incluidos: Rubén Bonifaz Nuño y Víctor Sandoval, autores que ya habían concluido sus respectivas obras poéticas.)

El complemento de ese primer volumen es éste que el lector tiene ahora en sus manos y que muestra la obra en movimiento, es decir, la producción poética más viva y actual: aquella que significa la renovación dentro de la historia de nuestra poesía: el presente poético que es, a la vez, continuidad y ruptura, celebración y oposición, pues así como un sector de la nueva poesía proviene en línea directa de la afinidad con los poetas mayores, otro sector no menos significativo está impulsado por el antagonismo y la discrepancia, por el deicidio, lo que ha dado como resultado una "dispersión total", para decirlo con una frase de Efraín Huerta.

Esta "dispersión total" es más un signo de salud poética que un síntoma de lo contrario. Si algo define a la poesía mexicana de los últimos sesenta años es su diversidad en fondo y forma y, en no pocos casos, su ausencia de cánones. Si se quisiera "caracterizar" a la poesía mexicana de la segunda mitad del siglo XX y los años que llevamos del siglo XXI ("caracterización" que suelen pedir o esperar más los periodistas que los lectores), esto sólo podría hacerse de un modo esquemático y artificial. No hay una sola característica que sea general para todos los poetas.

Hay poetas que pueden identificarse en un grupo, hay otros que escapan (y huyen, deliberadamente) de toda identificación grupal; los hay que cuestionan las identidades, y no faltan los que saben perfectamente que la literatura y, especialmente, la poesía se asumen como una soberanía de la inteligencia y la sensibilidad de cada quien, sin que haya que entregarle cuentas a nadie. Muchas veces los grupos de poetas (que no siempre equivalen al concepto "generaciones") tienen más el objetivo de conjunción gremial que de identidad estética. Poetas que se agrupan pueden ser muy distintos en sus búsquedas y, por supuesto, en sus logros. De hecho, todo sabemos que el escritor (en este caso el poeta) es un solitario que se dirige a otro solitario

—el lector— en la búsqueda de un interlocutor con quien compartir su mundo. *Y todo lo demás es literatura.*

La poesía mexicana de la segunda mitad del siglo XX a nuestros días (cuya muestra más amplia está en estas páginas) es moderna y contemporánea, actual (no podría no serlo; no tiene opción), pero sobre todo es diversa en una multitud de voces que algunos quisieran uniforme (para, precisamente, poder "caracterizarla"), y sobre todo asume sus riesgos con una vitalidad que no pocas veces parece suicida: apela a la atención de los lectores que cree merecer o que merece, más allá de prestigios y desprestigios, más allá de cánones y de monumentos, más allá de lápidas y de panteones. En última instancia, no pocos de los poetas actuales se asumen más cercanos a José Alfredo Jiménez y Leonard Cohen que a Xavier Villaurrutia u Octavio Paz. Si los hijos no quisieran "exterminar" a sus padres intelectuales, poco podría hablarse de renovación literaria y poética.

En resumidas cuentas, la segunda mitad del siglo XX y la primera del XXI han sido para la poesía mexicana una eclosión de voces, formas, registros, temas, vocaciones, etcétera, y de ello habla una nómina de un millar de autores, aproximadamente, cuyas obras vivas están en constante ebullición, mudanza y enriquecimiento. De estos cientos de poetas, nacidos entre 1951 y 1987 (los de mayor edad tienen hoy 62 años, y otros están por cumplirlos; el más joven acaba de cumplir 26 años), hemos elegido una muestra de 167 autores para ofrecerle al lector (junto con el primer volumen de la *Antología general*, que abarca de la época prehispánica a la primera mitad del siglo XX) el panorama poético más amplio que se haya publicado en el país.

Por muy ambiciosa y vasta que sea una antología, no deja de ser una obra fragmentaria, cuyo fundamento está en la elección. Nuestro propósito es mostrar (pues esto es una *muestra*) el carácter múltiple (e incluso disperso) de nuestra muy rica actualidad poética. Por muy amplia que sea una antología (y ésta lo es), siempre será una muestra. Una antología no es un directorio, sino, como dice Gabriel Zaid, una relectura de un conjunto poético, "que renueve, ensanche o afine la sensibilidad poética de un público".

Este segundo volumen de la *Antología general de la poesía mexicana* se impuso como una necesidad que ya anticipábamos en el prólogo del primer tomo, a fin de ofrecer el panorama más completo de nuestra lírica. En estas páginas los lectores encontrarán a poetas ya ampliamente conocidos y reconocidos de la segunda mitad del siglo XX, como Alberto Blanco, Coral Bracho, Rafael Torres Sánchez, Ricardo Castillo, Vicente Quirarte, Fabio Morábito, Myriam Moscona, Verónica Volkow, Silvia Tomasa Rivera, Javier Sicilia, Luis Miguel Aguilar, Jorge Esquinca, Francisco Segovia, Tedi López Mills, Roberto Rico y Aurelio Asian, entre los nacidos en los cincuenta.

También los muy destacados y significativos de la década del sesenta, entre ellos Luis Armenta Malpica, Félix Suárez, Sergio Cordero, Malva Flores, María Baranda, Eduardo Vázquez Martín, Claudia Hernández de Valle-Arizpe, Adriana Díaz Enciso, Juan Carlos Bautista, José Eugenio Sánchez, Samuel Noyola, Jorge Fernández Granados, Valerie Mejer, Mario Bojórquez, Jeremías Marquines, A. E. Quintero y Julio Trujillo.

Del mismo modo los más sobresalientes nacidos en la década del setenta, entre los que podemos mencionar a Luigi Amara, Julián Herbert, Estrella del Valle, María Rivera, Luis Vicente de Aguinaga, Jorge Ortega, Kenia Cano, Rogelio Guedea, Heriberto Yépez, José Landa, Luis Jorge Boone, Óscar de Pablo, Francisco Alcaraz y Hernán Bravo Varela.

Finalmente, están representados, con una breve muestra, los poetas más jóvenes (de la década de los ochenta), con libros y obras en ascenso, que se abren paso en el panorama nacional, y que ya poseen un incipiente reconocimiento de público y crítica.

Más allá de las diferencias, de los niveles de éxito y público, hemos querido ofrecer a los lectores, en este volumen, la diversidad poética actual de México como un ejercicio de invitación a la lectura no sólo de las obras de los antologados sino, en general, de la poesía mexicana reciente, plena en su diversidad y en sus logros. Esta muestra de poetas mexicanos actuales, entre los cuales ya hay algunos fallecidos (Mario Santiago Papasquiaro, Manuel Ulacia, Roberto Vallarino y Luis Ignacio Helguera), lo que busca es revelar algo de lo más sobresaliente de ese universo compuesto por centenares de poetas en plena producción y ascenso.

Los poetas mexicanos de la segunda mitad del siglo XX

En su "Conversación romana", José Emilio Pacheco (1939) planteó el escepticismo frente al concepto de la Posteridad. En *No me preguntes cómo pasa el tiempo*, escribió:

> Acaso nuestros versos duren tanto
> como un modelo Ford 69
> —y muchísimo menos que el Volkswagen.

Era 1969. La matanza de estudiantes por parte del gobierno (1968) no era historia, sino un hecho reciente. Las contradicciones de la modernidad y el progreso, y la crisis de la cultura, habían conducido al pesimismo y, más exactamente, al desencanto. *No me preguntes cómo pasa el tiempo* tiene un epígrafe general que Pacheco toma de uno de los más célebres poemas "antipoéticos" de Ernesto Cardenal:

> Como figuras que pasan por una pantalla de televisión
> y desaparecen, así ha pasado mi vida.
> Como los automóviles que pasaban rápido por las
> [carreteras
> con risas de muchachas y música de radios…
> Y la belleza pasó rápida, como el modelo de los autos
> y las canciones de los radios que pasaron de moda.

Antes de Pacheco aún había poetas que creían que se podía cambiar el mundo (la política, la economía, la sociedad, etcétera) por medio de la poesía. A partir de Pacheco, era difícil que alguien siguiera creyéndolo. Marco Antonio Campos (1949), por ejemplo, diez años menor que el autor de *No me preguntes cómo pasa el tiempo*, puso punto final a esa creencia, con un par de versos devastadores:

> La poesía no hace nada.
> Y yo escribo estas páginas sabiéndolo.

Era 1972. La vieja idea romántica de que la poesía podía cambiar algo más que a uno mismo (es decir, que podía cambiarlo *todo*), entró en crisis y produjo un escepticismo que no se reflejó en manifiestos "vanguardistas", sino en poemas y poéticas muy personales. Las utopías (y las genuinas ingenuidades) sociales se resquebrajaron junto con todas las contradicciones de las bondades políticas y de los sistemas que prometían el paraíso.

En *El espejo de las ideas*, Michel Tournier consigna lo siguiente: "Paul Valéry reprodujo este diálogo entre el dibujante Degas y el poeta Mallarmé: 'Tengo un montón de ideas en la cabeza —decía Degas—, yo también podría escribir poesía'. Y Mallarmé respondió: 'Pero querido amigo, la poesía se hace con palabras, no con ideas'".

Esto lo supo también Antonio Machado, mucho antes de que les cayera el veinte a los utopistas poéticos. En 1931 escribió: "Se habla de un nuevo clasicismo y hasta de una poesía del intelecto. El intelecto no ha cantado jamás, no es su misión. Sirve, no obstante, a la poesía, señalándole el imperativo de su esencialidad. Porque tampoco hay poesía sin ideas, sin visiones de lo esencial. Pero las ideas del poeta no son categorías formales, cápsulas lógicas, sino directas intuiciones del ser que deviene, de su propio existir; son, pues, temporales, nunca elementos ácronos, puramente lógicos".

La crisis del progreso y las contradicciones de las utopías políticas que llevaron al escepticismo en relación con el Poder Social de la Poesía, acendraron el ejercicio íntimo, individual, y condujeron a la certeza de que un poema puede cambiar al poeta mismo y al lector en lo personal, nada más: lo otro es desmesura y puede ser demagogia. Luis Miguel Aguilar lo expresa maravillosamente en un poema de 1979, en homenaje a Cesare Pavese:

> Sólo hay un modo de hacer algo en la vida,
> Consiste en ser superior a lo que haces.
>
> No hay modo de escribir un buen poema
> Si tú no eres mejor que ese poema.
>
> Cada fantasma que dejas de matar
> Es un poema menos; has perdido
>
> Tus textos peleando un odio absurdo, has envarado
> Tu esfuerzo en un conflicto inútil. Pero
>
> No hay modo de escribir literatura
> Si no eres superior a lo que escribes.

Con diversos registros, matices, intereses y vocaciones, la poesía mexicana de los autores nacidos en la década del cincuenta es fruto del desencanto y el escepticismo. Es el fin del optimismo y el regreso a la poesía con el máximo rigor de la palabra y la revaloración de la experiencia íntima como principio del poema. Si Pacheco se refiere, en uno de sus poemas ("Carta a George B. Moore en defensa del anonimato"), al hecho de "el poeta dejó de ser la voz de la tribu, / aquel que habla por quienes no hablan", Alberto Blanco, por su parte ("Mi tribu") se pregunta cuál es su tribu, cuál su lugar, y aventura la siguiente hipótesis:

Tal vez pertenezco a la tribu
de los que no tienen tribu;
o a la tribu de las ovejas negras;
o a una tribu cuyos ancestros
         vienen del futuro:
una tribu que está por llegar.

E inmediatamente aclara:

No hablo de una tribu humana.
No hablo de una tribu planetaria.
No hablo siquiera de una tribu universal.

Hablo de una tribu de la que no se puede hablar.

En un extenso poema de 1940 ("Carta de año nuevo"), W. H. Auden (1907-1973) expresa, de manera elocuente, lo que podría ser, a un tiempo, aleccionador y desesperanzador:

El arte en intención es mímesis
pero; una vez hecho realidad, el parecido cesa;
el arte no es vida y no puede ser
comadrona para la sociedad.

Más aún, en una aseveración descorazonadora e irrebatible, Auden afirma, en ese mismo poema, que

no hay palabra escrita del puño del hombre que pueda
                                    [detener la guerra
ni estar a la altura del alivio
de su inconmensurable desdicha.

Sin embargo, en otro poema emblemático de esa misma época ("En memoria de W. B. Yeats"), el poeta británico-estadounidense reconoce el poder de la fuente reparadora de la poesía en un mundo al que, en general, le importan muy poco la poesía y el sufrimiento del ser humano. Pensando en Yeats, Auden afirma entonces:

Las palabras de un hombre muerto
se transforman en las entrañas de los vivos.

Este sentimiento individual es el que alienta la mayor parte de la poesía mexicana a partir de la segunda mitad del siglo XX. La poesía sirve, en su inutilidad, para transformar la percepción individual de cada poeta y cada lector, pero nada tiene que hacer uncida al furgón de cola de las ideologías y de los poderes políticos.

Todos los poetas mexicanos nacidos en la segunda mitad del siglo XX (con sólo alguna rara excepción, que confirma la regla) están conscientes de que su vocación individual poco tiene que ver con la tribu, o en todo caso sólo contradictoriamente con una tribu extraña, ésa de la que Blanco habla en su poema:

Una tribu que ha existido siempre
pero cuya existencia está todavía por ser comprobada.

Una tribu que no ha existido nunca
pero cuya existencia
podemos ahora mismo comprobar.

Si Jaime Sabines le canta a los amorosos que "se van llorando la hermosa vida", Jorge Fernández Granados le canta a los dispersos (sin tribu, sin generación, sin futuro):

qué raros son
los dispersos
a nadie le gusta tenerlos demasiado tiempo cerca
parecen ácido o luz
queman sorprenden incomodan no sabe uno qué hacer
abre la puerta
deja que salgan
toma gracias adiós
y que dios
te cuide
pero no vuelvas

ruido
ruido en el corazón
de los dispersos
eso
debe pasar porque enmudecen
gritan cantan
sufren se despiertan
porque se van a pie distancias

que nadie quiere caminar
y no se cansan
sólo se mueren a veces
porque en su respiración hay un murmullo que parece
                                                    [canto
una razón
que no los deja vivir que no los deja quedarse
y cómo hacer cómo decirles
que ya no
hay casi lugar
en esta cárcel para ellos

¿Cuánto durarán los versos de cada quién? Sólo los muy ingenuos se hacen excesivas ilusiones. No se escribe para la Posteridad, se escribe para el presente. Se escribe, primero, para uno mismo, y después (o quizá al mismo tiempo) para el posible y probable lector (hipotético siempre) que encontrará la poesía a veces incluso por azar.

Si, como afirma Cardenal, "la belleza pasó rápida, como el modelo de los autos", en el caso de la poesía no es excepción. Podemos estar seguros, o casi seguros, de que los lectores de Nervo y Díaz Mirón no son los lectores de Mario Santiago Papasquiaro, Kyra Galván o Heriberto Yépez. Octavio Paz dijo en su momento que la poesía mexicana, como el ente vivo que es, cambia, se modifica, se transforma al igual que el paisaje. Y con ese paisaje cambia también el gusto y cambian los lectores.

Los poetas mexicanos de la década del cincuenta (el medio siglo exacto del XX) asumen, y asumieron desde un principio, el fin de las utopías ideológicas y el regreso a la poesía no para la Posteridad sino para el presente, un presente volátil que no garantiza nada. Sin ninguna ironía, hoy podemos decir, con José Emilio Pacheco, que los versos de muchos poetas no han podido durar más que el Volkswagen, y de los que todavía siguen vivos, no sabemos cuánto tiempo más continuarán así. Cuando releemos hoy la *Asamblea de poetas jóvenes de México* (1980), a la que convocó Gabriel Zaid, podemos ver que los sobrevivientes (poéticamente) son sólo un puñado. Toda antología, y más aún una asamblea, es la fotografía de un momento, la crónica de un instante. Nezahualcóyotl se anticipa a Marx ("todo lo sólido se desvanece en el aire"):

Aunque sea de jade se parte,
aunque sea de oro se rompe,
aunque sea plumaje de quetzal se desgarra.

No para siempre en la tierra:
sólo un poco aquí.

Mario Santiago Papasquiaro le canta al "callejón sin salida", y Claudia Hernández de Valle-Arizpe dice respecto de lo efímero que: "Hay cosas que se ven con el miedo / de saber que su esplendor acaba". Y, a final de cuentas, ¿quién lee la poesía?, ¿cómo cambia el mundo con ella? No puede ser más irónico y más realista, en este sentido, el poema de Fabio Morábito, a contrapelo no sólo de la Posteridad sino del instante mismo en el que vive el poema:

Siempre me piden poemas inéditos.
Nadie lee poesía
pero me piden poemas inéditos.
Para la revista, el periódico, el performance,
el encuentro, el homenaje, la velada:
un poema, por favor, pero inédito.
Como si supieran de memoria lo que he escrito.
Como si estuvieran colmados de mi poesía
y ahora necesitaran algo inédito.
La poesía siempre es inédita, dijo el poeta en un poema,
pero ellos lo ignoran porque no leen poesía,
sólo piden poemas inéditos.

Michel Tournier ha dicho que "la primera lección de la cultura es, sobre todo, que el mundo es vasto, el pasado insondable, y que hay millones de hombres que piensan y han pensado de manera distinta que nosotros, que nuestros vecinos y conciudadanos". De este modo, la cultura desemboca en lo universal (y, a veces, en lo íntimo universal) y engendra el escepticismo. Toda cultura auténtica es una cultura escéptica, que desconfía de los Absolutos; es más, que los impugna, pues "la inteligencia es la facultad de *relativizar* los absolutos". La inteligencia desconfía de la fe. La inteligencia es siempre escéptica, y la lucidez siempre es amarga para que no olvidemos su sabor. No hay poesía que vaya a perdurar para siempre. No hay nada que vaya a perdurar para siempre. Incluso muchos marxistas utópicos no leyeron bien el *Manifiesto*; de haberlo hecho, sabrían que "todo lo sólido se desvanece en el aire, todo lo estable se evapora, todo lo sagrado es profanado, y los hombres, al fin, se ven forzados a contemplar con ojos desapasionados su posición frente a la vida".

Los poetas mexicanos de las décadas del sesenta y el setenta continuaron con el ejercicio crítico de una poesía que asume su presente sin abrigar demasiadas esperanzas por ese futuro al final del cual, según decían los viejos bardos optimistas y los ideólogos, se encontraría uno con el Paraíso. La poesía, probablemente, no es ni siquiera una elección. El poeta, tal vez, jamás tuvo la posibilidad de elegir. Desencantado, Sergio Cordero reactualiza a Marx ("todo lo sagrado es profanado") y reivindica a Rilke ("todas las cosas a las que me entrego / se hacen ricas y a mí me dejan pobre"):

Esa esclava que obsedió al orfebre
adorna la muñeca del guarura.

La última acuarela del suicida
se multiplica en el papel tapiz.

La sinfonía del niño prodigio
fue adaptada para un comercial.

Ese verso en el que concentré
años de experiencia y reflexión

es el slogan de un vino corriente
o remata el discurso de un político.

Todo aquello a lo que me entregaba
ha quedado tan pobre como yo.

Crítica y renovación poéticas —desde la poesía misma (aunque también al margen de ella, pues muchos poetas ejercen también la reflexión sobre la poesía)— se fortalecen en los poetas de la década del sesenta. Más que confianza en las promesas, hay decepción hacia todo lo que se prometía. Samuel Noyola es categórico en su abjuración:

Yo abandoné las aulas con un lápiz sin luz
que me dieron demiurgos tan venerados.

Los poetas se concentran, cada uno —islas insomnes (incluso si se agrupan)—, en sus propias vigilias y sueños, dichas y desdichas. No se va en grupo al infierno, cada quien labra sus propios méritos. Sin tribus, los poetas se adentran en sí mismos, se ensimisman en su realidad (o en su infrarrealidad), sabiendo de antemano que probablemente la poesía no los salvará para el futuro, pero sí los condena y los salva y los mantiene ocupados en el presente, y en ello no tienen elección. Como dijera

Borges: todos estamos condenados a ser irremediablemente modernos, es decir contemporáneos, y el futuro es una cosa que no conoceremos: el futuro es el presente de los que vivirán cuando nosotros ya no estemos.

Rigor formal, coloquialismo, confianza en la palabra, en la emoción y en la inteligencia, pero sobre todo seguridad y a veces arrogancia en sí mismos, es lo que caracteriza a los poetas nacidos en la segunda mitad del siglo XX. Los de la década del setenta escriben para recibir a un nuevo siglo y a un nuevo milenio sin que dicho asunto parezca un acontecimiento demasiado importante. Importa para el calendario y para el cliché, no para la vida. A final de cuentas, el tiempo es el mismo: el infinito presente que lo único que promete es el instante. En un presente cínico, la poesía está muy lejos de ser "un arma cargada de futuro".

Hernán Bravo Varela autoironiza y le da vuelo al sarcasmo, avisando (y el que avisa no es traidor):

Yo sería un perfecto
soltero de la patria,
pero se necesita
compromiso,
fidelidad a uno
sin reservas,
un amor que se oponga
al deseo civil
de los conscriptos
(lamer botas, decirle
que sí a mi general
y darle veinte abajo,
levantarse
a las cinco, sin moros
en la costa,
con la huella de un sueño
que no tuvo
sus cómplices de catre).

Los nacidos en la década del ochenta (algunos de los cuales cierran brevemente esta antología) escriben y publican propiamente en el siglo XXI: otra vez el presente, el instante perpetuo: lo único perpetuo en un mundo sin cánones donde la poesía (sus conceptos, sus repeticiones, sus tics, su coprolalia, sus libérrimas formas) puede confundirse más con el síndrome de Tourette (Christian Peña: "Por qué empecé diciendo: En el principio. / Si no sé en qué principio era, ni de qué hablaba") que con la poesía de formas tradicionales, aspirante a la Posteridad, a la Inmortalidad y a la estatua. Ya no es tiempo de estatuas: la Calzada de los Poetas está poblada de Próceres Inmortales a los que ya casi nadie lee.

Leer y antologar

Como ya he dicho, en este universo de aproximadamente un millar de poetas, más o menos conocidos (y varios de ellos ya ampliamente reconocidos), en plena creatividad, he seleccionado a 167, con un total de poemas cercano a los 1,200 (entre los cuales hay fragmentos —los menos—, sólo cuando no pude evitarlos). Cabe enfatizar que he leído y releído en las obras y no en los prestigios y desprestigios. Y cabe señalar, también, que aunque jamás me propuse esta antología con "cuotas de género" (como suelen decir los políticos, siempre machistas hasta en sus "concesiones"), me hizo muy feliz que entre los 167 poetas haya 48 mujeres cuyas obras presentan, todas, los méritos para figurar en una antología poética de esta naturaleza, sin demagogias ni concesiones y, sobre todo, sin concesiones ofensivas capaces de utilizar el término "poesía femenina", cuando nadie, en ningún lado, jamás, ni por equivocación o despiste, se refiere a la "poesía masculina".

Al final, es inevitable, mi selección considera el gusto personal, pero no se reduce a él. He considerado también, sin ignorar las subjetividades, aquellos elementos que sitúan notablemente a un poeta en el ámbito de la apreciación pública: no sólo los libros publicados y la recepción crítica de éstos, sino también los premios recibidos, la constancia en la vocación, la persistencia en el género poético y todos los factores que nos hacen más visibles las obras y les dan presencia a sus autores.

Así como cada poética es un mundo, del mismo modo cada poeta es un ego. Un ego y aparte. Pero entiendo, siempre lo he entendido —en las casi tres décadas que he dedicado al oficio antológico— que toda antología tiene que ser un servicio a los lectores y no una celebración de las vanidades autorales. Más que consentir a los autores, lo que busca toda antología es seducir y atrapar a los lectores. No hay otra razón para publicar una antología. Aun en el caso de que se tratara de una investigación histórica o filológica para el servicio exclusivo de estudiantes, estudiosos y el propio medio literario, si el destino no está entre el público en general, bastaría con imprimir unos pocos ejemplares o poner el archivo electrónico al alcance de esos específicos sectores. Publicar es otra cosa: es ofrecer al lector activo y al lector en potencia (al hipotético lector) una propuesta de lectura, una invitación a leer que, por supuesto, no concluye con la antología, sino que ahí empieza, para idealmente continuar con la búsqueda y la lectura de los libros de esos autores que cumplieron las expectativas.

Una de las ventajas o desventajas (según se vea) para el antólogo de las obras y los autores plenamente juzgados por la historia cultural, la constituye el hecho de que estas obras y estos autores ya están en realidad antologados, de manera natural. Es imposible equivocarse (o equivocarse muy gravemente) con poetas como Nezahualcóyotl, Luis de Sandoval y Zapata, sor Juana Inés de la Cruz, Salvador Díaz Mirón, Manuel José Othón, Manuel Gutiérrez Nájera, Luis G. Urbina, Amado Nervo, Efrén Rebolledo, Ramón López Velarde, Renato Leduc, Carlos Pellicer, José Gorostiza, Xavier Villaurrutia, Salvador Novo, Efraín Huerta, Octavio Paz, Margarita Michelena, Rubén Bonifaz Nuño, Rosario Castellanos, Jaime Sabines o Eduardo Lizalde, por mencionar a poco más de una veintena de los más conspicuos del primer volumen de la *Antología general de la poesía mexicana*. ¿Quién —con conocimiento de la poesía escrita en México— podría objetar la inclusión de estos autores? ¿Quién podría incurrir en el error al elegir un puñado de poemas excelentes de estos poetas excelentes?

El problema se presenta con los poetas sobre cuyas obras no ha pasado un tiempo considerable que, a manera de crítica, los haga salir a flote o los hunda en el olvido; esos poetas que no han tenido la suficiente valoración crítica y que, por lo tanto, están presentes hoy, pero no sabemos si lo estarán mañana. No cabe duda que sor Juana, López Velarde, Pellicer, Gorostiza y Villaurrutia están muy vivos aunque estén muertos, pero sí es posible dudar de la vitalidad de ciertas obras de autores no fallecidos, y es por ello que el ejercicio antológico se presenta como la oportunidad de leerlos y releerlos sin prejuicio ninguno.

Al concluir el primer volumen de la *Antología general de la poesía mexicana*, me quedó muy claro que los autores nacidos en la década del cuarenta del siglo XX, y con los que cierro el primer tomo, tenían sus pares en los poetas nacidos en la década inmediatamente posterior. Gloria Gervitz, Alejandro Aura, Elva Macías, Elsa Cross, Francisco Hernández, Jorge Ruiz Dueñas, Carlos Montemayor, Antonio Deltoro, Ricardo Yáñez, Marco Antonio Campos, David Huerta, José Luis Rivas y Efraín Bartolomé, tienen tantos méritos para figurar en una antología de la poesía mexicana como los tienen también Alberto Blanco, Coral Bracho, Luis Cortés Bargalló, Eduardo Casar, Víctor Manuel Cárdenas, Eduardo Milán, Pura López Colomé y un largo etcétera de más de sesenta poetas nacidos en la década del cincuenta. Y, junto con ellos, otros tantos de las décadas del sesenta y el setenta, que conforman un amplio panorama de autores notables de la poesía mexicana contemporánea.

Consensos y disensos antológicos

Antologar a los poetas vivos presenta más de una complicación para conseguir un acuerdo con los propios antologados. Es obvio —tiene que serlo— que ningún poeta debe aceptar el criterio o los criterios del antólogo (por muy razonables que parezcan), puesto que lo que publica le pertenece a él y no al antólogo. Ningún poeta tiene por qué autorizar una selección de su obra con la que no está de acuerdo. No hay propiedad mayor que la intelectual. En todo caso, el antólogo es un consejero, probablemente un guía de lectura y más exactamente un editor, pero no es un patrón ni tiene por qué decidir unilateralmente sobre las obras de los antologados.

Cabe mencionar que en México existe y persiste la pésima costumbre de antologar sin pedirles permiso a los antologados. Como se considera que estar en una antología es "un honor" y "un privilegio", cualquiera cree que puede hacer uso de las obras ajenas, ponerlas y aderezarlas en una antología y suponer que todos los incluidos no sólo se mostrarán contentos sino la mar de agradecidos. Es lo más absurdo y lo menos profesional, desde el punto de vista de la investigación literaria, pero más que esto: es el más grande abuso desde el punto de vista del derecho de autor. Nadie más que los autores (y en todo caso sus herederos, cuando así está establecido) pueden decidir sobre sus obras.

Por ello, en un ejercicio de eclecticismo y de trabajo conjunto, procedí del siguiente modo: hice una

breve selección de la obra de cada autor y, simultáneamente, le pedí a cada uno de ellos que hiciera lo propio. Cuando cruzamos la información, siempre fue muy grato hallar dos o tres coincidencias; más grato aún cuando las coincidencias eran más de tres, y en los casos (muy pocos) en que las coincidencias fueron mínimas procedí por la relectura de ambas propuestas (la del antologado y la mía) para definir, finalmente, una muestra que nos dejara conformes a los dos y, sobre todo, que pudiera cumplir el objetivo fundamental de ser una invitación atractiva para los lectores.

Debo decir que, en algunos casos, comprobé lo que es un lugar común en poesía: que no siempre los poetas son los mejores antólogos de sí mismos. (Dicho entre paréntesis, tampoco son siempre los mejores lectores de su propia poesía. Por ejemplo, Pablo Neruda escribió maravillosos poemas que luego echaba a perder cuando los leía en voz alta.) Especialmente porque anteponen su gusto soberano sobre el posible gusto del lector, y también porque tienen muchos motivos muy íntimos y sobradamente subjetivos para preferir, entre su obra, ciertos textos que les gustan muy en particular pero que, a veces, los dejan muy mal parados ante los lectores ajenos por completo a esa experiencia íntima en la que se produjo el poema

En la idea de no darle concesiones a nadie (otro lugar común que se torna un raro criterio cuando lo que se busca precisamente —al publicar— es el público), algunos autores acaban por olvidar que la finalidad última de un texto que se publica es la de lograr la comunicación (es decir, la comunión) con los lectores. Por eso se publican los poemas, por eso se hacen públicos (ya sea en el papel o en los medios electrónicos): porque se busca un público.

Yo he procedido matizando ese gusto soberano de cada autor (que podría tornarse en capricho, pero también en un muy legítimo derecho de incluir en una antología lo que cada autor desee y no lo que prefiera el antólogo) y he buscado, como ya dije, coincidencias con cada uno de los poetas. Este ejercicio del trabajo conjunto me dio excelentes frutos y permitió que la labor no se convirtiera en un cuento de nunca acabar como me sucedió con unos pocos casos de autores que me propusieron un ejercicio inverso: mandarles yo mi selección previa para que luego ellos, sobre mi selección, eliminaran casi todo y propusieran otros textos y, entre ellos, algunos muy poco antologables. En estos casos, el trabajo arduo fue marchantear y regatear hasta conseguir un acuerdo que, de alguna manera, nos dejó contentos a medias. Tres poetas decidieron darle carta blanca al antólogo y no quisieron participar en el ejercicio de las coincidencias. En tal circunstancia, y previo a su permiso, la selección la decidí unilateralmente según mis gustos y criterios.

Son 167 poetas antologados, nacidos entre 1951 y 1987. Hubieran podido ser menos, difícilmente más porque toda antología, por muy amplia que sea (y ésta es amplia), tiene sus límites. Lo importante aquí es insistir en que se trata de una muestra —con exigencias antológicas fundadas en cierta calidad literaria— que se ha generado entre un universo cercano al millar de poetas en plena actividad y efervescencia.

Luego de leer, releer y revisar las obras de centenares de autores nacidos todos en la segunda mitad del siglo XX, procedí a elegir a los antologables. Hechas mis elecciones, los invité al ejercicio ya descrito y les pedí su autorización mediante la cual aprobaban estar en la *Antología general de la poesía mexicana*. Según mis estimaciones, 97 por ciento de los invitados aceptó la propuesta, no sólo con gusto sino incluso con entusiasmo, pero en algunos casos (no demasiados: tres por ciento, según mis cálculos) mis plegarias (es decir, mis invitaciones) no fueron atendidas o, para decirlo con José Alfredo Jiménez, me cansé de rogarles. Quizá lo olvidaron o no les pareció algo atractivo, pero para el caso es lo mismo.

Cuando se le ha enviado a un autor una invitación por el correo electrónico, el cual responde, y en el curso de cinco meses se le hacen dos o tres recordatorios, y de todos modos la "olvida", no hay nada más que hacer. Lo irónico del asunto, para algunos, es que mientras unos desean ser considerados y hasta podrían tomar a mal que el antólogo no los tomara en cuenta, otros en cambio prefieren mantenerse al margen, lo cual también es del todo respetable y legítimo. Lo explico nada más, como parte de lo que significó este trabajo.

Por lo demás, siguiendo las lúcidas lecciones de Gabriel Zaid en este terreno, hay que negarse a considerar las antologías como el Juicio Final de algo: no es un juicio final; es el retrato de un instante y la propuesta de una lectura, entre otras muchas que pueden hacerse. Por ello, cuando alguien censura las antologías (generalmente porque

no está en ellas), se olvida en qué consiste el oficio antológico. El ejercicio antológico es un uso del criterio con un disfrute intelectual y emocional. Si una antología no te gusta, no la sigas leyendo: haz la tuya propia y disfrútala: lo único que necesitas es fatigar la biblioteca y elegir, entre los libros de poesía, los poemas que más te gusten y convenzan. Lo malo de quienes se quejan de las antologías que no les gustan es que jamás emprenden una, o si la llegan a emprender, y aun si la concluyen, sólo les da satisfacción a ellos. Un ejercicio así no tiene sentido: las antologías se *publican* para un *público* que no tiene que pensar totalmente como nosotros, y si una antología no tiene amplitud de miras no vale la pena publicarla, basta con imprimirla o con guardarla en nuestros archivos electrónicos para disfrutarla una y otra vez en el momento en que se nos pegue la gana. El gusto poético no sólo es mutable, sino que responde también a la formación intelectual y sentimental de cada quien; tiene que ver con pertenencias generacionales, con conocimiento o desconocimiento de la literatura, con convicciones estéticas, con nociones morales y, por supuesto, con ideas fijas o recibidas y con vanidades y prejuicios. En no pocos casos, incluso con mitos urbanos que no se sostienen en absoluto a la luz de la crítica.

En este punto puedo referir dos anécdotas antológicas, que vienen al caso y que vienen a cuento. Hace más de una década, en una librería de la ciudad de Querétaro, al final de la presentación de mi antología *Dos siglos de poesía mexicana: del XIX al fin del milenio* (Océano, 2001), durante la ronda de intercambio de opiniones con el público, levantó la mano un señor de unos 65 años y, con voz grave, dijo: "Yo sólo quiero preguntarle al antologador [o sea a mí] por qué en esta antología no están ni Gumersindo Cantarrecio ni Panchito Picaflor". (Estoy satirizando obviamente los nombres de los personajes que él mencionó, pero por ahí iba la cosa.)

Le dije, francamente, que yo no conocía las obras de estos próceres de la lírica queretana, y él me respondió que eran "dos grandes ausencias en el libro" porque, a su juicio, Gumersindo Cantarrecio y Panchito Picaflor eran vates indispensables en la historia poética no sólo de Querétaro y alrededores, sino también de toda la nación.

Le pregunté entonces por qué, si eran tan importantes, no habían sido incluidos en algunas otras antologías, por ejemplo: la de Pacheco o la de Monsiváis, o en *Poesía en movimiento*, o en el

Ómnibus de poesía mexicana, de Zaid, y él respondió, exclamativamente, que "¡era obvio: porque siempre ha habido toda una estrategia conspiradora para borrar del espectro poético a estos dos grandes vates!".

Delante de él, abrí la *Antología* y le dije:

—¿Qué autores le hubiera gustado a usted que yo quitara para, en vez de ellos, poner a don Panchito y a don Gumersindo: a Carlos Pellicer, Renato Leduc, Manuel Maples Arce, Elías Nandino, José Gorostiza, Xavier Villaurrutia, Salvador Novo, Gilberto Owen, Concha Urquiza, Manuel Ponce, Efraín Huerta, Octavio Paz?

Un sector del público rió con ganas, aunque yo no pretendía mofarme del señor, sino solamente hacerlo entrar en razón.

—¡No! —protestó mi interlocutor—. ¡De quitar, no quitar a nadie, pero sí incluirlos!

—Una antología —le dije, entonces— es, por definición, una selección o, mejor aún, una reunión o colección de piezas escogidas, es decir, selectas. Nada tiene que ver con un directorio. El antólogo, según sus criterios, al elegir a unos poetas, deja de elegir a otros. Tal es el sentido de toda antología. Yo estoy seguro de que, cuando usted emprenda una antología, don Gumersindo Cantarrecio y don Panchito Picaflor estarán en primerísimos lugares en ella y, probablemente, no así Pellicer ni Paz ni Gorostiza. Su antología será una propuesta de lectura diferente a la mía.

Y ahí terminó nuestro intercambio frente al público, aunque después el señor, ya en los vinos, se me acercó nuevamente para insistirme en que leyera a sus próceres locales, ya que eran muy buenos y estaba seguro de que me impresionarían muchísimo.

Días después, me di a la búsqueda de Cantarrecio y Picaflor. No eran Othón ni Urbina, y ni siquiera Rafael López o María Enriqueta. Eran vates que bateaban ripios en serio, por todo el jardín derecho del diamante, y roleteaban imparables de una cursilería devastadora. Pero lo destacado de la anécdota está en el hecho de pensar que, en efecto, hay —¡*tiene que haber*, pues no se explica de otro modo!— todo un complot, todo un aparato orquestado de maniobras, conjuras, intrigas y conspiraciones, para perjudicar la fama pública de los Cantarrecio y los Picaflor que en el mundo ha habido y que les impide llegar a la gran cantidad de lectores que están ansiosos de gozarlos.

Hace poco, en una universidad, al término de la presentación del primer volumen de la *Antología general de la poesía mexicana: de la época prehispánica a nuestros días* (Océano, 2012), se me acercó el profesor Equis, investigador, ensayista, estudioso de la literatura que, entre otras cosas, a lo largo de su provecta existencia, ha publicado dos o tres poemarios. Me dijo:

—Voy a revisar con mucho interés su *Antología*, pero antes, dígame, para saberlo, ¿estoy incluido yo en ella?

—No, maestro —le respondí con cortesía incómoda—. No está incluido usted.

—¡Ah, no, bueno, por eso lo decía! Sí me interesa ver *a quiénes puso usted*, pero si no estoy yo, pues mejor luego la busco.

Es obvio que el profesor Equis tiene una gran autoestima, dado que piensa no sólo (como una hipótesis) que él podía estar al lado de sor Juana, Othón, Díaz Mirón, López Velarde, Villaurrutia, Gorostiza, Rosario Castellanos, Paz, Huerta, Sabines…, sino que (como una disparatada certeza) *debía* estar junto a ellos. Extrañísimo razonamiento, extrañísima deducción (i)lógica, pues salvo él nadie más preguntaría por él en una antología, y salvo él ningún lector lo echaría de menos junto a Juana de Asbaje, Othón, Díaz Mirón, López Velarde, Villaurrutia y los demás.

Estas anécdotas ilustran mucho el concepto que tenemos de las antologías en México: si no estoy en una antología, el antólogo me está diciendo que no existo. Un razonamiento así tiene el defecto de atribuir al antólogo poderes celestiales para condenarlo o salvarlo, para elevarlo al paraíso o hundirlo en el infierno. Pero las antologías, todas las antologías, en tanto que no son directorios enciclopédicos, son propuestas de lectura que se desprenden de un todo, y basta con leer las antologías, cualquiera de ellas, para darnos cuenta que siempre son más optimistas y benévolas que rigoristas. Un cierto porcentaje de los antologados se pierde en el olvido veinte o treinta años después, pero a cambio de ello no emergen como faros protectores muchos de los que no fueron antologados: quizá dos o tres, quizá uno, por excepción, que confirman la regla.

Gabriel Zaid escribió lo siguiente hace más de cuarenta años: "La poesía es juicio, ya en el poema: conciencia recreable, y por eso sin fin. Pero las antologías son recibidas como el Juicio Final, que es el cese del juicio: el cese del poema, convertido en cosa de la cual se habla pero ya no escuchamos. Si el poema es habitable y vivo, recreable por la lectura, lo seguimos haciendo, continuamos la obra del autor".

El problema de la antología como Juicio Final (que, en general, no es el objetivo del antólogo, sino la especulación de cierto tipo de lector obviamente en desacuerdo) es que conduce a suponer a quien así entiende las antologías que "fuera de las antologías no hay salvación". Esto es absurdo. Antes de su muerte, ¿en cuántas antologías se incluyó a López Velarde? ¿Le debe su larga vida poética Díaz Mirón a las antologías o se la debe a *Lascas*? O bien: un poeta tan escasamente antologado como Alfredo R. Placencia, ¿no existe?

"Hay que desmitificar las antologías —aconseja Zaid—, convertir ese deseo y terror del Juicio Final, en buen juicio dialogante, para no acabar sumisos a esa injusticia inherente, benévola o terrible de la Posteridad Absoluta. Pero no depende de uno solo. La sumisión está en el ambiente. Nuestros pequeños dedócratas literarios surgen de las expectativas colectivas. En cuanto se deja de creer en que hay auténticos lectores (y hay tan pocos), ¿en qué se va a creer sino en el Dedo Señalador?"

Por mi parte, confío en los lectores, y más aún en los lectores escépticos que son capaces de acercarse a un libro (por ejemplo a una antología) y leer en los textos (como quien explora nuevas tierras) y no en los prejuicios. Cuántas veces no hemos descubierto un poema, un cuento, una página inolvidable, un libro que nos acompañará para siempre, gracias a habernos acercado a la literatura con una actitud dialógica y no para escuchar nada más nuestro sordo monólogo interior.

¿Existe la poesía joven?

En este segundo volumen de la *Antología general de la poesía mexicana* hay un amplio sector de autores denominados comúnmente "poetas jóvenes". Es necesario decir algo al respecto. Es claro, o debería ser claro, que cuando hablamos de *poesía joven* lo hacemos utilizando un convencionalismo que, seguramente, casi todos los que leen o escriben poesía entienden, con alguna certeza, más allá de su vaguedad. Designamos así a la poesía hecha por jóvenes. Lo deseable, por supuesto, es que un día hablemos, y todos nos entendamos, de una poesía sin adjetivos.

En realidad, casi nadie se pone de acuerdo en la definición de juventud y luego incluso hay quienes abusan de los límites y, siendo jóvenes, se sienten más jóvenes de lo que en realidad son, o deciden ya de plano ser *jóvenes para siempre*. Por eso hay una gran dificultad para intentar siquiera una definición de lo que se ha dado en llamar la *literatura joven* y, como parte de ella, la *poesía joven*.

Pensar que la poesía y, en general, la literatura hecha por los jóvenes tiene ciertas características definitorias es no tener una idea muy exacta de la poesía y la literatura, mucho menos de la noción de juventud. Pongamos, por ejemplo, que cuando Manuel Acuña se suicidó tenía 24 años de edad. Sus poemas "A Laura", "Ante un cadáver", "Nocturno" y "Hojas secas", por mencionar sólo los más conocidos, ¿son muestras de poesía joven? Amado Nervo, José Juan Tablada y Julio Torri tenían 28 años cuando el primero publicó *Perlas negras*, el segundo *El florilegio* y el tercero *Ensayos y poemas*. ¿Poesía y literatura jóvenes?

¿Nos hemos detenido a pensar, realmente, cuántos años tenía Carlos Pellicer cuando publicó su primer libro, *Colores en el mar*, que contiene algunos de los mejores poemas que haya escrito: "En medio de la dicha de mi vida…", "Estudio", "La bayadera" y "Recuerdos de Iza, un pueblecito de los Andes", por sólo citar cuatro? Tenía 23 años y ya desde entonces nos regaló versos tan extraordinarios como los siguientes: "En medio de la dicha de mi vida / deténgome a decir que el mundo es bueno". O bien: "Aquí no suceden cosas / de mayor trascendencia que las rosas". ¿Poesía joven?

Dieciséis años de edad tenía Jaime Torres Bodet cuando, en 1918, publicó su primer libro de poemas, *Fervor*, prologado por el casi cincuentón Enrique González Martínez. Veinte, cuando publicó el segundo y el tercero: *El corazón delirante* y *Canciones*, éste con prólogo de Gabriela Mistral. A los 21 publicó otras tres colecciones líricas: *Nuevas canciones*, *La casa* y *Los días*. A los 22, dio a la imprenta *Poemas*, y a los 23, *Biombo*. A los 24 ya era todo un veterano y había publicado su primera antología, *Poesías*, que vio la luz en Madrid bajo el sello de Espasa-Calpe. Joven, sí; y más que eso, jovencísimo, ¿pero se podría aplicar sin más este calificativo a la poesía?

A los 19 años de edad, Octavio Paz publicó su primer libro, *Luna silvestre*; a los 21, Salvador Novo publicó sus *XX poemas*, y Efraín Huerta su *Absoluto amor*; a los 23, Xavier Villaurrutia publicó *Reflejos*, Rosario Castellanos, *Trayectoria del polvo*, y Marco Antonio Montes de Oca, *Contrapunto de la fe*; a los 24, José Gorostiza sus *Canciones para cantar en las barcas*, y José Emilio Pacheco, *Los elementos de la noche*; a los 25, Jaime Sabines publicó *Horal*, a los 27, Renato Leduc dio a la luz *El aula, etcétera…*, y a los 30 Gabriel Zaid nos entregó *Seguimiento*.

Cuando Ramón López Velarde murió, a la edad de 33 años, había publicado ya *La sangre devota* (tenía 27) y *Zozobra* (tenía 31) y, pongámoslo así —para entendernos—: estaba en edad de merecer un estímulo del Fondo Nacional para la Cultura y las Artes (el Fonca), en la categoría de Jóvenes Creadores. Por si fuera poco, nos dejó, para admiración de los siglos XX y XXI, *El son del corazón* y *La suave Patria*, así como sus extraordinarias crónicas de *El minutero* y *Don de febrero*. ¿Es la obra de López Velarde un ejemplo de literatura joven?

Al morir, José Carlos Becerra tenía 34 años de edad (todavía alcanzaba una beca de Jóvenes Creadores del Fonca) y lo que dejó (*El otoño recorre las islas*) es un volumen de poesía reunida de muy buena factura y no exenta de madurez.

Cuando Manuel Gutiérrez Nájera dejó este mundo, en 1895, acababa de cumplir 35 años. ¿Era joven? ¿Era viejo? ¿Es joven su literatura? En 1949, es decir a los 35 años de edad, Octavio Paz publicó la primera versión de su libro fundamental, *Libertad bajo palabra*. ¿Es *Libertad bajo palabra* poesía joven?

Con la narrativa y el ensayo sucede exactamente lo mismo. Digamos únicamente como ejemplo que Alfonso Reyes tenía sólo 22 años cuando publicó su primer libro, el volumen de ensayos *Cuestiones estéticas*. Él era sorprendentemente precoz, pero ¿es *Cuestiones estéticas* literatura joven?

Dado que se olvida la historia con mucha facilidad, no están de más otros pocos ejemplos, dentro de la literatura mexicana, en el ámbito de la narrativa. Juan José Arreola, Carlos Fuentes y Fernando del Paso acababan de cumplir 30 años de edad cuando publicaron *Varia invención*, *La región más transparente* y *José Trigo*, respectivamente. Juan Rulfo publicó a los 35 años de edad *El Llano en llamas* que sólo tiempo después se reivindicó como uno de los libros fundamentales de nuestra historia literaria.

Frente a estos ejemplos, y todos los demás que puede aportar un sucinto recuento, podemos estar seguros de que *la literatura y la poesía jóvenes* no son otra cosa que *la literatura* y *la poesía*, así, sin adjetivaciones.

Gabriel Zaid nos recuerda que André Gide pensaba y decía que a los jóvenes hay que desanimarlos, porque nada garantiza que los animosos lleguen a hacer algo, "pero los que se dejan desanimar no iban a hacer nada".

Nadie tiene obligación de leer a los jóvenes por el sólo argumento de ser jóvenes. El planteamiento, sin paternalismos, y a la luz de la historia literaria, debería ser otro: la literatura la escriben personas jóvenes, maduras y viejas y puede ser buena o mala sin que sus virtudes o sus deficiencias estén monopolizadas por una determinada edad.

A veces es frecuente que quieran encontrarse diferencias entre lo que escriben los jóvenes —y no sólo ellos— en un estado o en una región con respecto a lo que escriben y publican los jóvenes y los viejos en la capital del país, y luego de ello se pretende argumentar que lo bien o lo mal que escriben tiene que ver —hay quienes así lo creen y lo dicen— con el desarrollo o el subdesarrollo culturales.

Se olvida, o se soslaya, que un buen escritor puede vivir en el último rincón del mundo y otro muy malo, y acaso pésimo, producir sus discutibles textos (muy elogiados quizá) en la más adelantada de las metrópolis. ¿Será que en París, en Londres y en Nueva York no hay malos escritores? Y esto tampoco es condición de las edades.

Recordemos lo que refiere y advierte Stephen Vizinczey en "Los diez mandamientos de un escritor": "Conozco a menudo aspirantes a escritores de lugares apartados que creen que las personas que viven en las capitales de los medios de comunicación tienen, sobre el arte, alguna información interna especial que ellos no poseen. Leen las páginas de críticas literarias, ven programas sobre arte en televisión para averiguar qué es importante, qué es el arte en realidad, qué debería preocupar a los intelectuales. El provinciano suele ser una persona inteligente y dotada que acaba por adoptar la idea de algún periodista o académico de mucha labia sobre lo que constituye la excelencia literaria, y traiciona su talento imitando a imbéciles que sólo tienen talento para medrar".

El autor de *Verdad y mentiras en la literatura* aconseja: "Aunque vivas en el quinto infierno, no hay razón para sentirte aislado. Si posees una buena colección de ediciones en rústica de grandes escritores y no dejas de releerlos, tienes acceso a más secretos de la literatura que todos los farsantes de la cultura que marcan el tono en las grandes ciudades. Conozco a un destacado crítico de Nueva York que no ha leído nunca a Tolstói y además está orgulloso de ello. No hay que perder tiempo, por lo tanto, preocupándote por lo que está de moda, el tema idóneo, el estilo idóneo o qué clase de cosas ganan los premios. Cualquier persona que haya tenido éxito en literatura, lo ha conseguido en sus propios términos".

A todo esto agregaríamos que tampoco hay que dejarse deslumbrar por los prestigios, ni prejuiciarse por los desprestigios. Hay tantos autores pésimos prestigiados que no merecen ser leídos por nadie, como tantos lectores hay que abonan el éxito y las regalías de los pésimos autores de moda sólo por el hecho de no tener la suficiente sinceridad para expresar sus verdaderas opiniones. Vladimir Nabokov, que en esto no se andaba con rodeos, dijo un día: "Hay autores muy famosos que no significan nada para mí. Están muertos, y sus nombres están escritos sobre tumbas completamente vacías".

No es cierto que los jóvenes escriban *poesía joven*, mientras que los maduros y los viejos escriban poesía sin adjetivos. *Poesía joven* es un amable y equívoco convencionalismo que usamos para tratar de entender y decir que hay jóvenes que escriben poesía. La calidad de lo que escriben ya es otro cuento, como lo es también la calidad o la falta de calidad de lo que escriben los maduros y los viejos. Y si no lo creen, ahí está, puntual, la historia literaria, para probarlo irrefutablemente.

¿Existe la "objetividad" del juicio poético?

Otro asunto sobre el que hay que decir algo, así sea brevemente, es el que tiene que ver con la denominada "objetividad" del juicio poético. De hecho, el juicio poético está erizado cada vez más de enormes complicaciones, sobre todo por lo que respecta a la comparación que pueda hacerse entre el discurso poético actual y el de las preceptivas de antaño. Hay quienes suelen decir que *objetivamente* tal texto no es un poema porque ni tiene una estructura fija, ni una métrica regular, ni rima ni consonancia. No llegan a comprender que de lo que están hablando no es de una objetividad, sino de un gusto que aprendieron en una época determinada. Y

nada hay más subjetivo que el gusto. Según el diccionario de la lengua española, objetivo es, entre otras definiciones, aquello que pertenece al objeto en sí mismo, con independencia de la propia manera de pensar o de sentir; lo desinteresado y desapasionado; lo que resulta perceptible; lo que existe realmente, fuera del sujeto que lo conoce.

Pero emitir un juicio de valor "objetivo" sobre un poema es cada vez menos asunto de preceptivas. La subjetividad lo absorbe todo. Y bajo este supuesto, es poesía Baudelaire y lo es (aunque pueda no serlo) la retahíla de maldiciones de un inconforme que descarga su ira entre alaridos, arcadas y escupitajos. El "voy por tu cuerpo como por el mundo", de Octavio Paz, puede ser tan poético o tan antipoético como el "raudo loco pedúnculo cucurbitácea arder ardiendo *logos* del guacamole", de la autoría del poeta que usted prefiera.

Versadas y parrafadas arrítmicas y de aparente escaso sentido se asumen tan poéticas o más que "El albatros" o "Los faros", de Baudelaire, o que las *Soledades*, de Machado, no descartando por supuesto que, sarcásticamente, no faltará el que pregunte: ¿Machado, quien es Machado?, porque si un poeta ya no les suena a poesía a algunos ése es Machado, a quien podrían acusar de ser demasiado explícito, demasiado directo, experiencial, vitalista, entendible, comprensible, anecdótico y acaso cursi.

Una nota del periódico dispuesta en líneas cortadas puede ser poética, y más aún: ser un poema. Las aliteraciones más exquisitamente gangosas pueden serlo también. El "exteriorismo" de Ernesto Cardenal, por ejemplo, llegó a desconcertar a muchos en su momento, pero esa corriente vivificadora de la poesía coloquial influyó de manera decisiva en la comprensión de la poesía más allá de las formas tradicionales y los cánones dictatoriales. ¿Y qué era el exteriorismo sino la impureza en un medio que creía tener la verdad "objetiva" sobre lo que es poesía y lo que no? El mismo Ernesto Cardenal, en su momento, explicó lo que era:

"El exteriorismo no es un ismo ni una escuela literaria. Es una palabra creada en Nicaragua para designar el tipo de poesía que nosotros preferimos. El exteriorismo es la poesía creada con las imágenes del mundo exterior, el mundo que vemos y palpamos, y que es, por lo general, el mundo específico de la poesía. El exteriorismo es la poesía objetiva: narrativa y anecdótica, hecha con los elementos de la vida real y con cosas concretas, con nombres propios y detalles precisos y datos exactos y cifras y hechos y dichos. En fin, es la poesía impura."

Censurar el lugar común, la sensiblería, la inocencia y el tono burdo de cierta poesía limitada intelectualmente no tiene hoy muchos visos de rigor, pues una buena parte de la poesía intelectual está llena también de palabrería, es ininteligible, y goza de un prestigio cultural que también puede conseguir bastante éxito y abonar en el prestigio. ¿Cómo saber que un poema es un poema; que cierto texto *debe* leerse como un poema?

Efraín Bartolomé nos recuerda que A. E. Housman habla de una prueba fisiológica, resumida así: "Estás ante un verdadero poeta cuando alguno de sus versos es capaz de erizarte los pelos de la barba, cuando alguno de sus versos es capaz de producir una corriente escalofriante, una sensación de irrealidad que aprieta tu garganta y humedece tus ojos. Un *terror cósmico* que nos ordena de nuevo". Sin embargo, esta prueba fisiológica no es del todo segura. El gran problema con la emoción es que no resulta un buen parámetro para juzgar la calidad de la poesía, pues lo mismo produce arrebato lo cursi que lo sublime.

Por lo demás, la definición de "poesía" que da el diccionario de la lengua (cualquier diccionario) es de una vaguedad escalofriante: "Manifestación de la belleza o del sentimiento estético por medio de la palabra, en verso o en prosa". Los "definidores" pueden atreverse a muchas cosas, pero en el caso de la poesía ni siquiera los grandes poetas se atreven a definirla. Es célebre la respuesta que le dio Federico García Lorca a Gerardo Diego, al referirse a su poética: "Pero, ¿qué voy a decir yo de la poesía? ¿Qué voy a decir de esas nubes, de ese cielo? Mirar, mirar, mirarlas, mirarle y nada más. Comprenderás que un poeta no puede decir nada de la poesía. Eso déjaselo a los críticos y profesores. Pero ni tú ni yo ni ningún poeta sabemos lo que es la poesía. Aquí está: mira. Yo tengo el fuego en mis manos. Yo lo entiendo y trabajo con él perfectamente, pero no puedo hablar de él sin literatura. Yo comprendo todas las poéticas; podría hablar de ellas si no cambiara de opinión cada cinco minutos. No sé. Puede que algún día me guste la poesía mala muchísimo, como me gusta (nos gusta) hoy la música mala con locura. Quemaré el Partenón por la noche para empezar a levantarlo por la mañana y no terminarlo nunca".

Ni el mismo Roman Jakobson (1896-1982) —uno de los mayores investigadores teóricos de la poética y de lo poético— se atreve a dar una definición concluyente. De manera más que sensata, se pregunta y responde: "¿Qué es poesía? Si queremos definir esta noción, debemos oponerle lo que no es poesía. Pero decir lo que la poesía no es, no es hoy tan sencillo. La frontera que separa la obra poética de lo que no es obra poética es más inestable que la frontera de los territorios administrativos de China". Otro teórico de la poética, Tzvetan Tódorov, ha dicho que es imposible o al menos insensato ofrecer "una definición pragmática de la poesía".

Podría pensarse que la solución es dejar lo general e ir a lo particular y, entonces, definir no ya la "poesía" sino el "poema". Pero tampoco es tan simple. Decir que un poema es "un artefacto verbal, en verso o en prosa, a través del cual se expresa una emoción", es francamente no decir nada, porque esto mismo puede aplicarse a cualquier texto. Seguir hablando de "manifestación de la belleza", como lo hacen los diccionarios y las enciclopedias, puede ser sólo revelador de que los lexicógrafos no leen —ni comprenden— la poesía actual.

En este sentido, el problema es que mucha gente (a pesar de que hay múltiples formas de leer) no sabe leer poesía porque no ha aprendido a distinguirla. En un conocido epigrama ("Prosa y poesía"), Eduardo Lizalde sitúa el problema con implacable sarcasmo:

> La prosa es bella
> —dicen los lectores—.
> La poesía es tediosa:
> no hay en ella argumento,
> ni sexo, ni aventura,
> ni paisajes,
> ni drama, ni humorismo,
> ni cuadros de la época.
> Eso quiere decir que los lectores
> tampoco entienden la prosa.

En su *Diccionario* —cada vez más blandengue—, la Real Academia Española define lo poético como aquello que manifiesta o expresa en alto grado las cualidades propias de la poesía, en especial las de la lírica: idealidad, espiritualidad y belleza. Pero José Emilio Pacheco seguirá teniendo razón (en su "Disertación sobre la consonancia"):

Aunque a veces parezca por la sonoridad del castellano
que todavía los versos andan de acuerdo con la métrica;
aunque parta de ella y la atesore y la saquee,
lo mejor que se ha escrito en el medio siglo último
poco tiene en común con La Poesía, llamada así
por académicos y preceptistas de otro tiempo.
Entonces debe plantearse a la asamblea una redefinición
que amplíe los límites (si aún existen límites),
algún vocablo menos frecuentado por el invencible desafío
[de los clásicos.
Un nombre, cualquier término (se aceptan sugerencias)
que evite las sorpresas y cóleras de quienes
       —tan razonablemente— leen un poema y dicen:
"Esto ya no es poesía."

La sabia ironía de Pacheco encuentra eco en
Luis Jorge Boone, quien, en "La incertidumbre de
llamarte poema", expresa:

El nombre de las cosas debería cambiar
según el ánimo de quien las mira.
Palabras camaleón
adecuadas al humor que nunca es el mismo.

¿Cómo debo llamar al océano
cuando cala esta tristeza?
¿Inmensa lágrima, profundidad deseada,
territorio que se enciende con el sol
—justo en el momento del atardecer
en que edificios y catedrales quisieran ser rojos—,
para volverse un mar de cenizas por la noche?

[...]

El silencio de pronto es infierno,
el cielo es espejo,
los perros me saludan mejor que personas,
la noche es principio,
fin, casa,
corredor con puertas cerradas,
llave que no abre.

Y justo en este instante
no pueden llamarme de forma alguna:
estoy en espera de quien sepa nombrarme.

Dicho con la precisión irónica de Boone, la poe-
sía cambia según el ánimo de quien la lee, pero
también según el lector, el tipo de lector que no
siempre es el mismo, que nunca ha sido el mismo.

A cada tiempo corresponde su poesía y su lectura.
Y mucha es la poesía que está en espera de quien
sepa nombrarla y comprenderla.

Palabras finales y agradecimientos

De los *Ensayos* de Montaigne he adoptado la si-
guiente divisa: "Se puede hacer el tonto en todo
lo demás, pero no en poesía". Así es. Leer (y es-
cribir) poesía ha sido siempre para mí un placer;
jamás una obligación. Más de una vez he declina-
do invitaciones a hacer ensayos de poesía o libros
sobre poesía cuando ello nada tiene que ver con
mi interés ni con mi gusto. En esto sí soy intransi-
gente. Del placer no puede hacerse un deber. Éste
es mi principio en lectura, y muy especialmente
en poesía.

La *Antología general de la poesía mexicana* ha
representado para mí una de las experiencias de
lectura y relectura más apasionantes. Fue una em-
presa de varios años, y el resultado ha sido siempre
la búsqueda de una comunidad de lectores lo más
amplia posible, y también lo más diversa: no se
reduce ni a especialistas ni a expertos de poesía,
tampoco a los poetas mismos, sino a todo aquel
alfabetizado que desee conocer y gozar algunos de
los momentos extraordinarios de la mejor poesía
mexicana en todas sus manifestaciones, corrientes,
estéticas y búsquedas de expresión.

Agradezco nuevamente a mis editores el que
hayan confiado en este proyecto y que hayan man-
tenido el entusiasmo durante todo el tiempo que
duró la investigación: a Rogelio Villarreal Cueva,
director general de Editorial Océano de México,
principal aliado, y a Guadalupe Ordaz, coordina-
dora editorial de Océano, por los muchos años y
empeños de fructífera colaboración. Por supuesto,
también a Adriana Cataño, no sólo por el diseño
y la formación, sino, además, por sus puntuales
sugerencias y correcciones, y a José Luis Campos,
por su muy atenta lectura que hizo más pulcra
esta edición.

Al final, pero no al último, reitero la dedicatoria
hecha en el primer volumen de esta *Antología gene-
ral*: a Rosy, Claudina y Juan, en el ejercicio maravi-
lloso de leer poesía mexicana.

JUAN DOMINGO ARGÜELLES
Ciudad de México, 7 de mayo de 2014

Los años cincuenta:
modernidad y crisis

ALBERTO BLANCO

LA MESA PUESTA

Reunidos al calor del buen café,
los panes resplandecen con la calma
de las paredes blancas, encendidas,
rebosantes de luz por la ventana.

Ya la paja se extiende entre los pinos,
crece la claridad y forma el cielo,
forma una habitación, forma una jarra
profunda como el ojo del espejo.

Es este mismo mar, el mar de siempre,
llano rectangular de cada cosa,
donde flotan los montes y las nubes
como islas de quietud entre las horas.

UN ESCÉPTICO NOÉ

Las voces, oigo las voces cantando
en medio del diluvio canciones dulces
con el crujir de las vigas que se mecen.

(1951.) Nació en la ciudad de México, el 18 de febrero de 1951. Es licenciado en química por la Universidad Iberoamericana y maestro en estudios orientales por El Colegio de México. Además de poeta, es ensayista, traductor, artista visual y crítico de arte. Ha publicado más de treinta libros de poesía, entre los cuales destacan: *Giros de faros* (1979), *El largo camino hacia ti* (1980), *Antes de nacer* (1983), *Tras el rayo* (1985), *Cromos* (1987), *Canto a la sombra de los animales* (1988), *El libro de los pájaros* (1990), *Materia prima* (1992), *Cuenta de los guías* (1992), *Este silencio* (1998), *El libro de las piedras* (2003), *Medio cielo* (2004), *Música de cámara instantánea* (2005), *Paisajes en el oído* (2012), *Todo este silencio* (2013) y *Hacia el mediodía* (2013). Reunió veinticuatro de sus libros en los volúmenes *El corazón del instante* (1998) y *La hora y la neblina* (2005). Entre otros reconocimientos, ha merecido el Premio Nacional de Poesía Carlos Pellicer para Obra Publicada (1988), por *Cromos*; el Premio Nacional de Literatura José Fuentes Mares (1989), por *Canto a la sombra de los animales*, y el Premio Alfonso X El Sabio a la Excelencia en la Traducción Literaria (2002), concedido por la Universidad Estatal de San Diego.
Lecturas recomendadas
El corazón del instante, FCE, México, 1998.
El libro de las piedras, Conaculta, México, 2003.
Medio cielo, Artes de México-Librería Grañén Porrúa, México, 2004.
La hora y la neblina, FCE, México, 2005.
Paisajes en el oído, Aldus-Universidad Autónoma de Coahuila, México, 2012.
Todo este silencio, Ediciones del Ermitaño, México, 2013.
Hacia el mediodía, Pre-Textos, Valencia, 2013.

§ Es la lluvia que da sueño, la alabanza
del mar cuya paciencia levanta barcos.

El canto es bello, pero la violencia
que el oro y las ricas maderas suscitan,
crece como la duda en la cabeza de un rey.

Es la miseria del hombre que ignora
la vasta permanencia de la muerte.

En esta soledad que nunca conociste
te preguntas por los que se quedaron,
sufres y quisieras tener una respuesta.

Desde la oscuridad llegan los gritos
de los pájaros que nadie comprende.

Pudieron dejar el mundo, pero la morosa
voz de la prudencia, es la red minuciosa
que la araña teje preocupada por su presa.

Los argumentos de la noche son más duros
que el ir y venir de los remordimientos.

Entre los reflejos la imagen de aquellos
que construyeron su casa sobre la historia
de la arena, la roca y el pescado de la red.

La esperanza toca las aguas que ondulando
confunden a la calma con la profundidad.

Nada compensa los soles magníficos,
los campos azules coronados de gallos,
el salón de espejos donde parió la cierva.

Hay que ver el silencio de los animales
que escuchan para sentirse menos solos.

Es la música discreta de las vacas
que en su blancura pierden al pastor
y en la hierba aspiran a lo eterno.

De la niebla bajan los cielos grises
y escurre la luz de la primera edad.

Flota sobre los restos el Arca de Noé
que, recostado entre las ovejas, duerme
sin preocuparse por la semilla del mundo.

Sabe que más allá del cielo abierto
comienzan el desierto y el olvido.

MI TRIBU

La tierra es la misma
        el cielo es otro.
El cielo es el mismo
        la tierra es otra.

De lago en lago,
de bosque en bosque:
¿cuál es mi tribu?
        —me pregunto—
¿cuál es mi lugar?

Tal vez pertenezco a la tribu
de los que no tienen tribu;
o a la tribu de las ovejas negras;
o a una tribu cuyos ancestros
        vienen del futuro:
una tribu que está por llegar.

Pero si he de pertenecer a alguna tribu
—me digo—
que sea a una tribu grande,
que sea una tribu fuerte,
una tribu donde nada ni nadie
quede fuera de la tribu,
donde todos,
todo y siempre
tengan su santo lugar.

No hablo de una tribu humana.
No hablo de una tribu planetaria.
No hablo siquiera de una tribu universal.

Hablo de una tribu de la que no se puede hablar.

Una tribu que ha existido siempre
pero cuya existencia está todavía por ser comprobada.

Una tribu que no ha existido nunca
pero cuya existencia
podemos ahora mismo comprobar.

EL SALMO DE LA PIEDRA

A los Dioses del cielo y de la tierra
pedimos con toda el alma
que las piedras se conviertan en semillas
para que puedan dar a luz los campos

altos árboles cristalizados
con que construir nuestra segunda casa:
un nuevo nombre en esta vida,
un nuevo hogar en otra naturaleza.

Así estaremos a salvo de los vientos contrarios
y de las perversas opiniones de los demás
pero —y esto es lo más importante—
así estaremos a salvo de nosotros mismos:
de nuestra hambre de reconocimiento,
de nuestra sed de salvación.

Aprenderemos a escuchar con las manos
ese rumor callado con que las piedras sueñan
y que —sin proponérselo—
nos da la más profunda lección
de quietud y de entereza.

Porque cada piedra es una sílaba
del inmenso nombre que entre todos deletreamos
y la creación no es más que una canción de amor
que brota de su corazón paciente.

No queremos ser más ni menos que las piedras:
eternamente a la espera sin espera
de nuestro propio espacio
y nuestra propia duración.

No es en vano que invocamos
el silencio perfecto de las piedras
en largas conversaciones con la noche:
materia y electrones zumbando
a tan altísimas frecuencias
que sólo la velocidad de la poesía
da para comprender semejante lenguaje.

Pero vale la pena hacer el esfuerzo
por alcanzar tal estado de vertiginosa quietud:
los fósiles del viento no tienen más cuerpo
ni las huellas del cataclismo
donde los Dioses escribieron sus nombres
con carbones encendidos
son más claras
ni son más antiguas
las primeras palabras que balbuceó la tierra.

Y así como no hay dos piedras del mismo color,
la misma forma, la misma textura y el mismo peso,
no es posible encontrar dos piedras con una misma voz.
Hay que llamar a cada una por su nombre

secreto, recóndito, intransferible…
un nombre tan apartado
del corazón de los hombres
que se diría —casi— inexistente.

Pero existe: basta con tocar a una piedra
para sentir cómo todo en ella despierta
al íntimo llamado del calor
y al ritmo primigenio de la sangre.
Su amor es y no es de este mundo.
Sus buenas obras
caen por su propio peso.
Es su pobreza la que opera el milagro.

El fuego que alienta en cada piedra
es un sol de ceniza
que tiene millones de años dormido.
A donde quiera que va la piedra va su casa,
su cuerpo, su sombra y su luna interior.

Todo es tan sencillo con las piedras…
no tenemos que desperdiciar energía
tratando de explicarnos…
ellas nos comprenden sin necesidad de palabras.

Porque no hay mejor compañía
en una larga noche de insomnio
que una dulce piedra dormida en la palma de la mano.

No hay mejor remedio
para la melancolía de los suicidas
que una piedra preciosa atada al cuello.

No hay mejor aliado
en una batalla crucial
que una piedra dispuesta a todo.

No hay mejor refugio
para nosotros, los seres humanos extraviados,
que una piedra para volver a casa.

TEORÍA DE FRACTALES

En la naturaleza sólo existen dos tipos de seres:
los grandes y los pequeños.

Los grandes son siempre lo que son.
Los pequeños son símbolos.

§ Claro que hace falta saber
  grandes con respecto a qué…
  y *chicos* con respecto a qué…

Todos los seres son grandes con respecto a algo
y todos son pequeños con respecto a otra cosa.

En otras palabras:
todos los seres son grandes y pequeños a la vez.

Son lo que son
—somos lo que somos—
y a la vez y siempre, símbolos.

NOSTALGIA

Allí está el cielo: ahora veo.

Allí está el cielo abierto
esperando por lo mejor de mí.

Atrás quedan los padres,
los amigos, los consejos…

Los juguetes soñados en la infancia,
el árbol de los deseos,
la noche al fondo de la alberca,
el parque del primer beso.

Lo veo todo a la distancia
como un cuerpo que se despierta
al fondo de un paisaje.
Lo veo como si no fuera cierto.

Hemos venido a la vida
a despedirnos de todo lo que amamos,
de aquello que nos fue dado,
de todos los que queremos.

Pero justamente allí está el cielo.

MI LABERINTO

El cielo es inmenso
sobre las torres disparejas
que coronan esta colina
en la Isla de Francia

§ Las gárgolas negras
   y las golondrinas hacen su nido
   sin hacer distinciones
   entre santos, vírgenes y pecadores

   Y lo que por dentro es noche ornada
   de monstruos y vitrales
   joyas de la mente, iluminaciones
   por fuera es un bloque macizo de piedra

   Fortaleza, libro abierto
   al día ensimismado
   más abundante que las palomas
   y más ligero que un gorrión

                    *

   Entro, sigo el hilo de oro
   de mi propio laberinto
   y llego al centro

   Me enjugo las lágrimas
   con el manto de la Virgen

   Pido por mis hijos:
   que amen, vivan
   envejezcan, lloren
   y al final comprendan

   Y que ya viejos
   traigan a sus nietos
   de la mano a recorrer
   el laberinto de Chartres

   Cuando tú y yo ya no seamos
   más que un puñado de polvo
   disperso en el agua, en el viento
   una imagen de un sueño

   Pero recuerda:
   una vez estuve aquí
           contigo
   y estaré contigo siempre

                    *

   Y cuando llegue
   la hora de la hora
   no tengas miedo

§ Toma un poco
de polvo dorado
entre tus dedos

Y siéntelo: soy yo
sólo que con otro nombre
(ahora me llamo polvo)

*

No temas
si hoy tengo
otra forma

Déjame seguir
el curso del río
de las cosas

De la vida
de la muerte
del espacio
del tiempo

Déjame ser
al fin el río
el manantial
y el mar

MALA MEMORIA

La historia es una ciencia
que se funda en la mala memoria
MIROSLAV HOLUB

Cuando llegaron las primeras lluvias
hicimos lo necesario
bajamos de nuestros altos pensamientos
y comenzamos a labrar los campos
las manos eran nuestras palas
los pies eran nuestros pies
y regamos la semilla
con nuestras lágrimas

luego vinieron los sacerdotes
envueltos en grandes plumas amarillas
y palabras más brillantes que el mar
hablaron con imágenes
y también para ellos
hicimos lo que era necesario

§ construimos una carretera larga
            muy larga
            una carretera larguísima
            que va desde la casa de los muertos
            hasta la casa de los que van a morir

entonces aparecieron las nubes
            sobre el río redondo
            y escuchamos voces
            que hacían trizas nuestras vocales
            comprendimos que el final estaba cerca

hicimos lo necesario
            extendimos nuestras pocas pertenencias
            y fingimos que ya lo sabíamos todo
            aprendimos a llorar
            como las mujeres y los niños
            y los niños y las mujeres
            aprendieron a mentir como los hombres

tres grandes agujeros se abrieron en el cielo
            por el primero descendió la luna
            por el segundo ascendió la serpiente
            y por el tercero
            (pero esto ustedes ya lo saben)
            bajó una estrella de hojalata
            cuando tocó la tierra
            supimos que el tiempo era cumplido

hicimos lo necesario
            desgarramos el velo
            y batimos el tambor
            hasta que el vacío
            se instaló en nuestros corazones

un rostro desconocido apareció
            en los hilos de la tela
            y cuando sus labios se movieron
            un nuevo espacio surgió frente a nosotros

hicimos lo necesario
            tomamos las montañas
            y las pusimos bocabajo
            para que pudieran recuperar el aliento
            tomamos los ríos
            y los pusimos de pie
            para que volvieran a ver el cielo

§ luego tomamos nuestros cuerpos
            con mucho cuidado
            por la punta de las alas
            y los fuimos a lavar en el espejo de los nombres

fue entonces cuando nos dieron la orden de despertar
            e hicimos lo necesario
            atrás quedaron los campos
            y las campanas manchadas
            por el canto de un pájaro del otro mundo
            atrás quedaron también los mapas
            preparados para la huida
            y no nos quedó más remedio
            que seguir adelante sin mapas
            que es lo mismo que quedarse

vimos venir desde del fondo de la tierra
            un sordo rumor
            un torbellino de nada
            con un viento recién nacido
            entre las manos
            la criatura nos dijo
            lo que siempre hemos querido saber
            y siempre siempre olvidamos
            que no hay más sueño que éste
            y que despertar es otro sueño
            más profundo
            si despertamos para adentro
            o más superficial
            si despertamos para afuera

como no supimos cuál era cuál
            hicimos lo necesario
            nos sentamos a esperar
            el derrumbe

y aquí seguimos esperando

como si esperar
            no fuera suficiente trabajo

CORAL BRACHO

DE SUS OJOS ORNADOS DE ARENAS VÍTREAS

Desde la exhalación de estos peces de mármol,
desde la suavidad sedosa
de sus cantos,
de sus ojos ornados
de arenas vítreas,
la quietud de los templos y los jardines

(en sus sombras de acanto, en las piedras
que tocan y reblandecen)

han abierto sus lechos,
han fundado sus cauces
bajo las hojas tibias de los almendros.

Dicen del tacto
de sus destellos,
de los juegos tranquilos que deslizan al borde,
a la orilla lenta de los ocasos.
De sus labios de hielo.

Ojos de piedras finas.

(1951.) Nació en la ciudad de México, el 22 de mayo de 1951. Estudió literatura en la UNAM y en la Universidad de Maryland. Además de poeta, es investigadora y traductora. Ha publicado ocho libros de poesía: *Peces de piel fugaz* (1977), *El ser que va a morir* (1982), *Bajo el destello líquido* (1988), *La voluntad del ámbar* (1998), *Ese espacio, ese jardín* (2003), *Cuarto de hotel* (2007), *Si ríe el emperador* (2010) y *Marfa, Texas* (2014). En 2001 publicó su antología bilingüe *Trait du temps / Trazo del tiempo*. Entre otros reconocimientos, ha merecido el Premio de Poesía Aguascalientes (1981), por *El ser que va a morir*; el Premio Xavier Villaurrutia (2004), por *Ese espacio, ese jardín*, y el Premio Jaime Sabines-Gatien Lapointe, Quebec-México (2011) y el Premio Internacional de Poesía Zacatecas (2011), ambos por trayectoria poética.

Lecturas recomendadas
Huellas de luz, presentación de Adolfo Castañón, Conaculta, México, 1994.
La voluntad del ámbar, Era, México, 1998.
Trait du temps / Trazo del tiempo, traducción de Dominique Soucy, prólogo de David Huerta, UNAM-Écrits des Forges, Québec, 2001.
Ese espacio, ese jardín, Era, México, 2003.
Cuarto de hotel, Era-Secretaría de Cultura de San Luis Potosí, México, 2007.
Si ríe el emperador, Era, México, 2010.
Marfa, Texas, Era, México, 2014.

§ De la espuma que arrojan, del aroma que vierten

(En los atrios: las velas, los amarantos.)

sobre el ara levísima de las siembras.

     (Desde el templo:
     el perfume de las espigas,
     las escamas,
     los ciervos. Dicen de sus reflejos.)

En las noches,
el mármol frágil de su silencio,
el preciado tatuaje, los trazos limpios

     (han ahogado la luz
     a la orilla; en la arena)

sobre la imagen tersa,
sobre la ofrenda inmóvil
de las praderas.

EN LA HUMEDAD CIFRADA

Oigo tu cuerpo con la avidez abrevada y tranquila
de quien se impregna (de quien
emerge,
de quien se extiende saturado,
recorrido
de esperma) en la humedad
cifrada (suave oráculo espeso; templo)
en los limos, embalses tibios, deltas,
de su origen; bebo
(tus raíces abiertas y penetrables; en tus costas
lascivas —cieno bullente— landas)
los designios musgosos, tus savias densas
(parva de lianas ebrias) Huelo
en tus bordes profundos, expectantes, las brasas,
en tus selvas untuosas,
las vertientes. Oigo (tu semen táctil) los veneros, las larvas;
(ábside fértil) Toco
en tus ciénegas vivas, en tus lamas: los rastros
      en tu fragua envolvente: los indicios
(Abro
a tus muslos ungidos, rezumantes; escanciados de luz) Oigo
en tus légamos agrios, a tu orilla: los palpos, los augurios
—siglas inmersas; blastos—. En tus atrios:
las huellas vítreas, las libaciones (glebas fecundas),
los hervideros.

SUS BRILLOS GRAVES Y APACIBLES

Vivo junto al hombre que amo;
en el lugar cambiante;
en el recinto que colman los siete vientos. A la orilla del mar.
Y su pasión rebasa en espesor a las olas.
Y su ternura vuelve diáfanos y entrañables los días.
      Alimento
de dioses son sus labios; sus brillos graves
y apacibles.

TUS LINDES: GRIETAS QUE ME DEVELAN

We must have died alone,
a long long time ago.
D. B.

Has pulsado,
has templado mi carne
en tu diafanidad, mis sentidos (hombre de contornos
levísimos, de ojos suaves y limpios);
en la vasta desnudez que derrama,
que desgaja y ofrece;

(Como una esbelta ventana al mar; como el roce delicado, insistente,
de tu voz.)
Las aguas: sendas que te reflejan (celaje inmerso), tu afluencia, tus lindes:
grietas que me develan.

—Porque un barniz, una palabra espesa, vivos y muertos, una acritud fungosa, de cordajes,
de limo, de carroña frutal, una baba lechosa nos recorre, nos pliega, ¿alguien;
alguien hablaba aquí?

Renazco, como un albino, a ese sol:
distancia dolorosa a lo neutro que me mira, que miro.

Ven, acércate; ven a mirar sus manos, gotas recientes en este fango; ven a rodearme.
(Sabor nocturno, fulgor de tierras erguidas, de pasajes sedosos, arborescentes, semiocultos;
el mar:

sobre esta playa, entre rumores dispersos y vítreos.) Has deslumbrado,
reblandecido

¿En quién revienta esta luz?

—Has forjado, delineado mi cuerpo a tus emanaciones,
a tus trazos escuetos. Has colmado
de raíces, de espacios;
han ahondado, desollado, vuelto vulnerables (porque tus yemas tensan
y desprenden,

porque tu luz arranca —gubia suavísima— con su lengua, su roce,
mis membranas —en tus aguas; ceiba luminosa de espesuras abiertas,
de parajes fluctuantes, excedidos; tu relente) mis miembros.

Oye; siente en ese fallo luctuoso, en ese intento segado, delicuescente
¿A quién unge, a quién refracta, a quién desdobla? en su miasma

Miro con ojos sin pigmento ese ruido ceroso
que me es ajeno.

(En mi cuerpo tu piel yergue una selva dúctil que fecunda sus bordes;
una pregunta, viña que se interna, que envuelve los pasillos rastreados.
—De sus tramas, de sus cimas: la afluencia incontenible.
Un cristal que penetra, resinoso, candente, en las vastas pupilas ocres
del deseo, las transparenta; un lenguaje minucioso.)
Me has preñado, has urdido entre mi piel;
¿y quién se desplaza aquí?
¿quién desliza por sus dedos?

Bajo esa noche: ¿quién musita entre las tumbas, las zanjas?
Su flama, siempre multiplicada, siempre henchida y secreta,
tus lindes:
Has ahondado, has vertido, me has abierto hasta exhumar;
¿Y quién,
quién lo amortaja aquí? ¿Quién lo estrecha, quién lo besa?
¿Quién lo habita?

TIERRA VIVA

Tierra viva,
tierra de entraña ardiente,
encendido panal bajo los sepias
de un manto espeso.
Materia de ebriedad y de dulzura
que a sí misma se engendra,
que en sí misma se vierte.
Tierra que funde
y que concentra, en su cieno solar,
las ternuras huidizas que amasa el tiempo. Tierra
de floración. Tierra torneada en que cifra el goce
sus huellas íntimas, cera en que abisma y palpa
su memoria:
cuenco; lugar oculto
donde el amor
es un fruto que pesa
y que madura. Es el huerto ceñido
que se extiende hacia adentro:
selvas de nervaduras
en sus hojas;
redes de bronce contra el mar.

Destellos finos
que alarga el sueño sobre sus lascas azuladas. Sal,
huellas de sal sobre esta tierra. Rastros
de plenitud; y el tejido del otoño al trasluz
de sus frutos.

HEBRAS DE SAL

Viento y piedra
se funden, agua y viento
en un reino fluido
y subterráneo. Sus corrientes se cierran
en estanques profundos. Ecos que en ellos giran
y se reflejan. Voces
que se concentran. Sobre el lecho de un tiempo dúctil
y primigenio
vuelcan un mineral de soles líquidos.
Dejan hebras
de sal.

LA DELICADA FLOR DEL AGUA

Sobre la luz profunda
se eleva el humo
como un arbusto cristalino. Fluye en el alba
el metal ardiente:
son arroyos etéreos,
son los musgos que inflaman
y bordean sus recodos. Su dintel
mineral.
Son las planicies lánguidas, los juncales
que adormece
y apacigua el vapor. Es un impulso que crece

y articula su danza.

Como una mirada cálida
y entrañable,
como un recuerdo que cifra
su resplandor, se abre la delicada
flor del agua.

DESDE ESTA LUZ

Desde esta luz en que incide, con delicada
flama,
la eternidad. Desde este jardín atento,
desde esta sombra.

Abre su umbral al tiempo,
y en él se imantan
los objetos.
Se ahondan en él,
y él los sostiene y los ofrece así:
claros, rotundos,
generosos. Frescos y llenos de su alegre volumen,
de su esplendor festivo,
de su hondura estelar.
Sólidos y distintos
alían su espacio
y su momento, su huerto exacto
para ser sentidos. Como piedras precisas
en un jardín. Como lapsos trazados
sobre un templo.

Una puerta, una silla,
el mar.
La blancura profunda,
desfasada
del muro. Las líneas breves
que lo centran.
Deja el tamarindo un fulgor
entre la noche espesa.
Suelta el cántaro el ruido
solar del agua.
Y la firme tibieza de sus manos; deja la noche densa,
la noche vasta y desbordada sobre el hondo caudal,
su entrañable
tibieza.

SOBRE ÉL DISCURREN CON SUAVIDAD

En el espejo del tiempo
centellea la conciencia.

Fina serpiente de cristal, rodea las cosas.
Las envuelve, las crea, las fija.

—Se ve mirarse en el reflejo.
Ve su imagen mirar.—

Los movimientos se hacen cautos
y lentos
y van dejando en su discurso fisuras.

Los dibujos que trazan al brillar las fisuras
van reemplazando
el movimiento.

§ Son subyugantes sus arabescos contra el lomo
del mar.

En él respira su silencio.
Es un espejo el tiempo
bajo el azul: sobre él,

con punzones finísimos argumentan,
sobre él discurren con suavidad.

QUE AHORITA VUELVE

Te hace una seña con la cabeza
desde esa niebla de luz. Sonríe.
Que sí, que ahorita vuelve.
Miras sus gestos, su lejanía,
pero no lo escuchas. Polvo
de niebla es la arena.
Polvo ficticio el mar.
Desde más lejos, frente a ese brillo
que lo corta te mira,
te hace señas. Que sí, que ahorita vuelve.
Que ahorita vuelve.

ESE ESPACIO, ESE JARDÍN
[Fragmento V]

La muerte, como un acorde cristalino,
como un arpegio permea
y sostiene al tiempo.
Como una sombra lo extiende, le da volumen.

Un instante
y su fin:
su borde; el eco
liberando caudales: bosques, recintos, sal; sendas
tangentes;
y esta cadencia intacta
de mares íntimos.

*

Y allí tú, sosteniendo ese decurso de astros,
esa maleza oculta y enraizada
bajo un río primordial. Abrías el oro
del estanque
y en él abrías el luminar del tiempo,   su seda henchida,
su corola.

Abrías su fruto entre las hojas
y era pequeño y hondo
como un níspero. Dorado y suave
como un cristal.   Entre el delirio
de reflejos.

TODO LO DESDICE EN SILENCIO

Esta palabra oculta
abre su selva. Su ensortijada
sombra. Entra al agua
el lagarto
y la luz se separa. El fantasma
se acerca,
cuchichea. Como un muro que se alza
contra las olas.
Como un espejo encajado en la mitad del arroyo.
Todo lo desdice en silencio,
todo lo quiebra.

HAY LUGARES

Hay lugares que se tocan
en el filo
de lo que somos; otros
urden sus cauces.   En ellos
se hunde este sol. En ellos entra,
incontenible,
el torrente. Llena
de voz los cuartos, de murmullos
encendidos
los patios, de avidez el umbral;
un palpitar de fuego,
un manantial incandescente
ilumina el tiempo, y en él,
en su espesura inextricable, la noche es rapto
y caudal.

Un rescoldo de luz sobre este fruto
que toca el viento. Sobre este cosmos que engendra
el espesor de una voz;
el huerto ahondado
de un aroma.

SU AFLORADA SEÑAL

Si ríe el emperador
cae un filo que corta
y divide el reino.
Una mitad se hunde. Otra
es el dorado salón.

Su risa es la flama breve
en los candelabros
y el seco aroma
de la pira. Una llama que tiembla
como un espejo;
su aflorada señal.

RELOJ DE ARENA

Oscuras gotas de oro
caen al fondo
y perforan
el pensado país.
Cuerdas delgadas
lo acordonan.
La historia que lo reclama
es este reloj hundiéndose
en la arcilla,
la arena
que atesora el cristal.

PLAZA CON PALOMAS

Como un nervioso rebaño
se desgranan palomas
sobre el azogue de la ancha plaza.
Semillas grises, inquietas
en la aridez, buscan, garabatean
su nube. Un niño corre,
la hace estallar.

LLUVIA DE ORO SOBRE EL ESTERO

Las semillas del sol nos guían
sobre el oscuro cristal del agua.
Abajo, entre las raíces,
como una llama incipiente
y silenciosa, vibra
y fluye la selva.

LUIS CORTÉS BARGALLÓ

RETABLO

Piloto celeste
llévame hasta tu merced:
un poco de comida,
un poco de sueño,
un poco de amor
Piloto celeste
que no me cueste la vida.

ITINERARIO DE "LA MOSCA"

Acompáñame a la Plaza de Loreto
donde las frutas podridas florecen
y la sombra trasnochada se evapora
frente a los tibios murales del día.

Ya nos falta poco para llegar,
dos o tres cuadras, una vida por delante
para llegar al punto de partida
porque todos allí se están yendo.

Una mirada y ya estamos,
un remanso de paz bajo los árboles,
bajo el cielo veteado de la ciudad
y los floreros cromados de los escapes.

Humo, también ojos de humo en la maleza
y el perrerío de bocinas en las calles;
incendio, vida que se incendia, bonzo
en la sorda prendezón del cemento.

(1952.) Nació en Tijuana, Baja California, el 19 de enero de 1952. Estudió las carreras de comunicación y letras mexicanas en la Universidad Iberoamericana y en la UNAM, y música en el Conservatorio Nacional de Música. Además de poeta, es traductor, antólogo, investigador y editor. Ha publicado seis libros de poesía: *Terrario* (1979), *El circo silencioso* (1985), *La soledad del polo* (1990), *Al margen indomable* (1996), *Por el ojo de una aguja* (1999) y *Filos de un haz y envés* (2007). Es autor de las antologías *Piedra de serpiente. Literatura de Baja California* (1993) y *Connecting Lines. New Poetry from Mexico* (2006).
Lecturas recomendadas
Filos de un haz y envés, Trilce, México, 2007.
Al margen indomable, 2ª edición, Conaculta, México, 2011.

MAÑANERO

Franjas rosadas en el azul intenso
distensión y tregua
tras la lluvia nocturna
que me cala hasta los huesos

bajo los árboles
el sol se mete en el lugar de la sombra
y brotan caminos allí
donde libremente viajan las esporas

rebotan por el pavimento
abriendo leves grietas de silencio
miles y miles y miles
como en toda contingencia

también los cuerpos
que florecen en mi cigarrillo
se buscan en la luz,
aman, mueren con el viento.

CAMINO A CASA

Allá bajo los pies
en el oscuro lado
sumerjo un pensamiento

paso por el centro
me pierdo en la nada viva
doy un paso, regreso.

A la velocidad de la luz
la sombra crece
llena los valles con agua negra

las ciudades naufragan
en la verdosa balsa
de luz eléctrica

prendo un fósforo
en la catedral de mis manos
doy un paso, sólo hay una vida.

LA CASCADA DE AMIDA

Si miro con los ojos del tiempo
parpadeo
las formas ceden a la textura.

Si miro simplemente
me dejo caer
en el instante de la gota.

Si miro con el ojo de la mente
el agua
chorrea transparente sobre el agua.

Esto es lo que he visto:
un copo de nieve
no vive sobre las llamas.

LUCRECIO

Hizo un descubrimiento singular
y lo llamó: "el llanto de las cosas".
Pensaba en el viento,
en las nubes que se deshacen
como un matorral en llamas sobre el horizonte;
pensaba en la montaña de arena
vertiéndose por un cauce seco,
en el hueso de Venus
que articula el cuerpo;
el botón de la biznaga
y los dioses diminutos del azar
acechando en las espinas.
Pensaba en la lluvia y la gota
que perfora el mundo.
Tuvo que abrir su corazón allí
para llorar con las cosas.

INDIA SONG
(Sobre una canción de M. Duras-d'Alessio)

Reflejos, saltos de luz
en el agua de las cosas quietas,
música oscilante de las cosas quietas,
baile interminable de las cosas.
Cadencia sin fin de las cosas,
cabrillas grises en la noche negra.

§ Formas que quisieran amarse
justo a la orilla de los cuerpos fatigados
justo en el vaho de los cuerpos
que se rehacen en el silencio.
Formas que se abrillantan por salir del silencio,
que nacen al trazarlas
con el dedo en otro cuerpo
en el cuerpo sin cuerpo
de un murmullo.

LÜ / EL ANDARIEGO

If love be not in the house there is nothing
EZRA POUND

El Pájaro Lü es el fuego…
bate las alas para no incendiarse,
irrumpe con alto vuelo
y un fanal diminuto
el orden de los astros cardinales;
no es la Trenza de Oro
ni la Carrera de Santiago,
su presencia es solitaria
y apunta un trazo apenas
para el viajero que perdió la ruta;
le sirve sólo de consuelo
pues el Pájaro Lü no tiene rumbo,
se posa incansable en una
y otra rama
como si quisiera zurcir
la cota rutilante,
la inflexible arboladura de los cielos.

El viajero baja la vista
y, como quien ve de noche,
mira las blancas piedras del camino,
siente bajo la pesada ropa
el dulce pulsar de su sangre:
"¡Ay amor!, si cada paso me llevara
hacia el lago tibio de tu pecho".
Pero el viajero no puede detenerse,
si pierde el camino
pierde la casa.
Dicho sea de paso,
el Pájaro Lü tampoco tiene descanso,
el Pájaro Lü es el amor.

OJO DE AGUA

Ya que el agua de manantial
suele correr más clara…
JAUFRÉ RUDEL

1

Vuelve a llover
y entre las sábanas revueltas del cielo
luces encarnada y como dormida;
así te puedo ver
en esa mudanza que lava la tarde
y luego la pule con la franela del olvido.
(Te miro:
corres por la calle
con una camisa azul
como la noche de estrellas mojadas;
y no es que te recuerde
sino más bien te sueño
y contra los sueños no hay nada.)

2

Vuelve a llover
en el ojo verde, café y azul de la tarde
y te digo,
no, no llores mujer
porque veo una mujer tras el ojo estriado,
no, no llores.
Nos separa y nos supera
aquello que brilló entre tus ojos y los míos;
aquello que aún no sabemos nombrar.

3

Llueve otra vez
y en algún rincón
flores de jacaranda, un ojo de agua
y el verso bizantino:
"Mira cómo vuelve a surgir
la dulce primavera".
Imágenes vacías
que ocupan el lugar del sueño.

AL MARGEN INDOMABLE
[Fragmentos]

2

Toda la noche un rumor que ronda en la jaula de agua.

(Ruido que articula sonidos que forman un vaho como cuerpos que tocan a la puerta del oído que abren desde adentro como embriones y rizomas espirales esqueje mugrón de nombres que se abisman al encuentro en los demás sentidos que rompen sus larvas en el laberinto que buscan su media naranja su doble pluma su nomeolvides como un corazón con el cascarón roto que anda perdido toda la noche por los rincones del cuerpo y clama con un rumor de cuerda que es un león alado una cabra una macarela una caballa víbora que ronda galopa olfatea arrastra su camino da la vuelta y forma un círculo repite y se arrepiente hasta disolver perderse nuevamente en el hueco de sus navegaciones pasos y pisadas alas invisibles garras sobre la percha en el péndulo grave y linterna oscilante pía brama silba canta balbuce siente sed en jaula de agua.)

Toda la noche un rumor que ronda en la jaula de agua.

4

Sondeando el oído, a veces la cala, el hueco estruendo animal en el arrecife: piedras vivas: piel de foca: branquias abiertas del escollo. Celda y alvéolos, prominencia del hueco. Vulva castalia que succiona torrentes fosfóricos, pneuma.

Éstas son las ofrendas, o simples rasguños en la superficie:

En la arena, vidrio y oro de moscas, la trenza verde ámbar de una diosa desnuda y sin nombre; los aderezos triturados, los listones rojos salpicados de ceniza; una sola trenza sin cabeza, revuelta tras el festín, olor a tuétano y a huesos limpios.

En el aire frío, rondas de ángeles con túnicas zafiro pegadas al cuerpo de cristal. Canto. Pliegues y mangas radiales, círculos de plumas blancas.

Cubierto por la cobija de luz que en ese punto se deshilacha por el viento, el cuerpo de una gaviota muerta, seco, diamantino. Renovado retoma por su cuenta el vuelo, revive en un destello.
Máscaras de murciélagos, toros, monos, cerdos, tigres, iguanas, delfines, con pieles de alcornoque y eucalipto.
Las gemas arrancadas de los ojos y del sexo donde ahora florean los oleajes como jirones de ropa vieja.

6

Tras la espuma, allá en el día corredizo, con el lomo lanceado bajo el paladar de nubes.

Su insoportable sombra paralela viaja, raja con sus quillas, con su diente verde y amarillo, el gis de la neblina.

EDUARDO CASAR

CONJURO Y CONTIGO

Hoy me toca ser viento. Ten cuidado.
Refuerza tus ventanas con maderas y con golpes firmes.
Con las maderas dibuja la inicial de mi nombre.
Dicen que si lo haces arrojarás hacia la paz,
lejos del estremecimiento,
al portador del nombre que dibujas
con maderas apuntalando tus ventanas.
Dicen que no hay más eficaz conjuro
que enfrentar consigo mismo a quien ataca.

Dicen que es eficaz, pero no sirve.

Sabré encontrar resquicios
para llegar hasta tu pecho.

Y mañana me tocará ser agua.
Ten cuidado.
Porque mañana es muy probable
que nazca dentro de ti
una sed peligrosa y es verano.

QUISIERA ESTAR

Quisiera estar a dos pasos de ti.
Y que uno fuera mío y el otro fuera tuyo.

(1952.) Nació en la ciudad de México, el 6 de marzo de 1952. Es doctor en letras por la UNAM. Además de poeta, es narrador, ensayista, guionista e investigador. Ha publicado diez libros de poesía: *Noción de travesía* (1981), *Son cerca de cien años* (1989), *Caserías* (1993), *Mar privado* (1994), *Parva natura* (2006), *Habitado por dioses personales* (2006), *Ontología personal* (2008), *Grandes maniobras en miniatura* (2009), *Unos poemas envozados* (2012) y *Vibradores a 500 metros* (2013). Entre otros reconocimientos, ha merecido el primer premio de poesía del Certamen Internacional Letras del Bicentenario Sor Juana Inés de la Cruz (2009), por *Grandes maniobras en miniatura*.
Lecturas recomendadas
Habitado por dioses personales, Calamus-INBA, México, 2006.
Ontología personal, Conaculta, México, 2008.
Grandes maniobras en miniatura, Gobierno del Estado de México, Toluca, 2009.
Unos poemas envozados, UNAM, México, 2012.
Vibradores a 500 metros, Parentalia, México, 2013.

FÁBULA DE LA ANGUILA Y EL PULPO

Algo le da a las cosas un clima de alberca,
un aire a cloro y sal se desprende de la luz que quisiera
mirar a través de las cosas.
                              Algo pasa en el fondo.
El pulpo se recarga y se mueve despacio y tercamente,
como si quisiera desprenderse de la idea
de una almohada que le está molestando.
La anguila lo vigila, cabecea también
y se va irguiendo para mirar qué pasa.
El pulpo abre sus dos brazos más llenos
y la anguila le toca con su boca más breve
los labios duplicados en el centro del pulpo.
Éste cierra los brazos que le quedan
en torno de la anguila y no le deja más
caminos que tensarse e insistir en el pulpo,
y no dar sino a veces marcha atrás.

Los dos se están moviendo, lubricados y vibran,
convertidos en un solo animal que nos explica
                              por qué se mueve el mar.

LOS DE ARRIBA

En la fotografía
mi amigo Nelson Oxman aparece pensando; trae
dos o tres imágenes adentro del cerebro; aparece
con su reloj en donde no se alcanza
a ver la hora (ni tampoco las dos
o tres imágenes).
Y trae puestos sus lentes.

Hoy el reloj tendrá, seguramente, pila nueva,
y andará por allí marcando los minutos,
atado a un pulso cuya presión desconocemos.

Los lentes han de permanecer
en el cajón de alguna cómoda,
entre postales y cartas y más
fotografías. Aparentemente reposando.

Sus lentes, adaptados para complementar
la claridad de lo que Oxman miraba, fueron
una parte de su mirada.
La otra parte (sus ojos) ya son ceniza ciega.
Insoportablemente igual ceniza
que el hueso duro de su frente
y de sus parietales.

§ Una parte de la mirada de Nelson
se quedó engastada
en aros de metal que se articulan
sobre el puente de una
nariz que ya no existe.
Sin sus orejas finas,
las varillas de sus lentes
están ahora cerradas sin sentido y son
como brazos cruzados que no abrazan a nadie.

Fue exacta la refracción, el foco, lo convexo,
y fue el tejido exacto de ángulos cristalinos
para que la mirada de Nelson apreciara
detalles, quisiera
pelos y señales, amara
sobre todo ese lunar que amó
o aquella cicatriz imperceptible para otros.

Nadie podrá usar jamás
los lentes de mi amigo Nelson Oxman.

Y la tragedia
es que son irrompibles.

ÉTICA A NICÓMACO

Cómo me gustaría ser como yo.

Tener el tiempo que yo tengo
para salir a caminar cuando yo quiera,
para leer lo que le venga en gana
a mi gana más íntima y soltera;
interrumpir sin que nadie se asfixie
cualquier obligación etiquetada;
para estar en pleno uso de la soberanía
de ir a pie por las calles,
descubriendo raíces que aparecen
quebrantando las reglas del asfalto.

Cómo me gustaría, de veras,
dedicarme una noche a platicar conmigo,
cada quien con su trago,
discutir, discrepar, desentonarse,
hasta que el pobre espejo
se quedara dormido
con el rostro apoyado sobre el azogue opaco.

Cómo me gustaría que a los dos
nos gustara la misma

y que uno tuviera
que ceder y cediera
por desatarle al otro las dos manos.

Cómo me gustaría
que yo y que yo
fuéramos tan amigos.

HIEROFANÍAS

Si Dios viviera
no sería un hombre justo.
O lo sería solamente
en el sentido
más negro del humor:
porque Él apunta y da
siempre en el blanco:
escoge a una niña que es capaz
de deslumbrar con su sonrisa
de solamente dos dientes diminutos
y le derrumba un techo encima.
Escoge a una mujer inteligente y bella
y la encierra en un taxi con tres
bestias que la cortan y la tiran.
Dios tiene mucho instinto,
es un bardo con tino
como para dejar a Borges ciego
y concederle una vista perfecta
al francotirador asalariado.
Aunque Dios es el autor intelectual
parece que alguien le estuviera pagando.

AL MAR LE DEBE

Al mar le debe remorder la conciencia.

No por los náufragos que se embarcan sabiendo,
ni por el juego lubricado entre unas bocas
                    y otras bocas mayores,
ni por las agotadas gaviotas que renuncian.
Sino que a veces una mirada
se va distraída sobre la superficie
y la tela se rasga aunque no quiera:
la mirada zozobra,
el horizonte restaña y finge
calma eterna.

Algo le duele al mar.
Basta mirarle las orillas.

ESA OLA

Si tomamos una ola, la escogemos con pinzas entre todas
y nos fijamos atentamente en su personalidad de ola,
en su perfil preciso y su manera
de hacer la curva que la vuelca hacia dentro de sí misma,
y le medimos los decibeles que va desenvolviendo
y la cauda de espuma y el diámetro de cada
burbuja que la forma, cada línea de su hidrógeno doble
que se revuelca y juega con pulseras de sal,
con esa gracia exacta y con esos colores, dios, esos colores,
con esa forma suya de rendirse,

esa ola es una vida singular.

Mira cómo se rompe y se va declinando
como la rosa rosa en el latín, cuánto dura,
es como un enunciado que ya
no puede desliarse en los labios,
otra ola la está sustituyendo
y se va levantando de sus cenizas líquidas.
No es la misma, pero es otra ola.

Claro, el mar sigue, impresionante, gastando sus orillas
con ese gesto azul de capital eterno. Pero
esa ola, la nuestra, jamás
volverá a repetirse.

NO ME RÍO DE LA MUERTE*

*(*de un verso de Javier Heraud)*

Para hacer que la muerte no sea
hay que cercarla por distintos lados,
no debes escapar porque le gusta
el poder de asustar al acercarse,
quiere gruñir la muerte, demostrarnos
los dientes de su boca,
oler la adrenalina
que nos dobla la sangre
con su blancura opaca,
como aquellos que tienen la esperanza
de encontrarse a sí mismos y no saben
que cada vez que sienten
el alfiler de un pájaro en su cuerpo
el alfiler los toca y los está encontrando
y el alfiler son ellos y el pájaro su sombra.

ANISOTROPÍA

Todo pesa, ese lápiz, los lentes,
ese clip rojo sobre la mesa blanca.

Todo ejerce una fuerza hacia abajo,
los párpados, el estómago lleno,
la saliva que sale de la boca
y es estrella en el piso.
Vivimos amarrados por una
telaraña invisible
al centro de la Tierra, por una
telaraña invencible.

Sólo el tiempo no cae:
él cruza horizontal, sin detenerse,
mirando de reojo
cómo nos vamos los definitivos,
de modo vertical
hasta el fondo del pozo.

NIÑO

Yo fui un niño muy niño,
altoparlante y autoinsuficiente,
que se quedaba viendo las paredes
y ensayaba su muerte.

Cuando tuve palabras
las usé para verme.

VÍCTOR MANUEL CÁRDENAS

BALADA EN BLUES APÓCRIFO PARA BESSIE SMITH

A Jaime Estrada, en su memoria

Bessie Smith
la negra rechoncha
                              movida por sus enormes aretes
se fue a matar
                    en un camión de tercera

Mis padres hacían el amor escuchando a Benny Goodman
Uno en el sofá   otro en la mecedora
              Después iban a la cama
vacía
se dormían
popurrí de cintas
                              hotdream
                                        pensando en la fortuna

Puedes irte papá: Soy una mujer viva
                              Puedes irte mamá
              estoy ardiendo en ginebra

Bessie no conoció la mota
ni el opio
ni la paz

(1952.) Nació en la ciudad de Colima, el 5 de julio de 1952. Estudió historia en la UNAM. Además de poeta, es narrador, ensayista, investigador y editor. Ha publicado trece libros de poesía: *Después del blues* (1983), *Primer libro de las crónicas* (1983), *Peces y otras cicatrices* (1984), *Travelling* (1985), *Zona de tolerancia* (1989), *Ahora llegan aviones* (1994), *Crónicas de Caxitlán* (1995), *Poemas para no dejar el cigarro* (1998), *Del cuaderno de viaje* (1999), *Memorial de luz* (2002), *Grandeza de los destellos* (2004), *Micaela* (2008) y *Noticias de la sal* (2012). En 1994 reunió su obra poética, de 1979 a 1993, en el volumen *Fiel a la tierra*, el cual aumentó, en 2005, con su producción lírica de 1994 a 2003. Entre otros reconocimientos, ha merecido el Premio Nacional de Poesía Joven de México (1981), por *Visión de asas* (o *Primer libro de las crónicas*), y el Premio Nacional de Poesía Ramón López Velarde (2007), por *Micaela*.

Lecturas recomendadas
Fiel a la tierra (1979-2003), UNAM, México, 2005.
Micaela, Universidad Autónoma de Zacatecas, Zacatecas, 2008.
Noticias de la sal, Puertabierta Editores-Secretaría de Cultura de Colima, Colima, 2012.

Por sus negras tetas 1923 se paseaban el alcohol
                                                    los bares

1919: *¿De dónde saliste, muchacha?*
                                        La libertad me espanta
                ¿Por qué me sacaste, Ma?
y en su ombligo se aplastaba James Johnson a tocar el piano

Un trombón y una trompeta huyeron de la iglesia
                                            se refugiaron
en una calle sin salida
                        Había humo en su cueva y las manos
no dejaban de contar costillas
                        Media luz azul
negra   amarilla
                No teatros
                                    no *money*
        luz roja
                        de entraña

Antes del 29 está el 27 y diez años después
                                no brilla
                                el sol
                                en mi barrio
¿De quién soy?
                Algún día brillará
        no dollar
        te quiero a ti
traje negro
        cara de africano
                                que sudas apestoso

Bessie levantó la carpa
                ¿Quiénes son Sacco y Vanzetti?
tomó su botella
        sus aretes
                (*I'm a red hot woman*
Youcan't cool me)
                trató de recordar
se volvió vulnerable al hacerse transparente
No descanses en paz
        1937

CRÓNICA 2

Recorrer las calles que caminé me vuelve extraño,
        intruso, extranjero.
Compro un ate azucarado para detenerme un poco
        en el otro que soy.

Veo mis ojos sonrientes de dos años y estoy festivo,
    con traje azul
y un barquito bordado.
          ¿Cuándo conocí el mar?
La ternura es una flor que me distingue
    en instantes memorables
de los que no existe el recuerdo
           ¿Cuándo conocí el mar?
Ya no son los guayabates como antes
    o quizá el tabaco
          impide moverse
en los bordes de un río
          que permanece distinto
    en el mismo sitio.
Es falsa esta ciudad: decir *aquí nací*
    es un afán de recuperación
por boletas
y archivos.
          ¿Cuándo conocí el mar?

IN / UTILIDAD DE LA POESÍA

La poesía no cambia nada

Es un espejo
          donde se mira
el que cambia

PECES

1

Forma y color: el pez en celo se delata,
mancha irisada de luz, magnificencia
de macho en busca de la hembra. Corre,
la hembra huye o se intimida: va,
acerca su timidez y ritualiza. El macho
se aloca, es; danza su celo innato
y prodiga erección de luz, despliegue
de amarilloazules por el agua: se afemina,
excitación visual, frente a su hembra.

2

Se precipita el pez, nada hacia la hembra
y se detiene: Ve. La hembra lo ve, se acerca;
el macho extiende tembloroso sus aletas
mostrando nido y costado a su pareja. Ella,

tras mirarlo, lo acepta: Serpentea el cuerpo
del pez, ondea su aleta caudal y retorna
para la danza: maravilla de formas
atrás del cristal, dentro del agua.

3

El falo no es el pez sino la pez: erección
ansiada, mágica actitud de espera en un cuerpo
suspendido a la mitad del agua. El pez
danza, provoca el trance marino de la dama
mostrando su flanco en piruetas irisadas:
círculos en torno de su hembra, espiral
de aletas que se estrecha cada vez
bajo una excitación que se concentra:
Pez sobre pez; el macho rodea a la hembra
y la cobija, emana su esperma y queda
la pez en sopor
boca hacia arriba.

BAUTISMO

Para mi hija

Que la lluvia esté de tu parte.
Que el prodigio del sol te lleve siempre a la novedad
        y presida la luz tus actos.
Que las sombras te sean fecundas y felices.
Que el sueño precise tus pasiones y no te sean vedados
        los límites del viento.
Que la palabra despierte contigo y viva contigo.
Que de ti broten cadencias más firmes y hojas que sean flor,
        nube, cielo, agua.
Que la música invada tus rincones y te sea franca
        la magia de los colores.
Que la muerte, culminación del día y de la noche,
        te busque después del fuego
y sea encuentro, encuentro, imagen intensa de lo vivo.

Busca la raíz, el centro siempre; observa la geometría
        del caracol
y navega en sus profundidades. No suspendas el ocio
        frente a lo amorfo.
No decidas antes del amanecer; guarda tus tormentas
        para la hora del fuego.
La noche de tu concepción fue de antagonismos.
Hoy que estás aquí, yo te bautizo. Yo te bautizo
        con el nombre de Mar

i

sol:

§ Que seas río.
 Que tu cauce nos lleve a más.
 Que tu vida
                    sea un nuevo preludio.

EL SEÑOR ELIOT / LLOYD'S

A Marco Antonio Campos

El señor Eliot checa su tarjeta
cuando piensa en el poema venidero

La tarde es gris. La hora del té
es la más imbécil de las horas

El señor Eliot reflexiona sobre la quietud
de la niebla entre Londres y los astros

Él conoce la ubicación de las estrellas
Dibuja: aquí está Leo, allá la Osa Mayor

Todo lo sabe el señor Eliot
cuando checa su tarjeta y sale

¿Cuántos cadáveres sembró
la primera guerra mundial?

Hollywood no existía. La primera guerra
no tiene importancia
                    —El señor Eliot
acaba con toda concreción—

¿Ya checó su tarjeta?

Hoy le ofrecieron la gerencia
pero él prefiere

Tauro sobre la cauda del Támesis
La neblina echa todo a perder

El señor Eliot sabe lo que pocos. Sabe
Checa su tarjeta y no se dirige

a tomar el té. Tiene cita
Checa y sale. Sale

El señor Eliot cree. Dios lo protege
en esta tierra

§ Una mañana, cuando niño, el señor Eliot
descubrió el Atlántico. Se hizo a la mar:

nunca tuvo hijos. El señor Eliot —enojado—
despidió a su mujer
faltando un cuarto
                    para las cinco

(La permanencia es orgullo cruel
pierna fracturada adentro del cráneo)

¿Cuántos cadáveres siembra
la tercera guerra?

El señor Eliot lo predijo
cuando fumaba un puro:

Así es como acaba el mundo
Así es como acaba el mundo
No con un estallido
                    sino con un
quejido

El señor Eliot lo sabía
lo sabe

        la hora del té
es una bufonada sepia

El señor Eliot —delgado, calzón largo—
reposa frente al mar

                    Sale
Checa

EDUARDO MILÁN

ALEGRÍA...

Alegría gustaría
ahora, necesaria, incluida
en todo, entera, sin que fuese
esa gracia especial, hímnica
de los grandes momentos con esferas
celestiales, dale al alma.
Alegría concreta, alegría de tocar
el cuerpo-carne, el cuerpo-música,
amados. Ruiseñores con, cántaros con,
ausencia con, aun carencia, omnipresente
en el mundo, en la palabra, alegría. Que si va,
que si no va con este tiempo y vuelve
sola, absurda, incomprendida ética,
como un otoño, como las hojas grises del árbol
en otoño, tristes. Es que sólo la alegría vuelve.
Decirla desde ya para que vaya.

SI ESTE LENGUAJE...

Si este lenguaje sólo se doliera
por sí mismo, sólo se autocelebrara,
si no apuntara un poco más allá, salido
y regresado con su huella a casa,

(1952.) Nació en Rivera, Uruguay, el 27 de julio de 1952. Reside en México desde 1979, cuando se exilió por motivos políticos. Es licenciado en filosofía y letras por la Universidad de la República Oriental del Uruguay. Además de poeta, es ensayista y crítico literario. Ha publicado más de una veintena de libros de poesía, entre los cuales destacan: *Estación Estaciones* (1975), *Esto es* (1978), *Nervadura* (1985), *Errar* (1991), *Nivel medio verdadero de las aguas que se besan* (1994), *Alegrial* (1997), *Habrase visto* (2004), *Unas palabras sobre el tema* (2005), *Acción que en un momento creí gracia* (2005), *Índice al sistema del arrase* (2007), *Hechos polvo* (2008), *Dicho sea de paso* (2008), *Pan para las hormigas* (2008), *El camino Ullán seguido de Durante* (2009), *Solvencia* (2009), *Vacío, nombre de una carne* (2010), *Disenso* (2010), *Desprendimiento* (2011) y *Donde no hay* (2012). En 2002, junto con Andrés Sánchez Robayna, José Ángel Valente y Blanca Varela, publicó *Las ínsulas extrañas. Antología de poesía en lengua española (1950-2000)*. Entre otros reconocimientos, ha merecido el Premio de Poesía Aguascalientes (1997), por *Alegrial*.
Lecturas recomendadas
El camino Ullán seguido de Durante, Amargord, Madrid, 2009.
Solvencia, Sibila, Sevilla, 2009.
Disenso, FCE, México, 2010.
Vacío, nombre de una carne, HUM, Montevideo, 2011.
Donde no hay, Amargord, Madrid, 2012.

con la huella de un poco más allá aun tibio,
no caliente del contacto, algo se pierde, pasa
por el camino que nos reconduce, galgo
que nos reconduce, importaría un carajo
su carencia sin queja, su trabajo sin cara.
Una mancha de tinta enamorada
ciertamente, pero mancha.
Lenguaje de poema no tendría que ser mancha.

SALIR A LA PÉRDIDA...

salir a la pérdida, afuera
para otros ganancia, nunca adentro
—rota la matriz del adentro
adentro no dejó escuela

menos mal que hay animales—
castores llevan para adentro

afuera, lugar de toda una poesía
plasticidad sobre una ciudad sin cielo
ausencia —rara— que jadea
un quejido, silbido aguzado
se prolonga por extenuación, lengua de afuera
escrita adentro
sin adentro
—señala algo

SOBRE LA TIERRA...

Sobre la tierra no hay medida.
SALVADOR GALLARDO

sobre la tierra no hay verso

cómo querer es de otro modo
siempre distinto decir

es el verso de no haber que
ensombrece la tierra
es el verso que no abarca
donde cae ya el confín
es el verso sin su origen que se suelta cometa
de mano de niño, cometa
es el verso de no haber ya donde había
para colmo
cesta de naranjas con ciruelas rojas

§ desamparo sobre la tierra pelada
no desnuda, pelada
igual que el cielo pelado, no desnudo

donde hace frío, la tierra
donde hace frío, el cielo
donde la lluvia lo mismo media

HORA DE QUE EXPLIQUE...

hora de que explique la samba —o samba
é brasileiro, sem explicar mais do que o movimento
corpo de baile, mulher que move a praia
pra cá do mar, nao mete areia n água—
la samba metafísica
la samba más allá del porche, del porqué
por eso el che arrasa cada vez que mueve el sol—
sin permiso— ¿no hemos pedido demasiado permiso
que, al tenerlo, ni el permiso nos cree, ve azorado
ése quién es? a la casa, al apartamento que se renta
casi a sí mismo con esa clase que aprendió, media
—no me atrevo al techo-de-lata-leche-escasa
del postigo viento fustigado —ganado
la historia del permiso, de la ganadería, monstruo
que no deja ganar —estoy diciendo liso, llano verbal, pradera
adentro, la que entra al alma, la domina
samba que le da un ajuste al cuerpo, al alma
lo correntino, lo entrerriano, ahí va
miren el río

Gualeguay es lo que dice el Gualeguay
—ay, les dice
lo mismo les dice el Uruguay
—ay, les dice

DERIVA DE AMÉRICA...

deriva de América, la mar
océano que de allí sale
Pacífico adentro le busca repartir
panes de agua, mangos de agua, reses de agua
filetes recortados en su grasa de arrecife, bifes
brócoli-boniato-calabaza-col

leche
capítulo aparte, leche
leche de leches azucena
desde la partida, reparto

pezón de pezones, embrión de corazón de corazones
hilo blanco-miga para regresar al hueco
de su ángulo no angélico, sexuado de sudor
desde el puerto de salir al puerto de llegar viva la leche
inmóvil vuelta al atlas viva la miga

dedicado a la palabra viva en exclusiva

el sometido al sentido
urgido surge —¿esto qué es?
provoca el sometido
agua de silencio en la boca —¿esto qué es?
bosquea con el hocico un avance
premonición de "ahí viene"
cruje el grajo bajo la corneja

leche de ordeñar, leche derramada
leche de preñar y leche de perder

abertura de las ubres
urbanidad de la hierba que recubre
la marea de amores expulsados
caen aquí, cerrada la hendidura

hambre hay en América y

Hoy Gran Pan Gran

ESE QUE ANDA...

> *caña de azúcar, caña de azúcar*
> *¿por qué no endulzas el cañaveral?*
> ZITARROSA

ese que anda con el yo en la boca
con el Jesús en la boca
a la menor provocación salta
patea el nido de la mercancía
donde se identifica —camisa ante el espejo
chaqueta al interior del alma—
un sello inconfundible, el de la calidad

hay que imaginar un yo muy alto
yo-nube, más-que-nube, nube de mascar
freno de altura —yoruga de llorar—
acercarlo a la orilla del río
—ésa es la famosa boca:
orilla de río—
y desciende la lluvia de yoruga —llueve
sobre los patos, los perros, los naranjos

§ uruguayo al que llaman yoruga
los provincianos y los argentinos

no es que sean gran cosa en este mundo
los yorugas, los artigas
pero hay un interior, hay una intimidad
—fuera de Brasil y fuera de Argentina
ambos ya quisieran queso—
ojos fijos del caballo dormido

hable de sí mismo como si fuera otro
despreocupado, perdido por ahí de sí
feliz tirado sobre el pasto fresco
mirando el paso, girando el cielo

yo pasé días felices en el campo
al caballo le colgaban las riendas

"TODOS LOS DÍAS…"

"Todos los días se matan en New York
cuatro millones de patos,
cinco millones de cerdos,
dos mil palomas para el gusto de los agonizantes,
un millón de vacas,
un millón de corderos
y dos millones de gallos
que dejan los cielos hechos añicos"

las cifras, Federico, las cifras
entre 1929 y 1930
en el poema son un atrevimiento

en un poema en lengua castellana
—de eterno para arriba
aunque sea una caja de fósforos
caja de eternidad
fósforos sin fuego—

todavía hoy las cifras junto a las fechas
son rechazadas por un deseo sin tiempo
no sólo sin objeto
pero con cosas, o en su ausencia
imágenes

ahora que los animales han vuelto
a ser foco de atención
el oso polar bajo la cámara
sobre el casquete de hielo que se derrite

hace muy poco las vacas ya volvían
ahí en *Poeta en Nueva York*
hay un poema sobre una vaca que se llama
"Vaca"
"Se tendió la vaca herida."

DIFÍCIL PARA EL EXTRANJERO...

difícil para el extranjero
uno se pregunta ¿qué lugar
no quebrado queda al extranjero?
de rama en rama
el capital se abre paso selva adentro
zancadas de zancudo, santo y seña
cortan el aire a tajos, abren tierra
perforadoras para adoración
el capital camina sobre el agua
cosa que casi ningún cuerpo vivo

el capital no es un lugar
claro que no, el níspero no lo permite
el ombú rechaza ese pulmón supuesto
branquia que ocupa todos los lugares
la copa, la sombra
el vaciado, el brindis
—sobrepuesto a su desolación
blanca noche, blanco sol
blanco abajo de mañana
nieve de abajo
bajo La Nada nieve
Un coup de dés flota casi
sobre pista de patinaje en hielo
—la raíz era trabajo, el tronco daba
la frescura de la savia vía
el verde alucinado de las hojas
he ahí un adjetivo que le va
color prendido por el rayo

corcho, escarcha, hielo transparente
miga, amagos en el pico, resplandor

PURA LÓPEZ COLOMÉ

DRAMATIS PERSONAE

Mi voz se fue amoldando a sus tejidos.
Se detuvo. Creyó no poder más
y continuó.
Conoció así un cauce
nunca antes descrito,
un lugar del que era parte sin saberlo.
Al que volvió después.
Abrió sus puertas,
dio principio a los oídos.
Caracol de oleajes vigorosos,
saciaba todas las esperas
penetrando el cuerpo en rojo intenso.

Luego tu voz ventisca,
desde las copas
de bosques invernales,
de huertos de la tundra,
desde el encino, el cedro,
y desde el tamarindo,
atravesaba a los despiertos
que caminan
saboreando
la melodiosa sequedad
del trueno.

(1952.) Nació en la ciudad de México, el 6 de noviembre de 1952. Es licenciada y maestra en letras hispánicas, mexicanas e hispanoamericanas por la UNAM. Además de poeta, es ensayista, crítica literaria, traductora, antóloga e investigadora. Ha publicado diez libros de poesía: *El sueño del cazador* (1985), *Un cristal en otro* (1989), *Aurora* (1994), *Intemperie* (1997), *Éter es* (1999), *Tragaluz de noche* (2003), *Santo y seña* (2007), *Reliquia* (2008), *Una y fugaz* (2010) y *Lieder: cantos al oído / cantos al olvido* (2012). En 2002 reunió su obra poética, de 1985 a 2000, en el volumen *Música inaudita*, y en 2013 recogió toda su obra poética en *Poemas reunidos 1985-2012*. Entre otros reconocimientos, ha merecido el Premio Xavier Villaurrutia (2007), por *Santo y seña*.
Lecturas recomendadas
Música inaudita. Poesía 1985-2000, Verdehalago, México, 2002.
Tragaluz de noche, FCE, México, 2003.
Intemperie, 2ª edición, Verdehalago-Conaculta, México, 2005.
Santo y seña, FCE, México, 2007.
Reliquia, Ediciones sin Nombre-Conaculta, México, 2008.
Una y fugaz, Bonobos-UNAM, México, 2010.
Lieder: cantos al oído / cantos al olvido, Bonobos-Conaculta, México, 2012.
Poemas reunidos 1985-2012, Conaculta, México, 2013.

EPÍMONE

*...el efecto general, es decir
una textura, una banda sonora,
no la precisión de las alturas.*
EDUARDO MATA

Si lo último que muere
es el oído,
el creador del canon
se rehizo,
se forjó al rojo vivo
con la entrada de las voces,
cada una repitiendo el canto
antecesor.
Distinguió, en el día eterno,
la caminata ritual de alacrán,
el chillido de su hembra,
la cigarra delirante,
la minúscula contienda
de todo lo que existe,
y la mayúscula, *ecce homo*:
fin compartido, muerte en connubio,
cadalso íntimo, estrépito,
por haber preferido el contrapunto
que late imperceptible
en cada inhalación y exhalación.
Pero no levanta el vuelo.

ESCLERÓTICA

Nunca el privilegio
esparcido en las colinas.
No sonríe,
busca la música entre dientes
y amanece.
Es los momentos en que el aire
se sabe tocado
por un fulgor,
una tentación,
revés de sus entrañas.

Este sitio solía ser
un imperio,
vergeles en el ojo,
sembradíos.
Hoy no cae
ni gota de agua.
Oigo su recuerdo
y lentamente el trueno.

Una voz profunda
de pozo,
de diarios íntimos,
me ordena rezar,
rezar incesantemente,
frotar hasta el cansancio
las dos piedras
porque es palabra
el sacramento.
Y tiempo la oración.

SACRIFICIO

La diosa se traga,
merced a ella mostramos,
en iguales proporciones,
nuestra errancia, nuestra fe.

Cerca del mediodía,
describías un atardecer,
una madrugada
o un crepúsculo;
te parecía haber pasado
tanto tiempo en este sitio
que podía él mismo ser tu vida
sin registro,
o quizá tan poco
que al respirar
te acabaras de adaptar al exterior.

Para que haya reinos tales,
algo que se llame herencia,
mensajes cifrados,
habrá de ser el mundo nuestro espejo.

Y para inmolar primicias, primeros frutos,
habrá que quitarse el pan de la boca.
Aprendiz volverse,
persona
inserta en los pormenores del oficio,
aplicada a resolver misterios,
la humedad del aire,
la delicuescente atrocidad.

REMANSO

Humo blanco desde la ventana
de la casa contigua, otro mundo.
Aquí junto.

El cónclave, invisible.
Un rostro difuso, sin facciones
en los espacios que se entreabren y entretejen.
Disuelto, intermitente, se define.
Cirio incandescente
en el vano de la permanente tempestad.
Certeza de una buena nueva
pese a su enormidad,
su desolación,
su inmediatez.
Una verdad
escondida en nubes de ceniza,
polvo,
testimonio
de órbitas
de suyo acongojadas.
Reales.

ENTRE VOLCANES

Haber nacido entre volcanes
aparentemente extintos.
Suelo que se agita por designio.

Un escalofrío. Un terremoto.
Alguien iba y venía
revisando si algún muro,
alguna lámpara
estarían por desprenderse
sobre los durmientes.
Podíamos perderlo todo.
Ni lo mande Dios.
Nos reduciremos a Pompeya.

Una desnuda circunstancia,
la de este tragaluz en invierno
me ha revelado el rumbo
tras la niebla.
La nieve se tornará deshielo
y la luz, negación del miedo y la atrocidad.

Casa que traga la luz en una lengua antigua,
que es luz celeste en antigua lengua
y ventanal aquí.
La tierra prometida.
Verdadero tragaluz de noche.

Y EL ANTURIO, IMPÁVIDO

Dos abejorros
extraen el jugo,
dulce y amargo,
al centro
de las hojas color de rosa
de una flor que no es rosa.
Ahítos,
golpean los ventanales
vez tras vez,
seguros de emigrar,
con el tesoro adentro,
allende el aire,
ignorantes del eclipse
de un sendero libre,
ignorantes
del imán
de un espejismo.
Con la sangre miel
en las entrañas,
parte ya de una médula
extática.
Y distinta.

ATORMENTADA

Caían enormes sólidos
desde no sé qué alturas,
no sé qué lugares.
Temblaba,
y en la boca
un sabor a tinta. En su punto.

Granizo, quizás,
granos de hielo enormes;
su descenso,
aquel impacto escandaloso,
no me enterró, aterrada,
entre las cobijas.
No fue, no era eso.

Una temperatura bajo cero
circulaba por el centro tierno mis huesos.
Un verdadero calor frío.

Nada de monstruos a la vista.
Nada de distancias interminables.
Nada de acontecimientos brutales.

Sólo una tormenta de bellotas.
Sólo un ciclo que se cumple
cada cierto número de años
y torna al bosque tropical
un encinar en coro.

Es el miedo.

GÜIRO

Tu tráquea dentro de la mía
resuena sin definición con desafinación
en quebradas gotas que van cayendo
desde lo que sí tuvo sentido alguna vez
hasta el día de hoy,
por el único camino al alcance,
instrumento de rara madera,
una suerte de palo de lluvia
incrustado en el plexo solar.
No hables por la herida,
no desmontes tu escenario,
no congeles esta escena,
demencia pura
del más claro uso de razón,
condición gloriosa,
tu sentido común,
esparcido entre un desierto de sal
y el crepitar del hielo
como un fuego
inapagable.
Tu tráquea tocada con baqueta
se desdice, se contradice,
se maldice y se retracta,
a ratos agua que fluye,
otros agua estancada
en corvas, axilas, lagrimales.
Pero siempre sulfurosa
y celestial.

EDUARDO LANGAGNE

DISPERSIONES

I

ella tiene el pelo corto y su cara toma los más
despiadados amarillos, tensa las cuerdas pensando
en los guerreros que limpiaban su lanza en la
entraña enemiga.
luego canta con la seguridad de un pirata que ha
encontrado en su mapa el sitio exacto del tesoro.

II

en tus pesadillas soy un extranjero que mira madurar tu cuerpo.
el mar es un fruto verde que no podemos morder
porque la lengua reconoce la traición y la desdeña.
el tigre corre, a pesar de la bala en sus costillas.
la poesía no se crea ni se destruye, sólo se transforma.
escribo ahora que la inmóvil terquedad de la tortuga
me aviva la impaciencia.

III

con la guitarra desgarramos nuestros odios,
nuestros más amorosos rencores:
al cantar elegimos la manera de morir.
permanecemos en la muerte.

(1952.) Nació en la ciudad de México, el 21 de diciembre 1952. Es maestro en letras latinoamericanas por la UNAM. Además de poeta, es narrador, antólogo y traductor. En la veintena de libros de poesía que ha publicado destacan: *Donde habita el cangrejo* (1980), *Para leer sobre un tambor* (1986), *Navegar es preciso* (1987), *A la manera del viejo escarabajo* (1991), *Tabacalera* (1992), *Cantos para una exposición* (1995), *La manzana en la cabeza* (2000), *El álbum blanco* (2004) y *El reposo del guerrero* (2012). Entre otros reconocimientos, ha merecido el Premio de Poesía Casa de las Américas (1980), por *Donde habita el cangrejo*; el Premio Nacional de Literatura Gilberto Owen (1990), por *A la manera del viejo escarabajo*; el Premio de Poesía Aguascalientes (1994), por *Cantos para una exposición*, y el Premio Internacional de Poesía Salvador Díaz Mirón (2003), por *El álbum blanco*.
Lectura recomendada
Decíamos ayer (Poesía 1980-2000), Conaculta, México, 2004.

EL QUE BEBIÓ ESA NOCHE

El que bebió esa noche
encontró que todas
las mujeres del mundo
se reunían en ella

y más aún
todas las del mundo
se fragmentaban en ella
o se dispersaban
o se reconocían
o se sabían mujer en ella

el que bebió esa noche
inventó una guitarra
para encajar sus uñas
—igual que a los caballos
se les clava la espuela—
y la guitarra salió desbocada
haciendo polvo

entonces fue
que el que bebió esa noche
recordó algunos versos
que también hacían polvo
o más bien
se hacían polvo
como si la muerte
hubiera
besado todas las canciones

el que bebió esa noche
encontró una mujer
y descubrió que la muerte
se reunía en ella
y que todas las muertes
en ella se reunían
por lo tanto
ella era dulce
y la vida se juntaba en ella

y el que bebió esa noche
esperó el amanecer
bebiendo de ella
amando a ella
cantando en ella

juro que cantaba

TESTIMONIO

Nunca dije te quiero sin sentirlo,
y nunca competí con un amigo
ni por empleo, ni fruta, ni mujer.

Porque el sustento es noble en la amistad
y una fruta jugosa
puede siempre esperar nuestra mordida.

Sembrar ese manzano puedo con un amigo
en medio de una isla desierta en el océano.

Y una mujer jamás disputaré al amigo
porque ella puede decidir a dónde
dirige en plenitud el corazón que tiene,
en dónde pone el corazón que usa a su manera.

Y puedo por mí mismo
buscar una mujer que quiera amarme
a la sombra del árbol que sembré con mi amigo
y comiendo los frutos que habré de cosechar.

ATENCIÓN

Entre la multitud
puedes reconocerme, amor:

yo soy el que va cantando.

NAVEGANTES

Navegar é preciso
viver não é preciso

Si la constelación indica el rumbo
hay que mirar arriba
y atrapar esa estrella en la mirada.
Pero a tanta distancia
ignorar es la ruta a navegar.

Navegar é preciso
viver não é preciso

El timón no se corrige enderezando el barco.
A babor se escribe.
A estribor se reposa pero late furioso el corazón.
La tempestad se avecina, sabe y grita el vigía.

En qué maldito mar entrometimos el destino.
En cuál interminable océano decidimos aprender a vivir.

Navegar é preciso
viver nao é preciso

Se enterraron el norte de la brújula
en la costilla falsa de su costado izquierdo.
Abrieron los brazos
hasta alcanzar los extremos del antiguo horizonte
y el peje espada perforó las palmas de sus manos
y los clavó en el mástil húmedo y altísimo.
Miraron dulcemente al cielo,
una corona de sal hería su frente.
No puedo suponer que hubo lágrimas,
de los más rudos hombres se dice que no lloran.
Tres días después,
al tiempo que termina atrapado el bacalao,
de los mástiles todos los hombres recios fueron desclavados.
Mas no subieron nunca al cielo,
porque les es preciso navegar.

ME PONDRÉ LA MANZANA

Guillermo Tell no comprendió a su hijo
que un día se aburrió de la manzana en la cabeza
CARLOS VARELA

Me pondré la manzana en la cabeza,
si aprendiste a tirar, en ti confío.

Y si aún no es el tiempo en que debías,
lo sabremos después de que dispares.

De cualquier modo,
me pondré la manzana en la cabeza.

IGUAL QUE LAS SEMILLAS

Cuando Ernesto Gutiérrez me habló de Mallarmé
caminando Reforma, me gustó Mallarmé,
los adioses, las iras de los dioses antiguos.
Nos despedimos luego y Ernesto me decía
que uno no sabe nunca si ha de volver a verse.
En Managua comimos gallo pinto, en su casa.
Más tarde yo me fui y Ernesto me decía
que uno no sabe nunca si ha de volver a verse.
Años después, no muchos, en Brasilia busqué

a mi Ernesto Gutiérrez. Y no he de verlo más.
La tierra ya lo tiene igual que a las semillas.
Uno no sabe nunca si ha de volver a verse.

MISTERIOS

Tal vez este soneto pudiera revelarme
los misterios de un árbol y su ardilla,
mojarse en aquel río y alcanzar otra orilla
sin ahogarme, de veras sin ahogarme.
Un fuerte golpe, artero, tal vez pudiera darme
debajo de la última costilla,
o con aguja infame o candente varilla
secamente el pulmón desbaratarme.
Quién sabe lo que piensa mi padre en el secreto
de su arrítmico lecho de hospital,
recordando su ardilla y aromando su abeto,
sumergido en las aguas del final.
No me revela nada este soneto
que no es ningún soneto, respira mal, muy mal.

CANTO POR EL HOMBRE QUE BEBÍA MÚSICA

Ebrio viene el hombre nuestro
En sus piernas arrastra el secreto de Dios

Tropieza con el aire como un pájaro ciego
Las palabras de su lento alcohol
las entienden los niños y los árboles

Agoniza entre muros de la ciudad ajena
bajo el cielo plomizo de un amor extraviado

No tiene más dolores que su solo alcohol
en sus brazos la fuerza de una bestia herida

Su pecho se agota finalmente
y su puño se crispa como un nido apedreado
donde agoniza el trino de un gorrión de viento

LA MESA DEL ESCRIBANO

"No soy un escritor,
soy un escritorio",
habría trazado Pessoa
con un íntimo ritmo marítimo
en el papel amarillento como un mapa

sobre la mesa hostil
donde escribía
las cartas comerciales
de su supervivencia.
Y Álvaro de Campos habría pensado:
"no soy una persona,
soy un personaje",
mientras Fernando escribía
en su escritorio múltiple
las voces más expresivas del convulso Siglo.
"No soy un viaje,
soy un viajero",
habría dicho Ricardo Reis
cuando marchábase al Brasil
con su Fernando Pessoa en el corazón
para perderse
en un continente de rostros misteriosos,
aparentes y vagos.
Y Caeiro, el maestro,
habría reflexionado:
"no soy auténtico,
soy idéntico",
en su afán de diluirse
en la naturaleza
mientras Fernando abría los sobres mercantiles
y preparaba respuestas lógicas, triviales.
Pero en la mesa comercial del escribano,
mientras un barco de carga sorteando la tormenta
traía su salario
para el oporto y la tinta,
aparecían más nombres de hombres verdaderos.
"No soy este instante", habría escrito
Pessoa,
"soy el tiempo".

EL OFICIO

Tengo una mesa.
Puedo escribir tengo una mesa.
Tengo una silla.
Puedo escribir tengo una silla.
Aún más:
Tengo papel y tinta.
Puedo escribir sobre el papel y con la tinta.

Pero la poesía me dice
que ella no está en lo que ya tengo.
La poesía me dice
que está en lo que me falta.

ANTONIO LEAL

¡THALASSA!

Llegarás primero a las sirenas
que encantan a cuantos hombres van a su encuentro.
HOMERO

Como un rebaño de olas cabritean
en la blancura de esta página.
Buscan el vaivén de las horas más
núbiles de las tres de la mañana.
Suelen esconderse en el vestíbulo
del silencio y nadie las vislumbra.
Duermen yermas contigo, aunque nunca
serán tuyas. Al escenario siempre
llevan el mismo papel desde antaño
en el poema, que es donde envejecen,
                              sin morir.
Se les puede invocar en las puertas
del sueño, memorando antiguos nombres
de náufragos infaustos que playean
entre escombros, quienes buscan un trozo
infalible, algún breve cascajo
de salitre, el ansiado maderamen
de un barco perdido entre la pujanza
marítima, sacudiendo inútiles
botellas vacías que hoy repiten
desde la punta de este lápiz: "rilke",
"rilke", "rilke", "rilke", canto augural
de las sirenas cuando así fustigan
sobre los hombres el venal deseo.
Más allá de los párpados sin sueño,
de las horas dulcísimas de un mar
adentro, cuando plañen las marinas
valvas todo reflujo bajo el agua,

(1952.) Nació en Chetumal, Quintana Roo, en 1952. Estudió sociología en la UNAM. Además de poeta, es periodista y crítico literario. Ha publicado seis libros de poesía: *Duramar* (1981), *Canto diverso* (1995), *Los cantos de Duramar* (1998), *Poemas provinciales* (2004), *Thalassa* (2008) y *La fauna exaude* (2012).
Lecturas recomendadas
Thalassa, Siglo XXI, México, 2008.
La fauna exaude, Conaculta, México, 2012.

distante, desde exánimes arenas,
oh, tú, primera de las Afligidas,
en la espiga de las olas cantabas,
y tu deseo estaba en la sal
viva de nuestros íntimos deseos.
¡Thalassa!, decías: encrespa la ola
y bate al viento abriendo tiernos brotes
en la rosa náutica. Hace al día
más lóbrego, con él endulza el aire
de las ramas altas que anidan pájaros.
Al solaz, "en la mar en calma y llana",
al pairo el alma, es canto inaudito
que repiten impunemente valvas
olvidadas. Sueño inútil que sube
al corazón del náufrago en luna
rala. Es el más antiguo sabor
que tiene la sed de salobres aguas,
un pañuelo de viento en el que huye
espantada de sí la lejanía.
¡Thalassa!, herrumbra todo sendero
secreto de la lluvia, desatando
en vasto mar errátil olas glaucas.
Como latido de aguas zarcas, bruñe
con su hechizo todas las nostalgias.
                              ¡Thalassa!,
es un viento de arena escondido
en la camisa de todo poeta,
la hembra del silencio, sólo huesos
donde plañen ingrávidas sirenas.
Vedlas ahora retozar insomnes
bajo el ala más profunda del día.
En esa hora cuando el alcatraz
con su negro graffiti comba el cielo.
Escucha lo que trae la mullente
espuma. Tú eres ahora Ulises
que retorna a su Ítaca después
de haber amado a las castas sirenas.
El nacido de vientre que ha oído,
sin morir, el canto de Aglaófeme,
la de la voz bella; a Agláope,
de rostro hermoso, y a Imeropa, madre
partenia en culpa por deseo de todos.
Escucha a Homero en labios de Leucosia,
a Ligia, la chillona. Mira grácil
esa "atroz escama de Melusina".
Sobre todo, finge oír la música
de la veneranda Molpe, y guarda
vivo el recuerdo de la doncellez
de Parténope, la sutil lascivia
de Pisínoe venciendo al amante.

Acepta grato lo que tenga Redne,
y a Teles toma por mujer perfecta.
Como un bautismo asume las palabras
de la calma que es pródiga en Telxiepia.
Persuádete de Telxíope, y vuelve
a la abierta memoria de los hombres.

LILITH

Yo soy —decía—, yo soy la dulce sirena,
que distraigo a los marinos en medio del mar;
tanto es el placer que hago sentir:
con mi canto aparté a Ulises de su camino errante.
                                    DANTE ALIGHIERI

A mamá Chonita, que me dio el dulce cáliz de sus cenizas,
que un día olvidé en algún rincón del mar Caribe

Abrir los ojos aquí, en el estiaje
donde colman su sed de aguas pudendas
las bestias taciturnas del insomnio.
En el adusto obraje de este día
mórbido que abre su ala más tierna
y avanza ciego rompiendo vasijas.
En la maraña de sueños en párpados
vencidos, en esta hora frutal
que se despierta entre cenizas vivas.
Abrirlos aquí, en donde la mirada
inicia el vuelo a pasos de horizonte,
en la memoria de los sitios donde
el mar olea saldos sin ganancias,
desfalcos que rebullen desde el alma,
abrazos exánimes siempre vacuos,
catafalcos de huesos de imposibles
adioses, bonches de húmedos pañuelos
en los que uno envuelve un mar de lágrimas.
¿Cuál es la ola que llenó de sal
la urna que guardaba nuestros huesos?
¿Y con qué ojos llorar en tanta lluvia
la arribazón de este hundimiento
que a maretazos nos quitó la greda?
¿Quién nos dio este bautismo de cenizas
que todavía arde en nuestros ojos?
¿Con qué pañuelos de viento se amarran
las averías de este naufragio?
¿A qué puerto? ¿En qué nicho? ¿A cuál
mejilla de Dios llega y se acurruca
esta diáspora de flébiles olas?
¿Qué obtuso designio nos subió al barco

en algún oscuro puerto sin edad,
al que un día habremos de volver
sólo después de haber oído el canto
incólume y solaz de las sirenas?
Abrir los ojos aquí…

RITUAL DEL TIGRE

Al poeta Jaime Labastida

En el adytum de su cueva
el jaguar ventea
el erial donde —en el trópico—
la selva ciega
con imposibles bejucos
todos los caminos,
con tupidos silencios
que sólo oírlos duele,
con semillas de miedo
que dondequiera crecen,
con sofocantes olas
de un maremágnum verde.
En el lenguaje de su piel,
como un mandala,
como una pandorga que vuela
ornada de eclipses
que van rumbo
a ignotas constelaciones estelares,
transcurre la noche
que muere en manos del día.
En el trasiego de las horas
vela sus zarpas,
les devuelve suavemente
el nácar a lamidas.
Con babeante molicie
restaña una a una
sus heridas;
con su lengua salvaje
les da un guiño de ternura.
Sacerdote tigre
con mirada de basalto,
su linaje viene del tiempo
de las piedras solares.
De estuco es su memoria
inscrita en las estelas.
De chilam es su rostro,
de balam es su máscara:
su nombre está en la raíz
de todos los libros de piedra.

Oficiante divino,
augur de las chivalunas,
él es quien recibe
el cuerpo de la víctima,
al término de la tarde,
en el *pok-ta-pok* vencida.
Hierofante invoca el libro del ritual,
el mandamiento que consagra
arrancarle con las manos,
con todo y raíz, el corazón
aún con vida,
al héroe vencido en el juego de pelota.

SIMIÓTICA

en el principio
no era el verbo
era un chacaleo
un vagido léxico sin memoria
de bestia o divino
pusilánimes gañidos
agugús prenómicos
ortofonemas desleídos
homonimias
acurrucos sin sentido
yemas runas
glifos
paliques tribales
ordalías que evocan palíndromas
homilías de semillas
efe ele elle eme ene
eñe ere erre ese
nervaduras de las páginas del tiempo.

HÉCTOR CARRETO

EL POETA REGAÑADO POR LA MUSA

"Ante sus cabellos, el viento
fue incapaz de enredarse.
Intactos, sus labios permanecen.
Sólo la luz —camafeo— fijó el recuerdo",
fueron los versos que escribí pensando en Ella.

Después de leerlos, la Musa marcó mi número:
"¿Por qué me describes con palabras de epitafio?
Según mi espejo de mano, no estoy muerta
        ni soy estatua.
Tampoco quieras que me asemeje a tu madre.
¿Estás enfermo, o qué sinrazones
te obligaron a cambiar de poética?
¿Acaso aseguras un túmulo en la Rotonda
de los Ilustres,
en el Colegio Nacional,
                o paladeas dieta vitalicia?

Escúchame: no escribas más como geómetra abstraído,
en un lenguaje de cristales que entrechocan,
capaz de pintar una batalla como ramo de madreselvas.

Confía en el instinto: que tus labios refieran con orgullo
        mi talento en el baile, mi afición por el vino.
Presume al lector de mis piernas en loca bicicleta,
de los encuentros sudorosos, cuyos frutos
        son tus epigramas.

(1953.) Nació en la ciudad de México, el 18 de marzo de 1953. Es licenciado en letras hispánicas por la UNAM. Además de poeta, es antólogo e investigador. Ha publicado siete libros de poesía: *¿Volver a Ítaca?* (1979), *Naturaleza muerta* (1980), *La espada de San Jorge* (1982), *Habitante de los parques públicos* (1992), *Incubus* (1993), *Coliseo* (2002) y *Clase turista* (2012). Ha antologado su obra poética en los volúmenes *Antología desordenada* (1996) y *El poeta regañado por la musa. Antología personal* (2006), y reunió su poesía de 1979 a 2006 bajo el título general *Poesía portátil*. Entre otros reconocimientos, ha merecido el Premio Nacional de Poesía Carlos Pellicer para Obra Publicada (1983), por *La espada de San Jorge*; el Premio de Poesía Aguascalientes (2002), por *Coliseo*, y el X Premio de Poesía Luis Cernuda (1990), en Sevilla, España, por *Habitante de los parques públicos*.
Lecturas recomendadas
El poeta regañado por la musa. Antología personal, Almadía, Oaxaca, 2006.
Poesía portátil 1979-2006, UNAM, México, 2009.
Clase turista, Posdata, México, 2012.

§ Tampoco ocultes que tenemos diferencias.

Entre la musa que riñe contigo y la que duerme en un lienzo,
no dudes: confía en el instinto.

PALABRA DE CORRECTOR

Señor:

   Bendice a los redactores improvisados,
bendice también los dedos de las tipógrafas
    que bailan sobre las teclas;
bendice, especialmente, a los escritores sin ortografía,
porque gracias a ellos existimos los correctores.

Señor, hiciste un mundo apresurado.
Ninguna obra maestra, debes saberlo,
se escribe en siete días.

Por si decides corregir tu creación
    te dejo mi tarjeta.

LOS DOS MECENAS

Eres generoso, Mecenas, con los aduladores.
Pavo real, no ostentes el pecho;
   ese rico plumaje no es tuyo.
Las dietas que repartes no saltan de tu bolsa
sino de mis impuestos
que te asignan un salario a la altura de tus caprichos.

Eres mecenas de otros; yo soy el tuyo.

MAL DE AMOR

No me importa el contagio del herpes
ni de otros daños incurables.
Es el riesgo del deseo, es su mandato:
beber en tu taza es, acaso, mi única oportunidad
de poner mis labios sobre los tuyos.

LA CIERVA

Soñé que el ciervo ileso pedía perdón
al cazador frustrado.
NEMEN IBN EL BARUD

De pronto tú
       recostada en un claro del bosque
manjar sereno
      ¿Intacto?

Tensé el arco
      y disparé
         sobre ti
rápidas palabras
red para cazar lo inasible.
Pero ninguna letra
       fue salpicada por tu sangre:
entre un adjetivo y otro
       saltaste
más veloz que la luz de la flecha.

Una vez más
      mi palabra no alcanzó a la Poesía.

Ilesa,
sobre la rama de un árbol
pero con lágrimas en los ojos,
me suplicas:
"inténtalo de nuevo,
     inténtalo de nuevo".

TENTACIONES DE SAN HÉCTOR

Señor:
He pecado.
La culpa la tiene Santa Dionisia,
la secretaria de mi devoción,
quien día a día
     me exhibía sus piernas
   —la más fina cristalería—
tras la vitrina de seda.
      Pero cierta vez
Santa Dionisia llegó sin medias,
dejando el vivo cristal al alcance de la mano.
Entonces las niñas de mis ojos
   —desobedeciendo la ley divina—
tomaron una copa,
quedando ebrias en el acto.

¡Qué ardor sentí
al beber
con la mirada
el vino de esas piernas!
Por eso, Señor,
no merezco tu paraíso.
Castígame; ordena que me ahogue
en el fondo de una copa.

LA COMEZÓN DEL SÉPTIMO AÑO
[TENTACIONES EN EL CINE]

Señor:
        devuélveme la luz
                        a cualquier precio.

Mira:
        una noche
descendí
        a la noche de un cine.
La imagen que allí se apareció
era más bella
                que la virgen:
irradiaba tanta luz
que causó la envidia de la copa
                                —su vestido.
Dos gardenias (sentadas junto a mí) se marchitaron.
¿Por qué los pies brillaban más
que el charol de los zapatos?

Los subtítulos decían:
        Si roca de cristal no es de Neptuno,
        Pavón de Venus es, cisne de Juno.

Pero aunque el ángel era custodiado
por arcángel de saco y sombrero,
el Diablo —disfrazado de viento—
metió sus dedos
                debajo de la falda,
que luego levantó
para mostrarnos
                el incendio
                        del templo.

Tanto ardían las desnudas columnas
que el pequeño cardenal
que siempre me acompaña
se puso aún más rojo

§ *...a noticia de todos llegó que era el día del Juicio, fue de ver cómo los lujuriosos no querían que los hallasen sus ojos, por no llevar al tribunal testigos contra sí...*

y yo a gatas buscaba, entre carcajadas y aplausos,
la salida del infierno.

CHOCOLATE AMARGO

Quítame la envoltura.
No abras tus labios para hablar
sino para el goce.
Soy un chocolate amargo
y cuánto placer garantizo.

Tienes esposo, lo sé,
pero no tiene por qué enterarse;
con una barra en la boca
no podrás soltar palabras que delaten.

No seas tímida, apaga la luz,
con pulgar e índice sostén mi cuerpo
y húndeme en tu pozo húmedo.

Te sugiero no usar los dientes,
ambos sentiremos mayor placer
si tu lengua me disuelve sin prisa;
ambos gozaremos si yo,
líquido espeso, embarro tus cavernas.

VIERNES SANTO EN MADRID

Delante de mí, camino a los Jardines de Sabatini,
van dos muchachas infieles, riendo,
ajenas a la procesión que en otra calle
conducen a Cristo y su cruz.
Una porta su atuendo árabe
de la cabeza a los pies;
la otra oculta el cabello con un *hidjab*,
pero viste una falda corta
que se pega a sus muslos desnudos
y ostenta pulseras en brazos y tobillos.
Se contonean despacio
sobre altísimos tacones de Vuitton o de Zara.
Sus risas coquetas se mezclan
con el redoble de los tambores de luto.

§ Es Viernes Santo,
　me ciño la corona de espinas
　y ruego a Dios que esas pecadoras
　sanen mis llagas con sus labios.

EL OLOR DE LAS CIUDADES

A los turistas nos irritan los malos olores.
No nos lleves, guía, a los establos
　　　　　　　　　　　　de Napoleón
ni a las caballerizas del Duque de Wellington;
no nos lleves a Waterloo,
donde la hierba aún hiede a sangre
y las moscas perturban
tanto a los muertos
　　　　　　　　como a los vivos.

Somos personas higiénicas,
con las vacunas en regla.
Somos la estirpe de los grandes museos.

¿Por qué no nos invitas a otros campos?
Por ejemplo, a presenciar *La batalla de San Romano*,
　　　　　　　　　　　　　　de Paolo Uccello,
donde los corceles vivos permanecen de pie
y los heridos huelen a óleo,

o condúcenos ante las *Yeguas y potros en un paisaje*,
de George Stubbs,
para que aspiremos su estético abono
y con ese *souvenir* regresemos
　　　　　　　　　a nuestra patria.

EDMUNDO LIZARDI

BAJA TIMES

I

Fumarse un porro de "chocolate" marroquí
—obsequio de un viejo capitán recién desembarcado—
en el 110 del Hotel Plaza de la Calle Mayor
(Cuarto Crujiente, mi hogar aquí y ahora, ¡ampárame!)

Ofrenda del Magreb
Para la Antigua California
                          la del Mito
Y el narcomitote de las Playas de Coca

Oh Baja!
Magnificent Peninsula!

Gran Ballena varada a orillas de América

De Tijuana a San Lucas
                        un Arco Iris
Una enervada brisa
De la *Revolución* al *Boulevard Marina*
Del *Mike's* al *Cabo Wabo*
Del *Bordo* a la *Playita del Amor*

El pueblo de cardones
con los brazos al cielo
                        —*Jesus Christ!*—
                                    reverdece

(1953.) Nació en La Paz, Baja California Sur, el 25 de marzo de 1953. Es licenciado y maestro en letras hispánicas por la UNAM. Además de poeta, es narrador, ensayista, editor y periodista cultural. Ha publicado cinco libros de poesía: *El viaje, otras distancias* (1975), *Y después del crepúsculo* (1980), *Mar en sombra* (1986), *Azuvia* (1988), *Preludio de las islas* (1999) y *Baja Times* (2005). Entre otros reconocimientos, ha merecido el Premio Nacional de Poesía Tijuana (1997), por *Preludio de las islas*; el Premio Nacional de Poesía Alí Chumacero (1997), por *Arena madre*, y el Premio Fronterizo Binacional de Poesía Pellicer-Frost (1997), por *Baja Times*.
Lecturas recomendadas
Preludio de las islas, Instituto Municipal de Arte y Cultura, Tijuana, 1999.
Baja Times, 5ª edición, Cátedra, México, 2013.

§ La espina muere
Cuando la flor dilata
Sus pétalos de sal
                iridiscente
Oh Baja rumorosa:
Rumor baja
          la Baja
              deleitoso:

Regresaron cargados
De una suave embriaguez
                esta temporada…
Su pulpa agridulce

Es la carne de Dios

Corrió el rumor
Y se dejaron ir
          se dejaron venir
Mariposas de *Frisco*
Comediantes de *Elei*
Cholitos de *Tiyei*
Pirates de Ensenada

¡La horda fronteriza!
Límite de sí misma
Como el Agua Cero
            que cae
Y disuelve las brechas
Las vertientes del tiempo
Los estanques posibles
           los espejos
"Te ponen hasta atrás, hasta la madre"

¿Y?

Que doblan las campanas de Loreto
              y el cristal
De las Torres de Aguacaliente
            cruje y se apaga

La urbe se adentra
En otra noche
De cuchillos largos
Y cuernos de chivo

Giran
Entre el azul y el rojo
          las sirenas
Gimen y cantan
De espaldas al Océano

§ La Madre Perla se abre

Salta una lágrima de plata
Sobre el fondo del Golfo
　　　　　　　　　　entre ardientes corales

Allá abajo
Las proas del naufragio
La sombra de una cabellera
Enredada en el Puente de Mando

Los ojos del vigía
A la deriva

Allá arriba
Los fantasmas del Yonke
alebrestados:
De las ruinas del *Cadillac*
Saltan a la defensa del *Pick Up*
O a la portezuela del *Toyota*

Danzan entre los fierros retorcidos
　　　　　　　　　　y los espejos rotos

En la radio la música se apaga
y se enciende la voz del locutor
con la noticia de Último Minuto:

En el hipódromo
Galgos y caballos
Han sido dopados
La pista es de cristal
　　　　　　　　　　resbaladiza y transparente
Devoradora

En los *books* se han cerrado las apuestas:
Ni *Trifecta*, ni *Exacta*, ni *Cinco y Diez*
　　　　　　　　　　　　Baja Uno
　　　　　　　　　　　　　　Baja Cien
　　　　　　　　　　　　　　　Baja Mil

Bajamania
I'd rather be in Baja!
Baja Taco
Baja Fish
Baja Curios
Baja Dream
Baja Beach
Baja Flash
Baja Bug
Baja Telos…

§ Salta, oh marlin, de pico coralino
Sobre los *Baja Rainbows*

Sobre la cabellera del *Viet-Vet*
Que ante una postal de Sausalito
                              sonríe:

El *Golden Gate* cubierto por los humos
De la yerba quemada en el altar
                         del *Filmore West*
La noche de antenoche

La noche de *The Cream*
La noche de la *Janis* y *Big Brother*
La noche de *Santana* y *Grateful Dead*

Y luego la larga marcha al sur

Seis de la madrugada
Kerry, el guía, prepara la excursión
                         a la Cueva Pintada
En los cristales de su vieja Carroza
(una Van 70)
Se diluye la escarcha

Cargada su mochila de campaña
De dátiles maduros
Para la resolana y la subida
Pasa lista:

La pareja de Seattle (Second Marriage)
Los cibernautas de Berlín
Las ancianas de Eureka
Las chicas de Québec
Las mexiquillos cantarines

Let's get it on, oh Kerry!

(*He left his heart in San Francisco*
Y enterrará su culito rosado en Mulegé)

Es hora de partir, oh desvelados!
Que allá arriba, en la sierra
Los monos de la *Cueva de los Monos*
                              también se desperezan

Y es hora de volver

Volver al puerto
Que te llenó de luz
Y cultivó tu lengua

§ Volver:

De Fez para la Bella Cenicienta
Previa gira europea

¡Oh, Iberia, la Infiel!
La de la Eterna Reconquista
Cultivadora del instante
Y sus mercados con los nervios de punta

De Algeciras a Atocha
De Atocha a Sants
De Sants al Casco Viejo
Un fragmento de eternidad:
                    Allahu Akbar!

Incienso que recorre las cúpulas
                    de la Ciudad Condal

Y su vigilia al rojo vivo:
Resplandor del Rioja
En labios de una barcelonina
De ojos profundamente negros
Y cuello blanco de cisne modernista

Esencias memoriosas que emergen del Mons Taber
Penetran el laberinto del Barrio Gótico
Se arremolinan en los portales de Plaza Real
                    con cenicientas alas de paloma

Y se posan sobre los hombros
Del Colón de bronce salitroso
Que vela sus memorias
Frente al abismo del Mediterráneo
En los linderos de la Zona Franca
                    y el Barrio Chino

"Toda la noche oímos cantar pájaros"

Deletrea la hija de San Jordi

Con la sangre del Rioja entre los labios

What's up
Mister Melancolía?

¡A sacudir la jerga!

El camino a casa
            es un beso
                    con sabor a damiana
La yerba de la vida

La yerba del amor
La yerba de la sangre caliente
                              amotinada

Eco de caracol
Oh Baja!
The Magnificent Tale!

Give me my turtle eggs
La Caguama bien fría
El Trópico de Cáncer
Los dátiles del sueño
The San Pedrito's waves
Las uvas de Santo Tomás
En el umbral de la noche fronteriza

Oh Baja!
Baja Blues
Baja Rainbow
Baja Sun
Baja Times

¡Baja Té!

                              II

Después de un desayuno de huevos con machaca
Tortillas de harina y café negro
Sales a dar un rol por las calles del puerto
Henchidas de luz mediterránea
Y perfumada brisa del Pacífico

Escala en la Ramírez
Para comprar el periódico de ayer
(El de hoy nunca llega)

Febrero del 94:

Marcos en todas las portadas:
"Soy un mito genial"

Grita el subcomandante desde algún lugar
                              de la selva Lacandona
Y México se cimbra de Ocosingo a Ensenada

Boom de la literatura de emergencia:
¡Qué intenso fulgor trágico el de esta novísima
                              novedad de la patria!

§ ¿Héroes a la altura del arte de la palabra flecha
de la palabra flor, de la palabra olvido
de la palabra fuego, de la palabra muerte?

¿Quién perdona a quién?

El evangelio según San Marcos
El profeta, el poeta rebelde que a los cuarenta años
—*Zarathustra revisited*—
bajó de la montaña hacia la catedral de San Cristóbal
a negociar la paz y la guerra, la vida y la muerte
con su pasamontañas negro y su mirada clara

Y en pleno protocolo saludó al mundo
envuelto en la bandera nacional:
El águila devoraba a la serpiente
mientras que Super C alcanzaba un pedazo de verde
en el último instante
"Para nosotros nada; para todos todo"

III

Chiapas, tan lejos y tan cerca

En cada mexicano más o menos jodido
                              se esconde un *zapaneco*
En cada india mixteca que desde San Quintín
                              Valle de Oaxacalifornia
llega con sus críos panzones y chorreados
a vender "chingaderita y media" en la Calle Primera

Pero ahora volvamos al trajín
                      de la verbena fronteriza
donde todos jugamos a ganar un buen día
una batalla más en la guerra de los cinco sentidos

–¿Cuál de ellos domina cuando se hace el amor?
–Ninguno, todos ganan

Qué lejos y qué cerca está Chiapas, don Benito
Y demás héroes del hemiciclo del bulevar costero

Ruge una escuadra de motociclistas
                              vestidos de *Hells Angels*
De muy cosmopolitas los muy putos
Los batos con sus trajes de piel negra
                              y sus morras en ancas
Largas y rubias cabelleras en busca de un poco
                              de sur crepuscular

§ Generación sin flores, duros, *heavy metals*
tránsfugas del futuro
Pasan frente al Riviera que se les queda viendo
con su mirada en blanco y ocre de joya colonial
                                                                    californiana

¡Pinchis gringos mamones!

Mira que no pararse a contemplar nuestra reliquia
ex santuario del juego y capilla del drama cultural
                                                        de este puerto feliz

Time for a break
Volver al mar
Volver amar

Hora de refinarse una cerveza en un acto ritual
                                                        frente a la rada
en íntimo homenaje al océano y su embriaguez de leviatán
                                                                    que canta y danza

—Hola, compita, cómo te pareces a un hermano mío
el de la voz de trueno, trovador de estos rumbos
Invítame las ostras, hazle una seña al trío
cántame *Un mundo raro* si quieres que me quede
                                                        a seguirte la huella
Comprar un *six* de botes colorados y enfilar
                                                rumbo a La Bufadora
como la tarde que enterramos a la nana Juanita

Nana Juanita duerme bajo la tierra colorada
Nana Juanita debe tener frío
Nana Juanita, suéñame mientras te canto una canción
                                                        al filo de tu lápida

"Di que vienes de allá, de un mundo raro…"

Háblame del abuelo y sus manos de pianista
de su inconmensurable sed de ave nocturna
de su temple de yaqui en el exilio
de sus habilidades de plomero

Cuéntanos de aquel tiempo de Los Ángeles
y de la muerte de tu único amor a la edad de Cristo
su tocayo Jesús: recuérdanos desde tu muerte
                                                profundamente muerta

Enséñanos de nuevo a no llorar cuando parten los barcos
y se pierden tras la ceniza de la tarde
con la tripulación diciendo adiós desde cubierta

§ Nana Juanita, concubina de Dios (te plagian, Jaime)

ruega por nosotros

que ya mi hermano menor y yo vamos rumbo a La Bufadora

a ofrecerte una lágrima

IV

Esta mañana de febrero, en el Mercado Negro
el mar vuelve a ser esa metáfora olfativa
que cala hasta la médula del ser peninsular

Bendito seas aroma de pescado
de vísceras crujientes,
almeja viva como el culito retozón
de las niñas del puerto

—Deme otro, doñita, de patemula, con un mucho de todo
para sentir el cuerpo en tierra firme y cargar la batería
porque esta noche el señor dice que irá a cumplir

con sus deberes de hombre

(Alguna meserita de uno de esos bares del Bajío
con la que soñó anoche)

—¡Qué no dice el señor!, tan mentiroso, tan borracho
tan agridulce, tan mariguano, tan no sé cómo
Dice que hubo una noche en Las Playitas
(¿O fue en Playa Hermosa?)
alrededor del genio embotellado de don Santo Tomás
el fuego de una hoguera y una guitarra querendona
en que una chicanita de lengua quebradiza y salivita dulce
de coñito apretado como calzón de luchador
—con perritos y toda la *costura*—
tendida sobre un lecho pedregoso

le llamó y le dijo:

"Te chuparé tu sangre de uva suave

tu savia peyotera

Nuestro hijo se llamará Euforión
¿Por qué tiemblas?"

Y dice el señor —*Oh mister Moonlight!*—
que ahora, *tonight*, irán al carnaval
a bailar en alguna bocacalle

a pistear al *Hussongs*

donde una gringa vieja pide *Cielito lindo*

por enésima vez

otra tequila y otro beso al galán

§ Y mi carnal Lombillo cante y cante

Los poetas —dice el compa Carlitos Baudelaire—
se dan hasta en las mejores familias

¡Viva la diferencia!
Entre los hijos del usurero
                                    del político
                                                del profesor
y los hijos del poeta
se abre el abismo de la noche
poblado de cardones parlantes

El canto de la ballena jorobada
que cruza la bahía de Todos Santos
                                                rumbo al sur
Hacia los puertos donde esperan
                                                las viudas de siempre
con un crío en los brazos
                                    en la playa de siempre
el regreso del viejo capitán

¡Canta ballena jorobada, fantasma gris!
Los herederos del patriarca Jordán
                                                saludamos tu canto

Tu paso de ola viva
la estela de tu navegación

Raya en el agua de la memoria del viajero

¡Loor a los herederos del Dios-Diablo!
Ojos de neón de la noche de Tijuana
Corazón de guijarro de El Sauzal
Sombra de San Luciano
Duende de los tiros del Boleo
Pirata náufrago de la bahía de La Paz

Los hijos del poeta piden otra tanda
                                                de música y de vino

¡Viva la diferencia!
(Nana Juanita, ruega por nosotros)

v

Tres arlequines *fellinescos* tiran sus redes sobre un grupo de marineros coreanos que no saben qué hacer
ante tanta puteza occidental.
Crece la multitud frente a la barra del Hussongs; se concentra en sí misma, enervada por el olor a brea, a
orines de borracho, a víscera de mar.

§ Y la ruca gabacha terca, terca, pide otra margarita y otra tanda de *Cielito lindo*.
Abrazada al galán, nativo y con arraigo, recién engatuzado, la escucha como si fuera la primera vez.
Nuestros rostros de ahogados flotan en el espejo de la contrabarra
y el Hussongs es un barco que se hunde con las luces prendidas.

VI

Volver al carnaval
al desfile de las últimas máscaras
—¿A que no me conoces mascarita?—
listos para el acto final
en el puro corazón de la noche

"Vine a Ensenada porque me dijeron
que aquí vivía mi padre…Un tal…"

En un lugar de Ensenada
que se llama Punta Banda
                    hay una ola
que canta, que ríe y que llora
le dicen La Bufadora

Gimes, eres una mujer de agua doliente
mariposas de sal danzan en rito subceleste
la noche grávida bebe la lejanía

Así quería verte
sola y a solas
ascendiendo y bajando
estallando y muriendo
como la vida misma

Aquí se puede creer en Dios

Gira ya el mundo
—el verdadero hijo de Jesús—
sobre su propio eje
                    ¡Éjele!

SANDRO COHEN

PIENSO, TAMBIÉN...

Para mi padre, Jacob, in memoriam

Pienso, también, que nunca entenderían
lo que quise decir con mis ausencias,
cuál fue mi grito, cuáles esperanzas
manaban de ese pecho en el exilio.

Y ¿cuál exilio? pienso todavía.
Si por esta ciudad no hubiera sido,
quién sabe en qué lenguaje mis palabras
purgaran su reposo más terrible.

GUÁRDAME DE LOS NERVIOS...

Guárdame de los nervios y los días
veintisiete, el recuerdo repentino,
las mañanas que siempre son infancia.
Guárdame de la sala, la que nunca
tuvimos, bibliotecas ordenadas
y con alfombra, sueños de ese tipo.
Guárdame, sobre todo,
de la felicidad y su mentira,
de mis hojas en blanco, mis palabras.

Guárdame, tú, de todo esto que eres.

Poco importa.
Tomo café, preparo el desayuno,

(1953.) Nació en Newark, Nueva Jersey, Estados Unidos, el 27 de septiembre de 1953. Vive en México desde 1973 y es ciudadano mexicano desde 1982. Es licenciado y maestro en letras hispánicas por la Rutgers University, y doctor en literatura por la UNAM. Además de poeta, es narrador, ensayista, investigador, crítico literario, editor y traductor. Ha publicado siete libros de poesía: *De noble origen desdichado* (1979), *A pesar del Imperio* (1980), *Autobiografía del infiel* (1982), *Los cuerpos de la furia* (1983), *Línea de fuego* (1986), *Corredor nocturno* (1995) y *Tan fácil de amar* (2010). En 2007 reunió su obra poética en el volumen *Desde el principio*.
Lecturas recomendadas
Tan fácil de amar, Parentalia, México, 2010.
Desde el principio. Poesía reunida, 1ª reimpresión, Jitanjáfora, Morelia, 2011.

lavo los trastes que dejé de anoche,
aparece la fecha en mi reloj
y te digo:
Guárdame de los nervios y los días
veintisiete. Hay castigos
mucho más crueles, yo lo sé.
Pero no siento nada,
porque lo siento todo,
y descanso en las brasas del derrumbe.

HAY AMANTES QUE FLOTAN...

Hay amantes que flotan en el aire;
sus pechos líquidos se funden, fluyen
en ríos de caricias desbocados;
hay diáfanos amantes cuyos muslos
transparentan la forma de una lengua
que, todavía lejos, se desquicia
en los dobleces de la ingle oscuros;
hay espaldas tan claras que iluminan
la noche de sus besos incontables;
mas hay besos tan agua que nos vuelven
azules cuando cubren, por completo,
el litoral de nuestra sed saciada;
hay amantes que duermen entre brazos
y, por ellos, el mundo permanece
en sombra, porque el sol, siempre lo esconden
en la calma profunda de su pecho.

LA OSCURIDAD...

La oscuridad apriete; abrace el miedo
doblado sobre el filo luminoso
de un tizón de metal, fosforescente
ante el soplete azul y silencioso:
el fuego desde el fondo me callaba.

Me senté en la escalera y vi su máscara
de buzo, y entre chispas descendía
a las profundidades más remotas
de ese sótano oscuro, guiado sólo
por el sol que crecía sobre el yunque.

Yo no sé cuándo más lo quise, pero
al verlo allí, absorto en esa llama
que obedecía, dócil, a sus manos,
quería echarme por las aguas verdes
de esa noche, abrazarlo, iluminarme.

ENTRE LAS MANOS Y LA ESPALDA...

Entre las manos y la espalda, entre
los ojos y los labios tensos, entre
la lengua y la espiral que la recibe,
hay una estrella más fugaz que el beso:
la luz que un agujero negro eclipsa.

Y cuando ya no miro, siento entonces
el fuego que me guardas en los dedos,
el fuego que en tus ojos no veía
porque busqué tu fuego entre los fuegos
y no en lo oscuro, donde más alumbra:

en el cielo cerrado entre los cuerpos
que compartimos en la tierra, breves
latidos de un amor que no se extingue,
abierto como el mar bajo la noche
que lo envuelve entre estrellas: fuego lento.

¿Y ESTO QUÉ ES...?

¿Y esto qué es, que se llama mi deseo,
hueco ardiente, la nada insatisfecha
que abraza todo cuanto encuentra hermoso,
este abrirse por dentro y hacia afuera,
este crecer incontrolado, imán
de carne y de la carne que, también
incompleta, descubre en lo cerrado
su brasa íntima, el secreto a voces
que todos claman y reclaman suyo,
la semilla que brota sólo si alguien
le vierte el agua de una esencia ajena
para fundirlo con la entraña misma
del vacío que pide lo llenemos
de noches, días y miradas lentas
que sean fruto, el alimento vivo
de un posible, un mañana, de un deseo?

TU CUERPO SOBRE SOMBRAS...

Tu cuerpo sobre sombras suspendido,
que espera entre las ondas de la luz
y los rayos del polvo descendente
en lenta furia de cascadas mudas,
es el puente que lleva al otro lado.

Es la puerta del sol que no se oculta
a pesar del acoso de la noche;

es la campana de cristal que llama
de cerca y la confundo con los sueños
de mi infancia, o tal vez con el amor.

Pero no pertenece el cuerpo al alma
que en él respira si no aspira el aire
de ese otro cuerpo que también lo llama.
Mis brazos sin tus brazos no me sirven:
son pilotes de puentes derrumbados.

NO ME ABANDONES...

No me abandones aunque te abandone.
Si te abandono, sabes que regreso,
que no puedo sin ti, que no me tardo,
que me pierdo y me encuentro, como un niño
encandilado en la juguetería.

Necesito saber que tú me escuchas
aunque yo no te escuche. Pero quiero
que sepas que no es fácil escucharte.
A veces me parece que estás lejos,
como en un cuento que se lee y olvida.

Pero me vuelven tus palabras cuando
menos se esperan, y no entiendo entonces
por qué me fui, por qué dejé tu casa
para andar de sonámbulo entre sueños
cuando siempre te tuve entre mis brazos.

ESTABA OSCURO...

Estaba oscuro y su calor tocaba
mis piernas y mi pecho y ya sentía
su aliento dispersarse entre los libros
a un lado de la cama, una dulzura
que daba miedo; estaba allí y no pude.

Enamorarse es muy difícil, dicen,
porque si te enamoras de verdad,
nunca podrás quejarte de estar solo,
miserable, y te encuentras siempre huyéndole
al bulto que está allí y no quieres verlo.

Tocarlo compromete, y abrazarlo
nos condena a salir de nuestros cuerpos
a respirar el aire no probado,
el fruto que nos salve de nosotros,
el amor que es principio de principios.

PON TU VOZ EN MIS LABIOS...

Pon tu voz en mis labios que te esperan,
en mi voz que se calla, pon tu viento;
devuelve la palabra más sencilla
que de entre tantas voces se me esconde.
Pido que abras mis labios con tu lengua.

Suene a verdad de cerca, a los regaños
de un padre que se muere y sabe a solas
que a nadie deja. Una palabra limpia,
como línea de fuego, llama negra
sobre la llama en blanco de la página.

En esta víspera consuele el llanto
que tengo bajo llave. A punto y seco
espero la palabra prometida,
la tuya que me dieras, y que brille
de tan clara y que a nadie deje a oscuras.

MORIR A VECES

A veces me da gusto, así, morir:
boca arriba, flotando, en una barca
de sábanas tan limpias que se escapan
del tiempo, como yo, cuando me muero.
Las nubes se transforman. Son los libros
que me acompañan río abajo, páginas
abiertas que se leen en verso blanco,
casi igual que éstos, pero son mejores
aquellos que escribimos en el cielo.

Morir, a veces me da gusto así:
sin darme cuenta, poco a poco, lento,
como anochece el alma, como muere
el día entre los últimos capítulos
de una novela que habitamos todos.

Así —sin aspavientos, con los ojos
hacia atrás y sintiendo todo el peso
de la tierra en mis huesos que también
son forma que sostiene, que son versos
blancos que ritmo y gracia dan al cuerpo—
me da gusto morir, a veces, mas
no siempre, sino a veces, sin pensarlo...

MARCELO URIBE

LA CASA

A Miguel Castro Leñero

I

La casa no existe,
por más que la repitas, la dibujes,
traces sus líneas,
sus muros, sus divisiones
con lo que no es la casa,
no existe.
Lo que existe es construir la casa
—o destruirla—
y lo que habitamos
es esa construcción en proceso,
esa destrucción.
El día que la construcción termina
es el día que abandonamos la casa
a su suerte.
La casa está hecha de pintura,
es otra capa de pintura,
es un muro que se mueve de lugar,
es una luz cambiante proyectada
contra el muro.
La casa es el principio que no termina.
No se puede entrar a la casa
ni salir de ella.
Somos el espacio, la casa,
siempre estamos saliendo de ella.
La casa es un viaje hacia el final de la casa.

(1953.) Nació en la ciudad de México, el 2 de noviembre de 1953. Estudió letras en la UNAM y en la Universidad de Maryland. Además de poeta, es ensayista, traductor, antólogo y editor. Ha publicado dos libros de poesía: *Las delgadas paredes del sueño* (1987) y *Última función* (2008). En 2008, junto con Coral Bracho, llevó a cabo el volumen *La tinta negra y roja: Antología de poesía náhuatl.* Entre otros reconocimientos, ha merecido el Premio Nacional de Poesía Carlos Pellicer para Obra Publicada (1987), por *Las delgadas paredes del sueño.*
Lectura recomendada
Última función, Almadía, Oaxaca, 2008.

II

Un muro divide la casa
de lo que no es la casa.
Para llegar a ella
hay que construir un muro.
Para entrar a la casa
hay que trasponer el muro.
Para salir de la casa
hay que levantar otro muro.
Todos los muros
se mueven de un lado a otro.
No hay muro fijo.
No hay casa terminada.
La casa no tiene fin,
es un laberinto
extendido en el tiempo y el espacio
que siempre estamos pintando.
El día que dejamos de pintar la casa
empieza a derruirse
como un muro de arena contra el viento
del tiempo que pasa
—a veces más rápido, a veces más lento—.

III

El viento del tiempo que va pasando
le da fin a la casa.
Le da término, le ofrece
una dulce forma de morir.
Y todos seguimos pintando la casa
para que no termine,
para que no se termine,
para que no nos termine,
para que siga moviéndose
y hurte su cuerpo al viento
que pasa sobre lo alto de la colina.

IV

La casa está abierta,
la casa está cerrada,
a la casa le faltan muros,
pedazos de muros,
le falta espacio,
pedazos de espacio,
le falta tiempo,
tiempo de construcción.
Es tan sólo una forma fugaz
de la ruina.

La casa necesita que la pinten.
La casa tiene que estar en la pared,
proyectada en la pared,
colgada de un muro
en la tela de las cortinas.
La casa vive en la ventana
que es su negación.
La ventana es donde no está la casa.
En la ventana está lo que no es la casa.
No hay casa si no hay ventanas.

V

Telas, dibujos, recortes.
Papeles donde está la casa,
líneas de tinta por los muros.
Sin esos papeles,
sin esas telas,
sin esos dibujos no hay casa,
no hay casa que no sea de papel.

VI

Terminar una casa
es dejar de pintarla
—un bote de pintura
abandonado en un rincón
es la casa concluida—.
Cuando nadie la pinta
la casa pierde sus contornos
—una brocha seca—.
Terminar la casa
es dejar que la borre el viento
en que está suspendida.

VESTIGIO

Camino para perderme,
para no encontrar nada
porque no quiero cruzar mis ojos
con otros ojos sin saber si sigues
en estas calles y mañana
te encontraré. Ciudad sin luz,
crecimos como animales nocturnos
merodeando a oscuras y a tientas,
cuando nada era cierto.
Calles que transitan sin cesar
bajo mis pasos, anchos bulevares,
parques, callejones confundidos.

Camino para no estar ni dejar rastro,
camino sin seguir tu pista de ausencia,
orientado sin rumbo por tu silencio.

DÍA DE MUERTOS
San Antonino, Oaxaca

En esta tierra
finamente pulida
que adorna las tumbas
se encajan pétalos brillantes
—quebradizos—
de siemprevivas.
Minuciosos enjambres de colores
para celebrar cada muerte.
Las velas dejan escapar
hilos negros de humo
hacia la noche.
Muchos bailan
la claridad plena del mezcal.
Desde el espejo hueco
de la luna entera
tus ojos cerrados me bañan
con su polvo de luz.

En el cementerio
la gente sigue bailando,
los niños corren entre las flores.
A lo lejos,
en la cima apenas adivinada
de Monte Albán
los dioses hablan
cubiertos de joyas
de jade, de turquesas,
oro y huesos de jaguar
que cuentan historias
delicadas.

RONDÓ

Una suave flama en el viento,
la flama del deseo,
el viento en la flama,
la flama en el germen del viento,
el deseo en una suave flama.

EL SILENCIO DEL HORIZONTE
(Playa de San Lorenzo)

Con ojos cansados
de mirada desvaída
vio cómo vino la guerra y se fue,
cómo mentían luego los recuerdos
que no tenían dueño,
cómo se fueron los vencidos,
cómo se deterioraban
las ventanas de madera
y aunque algunas aves
flotaban inmóviles
suspendidas en el viento
al filo del litoral,
cómo el mar roía la piedra
de la fachada
hasta la sal y la arena,
cómo venían y se iban inviernos
crudos y benignos,
cómo se aflojaban los músculos
y volvían los hijos
de los que se habían ido
ante el mar que brilla
con la luz muerta
de la luna,
cómo el horizonte callaba
y costaba dormir
y costaba caminar.
Algún día sin horas
el mar también se cansará
como un barco encallado.

MARIO SANTIAGO PAPASQUIARO

CALLEJÓN SIN SALIDA

Callejón sin salida / ayúdanos
a ensanchar nuestros sentidos
Tú tan ninguneado
cueva / desierto / metrópoli filosa
árida ranchería / témpano cortante
puente dilatado por 1 gas
que de repente pulveriza
los inencontrables tréboles de 4 hojas
que oxigenan alimentan prestan sus alas
a tus pulmones heridos / a las pezuñas de canguro
                              con que avanzan tus orillas

Callejón sin salida
tablita pirata
salto de tigre
transpiración entre la niebla
LSD escurridizo
rostro en el que vemos beber
chupar su fuerza
a las especies más nómadas
de nuestros árboles de fuego
Callejón sin salida
voz de los inquietos
canción de los difíciles
biombo de cerezos
que escogen para sus muecas los travestis
Inyección de ¡bastas!
papiro con signos

(1953-1998.) Nació en la ciudad de México, el 25 de diciembre 1953, donde también murió, el 10 de enero de 1998. José Alfredo Zendejas Pineda adoptó el seudónimo de Mario Santiago Papasquiaro en homenaje a José Revueltas (nacido en Santiago Papasquiaro, Durango). Fue uno de los iniciadores, y el máximo exponente, del Movimiento Infrarrealista. Publicó dos libros de poesía: *Beso eterno* (1995) y *Aullido de cisne* (1996). Su antología poética *Jeta de santo*, que abarca su producción de 1974 a 1997, se publicó en 2008. En el prólogo, Mario Raúl Guzmán advierte que la obra de Mario Santiago Papasquiaro abarca más de mil quinientos poemas. En 2012 se publicó *Arte & basura, una antología poética de Mario Santiago Papasquiaro*, con selección y prólogo de Luis Felipe Fabre.

Lecturas recomendadas

Jeta de santo. Antología poética, 1974-1997, selección y prólogo de Rebeca López y Mario Raúl Guzmán, prólogo de Mario Raúl Guzmán, FCE, Madrid, 2008.

Arte & basura, una antología poética de Mario Santiago Papasquiaro, selección y prólogo de Luis Felipe Fabre, Almadía, Oaxaca, 2012.

al que sólo los imbéciles
son capaces de no entregar su vista
Cuna de motines
incubadora de orgasmos
hamaca carnívora
en la que medito los jugos de jazz
con los que saldré más fresco
más brillante / de mis próximos incendios
Aparentemente tú has decidido darnos la espalda
acordonarnos los músculos del cuello
triturarnos los fusibles
jugar con nosotros al festín de los fantasmas
Pero lo cierto en este crucigrama
de barricadas temblonas
camas destendidas
citas inciertas
con lo desconocido intrauterino
Pero lo cierto en este crucigrama
es que la lengua del poeta te visita
el sudor del guerrillero penetra en ti / hasta los ojos
los fetos electrizados del deseo aún insatisfecho
bailan con tus vértebras
forjan sus flautines
prenden sus inciensos en tu pelvis
Mientras tú les sonríes les conversas
les regalas gasolina / soma vibrátil
dentaduras trepadoras que arrancas de ti mismo
& ya puedes considerarte
socio : cómplice : infrarrealista hermanito nuestro
Crucemos cojos / desgreñados / o cantando
los gises polvorientos de esta raya
Callejón sin salida
autostop que me doy a mí mismo
Tu muslo izquierdo : enfermedad
tu muslo derecho : medicina
A la hora en que cierran sus taquillas
los centros nocturnos & los circos
En el momento en que se desmaya la venta de aspirinas
                    consoladores hexámetros famosos
es que tú apareces
en vías de tatuarnos bajo la piel
el rasguño primero de nuestro más obsesivo autorretrato
& ya hasta te silbamos entre sueños
& preferimos salir contigo & con cero pasaportes
a estas calles / bulevares de moho
pasadizos lechosos / vías directas a la hemorragia ámbar
Callejón sin salida
dínos con 1 ojo
rehileteando 1 pestaña
hacia dónde disparar
suave / febrilmente

nuestra última mirada-picahielo
nuestros últimos cartuchos
remolinos de clara vida & fresco semen
Para la normalidad estamos muertos
para la logística militar no existimos
para las gélidas aguas del cálculo bursátil
nuestras escamas / nuestras hélices
                          son encías fantasmagóricas
coágulos irresistibles de 1 resplandor
que nos pretenden negar a escopetazos
Pero tú bien sabes
que muy muy dentro de ti
acariciamos probamos tu bocado
rajamos para siempre
las alfombras sin luz propia del horóscopo
Callejón sin salida
Callejón de muervida
socio : cómplice : infrarrealista hermanito nuestro

JETA DE SANTO

Carreteras de desnudez
arenas en las que mi inteligencia
no se había desollado antes
estas páginas
tantas noches mi hospital
& tantas mi balneario
El único peine al que le doy la bienvenida
Beso al que llamo de cariño: mi guadaña
Cicatriz que me persigue con sus dientes
Flor de carne que desde mis tripas corto
Única alcantarilla donde sorbo & soy sorbido
Útero aéreo que me jala por las alas
Pentagrama terroso / gruta azul
en la que vibro como nieve acorralada
El ojo velocípedo que soy
la roca pasional que me contiene / habla
Sinaí en llamas que cruza en largos zancos mi reposo
Sintaxis que se hace llamar por sus cuates: *Remolino*
Tromba hoy herida
Bombardeada por quirófanos
& densos polvos suspensivos
Piedras sin espinazo de mi yo
Allegro-cantábile de hornos
Edificios de humedad en el desierto
que surgen de este mar-infierno helado
frescos : transparentes : innegables
como 1 motoneta jineteada por 1 ballet travesti de sirenas
Velodenovia para la respiración del universo
Mi más querida flor recién nacida

¡A SU SALUD / MI DIOSA BLANCA!

Este envenenado por su polen
Casilla centelleante de su crucigrama
Germen de locura emocionado
Cuchillada viva soplo a soplo
Se arrodilla hoy ante usted
Que le da sitio / filo / muerte / luces verdes
Yo / que caí desde mí
Al solo olfato del silencio inerte
& creí en los añicos
Como en el naipe el dedo
Sólo porque si no era así
pues no sería

VIVA ENCARNACIÓN & FUGA

La última ola de la Poesía me arrastró hasta la boca misma de la muerte
donde me rebelé a encajar en el molde derretido de los náufragos
Exprimí mi cuerpo
Lo apareé con mi alma
        / que aún volaba /
aunque trozada
Húmedo de identidad me negué a pulverizarme
Aplasté a mi memoria : por fallida :
& desperté
disputando espacio & tiempo
con el bulto disecado de 1 ángel
que era mi viva encarnación & fuga

CORRESPONDENCIA INFRA

El mar toca nuestros cuerpos
para sentir su cuerpo
Lo mismo en Manzanillo pedregoso
que en Neviot / isla de corales del desierto
Nosotros devolvemos su sonrisa de sal
dibujando nuestros nombres & apetencias
en el caparazón de los cangrejos
que parecen buscar viejas patas de palo devoradas por la arena
El mar se para de cabeza
& nos canta / en el idioma más desnudo & afín a nuestro tacto
Port Vendrés Ville ruge como atún encolerizado en nuestros ojos
Bernard prende 1 de sus aretes verde flúor en la cabellera alfilereada de 1 erizo
Los demás pescadores del *Sant Joan / Fetiche II*
desde sus camarotes se sinceran a su modo
con éste también su mar que los filma fijamente
Ahí donde ellos se aflojan su nervioso pantalón
& sus labios no dejan de ulular

cuando ven hasta las anginas del Peñón de Gibraltar
moviéndose como dados o peces plateados
en la sombra de sus vasos de ron

AROMAS DE TIJUANA

Se abre de por sí la fuente aluciernagada
// Bar Zodiaco //
Lengua afuera / de profundas jaulas
Olor a juanetes & callos de pollero
Salsa de verijas :: chilaquil fresquito
De manco en manco va cojeando todo
Sangra 1 púa & se vacía la playa
Madrear el zaguán oscuro
Patear las carcajadas de tu Dios / es homenaje inútil
Sigue la iguana acalambrándose
& la yerba muda no alcanza a despertar su piedra
Gemela de sí misma la sombra de ostión de la desgracia
Tanto viajar / para este humo chafa
Es fría la celda donde crepita el hueso
& no hay sopa de médula ni silla de montar
Menos mujer de veras que desbarate esta caída
Temblor de tufos
Quizás mañana cojan el alba & el crepúsculo
& si sobra algo
sumaremos 1 beso al calor del resto
Aunque no exista nada

DESAHOGO

Se ictericia la tarde
el cuerpo es 1 mancha cercada de reflejos
pozo erecto en 1 Babel-ceniza
Las uvas son intestinos / el hígado: 1 higo tenso
Camino al Metro
buscando 1 centro
jugando pulsos con las visiones
—no simples fuerzas—
como si 1 ángel al seducirte / toro de fuego te desmintiera
Ah cuánta tierra : nieta de lagos
prójimos zombies pescan diarreas
1000 maniquíes te dictan cátedra
Cuarteado el ojo el sol mendigo huye pateando
La luz cual topo guarda sus pasos
Hoy leo esto / no miel de libros
hablo de grifos con 1 pegaso
Rubén se llama & es carnalito
Comemos hongos
Nos abismamos

A CAPELLA

Para Giancarlo Galván

Madre Adrenalina
Señora de la intemperie
Único útero en el que quepo / quemo / querencio /
cuelgo : como alimaña de luz
((En los cementerios de chatarra
En la lengua larga del drenaje))
Tonantzin descarnada de mi errancia
Rajada humeante en el cráter vivo de mi voz
Vientre-tiro al blanco de todas las cesáreas
Gata violeta al fin del callejón
Sin ti / *lo escribo con mi sangre*
No soy ni la mitad de 1 piojo muerto
Ni 1 uña de confeti
Cuantimenos chaneque de panteón
La dama de negro que nos seduce a la mitad del río
La ceiba que encara cuerpo a cuerpo al remolino
No son sino avatares de tu rostro que calcina

Cuerpo astral de este país pletórico de jaulas
Hada madrina del electroshock
Eres tú mi única posibilidad travesti
¿Quién si no?

Madrecita escarpada
Celestina rapaz de los abismos
Gruta encantada de mis tragos & mis toques
mis orgasmos-caligramas / mis euforias / mi esquelético antifaz
Contemplo el infinito a través de los agujeros de tu flauta
((¿Sigo / me quiebro?))
Imposible serrucharte / rocío de mis células
Alcantarilla de mi sueño
Tizne lubricante de todos & cada 1 de mis cantos
Por ti & nada más por ti
cruzo a nado este espejismo que roe en mil pedazos mi osamenta
Hago el signo del hacha sobre el cielo estrellado de tu pelo
& con la espuma ardiente de mi semen te bendigo
: Fuente de mi sombra / mi origen / mi atanor :

RAFAEL TORRES SÁNCHEZ

YO TUVE UN ÁGUILA...

Yo tuve un águila
un día yo tuve un águila,
qué bárbaro,
qué águila tuve yo.

Yo tuve un águila
que a su vez me tuvo,
qué bruto,
cómo me tuvo mi águila,
con cuánto orgullo,
qué pajarón aquel.

Nosotros nos tuvimos mutuamente
hasta que ellos nos destuvieron.
Nos mandaron a un insistente ra,
a la chiquitibum,
a 31 estados de humor negro,
a 31 insomnios.

Ahora yo tengo un periquito australiano,
chiquito,
una nada de pájaro.
Caso no me hace,
no se le nota orgullo de su dueño.
A ratos le tengo cierta inquina.
Con todo, lo tapo por las noches:
No puedo dormir de la preocupación
al pensar que lo pierdo,
al pensar que hasta ese miserable animal
pierdo yo.

(1953.) Nació en Culiacán, Sinaloa, el 8 de julio de 1953. Es licenciado y maestro en economía y doctor en historia por la UNAM. Además de poeta, es narrador, ensayista, cronista, investigador e historiador. Ha publicado nueve libros de poesía: *Entre la ¿ y el ! / Botella al mar* (1978), *Cuatro fechas y un son para niños* (1982), *Fragmentario* (1985), *Teclear* (1986), *Juego de espejos (seis poetas hipotéticos)* (1990), *El arquero y la liebre* (1994), *Arribita del río* (1998), *Ejercicios en el cementerio* (2004) y *Bastón de ciego* (2007). Entre otros reconocimientos, ha merecido el Premio Nacional de Poesía Carlos Pellicer para Obra Publicada (1986), por *Fragmentario*.

Lecturas recomendadas
Arribita del río, Juan Pablos-Ediciones sin Nombre, México, 1998.
Bastón de ciego, Calamus-Conaculta, México, 2007.

MEJOR LOS OJOS...

Mejor los ojos que un lente fotográfico
para ver
, , ,
tres comas como palomas al atardecer

LA JUDEA

En los extremos de la pasión arrebatada
que resucita animales y monstruos
del remoto e inalcanzable neolítico,
entre un tiempo blanco y un tiempo indio
se encuentra el río,
cuna del bien y el mal,
lecho y espejo del Gran Flechador de Sumávika,
la Serpiente negra que a los coras vampirea.

Hátzikan o Tajá le dicen al arquero,
también Estrella de la Mañana
porque sale temprano llevando a su perro junto.
"¡Junto!", le ordena al animal que aguza las orejas
y el jazmín y la guásima tiemblan
y las hormigas que no usan huaraches
se tropiezan al meterse a sus hoyos.
Tajá no cede.
Sólo de noche se quita el carcaj
o cuando está nublado
y a veces ni las nubes lo desconciertan.

El río acaricia y canta y de borrar no cesa.
En sus aguas los hombres que bajan de la sierra
                    se vuelven diablos
y al cabo de dos días de correr enloquecidos
por las calles de Jesús María
cazando y prendiendo al Divino
vuelven a ellas a lavar sus pecados
recuperando así su condición humana
para irse a sus lentos ganados,
al coamil en los cerros abriéndoles veredas
por las que volverán dentro de un año
a endemoniarse de nuevo—

Durante cuarenta y ocho horas
la Judea no encontrará descanso.
Correr se le ha prescrito,
deletrear en las piedras de las calles sinuosas las huellas de Cristo
y sólo los capitanes pueden dar la orden de beber agua
y son los capitanes los corredores que menos la necesitan

pues se han desayunado al propio Divino
antes de que la tropa baja lo sorprenda.

Métenle pánico los judíos a los niños desprevenidos
y enorme confusión e impotencia al turista
y un enredijo al antropólogo
y una ambición desatada al fotógrafo
y al periodista.
A otros métenle risa.

Para aparecer y desaparecer súbitamente han nacido.
Se han venido juntando desde antier,
Mucho antes del diluvio.
Atardecía en el pueblo cuando surgieron de pronto
en medio de una polvareda vespertina
empuñando sus sables de madera
y anunciando con vientos enfermizos
que algo terrible habría de suceder.
No por nada afilaban sus armas en el polvo.
Querían que lo supieran las diosas de la tierra.
Que hasta a ellas llegara su conjuro.
Más tarde el viento, la noche y las estrellas
            los pintaron de blanco.
Todo blanco, los bonetes, la luna,
la flauta y el tambor.
Blanca la madrugada, los fantasmas blancos,
blanca la buena leche de la víspera,
blancos los cuatro puntos cardinales
y más blancos los quesos y aún más las cocinas.

La Judea se borra de blanco y negro un día,
al otro de colores.
Así corre, fumando y poniendo las cosas al revés.
"No venimos aquí a buscar al Niño
—tocan los diablos a una puerta cagados de la risa—
Sabemos que se encuentra en otra casa.
No queremos hacerle nada.
Estamos contentos, estamos contentos
y queremos bailar la tortuga,
cogernos sabroso y que Cristo se muera."

Con la herida en la máscara
los borrados le enseñan el culo a la agonía.
Ellos saben que por encima de la verdad resplandece la mentira
y que así es como crecen las espigas
y se dobla el guamúchil bajo el peso de las vainas
en las ásperas tierras que conservan
luego de tanta sangre y tanta furia.

§ Cuánto acertijo, cuánta maravilla.
  Que quien pueda contar las estrellas
  y los peces del mar siete veces en un día
  venga a sumar aquí:
  cuando vea los demonios regresar a sus aguas
  la cuenta que obtendrá será el único dígito
  de una implacable resta:
  éstos son los guerreros que nos quedan.

LICÁNTROPOS

Le cagan la comida.
Le orinan los emblemas.
Lo escupen en la cara.

Derriban a escobazos
la luna que veía.
A escobazos le cierran la ventana.

Le arrebatan la sombra,
la despintan.
Paralizan el río que pasaba.

Le revuelven la casa.
Bocabajo lo amarran
y en la espalda le brincan.

Si amanece nos vamos,
lo consuelan.
A la noche volvemos, amenazan.

LA PLAYA DE LOS ERMITAÑOS

Como era temprano y aún no despertaba el campamento
me vine a andar en la playa para verlo de lejos.
A él me debo.
Una de las brasas que lentamente se consumen en el fuego
        puesto hace tres noches
me correspondería sonando sus cristales secretos
si dejara este horizonte de cactos y cangrejos
y volviera a crecerlo.
En él me baño.
Si no lo hago, me quemo.

Me vine a la playa entonces pensando en el ángel
        que sobrevuela los campos antes del tormento,
su sonrisa de piedra, su balanza de miedo.
Me acuclillé en el margen del silencio antes del acero.

Dejé adelante todo ese estrépito,
todos esos lamentos que ya se oirán cuando se apague el fuego
y supe solamente que faltaba una tienda,
que en su lugar se alzaba una historia de ruinas visitadas tan sólo por el viento,
que donde había estado
ahora corría el cauce embasurado y seco
de un arroyo que permitiera el mar,
sabedor de todo parlamento.

A dónde aquella tienda,
quién la había levantado.

Los cangrejos remaban por la arena con sus casas a cuestas.
Entre los cocos secos hongos blancos sacaban la cabeza
y en una página del Gran Cuaderno,
quise creer,
yacía la respuesta.

PARA EMPEZAR A CANTAR

Ah, cómo me gustaría comenzar sin exclamaciones,
poner sin mucho ruido, en la conversación,
ese desfile de trompetas y tambores
que entra a la pieza suavizando un poco el dolor:
ahora sabemos que la palabra jueves sabe a sesos
salpicados en la pared,
a huesos rotos, a ríos de sangre.

Antes de que terminen de construir esa torre
de ocho pisos con que seguramente la ciudad
se tragará otro vuelo de palomas,
—uno, dos, tres, perdidas sus hermosas evoluciones,
sus rizos de aire—
antes de que otra tumba calle y se lleve al callar
el trino incomparable de roja ave,
antes de antes, ahora, hay que cantar.
Únicamente el canto puede encender la luz,
el canto solamente.

¿En verdad podría meterse un siglo en un instante?
Ilusión de ilusiones, sol que se pone, crepuscular idea,
insomne paso por la habitación…

Ah, cómo me gustaría que el contrabajo
no fuera tan solemne,
basta tanto cadáver,
—ahora sí cabría poner semáforos en los panteones—
que corrieran días alegres, amenas charlas,
no este gemido único, fin y principio de la carne
—su destino, desierto y mar de afanes—

§ No es posible.
Un cometa se acerca.
Corren días muy graves.

EL CÚ

Sin que pueda evitarlo,
un pájaro se escapa de su casa de cedro
y se esconde en las ramas de un frondoso sabino.
Cuerda a cuerda lo llamo, cantándole bajito:
¿no sabes que te debes a la música
y no al árbol aquel que se agacha hacia el río?
Deja que él solo encuentre lo que ha extraviado.
No necesita ayuda.
Somos nosotros dos los que corren peligro.
Alguien va a darse cuenta de que no estamos juntos
y vendrá con sus jaulas de mercado en domingo.

Esto puede ocurrirnos:
que nos compre cualquiera y nos tire al olvido,
lejos de los fandangos para los que nacimos.

Hay días, no lo niego,
que yo también quisiera irme sin hacer ruido,
retirarme a las ramas de un frondoso sabino
a ver pasar el agua sin buscarle sentido.
Días en que el cansancio me cambia el instrumento
por la comodidad de un lecho tibio,
pero cómo aceptarlo:
la versada me arrastra como a ti el estribillo.

Canto así mientras rueda hacia el mar otro siglo.
Lo repito dos veces y después ya no insisto.

Un suspiro sacude suavemente las cuerdas.
Corta el aire una flecha.
A su casa de cedro vuelve el Cú adolorido.

MANUEL ULACIA

EL POEMA

Como la mosca que se estrella
en el cristal, una y otra vez
me estrello en muros de hielo
que me separan desde adentro.
Quiero salir y no puedo:
sólo la palabra sin sonido,
el silencio entre dos palabras,
cruza el abismo,
sólo la luz disuelve el duro cristal
iluminando las sonoridades desiertas.
Quiero abarcar con mi presencia
en mi vuelo, siendo luz,
lo infinito, lo finito:
ser todo, siendo nada.

LA TUMBA DE PERSÉFONE

Emergen tallos de la nieve,
velas que encienden la llama
en la tumba de mármol de Perséfone
—país del hielo y la Noche—,
narcisos de una nueva estación.
La tierra idéntica devuelve a la luz,
desde el imperio subterráneo de las sombras,
nuevos prados en el valle,
lago vegetal cuando sopla el viento,
donde Narciso en un mediodía
contempla la belleza:
el cielo azul, la silueta de los montes,
y en su misma llama, el sol quemante.

(1953-2001.) Nació en la ciudad de México, el 16 de mayo de 1953, y murió en Ixtapa-Zihuatanejo, Guerrero, el 12 de agosto de 2001. Estudió arquitectura en la UNAM, y letras hispánicas en la Universidad de Yale, Estados Unidos. Además de poeta, fue traductor, editor y crítico literario. Publicó cinco libros de poesía: *La materia como ofrenda* (1980), *El río y la piedra* (1989), *Origami para un día de lluvia* (1990), *Arabian Knight y otros poemas* (1993) y *El plato azul* (1999).
Lectura recomendada
Poesía (1997-2001), edición de James Valender, FCE, México, 2005.

CIUDAD DE MÉXICO

Ciudad, cuerpo mordido por dientes de humo,
la furia de la bestia en los motores
      circula por arterias que unen puntos,
invisible trazo de constelaciones,
        el cielo está sucio,
la noche se dibuja en vidrios rotos,
        esponja que absorbe voces,
la luna brilla borrosa,
entre las cortinas de la luz
        hay ojos que observan,
en los barrios antiguos manzanas mutiladas,
las fachadas de cantera se derrumban,
lotes baldíos, estacionamientos,
heridas de basura y maleza,
donde se construyen anémicos rascacielos
y en los arrabales hambrientos
        casas de cartón,
escritura de la miseria,
bosque metálico de antenas de TV
cubren la superficie hasta el horizonte.
La ciudad duerme,
      sólo se escucha
el paso del agua por las alcantarillas,
como una música melancólica.
      En una ventana
arde la llama en la mirada de un gato.

ORIGAMI PARA UN DÍA DE LLUVIA
[Fragmentos]

Para Horácio

Esta lluvia que bate los cristales
es la misma de ayer.
Oyes el golpeteo de sus gotas,
como un tamborileo
que no acaba jamás.
Hace tiempo que escribes.
Las horas se han pasado
y no te has dado cuenta.
Tu amigo trabaja en su habitación.
Hace diez años que están juntos.
Sin buscarlo lo hallaste.
En São Paulo llovía.
El azar teje encuentros
como la ciudad calles
que desembocan en la misma plaza.

§ Esta lluvia que bate los cristales
es la misma de ayer.
El rumor de sus gotas
ha estimulado el árbol de tus nervios.
Has vuelto a vivir lo que ya no existe.
Has ido y regresado.
En tu cráneo, tiempos y espacios
disímiles han pactado, creando
una estrella de varios picos
que apuntan todos hacia el infinito.
Te has encontrado en uno de los vértices
al niño que fuiste, mientras miraba
absorto la lluvia tras el cristal
y en los otros, al muchacho, al joven
y al adulto que fueron
el hijo de aquel niño.
Has caído en la búsqueda de tu ser
desde la alta cúspide de tu insomnio.
Has amado preso en la libertad
del amor. Has buscado
por calles que se borran en la bruma
la intersección
de lo que captan los sentidos
con lo que intuye el sinsentido.
Has resucitado en Pascua Florida
al hallar en la nave de una iglesia
la Rosa de Sarón.
Has visitado un Santo.
Has sentido el calor de aquella luz
inexplicable que te hizo salir
de tu cuerpo una noche, mientras éste
se fundía con el universo.
Has vuelto a amar. Has sido
para ser. Buscas
en este segundo que pasa
el concierto de todas
las fuerzas que te inventan.
Eres una partícula
en la galaxia que gira en la nada,
un ahora que se recuerda a sí mismo
en el parpadeo de los milenios.

Quien escucha llover ya es otro.
Está sentado en un cuarto futuro
que tú aún no conoces. Te contempla
salir de tu alcoba, cerrar la puerta
y caminar por el jardín en donde
respiras la humedad de la noche.
Esta lluvia que bate los cristales
es la misma de siempre.

FIESTA EN UN JARDÍN DE TÁNGER

A medianoche,
cuando la bóveda
estaba cuajada de estrellas
y los cometas,
uno tras otro,
caían sobre el mar,
entraste en el jardín secreto
para hallar en él otro cielo:
cien tortugas llevaban
sobre el caparazón
una veladora encendida;
al caminar formaban
constelaciones imprevistas,
titilantes y luminosas rimas,
otra escritura,
por el azar creada.

VIENTO

Bate el viento los cristales,
las murallas, los tejados;
en desvarío se filtra
por rendijas y escaleras;
es percusión de timbales
en la torre y en el foso;
aliento grave de tubas
en el sendero que baja
al río; silbido agudo
en todas las chimeneas;
movimiento encadenado
en las copas de los árboles;
rápida fuga de nubes
en el cielo azul intenso.
Pausa. Eco. Silencio.
En el castillo no hay nadie.
El viento sopla por todas
partes incesantemente.
Algo en mí también se agita.
Tal vez seas tú, que llegas,
de repente, de muy lejos.

ALFREDO ESPINOSA

JOVEN POETA...

Joven poeta:

Si es más bello que el silencio
escríbelo

Sin describirte, escríbete

Cultiva el blanco
De adentro rompe la palabra

No te quedes en ti
vive el otro que te es, los muchos tús

Nunca seas lo que escribes
sino lo que te borra

Que te hechice la luna que no ves
Elévate hasta el fondo

No escribas poesía
Ella te escribirá

No retuerzas las palabras
Pero tú, chilla puto

(1954.) Nació en Ciudad Delicias, Chihuahua, el 14 de enero de 1954. Es especialista en psiquiatría. Además de poeta, es narrador y ensayista. Ha publicado nueve libros de poesía, aforismos y poesía visual: *Desfiladero* (1991), *Tatuar el humo* (1992), *Reveses* (1994), *Desvelos* (1996), *Desasosiegos* (1999), *Ramo de tigres* (2000), *En el corazón del sinsentido. Homenaje a M. C. Escher* (2007), *Nueva York y una taza de café* (2009) y *Las lunas que ella es* (2013). En 2004 publicó la antología *Poesía visual: las seductoras formas del poema*. Entre otros reconocimientos, ha merecido el Premio Nacional de Poesía Ramón López Velarde (1987), por *Desfiladero*; el Premio Nacional de Literatura Gilberto Owen (1991), por *Tatuar el humo*, y el Premio Nacional de Poesía Efraín Huerta (2004), por *El aire de las cosas*.
Lecturas recomendadas
Nueva York y una taza de café, Universidad Autónoma de Chihuahua, Chihuahua, 2009.
Las lunas que ella es, Eros, Chihuahua, 2013.

PERTENENCIA

¿Qué te pertenece de una mujer
cuando dice soy tuya? ¿Qué de ti es de ella
cuando susurra eres mío, eres mío?

Hay una gringa borracha en la piscina
del hotel. Es bella aunque no joven
Varios tiburones la disputan, y una sirena
la codicia. Quieren pasarla bien,
pero nadie desea que les pertenezca
Sólo quien ama sabe que el corazón
es posesivo; pero los que gozan
sostienen que el amor es libre, y nadie
facturaría las nubes a su nombre

Ignoran que la gringa va al garete
porque la ha abandonado quien le decía
soy tuyo, eres mía

Apenas ayer, yo podía decir que una mujer
era mía y sentir que yo era suyo
Luego nos dimos a otros
¿Qué dimos a los otros?: el instante,
la sensación de no estar solos, la embriaguez
de pertenecer a alguien, el extravío

Y perdimos la raíz

La gringa puede ser de cualquiera
porque ella misma no se pertenece;
sabe que el amor posee una recóndita
dimensión trágica y que todos vamos a la deriva
cuando nadie nos dice soy tuya,
eres mío

MIENTRAS AGONIZO
(Apuntes para una despedida)

Acuchillas a mansalva mi corazón sombrío y dejas caer de tus manos mis sueños
Apagas la estrella más amada (oh, Venus, Venus), justo en el instante del naufragio
Pateas el culo que antes, con traviesa devoción, besabas
Cierras para mí tus ojos a la mitad del túnel
Todo se ha podrido
Cambias la poesía por un ejido de realidad barata
Y esa cosa sagrada que nos hechizaba, talismán contra las adversidades, ese amor loco, fundado en el fragor
    de un estremecimiento,
lo conviertes en burdel
Y de ese modo, no sirve

Temo a la noche, el ocio, los poemas. Las canciones me asoman al abismo de la herida
(Alguien me dio una razón para reír pero ya no recuerdo cuál)
El infierno comienza sabiendo que lo perdido
era el paraíso
Se me va la vida. Tu ausencia es sembradío de flores amargas
Ando perseguido por tinieblas
Estoy ardido y triste. Devastado. Te sufro sin tequila ni anestesia
Esta noche me exigí olvidarte, pero ¿cómo me deshago de la luna?
Soltaste contra mí a tigres sanguinarios
Te devuelvo en estas líneas una serpiente y un poco de bilis negra
Duele que levantes sobre mis ruinas el esplendor de otra historia, cuando yo ambicionaba seguir escribiendo
   con mi lengua la palabra amor en tu lengua
Tienen las grietas de mi corazón las marcas de tu garra homicida
Todo se ha podrido
Querías tener los pies en la tierra y los pusiste sobre mi tumba
Construiste un burdel en donde estaba mi templo
Ya habrás hecho cálculos. Ojalá tenga éxito todo lo que emprendas
Sin ti, yo estoy en quiebra
Con las brasas que dejaste ardiendo me incendiaré con otras. Con otras, al venirme, lloraré por ti
Tu nombre es una ráfaga de cuchillos. Y habré de pronunciarlo muchas veces todavía
Pero ya no estoy disponible: méate en otro, ampútale el alma
Soy otro más que muerde el polvo

ESTÁS SOBRE MÍ...

Estás sobre mí
y te miro luna o sol, no sé quién eres
en este eclipse, damos vueltas, galaxias
en el cosmos, galopas, nos mecemos, somos
músicas de aguas, luego rotamos y tú estás abajo
y las estrellas se desparraman
en nuestra sábana y tú me eres y maceramos uvas
y comulgamos oceánicamente
Luego cambiamos de estación y las nieves
arden, somos estas virutas, estos pétalos,
bandadas dispersándose en besos. Te arraigas
y yo te hago cosquillas en tus raíces
desde el cielo. Hacemos polvo
al destino y somos de aire y el instante
mejor del tiempo es cuando mi patria anida
flotando en tu cama y el cosmos es un puñado
de vidrios de colores entre tus manos
y reímos

ARTE POÉTICA

Aquí es allá
El desierto es cielo es jungla
un mar de médanos nómadas
New York es el centro
de Chihuahua: un grano de arena
en la hélice de una nave
que se eleva y se empina
Ahora es antes
Tú eres Homero, Ajmátova, Amijái,
ramillete de escalofríos, palabras
latiendo, refugio de demonios
Allá es aquí
Aruba, Londres, El Mezquital
luciérnagas, sílabas de sombra
castillos de aire, fiebres babélicas
Desde la tierra que pisas
escribe con lo que eres
Aquí es allá
         Antes, ahora
Tú, otro,
y la poesía, humo de lo que arde

HUMO TRISTE

Lo que fuimos seremos: un enigma
sin importancia

En la casa de las pinturas
sólo somos figuras coloridas

La música se apaga y la noche
borra al carnaval

Y entramos en el libro de las sombras

Seas de jade o pluma de quetzal, de oro
o polvo, lo que eres, se desvanece

Somos en la línea del sino
un sobresalto del azar

Cosa caída que la tierra acoge
sustancia del tiempo, río que pasa,
humo triste

SI ALGÚN DÍA LEES ESTO…

Si algún día lees esto, no pienses
que lo escribí pensando en ti
Si otros te codician como yo tu corazón,
si a uno besas como a mí me besabas
y te acomodas sobre su cuerpo como en el mío
no pienses que me encelo todavía
Si en el fondo de tus ojos se ven como yo
me miraba, si entran a tu sexo y borran
el *yo estuve aquí* que una noche te tatué,
no es mi asunto: nunca pienso en ti
No vacilo ni claudico ni vivo el pasado
me he curado de ti, no te equivoques
Si fumo y no duermo y escucho nuestra música
no vayas a pensar que pienso en ti

TIENES MAGIA…

Tienes magia, muchacha.
Algo de ti, siniestro, me fascina.
Encarnas el misterio que perturba y vulnera.
Ofreces albedrío, fruto pernicioso al que soy adicto
No es tu culpa: todo es tan inocente.
No te muevas: ¡qué vértigo llegar a ti!
Bogo al arbitrio de oscuras fuerzas.
Llegó mi turno: ya cantan para mí las sirenas.
¿Para que contradecir al destino si a ti me empuja?
Pase lo que pase, yo te absuelvo, muchacha.

TÚ

Mi spa, mi table dance, mi kama sutra
mi lady, mi geisha, mi concubina
mi flor maldita, mi amour fou, mi sex toy

Mi orgía, mi haschis, mi tabernáculo
mi beso negro, mi lluvia dorada,
mis puntos cardinales, mi extravío

Mi Circe, mi hetaira, mi harem, mi Nadja
Mi adúltera, mi burdel, mi adelita
mi reiki, mi sazón y mi petate (la sazón de mi petate)

Mi mar, mi zona áurea, mi caligrama
mi barco ebrio, mi dolor de muelas
mi amada, mi infierno, mi corazón

ROLANDO ROSAS GALICIA

ENVÍO

Mi víbora era de dos cabezas
Pero a veces amanecía de tres o más
Luego eran cuatro o diez en la duermevela de dos
Porque el deseo crecía en cada parte
Cuando trozaba a machetazos de yo tener catorce
Y entonces el sueño era una cabeza asomándose
En el espejo múltiple
Era la vianda amarga en la charola de Salomé
Miraba hacia delante como una cabra al borde
En el otro extremo crepitaba el hueso
Y un poco el ruido de la infancia

EN ALGUNA PARTE OJOS DE MUNDO

Es bueno padecer aunque sea un poquito
esta parranda que es la vida
Buscar el domicilio, el ansia, el sabor amargo del silencio
Es bueno morir un poco cada día
Acostumbrarse a la oscuridad y al sinfondo de los ojos
Desusar el llanto, sus antecedentes y su herencia
Después de todo, los sermones no nos hacen navegantes
Después de todo, la epidermis oculta un nombre de festín mujer y ofrenda
Y la muerte que te duele hermano
Y la muerte que es tu estómago y tus labios
Y la muerte que entra por tu boca
Un pedazo de penumbra
Las vísceras cubriendo su exterminio con el hierro

(1954.) Nació en San Gregorio Atlapulco, Distrito Federal, el 1 de abril de 1954. Estudió en la Escuela Normal Superior de México. Además de poeta, es narrador. En la decena de libros de poesía que ha publicado destacan: *Perversa flor* (1990), *Quebrantagüesos* (1991), *Herida cerrada en falso* (1992), *Caballo viejo* (1995), *Morder el polvo* (1998), *Vagar entre sombras* (2004), *El ruido de la infancia* (2008) y *Ojo por hoja* (2012). Ha reunido su poesía en los volúmenes *Caballo viejo y otros poemas* (2008) y *Quebrantagüesos y otros poemas* (2012). Entre otros reconocimientos, ha merecido el Premio Nacional de Poesía Hugo Gutiérrez Vega (1987), por *Herida cerrada en falso*, y el Premio Nacional de Poesía Efraín Huerta (1998), por *Naguales*.
Lecturas recomendadas
Caballo viejo y otros poemas, Instituto Mexiquense de Cultura, Toluca, 2008.
Quebrantagüesos y otros poemas, 1980-2010, Universidad Autónoma Chapingo, Texcoco, 2012.

mientras mis pasos dejan huellas en tu casa
Un poco el dolor —porque la muerte duele—
cuando en mi nombre se me olvida que tu amor se parecía al mío

MALDITO AMOR

Al cenit el sudor pegajoso y otra vez el laberinto. El tuyo
No mueres ni al primer hervor se cuece la palabra
Se marca en tu piel la pezuña del viejo caballo
Respira en ti, gruñe. Cruje el músculo al ras del suelo
Con tu garra maciza, con tu pezuña, escarbas en la tierra
Vendaval sin rumbo
Arrojas el polvo a los ojos del que mira.
Acudes al llamado de la sangre. Oteas
Lames un rostro distinto. Contemplas tu imagen en el ojo de agua
Escuchas los gritos en el vecindario
A tientas los hombres buscan
persiguen algo que sólo existe en ellos
      Grita el otro el que huye
Ríes, la carcajada es limpia, casi puedes apretarla con tu mano. Morderla
Sonoro pelambre y bufas. Crece la bestia en el corazón. Crece
(Mi madre sabe de brebajes, dice que yo soy el que soy
el que siempre ha sido)
                El círculo inaugura el sueño

HUÉRFANO DE TI...

Huérfano de ti vives en mi sueño
Sobre la polvorienta y ocre página
No te has ido, en algún lugar de mí
respiras y nada ha pasado. Nada
La luz polvosa del patio nos descubre
situados en la imagen silenciosa
Tú eres el inquisidor de las plántulas
del barbecho, la escarda y la cosecha
Yo el balbuceador aprendiz de padre
Crecen —te digo— apenas me oyes y ves
con tus ojos de cien años al mismo
niño, el que se ahogó en el arco iris
y nunca lo olvidaste para que yo existiera

TODO ANIMAL...

Todo animal retiene en su mirada
El río presentido de lo ajeno
Y su glándula germina tal veneno
que víctima de sí su forma es nada

§ Siente su respirar bajo tu piel
Siente cómo agoniza, cómo escarba
el estiércol de su ansia, cómo es larva
Ternura que destila espesa hiel

Espejo es de la bestia a contraluz
Cuerpo amoroso que se duele y goza
el sórdido interior, la densa pus

Porque en verdad te digo que el instinto
es flor, dura pezuña, ulcerada rosa
La presencia fugaz de ser distinto

LOS ZAPATOS

Andan juntos, a todas partes van
Uno solo es inservible, huérfano, cojo
Son humildes, soportan los hongos, la comezón
las heces de los perros
Al filo del cansancio caen donde sea

Como el agua al vaso
adquieren la forma del pie que los contiene
A veces los veo alejarse en busca de otro niño
el que se cortó el dedo gordo en un basural

En la crepitación de fuego
o bajo el salitre claustrofóbico
estarán conmigo
Ellos saben aquello de morder el polvo

CALZONES

Recuerdo el estampado, la bolsa de manta
El recipiente del salvado y la sema
Luego las tijeras y el trazo memorioso o la rasgadura
Calzones para mi hermana
y para ese Melitón que yo era por el 60 de otro siglo
Manta tiesa, ruidosa con sus manchas detrás
y el orín de la infancia
que vaporiza la oscuridad del cobertor
Que dice que ya no soy niño,
que ya canta el pájaro y escupe
Calzón de manta el de Procopio
la mugre trabajadora, el sudor que hila su pegoste de lodo
Un día la memoria olvida
en el tendedero aquellos estampados
Manta que mis primas bajaban
en tanto mi mano expiaba sus asuntos

OLVIDOS

Nacen con nosotros
Salen a la luz impregnados de nuestra carne
Son ancestrales en cada trozo
en cada fibra de nuestro cuerpo
Por ellos sobrevivimos
A veces son gatos apareándose a media noche
En otras la gata ciega agarrada a una rata
y los dos matándose por todo el patio
A donde vayas, vamos contigo, me dicen al oído
Murmuran a la mitad de la pesadilla
y estoy desnudo del ombligo a los pies
Casi siempre están hambrientos: escríbenos, me ordenan
Yo tomo el colador, los dejo caer
y el viento se lleva el basural
Un delgado hilo de finísimo polen me baña
me viste y entonces entro a las sombras
No tengo miedo

JARDINERÍA

Todos los días hago un jardín para que lo vivas
podo las ramas secas del rosal y me quiebro
Barbecho a pesar de ti
Sé que te duele que quite la ponzoñosa ortiga, la amapolita,
el acahual y el doloroso cardón
Déjalos ahí, que crezcan como si no estuviéramos, me dices
Es tu infancia en el Mezquital
Obsesivo en remover la tierra escucho el rumor negruzco
de la tierra chinampera, arrastro mis dedos
estrío mis uñas al colar y hago montones de yerbajos y piedras
Luego amargo y festivo me siembro
como deben sembrarse las semillas, hacia adentro

CABALLO VIEJO
[Fragmentos]

XII

Dile dolor al cuerpo así se llama
Dile que muera que maldiga el llanto de la nodriza
Es oscuro acanto la carne dolorida del que mama

Dile dolor acércale la flama punzante a la pupila
De amaranto es la semilla cruel que suda tanto amor
y quema suave en débil rama

§ Cruje allí la pasión
   Es disecado animal carne en bruto la esperanza
   Agua fugaz de un tiempo malogrado

   Todo dolor es bueno en la labranza
   Toda semilla es pura en lo escarbado
   Si la mancuerna es dura y no se cansa.

XIII

Es mi agrio corazón el que se ofrece
Ácimo pan sobre la limpia mesa
Pártelo en dos y mira cómo brota la saliva espesa de sal
Bestia oscura y ciega

Pruébalo apenas y si encuentras su odio
sabe que no es el mar lo que tú escuchas
A la distancia cruje la osamenta del que sueña
Es el grito silencioso del suicida

Traga su sangre amarga
Bebe en su río / busca en el fermento
Si encuentras algo de ternura apártala
Los vinos dulces curten paladares dóciles
Nunca el grito
Mas aguzado el gusto date rienda suelta
Devóralo.

XVI

Sólo en el amor el cuerpo
se baña dos veces en el mismo río
Sólo en su pantano el amante ofrece su pureza
Y la mancha es la señal del abismo
Puede olerse en su palabra la lujuria
Beber su rebosante vaso de vinagre
Sólo en el amor se transforma el cuerpo
Su palabra seduce / corrompe al oído
Se diluye en brebajes cristalinos / en amasijos de yerba
Entra la sangre como una pus poderosa
Y uno quiere mirarse largamente / contemplar
su dicha / no tocarla
Porque en la entrega todo es fácil
Enredarse en el ritual / brama de víbora sedienta
Hasta morder el polvo.

CARLOS SANTIBÁÑEZ

ERA LA PLAYA

Fue ayer. El pájaro ha volado.
SAINT JOHN-PERSE

Era la playa, con su azul absurdo,
sus cosas de cristal sonando a nuevas,
la vida erosionada por el aire,
eran las 6 PM y eras tú,
el eco más fortuito que la ola
podía haber murmurado:
Tú, timbre que tira el agua en el oído
mojado
de la arena.
Sangre de lo más tierno que le sale a la tarde.
Abril regado en una superficie de mí.
Pulso vivo y constante que le toma el paisaje
al crepúsculo, al mar, a la ironía…

¿Pero cómo nombrar aquella espuma?
¿Cómo decir que andaban
sedientas las palabras,
y habían quedado así después de tus labios?

Y quién iba a creer si le dijéramos
que aparte de la luz y el firmamento
en esa playa y a las seis y media
Dios estaba ahí a lo descarado…

Tus manos tocando el mar
A la orilla de toda la inmensidad

El día se lo llevaba
Y el sol

(1954.) Nació en la ciudad de México, el 1 de abril de 1954. Estudió las carreras de literatura y derecho en la UNAM. Además de poeta, es narrador. Ha publicado seis libros de poesía: *Para decir buen provecho* (1978), *Llega el día, vuelven los brindis* (1984), *Fiestemas* (1986), *Glorias del Eje Central* (1993), *Con Luz en persona* (1999) y *Ofrezca un libro de piel* (2005).
Lectura recomendada
Ofrezca un libro de piel, Ediciones Coyoacán, México, 2005.

Desde su cráneo luminoso
No sé qué pensaba
Que sin pensarlo más nos alumbraba.

PARA DECIR BUEN PROVECHO

…y si mi trascendencia
no me traiciona…
CARLOS OLIVA

Tranquilizaos vosotros que sois inmortales.
CHENIER

Buen provecho, inmortales.
Sigan sentados:

Nosotros siempre fuimos vecinos de las Torres.
Veteranos del Tiempo.

Vimos ondear en alto la probabilidad,
educando la cosa, izando el enigma
en nuestra vela
rota.

Gente de bien, gente
de buena ley.
Vigías de una isla:
La isla del reflejo

Y sin más que una chispa y un "té
para dos",

Como antes, siempre antes, brillamos hasta el fin…

Miel de asceta libamos en esta orilla.
Húmedo es un poco nuestro destino.
Pero la situación es doméstica:
Fuimos por un ideal y una cuba.

Invitamos un mundo de gente.
Se bailó.

Se lució, se preguntó.
Abrieron equis fuentes de trabajo;

Para olvidar
Doblamos en la esquina

Y nos fuimos derecho
Por toda la amargura.

§ ¡A croar y a vivir!
Llegamos temprano.

(Buen provecho, inmortales, sigan sentados)

"¡Las doce, compañeros!" Brindemos por el tiempo
que no se detendrá.

Aun si se lo piden como Dios manda.
Y al nacer cada uno ya traía una excusa.

Que la repita ahora.
Mas para el mundo ¿qué disculpa tienen?

¡El trago, que la muerte se sirve en plato hondo!
¡La copa, que la nuestra es nostalgia
De uno a mil años!

Buena uva, buen vino
¡Feliz fin de jornada!

Porque nos dimos cuenta
De que nos dimos cuenta

Y esto, nos dimos cuenta
Que era el espíritu,

Alguien vino después y nos cobró la cuenta
—alguien sin espíritu.

¡Mas lo bailado nadie nos lo quita!

RICARDO CASTILLO

AMO A LA PERSONA DEL PLURAL...

Amo a la persona del plural
y somos una montaña que la hormiga no puede mirar,
pero que sin embargo presiente
y crece, tiembla y se derrumba con ella.
Amo los cuerpos grandes que habitaron uno pequeño,
lo que no soy
pero que bien hubiera podido,
lo que no se alcanza a decir,
lo que nos saca las raíces, los gritos elementales,
las visiones primarias,
esa flecha que sin saberlo viaja hacia el centro.
Amo lo que no alcanzo a ver
porque amo lo que veo.
Los estigmas, el estertor de la personalidad,
la locura cristalizada en el asombro,
la locura que nunca cae, la curva inesperada,
el reflejo certero, sin prisa,
que deviene en revelación,
el misterio trastornado en imagen.
De igual manera, pero en otra parte,
amo las historias personales, sus calles endurecidas,
los habitantes solos de mirada conmovedoramente oblicua.
Amo a los insomnes que luchan entre su esperanza y su pesadilla,
la confusión del ahogado, la convicción del perdido,
el dolor de ser tripas, el fiel servicio de las muelas carcomidas.

(1954.) Nació en Guadalajara, Jalisco, el 11 de mayo de 1954. Además de poeta, es ensayista, investigador y artista escénico. Ha publicado once libros de poesía: *El pobrecito señor X* (1976), *La oruga* (1980), *Concierto en vivo* (1981), *Como agua al regresar* (1983), *Nicolás el camaleón* (1989), *Borrar los nombres* (1993), *Islario* (1996), *Reloj de arenas* (1995), *La máquina del instante de formulación poética* (2001), *Nuevo islario* (2003) e *Il re Lámpago* (2009). En 2008, en el volumen *Quartz / Cuarzo*, reunió cuatro de sus principales libros: *El pobrecito señor X*, *La oruga*, *Nicolás el camaleón* y *Borrar los nombres*. Entre otros reconocimientos, ha merecido el Premio Nacional de Poesía Carlos Pellicer para Obra Publicada (1980), por *El pobrecito señor X / La oruga*, y el Premio Nacional de Poesía Paula de Allende (1989), por *Nicolás el camaleón*.
Lecturas recomendadas
El pobrecito señor X / La oruga, 3ª reimpresión, FCE, México, 1988.
Borrar los nombres, La Luz Roja, Madrid, 2005.
Quartz / Cuarzo, Écrits des Forges-Mantis, Québec, 2008.
Il re Lámpago, Atemporia, Saltillo, 2009.

Amo a los que un día en un chispazo vieron el destino
y cayeron heridos por el impacto
más allá de cualquier destino verificable.

EL POETA DEL JARDÍN

Hace tiempo se me ocurrió
que tenía la obligación
como poeta consciente de lo que su trabajo debe ser,
poner un escritorio público
cobrando sólo el papel.
La idea no me dejaba dormir,
así que me instalé en el jardín del Santuario.
Sólo he tenido un cliente,
fue un hombre al que ojalá haya auxiliado
a encontrar una solución mejor que el suicidio.
Tímido me dijo de golpe:
"señor poeta, haga un poema de un triste pendejo".
Su amargura me hizo hacer gestos.
Escribí:
"no hay tristes que sean pendejos"
y nos fuimos a emborrachar.

BAJAS DEL CAMIÓN...

1

Bajas del camión con los talones dispuestos a recorrer
        toda la confusa madre del día
para por ahí nomás irte a golpear el pensamiento en la banca
        de un jardín
o en las mismas calles que tantas veces has dejado atrás

En cada esquina los basureros se te ofrecerán como una provocación
para el socorrido caos de tus callejones sin salida

Y te irás meneando la cabeza sin rumbo fijo
porque tienes que hacerte dos o tres preguntas
que ni siquiera consigues precisar

2

Porque cuánto vale lo que estremece tus verdaderos adentros
qué tanto pueden rifar la frescura el amor tus ganas de crecer
donde dicen la naturaleza ha sido dominada y trastocada en pavimento

Cuánta sangre merece una ciudad

§ Qué lograron para qué qué sacaron con plantar sus estúpidas
        ilusiones entre máquinas constructoras
Cuánto vale lo nuevo que trae tu impulso de ser hombre
si la historia resulta ser el producto de preservativos ingeniosos
        y trampas de vacuidad

3

y luego quién determina dónde debe estar tu cuerpo con sus bríos
        o sus penas
dónde tus ganas de hacerla efectiva si este queso ya se engusanó
mira las banquetas llenas de hollín
no puede haber posibilidad donde existe la combustión del diesel
buscando el cielo y las ventanas
de qué se trata eso de caminar y caminar
tratando de ganar salud y fuerza
si te dicen que no vas que no irás a ningún lado
si no participas si no colaboras
en las citadinas y funestas consagraciones de crecer como vejiga
como sapo hasta reventar en un ciudadano que mira los cartones
        de las ofertas un domingo

4

Pero empiezas a dudar hasta de tus propios cabellos
por ojos incrédulos y frentes estrechas
dónde quedó el chasquido que hizo del mundo la entraña
        más grande
dónde el torrente la eyaculación original
que sobreviene a la miseria de tener sed en el amor
"Tras la palidez de las paredes bajo las rayas de la avenida
lejos de los estacionómetros y cables que rigen tu vida"
y dudas a huevo que dudas
basura esa imagen que te pide la ciudad no sé realmente a cambio
        de qué
todo lo que tienes que hacer es dejar de crecer
y barrer y regar hasta que el tiempo disipe toda esa mugre
        en la que te has convertido.

"No preguntes por mí en estos días
he estado enfermo lesionado arteramente
y sólo quiero que nadie se siente sobre mi ropa"

LAS NALGAS

El hombre también tiene el trasero dividido en dos
pero es indudable que las nalgas de una mujer
son incomparablemente mejores que las de un hombre,
tienen más vida, más alegría, son pura imaginación;

son más importantes que el sol y Dios juntos,
son un artículo de primera necesidad que no afecta la
    inflación,
un pastel de cumpleaños en tu cumpleaños,
una bendición de la naturaleza,
el origen de la poesía y del escándalo

ODA A LAS GANAS

Orinar es la mayor obra de ingeniería
por lo que a drenajes toca.
Además orinar es un placer,
qué decir cuando uno hace "chis, chis",
en salud del amor y los amigos,
cuando uno se derrama largamente en la garganta del
        mundo
para recordarle que somos calientitos, para no desafinar.
Todo esto es importante
ahora que el mundo anda echando reparos,
        hipos de intoxicado.
Porque es necesario orinar
hasta que nos duela la garganta,
hasta las últimas gotitas de sangre.
Orinarse en los que creen que la vida es un vals,
gritarles que viva la Cumbia, señores,
todos a menear la cola
hasta sacudirnos lo misterioso y lo pendejo.
y que viva también el Jarabe Zapateado
porque la realidad está al fondo a la derecha
donde no se puede llegar de frac.
(La tuberculosis nunca se ha quitado con golpes de
        pecho)
Yo orino desde el pesebre de la vida,
yo sólo quiero ser el meón más grande de la existencia,
ay mamá por dios, el meón más grande de la existencia

LOS PERROS MIS HERMANOS...

Los perros mis hermanos, tienen la sangre de mi desvelo
y en sus pupilas vibra algo mío, una baba mi alma.
Así somos nosotros los microbios, cromosomas incautos,
fundamento de pelos y mocos, saleros y azucareras.
Mezclas, cuentagotas, cucharadas,
somos las tolvaneras que tose el destino,
lo rugoso y la vida, lo riguroso y la pira,
los huesos haciendo la cama,
el corazón hincado, flagrante. Saciado y pleno.

RECORRIÓ MENTALMENTE EL CADÁVER...

Recorrió mentalmente el cadáver de la ciudad
aquello era la agonía del carbón
olor a plancha quemada a hule y cabellos
una ciudad de bióxidos y anhídridos sin una forma clara sin cuerpos
solamente la impresión de estar frente a una montaña recién triturada
y el vacío de una caída sin fin
Abrió los ojos su cara frente al espejo del ropero
una costra de sangre en la nariz y el advenimiento de su propia
        perpleja mirada
como un trallazo en la nuca y por la boca manchas de saliva seca
un gemido bofo y animal
la repulsión ante una imagen desanimada
sintió mejor la pierna herida se arrastró unos metros
pudo ver un tráiler incrustado en un enjambre de cables de alta
        tensión
el sol del crepúsculo sobre las manchas de aceite
el aire menos agrio los derrumbes habían parado
y tras las cortinas de humo los colores secos de los suburbios
        de la ciudad
A una semana de la explosión sólo las orugas confeccionando
caminos en la oscuridad
ningún rastro humano sólo las orugas en las piedras

EL ALACRÁN SE MOVÍA EN EL CHARCO...

El alacrán se movía en el charco como pez recién salido del agua.
Mis cuencas eran cavernas donde grano a grano,
se levantaba para flotar
el anciano polvo de los sueños,
como una sombra enorme que atraviesa en un esperma lo redondo del cielo,
la respuesta fue antes que la pregunta
y el gemido un eco encarnado en mi gesto;
al tiempo que una transpiración de amante ya dormido me dormía
y sólo un parpadeo era capaz de retener el perfume
        de la piel de esa imagen, que llamé vida,
doliéndome en una herida cada vez más caliente.
Mudo, era yo la respuesta para cuál pregunta,
una puerta asombrada, abierta a todo el espacio
        que pueda existir
y la memoria como el vuelo de un pájaro hacia el olvido,
recorriendo pasillos veloces de luz y oscuridad,
hasta llegar a saber, ya sin memoria,
de dónde vienen esos silbidos de tan todos los tiempos,
y cada vez más parece que vienen de un sitio presentido,
que no será ni adentro ni afuera,
sino el lugar donde todas las posibilidades se realizan,
cada vez más crees que esto es la muerte

y por dentro el alma es una nube que truena
    y suelta toda su agua,
mientras que por fuera el pensamiento se convierte
    en esa agua que regresa,
y débil, absurda la pregunta… "qué cosa es un alacrán, qué cosa es un alacrán"

LO DEJO TODO…

Lo dejo todo,
en las manos una vocación de fuego lento
que no va a ninguna parte;
en el cuerpo una reverberación
que emerge a la piel en oleadas.
Es delicioso reconocer tu propio sudor,
sentir las orejas calientes y frescas a la vez,
sentir sólo sentir
dejar a los ojos ser solamente ojos,
a la lengua, un camaleón en reposo,
sin la tentación del vómito.
Hoy no quiero hablar ni conmigo mismo,
lo dejo todo,
lo que no es posible abandonar,
de lo que no es posible huir,
no me importa el alambre del equilibrio,
encarguen a otro el miedo al abismo,
hoy escapo de mí,
dejo mi amor como quien se quita la camisa,
miro mi vida como un desorden que no vale la pena ordenar,
réstenle mis ilusiones al mar,
hoy sólo el desierto es capaz de conmoverme un poco,
tan grande y sin nadie
como una remota imagen de mí mismo

ETHEL KRAUZE

¿RECUERDAS CÓMO ERA LA LLUVIA...?

¿Recuerdas cómo era la lluvia
cuando aún no nos besábamos?
Era julio
y el moribundo cielo
se rasgaba.
Nos miramos tras la reja
muchas veces,
antes de que el fruto
se abriera.
Nos subimos al puente del aroma
para probar el naranjo
en nuestra sed,
y no saciaba.
No saciaban los hielos
en el vaso
ni el cántaro de vino
ni la miel.
Nos bebíamos el filo
de la lluvia
en la ropa,
en el paraguas,
y el clamor no cesaba.
Recorrimos las calles,
los planetas,
buscando el vértice
del agua.
No lo hallamos.
Intentamos la espuma,
la neblina,

(1954.) Nació en la ciudad de México, el 14 de junio de 1954. Es licenciada en letras hispánicas, y maestra en letras mexicanas por la UNAM, así como maestra y doctora en literatura por el Centro de Investigación y Docencia en Humanidades del Estado de Morelos. Además de poeta, es narradora, ensayista, dramaturga, guionista e investigadora. Ha publicado doce libros de poesía: *Poemas de mar y amor* (1982), *Para cantar* (1984), *Fuegos y juegos* (1985), *Canciones de amor antiguo* (1988), *Ha venido a buscarte* (1989), *Juan* (1994), *Houston* (1996), *Amoreto* (1999), *Bajo el agua* (2002), *Cuentos con rimas para niños y niñas* (2007), *Inevitable* (2010) y *Apasionada* (2012).
Lecturas recomendadas
Bajo el agua, Conaculta, México, 2002.
Inevitable, Universidad Autónoma de la Ciudad de México, México, 2010.
Apasionada, Ediciones del Ermitaño, México, 2012.

el vidrio de la madrugada,
las fibras del rocío,
la escarcha,
la vibración de la nieve…
Nada.
Ni una gota que calmara
la fiebre.
No hubo otro modo:
cerramos los ojos
y dejamos que el beso
nos llamara.

SE LLAMA…

Se llama, llama, amor, esta dulzura
que pacífica enciende nuestras sienes
y se vuelve voraz, mientras sostienes
el temblor que revela mi cintura.

Se nombra, lumbre, amor, esta locura
de sabernos heridos y sin bienes,
pero ricos en sendos parabienes
que en el cuerpo y el alma hacen hondura.

Se dice, dicha, amor, a este tormento
que se pasa enlazando tu figura
al follaje febril de mi premura

donde apenas te alcanzo y no te tiento.
Se abraza, amor, la brasa eterna, pura,
y no admite razón por argumento.

¿DE QUÉ ESTÁ HECHA LA MAR…?

¿De qué está hecha la mar, si no del beso?
¿De qué, las olas, sus mansos y atroces
movimientos azules?: de los roces
que el cuerpo envía a los aires del cerezo.

A los aires del fuego, a su proceso
magnífico y silente, a sus poses
de labios imprudentes como arroces,
cuyo brindis recíproco, son eso:

Eso, amor, un cáliz tenebroso,
un almendro que vaga entre las venas
en la lámpara oscura del reposo;

§ eso, amor, la fiebre en las cadenas
de tu pulpa, la luz de este sabroso
morir, el beso que mi pozo llenas.

COMO DESBOCADOS PÁJAROS...

Como desbocados pájaros
que se buscan el pico
lentamente a ciegas,
nos sumergimos.
Tú, director de la orquesta,
me colocaste en pose de flamingo
y me dejaste quieta,
clavada en la humedad
candente,
con la estaca a media cruz
como se debe.
El instante del agua
se desvanece en la onda purísima
y se entreteje
con otras y con otras
hasta volverse el mapa circular
donde comienzo a ahogarme.

TAMBIÉN NOSOTROS HABLAMOS DE LA ROSA...

También nosotros hablamos de la rosa,
no de la rosa de los vientos
ni la celeste rosa de la aurora,
sino la rosa que abrimos
con nuestros cuerpos unidos en el agua,
en los pétalos del agua que yacen bocarriba,
bocabajo,
coloreando las ventanas del mundo.
La nuestra es una rosa de agua
y de cuerpos atados en secreto mientras alguien la sueña.
Es la rosa ciega de los ríos sin salida,
la rosa penetrada,
labrada,
imán de la hondonada,
oscurecida por el mosto de amor
con que se riegan los párpados nacientes,
la salada rosa de los labios abiertos
bajo el botón del ombligo.
Asómate ahora a tu jardín,
verás con cuánto ardor te mira.

QUÉ BUENO QUE SOY ASÍ...

Qué bueno que soy así,
abierta,
ardiente
      y solidaria
con las causas sagradas
de la cama.

QUÉ BUENO QUE NO SE ARREDRA...

Qué bueno que no se arredra
      mi marido,
cuando le digo que estoy como una tea:
ardiendo a fuego lento
y durante mucho tiempo.

No tiene miedo:
prepara sus dedos
      y su musculatura,
respira hondo
entrecierra los ojos.
La luna pasa como espejo en sus pupilas:
una daga de luz.

Entonces, tiemblo.

QUÉ BUENO...

Qué bueno:
soy el lado oscuro de la dama,
tengo volteada la decencia
y no me cuestan las palabras
para decir las cosas que ocurren en la cama,
y en los pasillos
y en la cocina
      y en la mesa de la sala.

Nos sobamos el laberinto de la oreja
      con la lengua
y nos metemos los dedos donde quepan.

No contamos el tiempo.
El tiempo nos cuenta, nos repasa, nos repite
      en un círculo ondulante.
Eso es bondad. Y eso es deseo.

VICENTE QUIRARTE

PRELUDIO PARA DESNUDAR A UNA MUJER

Que esté, de preferencia, muy vestida.
Por eso es importante que las medias
sigan cada contorno de sus muslos: que disfruten
la pericia, el estilo del tornero
que supo darles curva de manzana,
maduración de fruto al punto de caída.
Disfruta de la tela perfumada
encima de los jabones y los ríos.
Acaríciala encima: su vestido
es la piel que ha elegido para darte.
Primero las caderas:
es la estación donde mejor preparas
el viaje y sus sorpresas. Cierra los ojos.
Ya has pasado el estrecho peligroso
que los manuales llaman la cintura
y tus manos se cierran en los pechos:
cómo saben mirar, las ciegas sabias,
el encaje barroco de la cárcel
que apenas aprisiona a dos venados
encendidos al ritmo de la sangre.
Si los broches y el tiempo lo permiten,
anula esa defensa: mientras miras sus ojos

(1954.) Nació en la ciudad de México, el 19 de julio de 1954. Es doctor en literatura mexicana por la UNAM. Además de poeta, es narrador, ensayista, dramaturgo, antólogo, crítico literario y editor. En la veintena de libros de poesía que ha publicado, destacan: *Teatro sobre el viento armado* (1980), *Vencer a la blancura* (1982), *Fra Filippo Lippi. Cancionero de Lucrezia Buti* (1982), *Puerta del verano* (1982), *La luz no muere sola* (1987), *El cuaderno de Aníbal Egea* (1990), *El ángel es vampiro* (1991), *Luz de mayo* (1994), *Desde otra luz* (1996), *El peatón es asunto de la lluvia* (1999), *Zarabanda con perros amarillos* (2002), *Nombre sin aire* (2004), *El mar del otro lado* (2007), *Ciudad de seda* (2009) e *Invisible estoque* (2011). Ha antologado su obra poética en los volúmenes *Cicatrices de varias geografías* (1992) y *Como a veces la vida* (2000). En 2000 reunió su poesía, de 1978 a 1999, bajo el título general *Razones del samurai*. Entre otros reconocimientos, ha merecido el Premio Nacional de Poesía Joven Francisco González León (1979), por *Vencer a la blancura*; el Premio Xavier Villaurrutia (1991), por *El ángel es vampiro*, y el Premio Iberoamericano de Poesía Ramón López Velarde (2011), por su trayectoria poética.

Lecturas recomendadas
El peatón es asunto de la lluvia, FCE, México, 1999.
Razones del samurai. Poesía reunida 1978-1999, UNAM, México, 2000.
Nombre sin aire, Pre-Textos, Valencia, 2014.
El mar del otro lado, Monte Carmelo, Comalcalco, 2007.
Ciudad de seda, Bonobos, Toluca, 2009.
Invisible estoque, Mantis-Universidad Autónoma de Nuevo León, Guadalajara, 2011.

deslízale el sostén. Y si protesta
es tiempo de estrecharla.
Acércala a tu boca y en su oído
dile de las palabras que son mutuas.
En un ritmo creciente, pero lento,
trabaja con los cierres, las hebillas,
los bastiones postreros de la plaza.
Aléjate y admírala: es un fruto
que pronto será parte de tu cuerpo
y tu sed de morderlo es tan urgente
como la del fruto que espera ser comido.
Has esperado mucho
y tienes derecho a la violencia.
Deja que la batalla continúe
y que el amor condene a quien claudique.

DE FILIPPO LIPPI PARA LUCREZIA BUTI

Si canto tu belleza no es por otra
razón que por guardarme de su brillo
y la cruel vocación de amar la rosa,
gozando su caricia y su castigo.

Más que tu cruel belleza transitoria,
ese barco traidor que habrá de hundirse,
celebro la hermosura que me invento,
la fe que por tu paso me sostiene.

Tu belleza es de luz pero no es tuya
y si naces puntual cada mañana
o te ocultas igual que el sol, sangrando,

sólo vives por mí y en mí renaces
y así vivo por ti, para desearte
y vencer a la fiera que me acosa.

*

Dijiste alguna vez el mundo es esto:
El viento valsa solo entre los pinos
y un gorrión solitario por el cielo
lleva en su canto cruel canto de parca.

No sé si abril o mayo palpitaban
y parecía imposible de tan plena
la cima azul donde el gorrión puntuaba:
"Hay que vivir y continuar muriendo".

§ Hoy no eres sólo parte de la vida
sino me has dado dicha que tenías,
lo dicho ayer, lo que diré mañana.

Y todo cuanto adoro por tus ojos:
el viento entre los pinos y ese canto
que tortura mi pecho y no me mata.

*

Si tú no hubieras sido, si la vida
no aleteara en tu aire pajarero,
acaso esta hermosura que me envuelve
no me pesara tanto aquí en el pecho.

La ignorancia, el desdén de tu figura
harían crecer al ciervo que en mí estaba,
no este tigre de celos musculado
en su sorda prisión que ciega el eco.

Mas volvería pasos que ya anduve
por encontrarte a ti en aquel camino
donde el otoño tuvo mejor lecho.

Y habría de tomar aquella hoja
por gozar de la herida y ver de nuevo
el color de mi sangre cuando ama.

*

La viril amargura de saberte
pozo fecundo o fuente avariciosa
que saciara otra sed y no la mía,
divide mi existencia, no la acaba.

Si te vas o te quedas no hay ausente:
He vivido sin ser fruto del tiempo,
espina del rosal, tela de pobre
raída por afanes del otoño.

En mí anhelante queda el otro, el tuyo,
potro joven marcado por tu sexo,
puñal que en cada beso abre otra herida.

¿En qué otro arroyo saciarán sus belfos
la sed de mar abierto de llanura
que dejaste encendida en su memoria?

ARMADOS

Para los que quieren mover el mundo
con su corazón solitario,
los que por las calles se fatigan
caminando, claros de pensamientos;
para los que pisan sus fracasos y siguen;
para los que sufren a conciencia
porque no serán consolados,
los que no tendrán, los que pueden escucharme;
para los que están armados, escribo.

RUBÉN BONIFAZ NUÑO

ARMADO

Vengo armado.
El abandono, la zanja y la distancia
han sido amuleto de mis pasos.

Nunca he naufragado:
soy naufragio.

El dolor me ha templado
con un arco invisible:
sus flechas son de vidrio.

Todo lo tengo porque nada es mío.
Vengo armado.

SCHRECK

Me llamo Max Schrek.
Horror en mi lengua natal,
igual a la palabra que designa
esa remota, primera emoción
del hombre ante la noche.

Soy la noche.
La provoca mi aliento
y el humo antecede mi presencia.
Lo inoculo en pupilas durmientes,
alebresto ansias caballas
que desbarrancan sueños.

Conozco el nombre mas no el cuerpo del horror.
Me escondo de mí mismo y el consuelo
es no poder mirarme en el espejo.
Pero sí en los ojos del otro
donde encuentro una atroz revelación:
el horror es fascinante
y provoca un placer insospechado.

DESNUDA

Mis ojos penetraban la piel del enemigo.
Su cota era papel para mi lengua.
Los venablos entraban en mi centro
sólo cuando mi sed lo disponía.
Mi alma era de carne.
Devastar las ciudades, mi destino.
Nacida en antílopes nonatas,
mi tersura era luz en el desvelo.
Caminar era un verbo
aprendido en las yeguas más livianas.
Nada derrotaba a este perfume,
su modo de fijar, mi mansedumbre
al lado del guerrero después de la batalla.

Pero nunca cuidé la retirada.
El ansia es otra virgen:
yo soy el combustible de mi incendio.

DURMIENTE

El que no va más allá de las palabras
no sabrá del silencio, esa zona
más amplia y noble que la muerte.

Cuando se es tan solo,
nada nos necesita.
Todo lo necesita el ansia adolescente
que recibir no sabe lo que puede.

Para que uno más uno
aspire a la fusión más que a la suma
hay que aprender a andar de otra manera.

No decir las palabras. Merecerlas.
No hay tierra más honda que la tierra
y en lo que nombra a la palabra tierra todo cabe.
Echarse sobre ella, estricto animal,
elemento de ser en el planeta.

Puede abandonarnos el poema.
Nunca la poesía.

No soy el abandonado.
Yo soy el que abandona.
Y no acaba de gustarme.

HERMANOS

Nada rompa esta alianza.
No se trice el espejo ni lo empañe
el fatigado aliento de los días.
Que siendo dos
parezcamos ejército, falange
ni siquiera vencida por nosotros.
Más allá de la sangre paralela,
que la palabra hermano
enfrente al enemigo y no convierta
en puñal este abrazo.

ONETTI

He ocupado los días
con la voluntad del último.
Por eso cada uno es el primero.
La soledad y su hermana más grave,
la amargura,
conmigo hallaron casa.

Escribí sobre aquellos
seres más desnudos que su sombra.
En ellos fui infeliz.
En ellos me he salvado
para hablar contigo.

ORACIÓN

Dijo que la oración, como la piedra,
debe de ser desnuda y poderosa
y quedarse en el viento:
tener, por un instante y para siempre,
aquello que bautiza.
La tierra se llama tierra.
No existe otro sonido
que le otorgue sustancia más eterna.

La tarde acariciaba nuestra frente.
El hambre era un fulgor a punto de apagarse.
La hermandad, cadena iluminada.

Entonces nos enseñó a rezar el Padre Nuestro.

EL SUELO

El suelo es mi dominio.
Quien como yo lo toca
conoce los movimientos de las nubes,
su lenguaje cambiante y siempre joven.

§ Si una moneda tuya
  se suma a la constelación
  del pedazo de calle que he hecho mío,
  sea bienvenida.

  Más cerca del suelo que del aire,
  nadie tiene pulmón más poderoso.
  Soy el hermano rico de las nubes.

AQUILES

  Aquiles fue mi nombre.
  Qué responsabilidad la de mis padres
  bautizarme con signos
  del héroe por encima de los héroes.

  No busqué ser como él.
  Vino a mi encuentro
  un vendaval armado de violetas
  que se estrelló en mi rostro
  y me inició en la furia.

  Lancé la primera piedra
  ante el motín creciente del pecado
  callado por todos, temerosos
  de perturbar el sueño de la bestia.

  Fui el primero en caer.
  Sin conocer mi nombre otros vencieron.

VIEJO

  No hay dominio más vasto que este parque
  donde la vida exhibe sus criaturas:
  soberana, invencible primavera.

  Yo estuve en ese reino y no lo supe.
  Era solamente.
  Criatura montaraz,
  fui flexible y veloz, no me cansaba
  la marea inacabable de los días.

  Ahora me persiguen
  más voraces que nunca
  pero volver no quiero.
  Yo tuve y fui. Agradecido observo
  el esplendor del mundo,
  invisible corona que me ciñe.

MÁS DESNUDA

Más desnuda, imposible.
Rotunda y tirante,
manzana incapaz de contenerse.

Abierta como el mar cuando se quiebra,
en mí comienzo
y en tersuras y brillos me termino.

Despojada de todo
menos de mi cuerpo,
inacabable carne triunfadora.
Blanca bruja del ansia,
vestida solamente
con piel de animal caliente y siempre joven.

Mi deseo más oculto:
muérdeme el corazón
muy largo y para siempre.
Deja libre a ese perro del mal.
Ese viejo traidor que no envejece.

PAÍS LLAMADO INFANCIA

Tiempo donde la memoria nos alcanza.
De la piel tersa y dura,
del aliento de vidrio
y el animal intacto.
País llamado infancia.
Compás que dura poco pero marca
con hierro indeleble a su creatura.

VÍCTOR MANUEL MENDIOLA

MAR

Tú estás allá,
en la otra silla.
Vives el mundo aparte
del lado opuesto de la mesa.
Tus miradas están allá,
tus voces son
pájaros que retornan
del mar de allá,
tus manos juegan
sobre la mesa
como incansables nómadas
en la extensión azul.
Yo escribo en Morse,
lanzo señales de humo,
pongo a la orilla de ese mar
una botella,
mando mis huestes
a conquistar
las santas tierras de allá,
prendo las brasas
del mismo sueño.
Pero tú sigues allá
en la otra silla.

(1954.) Nació en la ciudad de México, el 8 de agosto de 1954. Estudió economía en la UNAM. Además de poeta, es narrador, ensayista, crítico literario, antólogo y editor. Ha publicado diez libros de poesía: *Sonetos a las cosas* (1982), *Triga* (1983), *Nubes* (1987), *Vuelo 294* (1992), *El ojo* (1994), *Las 12:00 en Malinalco* (1998), *Papel Revolución* (2000), *La novia del cuerpo* (2001), *Tu boca, mi mano* (2005) y *En carmen y oración libre* (2006). En 2003 reunió su obra poética en el volumen *Tan oro y ogro*. Entre otros reconocimientos, ha merecido el Premio Latino de Literatura (2005) por *Tan oro y ogro*, que otorga el Instituto de Escritores de Nueva York.

Lecturas recomendadas

Tan oro y ogro, UNAM, México, 2003.
Tu mano, mi boca, Aldus, México, 2005.
En carmen y oración libre, Verdehalago, México, 2006.
Vuelo 294 y otros poemas, Libros del Aire, Madrid, 2010.

LA PIEDRA

Me subo en una piedra,
pienso sobre la piedra.
Pienso lo duro,
pienso lo impenetrable,
lo que no tiene sexo;
pienso una y otra vez
en lo que nada más
puedo tocar por fuera.
Medito en ese afuera tan del aire,
tan del agua corriendo.
Pienso este pensamiento
que se me vuelve
una piedra pesada
entre las manos.
Abro las manos,
cae la piedra.

EL HUEVO DURO

A Tomás y Antonieta

De la cestilla tomo el frágil huevo.
Sobre la mano pesa su redondo
blanco sin peso —tan callado y hondo,
tan oro y ogro como un medioevo.

Con la cuchara hasta el perol lo llevo
y el tiempo mido; en el hervor lo escondo
y miro cómo el miedo baja al fondo;
ser viejo y duro es un febril renuevo.

Todo es la blanca forma del espanto.
atrapada la nuca picadura
y el gallo a la mazmorra reducido,

es el huevo la nota de otro canto
y oro sin ogro guarda la armadura;
mi cena, el duro huevo envejecido.

POÉTICA

La lengua avanza por el ojo: ajusta
la imagen tierna al paladar y al diente.
Prueba el paisaje y sorbe la paciente
agua de un río. La mirada justa

§ se abre en la voz o de la luz se eleva
   hacia la misma lengua. Cada cosa
   contada en la retina es una glosa
   del alma que nos cura y nos renueva.

   Lengua y ojo en la cosa son el ave
   que se eleva en la luz de mi balcón,
   un descender del aire que nos toca.

   Es la canción de lo que no se sabe
   y que de pronto se hace una visión.
   Bilingüe el ojo avanza por la boca.

ME QUIERO IR AL MAR DE FRANCISCO ICAZA

   Egipcio zarpo; parto sin mesura
   en el silencio parco de mis años.
   No hay verdad ni temor, tampoco engaños
   y la casualidad es mi andadura.

   Thot escribe mi nombre en los extraños
   pergaminos de todo: empieza y dura
   la vida; sube y cesa la verdura
   del Nilo y vagan vagos los rebaños.

   Arriba, entre los soles de mi puerto,
   amor y soledad, ocaso y orto
   caen en el reloj de mi destino.

   Pero el destino sabe en mi ojo abierto
   todos los soles. Mientras, sigo absorto
   en la perplejidad de mi camino.

ECLIPSE

   Te crece la cara,
   cuando te aproximas a su cuerpo
   te crece la cara.
   Arrodillado
   entre las blandas
   esferas de sus pechos;
   bebido y zafio
   en el puño de su pubis,
   te crece la cara.
   Se te ensancha en una extensión
   sobre su espalda abierta
   y sus pequeños hombros,
   sube entre sus rodillas
   o sigue el miedo de sus pies.

Primero, medio día,
después, toda su carne,
hasta que tu rostro
es un sol aproximado y lleno,
una piedra de sangre
en la atmósfera
iluminada de sus piernas.
Te crece la cara
cuando te doblas
en la raya incendiada de su cuerpo.

LA ENREDADERA

Recostado en la hierba del jardín,
me llamó la atención la enredadera.
Levanté con las manos la cabeza
para mirar su impulso de raíz.
Y supe que en su fuga se concentran
los ritmos de las sombras y un fluir
de insectos en las hojas. Comprendí
por ella la salud de la sorpresa.
Incorporé la espalda ante el prodigio
de la verde cortina vegetal.
Me sacudió su exuberancia en orden.
Y entendí su silencio primitivo,
su terca lentitud de oscuridad,
sus notas graves y su fuga enorme.

VUELO 294
[Fragmento]

No es la luz de Plotino, es luz terrestre,
luz de aquí, pero es luz inteligente.
OCTAVIO PAZ

Hermano, tú que tienes la luz, dime la mía.
RUBÉN DARÍO

En el avión pensé: la altura viaja
en ella misma cuando nos subimos
en su escalera azul, percibimos
con la salud del vuelo la ventaja
de estar arriba, comprendiendo el alto
material del oxígeno y la nube
entre las alas con la luz que sube
sin ser notada. Entonces dije: exalto
esta salud por el avión vendida,
espiral que revienta, viento duro,

le doy mis pies y que ella me levante,
le doy mi lengua y que ella me despida
sobre el azul tan alto de su muro
y en la frondosa lentitud vibrante.

CARRETERA

Viajé toda la noche
en la velocidad
inmóvil de mi coche

AUTOPISTA

Corre tu desnudez
en mi velocidad.

DOS POEMAS EN EL MAR

1

Entre tus piernas
pienso un caracol,
una espiral,
un símbolo del mar;
pienso en ese delgado resbalar del agua
entre tus piernas
bajo el sol.

Tapo mis ojos
para adivinar la sombra
donde vive el caracol;
pienso en un riel de nubes
y de alcohol;
pienso en la sal
que me hace despertar.

Toco tus piernas
como quien se eleva
en una playa
bajo el sol azul.

Me digo
le enviaré mensajería a la belleza
de este mediodía;
que saque sus vestidos del baúl,
que me dé el caracol
como una prueba.

2

Vuelvo a pensar:
el caracol se entrega
en las olas del mar.

Pero ¿de qué mar hablo?

¿De ese mar que imaginé
y que me empuja
a una noche ciega
o del mar de tu cuerpo
que pisé con todo el cuerpo
y supe cómo llega
el amor dando tumbos?

Se despliega
el reflujo del mar
y meto el pie en la espuma.

La blanca espuma floja
cerca mis pies.
Y yo me veo inmóvil
mirando la belleza de tu mar.

Meto mis manos de aire
sobre tu hoja de agua.
Descubro el caracol;
el móvil interior
que no deja de pulsar.

CARMEN BOULLOSA

SILENCIO

Busca
—incansable,
tenaz,
avorazado—
algún espejo en el mundo.

IDENTIDAD

Me sentaré a reírme de ella,
ahora que puedo,
ahora que no llegan imperiosos a buscarme,
a pedirme, por ejemplo, una sonrisa, por favor,
o sin por favor,
el abrazo, el cómo te ha ido, te ves
bien.
Yo no tengo nada que ver con ella
y si llevo años persiguiendo el nombre
no es (¡vaya que estoy segura!)
el que ustedes gritan en este momento
para llamarme a la cena.

(1954.) Nació en la ciudad de México, el 4 de septiembre de 1954. Estudió literatura en la Universidad Iberoamericana y en la UNAM. Además de poeta, es narradora, ensayista, dramaturga, editora y guionista. Ha publicado catorce libros de poesía: *El hilo olvida* (1979), *Ingobernable* (1979), *Lealtad* (1981), *Abierta* (1983), *La salvaja* (1988), *Soledumbre* (1992), *Envenenada* (1993), *Niebla* (1997), *La Delirios* (1988), *Jardín Elíseo* (1999), *Agua* (2000), *Salto de mantarraya (y otros dos)* (2004), *La patria insomne* (2011) y *Corro a mirarme en ti* (2012). Entre otros reconocimientos, ha merecido, por su trayectoria literaria, el Premio Anna Seghers (1997), de Berlín, Alemania.
Lecturas recomendadas
Salto de mantarraya (y otros dos), FCE, México, 2004.
La patria insomne, Hiperión / Universidad Autónoma de Nuevo León, Madrid, 2011.
Corro a mirarme en ti, Conaculta, México, 2012.

NIEBLA

Hay en el aire el retardo de la niebla.
Hay en los árboles la tersura de la niebla, la suavidad,
y en el río la pausa de la niebla.

Todo duerme respirando niebla.
El sueño del zorro es suave pausa retardando.
El sueño del lobo es sólo niebla.
La niebla sueña con ríos inmóviles, amedrentados.
El pez no duerme.
El hombre cava al pie de la montaña,
junto a los árboles, cerca del río,
lejos de los caminos, al ritmo suave de la niebla.
Hay en el aire…
El pez no duerme.
El hombre sería alboroto, ventarrón, pero cava en silencio,
obedece a la niebla.
Cava.
Los matorrales bruscos le dan la espalda.
No hay gota de sudor sobre su cuerpo.
La niebla ocupa al momento la tierra desterrada.
El hombre es más de tierra que la tierra,
claro de sal o mansedumbre,
piedra de río a quien menea la niebla, piedra flexible,
serena como es sereno el desierto,
como los bosques de algas,
y como ambos iracundas flechas lentísimas apuntando al forastero
silenciosas
(¿a quién acepta el alga o el desierto?).
El hombre viste niebla.
Lo protegen la noche y una vela encendida
donde danzan su muerte los mosquitos festivos.
Lo alumbran los tímidos cocuyos.

Él cava, abre la tierra.
De ella no brotan lodo o materia arenosa,
abierta es neblinosa superficie,
tallos, hojas, cordel de enredaderas.
¿No oculta nada esta tierra?
El hombre cava más y aparecen hojas, vainas, tallos, botones.
¡No hay raíces, lodo,
la cola blanca de la semilla meneando la germinación!
Hay polen, nidos de mirlos,
brotes, la piel de las plantas
(siempre más oscura que la luz de la semilla)
y el ala de la hoja y la dura corteza.
¡No está la blanca ciega pata de la raíz!
¡Nada indica que es adentro, que el hombre está cavando!
Él cava.

¡Tanta tierra toda abierta no le pide detenerse!
¡Su brazo es azadón,
su piel destroza la ternura de la niebla,
él cava y cava y cava!
Desentierra un cuerpo,
entero e intacto como dado a luz.
Él lo está dando a luz,
quitándole la oscura asfixia de las nocturnas plantas.

Los cocuyos iluminan su palidez.
El hombre es piedra arisca, es tierra.
El cuerpo es agua, es mujer oliendo a raíz y a aurora.
La niebla la envuelve;
el retardo, el tacto del río, la copa del árbol la visten.
¡Ah!, que es bella así adornada.
Gime como el botón del tulipán.
No conoce costumbres.
Como el cadáver no sabe andar de pie.
Como el recién nacido, se arrastra en la cuna de tierra.
Como el recién nacido, pide brazos para dejar el llanto.
Como el laurel, llora ámbar y rocío.
¡Es un árbol talado desde su nacimiento!
¡Es el ser vivo dado a luz por el hombre!
¡Es carne de la carne del hombre,
es la hierba del pez,
el cuerpo de la niebla!

El hombre toca en ella sus huesos.
Cree que está viva, cree que es mujer,
no sabe del pez, de la niebla, del árbol,
no sabe que ella es la germinación de sus manos en la tierra abierta,
no sabe que vendrá la venganza de la luz
y que la aurora y la raíz lo detestan.
Él desentierra y ríe.
Las uñas negras desafían su palidez.
Él aquí la ha buscado, es un loco, se ríe.
Cavando parió su árbol roto.

(Lo sé yo. Es verdad.
Yo soy la que ocupaba el sitio de la raíz.
Yo quien impedía germinar a la tierra.
Mis ojos vigilaban a los escarabajos.
Con mis labios sellaba las semillas.
De mis pechos huían las alimañas, a mis pechos iban las hojas, los tallos, los botones.
Yo era un sol de venas dormitando.
Yo no llamé a nadie, huía de las risas.
Deserté en otros siglos de tacones y medias, de encajes y vestidos.
Por mi ano puro no pasaba la mierda.
En mis labios no había rastros de pintura, su adorno era tierra.

En mis pulmones habitaba el ausente silencio.
Fui la cobra dormida, el pez que no duerme,
el canto del búho y la noche.
No estaba enterrada ni escondida.
Allí vivía, protegida por una superficie que se cerraba en torno mío.)

Él le toca los huesos.
¡Vaya prueba de humanidad pide el hombre al agua que ha encontrado limpia en la poza de tierra!
Sí tiene huesos.
No tiene nombre,
es el cuerpo enterrado en la noche de luna.
Es lo que no respira,
lo que no conoce el puño involuntario que oprime el pulmón.
Todo en ella es voluntad y recelo.
Su piel contiene viento,
no necesita aire,
su corazón es aire, es vela hinchada, corazón sin huesos.
Huele a raíz y a aurora
porque el sol empezó ya su persecución.
El sol no perdona que expongan lo que guarda la tierra.
El sol es la pudrición, es las bacterias, es los gusanos que destrozan la carne,
el hacedor de la vejez y de la muerte.
El sol es el sello del entierro y la cordura de la superficie.
¡Nos persigue! Con sus rayos podría matarnos…

¡Corre, regresa, consigue la niebla, la noche, tírame tierra encima!
El sol te perdonará. Llegarás al camino.
Dejarás el monte atrás. Estarás donde todo es llano,
donde corre el río. Te lavarás las uñas.
Tus brazos dejarán de ser azadón
y abrazarás, darás la mano, tomarás la pluma, escanciarás la copa,
¡abrazarás!
Cuando pises, tu memoria recordará en las plantas el corazón que te sigue respirando.
¡Ahora es de ti de quien respira bajo tierra!
Tú preservas el cuerpo como aire duro de muelles, aire cruel de sal.
Respira de ti, de lo que guardas entre boca y pulmones.
A ti atrae ahora la piel de sus pechos.
Sobre ti acomoda los muslos, te sigue a ti con los ojos, con tus besos pinta sus labios.
De ti llenó el ano, los oídos, la nariz, la vulva.
¡Y ahora come, despúes de siglos!
¡Come, bebe tu leche tibia, de ella llenas su cuerpo!
La niebla vuelve en la leche, y el retardo vuelve en ella,
dispersado,
            ella es la niebla.
El cuerpo es agua enjoyada,
la piedra de río es el cuerpo del hombre dotado de poder,
su palacio es la noche, en pausa, velando,
las copas de los árboles son las joyas de la niebla que visten los cuerpos,
no pasa cerca ningún camino,

el río, estirando su lentitud,
contiene en su lecho las piedras que reflejan al hombre, imitándolo.
¡Besar es hacer la niebla, traer la pausa al mundo,
encontrar la forma en la germinación,
levantar el palacio de la noche,
despertar los cadáveres,
volver cosa al cuerpo,
oír nadar al pez, temer la aurora!
¡Resucitar bebiendo la leche del hombre,
del hombre que es madre y mansedumbre,
respirar la niebla!
La tierra abierta es la cuna,
la niebla el velo,
la vela el mosquitero,
el hombre la teta,
la mujer el agua que ha enterrado la luna.
El hombre la piedra que hacer mover el río.
La mujer el bulto puro del desentierro.
Ahora las semillas volverán a abrirse,
las raíces ocuparán la tierra,
los botones saldrán a la luz,
los tallos perseguirán al sol,
las hojas se volverán a verlo.

El hombre y la mujer tomarán el camino.
Pero en el camino todo es separación, afluentes,
multiplicación de veredas,
y al silencio de la noche lo ocupa el trajín de motores y la mierda,
el aire que cualquiera puede respirar y el sol,
envanecido de su poder sobre las plantas,
el sol persecutor, el sol del orden y la cordura.

El ángel de agua que vivió bajo tierra,
la plebeya piedra flexible que era emperador y nodriza,
el agua que era mujer y recién nacido,
la niebla que era pausa,
el monte que era testigo,
los matorrales que se negaban a serlo,
el pez que no dormía nunca,
el sueño del lobo y del zorro,
el ámbar del laurel,
las joyas de oro en el pecho del cadáver,
los escarabajos y la hiedra
escucharán las órdenes del sol:
      Piedra, sé piedra.
      Lobo, sueña crueldades.
      Ámbar, fluye por la corteza, mata al laurel.
      Que a la mujer la entierren.
      Que el hombre tome el camino.

Que el río se apresure.
Que el zorro sueñe ardides.
Que nadie vea hombres en las piedras de río,
que nadie las crea flexibles,
que nadie escarbe, horade, desentierre o ría.
Que la niebla se disuelva y deje espacio a la luz.
Que el pez duerma.

Pero no hay oído que escuche el dictado del sol.
Simple, el retardo de la niebla es dueño de todo.
Ha detenido al tiempo, ha escondido al día.
Él será emperador, ella habitará palacio,
caminará, aprenderá las formas,
será joya del tesoro imperial brillando con la memoria del entierro,
y de beso en beso irán los dos puliendo un lecho de carbón para cuentos y lágrimas,
un lecho de agua y de tierra,
de cobijas de tierra,
un lecho enterrado.
Y volveré a nacer de ti, de tu leche beberé,
observaré a los escarabajos sin peinarme nunca,
con tus besos haré crecer mi cuerpo, seré tu hijo alacrán, serás el mío,
nos comeremos los dos retardando aún más la atmósfera.
Nunca llegarán a desenterrarnos.
Nuestros huesos hablarán con el nido del mirlo.
Oirán volar las hojas, prohibirán que se abran las semillas,
retoñarán nuestras carnes para que volvamos a comérnoslas.
No habrá tiempo. No seremos viejos. No moriremos. No dejaremos nunca de besarnos.
No te veré a ti, ni tú a mí, fascinados por el rito negro de los escarabajos.
El lobo soñará con la niebla.
El sueño del zorro será suave pausa retardando.

Habrá en el aire el retardo de la niebla,
en los árboles la tersura de la niebla, la suavidad,
y en el río la pausa de la niebla.

CARTA AL LOBO

Querido Lobo:
Llego aquí después de cruzar el mar abierto del bosque,
el mar vegetal que habitas,
el abierto de ira en la oscuridad y la luz que lo cruza a hurtadillas,
en su densa, inhabitable noche de aullidos que impera incluso de día o en el silencio,
mar de resmas de hojas
que caen y caen y crecen y brotan, todo al mismo tiempo,
de yerbas entrelazadas,
de mareas de pájaros,
de oleadas de animales ocultos.

§ Llegué aquí cruzando el puente que une al mundo temeroso con tu casa,
este lugar inhóspito,
inhóspito porque está la mar de habitado,
habitado como el mar.

En todo hay traición porque todo está vivo…

Por ejemplo, aquello, si desde aquí parece una sombra,
¿hacia dónde caminará cuando despierte?
Como fiera atacará cuando pase junto a él,
cuando furioso conteste al sonido de mis pasos.

Así todo lo que veo.
En todo hay traición
…era el camino, lobo,
la ruta que me llevaba a ti…

Escucha mi delgada voz, tan cerca.
Ya estoy aquí.

Escoge de lo que traje lo que te plazca.
Casi no puedes mirarlo,
insignificante como es,
perdido en la espesura que habitas.
Estoy aquí para ofrecerte mi cuello,
mi frágil cuello de virgen,
un trozo pálido de carne con poco, muy poco que roerle,
tenlo, tenlo.
¡Apresura tu ataque!
¿Te deleitarás con el banquete?
(No puedo, no tengo hacia dónde escapar
y no sé si al clavarme los dientes
me mirarás a los ojos.)

Reconociéndome presa
y convencida de que no hay mayor grandeza que la del cuello de virgen entregándose a ti,
ni mayor bondad que aquella inscrita en tu

doloroso,
lento,
interminable
y cruel
amoroso ataque,

cierro esta carta.
Sinceramente tuya,
Carmen.

DANIEL LÓPEZ ACUÑA

NÁUFRAGOS

Tendidos en el césped
            a la sombra del sol,
pensándonos sobrevivientes
            de un naufragio
en la ciudad inmunda,
saciábamos el hambre
            comiendo con la mano
unos mangos maduros y carnales.

POSTALES

I

Desde la ventana del hospital
veo dos jacarandas recién florecidas.
Es el comienzo de la primavera
y yo paso visita el domingo, temprano.
Dentro del cuarto, una mujer amputada
                            drena pus.

II

Las noches transcurren frías y quejumbrosas
entre las camas y los pasillos.
Todo huele a curaciones y heridas.
Me duermo en la guardia con unos guantes puestos.
A punto de tomar el bisturí
y hacerme una incisión entre los nervios,
escucho, inquieto, en la central de enfermeras,
una música lejana, triste, a todo volumen.

(1954.) Nació en la ciudad de México, el 9 de noviembre de 1954. Es médico cirujano por la UNAM, con maestría en salud pública y doctorado en epidemiología por la Johns Hopkins University. Además de poeta, es ensayista e investigador. Ha publicado el libro de poesía *Tú llegarás a mi ciudad vacía* (1979) y tiene en proceso de edición su segundo libro: *Barlovento* (2013).
Lectura recomendada
Tú llegarás a mi ciudad vacía, Premià, México, 1979.

LA PIEL Y EL ESCORPIÓN

Era igual que bailáramos cerca,
pegándonos la cara,
　　　　juntando nuestros pechos,
ciñendo la presencia de los cuerpos
　　　　a una proximidad casi invisible.

No importaba tampoco
　　　　respirar aquel aire sofocante
mezclado con el sonido de los discos,
　　　　ser fragmentos cautivos de la noche,
huéspedes del silencio,
　　　　sórdidos personajes sin destino
en la ciudad de hielo.

La soledad se desnudó,
　　　　la lluvia
restableció la claridad perdida.
　　　　Rocé entonces
la piel curtida de tus antebrazos,
　　　　congestiva,
casi como de fuego aprisionado.

De pronto todo fue como una tierra
　　　　rota por el calor,
como dos escorpiones enlazados
　　　　bajo las piedras secas
celebrando el amor en el desierto.
Sobrevino el relámpago rojo:
　　　　las nubes dieron paso
al surgimiento de la oscuridad.

VOLUNTAD DEL SILENCIO

Vencer al mar y oír al mismo tiempo
　　　　la erosión de la piedra,
la galerna nocturna e implacable que despedaza mis manos y mi frente.
Saber que se halla rota
　　　　la esfera imprescindible de los cuatro costados,
el falso manantial de agua bermeja.

Y así
palpar la muerte, el relámpago incestuoso
rojo como la sangre por brezales oscuros apenas derramada:
viento desenfrenado,
amplio rumor del mar que arrasa todo.

§ Sé por tu aliento que existe la palabra y se desliza sonora por el aire,
que existen los fragmentos de una voz casi muda,
                    hueca, desgañitada,
de un constante latido que se arrastra, que repta,
que existe una sustancia que surge de la tierra
                    como la intensa huella del silencio.

Quiero tocar tu piel.
                    Quiero sentir tus pasos en mi carne.
Quiero oír el sonido de la lluvia que dicta
partituras y sueños en su lenta caída.
Quiero patear el tiempo del pasado.

A lo lejos escucho los tambores
                    que presagian los golpes de mis huesos.
Se me seca la boca.
Masco las arenillas minuciosas
                    de mis dientes amargos y sin agua.
Sólo soy un erial.
Mi garganta es estéril,
                    el habla la traiciona.

VENUS ILICITANA

Te conocí, quizá, en el treinta y siete,
en aquella ciudad mediterránea
en medio de la guerra.
Fue en Alicante.
Debe haber sido enero.
                    Caminabas
cerca del malecón,
                    entre los palmerales,
por los paseos policromados.
Daba una luz artificial el sol,
Un calor invernal
                    que la brisa apagaba.
Blanca la tierra
escuchaba el rumor de las palmeras
y la quietud del mar.
Como vela batiente
tu vestido floreado
se movía con el viento.
                    Apenas sonreías.

En la ciudad de Akra Leuké
te deseaba en silencio.
Te miraba,
                    salida de la piedra,
desde mis ventanales.
Quería ser el orfebre del bronce de tu piel.

§ Unos meses después,
miliciano sin nombre,
yo moriría en el Ebro
desando ver Lucentum,
recordando tus pasos
                venus ilicitana.

Ha sido en México.
Te he visto nuevamente.
                ¿Serás tú?
¿Renací entre las aguas? ¿Soy el mismo?
¿Surgí de las salinas calcinadas,
entre las eras inundadas de sangre,
para seguir tu sombra
que me llamaba en sueños?

Me dijiste tu nombre
en un lugar distinto
muchos años después,
el mismo mes de enero.
Como viejos amigos
que vuelven a encontrarse,
la paloma que bebe
                agua del surtidor,
hablamos de unión libre,
del amor,
de nuestras vidas solitarias y precoces,
de rebelión, de nunca someterse,
de quimeras sociales, del futuro improbable.

Palabras,
arena movediza,
figuras que vivieron
a destiempo su historia,
combatientes vencidos,
huellas perdidas del deseo fracturado,
nos encontramos siempre
cercanos al momento en que agoniza
                nuestra proximidad.

Eres quizá un recuerdo
                y en tus labios
se proclama la insidia del silencio,
                de la ciudad fantasma.
Vendrán los nuevos días.

VIAJE A OAXACA

Fundaron la ciudad donde la transparencia asienta en la montaña.
Caracoles labrados por la luz, grabados en la arcilla por el viento,
los que habitaron la arena residual de la mansa inquietud de un mar sin olas.
Entre las piedras formas como de fuego y aire. Las aladas serpientes se levantan.
Son la luna menguante, son las astas de un toro enardecido.
Persiste la extensión, el monte es sangre. Mientras tanto las rocas agonizan.
Por las tumbas oscuras viajamos subterráneos al lado de las urnas pletóricas de huesos.
La máscara se erige impenetrable
                    sobre el dintel. Vayamos descendiendo.
En la humedad podremos descubrir
                    la realidad acuática del cuerpo.

Antes de que la lluvia comience a perturbar la sequedad
tú llegarás a mi ciudad vacía,
antes de que mis ojos se adhieran a la sombra como el firme vacío de una ventosa
surgirás de entre el láudano y el polvo de una oscura mañana hurtada al tiempo.
Tú vivirás en la región que huye del pertinaz asedio de mis trazos
y asido a la corteza de un árbol cuya densa savia invade la herrumbre de mi piel
terminaré por ser el azaroso golpe cercenador y decisivo del hacha de metal.

El cuarto del hotel en que vivimos es algo más que muros y que espejos.
Somos tú y yo,
                    concretos, corporales.
Ahondamos en la carne palmo a palmo hasta saber que de ella estamos hechos.
                    Yo no habito en mi cuerpo, soy mi cuerpo,
y he encontrado el sentido de nuestra semejanza
porque en la desnudez del cuerpo y la palabra,
en esta rebelión nos conocemos.

TOMÁS CALVILLO

NOCHE

He conocido el lugar de los muertos.
He visto sus caras grabadas en las piedras.
      Las rocas del río respiran.
      Sentí miedo,
arriba el cielo era muy extenso,
las agujas brillaban,
tejían una luz tenue
que ascendía por los cactus;
en sus espinas
los astros reían.

Caminé en círculos,
el agua de los ojos
se fue a la luna.

REUNIÓN

Si la luz blanca
invade todo
desaparece todo
y el aliento apenas perceptible
dice: ¡vida!
Quedas aún en el umbral.

(1955.) Nació en la ciudad de México, el 8 de enero de 1955. Es licenciado en Relaciones Internacionales por El Colegio de México, con estudios de maestría en historia por la Universidad Iberoamericana, y doctor en ciencias sociales por la Universidad de Guadalajara y el CIESAS de Occidente. Fundó y presidió El Colegio de San Luis. Además de poeta, es narrador, ensayista, historiador, investigador y pintor. Ha publicado seis libros de poesía: *Pájaro de alambre* (1981), *Reunión* (1984), *400 horas al alba* (1988), *El fondo de las cosas* (2006), *Filipinas, textos cercanos* (2010) y *Tabing Dagat / Junto al mar* (2012). En 1998 reunió su obra poética, de 1979 a 1993, en el volumen *Poesía*.
Lecturas recomendadas
El fondo de las cosas, FCE, México, 2006.
Filipinas, textos cercanos, Gobierno del Estado de Tabasco, Villahermosa, 2010.
Tabing Dagat / Junto al mar, El Colegio de San Luis-Universidad Autónoma de San Luis Potosí, San Luis Potosí, 2012.

PREGUNTA

Dime tú que no tienes rostro
que estás aquí dentro
sin agitarte y contemplas
las minucias de la luz
y la oscuridad.

En un hondo silencio
distante del tacto
miras el paso de los sueños
enjambres petrificados de palabras
en un instante invisibles
el naranjo y el viento
otra vez una cauda de semillas.

Dime tú que no juzgas
las imágenes que se habitan
que escuchas al ruiseñor
tras la colmena
el ir y venir de las ruedas
el reloj y la balanza.

Dime tú que conoces
los cansados juegos en el bosque
el laberinto de los hábitos
el espacio donde viajan
nuestras historias en esferas.

Dime tú
para qué develar este misterio
qué buscamos encontrar en él.

EL OASIS DE LA FE

Es tibia la noche
acorta la distancia
conserva la emoción.

¿Cuánto más debo esperar?
¿Cuándo podré decir su nombre?
¿Cuándo podré reconocer su rostro?

No puedo callar por mucho tiempo.
Una voz más fuerte que mi voz emerge.

Escribo bajo la luz de la luna,
escribo desde la Tierra inundado de cielo.

§ Permanezco en la madrugada fiel
ante el Templo de la Palabra.

Las puertas del Reino se han abierto.
Lo sé.

Oro.
Temor y dicha se entremezclan.

No puedo callar.
El secreto es su revelación.

TRAS LA PALABRA

Cuando pienso en decirlo
se esquiva, ya no está,
el tiempo del pensamiento
lo oculta.

Es más sencillo así;
respiro su silencio;
es manantial.

LA ÚNICA TAREA

La razón que busco,
el sentido, las preguntas,
las dudas,
lo que el tiempo
despliega en conocimiento
y lo que vuelve a ser misterio;
la experiencia de estar aquí,
el agradecimiento,
la incomprensión de la ausencia,
la quietud,
la ignorancia,
el silencio que rodea las edificaciones;
lo que alcanzo a ver y eso que se escucha,
esto y aquello,
el mismo ritmo
de la respiración;
todo ello
lo junto entre las palmas de mis manos.
El árbol de las palabras
se convierte en semilla,
está en mi frente,
con ella toco la tierra
y oro.

FILOSOFÍA V

Cuando escribí en la corteza del árbol
era un puberto enamorado

cuando lo hice en la pared de la escuela
la rebeldía adolescente eran las letras

cuando redacté en el papel
el pensamiento pretendió su dominio

las cosas y sus texturas son indiferentes
a nuestros años y sus signos

están llenas de vacíos
y las palabras no lo comprenden

las palabras son un asunto
entre nosotros
en un mundo repleto de silencios

nombramos
heredamos nombres
y el entorno lo ignora

lo que vemos es idioma
y no podemos ver de otra manera
con sonidos
se abre la puerta de la naturaleza

y nos quedamos ahí encerrados
en las diversas lenguas que bautizan el espectáculo
desde el nacimiento hasta la muerte

no se puede imaginar siquiera
estar detrás de las palabras
y las cosas.

UN POCO DE AIRE

Si el escribir desapareciera
no entenderíamos nuestros sueños

esto que nos sucede
como está escrito
es un dormir perenne

las palabras ayudan a recordar
a creer que despertamos

§ la escritura permite caminar en la tierra
que las oraciones inventan

es un intento
de romper con la honda
que lanza su piedra
el gran vitral que nos atrapa

la sustantiva piedra
antes de estallar sus adjetivos
al golpear el cristal
que a nuestra razón ciega.

TABING DAGAT / JUNTO AL MAR
[Fragmento]

la lluvia invade
hasta el último rincón
donde se guardan
unas cuantas enseñanzas
para sobrevivir sin llamar
la atención

la lluvia se apropia de uno
los sentimientos son húmedos

es una cascada del cielo
este anochecer que se desgaja
el pecho se dilata
como si algo nuestro
quisiera escapar

la tormenta nos obliga
a estar aquí

nos trae un antiquísimo recuerdo
que filtra el tiempo de los cuerpos

es una herida profunda

el ser subterráneo
que todos llevamos dentro

ROBERTO VALLARINO

TRADICIÓN

El astro que palpita bajo el vientre de México
estallará en añicos como un pájaro

En su pecho de jade el brillo de la noche
será sólo un designio ya olvidado

(Ese designio se llamará Memoria
Su figura completa es Quetzalcóatl)

NOCTURNO

El follaje es una red de grillos
que duerme sobre el vientre de la fuente

(Bajo los árboles
una vocal de fuego
incendia al mundo)

La lluvia de tizones crepita en el espacio:
Remolino de pájaros cantando.

ACORDE

Cierras los ojos
y el colibrí te observa
hasta en su vuelo

(1955-2002.) Nació en la ciudad de México, el 21 de febrero de 1955, donde también murió el 12 de noviembre de 2002. Además de poeta, fue ensayista, cronista, y crítico literario y de arte. Publicó ocho libros de poesía: *Cantar de la memoria* (1977), *Elogio de la lluvia* (1979), *Invención del otoño* (1979), *Exilio interior* (1982), *La conciencia de la duda* (1993), *Tedium vitae y otros poemas de sombra y luz* (1997), *Las noches desandadas* (1998) y *Prometea la sangre* (2003). En 1989 reunió su obra poética con el título general *Cantar de la memoria*.
Lectura recomendada
Cantar de la memoria, Conaculta-Plaza y Valdés, México, 1989.

§ Abres las piernas
y tu cuerpo de pájaro
me inventa

(Yo soy la jaula abierta)

PLACER

Se continúa calcando su figura
y un sexo se desliza entre sus labios

El cuerpo masculino oprime su epidermis
(Planicie concentrada en senos firmes y altos)

Alza las piernas   Abre las caderas
Y deja libre al fin esa gruta rosada

El roce masculino le contrae las facciones
Su mirada se cierra y gime y grita

Con los brazos atrás de la cabeza
mueve los muslos frenéticos y duros

Y un sudor dulce
asciende entre la noche y la muerte

VISIÓN

El sol se esconde
tras el faro.

En los acantilados
la espuma insiste
en traspasar los límites
en reposo del cuarzo.

Es el trópico adusto
que los nativos llevan
inscrito en las arterias.

La sal que vibra, blanca,
inflamando las sienes;
y el pensamiento abierto.

CUENTO

Pensaba en el incesto
como el único medio
para llegar
                    intacto
a lo divino

Lo frustraron sus padres:
fue hijo único

Tuvo que convertir
al espejo en hermano

(Su nombre era Narciso)

CICATRIZ

Todo está disgregándose esta noche.

La sucesión de ruidos, las sombras de los árboles,
esas flores perpetuas trazadas al azar,

la música y sus dedos transparentes
que agitan los biseles del aire,

el cuarto de mi casa
sin espejos que oculten a la muerte.

Todo está separándose esta noche.

La luz no se despliega: es cicatriz o viento.

NOTA ROJA

Aquel amanecer
se llenó de presagios.

En el prado
encontraron a un mendigo.

Olía a ron
y estaba congelado.

Era un pretexto
para la nota roja de los diarios.

EL SOFISTA

Sólo yo
tengo la razón.

Nadie fuera de mí
sabe nada del mundo.

La soledad me ha dado
un saber incuestionable.

Es tan grande que en él
caben todas las mentiras.

EN EL FONDO VACÍO DE UN ESPEJO

Es la noche, los perros que ladran allá lejos,
el ácido zumbido de las calles, los días perdidos,
el tiempo que nos abre en dos mitades blancas
como a la luz la piedra que se desangra en agua.

Son las tardes acumuladas en los ojos que no las han visto.

Es un dolor agudo entre la lengua y la garganta,
una nuez con los últimos músculos adheridos al hueso,
es un segundo que cae vertiginoso en el fondo vacío de un espejo,
como esta oscuridad que obnubila los días, los ladridos, sus perros.

LO QUE DESCONOCEMOS

Olvidémoslo todo, lentamente,
como el mar que sepulta a sus ahogados
en la espiral informe de las olas;
olvidemos por partes —pero todo—,
no dejemos que nos ate una norma a la vida
para saber el momento preciso
en que debemos asestar el golpe contra el mundo;
vivamos en silencio este momento
en que lo recordamos todo y cerramos los ojos
porque el olvido anuncia lo que desconocemos.

FABIO MORÁBITO

CUARTETO DE POMPEYA*

I

Nos desnudamos tanto
hasta perder el sexo
debajo de la cama,

nos desnudamos tanto
que las moscas juraban
que habíamos muerto.

Te desnudé por dentro,
te desquicié tan hondo
que se extravió mi orgasmo.

Nos desnudamos tanto
que olíamos a quemado,
que cien veces la lava
volvió para escondernos.

II

Me hiciste tanto daño
con tu boca, tus dedos,
me hacías saltar tan alto

---

* En Pompeya, entre otros cuerpos petrificados por las lavas y cenizas de la erupción del Vesubio (año 79), se conservan los de un hombre y una mujer en el acto amoroso.

(1955.) Nació en Alejandría, Egipto, el 21 de febrero de 1955. Radica en México desde 1969. Es licenciado en letras modernas por la UNAM. Además de poeta, es narrador, ensayista, investigador y traductor. Ha publicado cuatro libros de poesía: *Lotes baldíos* (1984), *De lunes todo el año* (1992), *Alguien de lava* (2002) y *Delante de un prado una vaca* (2011). En 2006 publicó la reunión de sus tres primeros libros en el volumen *La ola que regresa*. Entre otros reconocimientos, ha merecido el Premio Nacional de Poesía Carlos Pellicer para Obra Publicada (1985), por *Lotes baldíos*, y el Premio de Poesía Aguascalientes (1991), por *De lunes todo el año*.
Lecturas recomendadas
La ola que regresa (Poesía reunida), FCE, México, 2006.
Delante de un prado una vaca, Era, México, 2011.

§ que yo era tu estandarte
aunque no hubiera viento.
Me desnudaste tanto

que pronuncié mi nombre
y me dolió la lengua,
los años me dolieron.

Nos desnudamos tanto
que los dioses temblaron,
que cien veces mandaron
las lavas a escondernos.

III

Te frotabas tan rápido
los senos que dos veces
caí en sus remolinos,

movías el culo lento,
en alto, para arrearme
a su negra emboscada,

su mediodía perenne.
Abrías tanto su historia,
gritaba su naufragio…

Nos desnudamos tanto
que no nos conocíamos,
que los dioses mandaron
la lava a reinventarnos.

IV

Te desmentí de cabo
a rabo devolviéndote
a tus primeros actos,

te escudriñé profundo
hasta escuchar la historia
amarga de tu cuerpo,

pues sólo el amor sabe
cómo llegar tan hondo
sin molestar la sangre.

Esa noche la lava
mudó el paisaje en piedra.
Tú y yo fuimos lo único
que se murió de veras.

MI REGULAR APARICIÓN

El parque está más sucio
que otros años,
sucio de fiestas infantiles,
de platos de cartón
y servilletas.
Cuando se han ido todos,
vienen los perros y revientan
las bolsas de basura,
que riegan por el pasto.
La hierba tiene salsa catsup.
De noche
salen los novios a besarse,
se oyen sus súplicas,
sus risas,
sus perdones,
y es cuando el parque
es más seguro,
se puede recorrerlo sin peligro,
donde se acaban las parejas
me regreso,
repito el mismo círculo.
Tal vez ya me conocen
y me agradezcan
mi regular aparición
entre los árboles.
Tal vez eligen su lugar
por mí,
para quedar adentro de mi ruta
y no sentirse solos,
cuando más bien yo soy
el protegido,
yo que acomodo mis pasos
a sus besos,
mis ganas de ejercicio
a sus ardores locos
y que me atrevo sólo
donde se atreven ellos.

OIGO LOS COCHES

En la mañana oigo los coches
que no pueden
arrancar.
A lo mejor, entre los árboles,
hay pájaros así,
que tardan en lanzarse
al diario vuelo,

y algunos nunca lo consiguen.
Me alegro cuando un auto,
enfriado por la noche,
recuerda al fin la combustión
y enciende sus circuitos.
Qué hermoso es el ruido
del motor,
la realidad vuelta a su cauce.
¿Cómo le harán los pájaros
para saber en qué momento,
si se echan a volar,
no corren ya peligro?
¿Qué nervio de su vuelo
les avisa
que son de nuevo libres
entre las frondas de los árboles?

MUDANZA

A fuerza de mudarme
he aprendido a no pegar
los muebles a los muros,
a no clavar muy hondo,
a atornillar sólo lo justo.
He aprendido a respetar las huellas
de los viejos inquilinos:
un clavo, una moldura,
una pequeña ménsula,
que dejo en su lugar
aunque me estorben.
Algunas manchas las heredo
sin limpiarlas,
entro en la nueva casa
tratando de entender,
es más,
viendo por dónde habré de irme.
Dejo que la mudanza
se disuelva como una fiebre,
como una costra que se cae,
no quiero hacer ruido.
Porque los viejos inquilinos
nunca mueren.
Cuando nos vamos,
cuando dejamos otra vez
los muros como los tuvimos,
siempre queda algún clavo de ellos
en un rincón
o un estropicio
que no supimos resolver.

PARA QUE SE FUERA LA MOSCA...

Para que se fuera la mosca
abrí los vidrios
y continué escribiendo.
Era una mosca chica,
no hacía ruido,
no me estorbaba en lo más mínimo,
pero tal vez empezaría
a zumbar.
Un aire frío,
suave,
entró en el cuarto;
no me estorbaba en lo más mínimo,
pero no se llevaba
con mis versos.
Cambié mis versos,
los hice menos melodiosos,
quité los puntos,
los materiales de sostén,
las costras adheridas.
Miré la mosca adolescente y gris,
sin experiencia;
no se movía del mismo punto,
tal vez
buscaba entrar en la corriente
de las moscas,
buscaba a su manera unas palabras mágicas.
Rompí mis versos,
a fuerza de quitarles costras
habían quedado ajenos.
Fui a la ventana,
por un momento
todo lo vi como una mosca,
el aire impracticable,
el mundo impracticable,
la espera de un resquicio,
de una blandura
y del valor
para atreverse.
Fuimos el mismo adolescente gris,
el mismo que no vuela.
¿Qué versos que calaran hondo
no venían,
de esos que nadie escribe,
que están escritos ya,
que inventan al poeta que los dice?
Porque los versos no se inventan,
los versos vienen y se forman
en el instante justo de quietud

que se consigue,
cuando se está a la escucha
como nunca.

SIEMPRE ME PIDEN POEMAS INÉDITOS…

Siempre me piden poemas inéditos.
Nadie lee poesía
pero me piden poemas inéditos.
Para la revista, el periódico, el performance,
el encuentro, el homenaje, la velada:
un poema, por favor, pero inédito.
Como si supieran de memoria lo que he escrito.
Como si estuvieran colmados de mi poesía
y ahora necesitaran algo inédito.
La poesía siempre es inédita, dijo el poeta en un poema,
pero ellos lo ignoran porque no leen poesía,
sólo piden poemas inéditos.

OREJAS

Dos orejas: una para oír a los vivos
otra para oír a los muertos

las dos abiertas día y noche
las dos cerradas a nuestros sueños

para oír el silencio no te tapes las orejas
oirás la sangre que corre por tus venas

para oír el silencio aguza los oídos
escúchalo una vez y no vuelvas a oírlo

si te tapas la oreja izquierda oirás el infierno
si te tapas la derecha oirás… no te digo

había una tercera oreja pero no cabía en la cara
la ocultamos en el pecho y comenzó a latir

está rodeada de oscuridad
es la única oreja que el aire no engaña

es la oreja que nos salva de ser sordos
cuando allá arriba nos fallan las orejas

COMO DELANTE DE UN PRADO UNA VACA…

Como delante de un prado una vaca
que inclina mansamente la cabeza
y sólo la levanta para contemplar su suerte,
o una ballena estacionada justo
en la corriente de una migración de plancton,
a veces me sorprendo estático
y hundido, estacionado
en medio del gran prado del lenguaje.
Pero no tengo dos estómagos
y hasta la vaca busca, cata, escoge,
separa cierta hierba que le gusta,
no es un edén el prado, es su trabajo,
y la ballena, cuando come el plancton,
separa las partículas más gruesas,
se gana el pan diario, su inmenso pan,
buscándolo en el fondo de los mares,
después emerge, expulsa el diablo de su cuerpo
y vuelve a sumergirse sin saber
si come el plancton o lo respira.
No es fácil ser cetáceo ni rumiante
y yo no tengo doble estómago, y con uno
hay que escoger, no todo sirve,
sólo la poesía no desecha,
ve el mundo antes de comer.
Mundo en ayunas, ¿a qué sabes?
Poder hacer una única ingestión que dure de por vida,
que con un solo almuerzo nos alcance
y tener toda la vida para digerirlo…
Tener un grado de asimilación inmenso,
saber que todo se digiere
y lo perdido da un rodeo y regresa.
Por eso escribo: para recobrar
del fondo todo lo adherido,
porque es el único rodeo en el que creo,
porque escribir abre un segundo estómago
en la especie.
El verso con su ácido remueve las partículas
dejadas por el plancton de los días
y a mí también, como el cetáceo,
me sale un chorro a veces,
una palabra vertical que rompe el tedio de los mares.

MYRIAM MOSCONA

CARTA DE NATURALIZACIÓN

Las hijas de extranjeras
nacimos con agujas minuciosas.
En tiempos nobles
visitamos museos de París.
Entramos al Louvre a buscar a la Gioconda.
También nosotras crecimos en la adversidad
y sonreímos con rictus previsibles.
Si la guerra nos empujó de otros continentes
un soplo nos condena a duplicar nuestra visión.
Permanecemos a perpetuidad.
Nos debatimos entre estancias y partidas.
Deseamos dar a luz a la intemperie
para que la sangre caiga en tierra firme
hasta que las raíces se pierdan en la historia.

INSTRUCTIVO PARA DESCIFRAR UN MAL

La migraña es atributo de mujeres
moraleja del exceso
enfermedad de los impulsos.
Es una excusa íntima
para encerrarse en cuarentena.
La migraña es luciérnaga
que apresura el amor con un zancudo
y al momento de encender
deposita luz en las entrañas
como una sustancia mortecina.

(1955.) Nació en la ciudad de México, el 11 de marzo de 1955. Es licenciada en ciencias y técnicas de la comunicación por la Universidad Iberoamericana. Además de poeta, es narradora, traductora, guionista y periodista cultural. Ha publicado siete libros de poesía: *Último jardín* (1983), *Las visitantes* (1989), *Las preguntas de Natalia* (1991), *El árbol de los nombres* (1992), *Vísperas* (1996), *Negro marfil* (2000) y *El que nada* (2006). Entre otros reconocimientos, ha merecido el Premio de Poesía Aguascalientes (1988), por *Las visitantes*, y el Premio Nacional de Traducción de Poesía (1996), por *La música del desierto*, de William Carlos Williams.
Lecturas recomendadas
Vísperas, FCE, México, 1996.
Negro marfil, Universidad Autónoma Metropolitana, México, 2000.
El que nada, Era, México, 2006.

Es enfermedad de necias:
hermosas que cambiaron de piel
            por el fulgor adolescente.

¿Quién niega la migraña
como un lápiz labial usado en demasía?
como un rubor exagerado?

Las mujeres fenicias
las diosas griegas
usan turbante para disimular el crecimiento.
Lesbia fue atacada de migraña en el corazón
Minerva la tuvo en la epidermis.

Sólo nosotras padecemos de migraña en la cabeza.

Mi abuela recomienda el Pentateuco.
Piel por piel
aparece un destino en la migraña
un signo zodiacal
una ronda de recuerdos
que ahuyenta el apetito.

La migraña abre un silencio atroz
                              un zumbido.
Es una excusa para repasar la historia:
Una monja perdió los hábitos
por ir en busca de calmantes.
Apareció en el paraíso
y se expandió
hacia las locas que tiñen su pelo de morado
y tienen hábitos rituales.

Es una bendición satánica
un tatuaje de sabias costureras
que clavaron las agujas en el cetro.

La migraña es el motivo del lobo
el camino a la templanza

espejismo:
            una luz.

MATUSALENISMO

Me gustan los hombres viejos
que arriesgan el infarto en cada advenimiento.
Qué encanto en sus carnes macilentas
Elefantes
            vacas profanas
con una almeja rodeando el paladar.
Perdieron el pudor.
Han perdido casi todo.

TÁNGER

¿A dónde se dirigen las mujeres del mercado?
¿Cuántos escorpiones traen bajo sus mantos?
¿Quién abrió el tejido de sus velos?
¿Alcanzan a mirarme tras la fina red que las envuelve?
¿Detestarán el asombro que las mira?
¿Soltarán de noche sus mantones?

Hablan a solas.
El sonido gutural se opaca tras las telas
pero hablan y enloquecen en las calles.
A veces con paso firme
se detienen frente a un puesto de higos.
Ríen a solas.
Hay un rumor que las empuja:
el celo colectivo.

Los viernes
danzan el baile del castigo.
Ah, los ojos. ¿Cómo harán para llenarlos de fragancias?
¿Vivirán en sueños una vida paralela?
¿Escribirán en sus cuerpos sepia el recuerdo de la prisa?
Se contentan.
Se abren de piernas y suman cadenas de puentes.
despiertan y se duermen. Regresan a la Kasbah
a mirar los higos rojos, a espantar el mosquerío.
Cuando nadie las mira meten sus manos bajo el mantón.
Comparan sus cuerpos en silencio.
Con disimulo confeccionan el hastío,
venden y compran cardamomo
entre eructos de esencias agridulces.
Caminan de prisa.

El rumor
¿se escucha en las palabras?
El verano las hace pasar por sombras.
Lejos, se pierden sus lamentos.

TETUÁN

Color madera
los ojos
duros como nueces
tienen al fondo una pulpa de sosiego.
Recuerdan el fuete
con el que fueron educadas.

Sus pies
los dedos como insectos
sienten el camino
con la brújula en la tierra.

Torsos altos
            torsos bajos
se paran unas junto a otras
son edificios
ciudades de recelo
lienzos del siglo dieciséis.

Esconden hijos en las bolsas del mandado.
Algún perro les guarda lealtad.

¿Dónde ocultan el espejo que les impide detallarse?
La casa habitada por otras mandaderas
suelta a mediodía
la combinación de sus candados.

Salen volando entre risa y risa.
¿Serán el tránsito de una infancia inacabada?

Se orientan con los dedos
cuentan con los dedos
aman los ciempiés
crían hijos
bordan ropas con hilos de algodón.
Generosas
enraizadas en el silencio
se desgañitan en la cama.
            Ahogan
entre sus ojos madera
un pentagrama escrito con música ocular.
¿Lo dejarán surgir de noche
cuando mojen sus pies en estanques de lavanda?

Aun en la muerte yacen envueltas.

SON PARA EL VACÍO

Un hombre o una mujer
son para el vacío, lumbre.

"Cada uno para sí y el diablo para todos".
Así cantaba mi padre junto a Robert Frost.

Iba a la cocina
a lavarse en la sangre del cordero.

No era brujo ni gitano.
Sencillamente estaba muerto.

TIRESIAS

Si viniese ella con una rama de tamariz en la mano
y tomase a mi amado entre sus hojas y a mí con su dulzura,
si en su hondura bebiésemos del vaso
mitad-esposos-mitad-desconocidos,
si tu serpiente, Tiresias, se juntase
y mi sexo fuese desplegando crecimiento,
si mi amado amamantase a la hermosa concubina
y yo entre los muslos apretara
semillas de arroz para los nuevos desposados,
dime, Tiresias, ¿quién gozaría más
en esta prueba de ser en el otro la mitad-tajada?

LAS PREGUNTAS DE NATALIA

Cuando dices Árbol
¿cómo haces para ver
raíces hundidas en la tierra
o follajes que cuelgan como una cabellera?

Cuando dices Pez
¿qué ves?
¿Garabatos de luz
veloces como rayos?

Palabras abiertas,
Palabras que transforman
Vocales en imágenes reales.

¿Quién estuvo en contra
de llamarle lengua a la vaca
y vaca a la piedra?

§ ¿Quién dio nombre a las cosas?

Desconocidas voces
trajeron de oriente
hermosas palabras que empiezan con AL:
Almendra
Almíbar
Almeja
Almena
Y la estrella Aldebarán.

Después,
¿quién cambió las cosas del tablero?
¿quién creyó ver
en el cielo un velo extendido
sobre el mar?

¿Quién le dio al león
su nombre de rugido
y al perico su nombre parlanchín?

¿Y al puerco espín?
¿Quién le dio su doble nombre?
¿Quién le dio al oso
su nombre-pesadez?
¿Quién crees?

Que alguien diga
parado en su pradera
quién llamó a este árbol
con su nombre de palmera.

Tu voz: golpe al oído

Como un abracadabra
devuelve a la palabra
su último sentido.

VERÓNICA VOLKOW

PETICIÓN

Dame la humildad del ala y de lo leve,
de lo que pasa suave
y suelta el ancla,
la despedida ingrávida,
y el abandono al vuelo,
la cicatriz que avanza
como ala en su desierto.

Dame la humildad del alma
sin cuerpo y ya sin cosas.
Ser la poesía y su luz,
tan sólo la poesía
y la región más de aire,
inaccesible al desastre.

Dame la luz sin límites
acechando adentro
y la noche que soy también y el barro,
con la estrella distante
que la sed no sacia.

Dame la humildad que suelte las cadenas,
la verdad que desnuda
el polvo, el hueso que me fraguan.
Sólo en lo que soy caigo,
me derrumbo.
Déjame andar sin equipaje,
leve,
abierta al horizonte.

(1955.) Nació en la ciudad de México, el 26 de abril de 1955. Es maestra en literatura comparada por la Universidad de Columbia (Nueva York) y doctora en letras hispánicas por la UNAM. Además de poeta, es crítica de arte, traductora y ensayista. Entre sus libros de poesía destacan: *La sibila de Cumas* (1974), *Litoral de tinta* (1979), *El inicio* (1983), *Los caminos* (1989), *Arcanos* (1996), *La noche del pez* (1996) y *Oro del viento* (2003). En 2004 mereció el Premio Iberoamericano de Poesía Carlos Pellicer para Obra Publicada, por su libro *Oro del viento*.
Lecturas recomendadas
Oro del viento, Era-Conaculta, México, 2003.
Litoral de tinta y otros poemas, prólogo de Ramón Xirau, Renacimiento, Sevilla, 2007.

DESPEDIDA

Que sea mi amor tan mudo
                    como Dios,
que te sea   invisible
y casi insospechado
y aunque envuelto en la sombra
o náufrago en borrasca,
que tras la noche brille
si lo entiendes.
Basta mirar para que exista,
acatar lo profundo
y somos una estrella.
La luz es siempre poderosa
pero se olvida fácilmente.
El corazón tan sólo es un testigo,
en luz no hay sombra.
De más allá de mí quisiera amarte
y estar en ti en la libertad
cuando te encuentres
en la razón que es magia
y te devela
profundo   muy profundo.

EL SEÑOR DE LOS RUIDOS

A Jorge Reyes

¿Dónde está la garganta
del dragón de la tierra?
Exhala niebla, grita viento,
hervor frío, gorjeo:
la gutural del río entre las rocas;
come la tierra de sí,
de entre sus propias piedras.

Aquí, de pronto,
todas las bocas de los ruidos,
los rugidos, mugidos, el gritar
de los sonidos
y el trinar de las velas,
el silbar de las nieblas
de un material que es sonido.

Se incendiaron con golpes los metales,
olas de piedra chocan, se golpean,
cual si se hubiese acelerado el tiempo,
        se deshielara lo inmóvil,
sacudida en mar, la piedra,

y danzaran desbordantes
en sus formas las cosas.
Cataratas de arena se desprenden,
del salto lento, lento, vuelto inmenso.
Y voces de sonajas
estallan sus semillas.
En rumiantes rumores, lo ínfimo
abre un universo.

Salta un tambor, de pronto, a borbotones
y es río al aire,
tam tam de tierra caudaloso,
pulsar bronco, latido surtidor,
golpe radiante
y corazón en cada cosa hundido.

Manos veloces andan
su senda en el oído
y detienen un ritmo,
lo machacan.
Huella de no sé qué
el oído es memoriosa,
con su molde acechante,
platónica caverna.

No sé qué muros saltan,
de pronto, los sonidos,
en qué orilla nos deja
la flama de un silbido.
¡Estampidas de nieblas se suspenden
—hacia la lejanía de la sutileza—
otro país se hunde en lo delgado!

LA CATEDRAL DE SAL

Dame tu catedral de sal,
de luz tan lenta, amado,
la túnica de piedra que me envuelve
y ese ser del cristal
por tanta luz desnudo,
es tanta la luz que aspira,
tan de luz ahíto en cada hueso.
Ay, amado, amado luz,
dame fidelidad a ti
bajo la noche piedra
y una moneda de agua
        cada vez más pura.

INICIACIÓN

Llamar con un nombre secreto
a la estrella en la frente,
que su luz se despierte
en la voz encendida,
y ya somos el astro
poderoso y sereno.
¿Cuántos soles que no sabemos llamar hay
y no miramos,
y cuántas noches somos,
sin sabernos?

He conocido el sonido de mil astros girando,
efervescencia es la noche,
firmamento ya inmerso
en los enjambres del ruido.

Y anduve así, con una luz
y ya sin pensamiento,
el sol enmudecido,
muy adentro, muy dentro…

INVIERNO

¡Qué extraña es la llegada del invierno
con su pálida máscara del mundo,
página silenciosa en que se borra
el color, el dibujo de las cosas!

Ruinas del árbol, del camino, el prado,
desdibujadas casas y montañas,
efímero desierto, arena breve,
húmedas leves lascas pasajeras.

Blanco derrumbe de una noche blanca
de blanca oscuridad. Luz solitaria,
inmensa, roca en su interior idéntico.

Luz que es noche y mar sobre las cosas,
marmóreo mar amordazado, mar
mortal de lento mármol nebuloso.

TRÓPICO

Por todas partes prenden
las llamaradas del viento,
las flores son como pequeños soles,
de pequeños grifos todo está brotando.

El trópico es la filigrana de lo inmediato.
El arco iris es un objeto del aire,
                              un arpa de la luz,
en el cielo la luz habita gemas fugaces.
Todo es un espejo,
por todos los espejos el día danza.

La noche es la piedra del ojo,
piedra que se parte en luz,
luz que se divide en música.
En la llamarada del azar
arde la vida.
Sólo en la libertad estoy realmente.
Mi raíz es lo múltiple.

EL REGRESO

El camino más corto es el de la línea recta,
el camino continuo,   inmutable de la recta,
el camino de la orden y de su verificación,
el camino que une
los más distantes puntos del imperio.
Pero el camino más largo,
                    el verdadero camino
—el que conduce a otra parte—
es el de la oposición,
el de la confrontación con el otro
                    y la transformación.
Sin trazo,   a tientas,
hay que volver a nacer para ese otro camino,
pero es el camino del paisaje
más nítido y más amplio,
más profundo y más real.
Es el camino del hombre hacia el hombre
y el camino en que el amor camina.
Es el camino del diálogo
en el que, como Sócrates, nada sabemos,
es el camino del principio, de todo principio,
el camino, que en la línea recta perdimos.

ARCANO 6. LOS AMANTES

Tus ojos son noches
en que vive un día,
tus ojos son piedras
        que sueñan
y en el sueño un mundo
        que no está.

§ Todo el cuerpo en la caricia cabe.
Piel: garganta efímera
y presa imprecisa,
sólo aroma el cuerpo que deseamos
        y respiración,
respiración ávida en la entraña.

En la piel la inmensidad es lo que canta
        tenue voz muy honda,
embriaguez que es música y abismo.

Al amor lo escribe el infinito.
¿Qué no está
y en inagotable espejo
nos habita?

ARCANO 13. LA MUERTE

Me quedé sin tu voz
y sin tus manos, sin tus ojos
que tenían el color de la noche
y el sabor de los sueños.

Todo sueño al encenderse quizá
nos mata y vive de nosotros,
su tenue intensidad es un exilio;
sin orillas las manos,
ya los pies sin caminos,
la libertad sin puerto.

Pero quizá podemos vivir en una sombra,
quizás en los sueños vivimos muertos.
La imagen es lo muerto y el deseo,
vida del polvo es el deseo.

Quizás un fuego es sueños
volar fuera de sí,
como Ícaro en el ala de su incendio,
ángel que parte
buscando una existencia.

JORGE VALDÉS DÍAZ-VÉLEZ

CUANDO AMANECE

Las primeras palabras del poema
las escribe la muerte, y enseguida
se adueñan de la página. Nos besan
las mejillas, los ojos, desplegando
su invisible poder sobre las cosas.
Una imagen oculta en la memoria
el párrafo inicial: "Cuando amanece
oigo a un niño que llora sin remedio
en una habitación desconocida".
Se apaga el cielo falso, nos encienden
en silencio una lámpara. En el pecho
hay un sudor de fiebre. Alguien murmura
las últimas palabras: "Ya nos vamos".

LAS FLORES DEL *MALL*

Las jóvenes diosas, nocturnas
apariciones (ropa oscura,
plata quemando sus ombligos)
en la cadencia de la pista,
comenzarán a despintarse

(1955.) Nació en Torreón, Coahuila, el 24 de septiembre de 1955. Es licenciado en psicología por la Universidad Autónoma de Coahuila, y realizó estudios de formación diplomática y de promoción cultural internacional en el Instituto Matías Romero de Estudios Diplomáticos. Es miembro de carrera del Servicio Exterior Mexicano. Además de poeta, es ensayista y promotor cultural. Ha publicado trece libros de poesía: *Voz temporal* (1985), *Aguas territoriales* (1988), *Cuerpo cierto* (1995), *La puerta giratoria* (1998), *Jardines sumergidos* (2003), *Cámara negra* (2005), *Nostrum* (2005), *Los Alebrijes* (2007), *Kilómetro cero* (2009), *Qualcuno va* (2010), *Otras horas* (2010), *Sobre mojado* (2011) y *Mapa mudo* (2011). En 2007 reunió su obra poética, de 1988 a 2005, en el volumen *Tiempo fuera*, y en 2012 antologó su poesía amorosa bajo el título *Herida sombra*. Entre otros reconocimientos, ha merecido el Premio de Poesía Aguascalientes (1998), por *La puerta giratoria*; el Premio Internacional de Poesía Miguel Hernández-Comunidad Valenciana (2007), por *Los Alebrijes*, y el Premio Iberoamericano de Poesía Hermanos Machado (2011), por *Mapa mudo*.

Lecturas recomendadas
Tiempo fuera, 1988-2005, UNAM, México, 2007.
Los Alebrijes, Hiperión, Madrid, 2007.
Kilómetro cero, Universidad Autónoma de Coahuila, Saltillo, 2009.
Otras horas, Quálea, Santander, 2010.
Mapa mudo, Fundación José Manuel Lara, Sevilla, 2011.
Herida sombra, Posdata-Universidad Autónoma de Nuevo León, Monterrey, 2012.

con la premura de los años,
los problemas, quizá los hijos
que no tienen aún. Ahora
miran tus ojos con un claro
desprecio (ya tienes cuarenta)
y piensas en ciertas palabras
de Baudelaire que les darías
como si fueran frutas tuyas
(si al menos se acercaran), si
supieran quién es el poeta.
Pero ellas danzan, te rodean
sin importarles lo que callas.
Envejeciendo solas, brincan
sobre tus textos (tan perpetuas
y frágiles), deidades nuevas,
ellas, que bailan retiradas
de tu florero de Lladró.

PARQUE MÉXICO

Un dulce olor a primavera
entró al crepúsculo sin sombras.
Cuerpos de joven insolencia
van abrazados a otros cuerpos
debajo de las jacarandas.
Han empezado a florecer
antes de tiempo. Morirán
también sus pétalos muy pronto,
memoria en ruinas del verano
su sangre aún por reinventarse.
Pero hoy me muestran su belleza
con certidumbre, la esperanza
del resplandor violáceo y tenue
de su fugacidad perpetua.
Se adelantó la primavera.
Llegó de súbito su aroma
como la luna entre las ramas
y este dolor al fin del día.

EL FOTÓGRAFO Y LA MODELO

El tiempo que fue siempre tu enemigo
se detuvo en tu imagen. Ya eres esa
chica de calendario, la princesa
sin fábulas, el ángel que consigo

colgar de cualquier nube. De oro y trigo
la luz ensortijada en tu cabeza,

la arena que se acaba en donde empieza
la línea de tu sexo. Estás conmigo

y no tienes tristezas ni pesares
ni citas por cumplir. Sólo reposas
inmóvil en el cuadro, entre palmeras
de plástico y heladas mariposas

robadas del *Cantar de los cantares*.
No sabes que no has muerto. Si supieras.

PLOMARI

La pesada silueta de los barcos
te dijiste una vez, cuando el verano
carga con la inscripción de sus estelas.
Reventaba la luz en los olivos,
y el oleaje de sangre tras tus párpados
era entonces metáfora del alba,
la vida sin futuro y pocos años.
Mucho tiempo después, escribirías:
Partir es regresar a ningún sitio
en un bar clausurado, ante los muelles
donde atraca el olor de la marisma.
Ahora te recuerdas en los versos
que otro talló por ti sobre una mesa
mientras cruzan los pájaros rasantes
en búsqueda del aire al pie del día
y miras a estribor cómo la playa,
ese latido insomne del deseo,
vuelve tu corazón reloj de arena.

LA MESA

Para Wislawa Szymborska

Me contemplo en las caras ocultas de la noche
sin rasgos de mi acento del sur, sin evidencias
de ser el extranjero que alarga un punto móvil
sobre una servilleta doblada en dos. Estoy
en medio de personas de las que no sé nada
y que hablan de lugares apócrifos, de valles
desterrados del tiempo, distancia o geografías;
me observo desde mi soledad, desde afuera
del aire, de las formas del sillón que soporta
el peso de las vidas que tuve y me contienen
al pie de nuestra mesa. Me reconozco aquí,
con la ingenua cautela con la que se vislumbran

animales fantásticos en un libro de viajes
cuya última página no depara emociones,
ni algún final feliz que salve la memoria
de un bar donde la dicha se mire al otro lado
de esta sombra entre tantas estólidas fronteras.

LOS SONÁMBULOS

*Y, cuando duermen, sueñan no con los ángeles
sino con los mortales.*
XAVIER VILLAURRUTIA

Se despertó al oír un ruido
a sus espaldas, un murmullo
de frondas embozado. Abrió
los ojos y rozó en silencio
sus brazos recogidos entre
la nervadura de la sábana.
Qué sucede, por qué no duermes
—le preguntó mientras el alba
ya era otra forma en los espejos.
Me soñaba contigo —dijo
sin mirarle. Y se dio la vuelta,
cerró los párpados del sueño
para buscar la piel que huía
desde sus yemas, luz adentro.

NATURALEZAS VIVAS

Duermes. La noche está contigo,
la noche hermosa igual a un cuerpo
abierto a su felicidad.
Tu calidez entre las sábanas
es una flor difusa. Fluyes
hacia un jardín desconocido.
Y, por un instante, pareces
luchar contra el ángel del sueño.
Te nombro en el abrazo y vuelves
la espalda. Tu cabello ignora
que la caricia del relámpago
muda su ondulación. Escucha,
está lloviendo en la tristeza
del mundo y sobre la amargura
del ruiseñor. No abras los ojos.
Hemos tocado el fin del día.

POLAROID

Para Eugenio Montejo

Son siete contra el muro, de pie, y uno sentado.
Apenas si conservan los rasgos desleídos
por los años. Las caras resisten su desgaste,
aunque ya no posean los nítidos colores
que ayer las distinguieron. Entre libros y copas,
las miradas sonrientes, las manos enlazadas
celebrando la vida de plata y gelatina
se borran en el sepia de su joven promesa.
Por detrás de la foto están escritos la fecha,
los nombres y el lugar de aquel encuentro. Fuimos
a presentar el libro de uno de los amigos
que aparece en la *polaroid* viendo hacia el vacío.
Después se hizo la fiesta y más tarde el accidente
nos llevó al cementerio. Dijimos en voz alta
sus poemas. Los siete contra el muro, de pie,
uno leía. Todos aún lo recordamos
y casi por costumbre le voy a visitar
con girasoles. Todos hemos envejecido
menos él, ahí en la vista fija. Nos mira
desde sus 20 años, que son los de su ausencia,
con ojos infinitos de frente hacia la cámara,
llevándose un verano tras otro, aunque comience
a degradar su tono naranja sobre el duro
cartón de la fotografía.

SUNSET DRIVE SUITE

De las pocas mujeres que amé, ninguna tuvo
tatuado el nombre al aire, o el brillo de una alhaja
pendiente del ombligo ni de un labio. Eran tiempos
lacónicos entonces. No había rosas rojas
al sur de alguna espalda, ni brazos con espinas
y cóccix estampados con negros ideogramas,
ni ángeles ocultos y terribles dragones
en un pubis de trigo dorado por el sol.
Las mujeres tenían cierto aire de tragedia
romántica del siglo de los *yuppies*. Estaban
al acecho de todo posible candidato
a ser El buen partido, un hombre de negocios
con éxito y futuro, e ilustres apellidos
para dar a tres hijos pesados y a una hija
que tuviera el encanto y la gracia de su madre.
No llevaban tatuajes visibles, ni lucieron
un *piercing* de orgulloso y pulsante desafío.
Sus marcas eran otras, más hondos los estigmas

grabados en sus médulas con agujas violentas
y tintas
            minerales que no fueron capaces
de quitar con la pócima amarga de la vida.
Era tiempo bruñido en azúcares de plomo
el que lastraron. Ellas buscaban imposibles
amores cristalinos en barras de caoba,
en salones del tedio o abajo de las sábanas
en tránsito hacia el día, igual que las muchachas
que muestran sus diseños al viento que destrozan
sus pasos de pantera, y miran con el ímpetu
tribal de su artificio los ojos inyectados
de príncipes efímeros. Las mujeres que amé
se aherrojaron con otros, inscribieron alianzas
en sus dedos nupciales, y tatuaron sus almas
detrás de unos postigos con lentas hipotecas
de un sueño que agoniza en alcázares en vela.
En su piel hay dibujos de la máscara *Revlon
antiarrugas*, de pobres resultados y ricas
fragancias de algo tenue y etéreo, humo de orquídeas,
vapores de borgoña, gotas de girasol
que dejan al salir del cautiverio.

PRIMERA DIVISIÓN

Los amigos de siempre comparten una mesa,
la misma siempre y siempre piden rones,
fichas de dominó y algún Cinzano
con agua mineral que les ayude
a tragar la amargura de estar juntos.

Presumen sus conquistas, se deleitan
en contar las primeras hazañas de los hijos
que han cumplido la edad que ellos tuvieron
hace siglos, las jóvenes promesas
que aborrecen la forma que adoptaron
sus sueños y sus cuerpos. Los íntimos amigos
regresan a brindar puntuales, cada viernes,
por alguna ex muchacha del colegio
de faldas escocesas, por los viajes
que hicieron una vez y en otra vida;
y levantan los vasos celebrantes
por el último gol de sus equipos.

Los amigos de siempre, los que pagan
sus facturas a plazos con tarjetas
de crédito amarillas, los amigos
que aguardan impacientes el próximo verano,
la promesa del sol que los rescate
de otro viernes triunfal sin adversarios.

SILVIA TOMASA RIVERA

YO NACÍ EN MARZO...

Yo nací en marzo,
en el mero tiempo de los loros.

Cuando rompí la fuente
todavía era invierno,
y no me sacaron de casa
hasta que un chupamirto
anunció la primavera.

Mis padres me cuidaron
como a un jarrón chino.
12 años después, arriba de un ciruelo,
un espasmo en el vientre
me hizo descender.

Ese día, por mala suerte
sobre la falda de popelina blanca
quedó la mancha, inevitable,
como un tulipán rojo.

EL HOMBRE Y EL TIEMPO

El hombre teme al tiempo
como le teme al mar.
Temor de insomnio y muerte.

(1956.) Nació en El Higo, Veracruz, el 7 de marzo de 1956. Además de poeta, es ensayista y dramaturga. Ha publicado trece libros de poesía: ¿Será esto el mar? (1984), Poemas al desconocido. Poemas a la desconocida (1985), Apuntes de abril (1986), Duelo de espadas (1987), Por el camino de mar (1988), El tiempo tiene miedo (1989), El sueño de Valkiria / La rebelión de los solitarios (1991), Cazador (1993), Vuelo de sombras (1994), Altamontaña (1997), Los caballos del mar (2000), Como las uvas (2004) y Luna trashumante (2006). En 2009 antologó su obra poética, de 1984 a 2009, en el volumen Camino de tierra. Entre otros reconocimientos, ha merecido el Premio Nacional de Poesía Jaime Sabines (1988), por Por el camino del mar; el Premio Nacional de Poesía Alfonso Reyes (1991), por Cazador, y el Premio Nacional de Poesía Carlos Pellicer para Obra Publicada (1997), por Altamontaña.
Lecturas recomendadas
Luna trashumante, Universidad Autónoma de Nuevo León, Monterrey, 2006.
Camino de tierra. Poesía 1984-2009, Gobierno del Estado de Veracruz, Veracruz, 2009.

§ El hombre vence al tiempo,
le pone nombre, quema el calendario.
Desde el umbral del miedo crece, indómito.

El hombre se planta,
construye su vida entre los edificios y el cielo
y no hay siglo que borre
la luz del pensamiento convertida en materia.

El eterno es el hombre:
seguro e infinito.

Con la soberbia del que puede todo
se para frente al tiempo
y lo aniquila.

LA CIUDAD

I

De la ciudad
no puedo decir nada
porque llegué dormida
como quien llega al mar
          a no pensar.

II

Vivir en la ciudad
es como un sueño largo
uno no sabe nunca
cuándo va a bostezar
          y empieza a despertar.

III

La ciudad
es una vaca echada
nadie la vio pasar
pero todos llegaron a sus ubres
          a aprender a mamar.

IV

De la ciudad
no amo a los que dicen
que quieren regresar
la ciudad se hizo para hablar
          el mar para callar.

V

La ciudad
tiene el alma de todos
en un hilo invisible
que estrangula las ganas
de llorar.

VI

En la ciudad sólo viven
los que tienen valor
para no regresar
a morderse los sueños
en el mar.

LA CANCIÓN DE LA TIERRA...

La canción de la tierra
no la cantan los hombres
ni los pájaros.
Es un ruido que viene de entre los matorrales,
un ruido de volcán incipiente
como el de una culebra que se arrastra.

Pero la escuchan desde el escondite,
la presienten.
Es como la mujer que se desliza
guiada por la luna.

CIEGA...

Ciega más
la claridad de la luna
en la montaña
desde el despeñadero,
que un ojo de serpiente
al despertar del vértigo.

BOCASIERRA...

Bocasierra es un mercado negro.
Allí se encuentra todo:
maderas finas, aves exóticas,
compuesto de aguardiente
con mariguana y juncia
y muchachas que bailan
al calor de una banda de salterios.

§ Un estruendo de vida
ante los ojos mudos del ejército.

Marchan tan bien las cosas
que pareciera
que esa bandada de serranos
se entiende con la ley.

Y a lo mejor es cierto,
porque se mueven como si vendieran
conejos o creolina.

Como si vendieran puro rastrojo.
Puro ganado herrado que no trilla.

LAS CABRAS PACEN...

Las cabras pacen
en lo más alto de la montaña,
allá mismo hay mesetas y potreros
donde descansan y amamantan a sus críos.

Aman a su pastor
pero desertan del rebaño.
Algunas se pierden varios días,
y al cerrarse la niebla
hay que buscarlas con luces de linterna
para que vuelvan al camino.

La persecución las torna
                        aún más rebeldes.
Porque el verdadero camino de las cabras
está arriba, rumbo al risco.
No así el del pastor, cuya vereda
tiene un solo fin: la carretera.
Hasta allí bajan las cabras
para ser ordeñadas en las cunetas.

Yo las miro desde mi cabaña,
y pienso que tienen
un instinto de sobrevivencia
más arraigado que el del hombre.

Caminan por el borde de la carretera
y nunca se cruzan
si no lo hace primero el pastor.
Aun así, he visto a los cabreros
que han sido atropellados

cuando bajan de la montaña
bebiendo aguardiente.

Las cabras, en cambio,
se han replegado más a las orillas.
Quizá en eso estriba su locura,
en que buscan el monte
y no extrañan al hombre cuando muere
abajo, en la planicie.

MI ANTIGUO PADRE...

Mi antiguo padre
fue un gran talador de bosques
y un buen abigeo.

Mientras los otros hacían cuartos de adobe
para sus mujeres, él prefería
hacerles cabañas de madera,
en descampado
para que todas tuvieran un jardín.

La gran casa de adobe que construyó
fue la del rancho donde vivimos.
Entonces era él un cometa luminoso
con pólvora en el pecho.

Recuerdo que bajaba de los bosques
y se dormía en la casa varios días.
Eso era suficiente.

De viejo, mi padre dejó a sus mujeres
y regresó definitivamente.
Mi madre lo arropó con la alegría
de una recién casada.

Sin pensar mucho le pregunté a distancia:
¿Estás segura de querer recibirlo?
Ella tenía guardada su respuesta:
"Ésta es su casa, y la tuya también,
a pesar de tu ingratitud".

Mi padre era alto y lejano
como una estrella de la constelación de Orión.
Atravesaba las llanuras sólo para ganar
una partida de pókar o amansar una yegua mostrenca
para una caballeriza clandestina
que decían poseía en Cerro Pitayero.
Eso, a decir verdad, nosotras no lo vimos.

§ Cuando él murió,
mi madre se puso frágil
como un cierzo en invierno.
Abandonó el rancho
y se avecindó en el pueblo más cercano.
Solita y su alma.
Me di cuenta que la nube de la edad
no le sentaba bien.

–Vámonos —le dije—, la ciudad es enorme
como una olla de nixcón. Cabemos todos.
–No puedo —respondió sin mirarme,
colocando la fotografía de su marido
en el altar de muertos.
–¿Quién prendería las velas a tu padre?

De la casa de adobe
aún quedan algunas paredes,
pues los nuevos dueños la convirtieron
en un corral de vacas holandesas.

Todavía últimamente, me tocó ver,
cómo los jardines de los patios
iban transformándose de la noche a la mañana
en fríos pastizales.

Todavía, últimamente,
tuve que ver
los poderosos ojos de mi padre
midiendo los potreros.

MARGARITO CUÉLLAR

AERÓBIC DE LOS CLONES

A Javier Sicilia

La multitud avanza, yo la sigo.
Los de adelante ven a los de atrás;
los de atrás, a la sombra que imitan.
Los ríos desembocan en la gula del mar
dispuesta a masticarnos
a la salud de la serpiente.
Desde Palacio, el instructor de aeróbics pide orden,
unidad, simetría.
Sin ritmo no hay país, dice, y gira, salta:
alguien lo sigue, todos imitamos.
La patria, saltimbanquis, requiere clones libres
sobre el adoratorio de tres pistas.
Hay suficientes ritmos
para que nuevas hordas
salven al país con sus pasos.

(1956.) Nació en Ciudad del Maíz, San Luis Potosí, el 7 de abril de 1956. Vive en Monterrey, Nuevo León. Es licenciado en comunicación y maestro en artes por la Universidad Autónoma de Nuevo León. Además de poeta, es narrador, ensayista, antólogo y editor. Ha publicado dieciséis libros de poesía: *Que el mar abra sus puertas para que entren los pájaros* (1982), *Hoy no es ayer* (1983), *Batallas y naufragios* (1985), *Noticias poéticas* (1988), *Tambores para empezar la fiesta* (1992), *Retrato hablado* (1994), *Estas calles de abril* (1995), *Cuaderno para celebrar* (2000), *Plegaria de los ciegos caminantes* (2000), *Poemas para protegerse del sol* (2003), *Ecuatoriales* (2006), *Noticias de Ninguna Parte* (2007), *Arresto domiciliario* (2007), *Estas calles de abril / Saga del inmigrante* (2008), *Animalario* (2012) y *Las edades felices* (2013). En 1994 antologó su poesía, de 1983 a 1993, en el volumen *Árbol de lluvia*, y en 2012 reunió su obra poética, de 1982 a 2012, bajo el título general *Música de las piedras*. Es autor de la antología *Jinetes del aire: poesía contemporánea de Latinoamérica y el Caribe* (2011). Entre otros reconocimientos, ha merecido el Premio Nacional de Poesía Ramón López Velarde (1985), por *Estas calles de abril*.

Lecturas recomendadas
Estas calles de abril / Saga del inmigrante, Aldus-Universidad Autónoma de Nuevo León, México, 2008.
Animalario, Fondo Editorial Nuevo León, Monterrey, 2012.
Música de las piedras: Poesía reunida 1982-2012, Praxis-Universidad Autónoma de Nuevo León, Monterrey, 2012.
Las edades felices, Hiperión-Universidad Autónoma de Nuevo León, Monterrey, 2013.

DOCTOR VÉRTIZ 185, INTERIOR 5

Para Carlos López

Mi vecino pasea a sus perros con el alba.
Uno es negro por dentro y verde por fuera.
Otro es blanco de dientes para arriba;
tiene aires de sicario,
guardaespaldas o puercoespín.
Al perro negro no le caigo bien;
al blanco tampoco, pero lo disimula
y guarda sus colmillos en un estuche de oro
si ejercito en voz alta mis quevedos.
El dueño de los perros
aparte de ser el dueño de los perros
desnuda por las noches
a la Dama de los Cabellos Ardientes.
Barba Jacob sería feliz en esta vecindad
de impresores de sueños y músicos de un rato,
ninfas en la niebla,
grafiteros en busca de su cueva de Altamira.
Versitas arrojan el anzuelo
por si pica un pez gordo
o anclan en su Titanic de papel
los dioses de la Fama.

IMPOSIBILIDADES

Cuando cumpla los treinta
me dejaré crecer la barba,
llevaré de vacaciones a mis hijos,
pasarás por mi vida
como anuncio de televisión.
Vaciaré la última ubre de la vaca
y regresaré de cacería con un león sobre mi caballo.
Quitaré tus fotos del álbum del recuerdo.
Gritaré consignas en manifestaciones nuevas.
Me cegará el ébano, el barniz de tus piernas.
Te diré un cuento de brujas y bandidos.
He de sentirte flor, cerilla, caramelo
para tenerte siempre conmigo.
Te llevaré serenata con mi orquesta de pájaros
y recibiré tu risa usada por una diferente.
Al cumplir los treinta
un abril sin crueldad,
                                   te esperaré
como el que ve las hojas que pasan
                                          en sentido contrario.

ESTAS CALLES DE ABRIL

Pero qué atrevimiento el de esa rubia,
cadera florida, espléndido seno, pierna respetable:
pasar frente a mis ojos, imprudente virgen,
es caer a un pozo de alacranes
sin esperar un solo aguijonazo:
ahuyentar las avispas con un grito
para salir ilesa.

Quisiera detenerme en su contorno:
comprobar la frescura
en sus cántaros de leche;
me recuerda a las campesinas
que bajan al arroyo
desde la sierra del Maíz.

Si fuera posible concedérseme:
recoger moras, canela, hierbabuena,
lo mejor de su siembra.

Usted avanza llena de provisiones
como si partiera a escalar una montaña.
Yo hace años que no pruebo alimentos
y la altura que conozco
es la que crece como una flor en las banquetas.

LOS AÑOS

Cuando iban unos cuantos
era como llevar al hombro
la rosa de los vientos:
uno volaba y en verdad
creía en la existencia de los ángeles.

Ahora que son tantos
me duelen, ya no caben,
no sé cómo soportan el tañido del viento.

Me gustaría invitarles un roncito
y olvidarlos en medio de la noche.

Voy a seguir un tiempo con la carga,
los llevaré al asilo cuando ya no los quiera.

Quién sabe,
a lo mejor los entierro en el jardín;
a ver si me regresan al principio.

DE NADA SIRVE TENER SIETE VIDAS

A Pablo Cuéllar,
que a los siete años enterró un gato vivo

Un día se apareció en mi cuarto,
así nomás;
nunca dijo: oye, déjame oír tu música.

Le gustaba cazar moscas,
ensayar maromas, giros, saltos dobles;
era lo que puede llamarse un gato alegre.

Una mañana empezó a temblar
como si hubieran lavado
con ácido sus huesos,
como si llevara un rayo adentro
o le gritaran:
te vamos a desprender la piel
con mil agujas.

Nunca necesitó llamarse de algún modo,
pero si le decía "algo anda mal"
comprendía que las cosas no iban bien.

Se fue con los ojos abiertos;
me habría gustado leer una nota suya,
algo así como:
*me iré sin quedarme, me iré como quien se va.**

Esa mañana,
mientras los focos de su lomo se apagaban,
se dio cuenta:
de nada sirve tener siete vidas.

* Alejandra Pizarnik

JAVIER SICILIA

PERMANENCIA EN LOS PUERTOS
[Fragmentos]

A mi padre

¡Báñate en la Materia, hijo del Hombre! ¡Sumér-
gete en ella, allí donde es más impetuosa y más
profunda! ¡Lucha en su corriente y bebe sus olas!
¡Ella es quien ha mecido en otro tiempo tu in-
consciencia; es ella quien te llevará hasta Dios!
TEILHARD DE CHARDIN

Y Emergido ilumina y nos declara:

I

Allí, en lo más profundo,
bajo un sereno tiempo sin transcurso
se ensancha el mar, su ser, el suave curso
en la calma marina de las cosas:
como un montón de estiércol entre rosas
mira el alma, después de tanto invierno,
la sed insatisfecha de lo eterno.

II

En lo más claro, inmensa,
ahonda el alma el rostro de su acaso,
claridades sin fin tras el ocaso
donde un instante fulge en el albor
de un consumado instante, resplandor
sin fin, oh, sueño eterno, mi saberse
del alma que se aclara y es Hacerse.

(1956.) Nació en la ciudad de México, el 31 de mayo de 1956. Estudió letras francesas en la UNAM. Además de poeta, es narrador, ensayista, traductor y analista político. Ha publicado diez libros de poesía: *Permanencia en los puertos* (1982), *La presencia desierta* (1985), *Oro* (1990), *Vigilias* (1994), *Resurrección* (1995), *Trinidad* (1996), *Pascua* (2000), *Lectio* (2004), *Tríptico del Desierto* (2009) y *Vestigios* (2013). En 2004 reunió su obra poética, de 1982 a 2004, en el volumen *La presencia desierta*. Entre otros reconocimientos, ha merecido el Premio de Poesía Aguascalientes (2009), por *Tríptico del Desierto*.
Lecturas recomendadas
La presencia desierta. Poesía 1982-2004, FCE, México, 2004.
Tríptico del Desierto, Era, México, 2009 [2ª edición, 2011].
Vestigios, México, Era, 2013.

III

Así el alma descubre
en esas claridades la confusa
luz de un no percibirse por difusa,
de otro Mar no acabado en su constante
y en sí mismo se expande generoso,
único, eterno, sueño presuroso.

IX

Hondo Mar y excavado,
todo vive en el sueño, en Ti reposa.
El alma entre la luz más presurosa
se adentra en la oquedad de su mutismo
y al tiempo va aclarando su eufemismo
idéntica a Ti mismo, pura, lenta,
se expande inmaculada y llega atenta.

XII

Parecida a lo inmóvil,
aunque es tiempo, no niega su pasado,
ni aniquila en su ser lo siempre dado,
a su constante paso lo incorpora,
lo graba y lo hace suyo en cada hora.
Dormida el alma clara en Dios se anega
y crece inmensa y pobre mientras brega.

XVI

Y en el oculto ritmo
sólo sucede el cándido rubor
de un permanente y diáfano rumor
que no pasa, se expande al cadencioso
cambio de la materia y codicioso
ahonda la inmutable consistencia
de Dios que para el alma es insistencia.

ORO
[Fragmento]

Pues, Señor, aunque a veces,
donde los seres todos se congregan,
nos ahogan las heces,
las tinieblas nos ciegan
y la muerte y su imperio nos entregan
la oscura damnación
de las cosas del mundo y tu albo incendio;

aunque en el corazón,
donde habita el compendio
de tu profundo Ser, hay un dispendio
que nos consume en lodo,
en fulgores de soles devorados,
en un confuso modo
de vivir separados,
ajenos a Ti mismo y olvidados;
aunque en tu fiel dulzura
hay días en que todo se fragmenta,
y la vida es oscura
y nada nos contenta
y el orbe nos parece una ardua afrenta
aún te escucho en las noches
trabajar nuestra carne desde dentro,
entregarte en derroches,
incendiar nuestro centro
y continuar así el mudo encuentro.
Pues no hay fin para el viaje,
sino Tú que nos labras y tripulas;
no hay vuelta ni viraje,
sino Tú que modulas
nuestro curso en la noche y nos vinculas
al lecho en que gozamos
de tu impronta y tu clara semejanza,
de tus suaves reclamos,
tus parajes, tu danza,
tus solitarios campos, tu labranza,
para que pueda andar
por tu cuerpo desnudo, Amado mío,
y pueda caminar
por tu abierto atavío
y hartarme en tu festejo de amorío.

FRANCISCO DE ASÍS

Francisco avanza solo entre la gente.
Va desnudo y alegre. Detrás deja
el murmullo de Asís, no tiene queja:
el mundo al fin es bueno y transparente.

Adelante lo espera la campiña,
la hermana luz, los valles del Umbría,
el Alberna y sus llagas, la agonía,
la impiedad, la ceguera y la rapiña.

Lo sabe, mas su dicha no lo siente:
el camino hacia Dios, que es arduo y bello,
lo conduce gozoso y obediente.

§ Lleva el Amor consigo, ese destello
que le permite ver al fin la vida
en su exacta y recóndita medida.

PASCUA
[Fragmento]

Mis muertos están vivos
y con ellos mi ensueño,
mis gustos, mis motivos
para vivir y ser y mis sentidos.
Reza todo lo escrito,
y la visión beatífica y el Diablo
existen; reza el rito,
los ángeles y el clavo
de la cruz del Señor; rezan el bravo
ejército de Dios,
sus trompetas, arcángeles y santos;
reza el Verbo y su voz;
reza el mar y sus cantos,
rezan el goce eterno y mis quebrantos.

Todo está aquí y ahora,
ardiendo como el leño bajo el fuego.
Morimos con los muertos
y con ellos nacemos,
aquí, ahora y siempre,
en ese eterno instante
en que lenguas de fuego
descienden en la noche
y en este *no sé qué que balbucimos*.

JUAN 21, 7 O LOS CLAVADISTAS

Para mi hijo Juan Francisco
y para Édgar Rubio

¿Has visto a los clavadistas en "La Quebrada"?
Suben el risco ansiosos de alcanzar la cima
para luego mirar hacia el abismo
donde el mar es un dios oscuro e indomable,
una incógnita repetida como un bramido contra las rocas.

¿Qué buscan levantados y tensos como un arco presto a lanzar el arpón
        de sus morenos torsos?
¿Para quién, por el amor de quién se precipitan una y otra vez en el vacío?
Una misteriosa voluntad nunca satisfecha los eleva y los vuelve a lanzar a través del aire
        en el océano sin tiempo,

en esa herida abierta en el flanco de las rocas
como si el cosmos hubiera desgarrado ahí la materialidad de la tierra
y, apenas zambullidos, vuelven a salir, Sísifos del agua, a la superficie
        para emprender de nuevo el camino,
mientras a sus espaldas, temerosos del dios, las falsas flores de las marquesinas,
los gritos del "trance",
las torres de los hoteles,
esa Babel del consuelo que Baal erigió junto a las playas,
acallan la pregunta del mar,
la voz del dios que continúa su bramido en las profundidades del risco.

Sólo los espectadores,
unos cuantos salidos del círculo infernal,
sobre las terrazas y las escaleras contemplamos el rito
como si en los clavadistas lo real recuperara su signo,
como si en ellos,
en la forma en que levantan los brazos,
inclinan el torso y se lanzan al vacío
se materializara la experiencia de nuestras propias vidas
y expectantes aguardáramos una respuesta al misterio,
y yo me pregunto, en medio del tumulto,
¿si en cada clavado rememoran a Pedro
o acaso piensan en él cuando en la madrugada, sobre la barca,
        divisó al Señor en la orilla del Tiberiades y ciñéndose la piel de carnero
        se arrojó al mar?

Pero ellos están desnudos
y al erguirse en el risco dibujan la gran incógnita de la existencia
        que fue respuesta en Pedro.

Una y otra vez repiten el gesto
como esperando mirar un día al Señor junto a las rocas y ser acogidos en su desnudez;

¿o tal vez aguardan la mirada de Juan,
ese hijo de la vigilia, que en medio de la noche da en el blanco
        que todos buscaban y nadie veía?

No lo sé,
pero en ellos,
aún inmaduros como nosotros,
en ellos, que ávidos se lanzan días tras día del árbol del risco en busca del dios
y al caer se hunden en el misterio sin encontrar reposo,
en ellos quiere dibujarse esa ternura de Pedro que era muestra de su amor.
Pero de sus gestos no emerge plenamente la ternura,
tensos ante el salto, temerosos de perderse, de extraviar la caída,
y una vez más vuelven a ascender con los oídos atentos a la resaca del dios
y una oscura esperanza que apunta ciegamente hacia el abismo.

Oh, Señor, tómala,
colócala en tu corazón,

consérvala junto a la plenitud que todavía no nos pertenece
y ahí, en el secreto de lo oculto que el bramido del mar clama,
celebra el intento de los hombres por llegar a ti.
Tal vez de improviso,
en el océano al que se arrojan,
en ese ningún lado abierto en el risco,
se encuentra el sitio
donde la esperanza incomprensiblemente trasmuta el salto en ternura,
y las aguas y su orilla en ese hueco abierto donde la suma de los saltos
　　　se revela en el rostro de tu resurrección que nos acoge.

¿O no es verdad, Señor,
que al concluir el espectáculo,
en la sonrisa de los clavadistas
y la que nosotros les devolvemos desde la orilla,
existe ese rostro, atesorado desde siempre y aún desconocido por nosotros y ellos,
　　　de tu aparición?

ÉPOCA

Y levantándose partió hacia su padre
LUCAS 15, 20

I

Intentamos volver
de la ruina volvimos cada tarde
de las ciudades
intentamos volver
esperamos volver

—bebíamos
bebíamos entonces

gozábamos tus ojos
la oscura lumbre de tus ojos bebíamos—

desde entonces intentamos volver
recordando
esperamos volver cada tarde

a veces reconozco
el aroma del vino de la infancia
el sabor del hogar
el libro abierto

—había siempre un libro
donde entonces bebíamos tus ojos
comíamos tus ojos—

§ desde entonces volvimos
intentamos volver desde las ruinas
de la ciudad volvimos
esperamos volver
recordando tus ojos
la negra oscura lumbre de tus ojos
rogando por nosotros
rogando por nosotros.

II

En invierno volvimos
mitad atados
medio libres también
regresamos a casa

junto a las flores rotas
entre restos de cena están las migas
los olvidados coros de la noche
perdidos en la juerga

nada hay
nadie hay
donde nos aguardabas
y serviste la cena
sino la larga esclusa de esta noche
y la delgada estría de tu estancia
arrancada a la ausencia
en medio del desastre:

un fragmento de pan
y los restos del vino.

YA NO HAY MÁS QUE DECIR...

Para mi Juanelo,
en la invisibilidad de su presencia

Ya no hay más que decir
el mundo ya no es digno de la Palabra
nos la ahogaron adentro
como te asfixiaron
como te desgarraron a ti los pulmones
y el dolor no se me aparta

sólo pervive el mundo por un puñado de justos
por tu silencio y el mío
Juanelo.

2 de abril de 2011

KYRA GALVÁN

ANTE LA TUMBA DE DYLAN THOMAS

Buscamos la famosa cruz blanca, de madera.
Sencilla, no sabemos, si por tu propia voluntad
o porque todo el mundo cree
que los poetas somos seres sencillos y humildes por naturaleza,
pero no estaba.
La habían quitado para poder enterrar a tu esposa,
que te sobrevivió más de cuarenta años,
no sabemos si lamentándose o feliz de la vida,
pero quien finalmente te alcanza en el mundo radiante
de los huesos blanquísimos.
Una vez más podrán hacer el amor.
Ojalá de verdad, de muertos, no cuente la edad
porque tú le llevas ventaja a la pobre, cabrón.
Y aquí, a los pies de tu sepulcro o de vuestro sepulcro,
miro las verdes colinas de Gales, tu paisaje siemprevivo
y me pregunto cómo llegaste a ser tan buen poeta,
tan alejado del mundo, pero tan cercano al mar.

Quizá eso fue lo único que te hizo entender
las profundidades de la naturaleza humana,
eso, o el observar el vuelo de las aves marinas.
Y quiero decirte que estuve en tu casa y lloré.
Lloré porque sabía que un día estaría en Laugharne.
No sabía que sería finales de agosto ni que llevaría
a mis hijas ni que andaría de la greña con Arturo,
pero lloré porque tu voz de poeta siempre ha llegado
a mi alma, aunque algunos digan que eras un borracho,
que lo eras, por supuesto,
pero eso nunca te quitó lo poeta.

(1956.) Nació en la ciudad de México, el 14 de julio de 1956. Es licenciada en economía por la UNAM, y ha realizado estudios en literatura, poesía e historia del arte. Además de poeta, es narradora, ensayista, investigadora, traductora y fotógrafa. Ha publicado cuatro libros de poesía: *Un pequeño moretón en la piel de nadie* (1982), *Alabanza escribo* (1989), *Netzahualcóyotl recorre las islas* (1996) y *Speculum caelestis / Espejo celestial* (2010). En 2010 antologó su obra poética en el volumen *Incandescente*. Entre otros reconocimientos, ha merecido el Premio Nacional de Poesía Joven Francisco González León (1980), por *Un pequeño moretón en la piel de nadie*.
Lecturas recomendadas
Un pequeño moretón en la piel de nadie, 2ª edición, Conaculta-Verdehalago, México, 2005.
Speculum caelestis / Espejo celestial, Ediciones sin Nombre, México, 2010.
Incandescente. Antología poética, Cal y Arena, México, 2010.

§ Yo he venido a rendirte homenaje
   pero en este momento, sólo quiero hablarte de miserias.
   De cómo el amor se hunde en los órganos
   y los hace sangrar, porque nosotros no queremos dejar
   de amar o quizá simplemente, de estar.
   Y los idilios más apasionados se ensucian
   con las palabras ligeras del insulto
   y el matrimonio y la convivencia,
   provocan silencios lisos que se prolongan
   entre los pensamientos largos y los cortos,
   y parecen durar toda la vida.
   Yo que nací siendo visible
   y me he pasado la vida tratando de ser invisible,
   empantanada entre el ser y el no ser,
   queriendo ser buena madre y lastimando,
   deseando amar a los que se me mueren,
   dando a destiempo con la torpeza de un reloj descompuesto.
   Nadie está exento del dolor en ninguna situación, Dylan,
   ni de la culpa que no sirve para nada,
   sino para hacernos más lentos, más torpes.
   Yo he venido a tu tumba a decir una oración para ti,
   pero en este momento no puedo, las lágrimas me ahogan
   y sólo quiero que me regales un poco de magia
   antes de que la escarcha pinte mi pelo con sus dedos blancos
   y mis octubres todos, sean de un hielo definitivo,
   antes, comparte conmigo tu secreto.
   ¿Fue sólo el mar helado y el canto de los cuervos?
   ¿O las colinas verdes o el frío de la vejez que se acercaba?
   Imbuye en mí, tu sangre. Háblame, Dylan, háblame.

CONTRADICCIONES IDEOLÓGICAS AL LAVAR UN PLATO

Entre el Yin y el Yang
¿cuántos eones?
JULIO CORTÁZAR

Contradicciones ideológicas al lavar un plato. ¿No?
Y también quisiera explicar
por qué me maquillo y por qué uso perfume.
Por qué quiero cantar la belleza del cuerpo masculino.
Quiero aclararme bien ese racismo que existe
entre los hombres y las mujeres.
Aclararme por qué cuando lavo un plato
o coso un botón
él no ha de estar haciendo lo mismo.
Me pinto el ojo
no por automatismo imbécil
sino porque es el único instante en el día
en que regreso a tiempos ajenos y

mi mano se vuelve egipcia y
el rasgo del ojo se me queda en la Historia.
La sombra en el párpado me embalsama eternamente
como mujer.
Es el rito ancestral del payaso:
mejillas rojas y boca de color.

Me pinto porque así me dignifico como bufón.
Estoy repitiendo/continuando un acto primitivo.
Es como pintar búfalos en la roca.
Y ya no hay cuevas ni búfalos
pero tengo un cuerpo para texturizarlo a mi gusto.
Uso perfume no porque lo anuncie
Catherine Deneuve o lo use la Bardot
sino porque padezco la enfermedad
del siglo XX, la compulsión de la posesión.
Creer que en una botella puede reposar
toda la magia del cosmos,
que me voy a quitar de encima
el olor de la herencia,
la gravedad de la crisis capitalista,
porque a pesar de todo/hembra.
Se dice que las mujeres débiles/que los hombres fuertes.
Sí y nuestras *razas* tan distintas.
Nuestros sexos tan diversamente complementarios.
Yin & Yang.
La otra parte es el misterio que nunca desnudaremos.
Nunca podré saber —y lo quisiera—
qué se siente estar enfundada en un cuerpo masculino
y ellos no sabrán lo que es olerse a mujer
tener cólicos y jaquecas y
todas esas prendas que solemos usar.
Dos universos físicos en dialéctica constante
con la nostalgia de una unión duradera
donde la fusión de los dos desconocidos
llegue a la profundidad del entendimiento.

Hay una necesidad compulsiva
de dar razones para la escisión
para agudizar racismos con sonrisas
Y las amigas   y los amigos
ellos comprenderán
Ellos entienden la distancia que te separa
del amigo/ amado/ enemigo/ desconocido.
Que la reconciliación es un esfuerzo máximo.
La unión, la sublimación
de nuestros propios misterios.
Que el lavar un plato
significa a veces afirmar
las contradicciones de clase
entre el hombre y la mujer.

EXTRANJERO

Ser extranjero es algo más
de lo que Bertold Brecht decía
acerca del no poder colgar un cuadro
o plantar un arbusto y verlo crecer con nostalgia.
Es algo que arde en el pecho,
es la soledad que taladra el sentido del ser,
de la unicidad y de la ubicuidad.
Ser extranjero es sentirse siempre diferente,
a veces, con grandes contrastes,
otras, con una *slight difference*.
Es el deseo ardiente de pasar inadvertido
e igualarse al color, la forma, la masa.
Es vivir entre dos dimensiones
y mirar al mundo desde la vertiente
de dos cuadros de ajedrez.
Es no poder ser ni el peón, ni el rey.
Es el juego en el que no tomas parte
(te quedas en la banca).
Es no poder decir, no poder gritar.
Una acumulación de palabras en tu idioma materno.
Una máscara en el escenario,
de actores de otra compañía.
La máscara de la rabia y la impotencia.
Es buscar el círculo que se cierra
porque no hay otros que se abran.
Es bailar siempre a otro compás,
olvidar la letra de la canción.
Es acostumbrar el cuerpo a otras temperaturas,
los ojos a otros paisajes,
el corazón a otros ritmos, y la nariz
a otros olores.
Es aplacar la nostalgia de un sueño
que llamamos Patria,
que como todo en la vida se convierte
algún día, en una fantasía más.
Ser extranjero es construir un todo sobre una nada
y sostenerlo con hilos inexistentes,
por el tiempo que dure, con sólo tu soplo cansado.
Es querer encontrar las mismas estrellas en otras latitudes.
Aprender otras canciones y sentirte
piel roja o marciano
en donde los normales son ellos
los pelo amarillo
o los ojos rasgados.
Ser extranjero es darse cuenta
que todo es igual,
la oración en el templo budista, metodista o católico.
La misma esperanza, las flaquezas.

La xenofobia, el dolor de saber
que tú eres el extranjero,
el diferente, la amenaza, el agredido.
El que no se toma en serio, el bicho bajo el microscopio.
Si alguna vez,
todos
fuéramos extranjeros.

LA PARADOJA DE SHRÖDINGER

El gato de Shrödinger
en cualquier momento está vivo
y en cualquier otro, está muerto.
También puede plantearse:
que está medio vivo y medio muerto
en el mismo instante.
Así es la incertidumbre cuántica,
y para entenderlo está la vejez:
no estás muerto, pero tampoco vivo.

NETZAHUALCÓYOTL RECORRE LAS ISLAS

Éste es un poema que escribo de la mano del sueño.
Where the realm of dream and vigilia touches.
Vean al gran Netzahualcóyotl —texcocano ilustre—
levantarse de su tumba y tomar un avión
en el aeropuerto Benito Juárez a 2 300 m sobre el n. del mar
porque quiere conocer E U R O P A.
¿Cuántos no lo han hecho antes?
Vengan, oh grandes señores, véanlo arrastrar su asombro
y desolación por todo Heathrow.
¡Imagínense! Pasa inadvertido
entre jeques, sultanes y embajadores africanos.
Ya en mi cerebro se confunden las dos lenguas.
Me resistoooo, supongo.
Como cansinamente me he resistido a todo en esta vida.
Sin pensarlo, ya estás en el territorio
de los pelo amarillo.
Mide tus pasos.
Escoge tus palabras.
Eres un extraño más en la tierra del live and let live.
Tu alma peligra de morir en soledad
pues el ronco sonido de los tambores ceremoniales,
el teponaxtle, el padre de padres,
se silenciará al tocar esta tierra neblinosa, misty,
donde la gente rarely sings.
Atrás quedaron tus pirámides de estuco coloreado,
las plumas de quetzal, el revoloteo del chupamirto.

Miren, oh, grandes sabios, el jade que se hizo añicos
y la hoja de obsidiana que atraviesa el corazón.
Nunca más habrá lugar para nosotros.
Perdimos un mundo con todo y su cosmogonía
y nunca pudimos alcanzar otro.
Hablamos una lengua que nos prestaron.
Miren la vergüenza de los vencidos.
Cuántos siglos hemos cargado la culpa
de los conquistados, de los piel oscura.
Hay algo que no logramos alcanzar.
Tú, Netzahualcóyotl, fuiste rey antes
de que vinieran a conquistarnos,
déjame decirte que aún permanece
una armadura que nos asfixia,
un corcel que nos pisotea,
un mastín que nos cercena.
Por supuesto que los ojos-azules nos mirarán por encima.
Asíhansidoeducados.
And we, us, shrinking, until nothing will be left at all.
Miren y escuchen, oh diosas y dioses,
la historia de este noble Netza
que llega con su atavío de noble y sin guaruras
al Hotel Claridges, nada de suite, hay recorte
y lo recibirá un portero portugués o colombiano,
qué indumentaria tan extraña, hijo, con una piel de leopardo y esas plumas,
cualquiera diría que se coló Moctezuma.
—Aquí, en el Museum of Mankind, en Burlington Gardens,
hay unas piezas del tesoro que mandó Cortés a Europa,
es primera vez, ¿verdad?
Le recomiendo Leicester Square, el shawarma,
¿tiene boletos para el teatro? La más difícil es Miss Saigón.
El cambio de guardia es a las 11:00, pero no espere ver a la reina.

Pero Netza ha oído de la ópera y se lanza a Covent Garden,
pregunta a los del Gothic Look,
pero ésos están ahí por otra rola.
En Picadilly por supuesto, se confunde con los Punks,
pelo morado, rojo, pelo de piñata de 5 puntas.

En Tower Records descubre los discos y el rock.
Está en el país del rock, entra y le aplauden,
se ha ganado el premio a la mejor vestimenta;
desde mañana dejan las chamarras de cuero negro
y las botitas de 80 libras de HyperHyper.
En Simpsons no lo aceptan porque no trae corbata
—aunque sea rey de Texcoco— le explican amablemente.
Alguien le pregunta después en algún pub
de dónde es usted originally
y Netza dice México, ah, es todo,
porque ahí nadie sabe exactamente dónde está México

ni les importa
porque en los Imperios no aprenden geografía,
porque las islas son el centro del universo.
No me extraña que Copérnico haya sido polaco,
si no, hubiera dicho que Buckingham Palace es el centro
más céntrico de todo el Universo.

Vengan, Dios de los Espejos, Diosa de las Serpientes,
Madre Coatlicue, Señora del Submundo, no se rindan.

Netza, Netza, no te pierdas, no dejes
que la neblina de este país te devore.
No importa, me contesta, el shamán tenía razón.
Londres es como un ensueño, pero frío y oscuro.
¡Ya puedo regresar a la luz!

MORISQUE

Nos pintaremos el rostro con hollín
y los cascabeles en los pies cantarán.
La flauta encenderá los corazones
y las velas, los ojos.
El tambor impulsará las piernas
y el amor, la danza.

VATICINIO

Habrás de amarme, lo sé,
con estridencia o con murmullo, con rechinar de dientes
o tersa lengua,
pero nunca como hoy,
cuando con lágrimas,
confesaste tu locura castamente
y me conmoviste como al arce
del que se extrae la miel y el llanto

LUIS MIGUEL AGUILAR

LA CAMA ANGOSTA

Es todo lo que sé. (Que es casi nada.)
Ella tenía una estrella entre los senos.
O así lo veía él, porque la amaba.

No se exigieron boletos de entrada
Pues cada uno andaba en su terreno.
Es todo lo que sé. (Que es casi nada.)

En una cama angosta ambos quemaban
Su historia y el temor; o cuando menos
Ella pidió esto de él, porque lo amaba.

Los dos sabían muy bien la pendejada
Que es insistir en un *amor del bueno*;
Es todo lo que sé. (Que es casi nada.)

Marzo moría otra vez; y ya se daban
Café con leche y sorbos de veneno.
O así lo sentía él, porque la amaba.

Supongamos que un día ella se enfada
Y se borra la estrella de los senos.
¿Qué más saben los dos? ¿Es casi nada?
Supieron, a saber, lo que se amaban.

(1956.) Nació en Chetumal, Quintana Roo, el 23 de septiembre de 1956. Es licenciado en letras inglesas por la UNAM. Además de poeta, es narrador, ensayista, investigador, antólogo, traductor y editor. Ha publicado los libros de poesía *Medio de construcción* (1979), *Chetumal Bay Anthology* (1983) y *Conversaciones con la Xtabay* (1990), reunidos en el volumen *Todo lo que sé* (1990). También, *Pláticas de familia. Poemas y prosas* (2007) y *Las cuentas de la Ilíada y otras cuentas* (2009). En 2010 reunió su obra poética, de 1979 a 2007, bajo el título general *El minuto difícil*. En 1999 llevó a cabo la antología *Poesía popular mexicana*.
Lecturas recomendadas
Pláticas de familia. Poemas y prosas, Cal y Arena, México, 2007.
Las cuentas de la Ilíada y otras cuentas, Universidad Autónoma Metropolitana, México, 2009.
El minuto difícil. Poemas reunidos, 1979-2007, UNAM, México, 2010.

LAS GEMELAS, PROSTITUTAS

Aquí estamos Ignacia y Sonia Hernández.
En vida, las Gemelas.
Fuimos las dos delgadas como palmeras,
Los luceros azules del *Xel-há*.
A ella la mató un exagerado;
Yo me morí de cáncer pulmonar; aunque en el fondo
Nos morimos las dos de amor cadáver. Lo conocimos
En Guadalajara. Lo seguimos practicando en Chetumal.
Ignacia me pidió que refiriera
Nuestro caso, por si alguien se interesa.
De ser así, queremos ver si también fuera posible
Que recordaran por nosotras la canción
De *Las tres Isabeles*, que nos gusta
Aunque sólo fuimos dos: Ignacia y yo.

CESARE PAVESE

Sólo hay un modo de hacer algo en la vida,
Consiste en ser superior a lo que haces.

No hay modo de escribir un buen poema
Si tú no eres mejor que ese poema.

Cada fantasma que dejas de matar
Es un poema menos; has perdido

Tus textos peleando un odio absurdo, has envarado
Tu esfuerzo en un conflicto inútil. Pero

No hay modo de escribir literatura
Si no eres superior a lo que escribes.

EL PELOTERO

Coño Raúl la pelota es para los negros coño
Lo tuyo es el comercio coño
Está bien papá está bien coño

Coño don Manuel deje a Raúl coño
Tiene buen brazo el muchacho zurdo natural
Puede ser el mejor pítcher del ingenio
Más ahora que vamos contra Central Maceo
Qué Maceo ni qué coño Raúl no juega más coño

Coño Raúl no tires pelota boba concéntrate coño
Coño es que Cinco de Mayo no detiene nada en corto coño

Tiene guante de baba de azúcar coño
Tengo que hacerlo todo yo solo coño?
Coño Raúl buena recta sigue así coño
Coño ya llegó don Manuel coño

Coño papá cómo me hace eso delante de la gente y de los peloteros coño
Jalarme así de los pelos y del uniforme coño
Hubiera esperado a que acabara coño

Coño Josefa le quemas ahora mismo esa pijama a tu hijo coño
Parece bellaco de *cracker-jacker* coño

Coño Raúl ya sabes que a tu papá no le gusta que juegues pelota coño
Qué tiene de malo la pelota coño
La pelota es para los negros coño
Pero no para Cinco de Mayo coño
Ese hombre tiene guante de leche coño
La pelota es algo serio coño

Céspedes calienta el brazo coño
Perdimos a Raúl para siempre coño
Coño y ahora que vamos contra Central Miranda coño

EL COMIENZO

Me da Xtabay colmillos de tapir,
Me pedirá en respuesta siete piedras
Que el pez aguja no pudo imantar
Que yo no sé pulir.

Me toca La Xtabay en la joroba;
Mis huesos tintinean en ritmos verdes,
Se hacen cuencos de sol y sal de esporas.

Me da Xtabay la piel de su piñón,
Por mi dedo subirá como burbuja:
Ésta es la condición.

Me enlazo a La Xtabay, la enlazadora:
Se anima la saliva en las paredes,
Suben sabores verdes por la soga,
Sube el saber del cielo por las horas.

Baja el saber del mar;
En ningún verbo simple cabe el mar
Pero se sabe terso y envolvente
En el oído interno de Xtabay.

§ Sobre una forma de agua el sol no baila,
Agua restada al sol, suero logrado
En combos de calypso y de curvato:
Bebe Xtabay suero de lluvia en una paila.

Pata de chivo, Xtabay, pata de pavo
De monte, andar estrábico;
Lo omito mientras lleve entre las piernas
Impresa la pezuña del venado.

Me gusta el pan de dulce,
Me gusta el pan de sal,
Me gusta mucho más el pan de nance
Que está bajo el ombligo de Xtabay.

—Interesante —dice La Xtabay—. Podemos empezar.

EL FUTBOL DE ANTAÑO
(UN POEMA HERMÉTICO)

¿Dónde fueron los nombres, me pregunto,
Que hoy trivia son, y pasto de elegía?

Masopust, Kavasnak, Bósniak y Másek,
Smólarek, Sbóvoda, Uda Dukla,
Edú, Pepe, Coutinho, Lima, Manga,
Voronin, Bene, Spartak, Florian Albert,
Altafini, Botafogo, Chesternev,
Manquito Villalón, Pepín González,
Amaury Epaminondas, Florentino,
Ataúlfo Pablo Sánchez Matulic,
Cisneros y MacDonald, Mustafá,
Reinoso —El Fumanchú—, Necco y Berico,
De Sales, Portugal, Juan Bosco, Cuenca,
Colmenero, Escalante, Larrasolo,
Javán Marinho, Peniche, Dante Juárez,
El Chato Ortiz y Romo, Luis Regueiro,
Mollinedo, El Espátula Rodríguez,
Urbatao, Ubirajara, Ubiracy,
Los hermanos Delgado y los Majewski,
Norberto Boggio y Claudinor Barbossa,
Ney Blanco, Lostanau, El Güero Jasso
Y Jasso El Bigotón, Héctor Hernández,
Sepúlveda, Moreno, El Cura Chaires,
Pina Arellano, Reyes, Ponce y Jara,
Tedesco, Giaccomini, Etcheverri,
El Santos y un "Pelé", Pedro Dellacha,
El Cordobés García, El Charro Lara,
Los cuates Calderón, El Chino Estrada,

Antonio Mota, El Pipis Ruvalcaba,
Vavá, Moacyr, Fragoso, Arlindo y Zague,
La Tota Carbajal, Walter Ormeño,
Borja (y la palomita contra Italia
A pase de) Pichojos, Jorge Iniestra,
Los dos Padilla, El Chale y El Gansito,
Del Águila, Del Muro, El Peque Díaz,
El Sausalito, Cárdenas y Gento,
El Monito Carús, Toño Munguía,
Belmonte, El Jamaicón, Fello, Mellone
Y (por poco aquel gol del) Tubo Gómez.

Hoy vuelven bajo un sol de epifanía
Que es tiempo, y polvo, y juego de conjunto.

LA VENGANZA

Como esposo no le reprocho nada.
Como padre de ustedes:
Si en mí estuviera darle un vaso de agua
Que fuera la vida o la muerte para él,
No se lo daba.

Palabras de mi madre, durante tantos años,
En sobremesas, en arengas de pasillo,
En tránsito radical de un cuarto a otro,
O recogiendo, modista, del piso
Alfileres despeñados
Con una caña de tela vieja
Y por anzuelo aquel imán rotundo
En forma de herradura.

Ella no le daría un vaso de agua a mi padre:
Lo aprendí durante esas veces en que se abrían
Las ventanas del pasado
—Atoradas por la pintura fresca que mi madre
Ponía en los marcos del presente, cada día—
Y se asomaba de nuevo nuestra historia
Esquivada con —encuentra
Un adjetivo: ésta es tu madre —recuerdoso olvido:
El esposo ido
Para ella, el padre ausente
Para nosotros, los hijos.

Llegó el momento en que mi madre
Pudo negarle a mi padre
El más preciado, para ella, de los tesoros.

No fue el agua, por cierto.

§ Cuando mi padre llamó a casa de mi madre
Presentándose, ante la muchacha que contestó,
Como el Sr. Tal y Tal y Esposo de la Señora,
Mi madre ordenó le dijeran que ella se había ido a Querétaro
O al diablo durante quince días. Y que en cualquiera
De ambos sitios —Querétaro o el diablo—
Ella podría alargar su estancia
Todos los años que fueran necesarios
Para no ver a mi padre.

"¿Qué te cuesta ya?", le pregunté. "Mi padre
No te está pidiendo
Aquel vaso de agua".
"Claro que no", me dijo. "¿Sabes
Qué es lo que más quiere tu padre?" Y mi madre
Mencionó el más preciado —y así, el más negable por ella—
De los tesoros: "Mira qué quiere.
A ver quién se lo da. El zángano, el inútil
De tu padre sólo quiere
Conversar".

TRES VECES QUISE ABRAZAR...

Tres veces quise abrazar
La sombra de mi padre
Que aún sigue en este mundo.

Todo esto ocurrió en una garganta vieja,
Cercana al otro mundo,
Abierta en un pequeño departamento
De la colonia Roma, ciudad de México.

Cosa dura es abrazar
La sombra de algún padre.
Cada vez que veo a mi padre, aún vivo,
Hago el intento de abrazarlo mis tres veces, cada vez,
Y sólo encuentro la sombra de mi padre.

Luego, he llorado a espaldas de la sombra de mi padre,
Después de hacerle una visita a mi padre,
Una vez que me subo en la sombra de mi automóvil Tsuru 89,
Y nos dejo, ensombrecidos a mi padre y a mí por la visita,
En manos de la sombra de mi padre.

Las lágrimas debían correr sobre mi cara
Cada vez que abrazo tres veces
A la sombra, aún sólida, de mi padre,
Y lo abrazo, incluso con beso, sin conseguir
La sólida presencia de mi padre.

§ Mis lágrimas vienen después,
  Sobre el espejo retrovisor,
  Cuando debo detener el Tsuru hace poco arrancado
  En una calle atávica, calle de un mundo perdido
  A punto de perderse en el otro mundo
  De la colonia Roma. El coche sale
  Y se aleja dos cuadras
  Del otro mundo
  En que abrazo cada vez
  La sombra de mi padre. Sólo entonces
  Brotan las lágrimas por los encontrados
  Y abandonados de nuevo
  En el otro mundo. Detengo el coche
  Para reponerme de las lágrimas que ahora corren, también
  Por los muertos sólidos: los muertos
  Que tengo ya en este,
  Es decir, en el otro
  Mundo. Los muertos
  Que sí tengo de verdad,
  Y ya,
  En el otro mundo.

  Cuando ha quedado atrás
  La sombra de mi padre,
  Las lágrimas dicen algo
  Por alguien que en vida de su padre
  Persiguió las sombras
  Que eran su padre;
  Y alguien que ahora,
  Aunque sea en el otro mundo,
  Tiene un padre.

BLANCA LUZ PULIDO

DEL FUEGO

Toda la noche vi crecer el fuego
JOSÉ EMILIO PACHECO

Toda la noche vi crecer el fuego
y no pude tocarlo
ni sumarme a su encuentro luminoso.

Toda la noche supe de su danza
de su comercio con el viento
y no quise unirme a su llegada
ni celebrar su magnífico retorno.

El fuego es la renuncia de las cosas
a su aspecto tenaz, a su dibujo.

Toda la noche vi crecer el fuego
y no conocí su voz
ni apuré su llama.

Y aquí estoy
en este paisaje de cenizas.

SUEÑO DE LA ESTATUA

La estatua acecha mientras las sombras duermen
entre el silencio y la luz petrificada.
Perderse en el eco de sus pasos,

(1956.) Nació en Teoloyucan, Estado de México, el 27 de octubre de 1956. Es licenciada en letras hispánicas y maestra en letras mexicanas por la UNAM. Además de poeta, es ensayista, traductora e investigadora. Ha publicado trece libros de poesía: *Fundaciones* (1980), *Ensayo de un árbol* (1983), *Raíz de sombras* (1988), *Estación del alba* (1992), *Reino del sueño* (1996), *Cambiar de cielo* (1997), *Los días* (2003), *Pájaros* (2005), *Al vuelo* (2006), *Materia habitada* (2007), *Libreta de direcciones* (2010), *La tentación del mar* (2012) y *Cerca, lejos* (2013).
Lecturas recomendadas
Al vuelo, Ediciones de Educación y Cultura, México, 2006.
La tentación del mar, La Cabra Ediciones-Universidad Autónoma Metropolitana, México, 2012.
Cerca, lejos, Textofilia, México, 2013.

en su mirada, hermana del insomnio,
en el rostro cubierto
por el blanco grito
que su sangre derrama en los espejos.

El eco, fugitivo de su sombra,
labra este sueño cien veces en mis dedos.

La estatua ya me alcanza,
desnuda al fin del eco de sí misma,
dormida para siempre
en la cárcel de mis párpados cerrados.

TU ROSTRO

De los enigmas del mundo
elijo tu rostro, cifra y sueño.

En la orilla del tiempo, en los milenios
somos sólo un silencio,
un gesto de los días,
pero en tu rostro contemplo
los infinitos seres que en ti han sido,
las constelaciones, las mareas,
los naufragios que habitan en tu sangre,
las estrellas que fueron necesarias
para inventar el cielo que, una noche,
ambicionó que tus labios existieran.

CANTA EL AGUA

Recuerdos de luz
en una gota de agua
en la mirada que atesora
la brevedad y la frescura
que derrama mínima
en el día

El día
que repite sus dones intocados
en las miradas jóvenes del agua

Canta el agua y su voz es una plegaria
que repite clara y cercana una pregunta

Una pregunta que dejamos olvidada
esperando la llegada de la lluvia

ENSAYO DE UN ÁRBOL

Cumple la rama su asedio sobre el aire,
tensa la luz, que atreve apenas
su impreciso dibujo entre las hojas.

Escoge el verde su espectro y su mirada:
en su inaudible despliegue de jardines
se ensaya un tenue tránsito hacia el oro.

Y dentro, en lo alto, al fondo,
hay una selva que escapa de los nombres,
hay otros tonos que no conocen rostro.

Una secreta arquitectura avanza
por los ambiguos lindes del follaje.

VIAJE INMÓVIL

Escribo para viajar,
para llegar a territorios que no existen,
para que al salir de mí
no regrese jamás al mismo sitio,
para fundirme en el arco del presente
mientras su marea me abraza,
me ciñe y me abandona en otras playas.

Porque nada importa sino viajar:
de todas formas
nunca estamos aquí completamente,
nunca en el espejo arderá
la imagen última.

Así, llegar al puerto
jamás sorprendido por los mapas:
viajar para saber
qué memorias despierta la distancia,
qué islas elegirán mis ojos sin saberlo
y otras preguntas que rondan los sentidos
e inundan las palabras
cuando la realidad como siempre me desborda,
se cierran las puertas del poema
y se abren las del viaje.

PÁJAROS

Despierto en un país de invisibles pájaros
que tejen un baile entre las ramas
de los árboles vecinos.

Sus voces dan alas a mis horas
mas sólo encuentro, espiando entre las ramas,
fragmentos dispersos, grietas, huellas,
del mundo paralelo en que otras leyes
gobiernan su materia.

En medio de la altura
prendo estas líneas a sus ojos
para que me alcen de la tierra.

LA TENTACIÓN DEL MAR

Siempre es posible,
cualquier fin de semana,
ir al mar para caerse muerto
o para soñarse vivo.

El mar es el espacio de lo abierto,
donde nuestra sombra nos olvida,
donde sabemos que de pronto
puede enredarse
en las hojas de una palma
o diluirse en arena, o llenarse de sal
y no acudir al llamado
de volver con nosotros
a la vida que dejamos
para ir ese domingo al mar.

¿Por qué no, por qué no?,
parece decir el ritmo de las olas.
¿Cuándo y dónde es tu vida sino aquí?,
dice la playa, repite la marea,
cantan los cangrejos retrógrados y esas conchas
que recogemos en el mar para acordarnos
del mar en cuanto estemos de regreso.

A la vuelta
de esa calle de pueblo que nada mira sino el mar,
dejé mi sombra debajo de una piedra,
entre las dunas, y luego
se fue volando tras alguna costumbre de gaviota
como una más de las cosas
que los niños ofrecen a los turistas en las playas
para vivir un tiempo hurtado al tiempo.

§ Ahora tengo siempre que volver
a mirarme en las olas que regresan,
a cuidar
que el mar nunca se mueva de su sitio
y visitarme en él perdida y cierta
entre hamacas, collares, caracoles,
palmas, arena, gaviotas y pelícanos.

A LA MANO IZQUIERDA

Torpe tal vez,
quizá dormida,
ocupada en tareas siempre menores.

Mi mano izquierda
revela pensativa
lo que no recuerdo,
lo perdido,
el trazo siempre vago
de sueños descendentes, imprevistos.

A veces, como quien trata
de encontrar en lo esperado
un brillo nuevo,
le doy tareas que sé no cumplirá,
le pido que sostenga instrumentos
ajenos a su alcance,
un lápiz, una aguja.

Y no me sorprenden
sus líneas oblicuas y extraviadas
ni la sangre que manchará el bordado:
como a mi mano,
los errores me nublan,
la torpeza me asedia,
y busco certezas
en un lenguaje improbable,
en la actitud de un ave,
en una piedra.

Contra la arrogancia de la diestra,
me inclino por las noches
a proteger el extravío
de esa mano cautiva de sí misma.

Ella me guarda del exceso,
conoce el abismo que me espera
y teje en silencio
la trama constante de mi sombra.

NELLY KEOSEYÁN

CANTO A LA CIERVA

I

Cierva
abro en mi sexo el misterio
de los frutos que nacen de las flores
del aroma que emana del mar y las mujeres
de los cuerpos poseídos por la pasión de unirse en otro al universo
de tu caricia   Cierva
brota el amor   brota el deseo
y la noche se extiende interminable a nuestro goce.

II

Cierva
Úneme al ser que vive en mi cuerpo
Úneme al centro
Funde mi cuerpo y espíritu en tu cuerpo y espíritu
Transmuta su esencia con el oro que se engasta en el fuego
Hazme ver la luz entre el dolor y el placer
Otorga un sentido a esta muerte.

III

Cierva
Une la carne a su espíritu
Une mi alma al corazón del cielo
Escucha el delirio de tus ciervos sedientos.
Danos tu amor   agua purísima de tu fuego

(1956.) Nació en la ciudad de México, el 8 de noviembre de 1956. Estudió letras hispánicas en la Universidad Iberoamericana y en la UNAM. Además de poeta, es traductora. Ha publicado dos libros de poesía: *Fuego interior* (1986) y *Los paraísos del sueño* (1998).
Lecturas recomendadas
Fuego interior, Universidad Veracruzana, Xalapa, 1986.
Los paraísos del sueño, Universidad Autónoma Metropolitana, México, 1998.

Danos la gracia de ver florecer de lo oscuro la belleza:
Tu increada armonía
Tu oculta rosa perfecta
Tu fruto de tu fruto renaciendo
Tu misterio revelado en la flor
que reverdece y muere y reverdece
Tu roja piel de loto en llamas
Tu dulce herida ardiente
El goce que enciendes y te enciende.

IV

Danos la llama que enciende a la rosa
y el espíritu de la flecha en el viento
Danos el ánima etérea que anima el reposo
y el silencio que se consume en movimiento
Danos la música
el espejo ilusorio de esta ley
que nos hermana a los mares y al ciervo
Cierva   Hermana
Y nos enlaza en el fuego a su fuego.

V

Oh Diosa   danos tu fuego
Danos la luz que ilumina el infierno
Que tu espíritu sea nuestro espejo
Que nuestros cuerpos recuperen
la inocencia de su primer silencio
Que tu goce purifique nuestros ojos perversos
Que el alma en el cuerpo se expanda
Con la perfección de la flor que se abre en abril y embellece los prados
Que tu vértigo extinga el dolor
Que se encienda la carne en el espíritu.

VI

Nuestro cuerpo y espíritu
unidos a la música del alma y las esferas
enamorados florecen.
Sueñan. Se sueñan eternos.
Son la música que fue erigiendo en un sueño
la forma de un palacio
Son el oceánico manto del cielo antes del alba
Son la espiral que vierte el eco del tiempo en el corazón del silencio
o el sonido del fuego del alma en movimiento.
Sueñan la eternidad
de las aguas que vuelven a sus cauces.
La huella.
   Lo imperecedero.

VII

Por alcanzar tu goce
muero anhelando
la blanca azucena
que reina en la luz de los prados florecidos.
Por tu amor renacen el alba y la rosa
Por unirse a tu música eleva su canto la tórtola
Por hallarte los ciervos huyen al arroyo helado
Por tu fuego purificas nuestros corazones.

VIII

Por tu pasión los mares colmados de silencio estallan
y su violencia reverbera en la roca
en el alma del viento y del pájaro
de la música   del vacío   del alba
y de la cierva que canta y se sacia en un arroyo helado.
Por tu amor, dulce fuego que nos unifica,
la muerte y la vida se concilian
en la quietud del espíritu.

IX

Aquí, amantísima Cierva del amor y la belleza,
donde tu fuego y mi fuego se unían
y éramos un mismo espíritu y un mismo cuerpo,
un fuego interior, una luz
que brillaba en la noche oscurísima del alma
o un ave fugándose del tiempo hacia el sinfín del horizonte.
Aquí, desde tu estrella,
desde el silencio de tu rosa profunda,
desde la cima del vértigo donde el alma del ciervo
enloquece, cae, se pierde
ciego busca su espíritu un reflejo
busca su tacto un fuego que lo encienda
su boca un arroyo helado que lo extinga
que lo vacíe de sí   que lo funda en tu fuego
en tu lumbre divina en tu cetro de espejos.
Aquí, amantísima,
Donde te ocultas   donde te invoco
Donde resurge de la carne el verbo.

EN LA PRISIÓN DE SAN FRANCISCO DE ASÍS

Hasta un perro encerrado ahí
conmovería.
Hasta una planta sin aire,
sin rendija de luz

ni gota de lluvia
que se filtrara en los muros
agotaría su savia y sus raíces.
Hasta un gusano
haría lo posible por escapar
de tu mísera celda.
Pero en la oscuridad
tus ojos veían la otra luz:
una llama de amor viva
en tu interior ardía
sin consumirse,
velaba por ti
como la sombra protectora
de un ángel invisible.
Y tu pasión era fuego en el hielo
de tus huesos
Y le cantabas al sol.
Porque por vivir preso
en un cuerpo que moría
enamorado del amor divino,
no había mar más azul
que el que veías
cuando lo buscabas en ti
por dentro.
Ni montaña ni cielo
más alto que tu paraíso.

PAISAJE DE VENTANA EN NUEVA YORK

Desde la ventana pasaba el gran río…
Yo lo veía como el río que humedeció las raíces
de los árboles que florecieron para Emily Dickinson,
que fueron casa para los pájaros de Keats,
castillo para la música de Coleridge.
Y se volcaba arrastrando, desde el fondo de los siglos,
la cadenciosa armonía de sus versos.
Yo quería escuchar en su cauce las voces de Whitman,
quería que en su curso fluyera el estallido inagotable de sus cantos,
que respirara en su espuma el viejo
como una ballena blanca a punto de extinguirse,
que llegara hasta ahí, desde su lecho en el sur,
el otro Viejo, el otro río, el abuelo ancestral del Mississippi,
y que en sus aguas se mezclaran las voces y las lenguas de los poetas que lo vieron pasar.
Quería que en sus márgenes confluyeran las aguas de todos los ríos,
y que fuera uno solo y ninguno, interminable y circular como el tiempo
que pasaba y volvía pero nunca era el mismo:
Un Arno armonioso y violento para lavar de impurezas las palabras,
Un dulce Támesis, un infinito sonido invisible
            —en su quietud engendrando movimiento

y en su movimiento quietud,
en su principio su fin—
para evocar en su claridad y en su ritmo un prodigioso verso libre.
Yo quería que su fuerza me dictara poemas,
que su brisa me purificara por dentro,
que mis ojos enamorados de verlo
dibujaran los paisajes urbanos que recorría…

Pero la ciudad brillaba solitaria entre las estrellas
en toda su desnudez de mujer intensa, decadente, vacía.
Era una isla amurallada por inasibles edificios
que parecían elevarse por encima del cielo
a otro cielo más habitable, más azul y más quieto.

A pesar de la atmósfera,
la luna colgaba entre los rascacielos
como un gran ojo de plata helado, puro, transparente,
puntual como la muerte cotidiana del funcionario,
de la ejecutiva o del esclavo.
Y desde abajo, veinte pisos arriba,
yo la veía como una gran Diosa Blanca
de las monedas y la sexualidad.
Desde abajo, en el infierno del mundo,
ése era el romanticismo.
Éste el amor espiritual.

CATEDRAL DE ZACATECAS

Entran silenciosos, serenos…
Entran descalzos, llenos de fe, de amor,
a arrancarse del cuerpo el sufrimiento,
iluminar su profunda tiniebla, vencer
aquel ángel terrible que acechaba con su dardo de fuego
la oscuridad de una noche profunda y vacía
(profunda oscuridad
que era también la tiniebla de Dios y su alimento).
Entran con humildad y pasión
a vaciar su cuerpo en el alma de un santo
o una virgen de luz que los penetre;
o quizás a alcanzar otra vida
más allá de la bóveda gastada por sus ruegos.
Entran a protegerse de la lluvia,
o quizás de la muerte.

FRANCISCO TORRES CÓRDOVA

LA RANURA DEL OJO
[Fragmentos]

CRÓNICA

Es verano
y alguien sorprende la madera de la puerta con golpes discretos. Abro. El rostro tímido y el cabello recogido, Mariana me tiende un gato sofocado que trae entre los brazos. Algo pasa con la simetría de mi cuarto. Mariana entra con la penetración de su aroma acostumbrado, y con el volumen de su cuerpo que dispersa la perspectiva llena la habitación con su presencia repentina, con su voz nueva y el maullar hambriento de su gato. (La miro sin retenerla.) Aún conserva el mohín infantil de los labios que delata sus nervios, su mirada inexplicable y juguetona, la armonía brusca de sus gestos. Entra toda, cargada de anécdotas insólitas. (La miro y la voy reconstruyendo.)

Pero sigue penetrando lenta y distraída el silencio riguroso de las cosas, la frigidez de la noche que logró alojarse en los rincones y en mis ojos desvelados.

No acaba de llegar su cuerpo sedoso y sorpresivo.

Mariana la de la larga historia
cuenta su anécdota llena de personajes luminosos, demasiado verosímiles. Dice que viene a resguardarse aquí, entre la humedad de las paredes, y que viene a participar de la inmovilidad de las arañas extrañas que habitan bajo la cama, porque las ha visto y reconoce en ellas un paralelismo oculto con su melancolía enfermiza. Dice que se queda y se va integrando discreta, relajando los músculos de las manos. Por momentos me mira avergonzada y confiesa tácitamente una intriga. Finalmente guarda un silencio respetuoso y fija la vista en un pliegue de la silla.

Mariana se queda. La tenía demasiado fresca y accesible para decirle que se fuera. Cuando acepté, sin embargo, de sus facciones se desprendió un rostro resignado.

Luego abrió el nudo oscuro de su trenza
y se perdió en el silencio hermético
de su melancolía.

(1956.) Nació en la ciudad de México, el 29 de noviembre de 1956. Es licenciado en letras hispánicas por la UNAM. Además de poeta, es ensayista, traductor y editor. Ha publicado cuatro libros de poesía: *La ranura del ojo* (1981), *La flauta en el desierto* (1994), *Así la voz* (2006) y *Berenice* (2013).
Lecturas recomendadas
Así la voz, Conaculta, México, 2006.
Berenice, La Cabra Ediciones-Universidad Autónoma Metropolitana-La Jornada, México, 2013.

§ Mariana, la hermana menor y única de la familia, la alegre y juguetona, la del rostro oculto en su siempre larga cabellera negra. Tiene desde entonces una afición inevitable por la ausencia repentina en el brillo de sus ojos infantiles y pequeños. De niña solía esconderse bajo la mesa, aunque asomaba la cabeza para observar la inclinación del día. Ha conservado la mirada sorprendida de lechuza y la postura lánguida, y tiene ahora la carne firme y la facilidad para el recuerdo. Mariana ha sido viciosa amante de los pequeños felinos domésticos, aunque sé que tiene más respeto por la inmovilidad de ciertos insectos.

ELEGÍA

2

¿Olvidamos todo nuestro origen?
¿Qué vanidad qué duda o qué avaricia
sentimos en las manos e ignoramos?
¿Supimos aunque fuera de soslayo
que el silencio nos había abandonado?
Porque ahora palpamos la carne del frío
cada uno sorprendido por su propio tacto.

Nos hemos detenido.

LA FLAUTA EN EL DESIERTO
[Fragmentos]

1

Tú no sabes que aquí, ante mí, estás desnuda, y te mueves así, a solas. Al salir de la regadera secas tu cuerpo y entonces eres mujer para ti misma. Yo miro tu pudor y tu fantasía. Estás en evidencia, y puedo andar sobre ti como me plazca; mis ojos son las cosas que tocas y te tocan, la tela de tu ropa, tus mismos gestos, tu postura. Estás rodeada, y si invento juegos de esos juegos te llenas. Me fijo a tu falda, me oculto en las sombras de tu cuello y te pongo máscaras que me deshuesan la cara; me amarro a tus tobillos, te aceito los hombros y te escondo las llaves o el cepillo para que no salgas. Estás en mis dominios, pero el poder es tuyo.

10

Hipos, tintas y huesos en la boca
quebrado el vuelo de las cejas,
coronado de espuma el negro nudo
de los ojos que se abren insolentes;
tu mirada animal que me empobrece.

Entonces, bajo el velo de la ropa
la carne te edifica un muro ciego
de músculo cartílagos y grasa
que apuntala tu alma ennegrecida.

Quiero clausurar tu cintura,
oír cómo ceden los huesos,

azotar contra el polvo tu ironía
y masticar el hielo de tus dientes.

20

No ser la casa con su puerta acariciada
absorta en el orgullo de sus muebles
y agobiada por las voces
que de noche empañan sus ventanas.

No ser la sombra que se tiende
en el largo abandono de la calle,
ni tener la carne en erupción entre los dedos,
el aliento tibio y húmeda la lengua.

Y amarte así,
un paso fuera del tiempo,
antes del primer sendero sobre la tierra,
cuando todo era letargo o pura risa
y no había voluntad sino cadencia,

una noche cualquiera
cuando no estoy ya
en ninguna parte.

ASÍ LA VOZ
[Fragmento]

II

Así la voz　　en la química inicial de la memoria
de aquel recinto de blandos horizontes y agua azucarada

sé que entonces mi difusa inteligencia
percibía la abundancia de la sangre
que paciente me abría a lo posible　y tejía

en la nueva transparencia de los dedos
del arco de los pies y de la frente
el paño que después　a la intemperie　sería mi voluntad

Y ahí　en lo que bien pudo ser una mañana
soterrado yo en su materia　escuché
—o me tocaron el oído sus texturas—
el árbol alado de su voz
y en sus musgos diminutos presentí la mía

Por primera vez entonces　　abrí los ojos

§ Un flujo de colores vivos ovillados en la sombra
bordó sus luces en la vaguedad de mis retinas
Y tendí las manos a su brillo y nos tocamos
Abrí la boca a su boca y dilaté el oído
al compás de sus matices y el olfato a la inicial de sus perfumes
y el eco de ese encuentro   noble y riguroso
así dejó en mis sentidos

el soplo del Asombro y el poder de la Inocencia.

MUJER DESCALZA

9

Se abre el día

sobre su largo cabello en desorden
asido a las orillas de su sueño
—la voluntad del cuerpo encandilada y una
y muchas veces libre en otra parte—

las manos olvidadas sobre el vientre
los pies ajenos a sus pasos   palpitantes
las rodillas de sosiego   el blanco
amparo de los muslos
y un rumor de corazones a punto la cintura

la cabeza apenas inclinada
sobre el más femenino de sus hombros
en los labios la fina resonancia
de una lengua antigua que reposa
y un aleteo de aves en la frente

Se abre   se abre el día en el verano

Del árbol que piensa rutas en el cielo
al mar que quiebra luces en el aire
descalzo en el umbral
asisto al sopor de las horas que respiran con ella
el día que alcanza su cima y se detiene

Se detiene

Leve pausa de cielos
Honda quietud en que dioses menudos sin nombre
vierten así   perfecto

su silencio.

BERENICE
[Fragmentos]

5

Aquí
selvas montañas y ciudades
se trenzan con el soplo del desierto

las casas afilan su osamenta
con la piedra porosa del insomnio
o el reposo picado de peligros

noche tras noche
de largos días exiliados

rotos sus brazos lechos y raíces
los árboles y ríos se disuelven
en una densa bruma
de pólvora y ceniza

aquí
zumba la nada y corta
las vísceras enjutas
y en el mórbido pulso de sus fibras
se asfixia lentamente su milagro

se llaga la conciencia

se troza el pensamiento

se quiebra la primera dignidad

de haber nacido

11

Este cielo impasible

que vence con su peso

los dulces arcos de la luz

este cielo rasgado

por el brillo animal de las armas

que cae y se diluye

§ en la múltiple sed de la tierra

este cielo sin nombre

y de días y noches sanguíneos

se endurece en mis ojos

de niña que no ve

de niña que no supo

el color de la leche.

23

Mi voz al otro lado

del llanto y más allá

ahí donde los muros de la nada

se agrietan bajo el peso del vacío

y crepita en la entraña de la piedra

el fuego lento del dolor

Mi voz

aun en ese vórtice de orillas

dilatada en el pulso

del agua corazón.

JORGE ESQUINCA

ORACIÓN A LA VIRGEN DE LOS RIELES

Bendice, blanca Señora, al más humilde de tus peones.
Concédele vía libre para llegar a Ti.
Ilumina sus noches con el carbón encendido de las máquinas.
Que tus ojos claros sean, en toda encrucijada, brújula y linterna.
Todo tren un potro ligero hacia tu Reino.
Llévalo, gentil Señora, de la mano sobre los durmientes.
Administra, con tu prudencia infinita, su pan de cada día
y cubre con tu sombra favorable los rieles errantes de su casa.
Aquieta sus pasiones,
deja escapar en la medida justa el vapor de su caldera.
Apártalo del estruendo de furgones y góndolas salvajes.
En el vasto ferrocarril de sus breves días, no le des asiento en el gobierno,
pero guárdale siempre un sitio discreto en el vagón de tu confianza.
Bendice, blanca Señora, Virgen de los Rieles, a tu hijo más humilde:
tierra suelta que dispersas con tu manto.

(1957.) Nació en la ciudad de México, el 5 de abril de 1957. Vive en Guadalajara, Jalisco. Estudió la carrera de ciencias de la comunicación en el Instituto de Estudios Superiores de Occidente. Además de poeta, es ensayista, traductor y editor. Ha publicado quince libros de poesía: *La noche en blanco* (1983), *Alianza de los reinos* (1988), *Paloma de otros diluvios* (1990), *El cardo en la voz* (1991), *La edad del bosque* (1993), *Sol de las cosas* (1993), *Isla de las manos reunidas* (1997), *Paso de ciervo* (1998), *La eternidad más breve* (1999), *Uccello* (2001), *Vena cava* (2002), *Cuaderno para iluminar* (2008), *Descripción de un brillo azul cobalto* (2010), *Canijos canes* (2013) y *Teoría del campo unificado* (2013). Antologó su poesía en los volúmenes *Invisible línea visible* (2002) y *Anímula* (2010). En 2004 reunió su obra poética, de 1982 a 2002, en el volumen *Región*. Entre otros reconocimientos, ha merecido el Premio Nacional Poesía Joven de México (1982), por *La noche en blanco*; el Premio de Poesía Aguascalientes (1990), por *El cardo en la voz*; el Premio Nacional de Traducción de Poesía, por *La rosa náutica*, de W. S. Merwin, y el Premio Iberoamericano de Poesía Jaime Sabines para Obra Publicada (2009), por *Descripción de un brillo azul cobalto*.

Lecturas recomendadas
Paso de ciervo, FCE, México, 1998.
Vena cava, Era, México, 2002.
Región (1982-2002), UNAM, México, 2004.
Uccello, 2ª edición corregida y aumentada, Bonobos, Toluca, 2005.
Un chardon dan la voix / El cardo en la voz, Écrits des Forges-Mantis, Ottawa, 2007.
Cuaderno para iluminar, Mantis, Guadalajara, 2008.
Descripción de un brillo azul cobalto, Era-Pre-Textos, Gobierno del Estado de Chiapas, México, 2010.
Anímula, Secretaría de Cultura de Jalisco, Guadalajara, 2010.
Canijos canes, en colaboración con Penélope Downes, Lía Libro de Artista, Guadalajara, 2013.
Teoría del campo unificado, Bonobos-UNAM, México, 2013.

CASA DE SALUD

Recuerda los altos muros encalados del sanatorio. Nubes gordas y la altiva cresta del sol en los corrales del verano. Las voces chillonas de las enfermas, pálidas sirenas de historieta. Nadie mejor que él recuerda los días que se continuaban como una línea de tiza en el pizarrón de su delirio. La tonada de una canción ranchera que silba cuando cree que nadie lo escucha. O cuando está contento, como esta mañana. Cielo azul y muros blanqueados. Estira sus ramas que relumbran como un pensamiento, mira hacia abajo para estrenar la nueva altura de su tronco. Hunde con firmeza los pies en la tierra recién regada y un cálido vapor toca su frente. Hoy como nunca puede sentir la circulación misteriosa de la savia. En el bolsillo de su camisa duerme un pájaro.

EL PERRO

El perro que no tengo entra por la puerta, salta sobre mis papeles, planta sus patas sucias en el tapete, derriba mis lámparas caídas, le gruñe a la nada de luz que hay en mi sombra. El perro que no tengo marca su territorio, mete el hocico en las cazuelas, les ladra a mis amigos, muerde la mano que le da de comer, muerde la mano del ladrón, muerde la mía. El perro, éste que no tengo, se pasea tan campante por mi casa, le suelta una risita burlona a lo que escribo, se echa a lo largo de mi cama y mientras duerme sueña, lo advierto en el rítmico balanceo de su cola, con un paraíso de médula y bisteces. Ganas me sobran de colocarle el bozal, tundirlo a palos y atarlo en la azotea. Pero el muy perro se pasa de listo, me esquiva fácil, brinca por la ventana, se fuga veloz sobre las cuatro patas de su nada. No se imaginan qué rabia me entra al vislumbrarlo allá, olfateando perras por la calle, oteando parrilladas con ese airecito de campeón sin corona, de reyezuelo de barrio, con la sombría certidumbre de que habrá de volver cuando se le dé la gana. Qué perra vida, qué bella vida la del perro que no tengo, qué vida.

LA TROMBA

Nada, en el aire, parecía anunciarla. Cierta humedad quizá, un poco de frío. Comenzó de pronto, como si el plafón celeste hubiese cedido en su lucha por guarecernos de la oscuridad cósmica y, abierto en canal, dejara caer sobre nosotros un ente compuesto de agua nocturna y hielo sideral. Los primeros en recibir la embestida fueron los árboles que, estoicos, tan sorprendidos como nosotros, trataban de resistir a pie firme. Era posible ver sus frondas duramente azotadas, sacudidas, desmenuzadas por aquella violencia encarnada en un animal informe, líquido, opaco. Inmisericorde, ciega en su arrebato, la Tromba devastaba por igual palmeras, fresnos, jacarandas; miríadas de milimétricos bisturís segaban los capullos, tronchaban de un golpe las ramas y su boca cetácea se tragaba de un bocado las hojas más lozanas. La Tromba acometía sin ton ni son con puñetazos de granizo, como un enjambre colérico y ávido de ruina se suicidaba contra la ciudad anochecida. A lo lejos se escuchaba el estallido de faroles y cristaleras, el chisporroteo de los cables reventados, el derrumbe de los muros cargados con un peso nunca imaginado. A quienes estábamos ahí, nos era imposible ver más allá de nuestro perímetro inmediato, sumergidos en el centro profundo del animal, uncidos a su caos, extrañamente ignorados por la parte más vasta de su rabia, extrañamente a salvo. Y la Tromba se fue como había llegado. Súbitamente. Se olvidó de nosotros o, simplemente, nos abandonó. Más tarde, ya entrada la noche, nos animamos a salir. Vimos entonces los restos de su cuerpo desmembrado, su cadáver blanco como un hueso de pájaro iluminando la noche; respiramos la neblina que se esparcía lenta en el aire sitiado de la ciudad; anduvimos con pasos temblorosos sobre ese compacto mar de estrellas derribadas, sorteamos los torrentes y escalamos los paredones de helada materia descompuesta. Y supimos entonces, oscuramente, que habíamos estado justo ahí, *en el centro de la vida, en la obra del mundo*, y que valía la pena.

UN GORRIÓN

De figura compacta, de alas nerviosas, de pico exacto, el pardo gorrión atisba desde la rama del arrayán. La llovizna ha pasado y el patio de la casa viste una luz de estreno. Pocos seres tan elementales como este pajarito, tan desprovisto, tan huérfano de adornos. Hasta se podría decir que la carencia es su único, su mejor adorno. Bien mirado, este gorrión es, entre los de su especie, la criatura genuinamente franciscana. Lleva el hábito raído, cubierto de lamparones, como si acabara de revolcar sus plumas en el barro original; anda siempre descalzo y pía, perpetuamente hambriento, mas nada pide. Pica la rama, se escarba el pecho y gorjea estremecido por un rayo de sol. ¡Es una dicha verlo bañarse en la luz como antes lo hiciera en el agua del chubasco! Luego, en un parpadeo, salta de la rama y cruza el patio con un zigzag que algo tiene de naufragio. Ya no está. Su vivir es un puro despedirse y nos recuerda, modesto, las palabras finales de aquel poema que tan bien lo pinta: "Éste fui, un gorrión, hice lo que pude, adiós".

PROSA DE INÉS CAMINO AL CIELO

No sabría decir que todo comenzó con la visión de una espada —ya no distingue ahora, traspasada por ráfagas, oriente y poniente, zenit y nadir, dentro y fuera —arrebatada de sí, en plena ascensión, nada sabe de la fiesta —toda ella es un sí del vértigo, una sílaba —va más allá de no sé dónde, pero va cierta —va subiendo por climas como andamios, por escalas de puro latín —va de egipcia, de azafata, de calandria —el martirio es un país al que llegó de paso —el fuego le tendió una cama y se olvidó de corre, ve, dile —se hizo un solo mensaje ensimismado —giratoria, desgreñada, púber, se ha vuelto flor de pasmo —y va que vuela.

CONTRAVENENO

Cómo el amor, cuchillo, lenguaje del arrimo,
diente oculto en una encía de niebla. Para decir,
cómo, mordedura, singladura en la planicie
interna de tu muslo. Es ahí, cuchillo, la encarnada
estrella que ramifica, la reviniente mutación
de su corola. Cómo, amor, la mansedumbre
ofrecida sin más, cuchillo, el yo transfigurado.
Pero tu raíz en vilo, tu respiración en una nada
de aire, hija del cielo, rizo de luz enrojecida —ah,
cómo animas este mendrugo sin un cómo de palabra.
Dime cuchillo, afina tu labia de sangre en el oído,
oye lo que suena en el índice del miedo, lo que se
decanta en la cutícula y dispara en tu centro la voz
sin voz, la quebradiza nube del no saber, amor,
en que te incendias. Lame tu hoja. Irisa los pistilos
de tu flor-mordiente, pero vuelve, pero quédate
y venga tu reino. Ah gobierno de oros contra espadas,
ah tú política de racional advenimiento. Cómo decir
de ti, cuchillo, cómo de tanto, amor, la voz trastoca
el fiel de la balanza. Dime lo nevado del tú
o dime nada. Cállame con ti, disuélvete conmigo.
Alguien pisa esta zona de tolvaneras. Alguien dice.
Guárdame cuchillo, en el filo de ti, iluminado.

EL LAZO Y LA TRAMPA

País de cruces, lampo de nubes
como cabezas, roja vendimia.
País de cruces como manos
separadas, abiertas en el viento,
en el desierto que avanza.
País dormido entre volcanes,
que es lugar este glorioso
y terrible, de barrancos, de rocas
empinadas, de peñascos azotados
por el viento, que ya se yerguen
cubiertos de fuego y de ceniza.
Flor de la Pasión, apacígualo.
País en un soplo de voz,
en un múltiple soplo de voces,
de abiertas bocas y metales
que avanzan.
País levantándose cada amanecer
en la punta de su lengua,
levantándose en lenguas de agave,
en rabiosa floración,
como mariposa al fuego. País
de la ruta narcótica, del tejemaneje
hipnótico, de la amapola enamorada.
Flor de la Pasión, ilumínalo.
País erizado, sitiado, encapuchado:
lleno de alacranes, lleno de ortigas,
te escondes en el rincón y en la oscuridad.

Noche y viento, avanzamos. En ruta,
en larga marcha al interior
de la piedra, a la entraña del árbol
—nosotros, los visibles, poco vemos.
De tierra se irá llenando, se convertirá
en basurero aquel lugar
en el que sólo se esperaba la palabra.
Has descendido, te has lanzado
al arroyo, a la cueva, al pedregal,
te has metido en el lazo y la trampa.
Andamos a tientas, escuchando
un viento de tizones, advirtiendo
una serpiente en la cola del turbión.
Nos quedan palabras, muy pocas,
unas cuantas palabras.

País pico de golondrina, nido
de nubes como cabezas, roja
vendimia. *No haya más de esto.*
Ya le acercaste la ortiga, el diente

curvo; han llovido, han vibrado
se han derramado sobre la caña fresca.
No haya más de esto.
País de espejos habitados,
cerros distantes, lagos aún,
como el hueco del corazón.
Al bailar, al abrazarnos,
giran con nosotros los restos
de un orden celeste, corren
ríos de pólvora en la eterna fiesta
de vivos y muertos entrelazados,
relumbran las espuelas entre lápidas.
Flor de la Pasión, presérvalo.
Que por ti levante aún la cabeza,
que por breve tiempo logre paz,
que por ti se calienten, se entibien
los huesos y la carne, que por ti
sueñe y se levante, que le hagas sentir
tu verdor, tu frescura, tu fragancia.

CONSOLAMENT

Pasan ocho pájaros, grandes. Tordos o zanates mientras el sol anaranjado ya se pone. Ocho pájaros que yo quisiera nueve. Los conté. Hace unos minutos parecía que iba a llover. Pero no, el viento se llevó las nubes hacia el poniente y por debajo apareció el sol anaranjado, los pájaros. Los conté, son ocho y no como yo quisiera nueve, el Número. La naturaleza no simula. Suma, resta. Hace unos minutos parecía. Hace unos minutos mi madre estaba viva. A la resta habrá que sumarle su ausencia. El sol se pone, qué resta. La noche es lo que resta. Tordos o zanates suman ocho y no como yo quisiera, nueve.

*

Alonso tiene cinco años. Desde ahí me dice que la palmera junto a la que juega es más alta que el edificio de espejos al otro lado de la avenida. "Es la torre más alta de Guadalajara", recuerdo que me dijeron y le digo. Desde sus cinco Alonso me mira, y a la palmera y a los espejos. No sé si me cree, no le pregunto. Tampoco le pregunté a mi madre si sabía que se estaba muriendo. Hace ya muchos meses que terminaron la torre y sigue vacía. Sus muros son espejos que la protegen del otro vacío, el de afuera. A veces los lavan. Alonso juega junto a la palmera.

*

La ventana se cerró de golpe. Afuera todo el cielo era nubes, grises, viento. Una muchacha con un vestido rojo avanzaba por la avenida, frente a las jardineras. No había nadie más, ella avanzaba de sur a norte, entre ráfagas de viento con su vestido rojo y una bolsa negra colgándole del hombro. Entre cielo y suelo. Mi madre, que murió de cáncer, era Leo. No tarda en llover y va a mojarse, pensé. El cabello negro y lacio atado con una cinta blanca. Mi madre, que era solar y abierta, murió de un cáncer oculto tras el páncreas. Murió de algo escondido, en la entraña. No había más, ella avanzaba. Y los zapatos blancos.

*

Escribir o caminar sobre el agua. De niño yo tenía muy clara la imagen de ese milagro: caminar sobre el agua. Todo es milagro para el niño que se desliza en la alfombra del persa. Lo intentaba en la alberca y caía hasta el fondo. Tal vez el fondo me llamaba, tal vez no había lugar para mí en la superficie —ni en el milagro. Yo intentaba. De pronto, una sola vez, durante un solo instante… y sin testigos. Tampoco hubo las voces llamándome en la barca. En el fondo sí. En el fondo mi madre, antes de morir, cantaba.

*

Lo que mi madre cantaba no se puede decir. No era un decir, era un oír. Su voz venía del fondo y me devolvía a la superficie, mostraba un camino hacia la respiración. Entre dos aguas, lejos del fondo y lejos todavía de la superficie, a la deriva. Más allá del agua yo me hundía en su voz para respirar de nuevo. Ahora creo saber que el milagro es otro: no un paso sobre el agua, sino el paso entre las aguas. Y como aquello que mi madre cantaba no se puede decir, escribo.

LA ÚLTIMA MONEDA

En ese mar tan blanco, él ahí,
a medias sumergido.

Años antes, al cobijo de otras aguas,
recostado en otra barca
—provisional, precaria— le fue dado
saborear a solas la sal sin rumbo
que se decanta en los labios del durmiente.
Habló entonces, como hablan los que duermen,
y se llamó centinela volátil de sí mismo.
Luego, sueño adentro, separado de su estatua,
ligero de huesos, reconoció
en la anochecida blancura de las sábanas
la tibieza de aquella espuma.

Esta misma que ahora, mientras lo miro
bajo la luz glacial, lo envuelve
como un sudario benigno, como el llamado
de la madre que atraviesa las colinas
y es ella la voz del mar que viene por la noche.

El azul es el verde que se aleja, le digo
—o imagino decir—
con tal de invitarlo, torpe, a jugar el juego
de quedarse. Pero las olas rompen muy cerca,
le bañan la frente y se deshacen en voces
que sólo él escucha. Estamos casi solos.

Afuera, en torno de la barca, el ajetreo
de médicos y enfermeras
como pájaros de cal.

§ Separo con mis manos las aguas
en las que flota su cuerpo y tomo una de sus manos.
"¿Qué puedo hacer por usted?"
"¿Hay algo que todavía pueda hacer por usted?"
Pero la ventisca arrecia y las olas golpean
la quilla de su lecho y mi voz se parece más
al relincho de un caballo en los potreros.
"¿Qué puedo hacer por usted?"
"¿Hay algo que todavía pueda hacer por usted?"
Pero un rayo ha partido el áncora y la ventisca
se lleva el relincho y el caballo.

Vamos a la deriva, en la blancura.
Sostengo su mano, como quien se aferra
al último resto del naufragio.
De pronto, en un lapso, oigo con nitidez su voz
familiar —aunque otra, aunque rota—
la voz de quien habla desde otro mar.
–Dame diez pesos. Dame una moneda de diez pesos.
–¿Una moneda? —Le grito entre las ráfagas—. ¿Una
moneda?
–Sí. Necesito diez pesos para mi pasaje.
Luego me soltó.
Lo miré girar, remolinear desde la orilla.
Entonces abrió los ojos.
Miraba nada, o miraba justo en el centro de la nada.

Yo busqué en mi bolsillo la moneda
que al hundirse entre las sábanas
relumbró un instante
frente a la noche sin límites.

MINERVA MARGARITA VILLARREAL

CANTO DE PENÉLOPE DESDE LAS PLAYAS DE ÍTACA

Desde esta playa he mirado durante noches enteras el rostro luminoso.
Pero sus ojos, cuencas de oscuridad, me devolvían a los muertos
      que, con él, siendo jóvenes partieron a la guerra.
¡Oh luna, inmenso espejo! En esta oscuridad, en esta madeja
      de lamentos eternos, de crudas soledades
me declaro testigo de las derrotas de Ulises.
Tejo el perdón. Las cadenas de hilo han sujetado mi rabia y mi protesta.
He tejido siempre el derecho, pero al volver el lienzo
no encuentro más que los reveses de esta historia.
Y el mar,
el mar
con su fina filigrana atemorizando mi cuerpo,
negando la posibilidad del beso más cercano.
¡Ah Ulises! He llegado a aborrecer tu ira
que adormece mi deseo hasta vencerlo.
Por eso he decidido callar.
Cada vuelta a la aguja es una palabra muerta.
Hay quienes piensan que vivo en el olvido porque no escuchan los gritos de mi encierro.
Los muros ahogan los ecos del delirio.

He velado por más de veinte siglos. Y hoy,
en el turbio amanecer de esta historia manchada,
preparo las naves.

(1957.) Nació en Montemorelos, Nuevo León, el 5 de abril de 1957. Es licenciada en sociología y maestra en letras españolas por la Universidad Autónoma de Nuevo León. Además de poeta, es ensayista, antóloga, investigadora y editora. Ha publicado diez libros de poesía: *Hilos de viaje* (1982), *Palabras como playas* (1990), *Dama infiel al sueño* (1991), *Pérdida* (1992), *Epigramísticos* (1995), *El corazón más secreto* (2003), *Adamar* (2003), *La condición del cielo* (2003), *Herida luminosa* (2008) y *Tálamo* (2011). Entre otros reconocimientos, ha merecido el Premio Nacional de Poesía Alfonso Reyes (1990), por *Pérdida*; el Premio Internacional de Poesía Jaime Sabines (1994), por *El corazón más secreto*; el primer premio del Certamen Internacional de Poesía Sor Juana Inés de la Cruz Letras del Bicentenario (2010), por *Tálamo*, y el Honor Prize de Naji Naaman's Literary Prizes (2013), otorgado a su trayectoria poética por la Naji Naaman's Foundation de Líbano.
Lecturas recomendadas
El corazón más secreto, 2ª edición, Mantis / Consejo para la Cultura y las Artes de Nuevo León, Monterrey, 2003.
Adamar, 2ª edición, Verdehalago, México, 2003.
Herida luminosa, 2ª edición, Conaculta, México, 2009.
Tálamo, Gobierno del Estado de México, Toluca, 2011; Hiperión-Universidad Autónoma de Nuevo León, Monterrey, 2013.

YO VIVO EN CONCEPCIÓN...

Yo vivo en Concepción
a 500 kilómetros de Santiago hacia el sur
donde me detuve al regreso de 12 años de exilio
Ahora se dice fácil
pero se me rompieron las entrañas
y ella tampoco se enamora de mí
Más al sur está Imperial
donde vive mi madre
Allí nací mi madre tiene 94 la cabeza impecable
un jardincito y casi ciegos sus ojos
pero animosa se vale por sí misma
Más al sur está Valdivia
que es mi ciudad
Allí hice la universidad
escribí me nacieron los hijos
fundé Trilce
viví allí hasta el 73   hasta el golpe
Al regreso de mi exilio me detuve de paso
en Concepción y aquí sigo
sin quererla del todo
viajo a Valdivia semana a semana
a dar un taller
Es cansador pero es Valdivia

Hoy es el día nacional chileno
y he estado en casa
trabajando
debo entregar un librito a fin de mes
Me falta demasiado
pero ha sido un día amable y he logrado avanzar
Por eso te escribo
la primavera empieza
quiero saber de ti
antes que llegue el día oscuro
con su llovizna finísima y pasajera
Me gustan los días más fríos
y con algo de lluvia
y si no estás
meterme en un café
o en un bar misterioso y ligeramente sórdido
a beber un meditado trago de tequila

EL DÍA AVANZABA...

El día avanzaba
entre nosotros
Las armas dividían
Pero el nido no lo dejo de hacer
aunque no logre verte
ni decirte en medio del desastre
que eres el cielo
el mismo cielo
por el que se abrió fuego

FUEGO EN EL CENTRO DE LA PÁGINA...

A José Emilio Amores

Fuego en el centro de la página
emanación que eleva entre celdas
el oro del lenguaje
en busca de otro cielo
que herida y muy enferma estoy de amores
Lenguas de su detenimiento
en ese campo blando la batalla
en torno a Amor
bajo la medialuna
helechos y ríos de cadencias
aves y olas de lagartos
entre hojas de espuma y borradores
cércame de manzanas y de olores
desátame de trabas
de túnicas
sandalias
asciende ya conmigo
tus muslos
tu albedrío
que herida y muy enferma estoy de amores

Signos de brazos que acarician
Abre tus ojos
adéntrame en la balsa de tu lecho
estáncame de rutas que se cruzan
(*cércame de manzanas y de olores*
que herida y muy enferma estoy de amores)
La fiebre del deseo
que viaja en el palacio de la página
No hay más techo que estrellas
No hay más lluvia
No hay cimiento asidero
ni granito ni mármol o alfombra meditada

Como espejo la colcha
en la playa del lecho
bajo la medialuna
Todo fuego es un río
que ilumina
con ansia
los cuerpos que se aman
Sus lenguas entrelazan
trascienden ya la página
apuntan destemplando el mentiroso muro
que herido y muy enfermo estás de amores

ESTA HERIDA...

Esta herida mana bajo los cielos
mana de sus cabellos
tu cuello
la espalda
la piel más mármol
y durazno
el pelo alzado
Puedo entrar al silencio que de golpe da el agua
puedo entrar a la calma
que es silencio que llama
puedo entrar a la llama
que desgrana la herida
un jarro un vientre
grifos de largo pico
La cicatriz también es un pasillo
de manos breves
de pétalos serenos
Al borde del estanque al fondo de la alcoba
el silencio brilla
mece tus años
acaricia
Álamos de la alfombra sabinos entre sábanas
la casa iluminada desde tu fuego brota
y esta muchacha espera
Bajo los cielos
cercados de ventanal y muro
clausuradas las puertas   las aldabas
presas que el espacio cercena
ellos trenzan sus astas
embisten a lo ancho lo bajo
del pecho lo hondo
Tras los cristales cerros
ciervos
Ojos por la herida
cuellos

Herida de Dios
Esta herida mana bajo los cielos
mana de tus cabellos
la espalda
la piel más mármol
y durazno
el pelo alzado
pude entrar al silencio
del agua
pude entrar a la llama
La cicatriz también es un pasillo
un vientre
y al borde del estanque
una muchacha
asoma como si se entregara

SUEÑO DE UN LIENZO...

Sueño de un lienzo
en la ruta del agua
los zapatos de noche
en la lluvia cerrada
De noche
mis zapatos
se internan
se derraman
Somos un sueño
en la ruta del agua
Zapatos de la noche
que interna se derrama
en busca de esos barcos
que flotan por mi casa

LA CASA...

La casa que construiste fue arrasada
Vi cómo sucedió
cómo se desprendían paredes y ladrillos
El techo voló
sobre los huesos
y el paisaje entre la hierba abrió
echó raíces bajo las plantas de mis pies
Estoy anclada
y esta casa mojada por la lluvia
esta casa azotada por el viento
hecha polvo
y materia que crece
Esta casa soy yo

PEDRO SERRANO

DESIERTO

Miro la plaza
larga por la noche
casi ahogada en leves pensamientos.

Respiro agua.
La luz se va mareando entre la niebla
y el adoquín mojado.

Entre palabras sordas
charcos de pasos.

LA CONSAGRACIÓN

El reflejo que encarna:

la compañía secreta
que se forma y afirma
con el día
y la mentira dulce
a la que ajena
llegas.

Eres la imagen
de la imagen abierta
entre los dedos
y al tacto de mis ojos
vas conformando

(1957.) Nació en Montreal, Québec, Canadá, el 4 de mayo de 1957. Vive en México. Es licenciado y doctor en letras por la UNAM, y maestro en filosofía por la Universidad de Londres. Además de poeta, es ensayista, crítico literario, antólogo y traductor. Ha publicado nueve libros de poesía: *El miedo* (1986), *Ignorancia* (1994), *Tres poemas* (2000), *Turba* (2005), *Ronda del Mig* (2005), *Desplazamientos* (2006), *Nueces* (2009), *Naturalezas muertas / Arqueologías* (2011) y *Trapiches* (2012). En 2012, en colaboración con Carlos López Beltrán, publicó *359 Delicados (con filtro). Antología de la poesía actual en México*.
Lecturas recomendadas
Desplazamientos, 2ª edición, Trilce, México, 2009.
Nueces, Trilce, México, 2009.
Naturalezas muertas / Arqueologías, Penn Press, Nueva York, 2011.
Trapiches, Viernes de Poesía, Bogotá, 2012.

dúctil
el suave ingreso de tu vida.

Tengo la noche para contemplarte
sin que lo sepas
y con el soplo de las yemas
fijo la imagen:
tú eres la piel más viva de estas horas.

PARSIFAL (EL AZORO)

El mar es una caliza en el diseño de las figuras.

Unos ojos dibujaron la delgada línea del pacto.
Formaban en el azar el sesgo de un grabado.
Incidían…

Le fueron ofrecidos, quizás, el cáliz y la lanza.

No descubrió el adiós
que el amor de sus ojos le daba entonces.

Había sido educado en la discreción
y en las secretas playas de lo eludido.

No conocía el pecado de la ignorancia.

Ha tropezado en la minucia de los errores.

En la ceguera del destino estaba depositado su sueño.

TURBA
[Fragmentos]

Veo pasar las horas en este cuarto aparte
con la lengua comida
y el ruido de la lluvia pertinaz.
Y toda la playa un fósil
y yo también.

*

Pierdo el sonido de la voz.
Paso la mano por mi cuerpo, fluyo
hacia una lejanía de desierto,
un mar seco y vacío,
una calcinada errancia.
Pierdo la llave de las cosas, su relación.
Ando sin paz ni alma por el día.

*

La calle sucia y la banqueta estrecha.
Hay un olor a pan en la avenida.
Ya no sabría decir yo quiénes son
ni a quién reconocer.
En el patio la fuente se enciende, se apaga.
El piso es un escarabajo o un ajedrez virtuoso.

*

Cae la tarde con una pirueta irreverente.
Baila el cuerpo en su peso
como una marioneta inexperta
enredada en las cuerdas,
retorcida en su nimiedad.
Baila el cuerpo sin son
en esa mano de dios inexperta.

COLEBROOK ROW

Por la mañana, sobre la banca,
mojando el alma y los brazos y el cuello del cerezo,
deja caer su manto el pelo frío del otoño,
la densidad de cuerpo y pasto
en un silencio de luz anieblada.
No es que un jardín espere.
Crece hacia sí, guarda secretos,
se llena de agua hoy, cruje mañana,
se entumece y alaba guarecido.
Y en un árbol el gato genealógico
es majestad de todo esto.

TRENECITO

Destruido en el sabor, desarrimado,
arrumacos de rabia entremezclada,
cada orilla vaciada en mezcla airada,
cada vértigo un punto desplazado.
Apenas huelo, hueco, irritado,
quisiera de papel la encrucijada;
apenas rumio oxígeno, la hastiada
muchedumbre de voces me hace a un lado.
Y toco y pego y pago y pienso y huyo
y andando dando tumbos tiento el tren
y en él me subo sin saber a dónde.
Y allí me quedo quieto en el arrullo,
sin abrazar el ritmo, sin desdén,
sin nadie que me ayude ni me monde.

GOLONDRINAS

Enganchadas al cable como pinzas de ropa,
gaviotas de madera diminutas,
ágiles y minúsculas contra la brutalidad del azul,
fijas al mediodía cayendo una tras otra,
moviendo ropas, brazos, sonrisas,
el pecho blanco, la capucha negra,
las alas afiladas y en lista, mínima agitación.
Hasta que vuelan todas excepto una,
que se plantó un momento y arañó el regreso,
como una ligerísima despedida,
axila de golpe la mañana.
Quedan los cables, el cielo en abandono intenso,
como una boda de domingo de pueblo,
después nada.

ESCOLARES EN VÍA AUGUSTA

Como hojas de viento sorprendidas en ráfaga
se desprenden del grupo compacto,
un niño, dos, cada vez más,
levantan en vuelo para encrespar la calle,
soplados hacia sí, impelidos a unirse,
deshaciendo el grupo en el que estaban,
buscándolo de nuevo, conformándose.
Un imán los aleja y los reúne,
los dispersa primero hacia la calle,
los vuelve a congregar. Es muy extraña
esa manera de llenarse, hacerse ser.
Como si no supieran quiénes son sin seguimiento.
Se buscan, se tocan, se apelmazan.
Nada se da de golpe sino en un desafío
que los impide de uno en uno.
Hay dos o tres que ya han cruzado,
dos o tres más que empiezan a desprenderse,
hasta que, como si se expandiera el motivo,
el bucle se despega, vuela, se asimila,
cruza la calle en masa. Queda
un aliento, una suavidad que mece,
que acompaña a los rezagados, que los hace
ver que allá no están, que ya no están, que el grupo
está del otro lado. Todo
con una naturalidad de viento amable,
sin violencia, como en ciclo,
masa compacta nuevamente
al fin, tras movimiento, apaciguados.

CALA DE AIGUAFREDA

Al fondo del acantilado se amontonan,
macizas y grumosas,
las rocas que han ido cayendo,
barridas sin llegar hasta el mar
que muge y humea y rompe más abajo.
Dentro de miles de años,
me dices desde lo alto del camino de ronda,
eso será todo arena.
Miramos el nicho del mar
y como si el punto de foco se ampliara
o de repente se trastocara todo,
empequeñecimos infinitesimales
y vimos casi por dentro las enormes rocas.
A pie de playa contemplábamos
el movimiento granular de la arena,
los fragmentos de patas y caparazones de crustáceos
y nos guarecimos en cualquiera de esos guijarros.
Al disminuir tocamos en la rugosidad del guijarro,
un muro del que la arenisca se desprende,
nuestro propio contorno.
Fallas y grietas del mineral acumulado, eso somos.
En el cielo empezaron a vislumbrarse
las pajas de las sombras y las vetas del gris.
Al respirar volvieron a aparecer los pinos,
el corte de la costa, el camino.

WANDERER

Había una tortuga mordedora en medio de la calle.
Con la lluvia supuso que todo el mundo era humedad y era suyo.
Abandonó el lecho del río y se echó a andar muy despacio.
Tenía un ojo de vidrio y el otro atento, como una sonaja.

La cola serpentina rastraba el pavimento húmedo.
Parecía un trapo echado por descuido y al principio.
En el caparazón llevaba melladuras antiguas y lama vieja.
Aferraba cada una de sus garras a la costra del suelo.

El cuello era una oruga acordeónica, puntiaguda y atenta.
Hubo que orillarla con una pala para que no mordiera.
Saltaba poseída y soltaba latigazos con la boca.
Se rebelaba con todo su peso y su furia inmóvil.

Cada hexágono es un capítulo del mismo reino.
"Wanderer" fueron las palabras que marcaban su caparazón.

Fue una película que pasaron en un cine que ya no existe.
La vieron dos personas que siguen y no están juntas.

Dejó una marca en el día que es una incógnita y una realidad.

EL CONEJO Y LA CHISTERA

Como en el jardín de Alicia
el conejo en el césped húmedo
salta y muelle su curvatura.
Suave alza las orejas de dos en dos,
husmeando en las olas de hierbas frágiles
y entre sus dientecillos va el pasto de este
confín luminoso.
No es una oreja quieta en la nada,
sino una alfombra en el centro de lo verde,
un nudo o borla marrón peluda
que avanza palpitando.
En sobresaltos se mece hacia los matorrales
y las altas agujas de la maleza
verdes y chatas como torres y almenas.
A través de unas puertas mágicas
se hunde entre los agapantos y lirios
como si entrara en un universo apretado,
adentro de la chistera de David Lynch.
Ya no lo sigo en ese mundo mágico
denso y oscuro,
aunque en una ráfaga súbita
pasa de nuevo frente a mí
como si fuera una serpentina
sin arrepentimiento ni mordaza,
repentino,
y así desaparece.

CARLOS LÓPEZ BELTRÁN

EL ÁNGEL

A José Luis Rivas

Amo la turbulenta hoguera de la noche;
la ceniza, el torvo paso de la sombra
que avanza sobre el muro. Amo el suspenso
que se empoza sobre las superficies
cuando el silencio reina y en todas las alcobas
se abren grietas por donde empieza a manar
la pesadilla.
Amo el murmullo gris, de cántaro vacío,
que se despliega como esponja
por la sorda corriente de la noche.
Amo la soledad, su vicio azul y recurrente,
los pasillos de cal en los que reptan
las miradas del miedo.
Amo la mansedumbre de los hombres;
el eterno telar de sus delirios
donde con gozo injerto la humedad de mis besos.
Amo la muerte, la hoguera, la ceniza;
y el incendio perpetuo de mi entraña
que se nutre de falenas y de alcohol.

EL FARO

El farero en lo alto de la neblina enfoca
la columna de ensueño sobre el cristal de roca
interior de una vela, corredor sin arista
que ante el riego revela su procesión autista.

(1957.) Nació en Minatitlán, Veracruz, el 24 de julio de 1957. Estudió biología, literatura, historia y filosofía de la ciencia en México e Inglaterra, y es doctor en historia por la Universidad de Londres. Además de poeta, es ensayista, antólogo, investigador y divulgador de la ciencia. Ha publicado cuatro libros de poesía: *Entre los intersticios* (1980), *Ciudad Erial* (1986), *Las cosas no naturales* (1997) y *Hembras desarboladas y otros hombres fuera de lugar* (2011). En 2012, en coautoría con Pedro Serrano, publicó el volumen *359 Delicados (con filtro). Antología de la poesía actual en México*.
Lecturas recomendadas
Las cosas no naturales, Trilce, México, 1997.
Hembras desarboladas y otros hombres fuera de lugar, Universidad Nacional de Colombia, Bogotá, 2011.

Surtidor su entrecejo y su memoria aljibe;
nutre el remanso de haces donde su anhelo vive.

En el faro la comba pide formas orondas.
La mujer del farero cuidadosa en sus rondas,
con el tacto de un ciego y un instinto esquimal,
acomoda la casa en una esbelta espiral.
Y si pierde el sendero se acurruca a escuchar
extraviados cencerros, imaginando el mar.

En el faro dos niños como dos aviadores
rizan risas subiendo y al bajar forjan flores
espirógrafas de humo sobre el fiel barandal,
y aterrizan boqueando su aburrición fatal.
Dos estrellas gemelas gravitan, lacónicas,
en engastadas pistas de curvaturas cónicas.

En el faro la vida tiene el límite duro
apandado, infinito, intestinal del muro.
La mujer, sus dos niños, no lo saben de cierto;
si hay afuera del faro y si estará desierto.
Quieren leer la mirada del farero, si baja,
o descifrar los ruidos de la oculta sonaja.

Se levanta el farero y al bajar cien peldaños
va estelando de sueño la soledad, los años.
El farero: una araña que se envuelve a sí misma;
caracol que hacia el centro de su enredo se abisma.
En el fondo del faro el farero se tumba
a mesar el oleaje, a secretar su tumba.

DÍA DE CAMPO

Y la araña cosecha lo que el verano siembra;
la mirada de azoro de los adolescentes
en la linfa dorada de los convalecientes.
Sí, la araña cosecha y el ser humano tiembla.

El otoño descarna en su infiel sumidero
la ciruela que nace entre el iris y el cielo
desvariante de abril. Con puntilla, con celo
el otoño desalma, pudre el abrevadero.

Se desbarata en gajos el bochorno, esa orilla
mustia de telaraña que la piel desconecta
de las puntas del sol, y que la peste infesta
cuando desata el campo su ataúd de varilla.

§ El ocaso carcome las maderas del día
desmorona en sus hornos incumplido el deseo.
Manoseamos las fotos de algún primer paseo
que el fracaso carcome y que el desgano alivia.

El ser humano tiembla en la vela y acecha,
aceite de la noche, el palpitar de un tren:
se resigna a la espera, a la silla, al café,
a ser humano a secas, con memoria y sin fecha.

FIEBRE

Toda la noche luchamos con tu fiebre, hija…
y no habrá nunca más serio temporal,
azote más turbio y despiadado,
agresión de los aires, del oleaje,
tableteo más demonio sin brida
habrá nunca que drene más la fuerza,
que ponga a prueba tanto la arboladura,
el cráneo, el espontáneo movimiento
del instinto.
Toda la noche hija resistía
el vaivén tu breve cuerpo y doce venas
de veneno colmadas desflemaron
la maldad del meteoro. En tu mirada,
entre pausas, la vehemencia de la luz,
tenaz, en un morse de vida,
de atribulada química, curtida
el cabo tenso de la indignación
y el árbol desorbitado de la adrenalina…
Toda la noche descifrando indicios
del mal humor cobarde de esa bestia,
hasta que el bozo oxigenado de la madrugada
nos durmió sobre maderos, amargos de sudor.
Amanecimos, niña, sobre una playa
de arena de reloj tocada apenas
por los labios insinuados de otro oleaje.
Y en esa calma de milagro
ni una escama, ni un diente roto del espanto
que por la noche degollamos.

RETRATO

Escrupulosa,
me esperas a la mesa en la mañana.
Es jueves otra vez.
En tu rostro se nutre un soplo dulce.
Limaduras de tiempo simulan un filo
luminoso en tu cabello.

Todo se posa liso y contundente
en un retrato.
Las blancas manos sobre tu regazo
se consumen como dos pensamientos.
La luz (¿cómo nombrar así algo tan duro?)
nos deja mudos, quietos;
inmortales cicatrices en el lienzo del cuarto.
Es jueves otra vez.
No regresa el manantial a tu mirada azul.
El viento nos olvida.

DÍSTICOS DE RESACA

Entre temores y sombra
desnudo, sobre la alfombra,

hoy despierto sin saber
qué arrastra el amanecer.

¡Buenos días! está presa
de culpa y dolor de cabeza;

del recuerdo de tu prisa
ante el brete de mi risa.

Vi tu tobillo y tu falda
y luego nomás tu espalda.

Entre el dolor y el asombro
lento la memoria escombro.

No sé si fue de a deveras
nuestro duelo de caderas,

si bailaste entusiasmada
al ritmo de mis palmadas,

y si al final un intenso
rencor me dejó en silencio.

Vino rancio y ansiedad
corroen mi paladar.

Abro los ojos, los cierro
duele la luz; a destierro.

Hundo la cara en un lío
de almohada y avisperío.

§ Zumban pedazos de noche,
fiesta, pasillos, un coche,

dos miligramos que inyecto
bajo mi piel, y el insecto

que entre la luz y la sombra
devora lo que se nombra.

Nunca trae la desbandada
a la misma madrugada.

Misma pared, mismo espejo,
otra la sed y el reflejo.

Cambia la vida, transmuta,
se pudre como la fruta.

Mezcla de bruma y humores
descompone los colores.

Entre derrumbe y escombro
se muele lo que no nombro.

¡Malos días!, grita el cráneo
contra el insulto espontáneo

de la luz y del gentío
ruidoso, atareado, frío.

Cubro mi sien con los dedos
y dejo que los enredos

de tu vida y de la mía
vacilen por la parrilla

que hacen persianas y sol,
polvo indeciso y alcohol.

Contra el plomo de mis brazos
trato de seguir los trazos,

la intriga que de la aurora
nos trajo a la abrumadora

muerte por falta de voz,
ese mecanismo atroz

de gestos leves de huida
que descompone la vida.

§ Tras el temblor de mis manos
se borra lo que planeamos.

Afganistán: la alcancía
del deseo se vacía

y las termitas carcomen
tu sexo, tu piel, tu abdomen.

Queda un hueco que no nombro
de desaliento y asombro.

Me acerco hacia la ventana:
comienza en la calle el drama

de rondas. La tolvanera
rebosa nuestra pecera.

Maraña de grito y gesto
vaiviene lo que detesto.

Taxis, cláxones y cables,
vendedores indeseables.

Cotidianas, mil historias
son purga de la memoria.

De un tinaco a una pared
tiende ropa una mujer.

Su mecánico descuido
habla de un cuerpo molido.

La ropa bajo la línea
de un hombre gordo y tres niñas.

Algo de mi madre queda,
se gasta en esa azotea.

Tratamos a las mujeres
como cojín de alfileres.

Mi padre lo hizo y mi abuelo.
Yo por evitar el duelo,

el dolor, el precipicio,
lo hice desde el inicio.

Sobre los techos un gis
suelta su pelusa gris,

§ y un humor turbio es acedo
presagio del aguacero.

Busco un vaso y una silla,
la gracia de una pastilla,

y algo como una enorme
mentira en que se deforme

en que se hunda y se pierda
esta mañana de mierda.

Entre paredes y alfombra
traiciones que nadie nombra.

No sé limpiar los matices
de esta alma que se desdice

y menos con tanta lluvia
que por adentro la enturbia.

Mujer lo que sucedió
no lo remedia ni Dios.

HASTA QUE POR FIN

Sale a comprar el cielo una mañana.
Le devuelven tres céntimos apenas.
Bien doblado lo trae entre las cartas
que olvidó remitir y las naranjas.

El cielo que encontró tenía nubes,
Y hubo que desmigar pues los relámpagos
le dan un mal sabor a la comida
y hacen pelear hermanos contra hermanos.

Pone un fleco de cielo en cada viejo
candelabro o espejo. Esfuma el resto
en los umbrales y los pasadizos.

Pasa luego la noche muy atento
al ronquido de un mar entre la duela
sin saber si al final viene el silencio.

LUCÍA RIVADENEYRA

DICEN

Dicen que un buen baño
Lo borra todo.

Yo tengo años de bañarme
                    frotarme
                    enrojecerme
y no he podido arrancarme
                    tus manos.

METAMORFOSIS

Yo
antes de ti
pólvora secreta.

Yo
contigo
adobe y quemadura.

Yo
sin ti
ceniza y campodiablo.

COSTURA

La tarde del viernes
compré al mayoreo
hilos, agujas, dedales.

(1957.) Nació en Morelia, Michoacán, el 26 de agosto de 1957. Es licenciada en ciencias de la comunicación y maestra en literatura mexicana por la UNAM. Además de poeta, es ensayista, investigadora y periodista. Ha publicado tres libros de poesía: *Rescoldos* (1989), *En cada cicatriz cabe la vida* (1999) y *Robo calificado* (2004). En 2006 antologó su obra poética en el volumen *Rumor de tiempos*. Entre otros reconocimientos, ha merecido el Premio Nacional de Poesía Joven Elías Nandino (1987), por *Rescoldos*; el Premio Nacional de Poesía Enriqueta Ochoa (1998), por *En cada cicatriz cabe la vida*, y el Premio Nacional de Poesía Efraín Huerta (2003), por *Robo calificado*.
Lecturas recomendadas
Robo calificado, Colibrí-Secretaría de Cultura de Puebla, México, 2004.
Rumor de tiempos. Antología 1986-2006, Jitanjáfora, Morelia, 2006.

§ Las noches del sábado y domingo
me puse a trabajar.

La mañana del lunes
supe que era imposible
remendar más tu presencia.

ARITMÉTICA

Tus instintos más los míos
Mi vida menos tu tiempo
Tu cinturón por mis poemas
Y al final de cuentas
Entre mis piernas
Tú

MISERIA

nosotros
pordioseros
yo por dios
tú por eros

CREDO

El incendio empieza
cuando untado de palabras
te dejas venir
hacia mi cuerpo
palpas   gimes   sueñas
sólo entonces
creo en la
única
firmeza de tu vida
después
llegan los bomberos

TERCERA LUNA

A Pablo Andrés, mi hijo

En el vientre, de noche, se me gesta
una tibia promesa de verano,
una vida que nada en luna llena
y en creciente seduce mis temores.

§ Me revela mujer en tiempo fértil.
Me acaricia los sueños tenebrosos.

El umbral de tragedias y de espasmos
lo convierte en arena de colores,
en delirio de hamacas ante el viento,
en cintura perdida, en pan y en vino.

LOS SUICIDAS (V)

Grandísimo cabrón, ya te nos fuiste.
No avisaste, carajo.
Y ahí nos dejas, arañando lágrimas
enredando las causas
buscando las preguntas
queriéndote, queriéndote.

No se vale, traidor. Ya no podremos
pelearnos las razones.

Tu mueca de suicida
es sorpresa y angustia, es dolor
insospechado en la soga nocturna.
Es dolor arrancado a la vergüenza.

Por eso no queremos
contar a los vecinos
que sacaste la lengua como un dardo
para hacer estallar
la culpa de la tribu.

SOL Y SOMBRA (EL SEXTO)

Este domingo buscas
tablas, y te consiento.
Quieres ir al engaño por la izquierda
y no me niego. Quieres reposar
y no protesto. Duermes.

Tu voz celeste y oro
se apagó con el sueño. No me aflijo.

Y de esta tarde quedan
sólo un arrastre lento
detalles memorables y claveles.

LOS SENTIDOS (OÍDO)

El pabellón, la concha,
prominencias, cartílagos,
depresiones y lóbulo,
capturan tus sonidos
para alumbrar la gruta
de mi oído que aguarda
tus historias marinas
tus relatos de nísperos
y tus juicios de seda.

Mi conducto auditivo
ofrece sus espacios
de miel acre y de sol
a tu voz combatiente
a tus suspiros de agua
a tu equilibrio de oro
y provocas el vértigo.

Mi laberinto tibio
resguarda el secreto
de tu euforia más íntima,
con blandura de tímpano
con nobleza de estribo
con desnudez de yunque
con pasión de martillo.

HIPOCONDRÍA Y SALUD (ANESTESIA)

Abren
        y cierran llagas.

Aceleran la víscera cardiaca
contagian entusiasmo
eliminan toxinas
expectoran angustias
propagan epidemias
provocan graves fiebres eruptivas.

Tienen olor de clavo y de resina
son bálsamos, a veces.
Me hacen caer en cama y recaer.

Me traen de mal en bien y de bien
en bien. Sólo se trata de tus manos
con las que sueño, vivo y me desvivo
a pesar de la anestesia del tiempo.

MANUEL ANDRADE

UNA FOTOGRAFÍA DE DON JOSÉ LEZAMA LIMA

1

El pescador bajo la luna llena:
un caracol ensimismado. Eso será la noche,
jarra de cobre en la madera bruta.
Olerá a mezclas suaves de limón y canela.
Por un patio muy liso, bajo llovizna, una silueta.
Puertas junto a pirules de todas las edades.
El calor pegajoso. Atrás, lo irremediable:
el lenguaje,
su novedad antigua de granada;
la roca firme,
el peso en plata de su pedrería.

2

…entrar al campo llano de sus ojos y ver,
perla múltiple y sacra,
el espejo febril de las indumentarias,
el inmenso tapiz del juego que es la vida.
(No preguntar por una risa
que huyó de los retratos
pero llena de chispas las letras de su fragua.)
—Saber ahí que el mar
se disfrazó de Dios una turbia mañana
y se hizo verbo.

(1957.) Nació en la ciudad de México, el 21 de noviembre de 1957. Es licenciado en letras hispánicas por la UNAM, y maestro en humanidades por la Universidad Autónoma Metropolitana-Iztapalapa. Además de poeta, es ensayista, investigador, antólogo y editor. Ha publicado nueve libros de poesía: *Postales* (1986), *Celebraciones* (1986), *Crónica de mayo* (1991), *Vitrales* (1992), *Elogios* (1998), *Frutos mordidos* (1999), *Blanco sobre blanco* (2007), *Partes de vida* (2009) y *Siete veces el mar* (2011). Entre otros reconocimientos, ha merecido el Premio Nacional de Poesía Miguel N. Lira (1990), por *Crónica de mayo*, y el segundo premio del Certamen Internacional de Poesía Sor Juana Inés de la Cruz (2009), por *Partes de vida*.

Lecturas recomendadas
Partes de vida, Gobierno del Estado de México, Toluca, 2009.
Siete veces el mar, Conaculta, México, 2011.

3

Bajo la frente amplia,
el cíclope nocturno vela la madrugada,
hábil mosquito en el estanque verde que es espejo,
aire que manosea con su exigencia agónica las plantas;
sueña, ya sin dormir,
los símbolos deístas de la tormenta,
el denso rumor líquido de la genealogía.
Vaporoso cristal que es su mirada
ante la aguja fina de la noche
que le borda secretos,
atisba lo profuso de las constelaciones,
el delicado fósil de otro conocimiento
que es un grito en su sangre.
Bajo su escudo de armas
tiembla un imperio alado y de guirnaldas,
el misterio tranquilo de la rosa
que duerme entre sus labios.

4

De magos y guerreros,
fruta de agosto y formas intrincadas, su corteza.
Pule, artífice solo, su rosario.
Idólatra,
es el viento sobre las ruinas quieto.
Lobo tenaz:
este telón tendido que es tu mirar,
aparta a quien te busca;
y sin embargo canta, entre tu rostro oscuro,
el alacrán de tu palabra.

5

Nadie preguntará por su felicidad,
El camaleón coagula entre la selva.
En su retrato y su cristal
sólo quedó la noche:
jarra de cobre en la madera bruta.

JARDINES VERTICALES

Entonces son los muros frescos de agua dilatando un aroma bajo el sol del poniente: manchas entreveradas que la lluvia tolera como sueños; como una larga, evaporante lengua, una memoria que esparce ansias y blancuras, una escritura autóctona y bailable, serie de señas: melocotones o salpicaduras sobre la piel del viento bufo vespertino que traslada convexa, desgranada, su abeja por los patios a los que bajan los sentidos en voluptuoso tránsito para observar el porvenir y la prisa con que las palabras se engarzan en la amplitud de los instantes y encabalgan su raro vegetal.

§ Las fragancias de suave, pétrea tarde en la humedad que respira la tarde desde los muros frescos: espejismo, vapor, seda que adhiere cual sustancia umbrosa, sus consonantes líquidas a nimios continentes cutáneos, intersticios del alma en donde afloran diminutas huellas.
Así cuela ruidos la urgencia, tal hormigas que penden de algún grifo en madrugadas de ópalo y de cera: Tumulto que primero es el giro silvestre de un paliacate veraniego en despedida, y luego bosques encendidos, y vestigios y rostros, como dátiles densos del almíbar en que se estancan siempre las palabras:

Redondos fuegos que un segundo brillan entre *la vientre* tibia de la noche.

ÍCARO SUEÑA
[Fragmento XXIII]

Borrasca, nada más: el vasto aprendizaje.
El alma que florece
Y se desbanda inquieta en suave música.
Allí la soledad nutrida en la carencia.
Sus imágenes verdes de pastora
y su rojiza tempestad.
El deseo que encabrita la luna
y feminiza el aire, el agua, el fuego,
sexualiza las frutas,
hace del mar nocturno la mar negra y quejosa,
vendaval que se agita contra el cielo y es celo
para formar mujer a las mujeres.
Largas y desgarbadas noches líquidas,
amaneceres densos
en la roca sin tregua de la pasión a solas,
tardes perdidas en la ensoñación de unas caderas…
Los sueños orgiásticos del adolescente
purificados en la novedad del tacto,
En la sorda primicia de una necesidad extraña,
descubierta en el baile.
Y al fin la pulpa de los labios abiertos a los labios,
el amor en volumen y en animal herido,
en grito y sismo al fin, el encuentro y la pérdida,
la luz total del cuerpo, el alma física,
la cercanía de un ser, su oscura maravilla
destilando contentos y sudores,
la calma misteriosa del hartazgo
y el asombro sin fin:
que las arenas secas por el Sol
se vuelvan a mojar con las mareas.
Ese tenaz y vasto suceder del deseo
como un alegre oficio.

UNA FOTOGRAFÍA

la humareda amarilla de los años
esboza en blanco y negro los rasgos sucesivos:
alacranera inadvertida o diáfana
llamada de atención. Esa ventana
no da al recuerdo lúdico
del cuarto en altamar que fue la infancia,
ni al escarceo jugoso de su ambiente.

si acaso, rememora noches nómadas,
fértiles de miopía tras las rosas ajenas;
si feliz, anchas tardes y escurridas,
almosas y corpóreas madreselvas.

pero de todo un poco se conjuga
en su afán de testigo fraudulenta:
sobre todo pregunta,
desde no sabes quién ni sabes dónde,
cómo pudiste ser y cómo todavía
pueden reconocerte.

acaso nadie mire lo que afirmas
y persista —a pesar de las palabras,
de los gestos que siempre fueron muchos,
del gasto inútil y del necesario,
del dolor y la carne, como se dice pronto,
o de las humaredas amarillas—,
el mismo fuego, el desamparo mismo,
y el ánima rocosa que te busca,
volátil en el polvo de las horas,
siga creyendo germen tu delirio.

entonces su mirada es la que mira
cómo te asombras, cómo se disuelve
el tiempo entre latidos y entre páginas
y afirma que es el oro de su llama
lo que se mueve en ti.

no es el vacío
ni el horror que supone la distancia
—pérdida y regocijo acumulados—,
es un clamor de duelo,
una conversación interminable,
un sucederse acuoso de presencias
que buscan en mi rostro sus señales,
fuga precipitada sin memoria
que quiere asirse del deseo nocturno
y su monstruografía plañidera
para tocar en hueso una certeza.

§ pero no hay nadie, nada, ningún sitio
ni presencias ni voz: es blanco y negro
el cuarto inhabitado
donde transcurre al vértigo una vana legión…

LA VIDA POR EL ARTE

A Eduardo Lizalde

¡Alto poetastros, cuidado con el verso!
porque muerde más fuerte que los canes.
Eduardo Lizalde

La cosa no era fácil según aquel manual:
Pero el Chamuco que todo entendía,
lo explicaba mejor, y había que oírlo:
        "Mientras la esencia silla precedía
a la fabricación del mueble silla
(por la inmanencia de sus atributos
patentes en el plano que podía
  trazar un carpintero);
  la existencia del hombre
  era anterior a la esencia del hombre.
        "No había mapa del hombre ni, menos,
Carpintero celeste ni siquiera señales
en el cielo vacío de cómo sería un hombre.
        "Por lo que cada uno,
al elegir la forma de su vida
elegía también, sin restricción,
al hombre y sus diversos atributos;
o sea, que al inventarse lo inventaba,
condicionado por las circunstancias,
pero con absoluta libertad.
        "Pero —y aquí la cosa se ponía
difícil— lo debía de hacer de tal manera,
que al inventarse también eligiera
al hombre, o sea, su esencia:
ya que en ese elegir se construían,
a la vez que los propios atributos,
los que debían justificar al hombre.
        "Si por ejemplo tú —y me señalaba—
decides dar la vida por el arte,
y a pesar de tus malas compañías,
persistes en los versos,
ya sea que creas que la literatura
es una vocación y hagas carrera,
o pienses que es un grato pasatiempo,
o una terrible enfermedad, un vicio…
        "Si persistes en ello,

si deseas enfrentar a tus demonios
desnudos y a tus ángeles perversos,
o dedicarte al menos a la inutilidad
suprema de intentarlo,
sabiendo desde ahora y para siempre
que vas a fracasar, que no hay salida,
que la noche y la muerte vencen siempre,
que sólo puedes ver
el imposible rostro de la amada
(deseado y perseguido
hasta el límite mismo de tus fuerzas)
a costa de su pérdida absoluta,
del sinsentido abstracto de la eterna
sed, o peor aún, de la locura,
y su dolor inmenso, inmerecido…
          "Si sabiéndolo insistes sin importar la ruina,
el cruel despeñadero de todos los afectos,
el puro e insondable quebranto espiritual,
la burla indistinguible de ti mismo,
la agónica pereza
o el enfado infeliz de revolcarte
entre tus lodazales y apetitos…
          "Si sigues a la perra conociéndola,
y te entregas a ella renunciando a tu vida,
porque la perra quiere siempre más
y te despojará al final de todo…
          "Si empeñas tu gratuita juventud
en el fogoso gozo del instante
a cambio del perenne sabor de las cenizas
convertido en vergüenza…
          "Si sabiéndolo eliges perderte para siempre,
por ese u otros medios;
por el hecho de hacerlo, simplemente,
comprometes a todos los demás:
señalas con tus actos
que el hombre ha de ser eso,
que debiera ser eso, que debiera perderse,
y reducirse a esa vulgar miseria…"
          Para entonces,
yo estaba tan absorto o asustado
que deseaba no haber escrito versos…
¿Qué importaba la vida? Mucho menos el arte;
yo jugaba en la calle por el gusto
de ver a las muchachas y gozar un instante
con el prodigio de sus atributos,
los cuales, ciertamente, precedían
a su existencia, tal como las lluvias,
y los sueños de un cielo mahometano,
pletórico de esencias femeninas…

VÍCTOR TOLEDO

CANTO DEL CARACOL

Desde el heliotropo vengo a cantarte
tropos de nocturno helio
esbelta babosa-tigre.
Girando enredados en lunares melodías de brillos
en dos espirales abrazadas que eyaculan la atmósfera azul
en el tallo del ciprés dejamos impregnada la Vía Láctea
con la impronta impaciente del amor
tallando de aceites alados nuestro celo
nos arrastramos hasta el cielo
y descolgamos vertiginosos nuestro vals.
De nuestras cabezas brotaron nuestros sexos
para enredarse también con el dilema:
¿Quién nos sembró con los ojos
Entre el telescopio y el microscopio?
¿Quién guió lúbrico al resto de la mano que escribe a observarnos?
Si nosotros sabíamos de su escritura tosca
—quizá reflejo neurótico de dios—
a través de los ojos de los astros que cruzan su ventana.
Un espejo cuando en otro se refleja
repetido al infinito hasta lograr la Nada
puede atrapar la irrealidad como esta mano
que danza enamorada en espirales
enredada en su molusco cortejado.

(1957.) Nació en Córdoba, Veracruz, el 22 de noviembre de 1957. Es licenciado en letras hispánicas por la UNAM, y doctor en filología rusa por la Universidad Lomonosov de Moscú. Además de poeta, es ensayista, traductor, investigador, crítico literario y editor. Ha publicado nueve libros de poesía: *Poemas del Didxazá* (1985), *Gusilayú / La casa* (1989), *La casa de la nube* (1996), *La zorra azul* (1996), *Retrato de familia con algunas hojas* (1999), *Abla o nadA* (2002), *(D)elfos* (2005), *Ronda de hadas en la noche de San Juan* (2007) y *Oro en canto son oro: Sor tija de hadas* (2013). En 1998 reunió su obra poética, de 1977 a 1998, en el volumen *Del mínimo infinito*. Entre otros reconocimientos, ha merecido el Premio Nacional de Poesía Joven de México (1983), por *Poemas del Didxazá*, y la Medalla de Honor Pablo Neruda (2004), del Gobierno de Chile, por su trayectoria literaria.
Lecturas recomendadas
La zorra azul, UNAM, México, 1996
Del mínimo infinito. Poemas 1977-1998, Instituto Veracruzano de la Cultura, Xalapa, 1998.
(D)elfos, Lunarena, Puebla, 2005.
Ronda de hadas en la noche de San Juan, Pen Press, Nueva York, 2007.
Oro en canto son oro: Sor tija de hadas, Instituto Veracruzano de la Cultura, Xalapa, 2012.

CONTINUACIÓN DEL SUEÑO DE JOHN DONNE

Iosiv Brodsky se ha dormido, se ha dormido su John Donne
y su Pushkin, su Platonov, se han dormido
y su Shestov.
Duermen sus amigos, las campanas cristalinas del invierno
en el enojo de su maestra Axmátova y el corzo en el soto nervioso de su mano.
Duermen sus largos versos de halcón y el divertimiento mexicano para Octavio Paz.
Los "versitos de Pasternak", su amigo Derek y el Reino del Caimito
y al descordado corazón de Mandelshtam
no despierta el tambor de Mayakovsky.
El todo sueña con la nada, el agua sueña con el fuego
el sueño sueña (sólo Ulises dobla el arco del tiempo)
su tonta asíntota triunfar: sí hay regreso
y la flecha emprende eterno vuelo, detenida.
Duerme el latido de la púrpura en su lecho cardiovascular
el rítmico látigo del padecimiento: su puño azul cansado fuma
y sueña el humo de su cigarro-pluma, sueña la realidad
y el mundo despierta en este sueño.
Duerme el mínimo polvo de las alas de las mariposas
el oro de la punta de las estrellas y el polvoriento polvo de las olas
el polvo del universo duerme
en su color azul.
Iosiv Brodsky sueña que el orbe duerme al fin
la esfera se ha dormido y sueña que el bardo arrulla el fin
Iosiv por fin despierta y ve:
vigila el sueño de sus padres con los que ya se reencontró
(se posaron convertidos en cornejas
en el hilo destensado del teléfono —su cordón de plata umbilical).
Y el cajón de cuarto y medio de Leningrado también sueña
en la caja infinita de los versos.
Sólo la selva espesa del blanco de la nieve
mantiene su vigilia escandalosa y grita su insomnio: todo duerme.
La nieve sueña el sueño del poeta, el afilado brillo del diamante del norte.
Los traductores y reseñistas sueñan volando sus versiones
hacia los suplementos del domingo
y tallan epitafios para estar con él, talan bosques, talan tumbas
tallan-talan las durísimas caras del tiempo
pues todo sueña pero la nieve de la oscuridad no había caído tan seca
y tan espesa.
Toda la época descansa con su último poeta.
El sueño comunista y el camino americano duermen juntos
Y la odiada profusa pro-rusa prosa rusa
　　　　　　　　　　　　　　　　es la almohada pedestre del ligero inglés
"y cada verso hermana a otro, aunque en sueños se musiten:
'hazte a un lado'" sueñan
suenan las cadenas de mentiras: Don, Don
y los tirajes, los señuelos de las señas
　　　　　　　　　　　　duermen
eslavos eslabones y esclavas del color

las levas en las naves que se elevan.
Y más allá del Nieva o del Mississippi
donde silban sus sueños sinuosos las serpientes
más allá del Volga o del Colorado
                              ladran los ladrillos
de largometrajes y los acetatos
de la industria del sueño —las paredes de agua— se revientan.
Nadie los perturba, el cielo —no la nada— enturbia y los masturba.
Un diluvio de estrellas una cauda de cometa
una herida de luz abierta en el oscuro velo
una mandarina derramando estrellas
una roja boca estandarte y la negrazul bandera
vagina blanca, se abren para recibir tu sueño.
Sueña la larga venida de la lluvia de Tarkovsky en la pared
y el grito cristalino de la mar
azur azoro del azor
que "cae" como el poeta: cuando asciende.
Cae para elevarse en un sueño de plumas
cobijando al mundo:
"nieva, Neva"

ALGUNA VEZ...

Alguna vez hubo un jardín
En medio del desierto.
El ala en la sombra de la arena
Lo convertía en diluvio de oro.

La leve ola de ella
La suave llave de Yahvé
Firme fue en la página del firmamento:
El par hizo unidad
Y el Paraíso anidó sobre la nada.

Alguna vez una serpiente
Robó la flor que entregó al ser
(El mundo volvió a derrumbarse
Cuando ella misma tentó a Newton
Arrojándole taimada del Edén
La fruta de la gravedad
Tan ligera
Que nuestra inocencia pesó más
Y los hilos de las estrellas se enredaron.)

Un jardín hubo una vez
Un ave con alas de tenso follaje
Donde yo me enamoraba.
Era la realidad
El Paraíso en la palma de su mano

§ La serpiente me entregó su flor
                                    en medio del desierto
     Su ser su puente
     Su liento sol de andar sapiente.

     La letra ardió en la arena
     La luz sobre la luz
     El yermo ayudado por el viento
     Reunió sus signos cuneiformes
     Su alfabeto hebreo todos sus astros
     Para contar la historia

     (En pergaminos que deshechos
     Formaron ríos de arena
     Mares áureos
     Indescifrables maremágnum
     cascadas cascadas
     Oleajes tallando el silencio.)

     Alguna vez
     La roja y jugosa manzana
     Partida a la mitad
     Se me ofrendaba entre sus muslos
     El río Papaloapan y el Tigris
     Me inundaban
     Mi adolescencia perfumaba
     Y la canción de Gilgamesh ardía
     En la isla de la existencia
     Que sobre el mar vacío del tiempo
     Impuso a las orquídeas prosperar.

     Se habló de la expulsión
     Estrella lejana colapsada
     Del jardín que alguna vez se estremeció
     Cuando el hurto de la flor…

     Yo la escondí en las profundas dunas de oro
     De mi rojo reloj.

                    YO TENÍA UN BÚMERANG

     Yo tenía un búmerang
     y un perro coli
     cada vez que lanzaba el búmerang
     regresaba la cola del perro
                                    zumbando
     de no sé dónde
     de una casa de la infancia
     de un día ahogado en medio de la luz
     sobre un llano luminoso.

§ Yo tenía un coliperro
  y un búmerang
  cada vez que lanzaba al perro
  el búmerang regresaba
  meneando la cola
                    no sé de dónde
  de un día maravilloso
  mas solitario de la infancia
  villa dorada del mar
  de la casa de la luz justo en medio del azur.

  Yo tenía una cola de búmerang
  del cielo asomaba
  era su ala desprendida
  cada vez que la lanzaba
                          de no sé dónde, cada ave,
  desde un día
  desdoblado de otra infancia
  retornaba tiernamente de lo eterno.

  Yo tenía un búmerang que era un perro
  cuando lo lanzaba.
  Yo tenía un perro que era un búmerang
  cuando lo lazaba.

  Cuando estaba lejos era un colibrí
  cuando estaba cerca era un caribú.

  Pero yo tenía una era
  un colibúmerang
  que siempre doblaba del cielo de la caza
  de la infancia eterna de la interna luz
  con los ojos luminosos de linterna
  ahogados de inmortal felicidad
  venida de la casa limpia del azul
  Desde un día que tiene su ola yo sé dónde.

  Traía entre las patas el trote de abril
  traía entre las alas más de un marabú.

  Cada vez que lo lanzaba taladrante
  cada beso, cada ave, cada suave
  cada vuelo, cada suelo, cada ala
  cada ola, cada cola, caracola
                              cada alma
  cada oro, cada hora, cada ahora
  el corazón, cada razón, cada sonar
                                  cada deseo
  y Odiseo, cada hada y oda sea
                            cada Oído

doblando desdo-blando
perforaba la esquina más vertiginosa
más brillante, más pura y más redonda
                              del cielo más ladrante.

LA ROSA AMADA

La rosa herida
La herida rosa
La luz llagada, la sed sangrienta

La rosa roja
Entre la nieve de tus piernas

La rosa que mis sábanas perfuma

La eterna herida que nunca cierra
Ojo y vértigo del universo
Laberinto solar de mi cerebro
La nada   donde ha surgido
El Mundo.

EN EL MURO DEL AIRE

En el muro del aire
del silencio, de la voz
escribió murmurando
un mensaje el colibrí:
Entre el ser y la nada
yo soy acto de Presencia.
Frágil no es mi fortaleza
pues bañada por el mar
sostengo la realidad.
Ágil águila de luz
graffitis de pez altísimo
tatuajes de lo invisible
que en el agua del cristal
en ese muro de viento
lo muerto se quede mudo
y la voz al otro lado
al fin revele el secreto.

JOSÉ ÁNGEL LEYVA

PECES AMARILLOS

A Begoña

A_{quí}

en costas altiplanas
donde el mar es nostalgia
espumas de jabón y detergentes
veo peces en tus ojos
Entre arboladuras de aluminio
se acurruca el aire
Barcos fantasmas
con velámenes henchidos
aguardan sin futuro
El sueño cruza el océano

y el deseo

Sólo naufraga la tierra
y el polvo de la sangre
El horizonte duerme
y su cabello rojo
flota a la deriva de la noche
El viento afila la nariz
al dibujar las líneas
del cuerpo extendido

en las palabras

El soplo que sonríe
en el agua
corta el tiempo
y las costillas falsas
del hombre

(1958.) Nació en la ciudad de Durango, el 11 de enero de 1958. Es médico cirujano por la Universidad Juárez del Estado de Durango y maestro en letras iberoamericanas por la UNAM. Además de poeta, es narrador, ensayista, antólogo, editor y promotor cultural. Ha publicado una veintena de libros de poesía, entre los cuales destacan: *Botellas de sed* (1988), *Catulo en el destierro* (1993), *Entresueños* (1996), *El Espinazo del Diablo* (1998), *Duranguraños* (2007), *Aguja* (2009), *La eternidad no existe* (2009) y *Tres cuartas partes* (2012). Ha antologado su poesía en los volúmenes *Muestra de poesía* (2006), *El roce de la nada* (2010), *Cristales sólidos* (2010), *Habitantos* (2010), *Carne de imagen* (2011), *Destiempo* (2012), *Coágulos del sueño* (2013) y *En el doblez del verbo* (2014). Entre otros reconocimientos, ha merecido el Premio Nacional de Poesía Olga Arias (1990), por *Entresueños*.
Lecturas recomendadas
Carne de imagen. Antología personal, Monte Ávila, Caracas, 2011.
Tres cuartas partes, Mantis, Guadalajara, 2012.
Destiempo. Antología personal (2009-1992), UNAM, México, 2012.
Coágulos del sueño, Parentalia, México, 2013.

dan a luz
a un cuerpo indispensable
Aquí
ríos y lagunas se secaron
Garzas pelícanos quetzales
sólo dejaron sus plumas
de abandono
De tu entrecejo
caen voces submarinas
llegan aves migratorias
a buscar los peces amarillos
que nunca conocí

CINE IMPERIO

A la mitad del sueño abro los ojos
montado en la basura alucinante
que da en el blanco de la noche
en una tarde solar de tres funciones

Hundido en la butaca
ajeno a mi presencia
ese niño
            que soy yo
                    aluniza en la pantalla

Los cinenautas respiran luz
Entran en sí
con música por dentro
Son seres que no son
            partículas terrestres
sino grumos de pasión en tránsito

Viene la abuela remontando el frío
con su fanal de letras
en el túnel de imágenes
            de polvo
Oigo su empuje de mujer
en cuesta arriba
la soledad en forma de vapor
sus temblorosas fantasías
A su locomoción vengo colgado
hasta el lugar donde los héroes duermen
antes de ser lo que nosotros somos
Vengo también en su resuello
a descubrir las transparencias
que ahogan la voz
            y desahogan
mientras afloja peligrosamente el cordón

de la ciudad donde he nacido
mi tubo umbilical
mi gravedad flotante

El cuerpo inútil se queda suspendido
en el reloj de cuerda
de un fogonero que alimenta el tren
en marcha y sin destino

Ese adulto supone que despierta
de la mano de un recuerdo
Soy yo junto a mi abuela
Dejaré de ser él
cuando se apague el proyector
y caminemos resignados al extraño EXIT

Septiembre de 1995

EL ALACRÁN

A Kijano

Seco
voraz
punzón del cielo
pequeño minotauro
atrapado en la orfandad
y el insaciable recuerdo de su madre

Emponzoñado de sí
el anacrónico animal se enseñorea
Su cuerpo de ámbar
en la grieta y en la sombra apaga
        Esgrime y arremete
        Lancetea la luz
Desafía a su mortal aburrimiento
Más que rencor es hambre
                de uno mismo
lo que lleva a sospechar
                del otro
Es extraño el aire
y el color del suelo
Es irreal la forma
        y el veneno
        el signo
        la suerte de matar
        para seguir viviendo
El alacrán pide tributo
más que amigos

Un apetito ancestral
cava en la especie
Si pudiera digerirse él mismo
demostraría que nadie es digno de confianza

Tenaz resentimiento lo devora
Haber nacido sin fe
sin optimismo
correr siempre en la pena
Más que envidia es dolor
el puro nervio de existir
deseando siempre
dejar de ser la víctima
dejar de ser el miedo

El alacrán se advierte solo
en laberintos de oscuras podredumbres
La vida es un círculo de fuego
Mira soberbio la sombra que dibuja
Es la imagen arqueada del silencio
la danzadura engañosa del cangrejo
Es la piedad herida de impotencia
amargo aguijón de la ternura

Con las tenazas desafía al firmamento
No espera redención ni suerte
Habrá de sobrevivir a la condena
Será el ángel dragón
Saldrá del laberinto
        en la memoria
No habrá culpa ni dolor
de haber ganado el tiempo
en cada trozo del amor materno

Julio de 1995

DURANGURAÑOS

De dónde soy
De dónde he sido
Mi origen es la suma de los dóndes
la tierra adentro adonde vaya
El polvo al polvo en mis recuerdos
de arena que guardan una lluvia interminable
estrellas sobre zonas de silencio
Exploro el desierto fugaz cuajado de aerolitos
Desentierro señales de mar petrificadas
        sentimientos de encierro y abandono
        nostalgia de costas y de océanos

en puertos de montaña y aeropuertos
Hasta dónde llegarán las contraseñas
de un cementerio un parque   una plaza
el lugar común donde las piedras hablan

Nos falta un gentilicio que designe el hueco
en donde habita el escorpión con sus criaturas
un término en principio que nos una
la parte árida con la humedad agreste
el familiar recelo hacia lo extraño
la anestesia que deja el aguijón del miedo
la envidia que pica y envenena

Cómo llamar la tierra perdida en el saqueo
la montaña de hierro que se aplana
el terral de la aridez en marcha
Necesitamos nombrar nuestro vacío
el lado moridor del tiempo
la parte ausente que nos mata
la intuición del mar en donde nace
el lecho y el caudal del río

Cómo dejar de ser lo que no fuimos
Cómo nombrar lo que seremos
Tremenda oquedad llevan los nombres
para saber decir lo que se ama
el hormigueo del sol en la llanura
la cálida hurañez de los mezquites
el entrecejo fruncido de la gente
la Sierra Madre y su vital aroma

Evito el souvenir del alacrán momificado
y vuelvo a colocar la piedra sobre el hueco
donde habita el escorpión con su linaje
donde muda la piel de su infantil viveza
y sin dejar de ser   en sí renace

FERNANDO RUIZ GRANADOS

EVER MORE

En esta tarde lenta
Todo permanece en silencio

La ciudad sumergida
Parece anclada en el tiempo

Enorme buque con sus calles
Y su tráfago apagado

Inmóvil contemplo
Los ojos secos de los muertos

La clara hermosura del ahogado

No sé dónde estoy ahora
Pero todo lo que fue está aquí

Al alcance de la mano

De nuevo las tenues ventanas
Se iluminan y los niños
Entran en sus casas

Voy como entonces
A la luz de las hogueras

(1958.) Nació en la ciudad de México, el 24 de enero de 1958. Es licenciado en letras españolas por la Universidad Vera-cruzana. Además de poeta, es ensayista e investigador. Ha publicado once libros de poesía: *El ritual del buitre* (1986), *El árbol sagrado* (1987), *Poemas de Brindisi* (1992), *Jardín de piedra* (1996), *Desierto* (1998), *Devoción del colibrí* (1998), *Adarga* (2005), *De árboles y pájaros* (2008), *Viaje a la semilla* (2009) y *Recinto de la rosa* (2013). Entre otros reconocimientos, ha merecido el Premio Nacional de Poesía Ramón López Velarde (1990), por *Poemas de Brindisi*; el Premio Internacional de Poesía Salvador Díaz Mirón (2003), por *De árboles y pájaros*; el Premio Nacional de Poesía Enriqueta Ochoa (2003), por *Adarga*, y el Premio Nacional de Poesía Jorge Cuesta (2004), por *Trémula luz*.
Lecturas recomendadas
Poemas de Brindisi, 2ª edición, Conaculta, México, 2006.
De árboles y pájaros, Conaculta, México, 2008.
Jardín de piedra, Azafrán y Cinabrio, Aguascalientes, 2009.
Adarga, Conaculta-Instituto Veracruzano de la Cultura, Xalapa, 2010.
Recinto de la rosa, Instituto Veracruzano de la Cultura, Xalapa, 2013.

§ Sin saber que en los primeros días
  Estábamos desde siempre

EL MAR

El mar es una isla
Todo lo que fue
Está ahí:

Al alcance de la mano

En él se abisman
El Paraná el Ródano
Y el Nilo

Otros nombres
Del mismo río

El cauce plural de todos los restos

Voces espadas
Rostros y escudos
Que refulgen en la tarde

Lentos
Como buques encendidos

Los días se hunden
En el tiempo

Todo está tan cerca
Y tan lejos
Aquí ahora siempre

En el naufragio de los días

ARENA

Nada hay aquí que se hermane con la piedra
De los templos enclavados en la roca viva
Cuya edificación comenzaba —relata Herodoto—
El día diez del segundo mes egipcio
Cuando las sagradas aguas del Nilo lo inundaban todo

De las pirámides orientadas hacia los cuatro Puntos Cardinales
Que erigieron cien faraones durante tres mil años
Con los bloques monumentales de las canteras de Arabia
Y que transportaron innumerables hombres
Sobre las hirvientes arenas del desierto

§ De los altos accesos y dinteles
  De las columnas de augusto mármol
  De los pasillos bajos que rendían reverencia a los reyes
  En el Valle de los Muertos

  De las tres pesadas compuertas que velaban
  El sueño eterno del Faraón cuya cabeza descansaba
  Hacia el Norte de la Tierra

  De las hermosas piedras de granito rosa-siena
  De la arenisca roja de Heliópolis
  De las puertas de acacia laminadas en bronce
  En cuyos símbolos reales se auguraba la eternidad

  De los siglos insondables hoy perdidos en el tiempo

  Nada hay aquí que se hermane con la piedra
  Sólo este puñado de blanca arena
  Que un día —bajo el signo de Ra—

  Dominara el mundo

TODA LUZ AVANZA HACIA LA SOMBRA

A Forrest Gander

Toda luz avanza hacia la sombra
El río de arena que fluye hacia el ocaso
El aceite de la luna que arde
En el estanque de la noche
Las blancas flores de la sal
Que el mar arroja sobre la playa

El vuelo de los pájaros
Que la lluvia esconde entre las frondas
La llamarada de la rosa
Que enciende los jardines derruidos
El manantial del alba
Que se pierde en el silencio

El fuego que vive en el corazón del hombre
El país infinito de tu cuerpo
El lazo del amor que desata el tiempo
El recuerdo del pasado
Que agoniza en la memoria

El vivo resplandor de la poesía

§ La huella de las caravanas
  Que el viento borra
  De la superficie tersa de las dunas
  Toda luz avanza hacia la sombra

  Aquí terminan todos los caminos
  El futuro es un abismo

AT-JARID

  Yo conocí a los frigios
  El pueblo más antiguo de la Tierra
  Y comí de su pan llamado becos
  Fui súbdito del rey Psamético
  Que entregó a un pastor dos niños
  Recién nacidos que crecieron solos
  Y que al cabo de los años pronunciaron

  La primera palabra del mundo

  Yo fui el siervo que ejecutó la alta orden
  Y cortó a las mujeres la lengua
  En la tarde que marcó el tiempo con fuego
  Conocí a los eruditos sacerdotes de Heliópolis

  Soy At-Jarid
  El rostro ciego tras la máscara

  Mis manos operan la secreta maquinaria
  De las estrellas
  Hacen girar la Rueda

  Sé el número de las arenas y la medida del mar
  Nada hay bajo el cielo que mis ojos no penetren

ARCA

  El desierto milenario es un arca
  El arca varada de la arena
  En ella están las criaturas
  Que preservó Noé del diluvio
  Las gacelas del viento
  El tigre de fuego que vio Blake
  El águila de la montaña
  El elefante primitivo
  El errante lobo
  El inhóspito león de la sabana
  Las cebras prisioneras

Los pájaros del cielo
El oso de las eternas nieves
El pez que coronó las aguas
El negro cuervo de la noche
El silencioso gato
Que siempre estará solo
La paloma que descansó su vuelo
Sobre la tierra firme
La semilla que no sabe que es el árbol
El árbol que no sabe que es el bosque
La mujer y el hombre
Que caminaron juntos
El impulso que llevó al ser humano
Hasta la luna
Y lo hizo contemplar desde allí
Los mares azules de la Tierra

El prodigio mayor del Universo
La vida

ENSAYO DE UN ÁRBOL

A Alexis Gómez Rosa

Ensayar un árbol en el poema
Asentar su raíz en el fondo blanco
De la hoja
Sembrarlo a la plenitud del día

Ensayar un árbol en cada poema

Orientar sus ramas
Hacia los cuatro puntos cardinales
Al Norte la rama del sentido
La segunda al Sur el rumbo
Al que emigran todos los pájaros
La tercera hacia el Este
El territorio donde nace la luz
Y soplan los vientos del solsticio
La última rama hacia el Oeste
El punto hacia donde fluye todo esplendor
El sitio en el que crece la noche
Y se confunden todos los árboles

Los árboles del mundo y los de la palabra

FRANCISCO SEGOVIA

ÁLAMO BLANCO

Pasa el viento
entre la plata dulce
o la herrumbre amarga
de la misma fronda.

DOBLAJE DE LA ESCENA

He mirado la luz en el aire
de esta tarde, cómo urde el mismo enjambre de brillos
en la devanada frente de los edificios y cómo el agua
de aquel río se alumbraba por dentro y cómo parpadea:
panal de espejos...

He mirado esta luz en el aire
de otras tardes, en otra ciudad
menos vulnerable, abandonada en el desierto
como un trozo de vidrio:
enjambre de brillos
panal de espejos...
                    Como un laurel de la India
                    contra la vasta neutralidad del cielo...

He visto la carne de una muchacha oscura
encenderse por dentro y sé que el mismo entusiasmo
inquieta ahora las frondas de los fresnos
y desata una profunda sombra...
                    Aquí, donde antes respiraba un dios...
                    Hálito de las hojas,

(1958.) Nació en la ciudad de México, el 27 de abril de 1958. Además de poeta, es narrador, ensayista, traductor, investigador, lexicógrafo y editor. Ha publicado doce libros de poesía: *El error* (1981), *Nao* (1990), *Fin de fiesta* (1994), *El aire habitado* (1995), *Rellano* (1998), *Sequía* (2002), *Bosque* (2002), *Peuplier blanc / Álamo blanco* (2003), *Ley natural* (2007), *Elegía* (2007), *Partidas* (2011) y *Baladro* (2012).
Lecturas recomendadas
Ley natural, Ediciones sin Nombre, México, 2007.
Elegía, Ediciones sin Nombre-Conaculta, México, 2007.
Partidas, Ediciones sin Nombre, México, 2011.
Baladro, Ediciones sin Nombre, México, 2012.

§   como un bálsamo para la herida del tiempo y el oscuro
              entusiasmo de la carne…

He sentido un niño, una magra muchacha, un fresno
moverse en la espesura de esta sombra
de aire… Soy el que fui
en este cuerpo que será, tal vez, juzgado.

DIBUJO A LA LUZ DE LA LUNA

El fresno estuvo todo el día echado al aire,
dejando deshilarse las orlas de su orilla,
como si no tuviera borde su ámbito mundano.
        —En mitad de la luz,
            como un géiser que suelta su brisa al viento…

Pero ahora, en esta densa luz azul,
cierra sus rendijas y aprieta su contorno
como una sombra sólida.
Parece —como todo— más pequeño y más distante
en la miniatura de mundo que dibuja la noche.

Ya no vacila al aire en este mismo jardín
que la claridad lunar saca del tiempo:
se hinca en tierra, vertical, y se está quieto,
como el árbol sustancial del arquetipo.

Tú y yo volvemos a mirar, a la distancia,
su limpia afirmación nocturna.
Y no nos acercamos a palpar con manos ciegas
lo que mañana mostrará a la luz del día
—recovecos y ranuras que se hacen y deshacen
al vuelo, como la borrosa lluvia—,
porque acaso en su encogida soledad nocturna
vemos que es árbol verdadero porque sabe
quedarse quieto y posar para este instante
en el que tú y yo también posamos.

NATURALEZA MUERTA

Como una erótica ficha de dominó
RAMÓN LÓPEZ VELARDE

Desvertebrada sierra
en la llanura de la mesa, enana.
Montón de los peñones que dieron con sus huesos
en un juego abandonado: fichas
ya sin la coyunda de las reglas,

sin dominó, sin médula, sin suerte,
enfiladas o dejadas al desgaire, echadas
al cochambre, a medio hacerse
en la cazuela, como un trozo de espinazo ya sin caldo
sobre el que se enfría la grasa.

AHÍ DONDE DUERMES

Ahí donde duermes
es siempre un lugar sagrado,
prohibido aun
para quien en su propio sueño
sueña a solas contigo…

Ahí donde duermes
todo mira brotar aquí
el borbotón de su río subterráneo.

Ahí donde duermes
el tiempo aprende
a qué ritmo es tiempo
también para sí mismo
y el aire vuelve
a palparse el cuerpo a brazos llenos.

Ahí donde duermes
todo vuelve a su elemento y reconoce
que es deleitable porque se entibia
y porque muere.

Ahí donde duermes…

Y todo —árboles, piedras, hombre…—
se entrega devotamente a ese delirio
de rozar siquiera en sueños
—ahí donde duermes—
no tu carne: tu encarnación.

TRAZA

Leños quemados, restos de unas brasas.
¿Hubo otros antes, pues, que se perdieron?
En las cenizas de un antiguo fuego
encendemos tú y yo nuestra fogata.

EN EL ATRIO
(Elegía por Juan Carvajal)

Sólo el silencio es grande; lo que resta es flaqueza
Alfred de Vigny

1

En el atrio otra vez todos
otra vez se han tapado los oídos:
Revientan los cohetes allá arriba…

Y tú ¿qué ibas a decir ahora tú? ¿Eh?
¿Algo que atronara también
el valle de los tlahuicas
o se quedara retumbando
en el pecho de Monte Albán?
Un circunloquio quizá
—de lo más propio—
sobre el redondo templo
de Apolo en Delfos…
En Delfos…
Pero ¿aquí?…

Aquí, en la iglesia, y más allá, en la plaza
todos se han tapado los oídos.
Nadie quiere oír el tableteo de los cohetes
en el frontón del cielo
ni la terrible perorata que murmura
en el atrio el pordiosero —en el atrio:
nunca en el altar…

2

En el ovillo de sus telas
—como una araña mustia y recomida—
el pordiosero hila cuentas, abalorios,
bisutería de una fe sin consagrar,
y en el tartamudo fulgor de su propia cohetería
masculla cosas… un trozo de pan,
injurias, el Evangelio
de una iglesia cimarrona.

Nadie lo escucha:
Tiresias tirado a Lucas
—no a Tiresias…

3

La iglesia moja en el mismo vino todos los panes;
en todos ve la misma masa... Y así
hasta la tortilla es pan. ¿Cómo entonces
oír a Tiresias en Tiresias —no en Lucas
o Marcos o los otros?... ¿Y cómo no oír
cómo se calla Tiresias en los cuatro Evangelios?
¿Cómo no ver que para todos
esta fiesta es cosa de ver y no escuchar
y sin embargo ver cabalmente
lo que no se escucha?

En el atrio de la iglesia
todos se tapan los oídos
para no quedarse sordos.

4

El silencio retumba en el pecho
como un trueno que no oyen los oídos.

Sí. "Sólo el silencio es grande."

Y ahí, en su ámbito, los dioses viven
—como los mares y los bosques—
de comerse a manos llenas a sí mismos:
Dios Hijo es pan en la mesa de Dios Padre,
por Baco despedazan a Baco las bacantes,
Odín se sacrifica a Odín
y la Fe se roe las rodillas...

Pero el mendigo ablanda
en la boca largamente
la masa de un mendrugo
que no está hecho de su carne...

5

Bien hayan allá los dioses en lo alto,
devorándose, hartándose de sí, ahítos
hasta reventar "en su radiante atmósfera de luces".
—¡Los cohetes, Juan, los cuetes!—,
que si acá abajo el silencio es grande
es sólo para dejarnos comer en paz
dioses o cosas...
(Cosas odiosas —si tú quieres— desalmadas,
pero cosas al cabo —o dioses— que no son
lo que tú y yo)
que no son como nosotros.

6

Silencio para comer en silencio.

Silencio para hacer
oídos sordos al silencio de los dioses.

¡Y la retahíla de los cohetes
muda allá arriba!

7

En el atrio otra vez todos otra vez
se han tapado los oídos.
Pero tú además
por una vez cumplidamente
cierras también la boca.

¿Como el mendigo mascas dioses —comes pan—
ablandas en silencio con la lengua ese silencio
que habrá de rondarnos sin que nos demos cuenta?

Porque hasta eso, eso que no se oye
se queda rondando en el pabellón de la oreja
redondeándose...

8

–"Pero usted shhh"... ¿Eh? "Usted shhh" —murmurabas
pidiéndonos silencio en el oído, no en la boca.
Silencio en el molde de la oreja, ahí
en el laberinto de lo que oye...
–Usted shhh... —Y escuche...

9

Bienaventurados los que oyen
aun después de taparse los oídos.

Bienaventurados y tristes, Juan —tristísimos—,
pues ellos deben saber que no son vanas
las palabras que se dicen "a oscuras y en celada"
para redondear el silencio en el pabellón de la oreja
y sepan además que la verdad
—la pura verdad— no puede decirse
nada que no pregone al oído
de los cuatro vientos su secreto:
"Sólo el silencio es grande"...

MARIANNE TOUSSAINT

COMIENZO A DESHABITARLA

Para Enriqueta Ochoa

I

Ella está
      luz de jacaranda por la tarde;
callada
      se estremece cuando la rutina se nos rompe;
se pierde como el silbato de un tren.
Es el vértigo
        y ha dicho ser inmóvil
se revientan las entrañas de un coral en su palabra.
Inmersa en la borrasca
dice que la locura es el umbral que nos protege.

Nunca entendí
        por qué
siendo el mar
      se ahogaba.

II

Cómplices,
arrepentidas del destierro,
nos mirábamos más allá del cristal oscuro
encogidas en la certeza,
por ese desatino de estar vivas.
Entonces,
     temerosas
         nos dedicamos a entorpecer el tránsito de las sombras
la luz que se deslizaba bajo las puertas;

(1958.) Nació en Torreón, Coahuila, el 22 de mayo de 1958. Además de poeta, es ensayista. Ha publicado seis libros de poesía: *Esta cuchilla móvil* (1982), *Un viento funde el paisaje* (1987), *Mapas de humedad* (1991), *Murallas* (1996), *Provincias de la noche* (2000) y *El paisaje era la casa* (2006).
Lectura recomendada
El paisaje era la casa, Conaculta-Verdehalago, México, 2006.

obstruimos los orificios de las cerraduras
desde el sueño
observamos
inventamos la espiral de una memoria
y ascendimos
                    descendimos
                                    día y noche.

                                III

Tú perdiste contacto con el aire de familia
huimos de ese olor ácido que desprendía la casa de la abuela.

Expertas en exiliar al varón,
comenzamos el desarraigo total de gentes y lugares;
quedaron como raíces
                            la sensación del aire
                                            y el incesante camino.
Unidas en la urdimbre de la locura
nos trasladamos al paisaje de ser una sola
y habitamos el frío de los parques
el miedo que da toda la oscuridad reunida para formar la noche.

Los edificios, los escasos árboles exhalan una respiración poderosa
el aire de la tiniebla los desposeía de su imagen cotidiana.

Ojos de cristal por las ventanas
                            vertebrados de varilla acechándonos
tú y yo intrusas
recorriendo
la ciudad
oscilando en el pavor de verte tan sola.

                                IV

Recogimos nuestra imagen en el espejo llovido de la tarde.
Ciudad de muros,
la humedad fue testigo de mis ojos
                            noches de ladrido y rumor de lluvia.
Me buscaba en las cajas
                    en el polvillo de los libros
en las ventanas encontradas en otras ventanas
no era miedo
                    era la incertidumbre de ser real
de oírme y callar hasta recuperar el eco.
Desdibujadas en la penumbra recordamos a la familia
y lo que habría podido ser del otro lado del mar.
Creíamos que el varón llevaba la luz
                            nosotros sombra.

§ Sólo a veces
                    te precipitabas como agua para cantar
se cimbraban los cimientos de la noche
el paisaje era la casa.
A veces yo también te odiaba.
Hubo que mudarnos cada vez que cantabas
la envidia abría zanjas profundas
nos arrancamos una y otra vez
                              las sandalias
                                        y el polvo.

                              v

Me cobijas nebulosa entre el incienso.
La casa se deshuesa,
abro un día entre los párpados
y comienzo a deshabitarla.

                         INFANCIA

Todo escapa borrado en su blancura.
Asesta al fondo
más allá de los ojos,
donde una niña
                    brinca en el abismo de su pie.

                              *

Una navaja rasgará la oscuridad,
confundirá los límites del hueco,
en el hocico profundo de la infancia.

                              *

Habita el polvo de arroz
                    bajo la sombra de las cosas pequeñas
y se desviste de sí misma
tocada por un ángel.

                        MARRUECOS

                              I

El sol blande su cuchilla de luz entre las cimitarras
desde las almenas cae un olor caliente.
Demasiada claridad
                    sólo tengo tres años en la memoria.
De la montaña, baja el tropel de los caballos a la plaza
rostros afilados por el viento.

De fiesta, ellas ensordecen su penumbra,
                              encienden sus gargantas
                                        son una sola perforando la tarde.
A lo lejos el rumor desaletarga el sexo de varones
después callan
                  todo el día las mujeres callan.
Saben que de noche el animal asaltará los velos, abrirá los flancos,
ellas volverán a encenderse en una leve flama.

                                        II

De nuevo el día es una esfera de insectos.
Mamá y yo nos detenemos
                              deambulamos por las calles hasta el correo
huele a tinta
                  la frescura postal es una burbuja dentro de la luz
se oye el golpe
                  los sellos
                        el crujido del papel
espero junto a mi madre con las nalgas frías sobre el mostrador de mármol.
Aspira el olor de las cartas
                              entorna los ojos
la pierdo entre las letras.

                                        III

Un rayo de sol guillotina la vista en el desierto.
El aire nos mueve en su paisaje.
¿En qué imaginación somos sorprendidos como ajenos?
¿A qué ruta?
¿A qué punto del universo podríamos desprendemos?

Castigado por algún efrit
                              el viento, prisionero en el desamparo,
se estrella contra cortinas invisibles,
gira, afiebrado cambia todo de sitio,
gime a ras de arena conversando con serpientes y escorpiones.

Entra la calma del presagio,
se precipita sobre las caravanas esa lluvia mágica del simún.

                                        IV

Bajo el iris amarillo del cielo
arde el lomo de casas y animales.
Ellas desandan una ceguera de luz
en la oscuridad de los ojos que las miran.

§ Caminan entre la sed
de sus calles encaladas.
La niña persigue en el cauce vertical de las palmeras,
las cicatrices del agua
                      sobre el polvo.
Cuando pardea, se concentra el sol en los alcatraces
bajo la ventana de los extranjeros.

V

De noche, Marruecos huele a naranjo y yerbabuena
Mi padre también recibe cosas lejanas.
Ellos dos, distantes de sí mismos
se congregan ante el fulgor de los ojos infantiles.

Él abre una grieta entre las palabras.

                      Ella queda al otro lado del abismo.

Una niña apaga sus ojos y recuerda lo que pensará mañana.

ÚLTIMO VIAJE

Sólo quedan tus ojos
                  pájaro que me observa en el filo del invierno.

Días inasibles como un hueco.
De la mañana a la tarde
transcurre mi voz por los jardines,
un enjambre de miradas
                      me teje en otro idioma.

El silencio rueda hasta el río
donde un sol palpita sobre el agua,
vena abierta de luz
en el desbaratado reflejo de los almendros.

La siesta nos desvanece en el temblor de sus orillas.
Descendemos
en el cielo plomizo de los campanarios,
para esperar el final del viaje.

GABRIEL TRUJILLO MUÑOZ

1968: RIDING TO THE STORM

Para mis padres, Gabriel y Margarita

Ésta es la luz que habla
En susurros pero habla desde el asiento trasero de un Plymouth 1956
Rumbo al norte: al Centro de las cosas: donde los ángeles
Son destellos en el cofre del auto: un brillo en la antena
Que oscila a 55 millas por hora
¿Qué escuchamos en este momento
Mis padres y yo? ¿Una canción de los Beatles? ¿Una pieza
de Montovani? ¿A qué año me refiero cuando digo ahora?
1966 tal vez: no: un poco más adelante: 1968
Un buen año en sus comienzos: dicen que habrá olimpiadas
En México y los astronautas van a intentar descender en la luna

El futuro está con nosotros y usa casco de superhéroe
El desierto está con nosotros y nos deslumbra con sus espejismos
Y sus campos olorosos a fertilizantes: vamos: aprisa:
Quiero llegar a las tiendas repletas de juguetes: a las tiendas
Donde los dulces brillan en su plástico alucinante: vamos
Nos aguarda el buffet a la vaquero gringo con sus panes
Enormes y sus trozos inmensos de cordero asado en salsa de barbacoa

Ésta es la luz que hablo
En aquellos instantes suspendidos en la nada: como un espejismo

(1958.) Nació en Mexicali, Baja California, el 21 de julio de 1958. Estudió medicina en la Universidad Autónoma de Guadalajara. Además de poeta, es narrador, ensayista, cronista, investigador, antólogo y editor. Ha publicado veintiséis libros de poesía, entre los cuales destacan: *Rituales* (1982), *Percepciones* (1983), *Moridero* (1987), *Tras el espejismo* (1989), *Atisbos* (1991), *A plena luz* (1992), *Don de lenguas* (1995), *Constelaciones* (1997), *Palabras sueltas* (2003), *Colindancias* (2006), *Mutaciones y mudanzas* (2007), *Civilización* (2009), *Cruzar / Mudar / Permanecer* (2012) y *Poemas civiles* (2013). Ha publicado antologías de su obra poética en los volúmenes *Permanent Work* (1993), *Cirugía mayor* (1997), *Rastrojo* (2001), *Poemas traspapelados* (2003) y *Paisajes con figura al centro* (2011). Entre otras antologías, ha llevado a cabo las siguientes: *Parvada. Poesía joven de Baja California* (1985), *Un camino de hallazgos. Poetas bajacalifornianos del siglo XX* (1992), *Los quimeristas. Textos clásicos de la literatura bajacaliforniana* (2004) y *Las delicias del norte* (2008). Entre otros reconocimientos, ha merecido el Premio Nacional de Poesía Sonora (2004), por *Colindancias*, y el Premio Binacional de Poesía Pellicer-Frost (1996), por *Entrelíneas*.

Lecturas recomendadas
Mutaciones y mudanzas, Fondo Editorial de Baja California, Mexicali, 2007.
Civilización, Instituto de Cultura de Baja California, Mexicali, 2009.
Paisajes con figura al centro. Antología poética 1974-2010, Juan Pablos-Universidad Autónoma de Baja California, México, 2011.
Cruzar / Mudar / Permanecer, Centro Cultural Tijuana, Tijuana, 2012.
Poemas civiles, Amargord, Madrid, 2013.

Que nos cubriera haciéndonos parte suya: el auto acelera
Y mi padre ríe al ver las mariposas que se estampan en el parabrisas
Mientras mi madre se entristece al ver tanta belleza destruida
Esos colores son los de su infancia en el paraíso del sur
En ese reino donde abundan el agua y sus verdores

Para mí la naturaleza son grillos y lagartijas: la mimesis
Que se vuelve su entorno: así soy: un niño que se esfuma
Entre las reverberaciones del desierto: un fantasma que salta
Hacia otros mundos: un correcaminos atraviesa la carretera
Y mi padre frena para no atropellarlo: ¿y el coyote? —me pregunto—
¿Dónde anda? ¿Por qué nunca alcanza a su presa favorita?
El mundo es injusto: no todo lo soñado incide en la realidad
Ni toda realidad es moldeada a nuestro antojo

¿Qué hago aquí?
¿A dónde me dirijo más allá de un sábado de compras
A las diez de la mañana? Luego vuelvo mi atención
A esos gritos que salen de la radio: "Quita esos berridos"
Dice mi madre y dejo de oír la voz de Janis Joplin
Vuelven las melodías instrumentales que me adormecen
Y luego las noticias de lugares lejanos que dan a conocer
El número de soldados muertos en Vietnam: hoy fueron 37
Y hay lucha en Saigón: tomo mi metralleta de juguete
Y disparo contra el enemigo: nadie queda en pie
Cuando termino de jalar el gatillo: ¿quién lo diría?
He matado a cientos y en clase odio toda disciplina militar
Hacer ejercicios y marchar por horas para el desfile
De la independencia nacional: sólo soy héroe en mi imaginación
Sólo peleo batallas en mi mente: como en una película
Donde la guerra es un espectáculo estruendoso: una fiesta
Explosiva con cohetes al aire y colores luminosos
Cayendo a tierra como relámpagos
Nada es real
Bajo el vidrio: percibo el aire helado que golpea mi cara
Es bueno estar vivo y respirar sin dificultad: ser hijo
De la luz que me cimbra de cuerpo entero

Nueve años es mi edad
Y cada imagen es Babel: un horizonte que se desdobla
En su demasía: una acumulación de surcos y canales
Las casas de madera con sus porches crujiendo de termitas
Las hileras de hombres y mujeres que trasiegan con la cosecha
La maquinaria que no se da abasto mientras pasamos a su lado
¿Quién es la sombra aquí? ¿A cuál fantasmagoría pertenecemos?
La vida como savia y sangre: como sudor y lágrimas
Contra un fondo azul donde las pacas de algodón se confunden
Con las nubes que se arrastran a flor de tierra

§ La autopista sigue hacia el norte
Hacia el paraíso donde los ángeles habitan: un mundo
De muchachas bailarinas y perros que aman a los niños
De vaqueros intrépidos y piratas desalmados: una ciudad
Donde los dibujos animados viven en grandes mansiones
Y en cada *garage* hay naves del espacio a punto de saltar
Hacia la Luna: Un mundo de luces inagotables
Que yo veo desde la distancia: como un resplandor creciente
Tras las montañas de piedra: tiempo después sabría
Que por esta carretera pasaron en sus autos
Rodolfo Valentino y Tyron Power: Lana Turner y Ava Gardner
Los dioses y las diosas de Hollywood en sus días
De impecable poderío: en sus épocas de triunfo
En la pantalla: pero ahora sólo nos acompañan
Los hippies a la *easy rider*: en sus motos gigantescas
Libres en sus vestimentas y cabelleras: con sus barbas
De profetas bíblicos: son como soles que deslumbran
En su paleta de colores: mariposas que zumban
Mientras el cielo se vuelve diamante puro: un tapiz
De gritos y carcajadas: de música ruidosa y aullidos
De coyotes: libres en una forma exultante: de un modo imprevisto
Y jubiloso: ellos que son apariciones de un espejismo
Que me quita la modorra: por más que los denigren
Son como ventanas entreabiertas a un mundo más extraño
Que la dimensión desconocida: y luego están
Las muchachas que los acompañan: esas ninfas que se visten
Como mi abuela pero con atuendos transparentes: como
Hijas de una danza que es remolino y frescura: eternidad
Y contemplación: en sus ojos hay más universos
Que todos los recorridos en un viaje a las estrellas

Ésta es la vida que me rodea
La que me contiene: esbozos: primicias: palabras sueltas
Fragmentos de ritmos trepidantes: mi mundo y los mundos
Que colindan en mi espíritu: Montovani y esa voz
De hada que me pide alimentar mi cabeza con pastillas psicodélicas
Los trabajadores que recogen la cosecha de legumbres
Y los sueños de Hollywood que encienden sus luces
De neón mientras el Sheik de Arabia galopa entre las dunas
Los pequeños poblados con sus infaltables gasolineras
Los letreros que anuncian el Mustang como el auto del año
La vida en su vacío plena de estímulos: de quimeras
Por cumplirse: de hazañas a punto de ocurrir más allá:
En alguna parte donde algún día podré ser yo mismo

¿Pero quién soy ahora?
Sólo este niño abandonado a sus alucinaciones
En el asiento trasero de un Plymouth verde 1956
Yendo de su casa fronteriza en Mexicali a El Centro: California
Participando del antiguo ritual del *shopping*: aprendiendo

Que la luz cambia las cosas: trastoca los reflejos
De la existencia: da otro color a las palabras que pronuncia
Sin entenderlas del todo: *Main street: free gift: great opening*
Un niño que suma lo intangible con lo tangible: lo oscuro
Con lo luminoso: los cercos de púas con las barras cremosas
De chocolate: los guardias de la aduana estadounidense
Con las camareras blanquísimas que atienden la fuente de sodas
Los camellos de Camel con las dunas que se avizoran desde la carretera

¿Soy acaso un fantasma entre fantasmas? ¿Una aparición
en el horizonte de las arenas? ¿Este hombre adulto
que repasa su infancia en un parpadeo: que apenas
rescata para sí unas cuantas verdades que son polvo:
que son viento y vendaval: resabio y remembranza
Puede darse a la tarea de revivir cada detalle
En el paisaje: cada imagen pasando a su lado?

No sé quién soy ahora
Y sin embargo las arenas se mueven en mi memoria
Y dejo de ser sal y sombra: vida y luz: para volverme
Una distancia que se alarga: una carretera
Que es el propio paraíso: con padre y madre a bordo
En un auto que atraviesa los campos de cultivo y se pierde
Más allá de mí mismo: en ese 1968 que comenzaba
Con los mejores augurios: un mundo sin fisuras: un desierto
Donde el tiempo brillaba para siempre
Como la luz del sol en el parabrisas
Mientras alguien cantaba: "El amor es una cosa esplendorosa"
Y los tres pasajeros de aquel viaje sonreíamos al unísono
Felices de ser quien éramos: de vivir como vivíamos
Una familia más a la orilla de la civilización
Participando en la misma: inolvidable travesía: con el viento
En la cara y el júbilo brotándonos por cada poro

Eso fuimos: ese fue
El edén no subvertido aún por las devaluaciones
Esa parcela cultivada con promesas de incalculable
Prosperidad: la edad de oro con casa y auto a la puerta
Y comida refrigerada para todo el mes: pero
La perfección era estar juntos: *on the road*
Como la divinidad trinidad que es tres en una
Como la vida misma que habita en cada uno de nosotros
Y aunque ya sea pasado: polvo en tolvanera: sus reverberaciones
Siguen en pie: sobre la autopista sin obstáculos
Como diciéndonos: nada se olvida si tú sabes mantener
El espejismo en tu mirada: el resplandor de la infancia en tu sonrisa

Ésta es la luz que hablo
Ésta es la canción que canto cuarenta años más tarde
Como una celebración por aquel viaje con mariposas muertas

Y el aire tibio del mediodía que se colaba en el auto
Y las voces de mis padres como la lengua de los ángeles
Que nunca volvería a oír: a disfrutar como en ese
Momento de iluminación: ante ese atisbo de trascendencia
A los nueve años de mi edad: con el sol en la cara: en un Plymouth verde 1956

CIVILIZACIÓN

Ésta es la gente que complicó las cosas
GARY SNYDER

Para Karla

Ésta es la gente que vino de muy lejos
Ésta es la gente que llegó sin pedir permiso
Ésta es la gente que bajó de los trenes sin otra posesión que sus sueños
Ésta es la gente cuyo pasado se borró de la faz del mundo
Ésta es la gente que deslindó las tierras: los valles: la orilla del río
Y puso en pie las casas: los cercos: las caballerizas

Ésta es la gente que abrió con sus manos desnudas
Con su voluntad a prueba de golpes de calor
Los caminos: las calles: los jardines
Que vio el cielo encendido de fuegos implacables
Y sintió que era la tribu perdida en un desierto sin límites
Una comunidad sin profetas como guías

Ésta es la gente que dio origen a nuestro pueblo
La gente que trajo a sus dioses y los hizo cómplices
De sus faenas: testigos de sus esfuerzos
La gente que decidió quedarse a vivir
En la tierra del coyote y la víbora de cascabel
En la planicie arenosa donde la vida era simple supervivencia
Una quimera hecha de polvo seco y viento descarnado

Ésta es la gente que tenía deudas en otras partes
Pleitos con la ley: órdenes de búsqueda y aprehensión
Ésta es la gente que encontró aquí un refugio
Un santuario donde nadie le pedía sus antecedentes
Donde nadie le preguntaba qué había hecho antes con su vida

Ésta es la gente que encontró en nuestras soledades
Un nuevo comienzo para sus días sobre la tierra
Un hogar que podía llamar suyo y de los suyos
Ésta es la gente que hoy preside
Con sus estatuas de mármol: con sus retratos
En los muros de los edificios públicos: las ceremonias cívicas
Los festejos de la ciudad cada aniversario

§ Éstos son los abuelos de nuestros abuelos
   Los pioneros que llegaron aquí con la cola entre las patas
   Los baluartes del progreso y la prosperidad
   Que fundaron este pueblo sin un cinco en la bolsa

   Éstas son nuestras raíces: la gente
   Que vino de muy lejos y no le importó vivir en el desierto
   Compartir los calores: las plagas: las incomodidades: los temblores
   Con tal de tener una nueva oportunidad: un destino
   Distinto al que les impusieron en China: en Jalisco: en Nueva York

   Ésta es la gente que puso su tienda de campaña
   Su casa: su campamento: su tienda: su cantina:
   Su aduana: su iglesia: su escuela: su tribunal
   Ésta es la gente que inauguró a gritos su carnicería
   Su puesto de frutas: su casino: su merendero
   Ésta es la gente que abrió su consultorio: su botica:
   Su funeraria: su oficina: su comercio de todo por un precio

   Todos ellos son nuestro comienzo
   Todas ellas son nuestra heredad
   Esta gente que vio la nada y dijo "de aquí soy"
   Esta gente que fue en su principio una sola familia
   Una hermandad sin fronteras a la vista
   Un árbol enorme que a todos daba sombra
   Una plaza pública para festejar estar vivos
   Una bandera de armisticio que ondeaba con el viento
   Una nostalgia que se consumía en las viejas melodías
   En los valses y mazurcas que una pianola difundía
   Por las calles llenas de polvo: en los atardeceres ocres y rojizos

   Esta gente que ahora es un remolino anónimo
   Una tumba olvidada que ya nadie visita o protege
   Una casa de madera endeble: carcomida: a punto del derrumbe
   Esta gente que sólo son voces susurrantes
   En el viejo centro de la ciudad: fantasmas que aparecen
   En los callejones oscuros cuando los astros de la noche brillan a lo lejos
   Esta gente que puso sangre: sudor y lágrimas
   Para edificar la utopía de la tierra prometida
   De la ciudad celestial en medio del desierto
   Y que ahora apenas son ecos de otras edades: murmullos
   Bajo la piel de las arenas: lamentos que se pierden para siempre

   Esta gente que ahora somos
   Por herencia de sangre: complicados: tercos: incansables
   Como la sal de la tierra y el espejismo del agua
   Como el viento que no cesa de escarbar un pozo de esperanzas
   En la curvatura del tiempo: un oasis de verdor en el horizonte del mundo
   Este pájaro de fuego que incendia el firmamento a su paso
   Esta pira de recuerdos que arde sin consumirse: al filo del orbe

§ Esta comunidad en marcha que vive entre la realidad y el deseo
En la frontera donde el destino y el azar: el grito y el aullido:
Se vuelven una sola letanía: una plegaria consagrada
A cumplir con el milagro de mantenerse con vida: de vencer
Las artimañas de la muerte: la picadura del desánimo y la fatiga

De esta gente hablo: con ellos converso cada día:
Ánimas del pasado: espíritus del presente: sombras del porvenir
Todos juntos en la fiesta del trabajo: en la mesa del banquete
De esta gente doy constancia para que los habitantes venideros
Sepan cuál es su linaje: la estirpe de la que descienden
Para que no olviden los nudos que nos forman: los destinos
Que se han tejido en torno nuestro: las peripecias
De esa historia que pulsa en nuestra sangre: que brilla en nuestros ojos
Los orígenes brutales de esta comarca en el confín de la tierra
Los acontecimientos que nos dieron un punto de partida
Un trampolín para ser quienes somos: aquí y ahora: hoy y siempre

Esta gente que llegó sin pedir permiso
Esta gente que vino de muy lejos
Esta gente que podemos ver reflejada
En las aguas de los canales de riego
Esta gente que somos él: tú: yo: nosotros
Luz que alumbra todavía los caminos del valle
Cielo azul sin nubes a la vista
Tierra cálida abierta al escrutinio del aire
Resplandor arrebatado ofreciendo sus semillas
Los contornos de una eternidad impenetrable

Nuestra utopía: nuestra quimera: nuestra ciudad

CARMEN VILLORO

HERIDA LUZ
[Fragmentos]

Para los condenados a muerte
y para los condenados a vida…
JAIME SABINES

1

Un perro nos mordió, Lumara,
hasta los huesos;
nos desgarró la carne
con sus veinte pezuñas;
hincó sus filos negros como el alba,
como este despertar y no tenerte,
o no tenerte casi porque acaso te vas
y yo me quedo,
me desangro,
me rompo,
me vuelvo un esqueleto seco
para seguir tus pasos a la sombra.

Un galope lascivo, un ritmo atroz,
la milicia de cascos de caballo,
llano abierto en el pecho su pezuña

(1958.) Nació en la ciudad de México, el 24 de octubre de 1958. Es licenciada en psicología por la Universidad Iberoamericana y maestra en psicoterapia psicoanalítica por el Instituto de Psicoterapia Psicoanalítica de Guadalajara. Además de poeta, es narradora, investigadora y editora. Ha publicado diez libros de poesía: *Barcos de papel* (1986), *Que no se vaya el viento* (1990), *Delfín desde el principio* (1993), *Herida luz* (1995), *Jugo de naranja* (2000), *En un lugar geométrico* (2001), *Marcador final* (2002), *Obra negra* (2002), *Papalote, papelito* (2004) y *La algarabía de la palabra escrita* (2012). En 2004 reunió cuatro de sus libros bajo el título general *El tiempo alguna vez*, y en 2011 antologó su obra poética en el volumen *Espiga antes del viento*.

Lecturas recomendadas

El tiempo alguna vez, FCE-Universidad de Guadalajara, México, 2004.
Obra negra, 2ª edición, Arlequín, Guadalajara, 2006.
Espiga antes del viento, Secretaría de Cultura de Jalisco, Guadalajara, 2011.

2

En una cama demasiado grande
navegarás la noche.
Yo estoy en este mismo cuarto
y sin embargo
la muerte ha puesto una pared de vidrio,
o de hielo tal vez,
para que no pueda darte la mano
en caso de naufragio.

Es la tropa del mal, su tropelía,
su andar cantando orines en mi sangre

3

Tú estás al fondo.
No sientes
el peso de la sábana,
el olor del cuarto de hospital.
Una bestia de sangre
recorre el laberinto de tu cuerpo,
un río de lava oscura es tu memoria.

Su hinchazón de tiniebla, sus encías
manchando acá esta tarde con sus líquidos

4

Navegamos en una misma herida,
en una misma incertidumbre
contra la luz viajamos.
Somos un solo cuerpo destazado,
una sola pregunta,
un solo inacabable
grito somos.

Mi cuerpo tumba, trincha, corta, ronza,
gana en sus avatares el laurel de los perros

5

Lumara,
no te dejo.

Victoria de las trizas, honra de hacer añicos,
lauro de desmembrar en trozos los fragmentos

6

Cómo decirte, pequeña,
que esto que te mordió es la muerte,
un animal sin cola y muchos dientes
que no existe en los zoológicos,
ni en las estampas de tus álbumes
ni en tus libros de ciencias naturales,
ni siquiera en tus pesadillas.
Este animal,
mi niña corazón de pájaro,
se alimenta de pájaros.

Ya no me miedes, muerte, no me mierdes,
no me llenes de dientes la garganta

EL GIRO DEL BAILARÍN

Todo es presente.
Todo es eternamente ahora
sobre el metatarso.
El gesto que congela la intención
ha detenido el cosmos.
Diría que se dispone
espiga antes del viento,
diría que está a punto de,
que el cuerpo es el instante víspera de la catástrofe.

Escucha su latido:
no hay sirena de barco que suene más profundo,
ni estampa de gacela rompiendo la quietud de la sabana
que sea comparable
al fugaz pero estático impulso de la sangre.

Porque en el metatarso está el dilema,
justo en ese peñasco en donde el cuerpo
libera como cinco espadas
sus cinco extremidades
hacia los cinco puntos cardinales.
Ahí en ese montículo de hueso donde se apoya el mundo
escucha el hombre claramente
el ya próximo desprendimiento de sus hojas.

Entonces gira.

Los músculos se tensan y el desierto,
la arena ingobernable con sus sueños
fragmentados en dunas,

el mar desde sus márgenes,
la aprisionada hoguera en el cuerpo del ámbar,
el aire con sus pájaros de vidrio,
todo despierta a la espiral del movimiento,
al tifón enloquecido,
al cuerpo que se ha puesto a girar como una estrella.

Es el cuerpo que baila y se apodera del viento.
Mudanza de las formas,
traslado de las intenciones.
Visaje, figura, morisqueta:
cada mueca es una rebelión,
cada reproche un movimiento.

Infinidad, sinnúmero, gentío,
abundancia de cuerpos en el cuerpo,
muchedumbre de cuerpos en el único,
impar y solo cuerpo que se erige.

En su afrenta de luz,
en el aéreo deshonor al orden,
en el tenuísimo pero aplastante oprobio al equilibrio
el cuerpo hace su ofrenda:
ahí donde devasta, crea,
donde quiebra, levanta,
donde disipa, anuncia,
donde lisia, establece el cimiento de su fundación.

Es el cuerpo que baila,
el espectro.
Toca la nada: es nadie,
miro su cara: es otra que es la misma,
muestra su rostro brutal y verdadero,
su pregunta.

Aparece y desaparece,
fluye en la nada como aquel que ha encontrado su elemento:
el delfín en el aire,
la serpiente en la pira.

Es presencia y ausencia,
olvido que se vuelve recuerdo,
reminiscencia que se desmemora,
cara que surge del espejo
como un presentimiento.
Está aquí y está allá sin duda al mismo tiempo:
lo apresa el corazón y se queda vacío,
la cuenca del espacio no lo tiene
ni nunca ni tampoco,
ni se estampa en la imagen,

ni se esfuma, ni pasa, ni se aquieta,
ni se avisa en la voz, ni se vislumbra,
ni se puede coger ni no se puede,
ni se forma, ni no, ni se disuelve
y sin embargo baila como si fuera el rey,
como si un cúmulo de soles
encendiera la brecha de su eterna extinción.

ÁNGELES

Sus pies apenas tocan los andamios,
sus brazos se apoyan en latas de pintura
vacías y ligeras,
su fuerza se desplaza
sobre delgadas tablas que cruzan el abismo.
No saben que son dioses,
que edifican destinos
y que la mezcla en sus manos
fecunda los espacios
y hace crecer las sombras.
Son ángeles de piedra,
tallas de polvo,
gárgolas cuya sangre
pone en movimiento las fachadas
y vuelve los deseos góticos y posibles.
Sus objetos sagrados descansan en el suelo:
un radio, unos zapatos, un refresco.
Por la tarde descienden,
guardan sus alas rotas
y el edificio en construcción
mira crecer su soledad
desangelado y gris.

LA CASA

Qué muro has de llevarte,
qué ladrillo,
si todo se fraguó
con el calor del cuerpo
que nos dimos.
Te pertenecen cuadros,
muebles,
o a mí me pertenecen.
Y qué es la pertenencia
sino el tiempo añejado,
el silencioso paso de los días
en las habitaciones.
La casa ha madurado

como una noble fruta,
desgajarla sería
un acto de violencia.
Llévate el techo aquel
que protegió los sueños
como una mano tibia.
Empaca una ventana,
¿no ves que tiene entre sus luces
tu mirada?
Me quedo con la puerta,
por ella entreveré
de pronto tu silueta
y pensaré que es casa todavía,
que es todavía mi casa.

Los cajones se ríen de nuestros pleitos.
Ellos saben guardar
la suave intimidad
que hizo crecer las plantas del jardín,
humedeció las vigas,
oxidó los alambres escondidos,
abrió paso al salitre en los mosaicos.
Los adornos se asustan,
temen la quebradura,
el cambio de lugar.
No podrían con las flores los floreros
si quitas esa mesa,
si la cortina se abre a otro paisaje.
Mejor dejarla sola,
plena de las palabras
que un día le dieron vida.
Mejor irnos los dos
cada uno por su lado.
Que la casa resista
como un barco encallado
después de la tormenta.
Que muera lentamente
como una vieja digna
arraigada a su polvo,
a sus recuerdos.

FÚTBOL

A mi hijo Federico

Te miro a través de la malla
que separa las gradas de la cancha.
Algunos gestos tuyos me hablan desde lejos,
quizá desde mi propia infancia.

Otros, te vuelven tan ajeno,
tan dueño de ese ritmo que imprimes
al paso de tu sangre.
Qué poco entiendo
de aquello que se fragua
en el centro profundo de tu cuerpo.
Qué poco entiendo de fútbol.
Qué poco sé
de ese jugador de once años
que arde de pasión sobre la hierba.

Me doy la vuelta
y te dejo ahí,
jugando tu partido
del que sólo tú conocerás
el marcador final.

NIÑA DE OJOS GRISES

Tus ojos me recuerdan
una estación vacía,
el tren que parte
en medio de la bruma.
Niña,
si parpadeas,
tomo la gabardina,
abro el paraguas
porque es preludio de lluvias
tu mirada.

REGRESO DE MARIANA

Cuando llegas la casa se despierta
como si dieran cuerda a algún juguete
tu clara voz, tus pasos al garete.
Apenas cruzas el umbral, los platos
se despostillan locos de la risa
y en la azotea se alegra una camisa.
Si en tu cuarto colocas la maleta
brota una nueva flor en la maceta
y en los muros se encienden los colores
mientras las ollas cuecen sus sabores.
No tengo que decirte que en mi mente
el mundo ya es de nuevo adolescente.

JORGE HUMBERTO CHÁVEZ

EL POEMA MODESTO PARA GUILLAUME APOLLINAIRE

Ni porque hemos crecido tanto
que muchos podrían confundir
nuestros ojos con estrellas.
GUILLAUME APOLLINAIRE, poema leído en la boda
de André Salmon, el 13 de julio de 1909

Creció tanto el viejo Apollinaire que alguna gente
llegó a confundir sus ojos con estrellas

Un mar separa a los hombres de los hombres
un mar de tiempo o de agua
sin embargo sabemos que Apollinaire llevó su vida
más o menos como la de todos:
probó la terrible juventud y conoció la poesía
amó a algunas mujeres: a Ana, por ejemplo
la hermosa Ana perdida para siempre

Nosotros somos: existe un país mexicano en América
hay en su cielo un norte inconmovible y vasto
aquí nos lleva el mundo en su girar errante
lo mismo que a Guillaume en París a principios del siglo
una mañana de abril
ante el rostro de María en una tienda de cuadros

Aquí
negados al saludo cordial de la aventura
vemos cómo el tiempo se retira en la suma de su acumulación inexorable

(1959.) Nació en Ciudad Juárez, Chihuahua, el 27 de junio de 1959. Además de poeta, es antólogo y promotor cultural. Ha publicado nueve libros de poesía: *De 5 a 7 pm* (1980), *La otra cara del vidrio* (1984), *Nunca será la medianoche* (1987), *La lluvia desde el puente* (1991), *El libro de los poemas* (1996), *Bar Papillón* (1999), *Sociedad de la Mano Fría* (2000), *Ángel* (2009) y *Te diría que fuéramos al Río Bravo a llorar pero debes saber que ya no hay río ni llanto* (2013). En 2003 antologó su obra poética en el volumen *Personal Anthology, 1980-2000*. Entre otros reconocimientos, ha merecido el Premio de Poesía Aguascalientes (2013), por *Te diría que fuéramos al Río Bravo a llorar pero debes saber que ya no hay río ni llanto*.
Lecturas recomendadas
Personal Anthology, 1980-2000, University of Texas at San Antonio, San Antonio, 2003
Ángel, Mantis, Guadalajara, 2009.
Te diría que fuéramos al Río Bravo a llorar pero debes saber que ya no hay río ni llanto, FCE, México, 2013.

región fantasma en la que nada parece ocurrir
y aún así los hijos se van tornando diferentes
hay quien tiene dolor pero nadie lo sabe
alguno siempre ama   está dejando de amar
el universo es siempre medido por alguien, es pensado

El soldado Guillelmus Kostrowitzky
llegó a su habitación en un hotel de Nimes
allí encontró a Luisa
hablaron de los heridos los obuses las bengalas
la retuvo en su cama siete días de diciembre

Desde este lugar sencillo
ofrendaremos a la historia el fracaso o el triunfo de unas vidas
aquí es el mundo
donde poso mis pies da principio la historia
donde habla mi voz es un vértigo el tiempo
el mundo acaba y comienza precisamente aquí

Crecemos
es nuestro nombrar la certeza y la duda
así penetramos el misterio que es
así buscamos la respuesta en la entraña difícil de lo vivo

El día de Pascua de 1915
el segundo artillero Guillaume de Kostrowitzky
salía para el frente del norte
conocía a Magdalena en un cruce de trenes

Día con día asistimos a una sorda batalla
que nos trepana la razón los sentidos
y como este artillero en los combates del 15
en la línea del norte forjando la poesía
resueltamente heridos libramos esta guerra

Amó a algunas mujeres
que lo amaron
que no

Ana   María   Lou   Magdalena
Jaqueline la linda pelirroja
olvidó y fue olvidado

Crecemos
ya nuestro caminar siembra en los suelos una trepidación premonitoria
nuestra cara es el centro de un perpetuo relámpago
ya nuestros altos ojos iluminan la noche

EL POEMA LLAMADO AMÉRICA

Kathy, estoy perdido —le dije
a pesar de saber que ella dormía—
estoy vacío y me duele y
no sé por qué
SIMON Y GARFUNKEL, *América*

Las mujeres pasean en las bulliciosas avenidas
los hombres las miran pasar

todos tenemos una historia
nacemos los unos lejos de los otros
nacemos en tiempos diferentes
y de distintos modos la ciudad nos cobija y nos permite crecer
y encontrarnos en sus calles un día

cuando un hombre descubre a una mujer conoce un mundo
cuando una mujer conoce a un hombre descubre una historia nueva

el hombre con su casa a cuestas se muda al corazón de la mujer que ama
la ama con su pasado
                              con sus libros remotos
ama con sus abismos y sus cúpulas
poco a poco la puebla explora su misterio
y en ese conocer los rasgos se disuelven
el misterio se anula
se torna gris el amor la sorpresa en desgaste
tú deseas que perdure pero ahora es volátil
quieres navegar otra vez pero no hay puerto al que puedas dirigirte
tienes deseos de volar y sabes que no hay sitio en el que puedas posarte

cruzo las avenidas
contemplo insensible la autopista el avance de los autos hacia ningún lugar
aquí en el luminoso y vivo norte de América
entre puentes que salvan aguas sucias e inmóviles
edificios de negros espejos erguidos contra el cielo

no me hagas caso por favor éste es uno de mis días malos

la verdad es que hombres y mujeres pasean llevando un corazón que la derrota enriquece

no es detenible el amor en su ciclo de rostros

veo gravitar la luna sobre el paraje abierto

es bella la ciudad

APIA, A 10,668 M
Sobre el Pacífico en un avión de Qantas

A esta altura es imposible saber
quién ama a quién allá abajo o
si alguien espera lo improbable
o lo inútil; difícil estar más
lejos que hoy, ajeno a la calle
de tus pasos o al viento que cruza
por tu cara.
        Quizá duermas o veas
la TV o estés sintiendo el amor
de alguien o inmersa en un vacío
tan grande como éste en el que voy
igual que un pájaro perdido entre
los astros, inevitablemente
acercándome a ti.
        Hoy te hablé por
teléfono. Parecías estar en
Apia, en la tierra, justo a diez mil
seiscientos sesenta y ocho metros,
exactamente como todos los que ahí
abajo habitan: negada, eludida,
en ese lugar donde nadie conoce
mi nombre, ni qué o quién soy, ni qué
estoy haciendo aquí tan alto, tan arriba

YO LE HUBIERA LEÍDO ESTE POEMA

Yo le hubiera leído este poema.
Otros leyó, no míos. Hoy es sombra entre sombras.
Filo de luz: el alba. Leve viento: zarpamos.
Silenciosas caían las hojas de los arces.
        Li Po

los lugares se instalan en el tiempo sin aviso
nombres de calles nombres de ciudades fechas
mientras te unge la noche más larga del otoño asumo esta hoja en blanco
crónica de lo perdido irremediable
el reloj de la torre nos da el minuto exacto y es tarde ya en avenida 16
los almacenes cierran sus puertas de vidrio mientras se deja oír un fonograma de campanas
yo te hubiera leído esta escasa miseria
bitácora de las cambiantes mareas relación de las búsquedas prohibidas
nos da cabida un noviembre perfecto y es tiempo de periódicos y llamadas telefónicas
el amor aguarda en una esquina oscuro y omnipresente pasajero
cada uno en su perspectiva redime a las ciudades
rozamos nuestros brazos al caminar al lado de gente cuyo rostro
no sabe que andamos envejecidos pasos que cada uno habita una máscara perfecta
dejamos atrás la ruina los carcomidos dinteles del acontecer

las grises fotografías que hoy nos han alcanzado irrevocables
en las calles las últimas banderas están en franca picada y convalecen
las jóvenes abandonan sus puestos de trabajo contando viejos sueños por venir
anuncian una ciudad tirada al abandono las manos en los bolsillos los alientos
noviembre amarillo y circular: hay frío en los cuerpos que suceden borrosos en el atardecer
la evocación tiene mil caras:
su pezuña ha caído percusión tenaz que derriba el panorama de este día
recuento de los perfiles que forman el desastre:
el horizonte levanta solas calles y recortes ascendentes de autopistas
paisajes donde la soledad se descubre en la superficie herrumbrada de un espejo
repetición para la nostalgia y el fervor
de los amantes de tierra el agua el aire
los amantes de todos los hoteles de paso
todos los parques las alamedas los cafés
los sitios donde se identifican los cuerpos que ofician el amor más difícil
mientras miras cómo se desmoronan edificios enteros catedrales
quizá transcurra sin nosotros la historia y todo esté perfecto y sea el fin
vivimos la era de las desconstrucciones
asistimos al acto de lo muerto reinventándose
pero persiste la ciudad que somos
humo que hiere la mirada
trepidación de ruidos en fuga por las calles
tardes con todo el peso de los siglos sobre los mansos hombros del que mira
somos nosotros la ciudad
con todos los muertos que han sido y que transitan aún por los pasillos del sueño
en la avanzada noche de las cocinas las recámaras
con nuestros vivos fijos en el colmado error de continuar hacia adelante
con todo nuestro lenguaje desmantelado y revivido
          claro de luna corazón oso siniestro
          sueño de los dormidos orilla y tempestad
          amante sin tiempo tierno león de bruma
          ojo de estrella deforme amor vencido
amor vencido amor deforme amor chato amor
círculo a donde vienen a incendiarse los trajes aquellos que se acercan a la hoguera
picota de los que sólo abren puertas los que no saben cubrir su retirada
la pobre gente llega a su habitación y se tira en los brazos de su menestra y su recuerdo
la avenida 16 está sin duda sola y agoniza
el reloj de la torre marca horas impasibles donde un abrazo guarda un grito una sentencia
ahora yo soy la ciudad y tú el viaje interminable
con nosotros sin nosotros se escribe ya la historia

AUSTIN, DIC. 31 DE 2010

1. Buscando The Little Longhorn Bar

El que se toma una foto por los programas públicos de la ciudad
al verse en ella se reconoce como un hombre
hay hombres y mujeres que nadie ve y lo peor es que ellos lo saben: nadie los ve y ellos lo saben
el Programa de Fotografías para los Ciudadanos Comunes de Austin permite

capturar los rostros de esas personas en las que nunca ponemos los ojos
y esto ocurre porque la ciudad vive de prisa y nosotros estamos en tal ritmo
que a pesar de creer en la polis y en la importancia de todos por igual
acabamos por no ver a los demás, quizá del mismo modo
en que a veces caminamos por calles enteras
pensando que en los hoteles y las casas no hay alguien despierto
y hasta llegamos a creer sin culpa que ya no hay nadie en la ciudad de Austin
y que a eso se debe que nadie nos ve

2. Martha Harding, mesera

De mesa en mesa, entre acordes y cantos,
Martha sirve vino blanco y cerveza en el Little Longhorn Bar de Barnet St.
dice que sirve tragos desde que ella se acuerda en los bares de Austin
y pienso que quizá lo hacía en 1979 cuando yo muy joven soñaba
en viajar desde Juarez City y venir a infiltrarme en la clase de J. L. Borges
sería mucho decir que Martha Harding le sirvió una copa a Borges
pero seguro lo hizo con alguno de sus muchos discípulos
como ahora lo hace conmigo, y eso es todo lo que tengo en común
con el viejo profesor argentino
nunca pude venir a Austin con Borges pero mi consuelo es que llegué al fin
qué pobre es el consuelo del corazón cuando el hubiera es todo su remedio

3. Tengas de sobra en el 2011

A mis tres hijos

Una botella de vino, y una mesa en que poner la botella, y una casa para poner la mesa
frutas y panes, que son alimento de ángeles, y asado para tu sencilla parte de humanidad
aquí en la fiesta de año nuevo de Austin está Samia, la egipcia, y de Ciudad Juárez
vinieron Deimy Yolanda, Natalia Isela y Jorge H. Chávez Ramírez
para ellos paz en sus atormentados ánimos y para sus países un nuevo corazón
bocas y ojos alegres porque los oscuros de ver y decir están más cerca de la muerte
otro Dios para todos, menos amigo del lujo y de la usura, más cercano y más simple
la mano infalible de un buen amor que al tocar tu cabeza dé calor y calma
en esas noches densas y azules sin estrellas, ni cobijo, ni esperanza

JOSÉ JAVIER VILLARREAL

OTOÑO

Este día el otoño es una piedra azul,
un jalar del gatillo en la noche;
sólo un rumor: la caricia que abre las alas.
El otoño es una gran herida, un fuego violento,
el cervatillo que no deja rastro alguno,
la sombra en el ángulo más claro de tu risa.
A veces parece estar muerto sobre el césped
pero tan sólo aguarda un descuido para caer de lleno,
para tender sus redes amarillas en torno a tu cuerpo.
El otoño asemeja ser una fiera desconocida,
una serpiente marina soñada por los navegantes del siglo xv,
la pesadilla donde descansa la razón de la joven amante.
El otoño, con su pesadez de años,
abriendo las puertas de los jardines vedados.

CANCIÓN DE PRIMAVERA

Porque a veces el cielo es toda una evidencia,
un ángel enfermo que nos llama, la lluvia por la calle.
Es el golpe que nos desgarra la cara, que nos tira;
es la fuerza del miedo: el perro que ladra toda la noche.

Porque sucede, a veces, que el cielo no existe,
que es sólo un recuerdo, la referencia obligada para el llanto.
Y es entonces cuando la ciudad se vuelve un largo lamento,
una mujer que nos besa el cuello y nos corta el sexo
como un atardecer intenso que no termina nunca.

(1959.) Nació en Tijuana, Baja California, el 17 de julio de 1959. Vive en Monterrey, Nuevo León. Es licenciado en letras españolas por la Universidad Autónoma de Nuevo León, maestro en escritura creativa por la Universidad de Texas y doctor por El Colegio de Michoacán. Además de poeta, es ensayista, investigador y traductor. Ha publicado ocho libros de poesía: *Estatua sumergida* (1983), *Mar del norte* (1988), *La procesión* (1991), *Portuaria* (1997), *Bíblica* (1998), *Fábula* (2003), *La santa* (2007) y *Campo Alaska* (2012). En 1996 reunió su producción poética, de 1982 a 1994, en el volumen *Noche de fundaciones*. Entre otros reconocimientos, ha merecido el Premio de Poesía Aguascalientes (1987), por *Mar del norte*, y el Premio Nacional de Poesía Alfonso Reyes (1989), por *La procesión*.
Lecturas recomendadas
Fábula, Aldus, México, 2003.
La santa, FCE, México, 2007.
Campo Alaska, Almadía, Oaxaca, 2012.

§ Porque a veces la primavera suele ser fría y cruel
como los ojos quebrados de la víctima,
como ese aliento pesado de las mujeres olvidadas.

Pero la muerte puede ser otra cosa:
una noche entera aguardando el calor del mediodía,
el deseo que nos hace odiar hasta la última parte de nuestro cuerpo,
el hambre, el dolor que nos abre los ojos buscando el cielo.

ELEGÍA FRENTE AL MAR

A Genaro Saúl Reyes

Bajo esta soledad he construido mi casa,
he llenado mis noches con la rabia del océano
y me he puesto a contar las heridas de mi cuerpo.
En esta casa de cuartos vacíos
donde las palomas son apenas un recuerdo
contemplo el cadáver de mis días,
la ruina polvorienta de mis sueños.
Fui el náufrago que imaginó llegar a tierra,
el homicida que esperó la presencia de la víctima;
la víctima que nunca conoció al verdugo.
Este día el remordimiento crece,
es la sombra que cubre las paredes de la casa,
el silencio agudo que perfora mis oídos.
Este día soy la sucia mañana que lo cubre todo,
el mar encabritado que inunda la sonrisa de los niños,
el hombre de la playa que camina contra el viento.
Soy el miedo que perfora el cuerpo de la tarde,
el llanto de las mujeres que alimentaron mi deseo,
aquel que no vuelve la mirada atrás para encontrarse.
No sacudo el árbol para que la desesperación caiga,
para que el fruto ya maduro se pudra entre mis piernas
y el grito surja a romper la calma de la muerte.
No, me quedo sentado a contemplar la noche,
a esperar los fantasmas que pueblan mi vida,
a cerrar las puertas, a clausurar las ventanas.
Me quedo en esta casa de habitaciones vacías.

CANCIÓN DE NOVIEMBRE

A Minerva Margarita

Noviembre no es el mes más cruel —al menos no lo dijo Eliot—;
no está escrito que lo sea.
Noviembre es el mes del mar, el mes de las tormentas,
es cuando el cielo baja y nos besa el cuerpo,
cuando acudimos callados a contemplar la noche,

cuando ya no esperamos que la fruta caiga
y la esperanza es un fantasma apenas.

Durante las noches de noviembre una mujer se pasea sola frente al mar;
pasea la ira de sus días, su inmenso rencor.

El mar entonces es una furia que se desparrama,
un golpe bajo a mitad de la madrugada,
un despertar de pronto cuando la soledad nos desgarra el pecho
y el llanto es sólo un cuchillo, una pistola que duerme bajo la almohada.
Pero noviembre no es el mes más cruel —no lo dijo Eliot—,
no está escrito.
Noviembre sólo es el mes que anticipa la llegada del invierno.

TIJUANA

A Roberto Castillo Udiarte

Esta ciudad nos duele como una espina en la garganta,
como el hombre que pasa con el miedo dibujado en el rostro.
Nos duele como el amor y sus ejércitos,
como los ángeles irremediablemente perdidos.
Es la mujer que nos desnuda frente al mar,
la lluvia de marzo y las dos tormentas del verano,
el golpe que nos hace abrir los ojos; el beso que nos cierra los labios.
Es el monumento de la infamia y del rencor,
el perro que nos asustaba cuando volvíamos del colegio,
el mismo que a veces vemos en la mirada del hombre más próximo.
Esta ciudad se levanta sobre el sudor y los sueños de nuestros padres,
sobre el cuerpo violado de la muchacha y la mano siempre dispuesta del asesino.
Crece como el odio, como el polvo y la rabia,
como un mar encabronado que se te escapa de las manos.
Es la mujer que pasó sin verte, la que no te recuerda,
esa que constantemente disfrazas, pero a quien siempre le escribes tus versos.

POEMAS MORALES

*Expecting your arrival tomorrow, I find myself
thinking I love You: then comes the thought:
I should like to write a poem which would
express exactly what I mean when I think
these words.*

W. H. AUDEN

I

En sirgo de bravatas
sin canto ni función
asperezados lados con fieras pubertades

de hilos y respiros
a la orilla del río.
Apacentó sus fuerzas, aquilató sus ansias, y como pudo dijo
y exoneró el lamento, la vena reventada, el risco levantado,
la purga de esmeralda
con la sola depressa que en los blancos
creyó adivinar. Arisco en la espesura, cuando la tarde se iba,
fue derrengando sirenas, azucenas en vilo:
huéspedes que se iban conformando con un beso.
Partió. Y cuando su boca sintió los hechizos de las ramas
quiso comulgar con flores, con colores desvaídos.
Después se acurrucó
para soñar un rato con la tarde ya perdida.

II

A Santiago Javier

No importa la clave,
el dardo traspasando el cuerpo que se inclina.
No importa la selva, tu cama, el cuarto suspendido,
la cantidad, el pago, el documento.
No importa el azul cuando la lluvia arrecia y las gradas del estadio muestran su tristeza,
el silencio, la flecha, el camino que estás por recorrer.
No importa el peso, el brillo de los cubiertos, la loza sobre la mesa,
la resaca, la tormenta que se estaciona sobre tus horas.
No importa la caricia, el murmullo,
el golpe, la redondilla que canta tu nombre, la novela o el libro bajo la cama.
No importa el cassette, la ropa, las toallas invadiendo el paraíso.
No importa que amenacen tus horas sacrificando un becerro que se muere de frío.
No importa el sonido metálico e incisivo,
esa forma de amanecer que fatiga tu alma.

III

Como la escamosa situación del pez
cuando se pone a leer los periódicos
y descubre horrores, devastaciones,
la estupidez que flota
sobre la superficie de las aguas,
sobre su cabeza
con el mismo brillo del gancho y del arpón,
con sus mismas consecuencias royendo el hueso de la estabilidad,
carcomiendo el punzón que humedece la hoja donde no se escribe,
donde los barcos se hunden
en un camino que se pierde entre los rostros
y desgarra con sus filos
la delicada piel de la conciencia;
la misma con que el pez hojea las páginas del diario
y se queda mudo, grave, en su pecera
bajo la vigilante presencia de los gatos.

IN MEMORIAM

A José González Quijano

El paso de la muerte alcanza el rostro del suicida,
la habitación donde el silencio construye torres de cristal
mientras una serpiente repta los ecos de otra noche.
Los dormidos hablan,
clavan sus uñas, bajan a contemplar la luna,
bajan entre sábanas con la soledad prendida a sus espaldas;
pero no hay nadie,
y solos, en medio de la noche, se asoman por las rendijas,
se piensan un gato, un escualo detenido en la canícula del día,
y no ven nada,
sólo sus manos limpias y lúbricas, sus manos ausentes del espejo.
Buscan la plaza y la muchacha que se reía con ellos;
la muchacha y el mar que se estiran bajo la sombra inerte,
que se estiran en las cantinas del centro
y se agazapan en la voz del borracho que invita las últimas, las del estribo.
Sobre la mesa discurren las horas de tu muerte,
la muerte de tus cuadros en salones prestados,
la muerte de este cuarto que sabe a muerte.
El televisor te aleja y adelgaza; estás tan cerca de ti que nada haces, nada puedes hacer.
Las princesas con sus largas cabelleras de bosque y cereza se han perdido entre tus ropas.
Un demonio se sentó a tu lado
y otro más alcanzó a cerrar la puerta.
Las cantinas y calles del centro se fueron apagando, sólo el blanco intenso del recuerdo
y esa larga avenida donde hace años…
Todo se reduce a volver a empezar
sin que este sol torture el negro de tus ojos,
sin que mañana tengas que levantarte, observar tu cara en el espejo
y justificar ante todos la razón de tu existencia.

CAMPO ALASKA
[Fragmentos]

Escapábamos por el hueco de tus ojos,
por el jardín que crecía tras la puerta,
por esas lágrimas que mojaban tus pañuelos:
el oro de tus cavilaciones.
Escapábamos hasta alcanzar la meta, el otro lado de la calle,
el barandal del parque, la oscuridad del cine.
Después volvíamos con la misma necesidad
por el hueco de tus ojos.

*

En el cuerpo de la noche
donde cuelga el silencio que rasguña las ventanas.

§ En ese jardín mordido por la indiferencia
    donde los botes se mecen sobre aguas tranquilas.

    En ese crujir de ramas y gordas zarigüeyas,
    con la atención del miedo que regala la soledad en cada cuarto.

    Suspenso, descalzo, y con la luz apagada,
    quedarse muy quieto como si en verdad alguien hubiese entrado
    y corriéramos un riesgo, un peligro tan grande que nos hiciese despertar.

                                    *

    No fue necesario cerrar la puerta,
    sacudir el abrigo o acomodarse el saco.
    Igual la lluvia seguiría cayendo,
    mojando las ramas, las hojas,
    los parabrisas, los sombreros y peinados,
    los pensamientos que circulaban por la calle,
    las banquetas, los periódicos y los puestos de comida.
    Esa lluvia que caía sobre todo aquel que abriera los ojos;
    sobre todo aquel que los cerrara.

    No fue un consuelo —en lo absoluto— ver cómo todos llorábamos un mismo llanto.

                                    *

    Escribo unas palabras
    mientras alguien se aleja.

    No hay sensación de frío
    en esta reliquia que se pierde en el invierno.

    Estamos solos
    en una larga travesía.

    Es una la mañana al final del sueño,
    pero es un sueño diferente al final del día.

TEDI LÓPEZ MILLS

SECUELA (*Segunda*)

Es el tiempo del canalla,
es el sol del buitre,
es el cielo de la mosca.

Enumero en relieve
este friso de anomalías.

La temperatura reiterada como un eco
en la canícula singular del morbo
y afuera el animal de la conciencia
perseguido por una circunstancia pedestre:
cruzar la calle o infringir la luz roja,
batirse con una esquina
para librar la encrucijada,
mirar de reojo el uniforme,
la bota caída al norte de un charco
como un pie solitario
que perdió la retaguardia del cuerpo
y al cabo de un día el sueño de la distancia.
Enumero el desatino del aire
que no puede resumir la medida del aliento.
El plumaje caído contra el plomo del piso,
el racimo de nubes y tela
que convive con el cable tenso
como si creara una especie intermedia,
un relevo entre el pájaro y la rama.
Enumero la atmósfera de breves peticiones,
la cúpula donde la sombra o la brisa

(1959.) Nació en la ciudad de México, el 1 de agosto de 1959. Además de poeta, es ensayista, antóloga y traductora. Ha publicado once libros de poesía: *Cinco estaciones* (1989), *Un lugar ajeno* (1993), *Segunda persona* (1994), *Glosas* (1997), *Horas* (2000), *Luz por aire y agua* (2002), *Un jardín, cinco noches (y otros poemas)* (2004), *Contracorriente* (2006), *Parafrasear* (2008), *Muerte en la rúa Augusta* (2009) y *Amigo del perro cojo* (2014). Entre otros reconocimientos, ha merecido el Premio Nacional de Poesía Efraín Huerta (1994), por *Segunda persona*; el Premio Nacional de Literatura José Fuentes Mares (2008), por *Contracorriente*, y el Premio Xavier Villaurrutia (2009), por *Muerte en la rúa Augusta*.
Lecturas recomendadas
Luz por aire y agua, Conaculta, México, 2002.
Contracorriente, Era, México, 2006.
Parafrasear, Bonobos, Toluca, 2008.
Muerte en la rúa Augusta, Almadía, Oaxaca, 2009.
Amigo del perro cojo, Almadía, Oaxaca, 2014.

podrían restituirse si el clima
no estuviera mutilado
por el estribillo de una predicción:
no habrá otro resquicio como el de ayer
donde percibí el bálsamo de una luz
contigua al frío, su idea remota,
luego esa escarcha en la frente
como un rasgo de amor o de gracia,
la virtud de una nieve repentina
y la tregua blanca en el cuarto.

Adónde se va en medio de una vida;
hablo de la ceniza
y una pasión tan extrema
como el incendio y su verano
anticipado por la chispa,
hablo de la distorsión de un sonido
en el bosquejo de los dedos y la flama.

No sale el mundo hoy, no regresa;
queda la parodia,
el trayecto burdo
entre la mirada al techo
y el consuelo de una ventana,
la destreza del fresno,
la higuera detrás del tinaco
y la viga en el ojo ajeno.

Esta década no sirve para despedirse,
no sirve la huida
si no deja los rastros de una ruta,
no sirve el oxígeno cerrado en un puño,
las manos compulsivas que cuentan
tantas briznas de pasto
y tanto gramaje de polvo;
no sirve la muerte pequeña al final de la tarde,
la resurrección en la última escena
cuando se disuelven los hechos
y el duende del error
se posa junto al cuello
como un loro distraído por el silencio
que olvida su única frase:
esta región apesta,
this south stinks peace;
pero no, es aún más fácil,
huele: siempre hay un mar escondido
cuando se gasta el encierro.
Esas olas vuelven
como si tuvieran albedrío.
Y es el festín de esta máquina
decidir si eres o no eres.

§ Canalla entonces el tiempo cuando dura así
   sin los dones evolutivos del instinto,
   sin el atributo de la impaciencia.

   Y esa idolatría de la imagen:
   el buitre del sol en la llanura bermeja,
   la mosca del cielo matizada
   por el motivo de alguna ruina,
   el cascajo y el óxido,
   el dudoso metal de una efigie que perdona
   y la abstinencia porque esto,
   la alegoría o la magia, no sigue.

NIEVE

   Lo más extraño de la nieve
   es no haberla visto
   pero convocarla
   como un hábito del asombro
   o una condición de ciertas palabras.
   La *nieve solícita* de Lezama,
   por ejemplo,
   su nieve perpleja en el trigo,
   su festón enhebrado de nieve,
   su pulpa cortesana,
   sus *insectos ciegos*
   a pique por el flanco frío,
   sus *nieves declamadas*,
   sus *nieves invitadas*,
   sus nieves que escrutan
   gamos en el bosque
   y hojas cubiertas
   por la escarcha de una luz
   tan tenue como la fábula
   del invierno fijo en las palmeras
   que se deshace
   con el primer golpe de sol,
   su rastro de arena,
   y la brisa canicular pintada de verde.

   ¿Qué es esa nieve
   retenida por sus paradojas?
   ¿La nieve de alguien,
   íntima e intransmisible,
   o la nieve del mundo?
   Una analogía redundante:
   si el mármol es parásito de la nieve
   —no a la inversa—
   la cercanía blanca es tan absoluta
   que entonces se anula.

Y no hay conocimiento.
Pero con otros colores,
con otros hechos
el símil puede tener
la consistencia de un acto.
Nunca he visto el muérdago,
su amarilla natividad,
sus bayas pálidas en el roble,
su forma suelta y sin corona.
Sé que hay umbrales precisos
donde impone la costumbre de un beso
o épocas en medio del verano
próximas a la sequía
en que arde en una fogata
por sacrificio o por memoria.
Según los druidas
(que para mí son como la nieve)
el muérdago lo cura todo,
es sabio e inmortal.
Lo mismo podría decirse
de cualquier cosa que se desconoce:
el tojo en el mediodía
de un monte quemado,
el baobab en la tórrida llanura
o los tisanuros en un hoyo
distante del viento.

La nieve a veces no tiene linderos,
redime castas, fechas, días,
hace ritos en la tierra
que invierten el orden
de lo que buscan los ojos.
Entonces las quimeras
ya no se miran
tras la reja como antes.
Y así ocurre de repente:
cuando descubrí la nieve verdadera,
la nieve sola,
ya no importaba.

CONTRACORRIENTE
[Fragmento]

E

Roto pabellón de un río, fugaz campaña de agua sucia,
agua destituida por la gula del aire, digo, codicia por el caudal
de fantasmas, mil caras de la basura, reitero, como si nadie
las hubiera visto, mil caras río abajo, la orilla simulada entre trozos

de hule, plásticos acarreados, un hilo que recorre los brotes,
río de las cosas, hacia dónde iba, te deslinda un idioma, te junta otro,
agua hincada en puro contrasentido, arcana agua ésta que se postula
como ánimo, habiendo tanto disfraz, mil caras son una sola,
mi hermano cuando llega usa la del mal, yo ninguna, rota la efigie
del inicio, vi formas no el sedimento donde a veces se anclaban,
cuéntame, pregunto lo mismo, hubo hierba donde creció la sombra,
pasto en la gruta, abrojo en la boca, lo mismo que muerdo, dónde
empezaron las frases atrofiadas por su belleza, mi hermano tuvo algunas,
el límpido filamento de un mar entre ojo y ojo, mirando el primer día,
lámpara occisa, la extinción simple de un objeto, foco desnudo
en el cielo raso, hermano ingenuo, pesimista por falta de astucia,
da vuelta la suerte, cuéntame, los mapas fortuitos de una cuadra,
el adoquín alterno para cada pie indeciso, la muletilla de una infancia
ubicua, cuéntala como si la creyeras, su vertiente invertida procrea
un leve jardín, casi cantado, un paraíso escrito sin discordia, hacia adentro,
hermano enemigo, el ídolo es aquel pasto o la dicha, canta y miente,
desde esa raya fronteriza donde hace agua la voz tan pronto se cuela
un dato, corrupto es quien pide o quien da, corrupta la merma
o la abundancia, lo mismo entonces, abusa de la imagen de ese fondo,
mil caras de un río retoman su secuela, muerdo lo que sé, datos
son tu barda son mi rueda son tu agua son mi calle, casa de otro polvo,
de otra estrofa, zanja derivada, declinante, raspadura del metal
contra la piel, óxido corrupto, episodio de un sepia trascendente,
imbuido de sí, hermano engasta, intuye mi fórmula de ríos empotrados,
pabellones de viento o brisa cribada por la tela, inventa una verdad
que suene, cínicamente tenga la moldura del ruido antes del silencio,
paradoja del oído, llana verdad, templa de un extremo a otro
su agua relativa, nadie de oficio, hermano tendría que pasar
del retroceso de una conciencia al acto, escuetamente,
atravesar si no aquel espacio de terca prosodia, al menos
la franja de una luz que ocurra con el mundo adentro,
aunque mienta y diga que el reto desaparece tan pronto
se agota este ciclo de infierno, mi tramo de ocio desviado
hacia la eficiencia, mil caras de la cara única, juez de mí,
juez de ti, dictando paráfrasis, antecedentes de la fe más austera,
haya letanía, letargo en círculos que ciña al menos la circunstancia
de esta identidad sin dilema, agua del agua, yo tuve la idea
y la sentí antes de pensarla.

MUERTE EN LA RÚA AUGUSTA
[Fragmentos]

0

Sobre el cadáver del señor llamado Gordon
(junto a una alberca, bajo un árbol)
se halló un trozo de papel donde alguien,
quizá hasta el propio Gordon,

había garabateado las palabras:
"Anónimo dijo: esto ni se lee ni se entiende".

1

En la primera mañana de su vida nueva
el señor Gordon (santo señor Gordon)
hacía dibujos para los nietos de sus vecinos
y atildaba el jardín para su esposa, Donna:

mira lo que planté hoy —le decía—
heliotropos y rosas y malvones para ti,
lodo para mí, palabras y gusanos para ti, guijarro
o qué tengo aquí, ¡vidrio! una gota de sangre,
Donna, mi sangre para ti.

Así jugaba el señor Gordon en su jardín
en las afueras de Fullerton, California,
jugaba y luego lloraba tirado en la tierra
con su gota de sangre,
la boca negra, la inmensa boca
vengando esa mancha súbita,
innecesaria mancha de silencio,
después del vidrio en la cara,
la cara suave de Donna:
perdón, te pido, y mil veces perdón,
hasta que ella lo levantaba de la tierra
y lo metía en la casa y lo lavaba y lo acariciaba
eres mi animal, mi animalito
y le tocaba los labios con la punta
de un trapo y le decía en susurros,
Gordon, te odio, y él se reía.

2

Ya quieto en la noche, el señor Gordon
se sentaba a la mesa del comedor y escribía en su diario:

hoy me corté en la piel con Donna otra vez
puse mi mano en el lodo y fijé la pinza en la raíz
más dura y la torcí y la rompí y la raíz gritó: *es mentira, Gordon,*
mientras yo la jalaba, *no eres nadie, viejo loco, viejo inútil,*
y la golpeé hasta matarla,
sí soy alguien todavía, cuando salgo
en las mañanas a dar la vuelta por el jardín
los vecinos y los nietos de los vecinos
me saludan "hola, Gordon" y yo los saludo
"hola vecinos y nietos de los vecinos"
y me acerco a la alberca que es la alberca de todos
donde está don Jaime, el jardinero,

desbrozando los pelos del agua,
y nos hablamos como dos amigos,
luego él me lleva de vuelta a mi casa con Donna

Gordon trazó la ruta en la página,
hizo un óvalo y puso debajo "alberca"
y encima un sol enorme, a un costado un palo
que era él junto a otro más grueso que era don Jaime.

por esta línea caminamos
dando pasitos sucios por el pasto, callados
porque yo no me atrevo a contarle a don Jaime
que colecciono recuerdos de albercas,
numerados, con nombre, una foto o un dibujo,
la Alberca del Desierto, la Alberca de la Pradera,
la Alberca de la Montaña, rectangulares
entre las hojas secas o redondas cuando la canícula
se avecina haciendo geometrías en el aire
que me toca de rebote y pienso para levantar un muro
que he visto muchas albercas durante muchos años,
también hoyos sin albercas en mi cabeza
cavando con el ruido un pozo indistinto
donde se hunde la figura de mi cara,
pero hoy debo confesar otra cosa
me enojé con Donna y lloré en el jardín
y ella me rozó los labios con su trapo,
olía a grasa húmeda, a lengua blanca,
Donna me aprieta, *¿dónde está el dinero, Gordon?*,
me dice en voz baja, *¿dónde lo escondiste?*
¿Cuál dinero, Donna? Ella se ríe y me lastima.

Gordon terminó su anotación
con una lista de actividades para el día siguiente.
Mañana voy a:
1. Prepararle su desayuno a Donna, panes y leche caliente con una
cucharadita de miel.
2. Estudiar mi libro de origami y aprender a hacer un coyote y dárselo a
Donna.
3. Leer y subrayar las guías de España y Portugal.
4. Revisar mi cuaderno azul de albercas y mi cuaderno blanco de dibujos.
¿Dónde puse la sombra del espejo que dejé un día pegada? Le pregunté a
Donna burlándome y ella me miró aprensiva. Nunca vi nada, me dijo. Le
hice un guiño y una mueca. Mejor lo olvidamos, Donna.

BAUDELIO CAMARILLO

ARPEGIOS

Ella es el mundo.
En sus ojos la luz destila sueño,
en su pelo la noche anida sus estrellas
y en su voz beben agua
las palabras marchitas.

Más abajo la luz formó densas colinas:
ahí duerme el asombro,
ahí reposa el agua sus destellos que ciegan.
Existe entre sus piernas
un perfume que sirve para atar arco iris,
para domar las furias más salvajes.

Pero lo más preciado,
lo que conmina a arqueólogos y aventureros ávidos
a subir esas cuestas de luz endurecida
es la certeza de que hubo un paraíso con árboles frutales
de los cuales aún quedan las sombras.

*

Nada pudo la noche.
Nada pudo el invierno ni la lluvia
contra el verano intenso de mi carne.

Ahora estamos desnudos.
Comenzaré a besar tu piel,
a ararte con mis manos,

(1959.) Nació en Xicoténcatl, Tamaulipas, el 7 de septiembre de 1959. Vive en Celaya, Guanajuato. Estudió la licenciatura en ciencias sociales en la Escuela Normal Superior de Aguascalientes. Ha publicado seis libros de poesía: *Espejos que se apagan* (1989), *La casa del poeta y otros poemas* (1992), *En memoria del reino* (1994), *Huerto infantil* (1996), *Poemas de agua dulce* (2000) y *La noche es el mar que nos separa* (2005). Entre otros reconocimientos ha merecido el Premio de Poesía Aguascalientes (1993), por *En memoria del reino*, y el Premio Nacional de Poesía Efraín Huerta (2004), por *La noche es el mar que nos separa*.
Lecturas recomendadas
Poemas de agua dulce, Praxis, México, 2000.
La noche es el mar que nos separa, Ediciones La Rana, Guanajuato, 2005.
En memoria del reino, edición bilingüe, Écrits de Forges-Mantis, Ottawa, 2010.

a fecundarte toda,
hasta que broten flores en tu cuerpo.

*

Lo sé muy bien
y sé que lo presientes:
dondequiera que ponga en ti mis labios
estoy besando mi propio corazón.

ESCOMBROS

I

Un dolor guía mi mano hasta tocar escombros.
Como una campana movida por el viento mi corazón repica.
Estoy solo en la noche,
solo con el escalofrío que me recorre
y el alarido en círculos llevado por mi sangre
y el peso que mi voz tiene en la sombra.

¿Por qué no estoy dormido?
¿Desde qué oscura sed tiembla mi boca?
En mis ojos estalla un tiempo negro,
en mi sangre el insomnio forma coágulos;
mi sombra es tan oscura
que deja manchadas las paredes.

II

Duele en la oscuridad tocar escombros.
Después de haber amado el cuerpo queda a oscuras.
Hay por ahí recuerdos,
astillas que fingen ser luz bajo los párpados,
vagos rastros de oro sobre la piel enferma.

Lo demás es la noche.
Lo demás es el viento de la noche.
Lo demás es el olor del viento de la noche
y uno anda en la noche
como por una ciudad
desconocida.

III

Limpio mi cuerpo, amada,
en el agua más pura que corre por mi sueño.
Lavo estas manos que te recorrieron
y este pecho sobre el cual floreciste.

Lavo las piernas que hasta ti me llevaron
y los brazos que en vilo
sostuvieron tu sueño.

Limpio mi cuerpo, amada,
de derecha a izquierda y de norte a sur
hasta borrar tu nombre.
Pero es sólo un momento:
al cabo de cien o doscientos latidos
la podredumbre vuelve a salir del corazón
como una espuma negra.

IV

He entrado en la ciudad como entrar en la niebla.
Después de haber amado el alma queda a oscuras.
Andaré como el viento tocando viejas puertas,
hiriéndome la sombra contra los largos muros.

Has quemado en mi voz las últimas estrellas:
lo que escribo es ceniza.

V

La piel es esa lámpara que mantiene su luz
después de la caricia.
Con ella en nuestras manos damos pasos seguros
a pesar de la noche
o del telón raído de la lluvia.

Pero esta noche mi soledad tropieza;
mi corazón a oscuras equivoca el camino.
Al irte dejas la ciudad más fría,
el aire más oscuro,
las calles más angostas
y más largas.

VI

Me has dejado la noche
para que en ella ponga mi piel a delirar.
Respiro un dolor que llega por todas las ventanas.
Me has dejado también un corazón de espesa sombra,
imágenes ardiendo en cada mano
y esta sangre que fluye cada vez menos densa.

Sólo ha quedado de tu amor este largo cansancio.
Es sólo el recordarte
lo que enciende en mi mano
estos espejos rotos.

VII

Hay un viento en mi sueño que rompe ramas verdes,
arranca de raíz mis árboles frutales,
abre puertas de golpe,
quiebra espejos,
silba en las cuerdas de mis nervios como un endemoniado.
Después se va,
se vuelve un remolino de espuma en la garganta
mientras yo trato de ordenar mi sueño
y reconstruyo los espejos
para verte.

SUEÑO

En mi sueño llovía.
Mi cuarto estaba a oscuras
y en la calle el relámpago
iluminaba un agua turbia y sin sonido.

Las casas me mostraban sólo fachadas negras.
La ventana tenía gruesas barras de hierro
y sus cristales rotos aún destrozan mis brazos.

Nunca sabré por qué tan terrible castigo.
Negros muros me ataban y en las cuatro paredes
no había ninguna puerta.

Pude huir.
Salí del sueño a una limpia mañana,
pero la lluvia se quedó dentro de mí
y aún no cesa.

CAMPANADAS DEL ALBA
[Fragmentos]

Entramos al jardín inmenso del día
por las puertas abiertas de la luz.
Ningún esfuerzo hacemos para pasar del sueño
al patio que circunda nuestra casa.
Despertar y soñar es lo mismo en nosotros.
Nuestra madre lo sabe:
dormidos o despiertos
tenemos siempre el pecho iluminado.

*

Tenemos un amigo al que una extraña enfermedad
secó sus piernas.
Pasa sentado casi todo el tiempo.
Es alegre, no obstante, y su risa
convierte en mariposas las flores
que le escuchan.
Hoy lo subimos al columpio.
Tuvo miedo al principio,
pero después el sueño fue enteramente suyo.
Nos gusta su presencia.
Si no puede correr,
aprenderá a volar más pronto que nosotros.

LA CIUDAD

I

Hace ya muchos años que llegué a esta ciudad y mis raíces
aún no han podido atravesar el duro pavimento.
Llegué siendo muy joven. Me casé. Tuve hijos.
Edifiqué esta casa con piedras escogidas de mis sueños
y planté este jardín donde mis hijos tuvieran su propia primavera
y su columpio.
He aquí que ahora es otoño.
Pasado el equinoccio de septiembre se aventuran los vientos
en esta larga calle.
Calle que conozco como una línea de la palma de mi mano.
Ciudad que conozco como la palma de mi mano.
Calle y ciudad mías aunque aún mis raíces
no hayan podido atravesar el duro pavimento.

II

Bajo un aullar de cables danza la madrugada en el jardín
llevando de la mano la Locura.
La luz vacila. Se aferra como araña con todas sus raíces
luchando por no ser desprendida de las lámparas
y un portón mal cerrado golpea violentamente no muy lejos de aquí
como vivos disparos en medio de una turba enardecida.
La calle es por momentos un turbio río de polvo innavegable
y el corazón, como una frágil barca,
cabecea torpemente atado a un viejo tronco
a la orilla del cauce.

CARMEN LEÑERO

ESTÁN LOS CAMPOS VACÍOS...

Están los campos vacíos. Flores asoman tímidamente sus corolas silvestres. Hierbas espinosas se inclinan ante la muerte. Se oye gotear el rocío sobre un charco diminuto. Sopla un viento seco, con aliento de moribundo. De pronto, un graznido estridente en el corazón de quien observa: una parvada de garzas que eleva su chisporrotear alado desde el alma.

LA VIDA...

La vida me entra y me sale por la boca. Por la boca, los besos, las ideas, la humedad y el sustento. Por la boca, el vómito y la sed. También la sonrisa, la mueca, las mentiras y el consuelo. La llamada al silencio, el canto.

TIEMPO...

Tiempo, culebra alevosa y maldita. Cuanto más alerta estamos, más sigilosa te deslizas para atacarnos en el desértico tic-tac del corazón.

LA EXTRAÑA

Todo lo toca la muerte
de ojos azules.
A lo lejos, el frío
es una pátina del cielo.
A lo lejos, siempre,
algún lugar en que estuviste

(1959.) Nació en la ciudad de México, el 30 de octubre de 1959. Es doctora en letras por la UNAM. Además de poeta, es ensayista, narradora y cantante. Ha publicado ocho libros de poesía: *Birlibirloque* (1987), *Gajes* (1988), *Lunares* (1991), *La fiera transparente* (1997), *La danza del caracol* (1998), *La grieta* (2003), *Río* (2008) y *Curving the Line / Curvando la línea* (2010). Entre otros reconocimientos, ha merecido el Premio Nacional de Poesía Carlos Pellicer para Obra Publicada (1998), por *La danza del caracol*.
Lecturas recomendadas
Río, Era, México, 2008.
Curving the Line / Curvando la línea, traducción de Lorna Crozier, Leaf Press, Vancouver, 2010.

§ con el corazón mudado
y otros ojos.

La ciudad de cartón.
El corazón flotante,
sin hogar.
Un hombre y unos ojos
son el ancla.
Todo lo demás,
una humareda.

Sin darme cuenta
se opacó el mundo.
Sobrevivir a esta hoguera
ya no importa.
Sólo un nombre y unos ojos
son el ancla
encajada en las grietas
de tu mano.
Todo lo toca ella
y lo desnuda:
la carne, el oro, el humo.

EL BOBO

El bobo traza una línea en la arena
y la llama el Principio.
Una hormiga va caminando,
llega a la línea,
la cruza.
El bobo ríe: la hormiga
ha comenzado su existencia.
Antes era sólo
caminar-y-llegar-hasta-la-línea.
El bobo intenta atravesarla.
Frente a su propio terror,
más risa.

El bobo traza otra línea
paralela,
brinca por en medio
pero no la nombra.
Al día siguiente,
puede jugar de nuevo.

EL JARDÍN

Un sol crece entre los senos,
un nudo de calor.
Bajo ese sol vivo
hay una zona húmeda, suspensa,
que no se desvanece
pues no toca sólidos
ni suelo.

Un manantial regresa
a su raíz
y nutre capas subcutáneas,
la sangre del vapor,
el humus.

Ya no quiero indagar
nombre ni seña.
En la sombra deliciosa
dejar que duerma todo.
Atender solamente
al guiño de las hojas
que pueblan el jardín,
a tu amor mudo.

RÍO
[Fragmentos]

No sorprende
que el río se vaya,
sorprende que permanezca.

*

Rompen sus órbitas
en carrera
los átomos de este río.

*

Ay, el mismo río,
el mismo pie,
el mismo olvido.

*

Un río de voces
va arrasando
con las palabras niñas.

*

Atada a tu cintura
me esfuerzo por cruzar
un río salvaje.

*

Río que se precipita
de norte a sur
cuando me besas en la boca.

*

Un río veloz
y un río parsimonioso
se hermanan en el estero.

*

Mientras termina de explicar
que todo fluye,
Heráclito ha cambiado.

*

Tu voz es río
en que no puedes navegar
sin sumergirte.

*

Río de sangre:
tinta indeleble
en el paisaje.

*

Cántaro es canto:
cuenco poroso
que filtra el agua.

*

Mi única fuerza es río
que arrebata o acaricia
las orillas.

*

Río de sueño mineral,
lengua líquida,
voz pura.

*

Al menos
un río inmortal:
el de mi cabello.

*

Nos tomas por sorpresa,
nos llenas y abandonas,
como un amante airado.

*

Peces peregrinos
como romeros
perfuman la cascada.

*

El río
es un viaje
que ya se ha hecho.

MÁXIMAS DEL SAPO

A un sapo que madura,
le consuela su intrínseca nobleza.

Hay dos formas de libertad:
por abundancia o por despojo.

Trabajamos para los muertos
más de lo que pensamos.

Bendita modernidad:
nos adiestra a no ser nadie.

Cuánta vida desperdicio
en defenderla.

Otra especie en extinción:
los sapos risueños de Basho.

JAVIER ESPAÑA

REENCUENTRO

Para Roger Campos Munguía

Han muerto los relojes y las cosas.
Sólo una voz, que no es de nadie,
revela a la memoria infiel de los espejos
el roce de una muerte diurna de seis años,
el fin de un día entre los dedos,
la sombra interna que conjura Jorge Cuesta,
el Ser, la Nada, un nombre que se olvida,
el miedo y su costumbre de ventanas rotas.

AGORERÍA

Semioculto en un pez
el mar se sobrecoge,
premedita al oleaje
que gime su abstracción
en el profundo espejo
de mirar en sí mismo:
hundida interrogante
se crea en la pregunta.

(1960.) Nació en Chetumal, Quintana Roo, el 10 de enero de 1960. Es licenciado en derecho por la Universidad Autónoma de Yucatán, maestro en psicopedagogía de la educación por la Universidad de La Habana, Cuba, y doctor en estudios mesoamericanísticos por la Universidad de Hamburgo, Alemania. Además de poeta, es narrador, ensayista e investigador. Es autor de trece libros de poesía: *Presencia de otra lluvia* (1987), *Tras el biombo* (1991), *Siempre es tarde* (1992), *Travesía de fuegos perseguidos* (1993), *Pronunciar de ofrendas* (1994), *Tributo del viandante* (1998), *Agonía de las máscaras* (1998), *Tierra recién nacida* (1998), *Azul deseo de la esfinge* (2000), *Neblina para cegar ángeles* (2000), *La suerte cambia la vida* (2004), *Sobre la tierra de los muertos* (2007) y *Las historias de la luz* (2011). Entre otros reconocimientos ha merecido el Premio Hispanoamericano de Poesía para Niños (2004), por *La suerte cambia la vida*, y el Premio Internacional de Poesía Jaime Sabines (2007), por *Sobre la tierra de los muertos*.
Lecturas recomendadas
Tras el biombo, 2ª edición, Conaculta, México, 2001.
La suerte cambia la vida, FCE, México, 2004.
Sobre la tierra de los muertos, Gobierno del Estado de Chiapas, Tuxtla Gutiérrez, 2007.
Las historias de la luz, Conaculta, México, 2011.

VIGILIA PROFANADA

La tarde es una llama ambigua
donde las sombras subversivas
tropiezan sin sentirse en piel.

El adjetivo en lumbre se vulnera
y esparce en surcos quemaduras
que fecundan los bosques del deseo
en la vigilia profanada.

La tarde es cielo sin entrañas,
donde las arpas del ocaso
olvidan su oficiar en vientos muertos.

No queda más que la fatiga
de muslos, siglos de abandono,
que se hacinan en paredes
de ancestrales perfiles remendados.

PLAGIOS

Y porque ningún dios nos podrá salvar.
ANNA AJMÁTOVA

Abre el prólogo pieles vacilantes,
ciega los bordes de su boca amarga,
conjuga a Heráclito y al fuego,
a Lezama a orillas del abismo,
al caldero sin asas que interroga
dobleces del deseo sin preguntas.

Y es Lezama de nuevo en otra imagen,
quien brinda flechas a la muerte justa
con sólo un nombre en cinco letras,
que una efigie sin dios olvida en celo
sobre el labio de esquirlas que repite:
nunca es hoy, obituario, falsa historia.

AXIOMA DEL CÍRCULO

Para Jaime España

Es la imagen del círculo que abraza
su cuerpo de acertijo interrogante.
El yo se toca y pierde en los sentidos
la palabra de ser un solo axioma.

§ El rito del retorno prefigura
lo marcado en el hábito de arena.
El instante es un verbo prometido
que confunde nocturnos y alboradas.

El final antecede a la presencia,
valsa en su río un eco sin premura.
Tiembla en la luz ceniza de la noche
todo vocablo, eclipse de algún sueño.

Discurre en infinito la memoria
y desnuda apotegmas y espejismos
como delfines circulares, ciegos,
que en halo de sus bocas se repiten.

EN HASTÍO

Bebo en hastío sordo los nocturnos.
Guardo en silencio los enseres vanos,
la arrogancia perenne de las máscaras.
No conozco otra voz en estas horas.

Mi desnudez se pierde sin la forma,
sin la luz que bordea los espejos.
Aquí, la noche no es principio falso,
sino espeso anillar de muslos turbios.

Domestico al suicida que me impugna
su reflejo de ser cada gemido,
cada navaja cortejando al sueño
como sola presencia que perece.

PIEDRA DE TOQUE

Piedra de toque es recobrar la tarde,
el oro taciturno del deseo,
la caricia afilada por el éxtasis:
marasmo, clítoris del sol, entrega.

Es la lluvia a lo largo del murmullo
una separación de ritos magros,
humedades sin piel que se subyugan
a la caída impúdica del tiempo.

Piedra de toque es desandar la herida.
Ceder contra la arena y su artificio
es llamado que dicta alumbramientos:
la pasión doctrinal de condenarse.

NEBLINA PARA CEGAR ÁNGELES

Ahora, son tus pómulos que arden como un crimen
y miras de reojo lo que es mío, la penumbra.

Mientras la voz se multiplica al rojo de tu sueño,
sólo vislumbro, en desnudez lunaria, algún vestido antiguo y lento.

Qué agudo es el azul de la derrota que nos dicta,
canta como un mar no descubierto y sordo.

En esta habitación de cieno me descarno y sé:
mi lenguaje es el agua de tu pubis tardo,
gótico templo que da nombre a mis palabras,
cera que se derrama en el claustro del temor
y sangra tras la puerta su orfandad de vientres.

Nos cumple la visitación de la neblina cotidiana
en ángeles sin carne, sin destino, ciegos.

ENTRE VESTIGIOS...

Entre vestigios y rumores vastos,
garabateo y finjo desmemoria:
ser la sangre y su fuerza murmurante.

Desconozco la tribu que me nombra.
No soy la voz de nadie en la espesura
ni el reflejo de luna milenaria.

Después de tanta muerte avasallante,
tanto es el miedo casto que ensordece,
y tanto es el oprobio y el castigo.

En todo este silencio de palabras
acuno toda la vergüenza eterna:
Alejandría en fuego, sacrificio.

EL AYER ES FISURA...

El ayer es fisura, sembradío
de ruinas sobre el polvo de las noches.
Aquí se esparce en sacrificio falso.
Aquí, en la nada que carcome el vientre
del mediodía yermo y prometeico.

La unánime inclemencia de los huesos
destella como un faro enloquecido

por el grito de barcas moribundas.
¿No son las horas ciegas su locura,
musgo de la razón en duermevela?

La humillación se aferra al crudo escarnio.
¿Cómo lavar mi herida entre la sangre
y asir sin manos el dolor que vuelve?
Junto al derrumbe de las otras voces
sueño a Alejandría: el otro fuego.

UN CUADRO

Miro en la pared un cuadro.
No es un cuadro,
es una ventana mordisqueando un paisaje.
No es una ventana,
es un hombre mirando mis ojos.
No es un hombre,
son mis ojos mirando una pared.
No es una pared,
es un cuadro de un hombre mirando una pared.
No es una pared.
No es una ventana.
No es un hombre.
Apaga mi papá las luces.
El mundo deja de existir.

OTRA VEZ EL MIEDO

¿Cuándo nació el miedo?
¿Vino envuelto en alguna hoja
que se posó en mi hombro, sin darme cuenta?
Me dicen que no debo temer,
que en la oscuridad no hay monstruos.
Pero hay oscuridad.
Que la noche es buena como el día.
Pero el día no vive en los rincones.
Que las heridas sólo duelen cuando sangran.
Pero he visto a mi abuela dolerse sin la sangre,
llorar sin una espina en el dedo.
¿Dónde nació el miedo?
¿Nadie se dio cuenta
cuando se vino a vivir con nosotros?
No quiero temer al silencio,
a quedarme solo, como mi abuela.

BENJAMÍN VALDIVIA

ENTRADA

Amamos la palabra y su hierro matizado
porque en ella se cumple la fuerza de la voz
y los ciclos del agua silenciosa.

La palabra trae luz
para nuestro animal introspectivo.

Quien levanta la voz
inaugura los diálogos del fuego.

Y así,
establece recintos por miradas,
produce atardeceres que no pesan
y de nuevo color.

Amamos la palabra
por el río de tiempo en que transita:
un río de manos escribe en mis manos.

(1960.) Nació en la ciudad de Aguascalientes, el 28 de enero de 1960. Es doctor en humanidades y artes por la Universidad Autónoma de Zacatecas y doctor en filosofía por la UNAM. Además de poeta, es narrador, ensayista, dramaturgo, traductor y editor. Ha publicado veintiséis libros de poesía, entre los cuales destacan: *Demasiada tarde* (1987), *Interpretar la luz* (1994), *Paseante solitario* (1997), *Temporadas perdidas* (1998), *Cantos prohibidos* (2000), *Itinerario de espuma* (2000), *Los ojos del espejo* (2000), *Inscripciones en la piedra* (2004), *Sembradora de maravillas* (2010), *Horaciones* (2011), *Nuevos himnos a la noche* (2011), *Ojos ceremoniales* (2011) y *Todas las cosas* (2012). En 2010 reunió su obra poética, de 1983 a 2005, en el volumen *Interpretar la luz*. Entre otros reconocimientos ha merecido el Premio Nacional de Poesía Salvador Gallardo Dávalos (1986), por *El pórtico del mar*; el Premio Nacional de Poesía Clemente López Trujillo (1987), por *Itinerario de espuma*; el Premio Nacional de Poesía Joven Elías Nandino (1987), por *Combates de lo efímero*; el Premio Nacional de Poesía Alfonso Reyes (1989), por *Interpretar la luz*, y el Premio Nacional de Poesía Amado Nervo (1991), por *Incendio el mar*.

Lecturas recomendadas

Inscripciones en la piedra, Conaculta, México, 2004.
Interpretar la luz. Poesía reunida 1983-2005, Instituto Cultural de Aguascalientes, Aguascalientes, 2010.
Sembradora de maravillas, Azafrán y Cinabrio, Guanajuato, 2010.
Horaciones, Azafrán y Cinabrio, Guanajuato, 2011.
Nuevos himnos a la noche, Mantis, Guadalajara, 2011.
Ojos ceremoniales, Calygramma, Querétaro, 2011.
Todas las cosas, Monte Carmelo, Comalcalco, Tabasco, 2012.
Unas fotografías, Caletita, Monterrey, 2013.
A mi debido tiempo, Azafrán y Cinabrio, Guanajuato, 2013.

LUNA VERDE

Aquella luna verde de marzo maduraba.
Ella traía la indumentaria del calor
y vi en su boca el otro lado de la vida.

Múltiples fuegos ardieron entonces.
Y se quebró de sutileza el aire
y nos movimos en caprichos de agua.

Toqué en ella la muerte:
encontré sólo árboles de pluma,
aves de hoja.

Como un metal
las uñas imprimieron sus imágenes.

Era ella un recuerdo vegetal
creciendo entre la noche.

MUCHACHAS

Pasan de largo las muchachas,
esbeltas como trozos de luz.

Como si con la tierra no tuviesen
un solo compromiso.

Pasan argumentando un calor:
la insomne verdad de su carne
en la que el tiempo, aún,
no echa raíces.

CREDO

Yo creo en el amor matrimonial de los cisnes perfectos,
en la sustancia del sol que desparrama
sus ríos jubilosos.
Creo en el aguacero febril que siempre vive
por el cráneo de luz de los enamorados;
en aquellos instantes previos a morir,
en las interpretaciones de música del viento.
Creo en la paz amena y sorprendida de tus ojos.
Creo en la sal del mar y del momento:
la fruta milenar que hemos mordido;
en el cielo tenaz que siempre nos espera.
Y también en la luz, en la fiesta fugaz;
y en tus manos sencillas que todo lo sostienen.

ORIGEN

Ella es
la primera mujer:
Su cabellera larga
le recubre la fúlgida cadera.

Es ella La Mujer.
Dios la forjó primero que a los hombres.

Fue su mejor idea, y la creó
porque por siempre la deseaba
(el deseo de un dios es un deseo eterno).

Horrorizado del confín de la belleza
producida,
decidió darle cuerpo al primer hombre
(porque paliara su divino sufrimiento).

Y aquí estoy pronunciando este poema.

OTRAS FORMAS

Inventará otras formas el amor,
te lo aseguro.

Poco será entonces un canto mineral
que haga mirar tu pelo como lumbre.

Y nadie apreciará
tu cadera de ceibo que invitaba al calor.

Ya nada habrá de ser tu corazón
(tal vez un sabor dulce por mi lengua).

Qué cosas pasarán: seremos viejos
que se han amado como pueden
bajo la fronda de un árbol estelar

o a las orillas del agua de cristal
por la que boga el tiempo sin sentido.

LA POESÍA ES ESTE RUIDO

La poesía es este ruido poderoso,
los crepitares de la recomposición de lo borrado indeleble.
Hisopo de la aspersión absolutoria de nosotros mismos,
tal extensión del agua en los túmulos astrales,
símbolo exacto y transcripción del día.

En sus cadenas de ignición
lo esclavizado se libera;
por sus labios enmudecidos un todo se proclama.
No puedes contemplar su rostro fijo
ni la vertiginosa sucesión de sus remolinantes hemisferios:
está más allá de ti, te sobrepasa y te expande
sin que puedas aludir en tu defensa cosa alguna.
Este volcánico recinto, los maremotos arteriales,
la flecha electrizada de lo que pudo haber sido un pensamiento.
Cada segundo. La globular comparecencia de ciclos infinitos,
voz de lo eterno, efímera luz que no hemos recordado.
Sobre los tiempos muertos restriega sus ensoñaciones plantígradas
y acota los entusiasmos del vivir próximo.
Es lo de aquí,
esto que miro sin saber, lo que se entiende
sin haber considerado.
Tu faz imita la gestura del vocablo,
la voz traduce lo profundo estremecido en los ojos del espejo.
Nunca vive su amor, siempre te alienta a continuar el mundo
del que te ha desterrado,
sonido que escuchaste alguna vez y ya nunca jamás.

LA CORONA

No esperaremos: la corona
jamás nos será impuesta por manos distantes.

El círculo dorado presagia campánulas rotas,
huesos de fuego y huellas de estos coágulos
marcadas en los pies.

La corona es tu propia frente;
el reino que recibes es el mundo.

Pero no esperes más la luz:
la luz no existe.

Búscalo todo y nada esperes: el que espera
está muerto.

HISTORIA DEL FUEGO

Ésta es la historia del fuego,
su rara parsimonia,
la usura de sus dedos rojos
sobre del patrimonio mortal de la madera:

§ un batir de aves frágiles
con las alas de humo
hasta chocar calladamente
con las piedras más altas
de la sombra.

Se habla de ti en esos chasquidos
del eucalipto que se quema
a la orilla de un lago de mercurio.

Se oye la voz del viento lapidario
como si un juez oscuro
marcara la sentencia de obligarse a
la esclavitud de tus cadenas.

Ésa es toda la historia.

Lo demás es una ráfaga de viento,
flámula verde de alcanfor

y un poco de licor de lotos negros
que no nos dejan escapar
del mundo conocido.

HOJA OLVIDADA

En la hoja olvidada va escrito el secreto y es una cadena
de sílabas albas prendidas al tren dominado en el día
por tantas distancias atadas al suelo del cual se desprende su vía metálica.

Es también el reposo de un lago en la hora secreta y la nube
cuando apenas está por venir la mañana.
Así te llamara con agua perfecta en el viento flamante.

Y tú, la mirada, la vista, la revisitada,
me contestarías con una sonrisa
o bien con la voz agitada del astro que ya ha amanecido.

Porque viene la luz a la hoja del modo que viene
la harina hacia el pan procreador de la mesa servida.
La hoja que estuvo callada se llena de signos.

Y en boca del cielo se dicen las cosas
silabeantes y lúdicas,
vivas o ciertas.

Tengo todo el espectro del río sonoro en las manos
si tengo en las manos la pura semilla
guardada en la luz y en el agua del mundo que inicia.

RODOLFO MATA

VENTRILOQUÍA

Los muertos llenan
ordenadamente las bibliotecas
Los vivos, los periódicos
Hay algunos vivos muy vivos
que agarran un muerto
y se lo sientan en las piernas

Le meten la mano
por la espalda
y estiran el brazo hasta empuñar
la garganta

Hacen ventriloquía
Es un gran deporte
Y la complementan con bailes distintos
Pasos dobles o tangos
O terminan con un "duérmete mi niño
duérmeteme ya"

Pero a veces
cuando meten la mano allá adentro
no han tenido el cuidado
de limar previamente los dientes

Muchos han perdido los dedos
Algunos ya ni pueden escribir

(1960.) Nació en la ciudad de México, el 19 de abril de 1960. Además de poeta, es ensayista, investigador, antólogo y traductor. Ha publicado tres libros de poesía: *Parajes y paralajes* (1998), *Temporal* (2008) y *Qué decir* (2011).
Lecturas recomendadas
Temporal, Conaculta, México, 2008.
Qué decir, Bonobos, Toluca, 2011.

JUSTICIA SALOMÓNICA

No es justo que sea así
que del sol bajen las cosas a mis ojos
que el parpadear de la pantalla
me saque de la noche
que la mañana llegue sin pedir permiso
a ponerme una sombra
como si nada

Como si fuera justo mentir que así sea
que del sol bajen las cosas a mis ojos
ya no sé
ya no sé si me importa,
si
vaya
es justo que exista o no el silencio absoluto
de la justicia
que Salomón parta en dos
el bebé que no ha llegado
que nos tenga así
mirando las pantallas
como si nada

Porque no sé
caramba, Salomón,
si a ti te partieron
cuando llegaste
si has fingido que no tienes sombra
o como un querubín
andas con la cabeza entre alas
y el cuerpo vagando
en su propio infierno

IRENE

Las cabezas
a veces
no se ajustan
a los cuerpos

Un rostro lleno
puede por fuerza
vaciarse
en un cuerpo largo
y unos hombros anchos
disolverse
en el aplauso de una cresta:
cuestión simple
de dimensiones

§ La danza de los seres
  ha empezado
  y yo no sé bailar
  pero las sombras sí

  He llegado a pensar
  que todo es mentira
  menos tu cuerpo
  cuando apareces después
  como tu rostro
  en mí

  Por eso pido asilo
  en tu abrazo
  que me abandona en ti
  mientras las sombras danzan
  sin cuerpo
  y mis manos prenden
                    tu cintura
  hilos de humo y de agua
  que se entrelazan

  Casi nunca
  las cabezas
  se ajustan
  a los cuerpos
  ¿Lo ves?

  ¿A dónde llegaremos? Si los nuestros
  se encuentran
  tan perfectamente aquí
  dialogando
  en sus lenguas

PERDITA

  Para vengarme de las pérdidas
  de todo aquello que cuando nací
  se fue muriendo
  ¿Qué decir?

  Que a la noche queremos carne
  y picotazos
                silencio
  de arquetipos
  O que a las reinas
  falta un poco de ese impulso
  del vuelo que vendrá
  ¿Qué decir?

§ Que decir
　es muletilla metafísica
　para andar
　del por qué
　al para qué

　Que decir
　no es hablar
　a borbotones
　　　　　　　　es decir
　que es perder
　y es más simple

　Que volar tiene de carne
　y picotazos su silencio
　que es dolor:
　　　　　　　ese verbo perdido

　Que sentir y callar
　es oculta caída
　como tus pasos
　　　　　　　　Perdita
　de reina simulando
　firmeza

　Que decir
　es una prueba
　un paso sobre sí
　una secuela descifrada
　que es tocar
　con la palabra
　decir

TLOQUE NAHUAQUE

También soy fan de Wim Wenders
Hasta el fin del mundo
casi mi favorita
si no fuera por Tan Lejos Tan Cerca
¿Y la tuya?

No lo sé
Tal vez Alas del Deseo
por la escena
de la biblioteca

Íbamos tomados de la mano
mientras cruzábamos el puente
sobre aquel río enorme
cuyo nombre he olvidado

§ ¿Qué fue lo que soñaste conmigo?

No sé por qué
no te lo dije entonces
quizá fue un pudor ridículo
contra los excesivos entusiasmos
porque después de ver
nuestras sombras juntas
sobre la superficie pasajera del agua
miré tu rostro
y la belleza de tu sonrisa
y la indefensión brillante
de tus ojos
me convencieron
que el secreto de los sueños
era invulnerable
y estaba ahí
—tan lejos tan cerca—
que fue natural abrazarnos

Soñé que estábamos
en una ciudad enorme
París o Nueva York
no lo podría precisar
sentados en un café en la calle
mientras la gente pasaba
medio sonámbula
y tú eras tú y no eras
y yo me veía distinto

Vaya cliché
pensaba mientras sentía
como si nos conociéramos hacía mucho
que no era casualidad
que me asaltara un delicioso bostezo
como si estuviera acabando de despertar
y no quisiera hacerlo
después de la noche anterior
en que tantas cosas nos dijimos

JUAN JOSÉ MACÍAS

DEO VOLENTE
[Fragmentos]

es necesario que la lengua reciba su porción de enemigo
SALMOS 67, 24

1

llueve como en sueños de san juan
como en la primera noche del diluvio

y no somos nosotros sino el cielo que interroga
dios que alza una plegaria al hombre

2

a veces el silencio de dios
construye mundos
cuando no hay mundos que callar
para desvanecerlos

así también dios habla
para descrear las cosas

y dios mismo sólo existe
cuando sabe nombrarse

(1960.) Nació en Fresnillo, Zacatecas, el 15 de mayo de 1960. Es maestro en filosofía e historia de las ideas por la Universidad Autónoma de Zacatecas. Además de poeta, es narrador, ensayista, investigador y editor. Ha publicado siete libros de poesía: *Sensualineal* (1989), *Ánima ascua* (1994), *La Volenté de Dieu / Deo volente* (2001), *La venue d'Hölderlin / Viene Hölderlin* (2005), *Dos máscaras para Dionysos* (2005), *Expansión de las cosas infinitas / Expansão das coisas infinitas* (2010) y *Novela para Mozart y otros poemas* (2010). Entre otros reconocimientos, ha merecido el Premio Nacional de Poesía Ramón López Velarde (1993), por *Ánima ascua*, y el Premio Nacional de Poesía Efraín Huerta (2005), por *Expansión de las cosas infinitas*.
Lecturas recomendadas
La Volenté de Dieu / Deo volente, Écrits des Forges-Mantis, Ottawa, 2001.
La venue d'Hölderlin / Viene Hölderlin, Écrits des Forges-Mantis, Ottawa, 2005.
Dos máscaras para Dionysos, Ediciones sin Nombre, México, 2005.
Expansión de las cosas infinitas / Expansão das coisas infinitas, Mantis, Guadalajara, 2010.
Novela para Mozart y otros poemas, Azafrán y Cinabrio, Guanajuato, 2010.

14

no basta con andar
con moverse un poco del centro de la esfera
o, sin orientación, prever las migraciones

cabe ir más allá
a predios donde llueve y nada existe
ni la posibilidad siquiera de llegar

ir más allá
es hacer de la vagancia el propio claustro
el abordaje último, el sitio hospitalario

19

hay un vocerío al interior de cada libro
que al leerlo se calla
y eso —oh, dios— es fantástico

hay unos ojos que al mirarlos
se obnubilan
y eso —oh, dios— es hermoso

hay el alma que al nombrarla
se cristaliza y rompe
y eso —oh, dios— es terrible

y hay siempre el torpe que la nombra

25

hay un pájaro posado en esa rama
no sabría si dormido
aunque sí imperturbable

más inmóvil que inmóvil
abismalmente quieto
como si en su quietud
estuviera volando

y acaso está volando

33

ah semejante
ah dulce mía e incorruptible lúnula
ya reclama el reflujo
ya demanda distancia la cansada visión
ya se olvida esto que es
para mejor recordar lo que es ser

§ oh no te derroches más en crecer en mí
porque así disminuyes
dios bajará a tu egipto y enmendará los daños

la sombra de lo que juntos somos
y que ahora mismo
no sabríamos a cuál de los dos corresponde
ya sólo demora la luz de la lucerna

piensa lo no mirado y al pensarlo
míralo: fuéramos tú y yo no obstante
transparentes cristales

dos cristales sumados se restan claridad

VIENE HÖLDERLIN
[Fragmento]

Primera parte: Emilia

> *El corazón en el pecho no puede olvidar*
> *lo inmortal; ¡mira!, a menudo un genio*
> *benigno logra reunir a los que se aman…*
> FRIEDRICH HÖLDERLIN, *Emilia en vísperas de su boda*

I

He estado con Emilia en el bosque esta tarde,
paseando por el sendero que narra en sus epístolas a Clara.

Ahí se abrían sus palabras para que todo acaeciera; ahí su voz
como un caudal de agua fugitiva,

ahí sus labios separados como para el amor
hacían del tiempo y del deseo un presente insostenible.

II

Oh, pero Emilia, yo estaba ahí donde usted era el bosque,
el sendero que juzgaba no conocer cercanía alguna
(en arreglo quizá con sus más lejanos pensamientos).

Usted era los altos árboles de boscaje amueblados
y el atardecer que subsistía
un poco más que el fragante presentimiento de la dicha.

Un paraje en la campiña, Emilia,
en donde consumaban sus nupcias los viajantes.

III

Y Emilia (es decir, "la que emula") ¿vendrá a su boda Hölderlin?
Si viene —como refiere Horacio [*Épodo XVI*]—,
acudirán las cabras sin dominio a la ordeña,
y habrá frutos de las más variadas cosechas de la tierra sin arar
y la viña no podada donará las uvas para el más dulce de los vinos
y aun se extraerá la miel de las secas colmenas.

Si viene Hölderlin, si viene, podré entonces mostrar a usted mi corazón,
acostumbrado como el suyo al cielo libre, Emilia.

(Horacio)

Esta mañana el frescor insistía en la amistad de la lumbre,
y en el adobo de las calientes habas *consanguíneas de Pitágoras*.
Pero ya retiro los secos sarmientos del tronco de los viejos álamos,
ya contemplo pacer el rebaño en el angosto valle;
ora esquilo las gruesas ovejas,
ora ordeño las reacias antílopes.
Así, únicamente, con estas faenas olvido
el gasto del amor que excede a mis vendimias.

Canta, oh, poeta, los loores de la piedad y acoge mis quejumbres,
reducidas, Horacio, a que mi ingenio engorde,
o que mi alma reavive en las albúminas. Y sólo eso, Horacio, amigo.

IV

He ido de caza y he traído exquisitas pieles para usted,
con el único afán de sobre ellas poder amarla un día.
Júzgueme impertinente si usted quiere.

(¿Me permite referirle cómo se comportaban las ancestras damas, Emilia?
¿Qué espíritu libertino recién desvanecidas se insinuaba en su cuerpo?
¿Qué privanzas concedían, bañadas por los efluvios del deseoso verano?)

No me doblegó el enorme oso que arrienda en los apriscos,
como no me ha atemperado ningún rey iracundo de los dioses del cielo
ni envenenado el cólquico que más hace a la esperanza inexorable.

He endurecido el espíritu contra el bronce y el hierro
y sólo usted, tan delicada y frágil, lo quebranta. Ya ve usted, Emilia,
cómo el más tenue perfume de las rosas provoca a las abejas irascibles.

(Nupcias)

El vino aclara la mirada y agudiza el oído.
CHARLES BAUDELAIRE

Porque no querrías imaginarte la primera accesión genital
de la recién casada,
te establecerás esta noche en tu regio oratorio,
y escucharás romanzas del siglo XIX,
y soñarás con las ancestras damas que abrigaban
con escapularios los pechos nutritivos.

Providente, busca y conserva. Tendrá su boda
la de piel de azucena, la del himen seguro,
y concederá al padre el primer vals. —Él,
que tiene por liturgia deslizar en la oreja de los hijos
un profundo proverbio,
entregará a la novia envuelta en muselina.

Esta noche, y no otra,
se dará carne de cerdo a los maltrechos caminantes,
y se pondrán a remojar en vino
los más obscenos pensamientos. Habrá música. Y el novio,
buen jumento por lo que atañe al sexo,
pondrá a prueba sus virtudes ingénitas
de ambidiestro deshollinador de oráculos.

Alguien caminará entretanto por la arena de plata
de los sueños lunares. Alguien temerá por un momento
los diablos consejos de las viudas. Alguien, también,
callará la antigua costumbre del derecho de pernada,
y tal vez espere a que el esposo ausente.

Providente, recoge y atesora: hallarás algo acaso,
un guarismo digamos, un designio,
confundido con la primera micción cargada
de esputos conyugales de la novia, y la delgada orina de la virgen.

V

Largo es el tiempo, más deviene el verdadero.
Y Emilia, viene Hölderlin,
y se mantienen sobre las godas catedrales las altas luces instantáneas,
y algo tiene de canto el nuevo reino,
y algo de gratitud con el tono fundamental de la promesa.

Y Emilia, no renuncie a escribir,
asegure un destino por el nombre a lo que evoca
y que *ninguna cosa sea donde falta la palabra.*
Sólo la poesía pervive en tiempos de penuria.

Sólo los poetas en un tiempo sin dioses arriesgan un decir.
Largo es el tiempo, más usted no debería apartarse de su empeño.
Continúe escribiendo a su buena y fiel amiga Clara
(tan en otra época visitada por el dios del lenguaje),
y háblele de Hölderlin que viene, ya podrá comprobarlo,
del brazo de los héroes que hicieron de este siglo
un tiempo sin monarcas.

EXPANSIÓN DE LAS COSAS INFINITAS
[Fragmentos]

4

y cómo somos calor en el calor del día
cómo el calor cobra cuerpo
con las primeras nubes que aparecen

cómo se prestan el calor y las nubes
recíprocamente fuerzas nuevas

cómo uno ve   toca una cosa
y adviene extensión del cuerpo de la cosa

cómo uno aparta   abre una puerta
y se convierte en el movimiento de la puerta al abrir

uno franquea   traspone el umbral
como hacia sí mismo abierto

como hacia sí mismo desaparecido
por exceso de amplitud

y cómo somos ese espacio que se agrega
cuando abrimos una puerta

cómo el día pasa
en tanto las nubes permanecen

cómo al trasponer el umbral
somos también como esas nubes

8

mientras le escribo voy trazando mi casa
y en ella habré
de esbozar un jardín

pero sopla el tiempo y no quisiera
observar grietas donde debió haber paisajes (reproducciones de giorgione [venecia italia 1478-1510])
cosas perdidas en vez de las posibles

§ sin embargo esto me anima:
saber que las flores y los piensos
sobrevivirán a las ruinas de mi casa improbable

gracias por ello robert hass
hace bueno esta tarde y qué bien que afirme y asegure:
los jardines son una historia del arte

9

queda tal vez un dios que aún se refugia en lo sagrado
quiero decir no una divinidad
acaso una vislumbre de aquello como ha sido
antes de presentarse ante nosotros:

alguien   algo   —eso no importa—

importa eso de permanecer en la quietud
frente a la puerta del hogar
a la hora en que la luz es borrada por algo indefectible
por algo casi nada

una nube tal vez   tal vez la niebla

porque es sabido que cuando uno se acomoda en la emoción de estarse quieto
el alma juega en la calle

entonces ocurre que hay ese dios (casi)
situado a tus espaldas para mejor mirarte el rostro

ese dios al que no se le quisiera entrever del todo
y que ocupa contigo la agitación de estarse quieto
la emoción casi con él de quedarse uno a mirar

eternamente las nubes   la niebla   aquello que no dura

ROBERTO RICO

CHIAPA DE CORZO

A Julio Alberto Pimentel

Casa de las girándulas
el viento
　　—Sebastián
horadado a puntapiés
de la danza.

Bailan los Parachicos.

Después de largos tragos de mistela
mis ojos arden en el cielo revuelto
que la pólvora gana entre el espacio mínimo de un guiño.
El viento arroja contra las campanas
la sal rojiza de los cohetes.

Palmira bebe un sorbo de pozol
Agua
Maíz
Cacao
Azúcar: una jícara llena de vocales.

Bailan los Parachicos.

Bajo las máscaras
pudiera mantenerse en ayuno de penumbra
el delirio,
tropel mudo y danzario de la fiesta.

(1960.) Nació en Cintalapa, Chiapas, el 24 de mayo de 1960. Es licenciado en letras hispánicas por la UNAM. Ha publicado tres libros de poesía: *Reloj de Malvarena* (1991), *La escenográfica virtud del sepia* (2000) y *Nutrimento de Lázaro* (2000). En 2011 reunió su obra poética en el volumen *Parlamas*.
Lectura recomendada
Parlamas. Poesía reunida 1991-2000, Gobierno del Estado de Chiapas, Tuxtla Gutiérrez, 2011.

PARLAMAS

Luna de cal
por las que van sobre la arena,
la mar por hoy es hembra.

Atrás de sus enaguas
caminan presurosas
con un paso que aún no es de tortuga.

Luna de cal
rompiente, a tientas fluye
gelatinosa clara
la penumbra.

CALZADA DE LOS MISTERIOS

Parque, iglesia, portales.
Es deseo de que las cosas duren,
más allá de un vistazo,
avecinarse al ojo algunas vigas.
Acto propiciatorio
de quien espera hacerse buen vecino,
con valijas de luz, palomares, cornisas
de celofán y polvo
donde pierde su asombro la ocasión imprevista.

Porque si bien se mira,
más allá de un vistazo,
parque, iglesia y portales
en el agua estancada son tan nuevos
como vieja la fuente:
gitana inmóvil, indeciso puño
contra nadie.

CLARO DE LUNA

A Mélani

Como el pájaro que bebe el viento de su propia velocidad, desafías con amalgama de antílope y pantera la extensión arenosa del espejo. Al sonreír frente a tu imagen, nuevos nenúfares recobra el agua. Caminas.

Todo anochece a tu paso. Sólo tú estás fuera de la noche. Enardecida rosa del quinqué o estrella desbordándose del ramo.

ALJIBE DE JOSÉ LEZAMA LIMA

Quasar contra sí vuelto,
un calamar enturbia la cisterna.
Eyaculan del fondo, anfibios, azul turquesa
fragmentos de un imán. Pesado prisma
son los invertebrados aspavientos
que cepillan el agua donde una vez Narciso
mostró la rima interna de su rostro, insepulta
catapulta de peltre palangana.

FOSA COMÚN

Envueltos en jirones
de intemperie,
sumidos en la bóveda
palatina de un ángel sordomudo,
guarecemos la carne irresoluta
como pirámide alentada en barro.

Un yerro de celeste esgrima
nos articula. Somos lampo, tarda
persignación apócrifa;
una doctrina maquinada
por el brío arborícola de un hombre
clavado en posición fetal a su madero curvo.

Tallado entre las cuencas
encaradas al astro filicida,
pervive, feligrés
abreviatura, el signo de la interrogación cerrada.

LA MERIENDA

No debía quejarme.
Cierto que no podía lamentarlo.

Pero entre la certeza
y el escrúpulo
yo merendaba solo,
sin oportunidad de contraer buenos modales.

¿Me pasas el salero, por favor?

Sólo me queda una maraca
donde agitar el cisco de lo que alguna vez bailaste,
casta como kermés de un campo nudista para ciegos.

TRIFOLIO POR ISABEL RICO

A mi padre

I

Tú la viste caer, oíste
latir por último mellada pulpa,
como el reloj más próximo a lo eterno
que haya podido retardar el alba.
Tu piel sintió la suya;
su sangre ya reseca le rotuló a tu tórax un tatuaje,
una armadura sensitiva, un peto
doloroso, atizado por las espigas del sereno.
Tu torso fue el final arriate
donde hubo de dar sombra su fibrazón desarbolada.

II

Puño, terrón bajo el mantel de luna,
su ceniza incautada en el jardín,
junto al semiarco de una palmareca,
reflorece durante agosto en forma
de intermitentes luces de bengala.
(Me han dicho que así pían los retoños
malogrados del ave carpintera.)

III

No prejuzgues lunático el influjo
si al alimón pregunta nuestro ensueño
de qué tanto y con quién, a medianoche,
ella platica en un dialecto de flamboyán efímero.

ENARDECIDO HENAR

En la posada decembrina
discurre pimentosa luz sidérea
por plateada varita de bengala.

Belenense crisálida:
ni tanto que no alumbres
el asombro infantil de una madrina
de niñodiós, ni tanto que chamusques
el menudo capelo de sus palmas.

Enardecido henar a Narda he sido
desde entonces. La juncia que tapiza
las calles también cubre aquella pólvora
bengalí no atigrada por el fuego.

§ Agujas de pinar casamenteras,
¿dónde ahora buscar mi cana al aire?

MIRAMIENTOS EN TONINÁ

Hacen rodillas juntas
a natural medida un escritorio.
Bajo el pacífico fogón
del ocaso, sanguina
faltante en el dibujo,
es tan veraz llamarle mueble a un lápiz.

Elige tú el paisaje
visto desde la acrópolis.

No flash: un click.
Hay que usar un haikú
por si no sale.

El dibujo, la foto y el apunte
son subalternas formas
de un solo trazo escénico aleatorio:
ese momento en que tu sombra
se ha posado en un códice de estuco.

ESCENA DANTESCA I

A Beatriz, danta viuda, le da trato
de tapiruja la impiedad congénere.
Decide entonces aceptar el ruego
del arrogante Belcebú de feria
que ha consumido en un corral portátil
afamada genética impoluta.
Lid amatoria concluyó en el yugo
paradisíaco que al noble toro
prodiga la madura casquivana,
hoy ínclita *signora* de Aligheri.

AURELIO ASIAIN

DE QUÉ MODO SE ESCRIBEN LOS POEMAS

De qué modo se escriben los poemas,
no sabría decirlo y sin embargo,
como en el duermevela, la otra noche,
el sueño me vencía mientras riendo
me llamabas al día y yo, bogando
entre dos aguas, respondía es verde
la hiedra a tu pregunta por la hora
de irnos, y es tan lenta: desde dónde
me reía contigo agradeciendo
tenerte aquí a mi lado todavía
donde yo peso ahora y tú pesabas
cerca entonces, fluyendo, desde dónde
al disiparme me llamaba, urdimbre
de mi lumbre saciada, la espesura
sonámbula de sílabas de vaho
movida por la luna y la redonda
plenitud de tus nalgas en mis manos,
fruto de luz madura entre las sombras
donde sediento bebo sin saciarme
de ti, sumido en ti y a tus orillas
siempre llevado, a mis orillas, alba
de mí lo que no llamo con mi nombre
aunque lo llame mío ya en tu lumbre
desposeyéndome: saliva, labios,
humedad de mi aliento y ese tacto
mío con que te tocas, desde dónde

(1960.) Nació en la ciudad de México, el 29 de octubre de 1960. Además de poeta, es investigador, ensayista, traductor y editor. Vive en Japón, donde es profesor de la Universidad Kansai Gaidai y profesor invitado de la Universidad de Tokio. Ha publicado siete libros de poesía: *República de viento* (1991), *Edición de autor* (2004), *¿Has visto el viento?* (2008), *Estrofa* (2010), *Ikkyu Sojun / Un puñado de poemas* (2010), *Lo que hay en la luz* (2012) y *Urdimbre* (2012). En 2004, en Tokio, junto con Tadashi Tsuzumi y Yutaka Hosono, publicó la antología bilingüe *Gendai Mekishiko Shi-shu / Antología de la poesía mexicana contemporánea*. Entre otros reconocimientos, ha merecido el III Premio Internacional de Poesía Fundación Loewe a la Creación Joven (1991), por *República de viento*.
Lecturas recomendadas
¿Has visto el viento?, Ediciones del Ermitaño, México, 2008.
Estrofa, Parentalia, México, 2010.
Ikkyu Sojun / Un puñado de poemas, Universidad Autónoma de Nuevo León, Monterrey, 2010.
Lo que hay es la luz, La Joplin, México, 2012.
Urdimbre, FCE, México, 2012.

llamándome a mi pulso, mi extraviado
temblor de agua profunda en la que eres
estrellas en silencio, luz del fondo
en un pozo por el que yo desciendo
lamiendo las paredes, lenta fiebre
que busca demorándose la oscura
nuez de tu ano y tu sabor de savia:
yo soy en ti la hiedra y la adherencia
sedienta desatada, soy la oscura
avidez de lo oscuro, soy la lengua
y la sed reclamándote a la lengua
de tu piel, soy el hambre a la deriva
devorándose, lengua que claudica
de las palabras y mudez que guía
la voz del extravío, espesa urdimbre
que la luna evapora, soy la sombra
y la sed, soy la lengua y no sabría
de qué modo se escriben los poemas.

DE QUÉ MODO ME ESCUCHAS

No sabría decirlo y sin embargo
escribo estas palabras que quisiera
decirte. Sé que no vas a escucharlas
como yo ahora, y yo no sabré nunca
cómo con la voz mía que más quiero,
esa que ahora escuchas, te las digo.

De qué modo me escuchas, no sabría,
y es el modo lo único que busco:
no el modo de decir esto o aquello
sino el modo en que puedo, simplemente,
decir: esto o aquello, lo que escuchas,
la voz de mis palabras, no la mía.

Siempre huyendo de mí, siempre perdida,
es un acorde apenas, o una forma
que fluye recordando, hecha de olvido:
lo que escucho es la música apagada
que me impide ir oyendo lo que digo
y me hace decirlo en lo que escuchas.

Oración de agua absorta, lo que escuchas
habla como la fuente en la espesura,
como el viento en las hojas y la lluvia
que está afuera de pronto desde siempre
y está siempre pensando en otra cosa.
No sabría decirlo, sin embargo.

COMO ESTAS PALABRAS

Como estas palabras que me vuelven
de pronto de la sombra donde espera
hace siglos mi voz y, apenas dichas,
se resuelven en una enredadera
húmeda de reflejos contra el muro
del jardín en silencio: como vuelven
en el alba de verte por la dicha
en que perduro hablándote y me absuelven
estas palabras limpias, recobrada
plenitud del principio, de lo oscuro
trayéndome al jardín donde te miro
de pronto iluminada, de lo oscuro
así por el asombro merecidas
acudiendo: como esta desatada
vegetación de sílabas tú vuelves
del fondo de la hora remansada,
la sonrisa en los labios, tú me miras,
el agua abre los ojos en tus ojos.

EL RUMOR

Avidez de lo oscuro, ciega lengua
de todos y ninguno, voz de nadie
entre la muchedumbre del mercado
y en cenas largas de manteles blancos;
vanidad de los justos, mercancía
de los ociosos, vino del banquete,
alimento de fieras enjauladas:
fruta podrida, pan de alumbre, agua
de manantiales turbios; escaldada
garganta del rencor, voz del desierto
y alegría feroz de los amigos,
lumbre de condenados, mordedura
que devora a las viejas en el quicio,
hambre de los vencidos, sueño inquieto
de los que duermen dándose la espalda,
ansia de cada día, incertidumbre
y avidez de lo oscuro, ciega lengua
en torno del cadáver en la pira,
lepra de las palabras, voz cundida
de negrura, espesura de la tinta,
escribir es mirar con el rabillo,
todo se cuela por los márgenes
del número, en la orilla huele a yodo
y a maderas podridas, lo que vuelve
con la marea es siempre tan oscuro,
qué nos llama a lo lejos imantando

esta lengua de negros y de esclavos,
sudor de las galeras, lodazales
y mosquitos la noche interminable
del desembarco, todos extendemos
la frontera imprecisa de este imperio,
avidez de lo oscuro, ciega lengua.

YO NO TE BUSCO...

Yo no te busco,
pero estas palabras
van a tu encuentro

Yo te tengo en las manos
como a ellas el pulso.

Te tengo como tiene
la mano que se da
la mano que se tiende.

SÍLABA SECRETA

La tenía en la punta de la lengua
y en los labios levísimos temblando

desasida en qué cielos como nube
dispersándose hablando no sé qué

mientras yo la impulsaba con un soplo
del tacto por las sábanas azules

y una canción que no recuerdo
como la luz llegaba de la sala.

Para Fernanda Solórzano

HOTEL

Suenan las campanadas.
Miras las manecillas.
En el vaso no hay agua.
La cama está vacía.
La almohada es de viento.
Es temprano y no hay tiempo.

LO QUE HAY ES LA LUZ

Lo que hay es la luz.
Lo demás es silencio.
Lo que hay es tu voz.
Allí plantar un árbol.
Cultivar una piedra.
Y comernos un higo.

Lo que hay es un higo.
Lo hemos dado a luz.
Míralo: es ya una piedra.
Ya le crece el silencio.
Musgo sombra de árbol.
Ramas hojas tu voz.

Como el viento tu voz.
Con dos sílabas: higo.
Un fruto que da un árbol.
Que lo planta en la luz.
Escúchalo en silencio.
Te convido a ser piedra.

Sé en mi jardín mi piedra.
Sé lo que eres: voz.
Sé tu voz en silencio.
Sé también ese higo.
Tú ya me has dado a luz.
Yo te daré a ti un árbol.

Una palabra: árbol.
Y debajo una piedra.
Una sílaba: luz.
Para otra: tu voz.
Pruébala: sabe a higo.
Cómela así, en silencio.

Y mira así, en silencio.
Oye el rumor del árbol.
Piensa el sabor del higo.
Mira el musgo en la piedra.
Devuélvete a tu voz.
Ponlo todo a tu luz.

Hay luz en el silencio.
Hay tu voz y hay un árbol.
Y una piedra es un higo.

BORDE

No soy esto que digo:
la escritura es un río
más allá de mí mismo.
Es también un camino
por el que no me he ido.
Soy tu orilla del río.

VOZ DEL POZO

La luz al final del túnel
son unos ojos.

Que son un túnel.
Toda la luz es un túnel.

Y eso que viene en contra,
la oscuridad.

ALGARABÍA

Andan los árboles
con la cabeza a pájaros
perdiendo piso.

LENGUA

La ele que aletea entre las ramas
del ahuehuete, cuando lo pronunciamos.
Y el aljibe al que caen las sílabas del árbol.

ENVÍO

Irán por ti las nubes.
Sus dragones cambiantes,
sus elefantes,
te traerán a la orilla de este río.

Irán por ti las nubes,
las mirarás conmigo.

La década del sesenta:
crítica y renovación

LUIS ARMENTA MALPICA

DANZÓN DEDICADO A LOS TRASHUMANTES

Y he conocido ya los ojos, todos ellos;
los ojos que nos clavan en una frase formulada...
T. S. ELIOT

El deseo es una sombra que nunca detenemos, que siempre
va delante de la ropa.
Con las primeras lluvias se adelgaza
y escurre en las paredes sus rojos garabatos.
El deseo es un intruso
que se viste y desnuda con el mayor silencio.
Nadie lo ve en la casa.
Pero alguien mira a un hombre
dentro de un automóvil
y ya no huele a plomo, sino a almizcle
y la ciudad es otra, el cielo es otro
y uno es otro si ese alguien
el otro
nos sonríe.

Debajo de la piel está el amor
aguardando el silencio que en otras manos llega.

Para Domingo Coss y León

(1961.) Nació en la ciudad de México, el 5 de febrero de 1961. Radica en Guadalajara, Jalisco, desde 1974. Además de poeta, es ensayista, traductor y editor. Ha publicado dieciséis libros de poesía, entre los cuales destacan: *Voluntad de la luz* (1996), *Terramar* (1999), *Des(as)cendencia* (1999), *Vino de mujer* (1999), *Nombradía —desde el hielo anterior* (2000), *Ebriedad de Dios* (2000), *Luz de los otros* (2001), *Mundo Nuevo, mar siguiente* (2004), *La pureza inaugural* (2004), *Sangrial* (2005), *El cielo más líquido* (2006), *Cuerpo+después* (2008), *Götterdämmerung* (2011) y *Envés del agua* (2012). En 2011 antologó su obra poética en el volumen *El agua recobrada*. Entre otros reconocimientos, ha merecido el Premio Nacional de Poesía Clemencia Isaura (1996), por *Voluntad de la luz*; el Premio Nacional de Poesía Efraín Huerta (1999), por *Vino de mujer*; el Premio Nacional de Poesía Ramón López Velarde (1999), por *Mundo Nuevo, mar siguiente*, y el Premio Nacional de Poesía Amado Nervo (2003), por *La pureza inaugural*.
Lecturas recomendadas
Sangrial, Mantis, Guadalajara, 2005.
Voluntad de la luz, 3ª edición, Verdehalago-Conaculta, México, 2006.
El cielo más líquido, Mantis, Guadalajara, 2006.
Cuerpo+después, Azafrán y Cinabrio, Guanajuato, 2010.
El agua recobrada. Antología poética, selección de Luis Aguilar, Vaso Roto, Madrid, 2011.
Envés del agua, Secretaría de Cultura de Jalisco, Guadalajara, 2012.

BOLERO DE RECONCILIACIÓN

Ante mi máquina de escribir,
como si estuviera en una banca frente al altar…
CLAYTON ESHLEMAN

Quiero morir de viejo.
Primero en las ojeras de septiembre
a medias
sin arrugas.
Morir hablando de la vida
entre sus brazos
sin faltas ni demora:
cotidiano.
Morir como quien crece
y de tanto que encuentra se rebasa.
Sin regresar la vista a las muletas
al bolero a dos voces de "Arráncame la vida"
a nuestro hogar, tan personal y abierto;
a sus ojos, que me recuerdan vivo
y me prometen.

Quiero escuchar a una Toña la Negra más oscura que nunca
en los labios de usted;
subir a Amparo Montes por aquella ladera de nuestra alma;
vadear a Elvira Ríos. Regresarnos.
Entonces viejos de la entraña hacia fuera
sitiar a Dios
de barro
en la epidermis.
A gota contenida le propondré el intento de un milagro
la sed por definir
el cauce de mentirnos
　　　　　cada cual por su parte
y el océano de darnos
por sabidos.
De la espuma saldremos dispensamos
la alfaguara y usted
como Dios
manda.

Quiero morir igual que usted
de viejo.
Tomando un té de azar y un té de coincidencia.
A usted quiero faltarle a medias de septiembre
para que me festeje en su cumpleaños.
A usted le quiero provocar a Dios como presente.
Que la edad que en usted es su rutina
nos permita lo viejo en uno solo.
Que el acto de morir no nos desviva.

Quiero morir de usted igual que Dios de viejo.
Con nuestra residencia ya pagada.
Estrechamente vivos.
Quiero morir de usted lo más posible vivo.
Porque le quiero a usted vivo
de muerte.

RITUAL

El poema es una ceremonia fúnebre.
Todo, inclusive la muerte, exige una liturgia.
OCTAVIO PAZ

GLORIA

Yo desciendo de un barco.
Y busco el mar de ayer —el agua
que no miente.
Mira, asediada gris de las bestiales barbas
cuyo bautismo obtuve de tu dorso:
sé que a tu canto naufragan los marinos
(según Nathaniel Tarn, ustedes son los ángeles)
y giran las tormentas.
Por eso vengo a ti, hembra amantísima
viajera de los polos, señora de Jonás, madre de Melville:
yo me podré salvar si te zambulles en el anciano mar
que nunca miente.
Si me llevas contigo, Mishe-Nahma, alisaré tu lengua
con mis pasos que buscan y regresan, porque así son
los viajes.
                    Que si conozco el mundo...
Era una gota sola, pero ya la tragaba.
Era un riachuelo, un manantial, un lago
lo que mi desnudez dejaba en gritos:
tan suntuosa la luz, que desprendía de escamas
a las nubes.
Así supe la lluvia: prolongación de mí, de la mirada
que encalló alguna vez entre los icebergs
pero siguió adelante, sin muelle o farallón, sin costas ni horizonte.

Supe del mar cuando me supe tanto
que me hizo falta Dios
un pez (en su infancia de monstruo) que resoplara por sobre mis oídos y mis ojos...
quien inventara el canto —el hálito de vida— y los anzuelos.
Supe de ti, señora de los peces,
porque una vez en la burbuja de cristal donde vivían mis padres
escuché una oración por mis hermanos
y un rosario de gotas por mi descanso eterno.
Supe del agua: lo que guardaba en mí

(de mi infancia de piedra)
por el filtro de casi cuarenta desembarcos.
Agua que nos contiene
        Dios
para beberlo todo.

SANCTUS

El ángel está hecho a imagen de los pájaros.
Se parece a mi madre —o mejor:
es mi abuela.
Ella es irrepetible.
Tal vez desde la muerte
no regresa, como vuelven los pájaros —ángeles terrenales
de tibia cera y nubes,
pero, quizá por eso, Dios inventó a los ángeles.

El ángel es exacto:
cuando la luz escurre, humedece su cuerpo.
Quien lo ama no está solo. Sonríe
a los otros ángeles.
Pero mi abuela ha muerto.
Zarabanda: *retumba su tambor sobre tu tumba.*

Es el desconocido, el
vulnerado.
Ángel ebrio de Dios, caído —un par de veces; el ángel
amoroso
cuyo vuelo guardó bajo la nuca —le decían
"contrahecho"
nomás por jorobarlo.

Por el mismo desierto de la vida, sin más agua en su boca
que sus manos, también se fue mi abuela
con el fardo de Dios
sobre su espalda.

Mírame ahora, mírame Tú con los ojos de animal de los ángeles.
Márcame para siempre entre los hombros.
Hunde mi cicatriz como señal de vuelo.

Morir es solamente tener un punto negro en la mirada.
Yo sé que moriré, pero no
ahora que estoy en vida de tocar las alas de los ángeles.
Mi vuelo ya no será inconcluso: estoy ebrio de Dios
para igualar los pasos de mi abuela.

Mírame, Dios, cómo me vuelvo un ángel:
semejanza e imagen de tus pájaros.
Desde casa, mis padres

me custodian.
Zarabanda: retumba su mirar sobre mis ojos.

Para Eduardo Langagne

OFFERTORIUM

> *Nadie más que la mano desarmada,*
> *la tenue palma*
> *y este dolor…*
> *latido de muerte insomne.*
> JAIME GIL DE BIEDMA

Estoy alerta mientras mi padre duerme la mitad de su cuerpo entre las sábanas.

Déjenme que murmure el encaje de una oración que crece de esta aguja
en las horas de estos huesos callados que hacen su ruido adentro
para que no se escuchen por mi casa.

Tengo así como un aire que se escapa de mi ojo
que naufraga en su intento por drenar su mirada de otra mirada
triste que así se le recuerde.

Afuera de mi cráneo hay una veladora
que grita en llamaradas la salvación de un hombre.

Adentro millones de velitas apagadas
estorban a éstas mis manos frías que hurgan por si he dejado de antes
otro cirio allá afuera.

                    ¡Qué oscuridad tan larga en tan poquito tiempo!
Hoy he visto que un parecido a vidrio llevamos en las manos.
Parecieran romperse
        —frágiles escudillas para cargar la sangre—
pero sólo se ensucian o se rayan.
Tiemblan las manos incontrolblemente
después de pronunciada la trombosis.
Callo ante esta palabra que vuelca nuestras vidas.

Después de oída en el oído profundo que el corazón conecta
con los huesos
ya no son más los huesos ni el oído
los que duelen.

(Entre los ojos queda una pequeña película de sal
donde los hijos somos los actores del miedo.)

Déjenme solo un rato con mi cuerpo.
Quiero sentirlo a plenitud ahora que duele.

§ El cansancio es un dolor mayor de lo que había temido.
Y la angustia es una invalidez que se aloja en mis manos.

Los dedos torpes para cargar un cuerpo que parece
que muere pero lucha
teclean unas letras inmóviles ruidosas haciéndose a la idea de una larga caricia.

(No quiero la caricia dilatada
sino el abrazo fuerte que en sus olas rompía
cualquier adiós posible.)

Con la especial tristeza de las cosas comunes
las que ambos —a la par— mantuvimos hundidas en la frente
digo que para amar es necesario haber
estado solo.

Lo sé tan bien ahora que por sentirme solo
puedo decirle "te amo"
　　　　　tan sólo
con el tacto.

Nunca fueron más torpes estos dedos
que ahora que recorren las últimas doce horas
de este día que comenzó de pronto
con la mitad del cuerpo
desvalido.

Mi padre está aferrado a su mitad
　　　　—aunque se duerme.

La otra mitad le corresponde a Dios
pero aún no despierta…

ALFONSO OREJEL

HUÉSPED

Te quedaste varado, Juan,
cautivo en tus ocho años.
prisionero en aquella casa
donde nunca dejará
de transcurrir tu infancia.
Recorres los pasillos
sin despegar el dedo de la pared
o evitando pisar alguna raya.
Te vi morir a mis tres años
y nos heredaste la tristeza,
el relámpago de tu sonrisa
que ninguno de nosotros
pudo igualar jamás.
Durante años el viento
pronunciaba tu nombre
entre las ramas
y mamá derritió mil veladoras
para recobrar un poco de tu luz.
Porque en cada una de tus sonrisas
un pájaro volaba.
A nosotros se nos vino
el futuro encima,
pronto te alcanzamos
y tu edad se fue quedando
atrás.
Callamos tu nombre
como un dolor prohibido
y nos distrajimos leyendo
al conejo Bugs
y viendo Cisco Kid
en blanco y negro.

(1961.) Nació en Los Mochis, Sinaloa, el 14 de febrero de 1961. Estudió ciencias políticas en la Universidad Autónoma de Sinaloa. Además de poeta, es narrador y promotor cultural. Ha publicado tres libros de poesía: *Inscripciones en el vaho del espejo* (1989), *La luna y otros hallazgos de la noche* (1994) y *Palabras en sepia* (2010). Entre otros reconocimientos, ha merecido el Premio Nacional de Literatura Gilberto Owen (2008), por *Palabras en sepia*.
Lectura recomendada
Palabras en sepia, Instituto Sinaloense de Cultura, Culiacán, 2010.

Desde la escalera nos mirabas
morder el chocolate *Presidente*,
saltar en los colchones,
patear una pelota
o comer a escondidas
el guayabate de mamá
con un poco de *lechera*.
A solas te paseas
por esta casa
donde no podrás
escapar nunca,
rehén del tiempo,
consentido de San Martín de Porres,
luz hecha polvo,
Juan
     Juanito
          Puente roto.

PIANO

Estoy sentado frente al piano.
Mamá espera que sea cura
y no la defraude
como mis seis hermanos.
O tal vez músico
para tocar
sus valses preferidos.
Mis yemas tocan con torpeza
las teclas blancas
donde la música reposa.
Pero el piano sólo balbucea.
Tras cinco semanas
escupe notas negras
y una quejumbre tartamuda.
Pastor, mi maestro,
sabe, al verme,
que su enseñanza será en vano
porque toco con muñones el teclado
y la melodía no fluye
como el agua niña en un riachuelo.
Deseo huir.
Ser libre en la azotea.
Matar a Nacho a *los balazos*,
que Mino suplique
no lo estrangule *El monstruo*.
O comerme dos *Mamuts*
y si se puede tres.
Es inútil insistir.
Nacho ya pulsa entre sus brazos

una guitarra de madera
y la posee como una novia
dócil que se entrega.
El resto de mi vida envidiaré
a mi querido hermano sin que salga
una sola queja de mi boca.
Y de lejos admiraré
sus elepés ya rayados
de los Beatles,
su primera batería
de ollas de peltre y cacerolas
robadas a Chabela
y su cruel desparpajo
para arrancarle música a ese piano.
Soy un risueño resentido,
un inútil aceptando su destino
que mira el piano solemne,
vestido de etiqueta,
—orca amenazante en esta sala,
ataúd favorito de Lucina—,
y hunde su dedo infantil en una tecla
consciente de que mis manos
torpes
otra canción silenciosa
habrán de urdir mañana.

PARTIR

No te fuiste nunca de la casa,
mamá.
Aquí has estado.
Sigues regando
las flores más hermosas
en el jardín en ruinas.
Escuchas las campanas
de la iglesia llamándote.
Tocas con el dorso
las gotas de una lluvia
que no te moja.
Ves una nube gris
pasar por la ventana
y le pides a papá
que se abrigue
aunque sabes
que él no puede
ya enfermarse.
Le recomiendas
no tome demasiado
café negro,

aunque sabes que en las noches
no cierra más los ojos.
Te sientas a solas
con él en la cocina
y tu mirada se hunde
en su mirada,
mientras tus manos
se adhieren a sus manos.
Y esperas.
Miras el reloj
varado en la misma hora.
Nos aguardas en esta espera
que dura un parpadeo.
De pronto
alguien sube la escalera.
El silencio apaga tu sollozo.
Y escuchas nuestras voces
a lo lejos.

CERTEZA

No debí volver a esta casa.
Demasiadas cosas me interrogan:
las grietas en la pared
que pronuncian mi nombre,
el silencio que enloqueció
al quedarse solo tantos años,
las ventanas que no albergan
ya más nubes ni pájaros.
Aquí está el cuaderno
de poemas balbuceantes
que no me atreví a romper,
la gran camisa de papá
que usé como una bandera,
el pañuelo todavía húmedo
donde mi madre lloró
su dolor hace cuarenta años.
No debí volver. Es demasiado
el peso de estos recuerdos.
Miro un retrato de Lucina
sonriendo al futuro
que le sería amargo,
a Juan, inmaculado,
en su traje de Primera Comunión,
a mi abuela Gueya que no cabe
en la vida ni en la muerte,
a Lola deshojando
sus miradas hacia el sur
por el hombre que nunca regresó.

Descubro en un cajón el espejo
donde mi madre se asomaba
y se miraba aún hermosa,
el carmín que usó Virginia
para colorear sus primeros besos,
el ángel astillado de la sala
que milagrosamente
se sostiene en un pie,
las revistas prohibidas
que enterré bajo el colchón
y todo de algún modo
se comporta
como mi camisa de niño
que desde el tendedero,
levanta la manga
y me dice adiós.

FÉLIX SUÁREZ

LA MAÑANA ES AZUL...

La mañana es azul
y zumban los insectos sobre el charco.
Intenté apartar las hojas para verme
y en el fondo descubrí la trampa:
                          los ojos indelebles
a los que inútilmente,
mucho antes de que hoy cante el alba,
habrás de repudiar.

No hay olvido.
                Recordarás su nombre,
las manos como peces contra el hielo,
su andar de brusco remolino entre las hojas,
la tarde sin atisbos, a ciegas,
en un llameante cuarto de alquiler.
Y el cielo,
              las mañanas de azogue bajo el frío,
después de haber perdido una batalla.

SÍSIFO

El mismo mal, el mismo grillo que ejecuta
a ciegas su instrumento;
la pena idéntica y sus élitros,
la herida que sonríe de horror
mientras se abisma.
              Y otra vez el mismo andar.

(1961.) Nació en Ixtlahuaca, Estado de México, el 6 de marzo de 1961. Es maestro en humanidades por la Universidad Anáhuac y doctor en letras modernas por la Universidad Iberoamericana. Además de poeta, es ensayista y editor. Ha publicado seis libros de poesía: *La mordedura del caimán* (1984), *Peleas* (1988), *Río subterráneo* (1992), *En señal del cuerpo* (1998), *Legiones* (2004) y *El amor incluso* (2011). En 2009 antologó su obra poética de 1984 a 2009 en el volumen *También la noche es claridad*. Entre otros reconocimientos, ha merecido el Premio Nacional de Poesía Joven Elías Nandino (1987), por *Peleas*, y el Premio Internacional de Poesía Jaime Sabines (1997), por *En señal del cuerpo*.
Lecturas recomendadas
En señal del cuerpo, Praxis, México, 1998.
Legiones, Praxis, México, 2004.
También la noche es claridad. Antología poética 1984-2009, Praxis, México, 2009.
El amor incluso, Mantis / Homérica / Casas del Poeta, A. C., Guadalajara, 2011.

La misma cantilena de mis actos,
Un ir y venir tras la piedra,
tras el esfuerzo que derrapa, insostenible,
en el penúltimo escalón.

Subir para caer de nuevo.
                           Y nada es cierto,
sólo la vívida conciencia del retorno,
la sed que te levanta
a media noche, trémulo de ardor,
como una mano de raíces hasta el cielo.

ZANJADOS YA...

Mira bien lo que hacemos los dos
Siempre peleando así...
GOUVEIA AMORÍN, "PELEAS", bolero brasileño

Zanjados ya,
el tren nos pasa encima,
cruza la cama demorándose.
Jadeando.

Y nos encuentra así la madrugada,
uno
en cada lado.
                    Enlutecidos.
A solas.

De nada sirve entonces ya que me hagas señas,
que yo te grite entumecido en la otra orilla,
si se nos ha empezado a ir,
                            muy lentamente,
el último convoy de la mañana.

MIRO CÓMO EL AZOLVE...

Miro cómo el azolve se espesa entre los dos,
da sus flores de fiebre
y empantana los rebaños.

Hasta las aves
            —perdices y gallaretas—
naufragan con violentos aletazos.

Digo entonces alguna palabra,
algo que nos sostenga
y conjure la noche.

§ Me hablo así,
                    un poco a ciegas.
Y miro sin embargo
cómo las hojas, tu cuerpo y el mío,
se hunden en un mismo silencio,
amargo
y anterior al mundo.

TIZNE Y CARBONES...

Tizne y carbones quedan de la casa.
Ennegrecidos túmulos de tierra.

Mejor así, que andar ahogándose de hieles,
batiéndose de quistes y vejigas.

Mejor así; quemarlo todo de una vez.
Quemar las naves y los remos.

Y regresar después —así es la guerra—
cada quien por su lado y como pueda.

POSCOITAL I

Podríamos ser así
dos muertos frescos solamente.

O un par de tibias bestias
rendidas y acezantes.

Pero nos une la boca mutua sobre todo,
la piel de suave espíritu agradecido,
y los ojos también,
                    los ojos nuestros,
tan distantes,
que han venido a mirarse aquí.

Tan desolados.

CLAROSCURO

Con una oscura conciencia
de animal escarnecido
lo voy sabiendo:
                    no duramos.

§ La mañana es un patio con sol
y pájaros de estruendo.

Luego uno está ahí por un instante.

Solo.
Deslumbrado.

Ciego de tanta luz.

Y enseguida oscurece.

ARGONAUTAS

Remo la noche inacabable.
Vengo remando hace cuarenta años.

Tengo hijos, hijas,
y habría
querido para todos ellos
una vida sin remos
y hermosos ángeles guardianes.

Pero sé bien
que no a otra cosa hemos venido
sino a remar, aspas de ciego.

Oigo a mi lado el chapaleo
nocturno de otros remos,
otros que van y vienen.

O vienen y van
                    —gimiendo—
hacia ninguna parte.

ENCAUSTO

Mientras mi lengua iba
y venía
y se anudaba entre la lengua suya,
he creído sentir de pronto,
justo a la mitad
de sus rotundos pechos,
el aleteo de un pájaro asustado
queriéndose matar contra su jaula.

VERANO

Arde el mediodía
de vocinglera miel.

Y en sus notas últimas,
la tarde al fondo me pronuncia:
niño,
hombre cansado.

Estremecida nube que pasa.

ABRASADOS

Arden con piel y huesos
sobre el pabilo trémulo del día.

Las manos y los muslos enlazados,
las bocas ávidas,
                    convulsas.

Saben que luego de la inmensa llama,
luego del fuego que los hiere
y los alumbra,
                    un día,
amargos,
se llenarán de frío.

GRUTAS

Como anegarse entero
en tibias babas de resentimiento.

Eso era el amor cansado, marchito.

La obligación de yertas madreselvas,
y el sapo blando de la injuria,
                              como una negra pústula,
con vida propia,
                    latiendo ciego,
al lado justo del corazón.

SERGIO CORDERO

LA BICICLETA

La bicicleta
lanza su sombra al pavimento
—interminable cinta—
como sólo ella sabe.
La sombra crece, se estira allá, muy lejos,
y alcanza la otra orilla;
luego viene y me cuenta
o, si no,
desaparece, se pierde en un suspiro
y otra surge despacio
para cubrir la ausencia
de la sombra que somos mi bicicleta y yo.

Continúo pedaleando,
ruedo vertiginoso,
me trago el pavimento de esta noche;
luego miro el reloj: la una y quince.
Me hundo lentamente por el paso
a desnivel, desaparezco apenas,
pero vuelvo a surgir del lado opuesto
como si así espantara a una parvada
de pájaros chillones
y el mar, atrás, me fuera persiguiendo.

Finalmente, cansado, adolorido,
me detengo a las puertas de la casa.
Dejo la bicicleta en la cochera;
reclino sus manubrios pensativos

(1961.) Nació en Guadalajara, Jalisco, el 25 de abril de 1961. Es licenciado en letras españolas por la Universidad Autónoma de Nuevo León, y cuenta con un postgrado en docencia por la Universidad de Monterrey. Además de poeta, es narrador, ensayista, crítico literario, dramaturgo, traductor y editor. Ha publicado siete libros de poesía y uno de aforismos: *Testimonios del día* (1983), *Vivir al margen* (1987), *Oscura lucidez* (1996), *Luz cercana* (1996), *Insomnios* (1997), *Sonetos familiares* (2001), *22 poemas* (2008) y *Enemigo interior* (2008). En 2004 publicó su antología personal con el título *Toda la lluvia*.
Lecturas recomendadas
Toda la lluvia. Antología personal, Ediciones La Terquedad, Saltillo, 2004.
Enemigo interior, Universidad Autónoma de Nuevo León, Monterrey, 2008.
Vivir al margen, 2ª edición, FCE, México, 2012.

—el niquelado brillo de su acero—
y mi propio cansancio
de cara a la pared.

CUARTO DE ASISTENCIA

Vivo estrechamente en el mundo
como tú
como ellos
Recorremos pasillos infinitos
nuestros hombros se rozan y a veces se golpean
Despierto   tu cara soñolienta
está muy cerca de la mía
si hubiéramos estado conversando
de cosas muy íntimas
si fuéramos amigos
Ayer nos vimos por primera vez en este cuarto
todavía no sabemos nuestros nombres
ni ese pasado aparentemente tan distinto
en realidad confluye en los recuerdos
recíprocos de infancia
una semejante adolescencia
y una juventud donde amigos mujeres accidentes
dejaron cicatriz
Pasamos el umbral   somos adultos
Tienes razón   no puedo vivir solo
no es posible vivir solo conmigo
¿Qué más pueden hacer las soledades
cuando miran sus islas de desdén
separadas apenas por un hilo de agua?
Mejor hablemos
sí   no es necesario
pero tenemos tiempo disponible
y debemos hablar porque otros hablan
y debemos seguir hablando hablando
hasta gastarnos todas las palabras

CURRÍCULUM VITAE

Dilapidó en estúpidos proyectos
el caudal de su ira
y después
miró ante sí una puerta.

Fatigado,
tuvo que recargarse
en el dintel de sus cuarenta años
antes de abrir la puerta y contemplar
sus perspectivas.

Más allá, el futuro
o el destino —el nombre es lo de menos—
le dieron a elegir
varias salidas:
el corazón que estalla,
la ventana al vacío,
el largo viaje detrás de un escritorio.

Sensatamente,
optó por lo primero.

RESPUESTA DEL POETA MARGINAL

¿Estás harto de que te entrevisten,
te hagan fotos, te adulen y te ataquen?
Vive muy pobre, incluso en la miseria.
Nadie volverá a verte.

¿Tienes miedo de salir a la calle,
de que alguien te robe, te asesine,
te golpee simplemente?
No hay seguro de vida de mayor cobertura,
ni búnker más blindado
que dejarte caer en el olvido.

¿Tienes escalofríos? ¿Oyes voces
que te impiden dormir?
No tomes aspirinas y sedantes.
Mejor di la verdad ante el espejo.
(Remedio doloroso, si los hay.)

Y bien, querido amigo,
cortesano,
favorito del rey, escritor célebre,
ya que te has dignado
a descender hasta mi calabozo,
¿deseas otro consejo
de tu antiguo compañero de estudios?

REPUDIA LA RAZÓN

La razón es inútil,
no es humana.
Es la ínfima parte que nos toca
de Dios.
          Y lo demás, lo nuestro,
está en los sentimientos,
la flaqueza.

Porque saberte débil es sentir que estás vivo,
porque la perfección te da la fuerza
y el poder de matar.
Te da la muerte,
la muerta perfección.

Estamos vivos.
Nuestra única culpa es seguir vivos.

EL OTRO POETA

Todas las cosas a las que me entrego
se hacen ricas y a mí me dejan pobre.
RAINER MARIA RILKE, "El poeta"

Esa esclava que obsedió al orfebre
adorna la muñeca del guarura.

La última acuarela del suicida
se multiplica en el papel tapiz.

La sinfonía del niño prodigio
fue adaptada para un comercial.

Ese verso en el que concentré
años de experiencia y reflexión

es el slogan de un vino corriente
o remata el discurso de un político.

Todo aquello a lo que me entregaba
ha quedado tan pobre como yo.

NOSOTROS (CARTA A MI HIJA)

Tu madre y yo nos hemos separado
y nos hemos reunido tantas veces
porque no somos justos, mi pequeña,
ni con nosotros mismos ni contigo.

Yo no creo en nada, en nadie. Ella confía
en mí y en todo. Pero su ternura
—si la comparo con la intolerancia
de su torva familia— es un misterio.

¿Cómo explicarte lo que ves en ambos?
Ella me ama porque la desprecian
y yo la quiero porque me soporta,
pero buscamos cosas diferentes.

§ Dices "mamá" y "papá", muy convencida:
palabras que no sé qué significan.

EL ABUELO MATERNO

Predicaste en un páramo de sordos,
igual que yo. Vagaste por los pueblos
hallando comprensión muy pocas veces;
rehuyendo, muchas otras, la amenaza.

Igual que yo, creíste en el espíritu
y no en lo material. Pasaron hambre
y abandono tu esposa y las tres niñas.
Otra familia hiciste… y te deshizo.

Mi padre te encontró vendiendo casas;
yo, pregonando bolsas de chorizo.
¿Dónde quedó el predicador del Verbo?

Ah, cuán hermosas suenan las palabras…
Contempla, abuelo, cómo han desquiciado
tu hambrienta fe, mi seco escepticismo.

FOBOS

Para Alejandro, que fue educado igual

Con miedo me enseñaste que debía ser ordenado.
Con miedo me enseñaste el respeto a mis mayores,
las virtudes del trabajo, la limpieza y la disciplina.
Con miedo aprendí que yo vine a este mundo a competir,
a demostrar con miedo que soy más,
a ganarme con miedo el respeto de otros,
a construir con mi propio esfuerzo una casa "decente",
un recinto blindado para guardar el miedo.
Toda la herencia tuya que ahora tengo
es el miedo.
Nada vale sin él.
Todo existe por él.
¿Y el miedo, padre?
¿Qué hago con el miedo?

MALVA FLORES

TODO ES PERFECTO...

Todo es perfecto si lo miras de golpe,
en un solo vistazo. Perfecto. Con esa perfección
de las cosas silentes. Recto como la vía
del tren; la simetría entre tus ojos recortando
la neblina y ella misma; o aquel paralelo
entre el vocablo "azul" e "inmaculada transparencia".
Todo así, lineal o con volumen de esfera. Perfecto
acuerdo entre memoria y ojo. Felicidad de los juncos y el bañista
en el paisaje. Hasta que te detienes
y observas.

EL SOL EN SU CENIT...

El sol en su cenit
y el cántaro sin agua.
Parpadea su imagen
como todo en verano
y se abrasan los cuerpos
buscando el rastro de su sombra.

Porque todo en verano es mediodía
todo lo que es oasis
es engaño.

Pero lo real cae como filo:
vertical es la luz y la palabra
es tajo.

(1961.) Nació en la ciudad de México, el 12 de septiembre de 1961. Es doctora en letras por la UNAM. Además de poeta, es ensayista e investigadora. Ha publicado seis libros de poesía: *Pasión de caza* (1993), *Ladera de las cosas vivas* (1997), *Casa nómada* (1999), *Malparaíso* (2003), *Luz de la materia* (2010) y *Aparece un instante, Nevermore* (2012). Entre otros reconocimientos, ha merecido el Premio Nacional de Poesía Joven Elías Nandino (1991), por *Pasión de caza*, y el Premio de Poesía Aguascalientes (1999), por *Casa nómada*.
Lecturas recomendadas
Casa nómada, Joaquín Mortiz, México, 1999.
Malparaíso, Eldorado, México, 2003.
Luz de la materia, Era, México, 2010.
Aparece un instante, Nevermore, UNAM / Bonobos, México, 2012.

CASA NÓMADA
[Fragmentos]

Cuerpo de maravilla
la costumbre:

esa luz que desciende
sobre el muro,
el jardín apacible con su ortiga,
la melodía volviendo
del pozo de la infancia y los ojos
que rasgan la blanca envergadura
de alcatraces
—papalotes con lastre en la tierra
bruñida.

Maravilla: aquella flor del campo,
aquel ir y venir de lo posible:
se presencia en lo real.

Allí sienta sus reales
la costumbre
en nuestros ojos
crece.

*

La casa es sólo un guiño,
contraseña,

elemental disparo que a dos líneas disloca
y las enlaza.

Es una roca móvil que suscita
mirar en perspectiva
los móviles ladrillos y
aquella parquedad de sus cosas menores:

la pila de artefactos sustraídos del tiempo.

La casa es sólo un vértice
si se mira de arriba.

Mudable geografía con lastre
en la memoria
o acaso el hoyo negro
donde van a parar todos
los signos vagos y los gestos
que solos permanecen
a la espera
de que un día los llamemos.

*

Aquí estamos
sentados en la ruta,
rumiando las palabras que ya nunca se dicen,
mirando nuestras manos
que se saben aún dormidas.

Y todo está en su sitio en la casa que duerme.

Mírame con tus ojos de espanto,
con la espina dorsal que rompe los cristales más puros
esta noche que tiembla.
Arráncate de ti.

Descubre el secreto sencillo del agua entre las manos.
Aquella brevedad que nace en la mirada
y busca otra: la que devuelve el gesto
imperceptible.

Que tu boca maltrecha encuentre las palabras,
esas sencillas,
como sal o tierra.

Que tus manos se hundan y toquen el misterio
del animal molusco: esa luz que ilumina
los pasillos de aquella casa nómada.

Que se queden ahí
y en su roce alimenten la sangre, el latido
imperfecto de tus labios.

*

Labios como voces
trocadas.

Trueque para que digas
te quiero todavía
en la orilla del río
donde la casa espera
para cruzar
la transparencia líquida del tiempo

que tus labios reúnan al animal
de aquella piedra lisa
y al pájaro imposible del peñusco,

que tomes de la mano
a la mujer insomne que aún ve desde Teocelo
aquel perdido paraíso.

*

Paraíso es aquí:
Son tus manos desnudas
librándome la muerte.

LOS LARGOS PASAJES...

Los largos pasajes que el viento prefigura,
la distancia tan breve entre el sol y la espuma,
la sombra de la flor, el cacto:
                          la materia es visible.

Las manos cobijan al espacio
y lo imaginan. Pueden mirar también
la historia de las piedras.
Alguna vez los ojos tocan al fin el borde de las cosas y
siguen su camino con una luz distinta,
apenas distinguible.

Sólo si canta es plenitud la boca; si acomoda
el sonido para volverlo almohada
es beso.

Un fresno para escuchar la noche.
La risa, para saber del agua.

Visible es la materia.

SIEMPRE ES TARDE...

A Luis Ignacio Helguera, in memoriam

Siempre es tarde cuando ocurren las cosas.
Es otro su reloj mas es preciso
en su atinada inclemencia
          y todavía esperamos.

Nunca vemos pasar a la belleza
y le buscamos nombre
y le ponemos fechas.
Redes para atraparla porque pasa de prisa,
          suponemos.

Habría que preguntarse cuándo es tarde
o cambiar de reloj:
elegir el color de las nubes o la raya del sol
dibujada en la meseta de nuestra presunción.

§ Sin atino o atisbo,
Inoportunamente,
          asistimos.

                    VUELTA

Tantos años a tientas
revolviendo papeles que ya nadie visita
trastos de hollín
          signos y señas
en un país que fue.

     ¿Gané o perdí?

Todos los muertos pesan. Vuelven
bajo la hora confusa del verano
          desordenadamente
mascullando las letras de su nombre
en un caos de palabras
          voces
                    gestos
que ya no tienen sitio.

Las cosas están siempre en su lugar
          me dice Adolfo:
el columpio en la higuera
la naranja en su cesta
y el fulgor en las alas
del manzano.

Make it new
dijo Pound:
                    Oigo crecer
la selva a ras del tragaluz
          y recomienzo.

FRANCISCO MAGAÑA

DERECHOS DE AUTOR
[Fragmentos]

PRIMERA PARTE

I

A Juan Antonio Masoliver Ródenas, después de leer Sonia

Viento de ayer los labios las palabras.

Herradura memoria palpitación del ser a medianoche. El reloj como marca que trasciende: "déjame estar en ti, ser habitado por una luz aún mayor que la inocencia". Y en las venas un tajo madrugada. Piedra: pardo como Van Dick, astucia, incertidumbre. Una soga que oscila, observada desde el rincón, así: una lía, esplendor, una mirada, una sucesión de flores ardiendo rumbo al abismo. Que en su caída pétalos, color sin dueño.

Una oración un nombre una canción que se repite

Imagen de los dedos de la mano izquierda: frente a un sepulcro, en llanto, arrodillado. Con la sonrisa negra de los muertos y la figura cierta de los sueños. Cabeza inclinada, corazón que parpadea como el pájaro agosto de la ciénaga; ojos que al cerrarse vuelven igual que la cigarra: hacia el incendio. Igual, aunque no tanto, al decir: "lluvia fui para ti en aquel exilio".

Yo para ti: oscurana, fuego de las oscuranas. Imprecación de quien ve en el cieno el primer desconcierto el miedo.
Imagen de los dedos de la mano derecha:

Y todo para qué, me preguntaron.

Hay voces por doquier, inquisidoras. Arrebatos, estigmas, cruz y ficciones que se inventan que nacen con el impulso choque de la nada. Esas voces cuchillos que preguntan en las venas, esa garganta seca en el

---

(1961.) Nació en Paraíso, Tabasco, el 15 de noviembre de 1961. Además de poeta, es traductor, editor y artista plástico. Ha publicado dieciséis libros de poesía: *Cuerpo en ausencia* (1990), *Comunión de sueños* (1990), *Penitencia el mar* (1990), *Calendas la mirada* (1992), *Las memorias de agosto* (1994), *Habitar donde fantasmas* (1995), *Antorchas* (1999), *Ayer* (1999), *Maitines* (1999), *Fiebre la piel y adónde la manzana* (2002), *Barra de panteones* (2006), *Corazón de pies cansados* (2006), *Haberes* (2006), *Una voz que nos dejó el exilio* (2007), *Aquello que al mirarnos resucita* (2012) y *Padre nuestro* (2013). Ha antologado su obra poética en el volumen bilingüe (español-portugués) *Primera comunión / Primeira comunhão 1999-2012* (2013). Entre otros reconocimientos, ha merecido el Premio Nacional de Poesía Carlos Pellicer para Obra Publicada (1999), por *Antorchas*, y el Premio Internacional de Poesía Jaime Sabines (2001), por *Fiebre la piel y adónde la manzana*.
Lecturas recomendadas
Aquello que al mirarnos resucita, Calygramma, Querétaro, 2012.
Padre nuestro, Libros Magenta-Conaculta, México, 2013.
Primera comunión / Primeira comunhão 1999-2012, traducción de Rafael Rocha Daud, Mantis-INBA-Conaculta, Guadalajara, 2013.

desierto que no muere, que amanece porque sí, con temblor de incertidumbre, como pidiendo perdón de madrugada.

Y en la cabeza esa luz por la luz que no se calla.

Ya no estoy ya no más ya no existo sólo vivo en la voz del moribundo que me nombra sólo soy su palabra bailando en la conciencia y un flotar un caer como sin ganas un mirar hacia atrás desde sus ojos eso soy y si me olvida más dijo una lágrima

> pero soy
> más
> en el vacío

> ¿Quién es el niño aquel que se unta agua en los labios y sonríe?
> ¿Quién la mujer del incienso?
> ¿De quién la mano que coloca una flor ante sus ojos y huye?
> ¿Quién me mira de frente, quién mañana?
> ¿Cuál es el nombre del caballo aquel que hoy resucita?
> ¿Quizá quien alivia el cansancio de mis pies que no descansan?
> ¿O tal vez quien me salvó del naufragio?
> ¿A quién imploro?

Y en el llanto de hoy: *las sombras en el cielo que son lluvia.*

II

A María Magdalena

Los dedos que se entrelazan para orar en el espíritu cisterciense. Las ánimas presencias protectoras y el canto de la flor en la querencia. El instante, un indicio más de que todo estaba dispuesto para decirse para asirse: para ser más que entonces, cuando la lluvia. Porque es más triste, padre, la lluvia en el cementerio.

> Cuando los muertos oyen llover
> cuando los muertos ven llover
> el agua bendita
> la pila del bautismo
> son pasión y solaz: algarabía.
> Algazara, festín, tierra que se abre.
> Luz de luz, luz de Dios,
> Luz Jesucristo en su ascender al Padre.
> ¡Qué silencio, oración, el de aquel día!
> ¡Qué silencio primero el de la lluvia!

De tu mano agarrado, voy contigo. Esa tierra de ayer ya no es la mía. El camino que es tuyo hoy es el mío y en tus pasos tan blancos me confundo. Y como hombre que no sabe latín declino el tiempo en los tres verbos de las cuatro noches que Laura de Agrigento pasó rezando por la muerte de su amado y por la vida de la profecía. De alados pies, Laura de Agrigento en el viento encontró la razón de su nostalgia.

Porque estoy y no estoy si estoy contigo. Lo que me dice digo y me abandono porque así lo sueño en Dios. Y la palabra visión se desvanece. Digo, si acaso, lo inasible. El milagro en silencio, el más pequeño. El milagro que a solas se enaltece.

§ El olvido me toma. Me hace suyo. En su reino de nuevo soy la vida que me falta, el último aliento del primer ahogado, el primer suspiro del sobreviviente: del recién nacido. "Te sorprenderá la muerte con su primer aviso"… pero ya era demasiado tarde. Al menos para el amor.

Viento de adiós el cielo en tus mejillas.

IV

A Olvido García Valdéz

Era octubre y ayer, era una fiesta como quien dice agosto a mediodía.
Un nombre era el hastío en medio de la voz que lo enlazaba, una mentira más en el olvido como un mañana sin razón en el triste amanecer de estar despiertos.

Y entonces qué decir sino es esta polilla presencia que me agobia se va y que ya no vuelve Qué entonces de soslayo apaciguar Qué voz hacer del silencio.

(*Que la poesía me permitiría decir lo que tenía que decir sin que la muerte se enterara.*)

TERCERA PARTE

La palabra que te nombra cabe en la mano grieta que mira al mundo.
Es tan minúscula que engarza sus afanes en el fluir del reloj de arena, en las muecas rígidas del espanto.
No obstante la conformación de sus contornos, se abre paso con el favor del aire, péndulo que en el barro chapotea,
y aquí y allá.

La costumbre de mirar, de quedarse quieto.
La costumbre de los pies
en la tierra extraña —cuando aún no despertamos del todo.
Pero más que los pies en tierra extraña: la costumbre.

El instante que es vario y uno solo, acecha.
Su catadura —a fuerza de envejecer— es materia correosa,
diversa en sus pigmentos como reacia a la domesticación.
Aunque pueda decir que acaso, la lluvia no es recurso del recuerdo
sino una manera de pensar adiós en la mirada.

(Algo habrá tras la mirada si eso es cierto.
Algo, semilla en el espacio,
germen de qué cuando el cántaro existe en la garganta.
Pero puede que calle
aunque el silencio no sea más
que la desapercibida manifestación de un discurso
a tientas sostenido. Puede que no:
que entre el poder y la negación nazca el resquicio
que funda su territorio, que marca sus límites, por serlo.)

Cerca de aquí la sombra. Como la lluvia un día: audaz en el riesgo, en el vacío, con ganas de caer cayendo, con ganas de creer callando. No es el grito, por tanto, el desconcierto. Más bien la pregunta con tonos de quién sabe, más bien, ojo alerta y vislumbre.

§ Artero en el rosedal afianza el aguijón la tarde con cara de crepúsculo. Asoma en los alientos: pre sentidos, re cuerdos de tanta aparición.

Para que todo el tiempo de las aguas persista en el recuerdo de las tejas.
Para que retumbe en el aire la fiesta agreste de la reconciliación con el vacío, y pueda pronunciar lo impronunciable con más aliento que voz en el desparpajo inocuo de las lamentaciones acurrucadas, de una fe contrahecha a golpes insistentes en el alba que insomne alza la voz para decirle quién, para saber que antaño en el silencio alumbrar era una forma más del desconcierto.

Atónito vendrá el relámpago.

Y ha de venir entumecido de sus brazos, tenso en el transcurrir de inquietas permanencias, marejadas, febril en la renuente disposición de alzar de vez en cuando la mirada para rastrear en los ocasos la promesa que se diluye al ser nombrada.

Para que venga añejo el tiempo a recordar monólogos nerviosos que corren de un lado a otro y se enaltecen en las campanas de la iglesia que llaman a misa de siete, a punto ya los labios de un llanto tan artero como el callado suspirar de auroras. ¿Es ésa la desapercibida señal del llamado hacia el fondo de la incredulidad? ¿Ése el súbito cantar multicolor en el espacio apenas contenido de un temblor? ¿Agustín, Santiago y El Juanero, los protectores? Los medios como testimonio de los fines.

Para que asome en las rendijas del ensueño. Para que ayer la piel descubra que sus bríos no son más que el pálido entusiasmo del desahucio. Y que cantan los pies como si nada. Y que amanece acaso cuando a veces se encienden veladoras.

¿Cómo entender la voz que en el silencio regresa a celebrar las alabanzas de esa infancia recuperada en el patio a través de la mirada que redime, a través de los ojos que en la imagen propone un mirar no viendo sino el oculto reflejo de sus dones?

¿Cómo llegar, aliento, a tenerte entre los brazos cuando la ausencia es un baile inagotable, una danza que en la quietud encuentra sus razones?

¿Cómo llegar al canto sin que asome el recuerdo?
¿Cómo saber, siquiera, que es cierto el resplandor de los espejos cuando el rostro se esconde de sí mismo?

¿Cómo decir mañana que el relámpago es la resaca insana y temblorosa de un ayer que se niega a la desaparición, de una renuencia que sobrevive ante las horas, ante los tiempos que el desasosiego ha hecho suyos?

¿Cómo saber si esta palabra es cierta,
si estás líneas no son más que el torpe desafuero de los sentidos?

¿Cómo saber si esto que digo es decir y no un mero agolpamiento de intuiciones?
¿Cómo saber si lo que digo es cierto?

¿Cómo saber si estas palabras resistirán la llegada de un crepúsculo acaso igual de agobiado?

¿Cómo saber si lo que digo es cierto?

Pueblo Nuevo de San Isidro Labrador
Año de Dios

DANA GELINAS

INTERSTATE 35 HIGHWAY

A Rogelio Guedea

Como si yo fuera al volante de la Station Wagon blanca
de mi padre.
Yo sin perder detalle.
Imitando sus movimientos.
Yo al volante.
Yo a salvo.
Yo veloz, levemente ansiosa,
como una tortuga lanzada al mar
por una gigantesca espiral de cromosomas
hacia un destino de neón y halógeno.
Yo cobijada por un cobalto
alterado,
a veces,
por los gritos
de una parvada
de migrantes.

Yo aerodinámica. Yo veloz,
Mi Yo, incluso gótico,
al narrar los increíbles arcos acerados
de puentes
apuntalando el cielo.

Calma y audaz Yo misma entre mareas de Yos.
Perfectamente Yo sincronizada a mi pulso,
al cronómetro en los pulsos de los demás conductores.
Muchas veces Yo, hacia tardes platinadas bajo el fresco sol
y un asfalto tibio, como una conversación alegre y fluida con mi padre.

(1962.) Nació en Monclova, Coahuila, el 23 de marzo de 1962. Es licenciada en filosofía por la Universidad de Guanajuato, con maestría por la UNAM. Ha publicado seis libros de poesía: *Bajo un cielo de cal* (1991), *Poliéster* (2004), *Altos Hornos* (2006), *Boxers* (2006), *Aves del paraíso* (2009) y *Los trajes nuevos del emperador* (2011). Antologó su obra poética en el volumen *Hábitat, antología personal 1991-2011* (2013). Entre otros reconocimientos, ha merecido el Premio Nacional de Poesía Tijuana (2004), por *Poliéster*, y el Premio de Poesía Aguascalientes (2006), por *Boxers*.

Lecturas recomendadas
Altos Hornos, Praxis, México, 2006.
Boxers, Joaquín Mortiz, México, 2006.
Poliéster, 2ª edición, Universidad Autónoma de Coahuila, Saltillo, 2009.
Aves del paraíso, El Celta Miserable, México, 2009.
Los trajes nuevos del emperador, Universidad Laval-Ediciones Fósforo, Quebec, 2011.
Hábitat, antología personal 1991-2011, Posdata, Monterrey, 2013.

§ Mi Mozart *prestissimo*.
  Las puntas de los dedos tamborileando el volante.
  Retrovisores alineados.
  Un sorbo de café
  para amanecer Yo
  bajo el cielo de Kansas City.

  Ahora soy Yo al volante
  en la carretera.
  Y a veces, siento que escucho la voz de mi padre:
  ¿quieres más jugo de naranja?
  ¿viste el rebaño de vacas que acabas de pasar?

  ¿Qué quieres?

  ¿Qué necesitas?

A LA LUZ DE LAS VELAS

Busco a un habitante de Mercurio,
un veloz marinero de la circunvalación solar.

O que sea de Plutón,
un navegante imposible incluso para el telescopio
que instalé porque sí a mil doscientos metros de altura,
para divagar solamente
acerca de la naturaleza de Marte y de Venus.

Lo necesito, me urge,
para instalar un foco luminoso
en una trampa
que me da más horror
que un ratón en la cocina.

Lo deseo para que use un martillo más peligroso
que una mordida de león en el pulgar.

Una mujer terrícola
me aseguró que somos de Venus
ella y yo,
y que los hombres de la Tierra son de Marte,
expertos en futbol,
en computadoras,
pero completamente inhábiles en focos y martillos.

Yo odio ser de Venus
cuando tengo que instalar un foco,
me exasperan los de Marte
cuando tengo un martillo en la mano.

§ Detesto a los de Mercurio
porque son difíciles de hallar,
y los de Plutón son francamente inconseguibles.

Quizá tenga que esperar en mi base terrestre
horas o centurias
a que aparezca un ser extraordinario,
un salvaje magníficamente equipado
con el cinturón de instrumentos de Orión
que me rescate de esta espera
alienada, absurda,
que me haga feliz
en estos días.

Yo sería la envidia de venusinas como yo,
yo sería el ser más feliz sobre la Tierra.

UN CORAZÓN DE CHOCOLATES

Odio los chocolates.
Mucho más los que son caprichos
de San Valentín:
demasiado alcohol,
demasiados azúcares,
demasiados sabores que envenenan.

Los odio por su alharaca,
los odio porque cada uno es diferente del anterior,
los odio porque no puedo evitarlos,
los odio porque sin su sabor no soy nada,
los odio porque sí,
porque del odio al amor
sólo hay un bocado.

CÓMO LEER LA BIBLIA EN CASO DE SER APOLÍTICO

Este librito puedes tomarlo y comerlo:
en tu boca será dulce como la miel,
pero te amargará las entrañas.

Puedes comenzar por El Principio
y creer en el mundo como en una cadena inoxidable;

proseguir con orden
y advertir que la vida es una novela
(final espectacular, capítulos emocionantes)
desde un sillón cómodo;

§ o bien abreviar en los hechos del Maestro,

o devorar el desenlace para apagar la impaciencia;

puedes deletrear una sola parte,
la vieja o la nueva, y así reavivar querellas de familia.

Este manual se deja releer al azar
para quien ya lo ha visto todo;

alguien que llame a tu puerta
la puede armar por ti
como un rompecabezas;

o la puedes leer al amanecer,
cuando nada entiendes aún,
cuando no has despertado todavía
y acaso desearas que todo fuera un sueño.

AGUA

Mi planeta es un rectángulo de agua.
Un espejo al ras,
un corredor transparente.

Desde el pedestal, desde tu *maillot* negro,
desde el aire tibio,
recorres tu camino arañando la piel del agua
y dejas a los delfines azules
rozar tu hombro y costado.

La realidad es de agua.

Escucho agua: un aroma de agua limpia y delgadísima
me circunda en cada brazada.
los segundos son de agua,
la eternidad es equilibrio en el agua
entre el delgado cordón a la izquierda
y el denso muro del fin del agua.

Emerjo.

Me envuelve un mundo blanco de toallas,
Pavarotti y Bono
surgen de la lluvia constante
de las regaderas,
junto a las miles de gavetas del baño de mujeres.

Desde el área de mantenimiento
clama la voz de La Dolorosa:

—Odio estar aquí;
no dejo a mis hijos por gusto,
necesito el Seguro Social para el mayor, por las terapias—,

Un ejército de empleadas seca cada mosaico.

LÁPIDA PARA UNA MUJER LIBERADA

Como Diana, primero una flecha
al centro de un hombre;
como Penélope,
tejer una tela de araña;
caminar siempre un paso atrás,
como Eurídice;
salir del baño, como Afrodita;
leer de noche, como Minerva;
amar a una bestia, como Pasífae;
cultivar en exclusiva la tierra de tu casa,
como Gea;
predecir la infidelidad, como Casandra;
vengar al marido, como Hera;
memorizar uno a uno los rasgos de Narciso,
como Eco;
todo para morir en tu país
sin que te lapiden…

como a una extranjera.

MAÑANA ES OTOÑO

A mis hermanos

Uníamos el tiempo
con las palmas de la mano.
Por el celeste caracol del frío
se deslizaba una galería
de briznas de otoño.
Los mayores temblaban
al ver la escasa luz,
sufrían de presagios.
Nosotros, pulgar e índice,
juntábamos sus alas.
Las muñecas y los maullidos
nos teñían un poco de espanto.
De la ceniza de la tierra
surgían en sobresalto
ellas,
las muy urracas.

MARÍA BARANDA

ATLÁNTICA Y EL RÚSTICO
[Fragmentos]

1

Mi Amigo es de la tribu de los hombres solos.
Ve el mar. Mira su cinta sílex, su oscura bolsa varonil.
Lo admira.

Vive en el Arboritum de las cosas simples. Sabe el origen de lo epidérmico, el número de vértebras de las serpientes, el tronco descastado de los pipirigallos y las formas incomprensibles de los ranúnculos. Señala siempre el vértigo capilar de la palabra *mar*.

Busca en mapas Las Indias, sus frescos álamos de tinta.

Su juego es el látigo que lo consuela, lo provoca y lo pone profético a girar.

Mi Amigo ve el mar, su quemazón en la tiniebla,
su leche consumida, su labio terminado en ojo.
Su infancia, luz perdida entre las patas de un arácnido,
una herida abierta a la piedad. Pasto amargo y la ceniza.

Su oficio, fósil flor que lo despeña cuando tiembla, su paso lapidado hacia nosotros, ¡niños que no sabemos recordar!

¿Celda branquial,
opérculo? ¿El Sol un buche gástrico,
la Luna un ácido en su cuerpo?

(1962.) Nació en la ciudad de México, el 13 de abril de 1962. Estudió psicología en la UNAM. Además de poeta, es traductora. Ha publicado trece libros de poesía: *El jardín de los encantamientos* (1989), *Fábula de los perdidos* (1990), *Ficción de cielo* (1995), *Los memoriosos* (1995), *Moradas imposibles* (1997), *Nadie, los ojos* (1999), *Causas y azares* (2000), *Narrar* (2001), *Atlántica y El Rústico* (2002), *Dylan y las ballenas* (2003), *Ávido mundo* (2006), *Ficticia* (2006) y *Arcadia* (2010). Ha antologado su obra poética en dos ocasiones: primero, en el volumen *Ávido mundo* (2008), y después en *El mar insuficiente* (2010). Entre otros reconocimientos, ha merecido el Premio Nacional de Poesía Amado Nervo (1989), por *El jardín de los encantamientos*; el Premio Nacional de Poesía Efraín Huerta (1995), por *Los memoriosos*; el Premio de Poesía Francisco de Quevedo (1998), por *Moradas imposibles*, y el Premio de Poesía Aguascalientes (2003), por *Dylan y las ballenas*.
Lecturas recomendadas
Atlántica y El Rústico, FCE, México, 2002.
Ávido mundo. Poesía selecta, Monte Ávila, Caracas, 2008.
El mar insuficiente. Poesía escogida (1989-2009), UNAM, México, 2010.

§ Mi Amigo dice el mar altivo y confidente, salaz
en su extensión con mil plumas de elegía
con mil pájaros que lo recorren y aparecen
y vuelven siempre a aparecer.

Su vida: un órgano en reserva, una sustancia adventicia.
Mi Amigo se tiende improvisado, frugal.

Una raíz se hace por sus barbas, le crece el mar y su humareda, su rápida sonrisa de adivino con cien
máscaras de bronce, abismal.

Se designa en el género del *Felis*. Catafalco, colmenar, se llama indistintamente: *Felis catus*, *Felis pardus*,
Felis tigris, *Felis mar*.

Su vida empieza con el cálculo de la aventura, con el último errar de la embriogenia. Pifa y lanza piedras
a la orquesta de pájaros acuáticos que lo molestan.

Para mi Amigo la palabra amor no tiene anatomía, no conoce ahí tipo animal.
Su cuerpo es una materia córnea, calcárea, donde alisa el verbo, se enracima
y comienza un sueño.
Soñé, me dijo, que había flores sin albura, de un solo corazón abierto.
Los radiolarios con sus cuerpos melancólicos vertían sobre ellas la constancia del agua, como una especie
de boca nocturna en el frescor de sus sentidos.

¡Libélulas! El cuerpo, la simbiosis en la nudosidad de las leguminosas.
De las plantas —piensa— el muérdago chupador, las humícolas.

Mi Amigo habla ahora de microbios. Su ojo, dice, es una vibración tan luminosa,
que no hay oído de por medio, no hay ventana oval para un secreto.
Yo podría ser un Miembro Superior de aquella especie, un ciliar.

Se hace una cura con una flor de púrpura y una yerba semejante a sus testículos.
Sabe que eso le quitará el encendimiento.

Los rayos de la luz ya están gastados. Mi Amigo deja el cuerpo, se abraza
como un gallo a los pedúnculos. Se frota el cuero con la lengua.

A veces lo profundo es un viso de luz en sus entrañas.

Mi Amigo ahora está en el limbo dividido: tiene una escotadura y una dentada. Pronuncia *la sangre que
procura*, sus sílabas ventrales, sus escamas.

Animal para él significa una penumbra.
La espora de su sed es el fuego que lo cruza.

Su cuerpo es el del hombre solo.
Su tribu, una larva.

3

Venus lava sus genitales en la selva. Los purifica.
De púrpura su vista se engaña a la advertencia.
Siete veces bebe la pócima de cola seca con miel ática
y una onza de azafrán para henchir su cuerpo.
Es el ascenso.

Sabe que en su tribuna de siemprevivas y girasoles
el grito es un rastrojo que se acrecienta.

Toda la claridad en la inmundicia que lo separa del avispero.
Son los signos sutiles lo que no enfrenta.

La potencia del ojo es el límite de su fuerza.
Coloca suavemente cordones blancos junto a unos bulbos.
Iridisciones. Recuerda el vermis formado en periferia. La sustancia dispuesta
en el árbol de la vida. Y por delante, la parábola superior: *colmadamente*.

Su frescor es el del vino maduro, su olor el de los collados pedregosos. La copa
de succión son su anhelos, en células de asombro el índigo es una página de vidrio. Apunta.

Ojo pendiente, visible, pecíolo. Todo para nadar es superficie.
Mi Amigo se prolonga al fondo del mar en formación de greda.
Sucede que se asocia con la vida individual. Va con lombrices,
blanda simetría de dos puntos.

En la barranca una ordalía de cardos se desploma. Su voz delira.
Percute la batalla de quien calla. Mi Amigo ama.
Lo sé porque pinta en láminas de uranio: *redivivus*.
Pronuncia suavemente el nombre del endrino, ha dicho que bajo el mar hay una arena muy fresca y tan porosa.

Arriba hay una cerca. Subimos por un camino de gruesas costras y lajas escocidas. Culebras.

El sol quema la yerba en la ceniza. La aventura de la lluvia es la alquimia del aire, dice, y yo en sus partículas
sé que ama.
Mi Amigo mira el mar en su escritura.

DYLAN Y LAS BALLENAS
[Fragmento]

A hole of errands and shades
DYLAN THOMAS

What sounds are those, Helvellyn, that are heard?
WILLIAM WORDSWORTH

¿Qué son, Dylan, esos sonidos que se oyen
desde el blanco bosque
de tu boca de agua?

§ ¿Qué cal ardiente alimentaste
en tu ciudad de tiempo
ya vacía?

¿Qué piedra arrojó por ti
el grito de ese Herodes de paja y sal
que estremeció tu sangre?

¿Qué santo a punto de caer
ya se desploma entre las vetas cálidas
que desgarran tu herida?

En dirección al mar,
bajo la luz del búho,
está mi vida imaginada
por el poder de un muerto,
precario príncipe a orillas de este cielo,
que me permite hablar al fuego del guerrero,
poder decir mi sombra en la ebriedad del agua
donde nombrar la luz es dibujar la noche,
abrir el cáliz a la razón del alba.

Aquí la muerte mantiene su dominio,
donde alguien, acaso un dios
esclavo de la lluvia,
un olvidado monarca de las cosas,
se abre ávido al silencio de la sangre
en el vértigo y el miedo de la noche
para decir que va, que arde profundo
en las copas de polvo que gotean su sed en el vacío.

Ésta es la hora en que conozco la parte rota de mi historia,
fragmento cincelado sobre la fría noche del suicida.

Tiene mi cuerpo una oración enferma,
una historia cavada a golpe de la tierra.
Tiene mi cuerpo una oración perdida
bajo la sombra que mendigan los perros y los niños.
Tiene mi vida un festín de cardos en el sueño de su calavera
y una imagen ciega que se recuesta
honda e invencible
en la memoria estéril de los días.
Tengo por ojos dos jardines y por boca
un sol que anuncia la lumbre en la marea.
El campo de mi infancia es ahora
un lugar redondo donde mi corazón
palpita con la sangre de los cerros.
No tengo ya otra luz que la del río
que se aleja hacia el cielo de mis años
bajo el sol
que en la cresta del tiempo resurgiera.

No guardo otra razón sino cantarle
al último Odiseo de los campos, niño feliz
y desbocado como caballo ciego en la pradera.
Vivo a la orilla de los truenos,
donde comer un trozo de pan
es despojar del aire conyugal a las hormigas,
donde decir no tengo nada
es lamer la copa de los valles procelosos,
la memorable ciénega del miedo.

Tengo aquí lo que antes era una muerte sin mí,
una vida honda sin nadie que me diera aire,
cielo, sol o el ímpetu de estar en una sola forma,
abierta claridad inigualable, donde retumba
mi pobre corazón de pez errante entre los hombres
para elogiar el rostro de la lluvia
y la cara recién parida de la tierra.

Aquí se grita *amor* por decir pobre y se repite
el eco de las piedras y del polvo hasta arrancar
el cielo de los pájaros al día.
Aquí vivir es estar separado de los hombres
tallados en las rocas apacibles
de la mentira y de la carne.
Aquí se dice *voz* y responde el viento en plena huida,
se dice *paz* y de una fuente brota aquel rocío escarlata
que oscureció al infeliz nacido en este seco suelo
poblado de lombrices y gente misteriosa
que habla con las piedras
y guarda entre las tumbas
la feliz quietud de sus secretos,
la sintonía exacta de su sangre.
Es una tierra sin color ya desgastada y sin embargo
hay una rana cálida que croa entre los tragos de refresco
en el aliento de los hombres que sudan sus recuerdos,
de los nudos de la ropa que cuelgan las muchachas
y de los niños que se pierden en el polvo
de las bolsas del mandado.
Es una tierra sin piedad donde los hombres cantan
a la razón del alba y las gallinas picotean las nubes
cómplices del bullicio de una tarde.

Aquí la piel de un árbol se bendice
y es la lluvia un despertar para los patos
y es el aire aquel chillido de verdad,
para los papalotes rojos,
en el festín de ser hombre entre los hombres
que siguen a la vida
en la colina pulcra o en la caverna oscura
acaso siempre donde ella esté,
donde ella diga.

ÁVIDO MUNDO
[Fragmentos]

I

Y conocimos el futuro en la cal sobre la piedra,
la herrumbre de saber que fuimos
el trecho abierto para el paso del insecto,
la sola luz en la punta de la lengua,
el gemido siempre tardo en el silencio,
un cuerpo y otro y otro donde la noche
ofició los cantos de la paz en la hojarasca.
Y caminamos lentos por el rojo radiante
de una flor que sólo abría sus pétalos
de lujo en la cuaresma. Y vimos jabalíes
bebiendo el sol de la palabra quieta,
lámparas de abejas, ríos muertos
en la holgura de la yerba, caravanas
de hormigas como un punto de la inquietud,
un roce del estremecimiento
donde sentíamos la luz como una frase suelta.
Y a la orilla de un cielo concebido
en la respiración del viento, vimos
el vuelo presuroso de nuestras sombras,
aquellas parcelas de pan y lodo donde dijimos
por vez primera la palabra *mundo*.

II

Mundo como verdad,
como baldío de niebla
minúsculo en la quietud del polvo.
Y un fuerte olor a grasa nos despertó
en un lugar de la imaginación del alba.
Ecos desgajados en círculos de humo.
Palabras inscritas en la piedra
con el aplomo de una víbora que sueña
el sueño de ninguno. Interrogaciones,
emplastos de viejas cicatrices
cobran forma ante la percepción del ojo.
Rastros de la esperanza ajena,
huellas aplazadas continuamente
en la iniciación del viaje.
La sombra se despliega
junto al grito de un ave de presa.
¿Quién es quién en esta selva?

III

Monturas en la piel. Saturaciones.
Cientos de mariposas
vigilan el sueño azul de las crisálidas.
Tránsfugas de otras nubes
guardan aviones de papel
en sus retinas de oro.
Prevaricaciones de un tiempo
en que la lluvia era la gestación
de una planta incierta.
Nosotros, aguardamos al alba
el grito del águila quejosa,
tan sólo para saber
que era momento de escuchar
fragmentos de una historia
con la esperanza rota.

IV

Que nos lleven a lo alto
sobre los mares de la yerba.
Que nos suban al sueño
de las alas, al lugar de las pupilas
recubiertas.
Que despejen en lo súbito
el clamor del aire y el ojo
de su ofrenda.
Que afloren ángeles y monstruos
en la noche blanca
de la escama.
Que la infancia irrefutable
sea un río de voces, un coro
de risas en el grano del polen.
Que el hambre de la estepa
sea benévola ante el sueño
de la víbora.
Que se aglomeren los rituales
de la paz y el canto
en el labio del guerrero.
Que de ese labio brote
como si fuera un mar de lejos
la escritura del poema.

LUIS MEDINA GUTIÉRREZ

SIRENA EN BLANCO

El guardavidas
amante de la piscina
levanta la falda de gotas
y toca su pubis espejo

La carne azul se conmueve
y parte sensual en arrugas satinadas

Se deleita con el destello de sus ojos
el peinado ondulante

La transparencia de los mordiscos

Penetra con largo clavado
y ella se cimbra placentera

En la orilla rompe de placer

El guardavidas vuela amoroso metros y metros
de nado mariposa

Ida y vuelta con rasguños de agua
círculos de besos

Enternecido la contempla
ve pasar las nubes por su rostro
y al sol meter sus piernas delgadas

En la noche la mira dormir
con el viento de pies peregrinos
y el agua desierta

(1962.) Nació en Guadalajara, Jalisco, el 17 de julio de 1962. Es licenciado y maestro en literatura por la Universidad de Guadalajara. Además de poeta, es ensayista e investigador. Ha publicado cinco libros de poesía: *Albercas con cielo caído* (1991), *Una isla desde la ventana* (1994), *Héroes* (1995), *Lapidación del mar* (1996) y *Aura de la estatua* (1998). Entre otros reconocimientos, ha merecido el Premio Nacional de Poesía Joven Elías Nandino (1989), por *Albercas con cielo caído*; el Premio Nacional de Poesía Ramón López Velarde (1994), por *Héroes*, y el Premio Nacional de Poesía Tijuana (1998), por *Aura de la estatua*.
Lecturas recomendadas
Albercas con cielo caído, Conaculta, México, 1991.
Aura de la estatua, FCE, México, 1998.

NADA EL DÍA

En la bañista hay una lluvia intensa
Una tormenta levantada sobre otra
Espalda dorada en el brasero del cielo

Murmullo y levitaciones
Fuente y caricias

La resaca del conjuro y el deseo
Los vidrios de lenguas y dedos
El asoleadero vacío
Los corazones revueltos

En sus ojos mi cuerpo está servido
El pez cortado por la raya

Tiempo de blandos muros
Agua de espasmos y nupcias

Los trajes tirados se los pone el viento

OLÍMPICA TU NOMBRE

Pegado de tu boca
La tarde estival

Cuelgo mis jadeos
en el perchero de tus senos

Las grapas de los dedos
la pared resbalosa

Lumbrera oscura
El rayo tras la profundidad

Nadar en el cuerpo
competir con el fuego

NOCTURNO

La noche
es una alberca negra
Las ollas de la cocina
bostezan rezagado aroma
En el fregadero
flotan los trastos como barcos en pena
la luna de luz enamorada
acostándose con la sombra

§ Ruidosas al caer
  voladoras con alas de cebolla café
  desnudas con el dorso brillante
  atletas nocturnas
  (las malas corredoras crujen como ostias)
  Pececillos de los drenajes
  camaroncitos de los caños:
  las cucarachas brotan del cadáver del agua
  bajo erizos plateados
  como sucias gotas huyentes
  y costras de misteriosa eternidad

OFRENDA A LA MUCHACHA ADOLESCENTE

Los puentes de los amantes se hallan a través
de sus ojos; en los besos, su misteriosa lengua
arrastra una voz de lejanas noches.

Soy la oración en el templo,
la devoción.
Hincado ante ti,
con la fragilidad del hueso
que se dobla y se tuerce,
con las canas de una tarde inoportuna,
con las culebras de sangre
en el tronco que me sostiene,
y la delgada saliva de la luna, la piel.

Soy el hombre,
clamor de ti;
parte fragmentada
por un chasquido de tus ojos.
Soy el que atraviesa
los pasillos de la Academia,
los naranjos del jardín,
el umbral del estudio.

Soy el maestro que guarda a su mejor alumna
y ésta, crece, como un árbol inexplicable.
El que invoca la ausencia en la cueva fría;
con ese deseo, jinete sin vista
y el torpe ruedo de los ojos,
de la boca, de las manos solitarias.

Soy la melancolía del amante
y su muerte en el inexpugnable laberinto de un cuerpo;
el sacrificio de la vida,
la carne amorosa para el tiempo matador.

§ Con estas manos
  esculpí tu belleza en un ladrillo
  tu imagen de estudiante en una piedra
  y ofrecí la fruta amarga al dulce paladar,
  el agreste respaldo al terso lino.

  Devuelve la mirada y levanta a este corazón lápida.

CANTO ESPONSAL

*La iluminación se hace llamarada, diente del incendio, casa
de la salamandra. El velo se desvanece en la palma del
mármol. Los cuerpos son árboles ígneos, espesura dorada.*

Te llamo en el jardín
de las lluvias acostadas.
Busco a tu piel de granito y relámpago
con mi antorcha de abejas.
Y me llamas a que respire el calor
de la piedra roja,
lanzada por la honda de tus besos,
en esa noche fragmentada
que abre los mares al cuerpo.

Déjame que te enseñe el mundo,
que te repita lo tanto que te decía,
lo tanto que te palpaba,
cuando eras luz de tierra en lápida,
y piedra vagabunda
por la mano del caminero levantada.
Déjame decir tus entrañas
y que lo sepan los animales,
las cazuelas, las mantas y los aires;
y que yo no tenga más vista
que el horizonte de tu espalda,
ni más techo que las guedejas
de ardiente filigrana;
y ni más sangre que la tuya
circulando en la mía,
y ni más rosado guiño que el tercer ojo,
que por tu olor mira;
y ni más tropiezo que la mano ciega
y ni más cristalina savia,
que la de tu corteza herida por el calostro de la flecha.
Déjame decir cuando hables tú, hable yo;
y cuando andes tú, camine yo;
brazo en el brazo,
pierna en la pierna,
cuerpo en el tuyo.

EDUARDO VÁZQUEZ MARTÍN

SIRENAS

Con el telón de fondo que usted guste;
sobre la arena turbia del Mediterráneo,
en el proscenio de un bar,
serenas mientras fuman en la corta sobremesa del desayuno,
en el centro de la cama —por supuesto— en su desorden,
las mujeres se muestran y cantan,
                                    se bañan
y cantan;
alzan los brazos para que suceda el verano
y cantan.

La escenografía importa, la tela
que esconde y acaricia importa.
También los afeites y el peinado, las joyas
que están y las que faltan
                            importan.

A las palabras pronunciadas al oído,
a los "buenos días" y a los "hasta nunca"
acercamos atentos las orejas.

Pero ellas van así, como si nada,
como si desde el comienzo de la especie fuera igual
y uno supiera todo antes de tiempo.
Las mujeres sí lo saben,
aprenden bien su papel y en el estreno
se presentan seguras cuando entonan palabras certerísimas.

Lo que no pocas veces les ocurre
es que las traiciona la memoria;
entonces improvisan
y parece natural el parlamento.

(1962.) Nació en la ciudad de México, el 9 de agosto de 1962. Es antropólogo social por la Escuela Nacional de Antropología e Historia. Además de poeta, es ensayista, investigador, guionista y editor. Ha publicado cinco libros de poesía: *Navíos de piedra* (1986), *Comer sirena* (1992), *Minuta* (1997), *Naturaleza y hechos* (1999) y *Lluvias y secas* (2008).
Lecturas recomendadas
Naturaleza y hechos, Era, México, 1999.
Lluvias y secas, Ediciones sin Nombre, México, 2008.

§ Pero no se malentienda,
no son iguales entre sí,
los ojos las desnudan y cantando son distintas:

Las hay adictas al danzón —pocas—.
Otras cantas a Edith Piaf —mal— y fuman
tabaco negro después de amar —como ellas dicen—.
Hay una indecisa entre Lucha Reyes y Billie Holiday.
La que canta fados portugueses debe ser bellísima y mortal
—no la conozco—.

Cantan desnudas las mujeres
para dejar la cicatriz de su silencio
cuando el azar de las corrientes marinas nos aleja de sus costas.

CANCIÓN DE LA VIDA

No levanto mi voz contra Fray Luis
pero encuentro en la vida
otro sentido que el sosiego
otra forma de estar aquí
despierto
que no vuelve la espalda a las danzas
de la luna en el desierto
ni a la senda escondida en que el silencio
al encuentro de cada cosa mínima
renueva con sus ojos el asombro

También monte y río
son estancias que agradezco
pero el aire del mar es mi bandera
y mientras sea posible
prefiero levar anclas
que al resguardo seguro de algún puerto
arriar las velas

Vivir quiero con otros
y no me amarro al mástil ni uso cera
para ponerme a salvo de los cantos
que sólo cantan ellas
Si en las calas de un cuerpo habita el celo
entiendo al mar que insiste y entra

No me convoca el oro
las monedas y yo nos toleramos
lo necesario apenas para pagar la renta
tampoco los poderes que negocian
nuestra libertad
Mi vocación es el amor
y no entiendo la vida sin los ojos

que en otro punto del planeta se abren
ni mis ojos cerrados a los tuyos
al deseo de ver que a veces ciega

Conmigo vivo y no reniego
ni de que estoy ni de que paso
No creo en un Dios que pagará mis deudas
y sí en mi soledad mi compañera
que gusta andar conmigo entre las gentes

No desconozco Luis tu Dios sereno
que en su visión del universo integra
con todas las zozobras la armonía
pero le digo cómplice del fuego
que todo lo devora
de ahí que mi tributo esta madera
Mientras tanto Luis
que no me olvido dile
las cosas que me ha dado su silencio.

VERACRUZ

Se veía el puerto
y los dos mirábamos los barcos
desde el balcón del hotel en que dormimos

A nuestros pies un mar oscuro
habitado por peces mendicantes
peces de ojos inyectados
peces golfos
peces mala vida
mordían el beso de la muerte
saciados de lúgubres carnadas

Había un ventilador derviche
dos vasos tabaco
la maleta estaba boquiabierta
tus vestidos
pintaban con su desvanecimiento la silla y el armario
deseosos del cuerpo
                    que les devolvía la vida

Afuera el rumor de los cafés
en los portales cascos de cerveza y carcajadas
largos lamentos oxidados en los astilleros
y el sol calando el muro

Una tristeza bárbara de basura fermentada en los solares
una hambre de tordo entre las mesas
nos recorrió de pronto la desnudez abotargada

§ eran rojas entonces las hormigas
de aquellos minuteros tropicales

Las cortinas batidas por el aire
más sábanas gastadas que otra cosa
fueron banderas blancas izadas por nosotros
que a la canícula pedían tregua

El amor de ayer era su insignia
hembras desgarradas
hermanas de la insomne que anoche deambulaba
entre las sombras de los estibadores
y el gato garabato del hambre de los niños

Aquellas telas meciendo sus tejidos en el sopor de la resaca
en aquella habitación de hotel
un día entre semana
cuando el puerto se abisma en sus horarios
aquellas telas digo
acariciaban el aire
acariciaban la luz
y el mundo era una cama
una razón para brindar de veras
sangre renovada en las jarras del deseo
invitándonos a bebernos por la boca

Aquellos cuerpos nuestros
fatigados de entrar uno en el otro
presentían la espada del sol a la intemperie

Por eso prolongamos el baño
en una regadera multituerta y tartamuda
surtidora sin embargo
de una agua prolija y necesaria

En la plaza la música
hablaba de nosotros
era el espejo
que en otra habitación nos reflejaba.

ÚLTIMO DESEO

Y sin embargo al sol mujeres
de mi extravío verbal me recuperan
con sólo estar aquí
sobre la arena
que es la ruina mínima
con que medir el tiempo

§ Mirándolas ausentes y extendidas
   su alma expuesta
   pues es seguro ahora están dormidas
   al viento sus vestidos mis banderas
   y su aliento me abrasa
   y frente al mar de vida me renuevan

   Con sólo estar mujeres ya me abrazan
   y del oficio fáunico
   la crueldad me sedan

   Por eso pido que al final me entreguen
   a la mar desnudo
   y mis cenizas reducidas a polvo
   con la arena y la espuma
   se confundan
   y pueda así abrazar amados cuerpos
   acantilados trágicos
   besar por siempre la boca de los ríos
   tocar los puertos
   ser la ola que enseña el placer de la zozobra
   al ágil clavado de los niños

   Será verdad entonces
   que ondea una blancura
   animal en el reposo.

CODA

No pienso que lo dicho sea más importante
que cuanto nos sucede.
El agua sí, el agua en su profundidad
y en la rivera,
o más hondo en la hondura del cobre de las plazas,
las campanas.
El agua antes que nada,
                              el agua donde nada
una serenidad de piel inquieta.

A mi costado el filo de las sombras cuando inundan
un tiempo que el dolor no dobla.
Allá, en la luz, lo sucedido,
allá, en la luz, lo que ahora pasa,
allá, la luz de lo que fue,
luz de la tarde
que no es canícula, incandescencia de cenizas,
sino transparencia que late en los tejidos
de nubes deshiladas
que el náufrago contempla y con el mar concilia
y en la tarde la luz del sol era la sangre.

LUIS IGNACIO HELGUERA

PATIO VERDE

A mis padres

A media voz, casi apenas, por el corredor antiguo, solitario, una insinuación claroscura, canto pretérito de mujer que lava ropa al oído, rastrillo que regresa cada tarde por las hojas del álbum del árbol al patio de la memoria, amiga de la casa con llave propia del zaguán, sorda anciana sigilosa, tenue susurro de luz debatiéndose entre sombras, melodía silenciosa que arrulla años, siglos, en el pozo de las naranjas y las horas.

A media voz, media luz, media sombra, diálogo secreto con el balcón, la hiedra, los pasos de gente ya desaparecida fatigándose todavía en la escalera, murmullos cascados del comedor familiar, retratos inútilmente bien colgados en la pared, los días perdidos, el huerto huraño, el naranjo escondido, el rincón menos visto del muro. Llevan la cuenta las plantas, las florecillas, las macetas, de la elegía agónica que, como pájaro retrasado, respira fugaz del aire y se inclina a beber de la fuente —voz del patio— el instante verde de las cosas.

POZO

Destapé el pozo y la luz cayó hasta el fondo. Tampoco hay brocal en el patio que detenga el plácido dolor de la luz. Vieja horca de luz y agua, el pozo. Hoz de luz, lámina afilada del mediodía que degüella mi rostro, lo tira a las turbias aguas concéntricas, poso del pozo en que se lava la cara la memoria después de la pesadilla.

La clase de piano tenía su hora, como las naranjas de puntual temporada, como el aprendizaje de la tristeza en el piano —honda tristeza tímida del pozo. La melodía se desgajaba, más bella mientras más torpes las manos femeninas. A veces, una naranja de su patio caía distraídamente en el mío y no tanto por honestidad, pero hubiera querido devolverla. Gajos de luz irrecuperables al momento mismo de caer, notas sin estación precisa.

Quién sabe a quién esperará el zaguán iluminado. No hay brocal que detenga el plácido dolor de la luz. Honda tristeza tímida del pozo, soga gastada por el cuello fino de los instantes ahorcados por la eternidad. Con un agrio chirrido del carrillo desciende el cubo añoso del cadalso antiguo, desciende a recoger sólo un poco de dolor de destiempo.

(1962-2003.) Nació en la ciudad de México, el 8 de septiembre 1962, donde también murió, el 11 de mayo de 2003. Estudió filosofía en la UNAM. Además de poeta, fue editor, antólogo, ensayista y musicólogo. Publicó dos libros de poesía: *Traspatios* (1989) y *Minotauro* (1993). Póstumamente apareció *Zugzwang* (2007). En 1993 llevó a cabo la *Antología del poema en prosa en México*.
Lecturas recomendadas
Traspatios, FCE, México, 1989.
Zugzwang, El Tucán de Virginia, México, 2007.

MURCIÉLAGO A MEDIODÍA

A Pablo Helguera

Una bandada de gorriones rompe vuelo desde la enredadera alta de la casa hasta los árboles del jardín. Presagio asustado de pájaros. Sólo un momento después, en efecto, un murciélago marrón —lenta irrupción indiferente— llega empujándose en el aire contra el mediodía y pasa junto al hogar abandonado, golpeando torpemente sus alas con las ventanas, la hiedra, los instantes. Accidentes breves en las cosas, gajes del itinerario. Letargo, extravío, deshora, vuelo en el desierto de la luz. El envés de las hojas secas, los troncos oscuros, las sombras escondidas. Avería del alma. Sólo un triste cometa de ceniza. Sólo un aleteo peludo y estúpido que se desmenuza en polvo terroso de cueva sobre el frontón iluminado. Y la noche todavía tan ausente en las plantas.

PINOCHO

Existencia entreverada de mentiras. Con estas vigas de pino se construyen techos altos, tálamos sólidos, muebles espléndidos. Hay madera para surtir una ebanistería.

Quiero colgar mi alma de un árbol. Colmar mis venas de bosque. Escribir sobre una sola hoja la silenciosa transparencia del día. Sembrar mi cráneo como una maceta. Y sólo pensar flores. Y sólo moquear avellanas por la nariz frondosa.

OBITUARIO

Lentísima burocracia de la vida. Esa secretaria gorda, que devora una torta gigantesca, no encuentra mi acta de defunción.

LA TORTUGA

Desplazarse lenta y torpemente por los siglos: he ahí el secreto de la longevidad. Dar el segundo sorbo de caldo cuando los demás lleguen al postre. No correr hacia la muerte. Si alguien quiere verlo a uno, que haga visita a domicilio y, dado el caso, mantenerse como anfitrión parco, avaro e incluso maleducado. Ignorar los móviles del mundo y adoptar la pose de la estatua para engañar al tiempo.

Que la célebre paradoja de Zenón de Elea haya llegado hasta nuestros días —junto con diversos especímenes de tortugas—, y sólo refutada a medias, no se debe a otra cosa que a la astucia del autor de dar hospitalario albergue en ella a *una* tortuga.

EL CANGREJO

Ese hombre que juega en la playa entre nietos, palas y cubetas, retrocede a pasos casi ambiciosos hacia la edad sin ilusiones ni proyectos. Las manecillas de su reloj descompuesto caminan hacia atrás, pero en vez de rejuvenecer envejece con destreza atlética. Sobre la marcha, sus pinzas van apagando las velas. El mar ha derribado todos sus castillos de arena, enjuaga su cráneo como a una caracola llena aún de voces confusas y lo lleva de la mano a la otra orilla, desde donde llegó nadando un día iluminado.

EL LIRÓN

Rosca de sueño, dime, lirón
sólo tú sabes
por dónde se desliza el pasadizo
que conduce dulcemente de la vida a la muerte
con camino alternativo de regreso.

LA LUCIÉRNAGA

Difuso despertar, desmayo de la madrugada. Dame fuego, luciérnaga solitaria del jardín, efímera hada, tú que urdes el verdeazul de la madrugada, el tul de la alborada. Dame fuego, enciéndeme como a un cigarro. La lluvia moja persistentemente los faroles, que se quedaron prendidos. Dame fuego, ilumíname, luciérnaga que te quedaste prendida, hada efímera de la madrugada y el jardín.

EXTRAVÍO

Se eleva el pájaro
                        cada vez más lejos de mi mano
Aguja volátil
                al fondo
                        del pajar azul inmenso.

CONCIERTO

A mis hermanas

Nido de gorjeos
Hojas secas llevando el canto
Partitura la mañana
Atril el árbol.

TALA

A Octavio Paz

Hacha, sierra lentísima
        de troncos, ramas
        otoños de la memoria
Pájaro carpintero
        talas, tallas
                cómodos sillones
        a la medida del oído
                        en que se acurruca el alma
Veloz martillo cromático
        clavas en el árbol
                        tu propio cuadro

Esculpes sobre la corteza
                              rostros arrugados
Escribes:
          yo estuve aquí un instante.

PEÓN

Nada.
Mover un peón sobre el tablero
nada más.
Peón cuatro dama.
Contra nadie.
Contra el hastío.
Contra la incertidumbre.
Contra la zozobra.
Contra el infinito.
Contra la nada.

ZUGZWANG

Las blancas están en zugzwang:
no les queda sino mover el rey
de un cuadro a otro
esperando maniobras terribles
contra su enroque sitiado:
mosca pataleando en la telaraña.
También yo estoy en zugzwang:
no me queda sino moverme
de un cuarto a otro
esperando malas noticias
inevitables
como la caída lenta de la noche.

RUBÉN RIVERA

CREPÚSCULO DE NUBES

Uno no sabe
Si nace de una puerta
O del crepúsculo de nubes
Y se va por una hilera de montañas
Escuchando el silencio
De los vientos

NATALIA

Natalia mira gaviotas que se acarician, una ligera sonrisa se dibuja en su cara. Los pescadores preparan pangas, los niños corren. Natalia es la única puta que vive en la playa. Sus nalgas son redondas y es tibia como el interior de las almejas. Sonríe al escuchar motores. Tiene tres vestidos y una choza entre los mangles. Se entrega con gracia. No busca nada ni agradece. Sólo escucha el bramido de las olas y los vientos. Se levanta al amanecer, baña su cuerpo como el pez que está a punto de quemarse. A lo lejos alguien le habla: es un pescador que ha regresado con buena pesca. Natalia es la comunión del silencio y del secreto.

LOS CANGREJOS CORREN

El pescador me invita a comer. En la lejanía se pierden las aves, las nubes crecen. El cielo y los cangrejos corren a sus cuevas. Bebemos cerveza. Hablamos de la vida, de ladrones en las cooperativas. La lluvia nos acompaña en la tristeza de la embriaguez.

(1962.) Nació en Guasave, Sinaloa, el 5 de octubre de 1962. Es licenciado en letras hispánicas por la Universidad Autónoma de Sinaloa. Además de poeta, es investigador, antólogo y fotógrafo. Ha publicado siete libros de poesía: *Cuerdas de mar* (1995), *Flores y relámpagos* (1998), *Al fuego de la panga* (2001), *Música de cuatro espejos* (2006), *Defensa de oficio* (2009), *La llama de los cuerpos* (2010), y *Fulgor del regreso* (2012). En 2008 publicó *Permanencia del relámpago. Antología de la poesía de Sinaloa 1960-1970*. Entre otros reconocimientos, ha merecido el Premio Nacional de Poesía Clemencia Isaura (2000), por *Al fuego de la panga*.
Lecturas recomendadas
Al fuego de la panga, Praxis-Difocur, México, 2001.
Música de cuatro espejos, Ediciones sin Nombre-Difocur, México, 2006.
Defensa de oficio, Quirón-Instituto Sinaloense de Cultura, Culiacán, 2009.
La llama de los cuerpos, Quirón-Instituto Sinaloense de Cultura, Culiacán, 2010.
Fulgor del regreso, Instituto Sinaloense de Cultura, Culiacán, 2012.

BOCANADAS DE BRISA

Frente a la bodega, las pangas cargadas de camarón y pescado. Las olas desprenden bocanadas de brisa donde flotan gaviotas. ¡Ah, quién pudiera navegar igual y abandonarse!

LA PRIMAVERA SE ALEJA

Las ramas ondulan en la brisa,
aún no florecen los ciruelos.

El canto de los pájaros
invade la casa de mi amigo
y un tajo de claridad parte al horizonte.

Jugamos a la baraja y del horcón
cuelga una máscara de pascola
que nos mira.

La anciana es la última flor
de la primavera.

NOCHE DE LUCIÉRNAGAS

El yoreme lee los sones de venado
a la luz de la cachimba.

Nos acompaña el aguardiente,
cantos de ranas y grillos.

La Luna se ha marchado.

Apagamos la cachimba
y en la oscuridad permanecemos sentados.

El aguardiente nos enciende.

Somos luciérnagas ebrias.

INSOMNIO

Una rata no deja de mirarnos.
No puedo dormir,
me llega la angustia.
Las horas pasan
como sombras enfermas.
Camino de la celda al baño
y del baño a la celda.

Ya no sé de mí.
Toda la noche la he pasado en vela
mirando una estrella que no conozco.

RUTA DE ARTAUD

Lo vi llegar
Por el camino de las sombras

Su rostro era bruma

Paso a paso iba con él
Artaud no es la medicina
Es la enfermedad

Estoy ardiendo
Igual que Artaud

Su enfermedad
Son los dioses
                    La poesía

Artaud no me toca
Trato de tocarlo

Sufre
Y se cura con el sufrimiento

Por eso vine esta noche
A Norogachi
Donde se enreda el aire

El Lago de las Garzas
La Cueva de la Hierbabuena
La Sinforosa
Y las cascadas
Nos alegran

Un hombre me ofrece sus mujeres
Mientras me habla de la Biblia
Mira en mi rostro
El rostro de Cristo
Pero soy un Cristo diferente
Porque no me interesa salvar a nadie
Me interesa perderme

Si he llegado de tan lejos
Es porque amo mi alma
Vine con los tarahumaras
Para encontrarme

§ Artaud
　Vino a curarse de su yo podrido
　Despedazado
　Gangrenado por el nosotros

　Yo vine a perder mi yo
　Y encontré muchas flores desérticas
　Y no sabía cuál era el páramo
　De mi espíritu

　La piedra de la fertilidad
　Nos mira en silencio

　Me alimento
　De naranjas y manzanas
　Y por un cigarro
　Regalo mi chaleco a un pintado

　Tú no sabes
　Dónde encuentras
　Tu condición de hombre
　Y te asustas
　Y el miedo te salva
　¡Te vas a curar!
　¡Te vas a curar　Artaud!
　Le gritaban
　Pero el médico
　Estaba más enfermo que el moribundo

　¡Te vas a curar　Artaud!
　¡Te vas a curar!
　Gritan los enfermos
　Y tú eres la medicina
　Que te deja la boca seca
　Porque está hecha de veneno

　Eres la patria de los enfermos
　Y para ti la patria
　Es una mujer bañada en un charco de sangre

　Artaud
　Lobo buscando su manada entre borregos
　Así era yo en tu ruta
　Un lobo buscando a otro lobo

　La sierra habla en hombre
　Y desde los ojos del águila
　Todo parece desierto
　Entonces
　En el más escondido camino

Está la presa indefensa
Como un dios
Cuyo templo ha sido arrasado
Como el dios que fuiste
Convertido en su propia ofrenda

Danzamos juntos
Y nos transformamos

Nunca sabré si piso el mismo polvo
Que pisaste
Pero hay un presentimiento en mi danza
De tu danza
Porque también bailaste
Con los pintados
Pero los pintados no te conocieron
Porque eras viento

Y ellos sin mirarte te veían

Fuiste el hijo
De todas las transformaciones
El hijo de ti mismo

ROCÍO GONZÁLEZ

OLLIN

La mar está habitándome, su fiera tempestad, su cuerpo de agua. Está diciéndome mujer, mujer redonda, habitada, dueña de la transparencia. El mar está ahogándome de dicha. Yo, la hija siempre, jugosa amante de mis hombres, juglar y peregrina a voluntad, me detengo porque soy tu cuerpo, playa de tus palpitaciones, rumor de tu profundo oleaje. Me detengo porque nunca la mar lavó mi sangre con tanta pulcritud y me llenó de peces, porque soy nueva cuando el amor me llama plenilunio y nos gozamos en la viscosidad de todo este mar que nos habita.

Ollin tu nombre. Ollin como una burbuja viva, caracol de sacra y antiquísima belleza; me quedé inmóvil para sentir que me tocabas, para rasgar la noche con el delirio de un dios que está creando el amanecer.

LA BODA

Te casarás con todos,
también con el que amaste.
En la cópula dirás cada uno de sus nombres
y después el olvido se llamará noviembre.
Doblarás el blanco fantasmal de tu vestido
y entrarás en el círculo cerrado de tu vientre,
ahí crecerá la bugambilia con sus cien cabezas.

MACHO CABRÍO

Tus cuernos chocan contra la verja,
no retrocedes, no avanzas. Sólo
el tiempo curará tu ácida sed,
no el jugoso atributo de tu presa.

(1962.) Nació en Juchitán, Oaxaca, el 29 de octubre de 1962. Es doctora en letras por la UNAM y tiene un postdoctorado en literatura zapoteca por el Centro de Investigaciones y Estudios Superiores en Antropología Social (CIESAS). Además de poeta, es ensayista e investigadora. Ha publicado diez libros de poesía: *Poemas* (1988), *Paraíso de fisuras* (1992, en coautoría con Natalia Toledo), *Ángeles en vilo* (1993), *Interiores del tiempo* (1995), *Las ocho casas* (1998), *Vislumbre* (1999), *Lunaverses* (2002), *Pasiones tristes* (2004), *Azar que danza* (2006) y *Lunacero / Como si fuera la primera vez* (2006). Entre otros reconocimientos, ha merecido el Premio Nacional de Poesía Benemérito de América (1998), por *Las ocho casas*, y el Premio Nacional de Poesía Enriqueta Ochoa (2001), por *Lunacero*.
Lecturas recomendadas
Las ocho casas, 2ª edición, Praxis, México, 2001.
Azar que danza, Aldus, México, 2006.
Lunacero / Como si fuera la primera vez, Ediciones sin Nombre, México, 2006.

Has dejado de amar, en la canícula
inmóvil lo descubres. Tu artillería
contra el abismo es un corazón
deshabitado. La madurez de tu pene
se restriega en la malla metálica
con la misma fruición del esgrimista
antes de la estocada final. Abres la llave
para vaciarte, "no es propicio",
untas tu furor pegajoso en la piel
helada del espejo; insistes,
arremetes. No retrocedes. No avanzas.

MERMA

Olvidé cómo eras, sólo tengo algunos
atributos de tu rostro y partes de tu voz.
Es bastante si pienso que mirarte era desafío
y que temía a tus manos. La muerte despista
a la memoria, lo que de ti recuerdo
ha ido llenándose de otras razones.
Quiero que te parezcas a mí y lo consigo,
le doy a tu severidad rasgos humanos
y a tu poder de padre, tu corazón de huérfano.
No he podido gritar desde tu muerte y
este largo silencio me ha convertido,
al fin, en hija tuya.

Me pregunto qué falta para decirte: aquí estoy,
adelgazo mis nervios para no importunar
tus manos quietas, ya no les tengo miedo
y ahora quisiera llevármelas al rostro:
ésta soy yo, papá.

Tú, en cambio, no sabes que te pienso,
No se mueven los huesos en tu tumba,
Sólo se desmoronan, se hace vieja tu muerte.
Y yo voy siendo otra, y otra...

LA VERDAD INTERIOR

Mi hermana soñó con un delfín
agonizando en un huevo de vidrio.
Esa noche el relámpago fue una interminable
dentellada sobre el viscoso cuerpo
de un delfín grisáceo. Un gesto,
el gesto grávido de la violencia.

Mi alma, donde nos hincábamos de amor
atendiendo otra voz, conocimiento de un cielo

sin atributos, las formas suaves con que la niñez
nos embiste y desprotege y nos obliga
a buscarla en cada nuevo relámpago.
Buscarla como buscamos en el patio
del almendro la última gota de lluvia,
la más reciente gota que chupamos,
como tiernos vampiros, en la punta del dedo.

Tu corazón se ha roto, está hecho pedazos
como el mundo.
¿A qué se sobrevive? Uno termina siendo
el que no quiere, el que odia y se acostumbra
a escupir sobre los otros, el que grita y precisa
del orden para ejercer su poderío y su asco.
Ya no soy yo. ¡Ah!, en la era de Narciso
el espejo se ha roto, tenemos sólo fragmentos
de la gran caricatura.
Ven, le digo a Narciso, invoco al placer,
convoco a los demonios para que jugueteen
sobre mi cuerpo, hay que vivir sin ataduras,
revolcarnos una vez y otra vez
sobre la piel pantanosa de la felicidad.

El mundo es un bello adolescente
restregando una fresa sobre una pantera;
al fondo anuncios de ecología,
regresiones, partos en agua. Ya no soy yo
y mi dolor no es mío. ¿Es importante
que haya alguien, que sea yo?
Mi hijo toca la puerta de mi banalidad,
de mi placer con precauciones,
de mis lecturas del *I Ching*;
quiero abrirte, le digo, pero no hay nadie
y abro, tengo sólo en las manos
el sueño de mi hermana:
un delfín moribundo.

SOFÍA...

Sofía descompuso los relojes y se nos vino encima la eternidad,
con sus demonios y sus grillos y sus lágrimas gordas y toda su pereza.

Sofía me deletrea y se equivoca,
está ebria y pregunta por mí, y nadie, ni siquiera la luna,
le responde.
El cristal que la cubre me refracta. Me estoy volviendo otro, Sofía, no me dejes aquí.

Y canta, ajena a su eternidad, joven para siempre, como un hermoso tigre disecado.

MI HERMANO...

Mi hermano es el alfabeto y ha descifrado a la muerte.
En su lugar está la sombra de los árboles
en las calles de siempre.
Ellas me devoran, me encarnan
y son, a mi pesar, la incomprensible eternidad.

Camino sobre ti,
encima de lo que de ti sé,
de tu rastro,
de lo que ya nadie sabe que tú eres.

De cada uno de mis pasos
surgen las viejas carreteras,
mi hermano es la delicadeza del silencio
la leve hoja que cae en el sopor de la tarde.

EL BESO

envueltos en esa larva inicial
—la mariposa ardiendo,
muriéndose antes de nacer,
retórica—
todo es oscuridad, todo es materia.
Como recién nacidos: ciegos, ávidos,
deseantes (los labios colapsaron)
"*bigbang* maternidad de estrellas".

Cuando los dados cayeron
todavía no teníamos lenguaje.

EL ANIMAL

En el *extremo ardor* yo soy el animal
herido por la flecha sagrada
y él lame mi sangre en un festín
impúdico y vehemente. No hay combate.
Soy su presa y me ofrezco:
en su hambre está mi plenitud
(este hecho simple lo tambalea)
mi cuerpo, en su violenta floración
no duda, y él entiende. Cuando acepta
mi carne y se sacia, lo sabemos.
Cada uno ofrece su nombre.
EL AMOR ES UN CONOCIMIENTO ANÓMALO.

NO HAY UNIGÉNITO…

No hay unigénito en ti, amante
O cartografía del espejo

Carmesí enarbolado, extenso.

Podríamos seguir una ruta, decir *aquí hay un nudo, un punto, una mesa donde tomar café*. El mármol de la mesa exhibe estrías y la compulsión de la espiral, retórica azarosa, se despliega.

Azul cobalto: *imago* de casa.
La palabra humana es una multiplicación 7 x 9 *LA FIGURA ES UN HECHO*. Hablar y traerte a esta realidad momentánea que soy yo. Prohibida la autorreferencialidad, prohibidas las alusiones filosóficas.
La poesía como prohibición. La poesía: instrumento de un narcisismo fúnebre.

Amarillo, albur en que se juega
la felicidad.

DEBAJO DE LA LENGUA

Debajo de la lengua un organismo produce horadación
y se multiplica en un beso incesante que destruye los labios.
El paciente llega con su yo depositado en simétricas bolsitas
perfectamente selladas. Sabe que pronto abrirá una de ellas
y se pregunta si la R de realidad cambiara de sitio:
liRa, daRá, daRía, Rea, laR, alaRido, deliRio…

CLAUDIA HERNÁNDEZ DE VALLE-ARIZPE

HEMICRÁNEA
[Fragmentos]

El asilo de tu habitación tiene el color
de los hospitales.
No mueres allí porque sabes de las plazas
con el corazón de mármol
y de los tubos como arterias
que alimentan sus fuentes.
Sabes de las fachadas donde enloquece la hiedra.
Allí donde la soledad abraza a los enfermos
y los bendice,
tu casa se parece en alguna hora del día o de la noche
al paraíso.

*

Tu aura visual se alarga.
En un campo de luces rojas escribes.
Eufórico escribes en el sótano de tu casa
horas antes de que comience.
No quieres otro diagnóstico:
tu insomnio es el aliento de la madrugada.
Despierta tu aura visual y es casi tan roja
como un geranio en los balcones.
Qué sincronía de tu cabeza
con los latidos del corazón:
Gemelitud, espejo bicéfalo, sagrado
binomio que sobrevive a tientas; casi vampiro.

*

(1963.) Nació en la ciudad de México, el 19 de junio de 1963. Es licenciada en letras hispánicas por la UNAM. Además de poeta, es investigadora y ensayista. Ha publicado siete libros de poesía: *Otro es el tiempo* (1993), *Hemicránea* (1998), *Deshielo* (2000), *Sin biografía* (2005), *Perros muy azules* (2012), *Lejos, de muy cerca* (2012) y *México-Pekín* (2013). Entre otros reconocimientos, ha merecido el Premio Nacional de Poesía Efraín Huerta (1997), por *Deshielo*.
Lecturas recomendadas
Sin biografía, FCE, México, 2005.
Perros muy azules, Era-UNAM, México, 2012.
Lejos, de muy cerca, Parentalia, México, 2012.
México-Pekín, Conaculta, México, 2013.

Sobre la tierra mojada se descomponen señales:
el temblor del agua,
las fauces del mango en mi bastón:
su marfil traído de África
en un ir y venir de trenes imprecisos.

La oscuridad me devuelve el rostro de mi padre
cuando descifra los ruidos que llegan de un circo.
A mí nadie pudo retratarme bajo el tiempo
en que hablaba con los pájaros
en una lengua que no era suya ni mía.

La luz de la madrugada es como el cuerpo
de la enfermera. Me gusta tocarla con guantes.
Ninguna otra piel recubre mis dedos
al momento de hundirse en las vísceras
del pescado que desmenuzo para la cena.
En mis sienes y en la línea
que divide los hemisferios del cráneo
destilan veneno sus rosas espirales.
Podar con ungüento la carne, como se podan
las palabras en el arbusto del lenguaje.

DESHIELO

Para Rafael Molina

El reflejo del vino atravesado
por la luz colorea de rojo los dedos
del copero, como el enebro deja teñido
el hocico del antílope.
ABUL-HASAN

Fue en el destiempo cuando un glaciar
cubrió tu corazón para dejarlo mudo.
La tina era blanca, sin tocar el piso
y con un peldaño imperial para ascender
a su hueco de vapor quemándome.
Sin remedio me atraparon los azulejos,
su piel mozárabe, no tus pupilas
que velaban la madeja del pasado.

Pequeña alhambra, el patio de naranjos
cobijó tus lecturas de la mañana.
Yo era un balcón de diciembre
con la enredadera hasta el cuello
y cómo te quería y te quise
mientras tú exorcizabas otro nombre.
Algo de leche quedaba en mí,

joven nodriza, y el dolor de la muerte
de mi madre comenzó a envejecerme.

Tengo el sabor granate del tinto en la boca
pero su fulgor ya no me acuchilla
como en nuestra mesa de invierno
con su alegría de verduras
y tu nostalgia por el amor perdido
que me servías de postre a diario.

Desde esa tarde en que lo dijiste:
ya te estoy queriendo, te quiero tanto
(y el vestido en revuelo sobre los muslos,
enloquecido, girando, y tu proclama
heroica del fin de un duelo,
tú que nada sabes de la muerte),
cómo han cambiado las cosas.

Hoy nos parecemos tanto al agua.
Nos vamos como se va su rumor de río;
un sonido que apenas se escucha
pero que alimenta la sangre.
Todavía se rompe el cielo sobre San Juan
y digo que el amor se mide
por el número de pueblos que hemos visto
y por la suma de silencios.

Y mira hasta dónde hemos llegado.
desde Cuetzalan hasta la niebla
más espesa de la culpa.
El Puerto cuántas veces
donde te extraña tu isla azul.

Me has visto en las plazas de Oriente
y en el rojo temblor de algunas vías.
La tristeza de los *freeways*, las casas
almidonadas del Caribe, los balcones
victorianos que vigilan el mar.

Tiendes tu ropa en las ramas de un mangle
y descienden los animales de la noche.

Cómo han cambiado las cosas.
Se han abierto helechos como palmas.
Se ha vuelto ronca la noche
después de tu primera serenata.
Se ha quedado mudo el corazón
porque una y otra vez lo has perdonado.

AYER RECORRÍ TEBAS...

Ayer recorrí Tebas.
Al final de una larga pared había una pileta.
Aguardé mi turno.
Me unté agua en la frente.
Me incliné con devoción.
Después, ya lejos de todos,
caminé entre las ruinas.
Alguien del lugar me ofreció pan.
Me senté en una piedra a comerlo despacio
entre luces y sombras que se agitaban
con el paso de un rebaño.
En un lugar más frío me interceptó
una muchacha que vendía joyas y telas.
La dejé atrás con un gesto.
Despedía un calor de vela.
Supe que había estado en Tebas, la griega,
porque mi boca habló en el sueño.

LO MEJOR DEL RÍO FUE LA LIBÉLULA...

Lo mejor del río fue la libélula.
Su vibración sobre el agua,
su vuelo y descensos de artefacto aéreo,
sus nervios en cortes y secuencias,
su esnobismo de prendedor con alas.
Lo mejor del río fue la libélula
persistente sobre la superficie
con sus giros en línea y su atropello:
una ráfaga azulmarrón
aliada del aire y de la luz.
Vibrando cabeza y alas,
vuela estática
y luego se mueve: es el verde abajo
de árboles y plantas,
el violeta del agua honda
que hay en las piedras.

MATO POR RABIA...

Mato por rabia, por odio, por despecho; mato por celos,
por venganza; mato para hacer (me), hacer (te) justicia,
para que entiendas de una vez y para siempre, para descansar
de ti; mato por miedo, para robar, para huir, para defenderme;
mato por hábito, para divertirme; mato por reacción,
para que no me mates, para que no me violes. Mato porque
ya no aguanto, porque quiero morirme pero no me atrevo,

porque hasta los niños matan, porque estoy enfermo, porque
estoy loco, porque estoy triste, porque ya nadie me quiere.
Mato en nombre de mi religión, en nombre de mi pueblo,
de la libertad, de la democracia. Mato en nombre de Dios.
Y también mato porque se me da la gana, aquí, en la chabola,
en el barrio, en el antro, en la carretera, en tu casa, en la mía.
Mato por droga, porque me excita, porque me ejercito, porque
un día a mí me van a matar. Mato perros, gatos, puercos, gente.
Mato al que va en la calle, al que duerme, al que se divierte.
Mato con armas para que haya sangre, para que corra la sangre
como mi rabia, mi hartazgo, mi injusticia, mi fealdad, mi sexo,
mi gordura, mi diabetes, mi cirrosis, mi cáncer, mi retraso mental,
mi estupidez, mis pesadillas, mi vida sin remedio.

Te mato a ti pero puedo matar a tu hermana, a tu padre, a tu mujer,
a tus hijos, a tu amante, a tu abuela, a tu perro. Te mato hoy pero
no confíes porque puedo matarte mañana, cualquier día,
con las balas que van a perforar tu pulmón y tu estómago
y que se alojarán, muy calientes, en tu cuello, en tus ingles,
en tu cabeza. Y lo tuyo no será de nadie, ya ves, lo que pregonaste,
lo que hiciste, lo que sabías, lo que tanto te gustaba: tus mañanas,
tus noches acompañado, tus recuerdos, tus planes, todo se lo comerá
el acero. Bullets, hermano, bullets; qué tragedia, qué dolor,
van a gritar los que te conocieron, y tú ya en cenizas, hombre,
mujer, niño, feo, bonito, bruto, genial, pobre, rico, qué importa.
¿Mataste alguna vez? ¿Lo has intentado?
Dispara, le dice al muchacho,
¿o es que no te atreves?

Nunca ha habido un arma en mi casa, nunca la hubo,
nunca he disparado.

VESTIDO DE ESCARABAJOS DE JAN FABRE

Hay cosas que se ven con el miedo
de saber que su esplendor acaba.

Usted vio, según dice,
un vestido hecho de insectos.
Su brillantez aparentaba escudos,
lanzas cortas y afiladas.
Usted vio en él
escarabajos como joyas
y ese otro tiempo
en el que hacían señales de luz
para buscar a su pareja mientras volaban.

Pues bien, ante los cerezos en flor
fui como usted frente a ese vestido

y recordé que "La avispa es una idea fija
entre los gritos de los monos".

PARQUE FOREST

Ecuatoriano en un sector,
español en otro,
marroquí en su explanada central.
Cada flanco una lengua diferente,
una comida distinta, un juego
para cada cual: allá el tenis,
aquí el futbol.
Venta de empanadas con azúcar
en el mismo lugar donde hace días
unos inmigrantes mataron a otro.

Ayer llegó la madre desde Quito
a recoger el cadáver.

Hoy domingo una familia come
berenjenas en caldo de tomate.
Con túnicas negras de la cabeza a los pies,
me sonríen las mujeres cuando me detengo
a ver su mantel y sus ollas sobre el césped.
Respira, respiro, y a lo lejos,
detrás de una loma, en el ala norte,
un grupo de muchachas desnudas toma el sol.

En la senda más lóbrega
una pareja de viejos españoles cecea
su eterna queja por este clima
y su odio hacia los moros "que están en todas partes".

Entre las ramas de los tilos
el despropósito de cotorras trasatlánticas
advierte sobre las imparables,
benditas migraciones.

JOSUÉ RAMÍREZ

EL INSTANTE

No ayer tu transparencia
sino vivirla ahora,
muchacha, al peinarte,
desnuda ante el espejo,
el gato y la ventana.
No es a través de ti
sino en tu inmediatez
que te conozco extensa
como quien mira el mar.
No de tu eternidad
sino de algún instante
saben de ti mis yemas;
azar, danza y sudor,
aroma intemporal.

FUTURA

Habrá alfalfa en belfos vacunos, tierra cálida,
una madrugada poblada de grillos,
pollo suculento, artesanías, tenues chupetes en tu cuello, ánades negros,
el perpetuo silbido del viento;
hará calor y habrá un par de nubecillas grises en la alta expansión del cielo.

No diré palabra o haré mueca que rompa tu equilibrio tramontano [esparcimientos de arena];
te observaré desde una semiventana en la colina donde crecen las flores olor menta.

Es indiscutible que sea lunes,
vistas de azul tu filosofía morena y pintes de amarillo
desnudos femeninos con la boca color sepia, las manos tensas;

(1963.) Nació en la ciudad de México, el 13 de septiembre de 1963. Además de poeta, es ensayista, crítico literario y editor. Ha publicado diez libros de poesía: *Dirección inversa* (1987), *Rumor de arena* (1991), *Hoyos negros* (1995), *Imanes* (1995), *Tepozán* (1996), *Muda de raíces* (1997), *Los párpados narcóticos* (1999), *Ulises trivial* (2000), *A ver / Cuaderno antes de la guerra* (2004) y *Trivio* (2012).
Lecturas recomendadas
Los párpados narcóticos, FCE, México, 1999.
Ulises trivial, Juan Pablos-Ediciones sin Nombre, México, 2000.
Trivio, Bonobos, Toluca, 2012.

serán las cosmovisiones del martes, tu faena al mediodía del miércoles,
hasta la implosión del sábado entre los mil afanes del alcohol y la carne.

Hirviente al soplo húmedo de mi voz en tu voz,
cuando confundamos nuestros nombres a través de las yemas,
borrando la memoria —calada de adioses y hasta prontos pesadísimos— del tacto el tacto.

No dudes que en mis palabras se filtre el XIX
y diga recibir tu luz en la penumbra de mis pasiones
como una agua bíblica en el deshielo de las horas.

Lejos —esto es ilusión y estupidez—
el centelleo de la ciudad iluminará al bobo
que se autonombrará neoclásico o postmoderno para amarte.

Dirás: el péndulo de las lilas es líquido,
mientras esparces con pincel sobre el terso lienzo pétalos largos.

Disminuida mi erección, apagado tu celo, hablaremos
—qué incómoda exposición los sentimientos—
de cuánto puede ser y en lo personal propongo averigüemos.

TEPOZÁN
[Fragmento]

De tarde en tarde se oye que tumbarán un ahuehuete
en Popotla, quemado y seco, donde lloró Cortés,
y termitas y hormigas cohabitaron por estación
florida o de plumajes. Se dice
que una muchacha negra habita el árbol
y frota los pecíolos de las hojas lanceoladas
de un arbusto que crece en este lado
de las antiguas Indias de Occidente.
Así se oye decir, pero lo cierto
es que está hueco el árbol,
que su piel es mulata,
que no habita el hueco,
que nada.

LA FICCIÓN Y LAS COSAS

Vine a la Catedral porque me dijeron que aquí encontraría a un tal Pedro
como un montón de piedras con su súplica interna muriendo solo;
pero, entre estas formas interpuestas, miro una veladora consumirse frente a una mujer hincada;
en tanto, una Virgen de Guadalupe con las flores de plata como un cielo estrellado,
semeja que me mira contemplar bajo los techos altos rezos fríos,
flashazos de turistas, los altares al Cristo que se muere eternamente, los terciopelos púrpuras y negros;
nardos, lirios, claveles, los diez mil milagros que la cera redime,

las banderas, el cáliz, la caoba tallada y las columnas que sostienen siglos, retablos, méxicos de pólvora
en donde ¿quién soy yo? es una pregunta que un curtido indio me responde
con los ojos que han visto ríos, pájaros, labradores que aran el paisaje, las cuevas de los cerros, los maizales;
me pregunto de nuevo y me responde un obrero panzón que trae un casco amarillo con verde bajo el
brazo al pie de los andamios
—con sus manos, dureza inacabada, con sus hombros torreones—;
me responde el ventrílocuo pintado de Cantinflas, con el triste vacío de las ferias;
en medio de sahumerios, pasos que arrastran penas, un policía responde inquisitorio:
por encima del hombro mira a las que estando hincadas los talones muestran;
la que trae uniforme, adolescente de tobilleras blancas, cara blanca y cabello negro
　　　　—agazapada ríe, abre un sobre y quizá lee una carta—;
los vagos me responden con el sonido acuoso del papel de china
(y entretanto, en el rastro, se destazan vacas);
bajo este incierto abrazo de las bóvedas, retiro uno por uno de los mantos que te cubren del rostro hasta
las manos,
pétrea mujer, pirámide de áureos vidrios que la penumbra torna espejos;
nada responde el padre ni trastoca los incorpóreos salmos, ni entrecorta su aliento la sustancia del verbo
que es el tiempo en la palabra escrita;
nada responde, no, la procesión del viento que se cuela pasando entre las llamas;
ni el péndulo que marca en hundimiento de este cuerpo de piedra;
nadie responde nada, nadie pregunta, ni un cuchillo rasga el lienzo rojo;
tampoco se dibujan falos tensos sobre los abultados vientres de las vírgenes
—responde el triturado y diminuto segundo en que percibo la cabeza de Hidalgo en una jaula,
la luz anochecida que penetra el Sagrario de frente al Zócalo, que recuerda el color sepia de fotos de cientos
de católicos ahorcados;
responden los cimientos que Martín Sepúlveda puso cuando trazó las Cuatro Plazas
donde subyace el Quinto Sol Azteca, la pausa de las aves sobre el lago,
la mitad de mi rostro que no acepta ver la hoguera y no echarse;
me responde la herida abstracta, el símbolo, la realidad que asciende como niebla
y el ramito de plástico que lleva una niña piojosa entre sus manos hechas de costras negras.

EN UN EJE PERIFÉRICO
[Fragmento]

La realidad me harta y al aire colman entreveradas síncopas tocadas en un bar por Charlie Parker.
¿O no es Charlie Parker sino la voz de un Charlie Parker tercero?
Rap rápido, rompecabezas tímbrico. Tu pelo con dos cuernos de venado.

Sobre la barra trazo mapas con hielo derretido. Niego palabras; éstas. Nos recubre la música;
que tú no eres boca sin mordida borra el agua —o si estrellas tatuadas en tu cuerpo I do not know.

Del jengibre el picor, tuyo el aroma, al ras laborioso de los dedos.
Junto al río las piedras hablan. Aquí mi nimia vanidad de saxofón narra.

Encarnado compás, se disfraza el minuto, ¿qué no es si no el lenguaje no?
Si no, nada reordena de la playa la ola.
Bajo la piel —escalas metafísicas miré, digo, más bien oí, mientras tú transitabas carreteras.

§ Esta fusión de jazz y rap asciende del piso al pelo.
No tiene precio. Bodas son banderas.
En la música —suma de palabras—, el amor a París, al vino con su pan, el baile y el desvelo.
Al paso la pregunta, el sonido muy alto y va a ritmo de tu mano la chela:

> bajo este techo azul
> los cuerpos bailan solos,
> son insulares los deslices
> entre paredes negras;
> grecas moradas nos dividen.

Desde luego —repito la costumbre discurriendo— allegado a las formas donde el verso siembra sobre la tierra infértil años rápidamente —más rápidamente.
Es otra la sonrisa. Mas se ríe. En la noche —la lluvia ausente— miras en una esquina la luna. (A Alfonso, el sol de niño lo seguía.)
Dices tu parte. Huellas de ti; partes de tus ojos de pájara imposible, a estas dos pupilas que reflejan tu pantalón de cuero.

Adonde fue tu pelo arrojado —desde qué puente al río—, el hielo desdibuja un círculo sobre el ónix de la barra.
¿Para qué nos vestimos esta noche?, ¿cuál es nuestra máscara?
—¿Qué partes de nosotros cortaremos?

OBTURADOR

Tú no partes de mí, del imposible abrazo partes
y en el calor del día voy de mis sentimientos a las cenizas.
Con todo y vivo apenas la mitad de lo que he sido
en humo y ruido y lluvias convertidas en espejos y puentes y recuerdos.
Ay, quedar de nuevo en medio de dos calles, en soledad, sin prendidez alguna.
Semillas de nube y humedades de luz pronto te hicieron impalpable.
Enfrentadas flechas y diamantes, son los objetos donde la imagen de ti queda,
como estas palabras en las hojas de los árboles.
No eres yedra en mí, ni pócima en los labios ni línea en la palma abierta de par el libro.
Eres sombra de oro, dorada presencia en el río de luces de los coches.
Te distingo entre todas las miradas. Te veo partir siempre. Y al dejar de mirarte
estás presente como los pájaros en las ramas y en los cables.
Llueve y huele a pastel horneándose, en la ventana que da a los techos de láminas,
las chimeneas; pasillos que el rojo y el ocre dominan, óxido y ladrillos, pinceladas,
refracciones en las membranas donde no eres sino una emulsión impar —que obertura entrecortando el aire.

Ventanas negras, felinos domésticos, minutos que guardo en la cartera vacía.
Los miedos traen nimbos atómicos y sol amarillo anaranjado inescrutable.
Ambos cruzamos calles y en las plazas hallamos lo que aguarda ser nombrado.
Adonde llego, mesa o antesala, los cuadros me revelan en el orden el caos.
Colgado el tiempo echa raíces, follajes adonde se mudan la memoria y el cuerpo.
Adonde tú llegas, la risa y el dolor se mezclan sin necesariamente estar atados.
Cuerpos desconocidos pasan, y nunca más, y la ciudad los vuelve canicas sobre el pasto.

§ Otros en el instante miran el abismo e, imantados, se arrojan a las vías o, simplemente,
en dirección contraria, cogen camino hacia otra parte.
Yo me dije partiré a otra ciudad, y me vi calvo y encanecido, leyendo un semanario, reconstruyendo el
asombro todavía.

Endurecen pérdidas —cristales en los órganos, en los huesos—
y estallan a través del revés que pule en silencio el silencio.
Lupa, acercamiento minucioso de palabras al tejido de lo visto,
para decir transcurre lo que es en lo que ha sido sin más allá que se aproxime.
Humano, hecho sin alas, el poema que escribo por ti y contigo se contagia del cuerpo y duele saber
que partes en dos mitades enemigas mis inquietudes de hombre, mi mirada de perro, mi sombra proyectada
en el abrazo.

Nada quiero saber de mí; ausente, alucinada.

Llave que no encuentro: Tú.
Espejismo urbano en el que me pierdo en noches de centauros, hadas, lobos hombre en cuclillas en las
sombras.
No me disuade la fe de desprenderme —al reír lloro— sino irrumpe en el temor acorde al ridículo de mis
emociones.
Melodía sin oídos para mi sombra en bici.
Es otro mi instinto y sé tu teléfono, y la hora en la que ya no el duelo ni la torpeza hablan en el país del
cuchicheo.
Con el latir en la voz, veo el manto de tu nombre sobre esta ciudad de radares y botellas clavadas en las
varillas salidas de los techos.

Allá está aquí ahora como siempre.
Allá eres tú estas palabras se siguen una a la otra por impulso en línea contigua a los objetos,
los hechos y las cosas, donde esta individualidad colectiviza su raíz de canto, su raíz que cuenta. Luz
indistinta.
—Mañana, como el mundo, la marea borrará la rayuela en la playa desierta.

Recuerdo inconcluso tú,
puerta que no abrí…
—¿Preferimos flashes y sangre sobre el cemento?
¿Dejar de verlo nos distrae del mundo que no va?
¿La multiproyección de lo que ocurre, anubla sempiterna lo que pasa?

Razones hay de piedra
y cincel y palabras insepultas… Escribir renueva la mirada.
Y es que estamos pasando como los autos y la gente. Pasar es necesario.
Y las cosas que pasan, al ir de paso, quedan en una imagen rota, repartida en el olvido inevitable.

SILVIA EUGENIA CASTILLERO

LA ESPERA

Eloísa espera.
Un silencio de quilla de barco
al romper las aguas atraviesa cada
trazo del tiempo,
allí suspendida una gota se alarga,
se alarga,
la espera inconclusa
colgando
de cualquier veta.
Puede ser una rama
rodeada de vacío,
queriendo volcarse en algo,
caer por fin, romperse.

PLAZA SAINT-SULPICE

Girasoles allí, tambaleantes,
rondando a los leones su color
amarillean y casi boquiabiertos.
En su rumor: letanía del caer y aglomerarse,
el agua se desprende de su ruta; ya sube,
ya bucea, canta por la piedra, entre la fauna,
hasta el fondo de su propia espiral.
Con espasmos se hunde, se alarga lejos,
de su respiración breve sabemos
cuando renace,
en ese dibujo insolente que no se alcanza.

(1963.) Nació en la ciudad de México, el 13 de noviembre de 1963. Vive en Guadalajara. Jalisco. Es licenciada en letras por la Universidad de Guadalajara, y cursó estudios superiores de especialización en la Universidad de la Sorbona, en París. Además de poeta, es ensayista, traductora y editora. Ha publicado cinco libros de poesía: *Como si despacio la noche* (1993), *Nudos de luz* (1995), *Zooliloquios / Historia no natural* (2004), *Eloísa* (2010) y *En un laúd —la catedral* (2012). Entre otros reconocimientos, ha merecido el segundo premio en el Certamen Internacional Letras del Bicentenario Sor Juana Inés de la Cruz (2011), por *En un laúd —la catedral*.

Lecturas recomendadas
Zooliloquios / Historia no natural, Conaculta, México, 2004.
Eloísa, Aldus-Universidad de Guadalajara, México, 2010.
En un laúd —la catedral, Gobierno del Estado de México, Toluca, 2012.

Atajarlo, arrebatarle su delirio,
capturar del agua sus repliegues.
Pero sólo temblamos: girasoles mudos.

TU CANTO

Oigo tu canto,
lo percibo en mis pulgares
como alas sin abrir,
oigo ese tímido ascenso de tu voz,
tu canto ¿una celosía a trasluz?
La frase ansiosa
—atribulada—
revive con fuerza de algún rincón,
como una pluma virtual y ascendente.
Tu canto se articula solo,
tendido:
el aire miente ante mi urgencia
de escucharte. Deshago las notas y las dejo
errar tristes en mi boca.

TOUR SAINT-JACQUES

Sobre un pedazo de piedra acanalada
se recarga el peso
de la torre inconclusa
desde donde se mire está rodeada
de otoños
ella sigue ahí con pequeños nichos
y guarda del viento sus espasmos
al final del día lo único que habla
es su contorno
rojizo
y a lo lejos su forma alada
de cerca el ángel que parece torre
—lleno de gárgolas—
es poseído por demonios.

EL ÁNGEL

No quiere ver el cielo
resbala por el cordel
hacia una penumbra color sepia
en el vano de columnas.
No quiere el cielo, en sus manos
el temblor:
rúbricas de la tierra.

Y sus dedos alargan el tacto
sobre la desnudez de la bóveda.
Las alas abiertas;
mas su cuerpo se inclina
ávido de cierzos y cabras,
se va con nuestro paso:
ese ángel.

VIRGEN NEGRA

En la piedra el rostro púrpura
virginal brota;
es un lirio espinoso, imperfecto.
Y se desploma en raíces amarillas,
lidia con sombras: lo negro impide
su ascenso celestial —soberbio.
Un rejalgar de extraño naranja
y pigmentos cobrizos
se vuelve múltiple en su deseo:
ráfagas de bronce y gestos de oro.
Ese rostro huérfano y seco
—bruñido en arsénico y mercurio—
vive atado:
fósil de una virgen sellada y contenida.

BAJO LA LUZ

En Tiro, ciudad fenicia, una oscura princesa
apacigua la furia de los dioses.
En el éxodo del blanco al amarillo,
del verde pubertad al azul erotizado,
descubre dentro de sí una gota
de tonos púrpura, tintura o brillantina,
gota que cae a plomo al corazón:
ofrece el índigo imperial venido de la tierra
y enciende el devaneo de los dioses
cuando bajo la luz brillante
se refleja y en la vibración del ojo divino
desaparece misteriosa.

EL CUERVO

Tengo atado al pie
un cuervo-plomo,
con su peso y su nostalgia.
Me mira con rostro ajeno,
en tonos mercuriales hace que mira.

Huele —se acerca— a un azufre decantado,
vuelto a reposar, prismático;
asume sus colores falsos.
Negro, una piedra ese cuervo,
sin saltos me sigue atado al tobillo.
Lleva lustros, la noche completa,
la noche y los pilares del templo.
Ese cuervo surge, brilla,
repite series rosas;
nace y se extingue siempre a mis pies
como arena vibrante.
Tumor y hendidura,
el cuervo reverbera
—oro o luz—.

EL ÚLTIMO NIVEL DE LA LUZ

¿Habrá algo más allá del último nivel de la luz?
El peligro es la fiera que habita el ocaso,
la perfección deslumbrada.
Tanto clarear reaviva al monstruo:
ese dolor absurdo
cojeando como ciervo herido,
la jauría justo en la explosión del centelleo;
un capitel en medio de la noche
o un arco sin columnas. Así
aparece la fiera
en el polo opuesto de la sombra.
Es el miedo, inmóvil
como instante, como rayo perdido.
La claridad maltrecha,
vapuleada por el sol
—indiferente al tiempo que transcurre.
Canto de cigala los instantes:
cara a cara creen mirar la fluorescencia.
Exceso de sol y la bestia viene.
Quiero tentar sus cuerpos, su carne,
andar por la penumbra
con los sentidos abiertos al sereno:
y conocer la luz del mediodía
donde inviolable vive, supraluminosa.

EL AQUELARRE

La gota cae del pozo al océano,
un vuelo de gansos:
entre mis dedos el confín,
gota tras gota.

Es la confusión —porque lo amaba.
Sube la marea, llegan los diablos,
forman un aquelarre en mis manos.
El sudor las agrieta. Llueve: doce gotas
caen sobre el cántaro. Es el tiempo.
Mi mano entumecida se llena
de hormigas: agujas. Vienen los gansos
de nuevo —mil entre mis sueños—.
¿Volverá? Gotas y penumbra, siluetas
y el espejo: allí permanece un buitre. Acecha.
En la acequia las gotas ya no irrigan paz.
Buitre y océano son aguijón: victimarios.
Me quedo esperando a la intemperie.
Sin corazón. Regreso, lo busco.
Soy Lot. Prefiero la piedra.

EL AHORCADO

Ahorcado va, deslumbrado
por esa versión de luz horizontal
que tasajea, aguza y pervierte.
Ahorcado como en leyenda
asusta a quien lo mira,
turbulento su frenesí; su angustia
aunque muda traspasa la piel.
Ahorcado sin rienda, sin cuerda,
sin trucos. Anda solo y es agudo.
Es un harapiento que bebió luz
de otra manera que tú y yo, una luz
filosa, llena de seres oblicuos,
puntillosos, ridículos aunque feroces
y verdaderos. Habla con las cabras,
duerme con los murciélagos,
colgado del árbol, ahorcado.

ADRIANA DÍAZ ENCISO

QUE YO SEA VIENTO...

Que yo sea viento y nada me toque
Que contra una roca me estrelle

Que el cielo sea puro
Y yo no lo vea

CUANDO EL VIENTO AGITA LA ROPA...

Cuando el viento agita la ropa tendida
y el sol da marcha atrás
se acerca la tormenta

Entonces se alejan miradas
por no reconocerse en la humedad de la puerta
en la penumbra del único resguardo

Sucede que la lluvia aún golpea los tejados
el cuerpo tensa huesos fríos
y habrá que poner las manos sobre el rostro ajeno
por inventar sus rasgos

Pero es cierto también que pasan autos sobre la lluvia
ese rostro se recarga desconfiado contra el muro
y habrá que buscar otra puerta
despoblada

Además
en realidad no llueve

La lluvia es un deseo
un pretexto inútil
por encontrar refugio

(1964.) Nació en Guadalajara, Jalisco, el 26 de febrero de 1964. Es licenciada en ciencias de la comunicación por el Institu-to Tecnológico y de Estudios Superiores de Occidente (ITESO). Además de poeta, es narradora, ensayista, guionista y autora de varias letras del grupo de rock Santa Sabina. Ha publicado cinco libros de poesía: *Sombra abierta* (1987), *Pronunciación del deseo (de cara al mar)* (1992), *Hacia la luz* (1997), *Estaciones* (2004) y *Una rosa* (2010).
Lecturas recomendadas
Estaciones, Colibrí, México, 2004.
Una rosa, Ediciones sin Nombre, México, 2010.

§ Podría aparecer un ángel mirando por la ventana

Pero es un parpadeo
y aquí
bajo el sol
el viento sólo agita la ropa en la azotea

LA NOCHE

De la ciudad, las luces
tal vez un faro
La niebla que resbala sobre la gente
va poblando el cielo con su blanco murmullo
Puede ser que la ventana asome solamente al cielo
Puede ser que se aproxime un barco
que la lluvia alcance mi piel a través de la persiana
que sus dedos tracen un halo sobre mi cuerpo

Estoy hecha de la materia nebulosa de los barcos
de las luces y el cuadro azul de la ventana

¿Qué densidad tiene el aire en aquella distancia ilimitada?

Del otro lado
pasos furtivos custodian la inflamada paz de los enfermos

Hay nítidas figuras bajo lunas innumerables y cuadradas
muidos metálicos
ruedecillas como duendes haciendo la ronda nocturna

Alguien se queja, alguien llora
Alguien mira la televisión sin verla
Renunció desde hace mucho a la ventana
Otro explica a un moribundo la utilidad de las agujas

• Acaban de retirarse las visitas

Esta luz que avanza de turquesa a negro es el retorno
el forzado encadenamiento de los días
Es volver o quedarme
Entre esta luz y el otro lado

Yo sé que en el azul no encontraré ese vuelo lento de alas de vampiro
nubes fugaces
Sé que la ventana es la ciudad
mi casa y mis amigos
la continuidad de lo que escribo con avidez de náufrago
Sé que pataleo en el agua de los signos
como un alpinista ciego en la montaña

Sé qué puerta separa la ventana de los muros y el éter
De lado, me acurruco con los ojos abiertos
Como un niño aterrado, salvaje, escucho
No importa la minúscula pastilla que me arroja al foso agitado del sueño

Toda la noche esperaré alguna señal

MÉXICO, SEPTIEMBRE, 1996

Una sombra avanza con voluntad inquebrantable; se acerca necia
a ocultar el paraíso
con el malsano aroma dulce de la muerte:
sangre, llanto, pasos de hierro y la hierba
doblándose bajo sus pies.

¿Importa si se llamaba mar, pureza azul, Puerto Escondido, las costas de Split, Alejandría?
Era la joya incandescente en el centro del sueño. El oro y la turquesa.
El otro cuerpo que crecía en tu cuerpo,
que vencía tu piel cansada y pálida, su lento envejecer,
con una piel viva color de arena,
no más tu piel sino la piel de dioses: Felicidad, Deseo, Sabiduría.
Con ese cuerpo poseías un cuerpo amado,
con febril urgencia de habitar la vida pasajera,
deslumbrante siempre,
espectáculo soberbio, indescifrable hecho para la mirada.
Sólo para dar fe
y hundirte luego en el silencio poderoso y de temible belleza de los muertos.

Con tu cuerpo y tus sueños torturados ya por la amenaza
protegías aquel cuerpo hecho de sol y de tus vísceras
y con tu piel de otro aroma, otro deseo, otros aceites,
conjurabas las armas del cobarde, la violencia del sueño.
De nuevo te entregabas con tu amor a las visiones:
la muerte digna del que habitó en el paraíso
y descifró las escrituras del milagro.

Pero eran otros tiempos: ayer.
El tiempo sin tiempo de la Creación y el hombre
inventando su diálogo balbuciente con Dios.
Y ahora
hay que ser ciegos para tocar la luz.
Para inventar el rostro dormido de Dios.
El sueño inquieto y fugitivo de Dios.

Viste una tarde la belleza pasmosa de tus ojos,
el retrato imposible de tus ojos igual que dos lunas ciegas,
limpias y serenas con sus ríos de sangre colgando en medio de la noche.
En el universo abstracto que sólo es noche,
oscuridad, misterio y ahí la luz,

tus ojos de un fulgor amarillento,
la luna orlada de azul,
la tierra, otros planetas y el momento final que pende sobre ella,
promesa de liberar la tierra sin justicia.

Y tú, ciega ya, dormida,
avanzas entre el agua negra del vientre que te guarda
luchando contra su densidad, la confusa memoria,
contra el limo estancado del dolor
para volver a tocar el cuerpo amado,
rescatarlo del sueño exhausto que duerme cada noche junto a ti
vencido por el temor, la incertidumbre,
la violencia que huele desde la dulzura de la habitación en llamas
bajo la palmera en llamas,
y ciega lo reconoces,
le hablas con la voz de este instinto perdiéndose en su origen,
te abrazas a él, lo purificas:
lo vuelves ciego,
peces los dos de las oscuridades abisales
buscando la luz
que han creado ellos mismos para no exasperarse en la quietud
mientras la encuentran,
y van así, abrazados al sueño,
al pasado poderoso que los nombra,
a los amores esparcidos como confeti al cielo
con su dolor y su pasión y su amargura,
a la luz que aún confían exista en el vientre del mar
y en el fondo cerrado del universo
mientras la vida sigue su curso imperturbable,
indiferente a la violencia,
preñando los cuerpos amantes iluminados por la luz de sus deseos;
los cuerpos ciegos.

Y avanzan todos
conformes con su fugacidad,
velando con el amor y la memoria la destrucción del paraíso,
la escalofriante voz de la verdad, desde la selva,
los muchos muertos que vieron antes, lejos y cerca y en sus lechos
antes de quedarse ciegos
para buscar la luz
iluminados por las lunas majestuosas y opacas de sus ojos.

EN BUSCA DE LA ROSA
[Fragmento]

Salí a buscar *L'amourfou*
y me encontré un libro de navegaciones. Salí a buscar una calle y encontré otra calle. Jardines secretos y
rosales: rosas abiertas, mirándome. Camino desposeída bajo el viento que apenas toca las nubes;
con mano leve las aleja. Queda la veladura casi plateada sobre el día.

§ Miro dentro de la esfera infinita de una rosa. Extiendo las manos. Miro las palmas de mis manos: una rosa. Llevo en las manos la forma perfecta de una rosa.

Desde el otro extremo del camino avanzo hacia mí. Soy mayor que yo; invisible. Y sólida y mineral.

Me veo sonreír, aunque estoy sola y no sé que me observo.

*

La rosa es la forma es la palabra, y la palabra es el nombre de Dios.

ENTRE DIOS Y YO

Es entre Dios y yo
la lenta disolución en este cielo
la furia sosegada
entre los dos
los golpes contra el muro cristalino
el firmamento helado
el resplandor azul que más se aleja
entre más lo interroga mi mirada.

Gracias, Señor, quisieran decir mis labios
por la alabanza magnífica del día.
Gracias por la luz, diría, por los cristales
helados de mis ojos que mudos la contemplan.
Pero en mis labios no tiembla ni un murmullo
atados como están con estos hilos
de seda del invierno adormeciendo el alma.

No hablo yo con Dios, su nombre
es la cifra prohibida en mi lenguaje.
No paso de mí, de mi frontera.
No atravieso el cristal, no rompo el cielo
cuando asciendo por el hilo azul de la mirada
ahogada por el cuerpo, en él cautiva.

Desde que soy soy una boca muda
sin canto sin oración sin alabanzas.
Si es un milagro el día soy del milagro.
Si negra la noche soy negrura.
No como del plato de los ángeles,
no bebo su vino, no soy convidada de esa mesa.
Si me envuelve la luz la hago mi manto.
Si el cielo me abandona
                              me derrumbo.

ROXANA ELVRIDGE-THOMAS

PEGASO

Briosa fuente alada espumea entre belfos larga vida. Su coz abre luz en áridas penumbras.
Ágil bestia, desata en su relincho un manantial, asciende entre sus plumas, desliza su pelambre por el viento, atisba con sus húmedas orejas el rumor de los jardines.
Su solo nombre incita el resplandor del agua.
Vástago de un torrente rojo, trepa firme, frío, ardiente, las escalas que le tiende el aire.

IMÁGENES PARA UNA ANUNCIACIÓN (*Lento*)

Vuélvete paloma, que el mensajero arde en un bosque.
Prudente. Arrodillado.
En el límite dirige su gozo.

—Ahoga en los alvéolos terso aullido.
—Hace elocuentes a las járcenas.

Inmóvil presencia —existir vigoroso— pliega con su escápula el silencio.
Entre el follaje nos mira. Su rostro, como el del jardinero que poda un árbol, muestra su piedad atrás de un nido de tórtolas. Su aliento se irisa de columnas: maslos nuevos de un matojo de geranios.

—*Estás o vuelves o reapareces en el extremo límite.*
Soy dueño de lo afín. De lo errabundo mi mano hace luz. Si uno ambas palmas, en nuestra mirada la cadencia se parece a un alcatraz.

—No te ocultes en la almendra, no impregnes de su piel tu vestidura, mira que el canto de tu apego se desgrana.

(*No salgas, ay, jamás paloma al campo*, que no podremos retener sus rizos).
Despliega ahora lo entornado, deshabita de aromas a las lajas.
Dónde ha ido tez marrón de esa semilla donde duermes.

(1964.) Nació en la ciudad de México, el 5 de marzo de 1964. Es licenciada en ciencias humanas por la Universidad del Claustro de Sor Juana, y maestra en literatura mexicana por la UNAM. Además de poeta, es ensayista e investigadora. Ha publicado seis libros de poesía: *El segundo laberinto* (1991), *La fontana* (1995), *Imágenes para una anunciación* (2000), *La turba silenciosa de las aguas* (2001), *Fuego* (2003) y *Umbral de la indolencia* (2009). Entre otros reconocimientos, ha merecido el Premio Nacional de Poesía Joven Elías Nandino (1990), por *El segundo laberinto*, y el Premio Nacional de Poesía Enriqueta Ochoa (1999), por *Imágenes para una anunciación*.
Lecturas recomendadas
Imágenes para una anunciación, Juan Pablos, México, 2000.
Fuego, Lunarena, Puebla, 2003.

§ —¿Qué somos, paloma, al no escucharle?
Adolecer perpetuo, *sombra de la faz de su belleza cuando parte.*

(Para Coral Bracho)

DEL ÁNGELUS VESPERTINO (*Allegro*)

Un estrépito de aldabas.
Sus bronces incitan trompetas en los álabes del orbe.
—Despierta de la siesta una gata con sus críos. En su tazón de leche nace la respiración del mundo.
Con su embate desperdigan por la tierra ceniza de elefantes. Para el alcatraz, llamadas; para las palomas un enjambre de difuntos.
Irradian cavernas, afluentes, plegarias.
Resuenan piadosas en el sueño inicial de un niño —el más abismal, entre los suspiros de la santa y los gritos del hada.
¿Quién irrumpe así en el aire, quién las toca?

DORFÁN (*Solo airado*)

Llega sigiloso para todos, nadie se percata de su arribo, sólo quien espera ya su anuncio.
Lanza dagas a las ingles —injusto— goloso de fluidos. Es entonces cuando sorbe el sudor del moribundo, el sollozo de quien vela a su lado —si hay quien vele— y sopla hacia otro extremo la giralda de los cuerpos.
Toma luego un alazor y decora con sus jugos las entrañas y los ojos.
Se deleita en la indolencia, en la industria de insectos que ulceran, en inútiles coleadas del enfermo para echarlo. Mil veces maldito y sin embargo servidor de alta casta, cocinero inspirado (adoba el lento cuerpo para íntimos festines).
Y no es el más voraz. Posee compañeros que se ensañan con la espera y lo amarillo de la vista; otros que prefieren breves tajos, no por eso menos dolorosos.
Cuando parte lleva a alguien, pero deja los jardines devastados.

(Para Mario Santillán, in memoriam)

RÍO GRIJALVA

Repta bestia entre montañas.
Horada con paciencia el tiempo musgoso de laderas.
Reverbera
gran selva putrefacta:
verde rumoroso de oquedades.
Emana en su desgano olor de vastedad
y escamas descompuestas.
Su mole es surcada por troncos desgajados
y esos otros —los falsos—
que abren fauces y se roban a los cerdos
y a los niños
de la orilla.
Es su propia ociosidad

es el sueño largo y verde
que sumerge a los vivientes en su extenso sopor.

RÍO USUMACINTA

Bate, poderoso, los extremos.
¿Es furia o sólo hambre incontenible que despierta
oscuramente del letargo?
Manso lumen líquido.
Animal que arquea su torso a los lagartos y engulle,
cual palomas, las moradas de los hombres.
Crece, arrastra, torpe y ágil, su basta elocuencia de caudales.
Por su cuerpo transitaron, ese año, algunos barcos.
Tomaron para sí los pobladores, las riberas, cada
grumo, cada ave que surcara.
Y hoy, por otro cauce, entra nueva flota.
(Subyuga los rescoldos que acomete.)
Boga por plaquetas, entre humores.
Mientras ojos de la presa ven pasar el río cargado de
despojos, el resto está tomado.
Las naves han llegado al rincón más vulnerable y claman ya victoria
de otra lengua sobre el vivo territorio al que acosan.
Río que barre esferas, que inunda cada poro con su talle.
Dejarse arrebatar por las aguas, por las naves.

(Para Ilse Cimadevilla)

VERANO

Se esparcen mieles densas por su cuerpo.
Derrama adormecidas infusiones,
espesa la sangre lentamente para luego aletargar a los mortales.
Pasta en los sudores que alienta,
bebe de la sed que explora pieles,
deambula por cordura enardecida.
Es sabio y cruel.
Goza el descaro, la impaciencia, el terror.
Ceba ira
          seducciones
                         luego engulle a los caídos en sus garras.
Es ánfora de aceite donde escalda a los endebles,
Lengua que pasea su sequedad entre los pliegues,
golpe de vapor insospechado,
clamor que graba el aire de candelas al marcharse.
Al cabo de los ciclos volverá.

NÓMADAS

I

Algo les quema la planta, antes dócil hábito de arena.
Algo prende húmedas entrañas desoladas.
Algo interrumpe melodías.
Algo les recuerda que adolecen.
Y parten.
Dejan lo que es ya recóndita efigie, obelisco de indómitos umbrales que calcinan cada paso con su aliento.
Tierras arrasadas por la bruma que enceguece manantiales.
Buscan.
Cuecen ojos de difunto en la sal que se agolpa a sus espaldas.
Siguen el clamor de sus heridas, la senda abrasada en la que inmolan todo rastro.
Anhelan.
Emprenden con la marcha un nuevo rostro,
		otro aire purifica las entrañas,
				nueva carne da forma a los afanes.
Encuentran, a lo lejos, fértil territorio,
se amoldan al perfil de una mirada.
Creen que han encontrado el paraíso.
Un camino de luciérnagas se borda entre sus pliegues.
Algo les quema la planta.
Y parten.

(Para Gabriela Balderas)

II

Parten.
Surcan nervaduras de silencio.
Las guía esa antorcha que abrasa su entretela,
esa sed que no permite un instante de sosiego.
Labran la cantera con un bermejo acento desolado.
Parten.
Son llamadas.
Algo dota a la intemperie de vestigios.
Algo hace evidente ese abismo que se agolpa en las honduras.
Un sonido, un aroma, aviva un tumulto de rumores.
Punza una pregunta por los pliegues ¿qué hago aquí?
Mojan sus cabellos en apremio,
Engarzan a su aliento nuevos cielos y un lejano ensueño que suspenden los humores.
Parten.
Aromadas, inconformes, errantes.
Inundan su torso de calderas,
celebran su rastro sobre el filo que separa los terrenos.
Un presagio en colibríes conduce esa marcha alumbrada a otra quimera.
Bordan ahí nueva existencia.
Son felices.
Algo prende húmedas entrañas desoladas.

Algo interrumpe melodías.
Algo se quiebra.
Y parten.

(Para Blanca Luz Pulido)

J. BEUYS SE INTERNA EN LA HOGUERA DEL HORIZONTE

La ceniza da cuenta del incendio.
Soy ceniza y soy miel y tres vasijas
que encaminan al ocaso sus señales.
Y soy yo entrando ahora a otra hoguera donde un libro me dicta proteger la flama
y me pregunto cómo cuido aquello que me abrasa.
Y soy yo en el avión envuelto en llamas cayendo por jirones de aire,
después envuelto en grasa y fieltro.
Oruga, invertebrado.
Como el ave que calcina sus emblemas y renace en turbia larva lubricada.
Y soy yo encendido por ese pensamiento que es destreza y es creación,
que inflama mis sentidos y mis obras, y mis manos.
Y soy las tres vasijas donde viajo entre mieles a fundirme, al fin, ceniza con la flama.

JUAN CARLOS BAUTISTA

NO SOY SARAH…

No soy Sarah,
nunca mi cadera sacará fruto.
Lo que dejes sobre mi carne lisa
será sólo para mí.
Del sueño en el que hundimos nuestros cuerpos nerviosos
no saldrá nada.

El amor se morderá la cola
y se echará a dormir bajo las sábanas.
Tu grito será la sombra
de un silencio más consistente;
nuestros sexos, corazones que trenzan sus redes de sangre.

"Y regarás la simiente en tierra…"

Es un desperdicio, no hay remedio.
—Tómalo como un lujo.

CAÍN Y ABEL

Trepado en mí
        casi no hacía ruidos,
pero desaforadamente
        su bestia comía de mi culo.
Un hombre silencioso en tiempos de guerra.

Este hambriento —dije— es mi hermano.
Y me abrí delicadamente
        como un jacinto a la pisada del buey.

(1964.) Nació en Tonalá, Chiapas, el 9 de abril de 1964. Estudió comunicación en la UNAM. Además de poeta, es narrador, ensayista y periodista. Es autor de tres libros de poesía: *Lenguas en erección* (1990), *Cantar del Marrakech* (1993) y *Bestial* (2003).
Lecturas recomendadas
Bestial, El Tucán de Virginia, México, 2003.
Lenguas en erección, 2ª edición, Quimera, México, 2007.

§ Le di agua de mi boca,
    manos que fueron pañuelos para su frente,
    mi espalda como un pan
    y ojos que supieron cerrarse a tiempo.

    Trepado en mí,
    dije este hombre es mi hermano
    y lo quiero
    porque somos igual de pobres
    y estamos igual de hambrientos.

TRAS CORTINAS DE NERVIOS...

Tras cortinas de nervios y mareos,
            catedral hundida en su sueño
         entre onirias agazapadas,
                  estaba el Marrakech.

Las rocolas echaban a volar sus cuervos
            y las locas,
                       de risas lentejuelas,
empapaban el aire de miradas.

Las liosas, las dulces,
            las tibias, las acedas:
nacidas de su amor asustadizo
y del husmo triste de la sodomía.
Con sus gestos como puños
y las manos llenas de fervor, ladraban:
            Vírgenes verriondas
de tardes en declive y noches sin tregua,
tendidas bajo el sol bajuno de las lámparas.

En el Marrakech eran soberanas,
cerraban las piernas como señoritas
                  y reían como putas.
Oscuras y alegres como algo que va a morir.

Ellas,
las sin vértice,
con el vinagre siempre en la lengua

                  y la sed
                       y el ardor de esa sed.

Iban al Marrakech exhalando olor de puertos
y ciudades de noche.
Reinas amarillas,
            amoratadas,
                  subidas de color.

§ Reinas de melancólico fumar
que oteaban descaradas el pez de los hombres,
tras pestañas egipcias y dolencias abisinias.
Henchidas de presentimientos,
fieles a su embuste,
                        ligeras y estridentes como plumas,
paseaban su odio, su ternura,
su culo espléndido,
                        entre el azar de las mesas,
girando con el hábito furioso del insecto.

Iban al Marrakech y lo llamaban alegremente:
El Garra.
El Garrakech o el Marranech.
Hechizadas ante ese nombre crispado y su conjuro.

–*Vamos al Garra, querida.*
Hay una loca que da vueltas.
Hay una bicicleta que camina sola.
Hay un hombre que se hinca frente a una verga
                        como frente a una cruz.
Hay esfínteres que son grandes oradores.
Hay un cábula lamiéndose las ínfulas.
Hay un gandul con la garganta a media furia.
Hay un niño con los ojos cerrados.
Hay paredes pasándose de verdes.
Hay una loca que camina sola,
como una bicicleta sola,
tan sola que da miedo.
–*Vamos al Marranech, queriiida.*

Y las nalgas se inflaban.
Y los culos se abrían como boquitas.

EN EL MIADERO...

En el miadero,
largo y solemne como un abrevadero de caballos,
los hombres levitan como iluminados.
Se hincan,
echan a beber la bestia fabulosa;
alguien alarga su sexo como una dádiva:
                        esa cabrona dama de la caridad.

En el miadero los hombres cierran filas,
se empapan en orines,
                        untan los muslos
y se abrazan como en el último día del Sexo.

§ Triste abrevadero de caballos
                donde las miradas corren en declive
y las manos,
        inocentes y abyectas,
se encienden de barroca necesidad.
Ahí, entre paredes garrapateadas,
        los cuerpos chocan contra sus sombras.

Los mingitorios callan supersticiosamente.

Triste, triste abrevadero de caballos:
            el sonido de los chorros recrea la furia,
no hay tiempo para las grandes pasiones,
                brincan los niños,
                    enloquecen.

HUGO

Obligado por la resaca
un minuto se quedó callado,
mojó de cerveza sus labios
        y su sombra fue húmeda y amarilla.
(Su respiración de fruta casi se podía morder).

17 años: ésa era la cosa.
Se asomaba el ojo del ombligo
y entre sus piernas
        su sexo niño no dormía ni dejaba dormir.

Hugo:
la cantina levantando sus estípites alrededor
      de tu indolencia,
la noche que susurraba para tu pie desnudo
      y despiadado,
todo se explicaba por ti.

Todo,
incluso la realeza de las cuinas,
su labio desbordado,
           ese festín agrio
que las hundía de pronto en un tiempo duro,
con la sangre burlando su forma de raíz.

No era épica aún tu virilidad,
pero tu dulzura gramosa
         levantaba pendones empapados
y las vergas en su laberinto
hacían un ruido intolerable.

Sin que tú lo advirtieras, Hugo,
sin que pudieras vencer el peso
que te embrocaba sobre la tierra,
                        entre la soldadesca ávida
y bajo la mirada caliente y negrísima de tus enemigas.

SI FUERA SÓLO…

Si fuera sólo
                desmadrarse tres minutos.
Pero la canción,
Juan Gabriel maldito,
se clava en el hueso
                y se entierra detrás de la pupila.
Como enfermedad que dura más allá del microbio,
dulcemente nos quema.

Tú lo sabías,
                emergiendo en púrpuras de tu abrigo,
                        con la voz vasta
                        del que ha sufrido la pasión de todos.

Tú, profeta
        —las mieses cayendo sobre el corazón de tus pobres
                y el sexo de los eunucos coronándote—,
                        no conocías lástima ni reposo.

Ahí va tu evangelio:
en las cantinas, en los tristes hotelitos
y en el radio de las niñas que sueñan.

Ésta es la verdad,
el cuerpo y la sangre
de los que se alzan contra sí mismos.

PUTO DECÍA EN LAS FRENTES…

Puto decía en las frentes,
Puto en las paredes pompeyanas del inodoro,
Puto en las manos sebosas
Y en los muros ignorados, escrito con odio:
Pe de puto en los ojos cuando hacían esas hipérboles,
Esas elipsis,
Cuando se iban al techo, a la nuca,
La niña desmayada entre secreciones y ronca risa:
Puto en esas visiones repentinas,
En esos gestos movedizos,
En la cadera, su abrupta estatua,

Sus lentas, desaforadas descripciones:
Puto en la locura doliente desde los ojos
Como pájaro escapándose
A un cielo que respira su trágico y su cómico,
Y se deja caer por el lujo de contemplarse en esa prisa:
Puto era la estela de la espuma,
La apagada riada de las babas,
Y el dedo que rayaba las sábanas,
Tan triste y tan digno,
Luego removiéndose entre risas,
Requemado de amor,
carne de arena en manos de su príncipe,
Detenido en el aire, diciéndolo:
"pues sí,
Morena (y puto) soy porque el sol me quemó,
¡oh, hijas de Israel!"

NO VOY A DECIR DIOS...

No voy a decir Dios.
No cargaré tus hombros con esa palabra,
con ese mar embrutecido,
                        hondo de sí.

Que tu muerte sea perfecta.
Que te coman las hormigas
y te devore ese silencio orgánico.

Y el ruido de codos y falanges,
ruido seco de piedras entrechocando,
sea todo lo que haya que decirnos.

Doy vueltas sobre ti,
                        caigo,
me yergo sobre tu tumba,
sobre tu nombre vacío.

Y me aterro bajo el número constelar,
entre los aires que te rezan,
y bajo la sombra que al pie del árbol
crece hasta tragárselo.

Solo en esta lumbre,
asediado por tal palabra ciega,
me emperro:
                        No voy a decir Dios.

COSME ÁLVAREZ

PARA CELEBRAR LA LUZ DE LOS CIRUELOS

Miro un templo en los ciruelos desnudos.
El patio es la espesura donde crece la tarde,
anudada en soledades que levantan
la creación de acantilados encendidos.
La ausencia de follaje celebra el resplandor
del abismo que toca los troncos
como poblados de vacío
o del negro animal de la noche.
Las ramas del ciruelo son el eco
de un cielo que en llamas anuncia
los heraldos festivos de un cáliz sin mácula,
en donde el sonido de la tierra es infinito
y el corazón un instrumento para oír
la luz de esas hogueras.

[1992]

EL RUIDO DEL ÁRBOL

Como negra cascada se derrama
toda la luz del día sobre el árbol primitivo.
Sumergido en el tronco hay un nadie
que inunda la vasija de la tarde
con sonidos que anticipan el vacío
en las hojas que van a moverse,
en el ruido de las ramas oscuras de infinito.

(1964.) Nació en Villa de Ahome, Sinaloa, el 25 de mayo de 1964. Además de poeta, es músico, narrador, ensayista, editor y traductor. Ha publicado cinco libros de poesía: *Sombra subterránea* (1992, con el seudónimo de Cosme Almada), *El cántaro de fuego* (1994), *El azar de los hechos* (1998), *Vivo sueño* (2006) y *Cantos de venado* (2007). Entre otros reconocimientos, ha merecido el Premio Nacional de Literatura Gilberto Owen (1997), por *El azar de los hechos*.
Lecturas recomendadas
El azar de los hechos, FCE, México, 1998.
Vivo sueño, Ediciones sin Nombre, México, 2006.
Cantos de venado, Conaculta, México, 2007.

Ahí,
donde el viento es el follaje más risueño,
los sonidos de Dios se levantan como un balbuceo.

[1992]

ERA EL SILENCIO

Medialuz de los rincones propicios
a la oscura iniciación de los amantes,
donde la sombra de nuestros cuerpos cantaba
con una música impaciente y antigua
la permanencia de la noche profunda
bajo el peso inmutable de la risa
en los pechos desnudos.
Era el silencio cuando la luz
cruzó por nuestros labios anclados
—donde la llama levanta un árbol
desde la nave mayor de su templo.
Cuerpos de los amantes como olas
de un mar siempre nuevo y eterno.
Las islas tocaron su orilla desierta
en un beso que no cicatriza.
Era el silencio
cuando la luz bendijo las calles en penumbra;
en tus pezones sonaron cascabeles
oscuros de arena.

[1993]

VIVO SUEÑO
[Fragmento]

Apareces en mí, yo sé mirarte, sé mirar que me habitas la mirada,
nuestros ojos se saben habitados al mirarse mirado por el otro,
la raíz del amor está en los ojos.
Soy presencia a la luz de tu presente, soy aquello que ya me está mirando,
eres hoy, el instante, lo perpetuo, mirada que al mirar me reconoce,
somos tú, somos yo, somos ninguno, mirarnos es llovernos en silencio,
somos astros, estrella, firmamento, agua y cauce, los ríos, el torrente,
un cuerpo, un solo cuerpo, vivo sueño.

Yo camino hacia ti como hacia el sueño, el mundo queda atrás, afuera, lejos,
yo avanzo arriba adentro, voy a tientas,
a ciegas en el templo de la carne, en el dátil azul de tu presencia;
soy lluvia y soy cascada, creo riberas, soy el sueño que hunde a la vigilia,
me adentro en la savia de tu cuerpo, sertón humedecido en la tormenta;
soy el agua que cala tu ensenada, tus manos son de tierra, flor de tierra,
se acercan, van despacio, son el curso que hace más profundo nuestro abrazo.

Mis besos se abren paso por tu frente, se despeñan, deseosos de tus labios,
vamos caída libre en el instante del milagro terrestre más antiguo;
tu boca es una orilla que aproxima el útero de dios a mis sentidos,
tu cuerpo es un destino que remonto con el párpado ciego de confianza,
tu sexo es la balanza, el equilibrio,
el cántaro de fuego que redime la sangre proveedora de misterios.
Entro en ti: ya soy tú, eres yo: uno.

Quiero beber entera la bahía en el delta que forma tu entrepierna,
vegetación morena y primitiva, surtidora de mares y remansos;
quiero arrojar el alma sobre el mundo, elevarme a la altura de tus pechos,
húmedos de saliva en el collado que remontamos el uno en el otro,
perder el equilibrio en tus pezones maduros de firmeza como el fuego
que hoy sostiene dos cuerpos que se aman.
Mi mano baja, vuela, se abalanza, anida en el valle de tu cadera;
subo despacio a la cumbre de tu ser, tu vientre es el santuario del misterio,
paz austral, agua inquieta, flor naciente;
somos la llama viva de la vida abriéndose camino en nuestra carne:
dos cuerpos en las manos de lo nuevo.

Te llamas como el sueño, eres Emilia, te llamas Berenice. Mis sentidos
reconocen el mundo por tus ojos; tu voz nace y encarna un paraíso
sin ayeres ni mañanas terrestres.
Tu mirada amanece adentro de mí: me miras y me llueves en silencio,
tus ojos son campanas de la sangre, un portal hacia Nunca en su tañido.

El alba de la sangre nos conduce en esta madrugada sin origen:
despierto renacido entre tus brazos, tu piel es mi ropaje cotidiano,
alivia los dolores, las fatigas, abrigo en el invierno de los días.
Te toco: lo absoluto es el presente, tiempo sin tiempo, más allá del Tiempo:
tu cabeza apoyándose en mi hombro, surtidora de incendios y sortijas,
marisma, fino oleaje de cabellos, cascada hacia tu espalda, rada negra.
Hoy nazco del amor hacia tu cuerpo, hoy nazco de tu boca hacia el incendio,
sé mirar tu presencia entre las sombras, tus facciones renacen en mis ojos,
doy un salto a la cima de tu risa, me entrego sin pasado a tu misterio,
caigo desde tu altura, me desbordo, animal de la lumbre, ser en llamas,
tú y yo somos la vela y el pabilo, extraños que en amor hacen el fuego,
la flama y el fulgor desconocidos;
el tiempo está en la cera, no en la llama, el fuego es el instante discontinuo,
la vela es duración, como el pabilo, nosotros somos luz viviente y cima.
Un viento que es usanza nos apaga, te tomo y te me vas de la memoria,
tu cuerpo es otra orilla del insomnio.

[2002]

VIGILIA

Me acuesto a dormir; pienso. Me acuesto a dormir pero no duermo.
Ella está dormida en la cama, cerca de mi cuerpo ella sueña.
Sueña, supongo que sueña, bajo el lento movimiento de los párpados.
Duerman, duerman, no abran los ojos todavía.
Veo mi cuerpo tendido en la cama;
escucho respirar a la mujer, su ritmo acompasado y su reposo.
No hay luz eléctrica en la casa. Lentamente tampoco hay amor entre nosotros.

Miro mi cuerpo en la cama. Veo las ramas de un árbol: la magnolia.
Las ramas son altas y pobladas de palomas.
La luz de la luna ilumina la copa del árbol, recorta las maneras de una flor;
es blanca, paloma posada en el árbol.
La copa del cielo contiene este jardín, contiene este árbol de mundo.
La copa del cielo se derrama: veo la flor de la magnolia, paloma iluminada por la luna.
Mis ojos iluminan más arriba; por encima de la copa del árbol está el cielo.
La copa de la noche tintinea en las estrellas.
Otra vez miro la noche. No hay estrellas. Rara vez se ven estrellas
en el cielo de esta noche. Miro la noche vacía, pienso en las raíces del cielo.
Un impulso del instinto: llevo mis manos al ombligo.
Lo toco. Toco mi ombligo, y miro la noche vacía de cielo.

El cansancio es un fluido en la copa de mi cuerpo; no me muevo, sólo pienso. Y pienso.
Surge una presencia antigua, cuyo extremo esta noche soy yo.
Surge una figura disfrazada de pregunta que no sé responder:
de dónde vengo, adónde voy. Mi mano en el ombligo nuevamente.
Miro, la flor blanca resplandece: paloma iluminada en el árbol.
¿Qué es todo y qué es nada este silencio que no cesa? Todo y nada el agua rauda de la copa,
como esas palomas que son flores en la luz de la magnolia.
El hombre, la vida y las palomas, que sólo cuando mueren vuelan.
No importa; volaremos.
Nacerán nuevos hombres, se crearán nuevos destinos; otra realidad en otra copa.
Por eso es ahora, la misma hora siempre, y todos los lugares son el mundo.

La madrugada se asoma por encima del árbol: paloma que volando proviene desde el cielo.
No anuncia otro día, siempre es ahora en esta innumerable realidad que no cesa de crearse.
Mundo donde sólo hay imagen, reflejos devorándose a sí mismos; imagen y reflejo,
que se asocian con la palabra parda: Tiempo.
Se quiere romper el espíritu del mundo en el espejo; se quiere sacudir el desvarío.
"Incluso un brebaje se estropea si no se agita."

Ella comienza a despertar, no abre los ojos, los aquieta, mueve la piel del sueño con el cuerpo.
Como la flor o la paloma que acaba de caer de la magnolia, he tocado los límites del mundo.
Esta noche y esta madrugada he perdido lugar de dónde asirme. Floto.
Soy un corcho que flota en el agua del mundo, sin lugar adónde ir —no hay lugar adónde ir.
Estoy como la flor en el suelo del mundo, no puedo caer más abajo, sólo me queda disolverme.
Polvo eres, y en polvo habrás de convertirte; no puedes caer más abajo.
Ella despierta a mi lado, perdida ciegamente en la vigilia.
Yo caigo sobre la sombra que se aproxima, la flor de la sombra es mi cuerpo,
la sombra de mi cuerpo encarna la caída.

Mi mundo de seres humanos ha muerto esta noche.
El mundo que me espera ya no es una jaula, es una selva con árboles frondosos de fuego.
Surge una selva en esta madrugada sin origen, lejos de la copa del cielo.
Nacen animales despiadados, salen de la jaula hacia la selva;
prueban sus garras, afilan los dientes: bestias a la luz del nuevo mundo.
Soy un nacido de esta selva.
Soy un sueño negro de la selva que ha surgido.
Soy un hombre negro, también he despertado: estoy despierto.
La jaula se ha roto, estoy hambriento.

[2003]

MISTERIOS

Endemoniada luz de los misterios,
ébano, llanto en perro viejo,
no hay lámparas de tinta,
sólo silencio.
Callan los gallos:
el alma pide un diezmo
a las bujías de la noche,
flaca como serpiente de tinieblas.

[2009]

ARMANDO GONZÁLEZ TORRES

EL SERMÓN DE LA ALAMEDA

Cristo soportó los latigazos por usted, por usted que se avergüenza, por usted que se burla de mí. Sea valiente, aparentemente esto es un juego, pero no: Dios es real, Dios es realidad, Dios es carnalidad. Cierre los ojos, no piense en nada, entre en trance, hable en lenguas: imagine ahora a Cristo en esa cruz, con esos clavos clavados. Suprima entonces la superstición, la masturbación y la lujuria. Vístase como pudo haberse vestido Cristo, llore como pudieron haber llorado sus ángeles, moje sus lágrimas en su propia sangre antes de la fuga y recuerde que sin derramamiento de sangre no hay perdón. Y abra paso ya al vino fuerte de la alegría, al odre melodioso de la dicha, pues aunque su madre y su padre hayan pecado, aun con todo y el formidable estigma de su estirpe, Dios lo tendrá alguna vez a su terrible diestra.

POR LA DELICADA RED DEL MISTERIO...

Por la delicada red del misterio
por el sutil círculo aleatorio
que gobierna los instantes sublimes
que preside la fe, el deseo y la lágrima
por ese azar fiero o compasivo
fuimos siervos del signo sometido
indagamos remotos alfabetos
que envilecían la lengua de la tribu
probamos con retóricas espurias
que enfermaban de labia la garganta.
Esos años de fuego convulsivo
esas tardes de ansia y paradoja
conocimos la sed de los cadáveres
y bebimos el líquido piadoso.

(1964.) Nació en la ciudad de México, el 30 de mayo de 1964. Estudió en El Colegio de México. Además de poeta, es ensayista y crítico literario. Ha publicado ocho libros de poesía y aforismos: *La conversación ortodoxa* (1996), *La sed de los cadáveres* (1999), *Los días prolijos* (2001), *Eso que ilumina el mundo* (2006), *Teoría de la afrenta* (2008), *La peste* (2010), *Sobreperdonar* (2011) y *Con un poco de sol en las espaldas* (2013). Entre otros reconocimientos, ha merecido el Premio Nacional de Literatura Gilberto Owen (1995), por *La conversación ortodoxa*.
Lecturas recomendadas
Eso que ilumina el mundo, Almadía, México, 2006.
La peste, El Tucán de Virginia-Conaculta, México, 2010.
Sobreperdonar, Magenta, México, 2011.
Con un poco de sol en las espaldas, Parentalia, México, 2013.

DOS VECES SUPE DEL CANTAR DE SU VIGILIA...

Dos veces supe del cantar de su vigilia
cuando el suspiro fue hondo a la sombra del pino
cuando convalecía arrellanado en la arena.
Sus pasos son estruendo de una vasta cauda
su imagen es la pavorosa remembranza
de lo ido y lo ausente y, al cabo, lo vacío.
Repútase presente en los vagos momentos
en que la reticencia custodia los deseos
en que el ansia y la culpa azuzan sus mastines
en que el fastidio y el capricho nos desploman
sobre una mesa de migajas y licores
en esos días que se repiten implacables.

QUIERO UNA RELIGIÓN CON SUS PARROQUIAS...

Quiero una religión con sus parroquias, arbustos y animales. Dame grana de mármol, teja y piedrín
para su alegre templo. Quiero que los campesinos atiendan sus transparentes silbos y las bestias felices
marchen al ritmo de su melodía. Por eso, dame piedrín para construir el templo. Porque quiero que el
errabundo acuda a esta Iglesia y que en sus médulas sencillas el desdichado asimile los preciados dones.
Por eso, ay, dame piedrín para construir el templo.

SALVE

Salve, Marco Aurelio, decides edificar una nueva ciudad, fracasas en tu misión civilizadora y regresas a tu
campamento de alacranes a consolarte con un pensamiento. Entre los rapaces, los débiles mentales y los
estoicos eliges a los últimos y te dejas tatuar por su doctrina. Divino emperador, que ejerces el poder sin
rabia, con una sonrisa resignada, atado a tu decrépita misericordia y a tu sabiduría pesimista, sin contar
con una ambición, con un deseo mordaz, con un rencor que te supure y te sirva de motivo navegas en las
guerras como un Dios refinado entre las bestias y resistes las intrigas, resistes las murmuraciones, resistes
las conspiraciones con un vigor que ya no es tuyo, con una fuerza que ya no te pertenece.

EL EXILIO

En ese departamento, en donde el sol se demora extrañamente en las tardes otoñales, residen en su exilio
los dioses paganos. Tú sabes, los grandes dioses de la guerra y el placer perdieron la batalla ante el celo y la
astucia de los soldados de Cristo, que ahora dominan las mentes y las finanzas del mundo. No obstante, los
derrotados sobreviven, subsisten de manera modesta, pero sin sobresaltos, gracias a un pequeño patrimonio
invertido en operaciones de renta fija. Pasean su ocio por los jardines del vecindario. Son amables, aunque
huraños: ni en sus frecuentes ebriedades traicionan su apacible silencio. Puedes reconocerlos, sin embargo,
por la majestad incólume de sus movimientos cansados, por ese incesante susurro de mar que acompaña
sus pasos, o por la agonizante luz que despiden sus bellos rostros depuestos.

LA CARICIA INÚTIL

Morena, casi seca por el sol, férreamente huesuda, la mano de mi abuela me guiaba por el camellón luminoso de la infancia, me preparaba sabrosas naderías, me aferraba con la extrañeza con que se acoge a una estirpe no esperada. Apenas recuerdo sus palabras, si es que hablaba, aunque entiendo que su boca desdentada sólo le servía para ensayar gestos de duelo o de resignación y para emitir los insultos de hienas con que ella y mi madre a veces se desgarraban. La mano de mi abuela, que preparaba una comida simple y nutritiva, aunque hubo un momento, niño melindroso, en que ya no me gustaba que cocinara porque olvidaba asearse y los platillos sabían a mugre o incluían algún insecto. Esa mano que acariciaba toscamente el cuero cabelludo con el peine, que pedía limosna, que solicitaba un vaso de agua cuando se encontraba postrada en el lecho de su prolongada agonía. La mano de mi abuela que parecía desvariar, mano admonitoria que con su bamboleo me recordaba que, por jugar fútbol, yo había olvidado administrarle su medicina. Esa mano cuyos dedos trazaron tantas veces la cruz en señal de despedida y que, sin embargo, seguían hurgando infantilmente en lo vivo, con sus fuerzas y su curiosidad menguadas. Mano debilitada, ya no morena, amarilla; ya no huesuda, casi yerta, que se posaba en mi frente sin reconocer a quién acariciaba.

SEÑALES

Teníamos cefalalgia en el inicio
hollábamos la sombra en pos de cura
acudieron entonces los presagios
sueños en que vivos y muertos
se mezclaban e imploraban clemencia.

Luego vendrían las pruebas agobiantes
los edemas copando nuestro rostro
las ránulas debajo de la lengua
y, tal vez, lo más triste y doloroso:
la exhalación feroz, el miasma agreste
que desprendían los cuerpos más deseados.

ORACIÓN

Cada día, al despertar y descubrir que respirábamos, nos decíamos: "afortunados de nosotros, pobres de nosotros".

SOSPECHAS

Dicen que la epidemia germina en los cuerpos más delicados y que ofende de pronto los olfatos con una saliva pestilente surgida de los labios allegados.

Porque venimos de una música líquida, amniótica, que reproducimos al descomponernos. Seremos entonces los rumores involuntarios y póstumos de nuestros órganos contaminados.

El músico del emperador, el del oído más sutil, solía acudir al cementerio a descifrar la música de los cuerpos en descomposición.

SOBREPERDONAR
[Fragmentos]

I

Me propongo demostrar el carácter imposible del perdón.
Yo, al contrario, afirmo que en este mundo sólo se viene a sufrir y perdonar.
Todo perdón deja una marca, como una pequeña verruga, en los labios del perdonador y en las orejas del perdonado.

II

Hablo de ese mal, tan desconocido al común de los corazones, que exige la invención de una nueva lengua.
Porque el mal tiene, finalmente, una implicación lingüística: deja corta la palabra, fuerza la imaginación y el horror más allá del lenguaje.
Perdonar, entonces, no es un acto que pueda recurrir a la palabra.
No existe, en consecuencia, ninguna frase convencional para perdonar, tampoco para pedir perdón.
Quizá ronronear sea un principio apropiado para pedir perdón.
Y quizá se pueda perdonar con un exabrupto sibilino, con un poema gutural, con una violenta salida del lenguaje y de uno mismo.

III

Era yo tan reacio al perdón como propenso a la herida.
Ese odio cansino, casi condescendiente, que profesamos a los enemigos de nuestros ancestros.
Mi pregunta, profesor, es ¿cómo se odia mejor a un ser al que la tierra ya ha devorado?
Un rencor impersonal, seguido de un perdón anónimo.
A veces me fallaban la memoria y el ánimo y, en lugar de sentir rencor, sentía una inexplicable, insultante placidez.
Y, de repente, amar, simplemente por cansancio, por reblandecimiento del odio.

FERNANDO FERNÁNDEZ

BODA EN JAÉN

Mi novia con su novio
a una boda a Jaén.
¡Y yo a Lisboa!

El bar es el paraje
de nuestra despedida
camino de Lisboa y de Jaén.

Y una vega florida era la barra
y unas hayas crecidas y unas ondas
también.

La música, las copas.
                 Ella dijo:
"La boda es de una prima mía, en Jaén.
Y tú, a Lisboa",
              me dice, "vas ¿con quién?".

¡A solas yo, a Lisboa!

"Cuando vea la Cazorla, cuando vea
la campiña
                camino de la boda
y las yeguas pardeando la montiña,
me acordaré de ti",
                me dice, en la memoria,
mi novia en parabién.

Y cómo sea aquel sitio ya no importa
ni en dónde esté.
              ¡Es Jaén, y no Lisboa!

O si es desierto o puerto de montaña
o costa.

(1964.) Nació en la ciudad de México, el 12 de junio de 1964. Es licenciado en letras hispánicas por la UNAM. Además de poeta, es ensayista, investigador y editor. Ha publicado tres libros de poesía: *El ciclismo y los clásicos* (1990), *Ora la pluma* (1999) y *Palinodia del rojo* (2010).
Lectura recomendada
Palinodia del rojo, Aldus, México, 2010.

§ Si avasallan sus aguas procelosas
por las márgenes anchas, o suplican a gotas
como linfas de ayer.

(Aquel sitio, Jaén, y no Lisboa,
¡debía ser portugués!)

Y dijo más: "Ya nos veremos, que sólo voy y vengo
y esto no es un desdén".

Y mientras yo a Lisboa,
mi novia con su novio
a una boda camino de Jaén.
"Los olivos del monte,
                                    los olivos",
pensando en no volver,
le habrá dicho a su novio, camino de la boda,
mirando los olivos de Jaén.

¡Ir detrás de mi novia a aquella boda!

Al menos volvería
                        con una idea clara,
si ya no de Lisboa, no sé si de mi novia
o de Jaén.

Por aire o vía de tren
                        o carretera,
recorriendo la geografía española,
¡quisiera ir a Jaén
                        y no a Lisboa!

MILAGRO EN EL SUPERMERCADO

Me pareció que sería, claramente creí que podía suceder,
tuve una certeza como si un pico suavísimo asomara
entre las posibilidades
sentidas de las cosas, y de pronto, como de nada,
pero naturalmente
ocurriría.
              Y era ella:
al fondo de la tienda, en el departamento de frutas
y verduras, todavía de espaldas
                                    era ella
(mis ojos lo decían aunque sin prueba)
menuda tal cual es,
                        y luego, más de cerca, sí, era ella
con lentes —"¡la torcaza usa lentes…!"

§ Su boca asincerada, decidida
hacia la afinación,
igual que si dijese "menoscabo", "adolecer",
la letra "u" (si bien en sostenuto), allí, de pie, delante las frutas,
apoyada en el carrito del supermercado —navecica de proa solícita
y ligera,
            amarrada a la ribera
de las leguminosas en refrigeración.

Clarito percibí que aquel encuentro
sería para su mal,
                en esas fachas:
el pelo recogido y sucio, los lentes en la punta
de la nariz
                —como aquel que remueve, digamos, una a una
buscando entre las coles una fresca
y opima.

Ligeramente áspera
o estorbada,
                y eso a pesar de sus esfuerzos por lucir donosa;
es más: hasta diría que atenta, o eso creí,
genuinamente interesada en escuchar
mis dilatados silogismos
                            (yo, que no pensaba sino en ella,
que acaso no pensaba ni siquiera,
paralizado como estaba
en advertirla, en adivinar su conclusión de todo aquello tan fortuito,
en olerla a lo lejos como huelen los mangos de pasada).

Y ridículamente luego yo palpando una papaya
que no necesitaba
y después oteando hacia los tés
ridículamente,
                fingiendo conocer con claridad y no sin éxito
—lo cual lo convertía en más ridículo—
aquello que quería.

Más me hubiera valido ofrecer a la torcaza
un ramito de espárragos,
                        una simple naranja, de perfecta redondez,
el brillo vinoso de una ciruela.

O no acercarme
siquiera, testigo maravillado pero mudo de un milagro imposible
en el supermercado.

PALINODIA DEL ROJO

¿Qué le queda mejor?
           Cuando la conocí me dije el rojo, el rojo,
pero ahora que la veo, al fondo del pasillo, de negro,
me desdigo:
           el negro hace más hondo
su misterio; la hace más alta; y sus ojos relucen de tal modo
a la distancia
que las mismas estrellas me parecen algo módicas, un tanto
menos ellas.

El negro va además
mejor con el secreto
que nos une,
           ya que a nadie decimos
que nos vemos; que si nos encontramos en el elevador,
o si en la planta baja, ni miramos siquiera;
                         y si en la junta del Comité,
por la causa de su rodar intrínseco, los ojos
pese a todo se encuentran, pesarosos rehuimos
—y en la estela que dejan
algo queda.

Todos los días
rodeados de indiscretos:
           secretarias
cada una menos secreta, contadores de todo excepto números,
mensajeros de oficio
ya se entiende, entregados a dar pabilo al fuego, la mañana y la tarde,
y fundamento a cuanto infundio
va en el aire.

De cuando en cuando todavía
si me asomo al pasillo, el ojo sin salirse de su esfera regular,
sé cuándo pasa
           (el rojo haciendo todo porque yo lo sepa);
entonces la oficina,
sin perder un instante las alfombras luidas y los muebles cojos,
parece algo
bucólica:
           el pasillo delineado con mamparas
se convierte en las márgenes de un río sombreadas de hayas,
y en medio el llano laboral
un instante me tuerzo convertido en girasol, en heliotropo,
en bobo.

¡El rojo
me delata!
           Cada vez que su boca, allá, a lo lejos,

si se distraen los otros,
me sonríe, a mí que sé que en el placer se vuelve maliciosa,
se dibuja en mi boca, delicioso.

MIENTRAS ME COMO UNA CHIRIMOYA

A Florencia Molfino

1

Mientras me como una chirimoya, y veo por la ventana a unos gorriones
desvalijar el trueno que asoma a mi escritorio,
advierto que destruyen más que tragan,
provocando un reguero de semillas que caen en múltiplos
infinitesimales de pequeñas
cascadas,
              que en la calle rebotan
como chispas en el taller del soldador, y entiendo que destruir
la integridad de las inflorescencias,
sin que importen derroche y estropicio, es parte
del oficio.

2

Mientras me como una chirimoya, y veo por la ventana a unos gorriones
desvalijar el trueno que asoma a mi escritorio,
me parece que ingieren unas pocas
                              de las muchas
que pierden, y pienso que las pocas que alcanzan
la cavidad del buche
irán de pico a cloaca
inocuas, para ser arrojadas esta tarde o la otra, en esta misma calle
o la de más allá, a fin de propagarlas,
con su aportación de abono,
intactas.

3

Mientras me como una chirimoya, y veo por la ventana a unos gorriones
desvalijar el trueno que asoma a mi escritorio,
escupo con cuidado
las semillas que entresaco de la carne blanda,
y que no dejo de meterme en la boca porque son el corazón
de la parte más dulce de la fruta,
                              y al verlas en el plato, ovoides,
negruzcas, muchas, imagino el árbol
que no conozco
y agradezco, cumplidamente agradezco no tener nada que ver
con su propagación.

CRISTINA RIVERA GARZA

LA HOJA

Quiero dejar de temblar.
Cuando escucho tu voz quiero ser tallo
y no hoja sacudida
y no este espasmo que me quiebra.
Nunca más esta vergüenza.
Pero escucho tu voz y sigo siendo
la palabra arena cayéndose de seca.
El ángulo por donde se rompe en pedazos la certeza.

Afuera llueve y adentro
amanece un perro muertos en mis esquinas.
¿Es esto la ciudad?
Un loco balbucea con su vestido de piel: saliva.
Los niños juegan a morir en paz.

He dicho que quiero dejar de temblar pero tu voz son demasiadas voces
y el alrededor se me estrecha sobre el cuerpo en espiral.

¿Qué se hace cuando no se puede respirar?

Me da pena caer como caen a veces las cosas de rodillas.
Cuando la debilidad me envuelve con su hálito de espinas
los objetos son de helio y huyen despavoridas a otro lugar.
Y el temblor no cesa
y soy hoja que cruje y nunca tallo,
espasmo, síncope de luz, quebranto.

(1964.) Nació en Matamoros, Tamaulipas, el 1 de octubre de 1964. Es socióloga por la UNAM y doctora en historia latinoamericana por la Universidad de Houston. Además de poeta, es narradora, ensayista e investigadora. Ha publicado cinco libros de poesía: *La más mía* (1998), *Los textos del yo* (2005), *La muerte me da* (2007, con el pseudónimo Anne-Marie Bianco), *El disco de Newton, diez ensayos sobre el color* (2011) y *Viriditas* (2011). Entre otros reconocimientos, ha merecido el Premio Internacional Anna Seghers (2005), en Berlín, Alemania, y el Premio Sor Juana Inés de la Cruz (2009), por la novela *La muerte me da* (2007), en cuyas páginas se incluye el libro de poesía del mismo título firmado por Anne-Marie Bianco.
Lecturas recomendadas
Los textos del yo, FCE, México, 2005.
La muerte me da, Anne-Marie Bianco, Bonobos / Instituto Tecnológico de Estudios Superiores de Monterrey, Toluca, 2007.
La muerte me da, Tusquets, México, 2007.
El disco de Newton, diez ensayos sobre el color, Bonobos / UNAM, Toluca, 2011.
Viriditas, Mantis / Universidad Autónoma de Nuevo León, Guadalajara, 2011.

Un navío transparente sobre las aguas de cristal.
¿Qué se hace cuando el suelo empieza a girar?
Me da pena arrastrarme entre las patas de las sillas
y ser la mosca que da vueltas en el frasco del espanto.

Afuera sigue lloviendo y adentro
me avergüenza este cuerpo desollado
estos ojos al revés
esta colección de insectos incrustados en la tapa de la lengua.
Me da pena que me preguntes qué pasa
y tartamudear con la cara sobre el ventanal: *nada*
es sólo la lluvia y la hoja
que caen.

LAS FEMINISTAS

Pronunciaban la palabra. La escupían. La celebraban.
Corrían.

(Atrás de este vocablo debe oírse el pasar del viento.)

Hablaban a contrapelo. Interrumpiéndose.
Ah, tan descaradamente.
Vivían a la intemperie, que es el mismo lugar donde sentían.
Supongo que así nacieron.
No sabían de refugios, de techos, de amparos,
de patrocinios.
Estaban heridas de todo (y *todo* aquí quiere decir
la historia, el aire, el presente, el subjuntivo,
el contexto, la fuga).
Agnósticas más que ateas. Impactantes más
que hermosas. Vulnerables más que endebles. Vivas
más que tú. Más que yo. Estoicas más que fuertes.
Dichosas más que *dichas*.
Intolerantes. Sí. A veces.

¿Mencioné ya que eran brutales?

Caminaban en días de iracunda claridad como musas
de sí mismas
(eso ocurría sobre todo en el invierno cuando
los vientos del Santa Ana iban y venían
por los bulevares de Tijuana, arrastrando envolturas
de plástico y el polvo que obliga a cerrar los ojos
y negar la realidad)
a la orilla de todo, bamboleándose
eran la última gota que cuelga de la botella
(la mítica de la felicidad o la aún más mítica
que derrama el vaso y el sexo

impenetrable en la mismidad de su orificio)
y caían.

El colmo.
La epítome.
El acabóse.

(Por debajo de estas frases debe olerse el tufo que deja
tras de sí el viento horizontal.)

Supongo que sólo con el tiempo se volvieron así.

Con hombres o, a veces, sin ellos, besaban
labiodentalmente.
Y se mudaban de casa y se cambiaban los calcetines
y preparaban arroz.

Y bajaban las escaleras y tomaban taxis y no sentían compasión.
Decían: Éste es el viento que todo lo limpia.
Y pronunciaban la palabra. Enfáticas. Tenaces.
Prehumanas.

Tajantes. Sí. Con frecuencia.
Conmovedoras más que alucinadas. Sibilinas más
que conscientes. Subrepticias más que críticas.
Hipertextuales. Claridosas.

Estoy segura de que ya mencioné que eran brutales.

Fumaban de manera inequívoca.
Cambiaban de página con la devoción y el cuidado
minimalista de las enamoradas.
Siempre andaban enamoradas.
En los días sequísimos del Santa Ana elevaban
los rostros y se dedicaban a ver (podían pasar horas
así) esas aves que, sobre sus cabezas, remontaban
lúcidamente el antagonismo del aire.

Y el Santa Ana (y aquí debe oírse una y otra vez
la palabra) (una y otra vez) despeinaba entonces
sus vastas cabelleras ariscas. Sus cruentas pestañas
(una y otra vez).

LA DICHOSA

Decía: Yo no soy la dicha.
Si tú me dices, yo me desdigo.

Insistía: Si tú me dijeras, yo sería la *des-dicha-(da)*.

§ Añadía: Yo digo.
Yo soy mi propia dicha.

Concluía: dichosa yo que puedo decir.
Y decirte.

Cosas por el estilo le preocupaban a la Ex-Muerta,
la Emergida, la mismísima Concha Urquiza ahí, sobre la arena.

LA MUERTE ME DA
[Fragmentos]
Por Anne-Marie Bianco

82. INDAGATORIAS SEGUNDAS
V. QUIEN VERSIFICA NO VERIFICA

¿Quién verifica la línea (algo que punza) (algo que entra) en el pecho de la aldaba?
¿Quién versifica la puerta y, bajo la puerta, la luz que se trasmina?

Te regalo la línea pordiosera inacabada letal.

Póntela en la puerta del cuerpo (la boca para que entiendas) (el orificio nasal) (el orificio sexual) (la rendija)
la luz trasminada.

La línea entra y, entrando, rompe. La línea es el arma: corrompe.

Una línea de coca.
Una línea de luz: una espada. Ese atardecer. Un horizonte.
Una línea de palabras (rotas aldabas).
Una línea de puntos (y de puntos y comas). Una línea de puertas semiabiertas.
La línea de tu falta. La línea de tu pantalón.
La línea telefónica (agónica).
La línea que te parte en dos.

¿Quién versifica? ¿Quién versifica al versificador? ¿Quién verifica?

El testigo soy yo.

83. ¿QUIÉN CARAJOS HABLA?
VI. LA VÍCTIMA SIEMPRE ES FEMENINA

En el Ministerio (que es un lugar de los hechos) (un lugar de helechos) (de lechos).
En el cuerpo (que es público) (que está abierto) (que es un muerto).
En el tajo (dentro del tajo) (debajo del tajo, carajo) (en la raíz misma del tajo).

¿Quién habla ahí? ¿Quién es la primera persona de nuestro singular? ¿Dónde lloro?

En el helecho que calla: verde verderte, lugar. Verganza.
En lo que está abierto (que es el lugar de los hechos).

En la raíz misma del tajo (que es público) (que es un Ministerio).
En el cuerpo. Dentro del tajo. En la raíz misma del tajo.

¿Y por qué no decir escuetamente, estrictamente, sencillamente, que el cadáver yace bocarriba sobre la estrecha tabla del forense?

¿Por qué no decir que es febrero y hace frío?

En el lecho (que es un cuerpo) (estrictamente).
Ante el muerto (que es una víctima) (que es femenina) (que es gramaticalmente)
Frente al público (que es el lenguaje) (estas líneas) (aldabas).

En la raíz: ¿Por qué no preguntar quién carajos habla?

Escuetamente.

84. LA PERIODISTA DE LA NOTA ROJA Y LA MUERTE: OTRA RELACIÓN
VII. ES VERDAD, LA MUERTE ME DA

En tu sexo
(armadura tajadura tachadura) (ranura)
en el aquí de todas las cosas del mundo, me da
la muerte (que es este paréntesis) (y éste)

huelo como miro duelo: una colección de verbos

la pájara del deseo en el nido: un agüero
es verdad, la muerte es verdad
me da, dadivoso dardo en duelo, en el sexo plural.

Primera persona. Habla, carajo, primera persona.
Mi boca.
Mi lágrima.
Mi bragueta.
Mi necesidad.

Mis notas. Tú quieres
mis notas
do re mi do re mi fa sol sol.

La muerte es de verdad. Mi duelo. Mi escopeta. Mi sospecha. Mi culpa.

Primera plana: el cuerpo boca abajo. Los brazos atados y frente a la cabeza. El rostro cubierto de vendas. El pantalón: hasta la rodilla.

Veo ardo observo callo duelo: segunda colección de verbos.

Ya nada será igual.

MARIANA BERNÁRDEZ

LOS CAMINOS AL MAR...

Los caminos al mar eran brechas que cruzaban la jungla, los ríos maltrechos y alguna agua estancada.

El mar, el mar y su olor, su sal y su brisa cortando la tersura de la piel, el viento envolviendo el cuerpo y los montes llenando la vista. La arena acariciaba los pies.

Vino del mar, vino de las aguas encrespadas y de la espuma ambarina; traía el cuerpo roto.

Aún lo traigo en los ojos, aún lo traigo, después de tantos años, el mar metido en los ojos, masacre del alma el tratar de olvidarlo.

El mar, el mar, y los sentidos se me embriagan con su fuerza; el mar y todo lo no dicho se dice y lo que se dice se acalla.

DUERME...

Duerme
El mar apaga
la angustia que lo zurce

Bajo la pisada mutilante
cuánto para llegar
al extremo de la orilla
y danzar con piernas ligeras

Escuchar el rugido del agua
que atónito lame su piel

(1964.) Nació en la ciudad de México, el 25 de diciembre de 1964. Es maestra y doctora en letras modernas por la Universidad Iberoamericana, y tiene un posgrado en filosofía por esta misma universidad. Además de poeta, es ensayista e investigadora. Ha publicado quince libros de poesía: *Tiempo detenido* (1987), *Rictus* (1990), *Nostalgia de vuelo* (1991), *Luz derramada* (1993), *Réquiem de una noche* (1994), *El agua del exilio* (1994), *Incunable* (1996), *Liturgia de águilas* (2000), *Alba de danza* (2000), *Sombras del fuego* (2000), *Más allá de la neblina* (2009), *Simetría del silencio* (2009), *Alguna vez el ciervo* (2010), *Trazos de esgrima* (2011) y *Don del recuento* (2012).
Lecturas recomendadas
Simetría del silencio, Instituto Politécnico Nacional-Fundación René Avilés Fabila, México, 2009.
Alguna vez el ciervo, Praxis, México, 2010.
Trazos de esgrima, Ediciones sin Nombre-Universidad Autónoma Metropolitana, México, 2011.
Don del recuento, Parentalia, México, 2012.

Palidecer
ante el sonido equívoco
                            de sus ojos

La tarde
Sus manos ásperas
arriban del oleaje
trayendo ciervos
                            y campo abierto

Mi nombre
escudriña el aire
Los granos de arena
se entierran en sus ojos

Enloquecido
se derrumba:
tanto horizonte
                    para palpar
                                    espina
                                            tallo
                                                    raíz.

A VECES...

A veces quisiera que el mar se ahogara dentro de mí
porque cansada tengo la entraña de inllorar
y las aguas se agolpan en las noches de domingo
sin atisbar siquiera ante las luces de la ciudad
si hay o no un sentido en las palabras
que se me enarbolan en cielo sin nubes

De querer tanto luego no sé cuál querer quisiera
si el que siempre fuera sábado
o mirar desde la ventana el pasar de la gente
y trato de que los pies no se me hagan jirones
y que cada movimiento atestigüe mi adentro
pero sé que no hay certeza en mi cuerpo

Míos han sido los días de antes
los recuerdos de una fuerza ingenua
que creyó beberse la inmensidad
cuando la desnudez fue otra
¿cómo saber la fragilidad
habitándome desde tan profundo?
y ahora pareciera que sólo mío puedo llamar
el cristal que se ha ido rompiendo
para ser lo que ha sido
sal
        y con un poco de suerte algo de espuma

§ Mío entonces el mar
  Mía la tarde sin lluvia
  y el bosque y los jardines
  y el sol rozando los techos
  Mía la palabra
  aunque sea un momento
  y este domingo
                    donde las manos
                                se me llenan de arena.

BÓRRAME...

Bórrame de tus ojos
que no sepas mi rostro
de la multitud
ni el camino de mi mano
sobre tu piel

Rastro en la duna
          los días nuestros:
la palabra-luz
el bien herido beso
el café quemado
el cine de lluvia

Espacios y distancias

Y aún las horas

retienen tu nombre.

TANTO BESO...

Tanto beso sembrado en tu cuerpo
para que en la altísima lumbre del cielo
se nos rompa el latido
semilla de la hondura el viento
que fue entre nosotros

Será ahora el tiempo del lamento
el instante preciso
cuando el aliento se resiste a ser quejido
        albor de la esperanza arañando
        el letargo sumergido en pupila inversa

¿o es el recuento de las mordeduras del alma
que siendo testigos mudos afrontan
la dulzura de la mentira?

§ qué decirnos en esta transparencia
como si los hilos que sostenían los labios
se hubieran deshecho en suspiro del fuego

y no quisiera empezar a andar este vacío
más desolación de mis pies sobre la tierra
que de mi vientre incapaz y borboteando jirones

la rabia inunda el tacto y la sutileza de la piel
ante el tremor de perderme entre cuánta gota del mundo
            y desconocer mi nombre
            que alguna vez fue lo más profundo en tu cuerpo.

Y DE TAN CALLADO EL MUNDO...

Y de tan callado el mundo
la lluvia atruena para anunciar el verano
            reverdecen las piedras
recuerdo la lluvia al regreso del mar
las copas de los árboles moviéndose aturdidas
al son de relámpago y ráfaga de agua y viento
Había un devaneo en esa lluvia primaria
la luz cesaba y se encendían las velas
hacía frío
            fumaba para alejar la humedad de mi cuerpo
                y el sinsentido de pasar horas viendo llover
Este año recibimos juntos la lluvia
encontraste una mesura múltiple a la promulgada
entonces te pregunté si esto acababa
"con los años se vuelve más profundo"
¿dónde queda lo profundo?
¿en los caminos de terracería que llevan al Nevado de Toluca?
¿Cuando vemos películas?
"Ya no nos quedan heridas, ya fueron..."
como si el argumento hiciera desaparecer
cualquier tajo   dolencia   hendidura
el simple roce no agranda la distancia
Comienzas a recomponer la cadencia de tu vida
desayunos   juntas   viajes
vahído que te resignifica y te pierde un poco más
A veces te arranco de ese rizoma
y te tomo una fotografía
o te llamo y respondes "ándele, que ya me está dando avión"
No sabes qué decir
qué afirmar
hay un natural descreer
pareciera mi llamar y tu resistir una lucha vana
quizá el cansancio provoque la primera afronta
            la primera grieta
                el primer no poder

¿perder y ganar ritmo no es parte del vaivén de la vida?
y yo que solté amarras
y eché raíz al aire
y tú que levaste puntal
dos tan sueltos ahora juntos
¿no escuchas la risa queda de los dioses?

ESTE ANTES DEL ANTES...

Este antes del antes
¿cómo referirlo en la logicidad construida?
¿dónde su balance?
¿en cuál de las vidas pasadas de haberlas?
No tengo respuestas
pero este saber no sabiendo
es lo que me hace tomarte
y echar a andar de nueva cuenta
¿sientes su pálpito?
El olvido no tiene cabida
          al mirar mar hondo
dan fe las piedras que atraviesan la sierra
De no ser así
entonces ¿para qué tanto?
Escribo "amor" para anudar
          el temblor imprescindible que anuncia
          el sueño que abre su ramaje
          el olor de la lluvia en mayo
          o el silencio que llega en cada viaje que emprendes
Cuando eso sucede
          entiendo por carencia
          la intensidad que habito contigo
          principio de lo irreal

JUAN ESMERIO

VIVO EN UNA CIUDAD...

Vivo en una ciudad baja. Su altura es
medio metro sobre el nivel del mar.
Habito la casa más próxima a la playa,
es una casa de rejas herrumbrosas,
de persianas perforadas por el viento.
Desde ahí veo varadas lanchas de motor,
sargazos: cabelleras esparcidas,
pueblos remotos devorados por el mar.

ALGUNOS NUDOS

A caballo entre la playa y el mar de fondo,
navegantes intermitentes de sus cálidas entrañas,
usamos el más común: as de guía,
apenas una flor fácil de hacer,
como anudar el cordón del zapato.

Hay otro que podríamos reclamar para nosotros:
                                        nudo de forajido
(no respetamos vedas ni crías).
Pero es inseguro para faenas marineras.

Es el nudo, junto con el del ahorcado
—prohibido en la Royal Navy por obsceno—,
más visto en el cine. Es apto para atar potros,
listo para soltar y darse a la fuga.

De pronto los más jóvenes íbamos al fondo
con un nudo en el estómago. Su nombre es miedo.

(1965.) Nació en Mazatlán, Sinaloa, el 17 de abril de 1965. Además de poeta, es narrador y promotor cultural. Ha publica-
do tres libros de poesía: *Las pertenencias del mar* (1989), *Mantarraya* (2010) e *Islas de mar y río* (2013).
Lecturas recomendadas
Mantarraya, Instituto Municipal de Cultura, Culiacán, 2010.
Islas de mar y río, Andraval, Culiacán, 2013.

§ Cuando naden hacia el Leviatán, muchachos,
no dejen los pantalones en la playa.

Los cordeles mismos tienen sus nudos,
ajenos a las manos del hombre,
combinaciones propias de una caja fuerte
y a menudo más difíciles de deshacer
(a menos que se emule la astucia de Alejandro:
cortarlos con una espada).

Los forman luego de ser agitados por la marea
(y por el viento, sea en el mar o en tierra firme),
y donde el cuerpo se enreda de manera involuntaria.
No son para nada corredizos.

Un amigo murió ahogado porque el cabo se amarró a su tobillo.
Quedó a media agua, izado como bandera
o tendido como una prenda,
con dos contrapesos: la barra atorada abajo
en una grieta y la cámara repleta de ostras arriba.

Castigo que recuerda más a Zeus que a Poseidón.

Era delgado (le decíamos *Calcomanía*)
pero la muerte lo embarneció.
Un anillo se aferró a conservar
fiel su físico, por lo menos un dedo.

Y como si el abismo quisiera arrancarle
las visiones que de él tuvo,
los peces le mordisquearon los ojos en la Isla de Chivos.

Hermano, ¿por qué no traes un puñal en la pierna?
¿Me oyes, o tengo que gritar?
Buzo, más desnudo que nudo, siempre fuiste medio sordo
como los pistoleros del oeste:
tus oídos zumban igual que los del león de Nemea
luego de que Heracles lo golpeara con la clava en la mandíbula.

De vez en cuando recurrimos al nudo de sangre o tonel.
Nos gusta más este último nombre
(ah, los nombres de algunos nudos:
a veces sólo basta decirlos:
a menudo son más hermosos que su forma)
porque nos recuerda un barril de cerveza.

Para terminar me regreso a la otra punta:

as de guía (o ahorcaperros),

nudo de sangre o tonel

§ son nombres que van bien con el oficio:

                                        arar en el mar

(fatiga, la sal adelgaza las manos
pero es posible hacerlo si la arena
tiene costuras que se levantan):

                            arar

                                sobre

                                        bajo

                                                a un lado

                                                        entre

                                                            las rocas.

DYLAN, HIJO DE LA OLA...

Dylan, hijo de la Ola:
préstame tu burbuja de aire,
tiende sobre mí tu espalda amurallada.
Térciame, de ser necesario, en tus omóplatos impermeables.
Hermano: presérvame de las crestas que estrangulan.
Confíame a la espuma inocente de la playa.

LA MANO DE IDAS

Tendrás ofertas en el mundo, hermano,
pero dudo que sean tan carnosas como venir a mi ciudad.
Algo sé de festivales y me propongo organizarte uno.
No será en la playa sino en la calle —tan de moda.
Aquí te esperan no las muchachas feacias de tu viaje
sino las culichis, mujeres asentadas en un valle,
ninfas que danzan en las vegas de dos ríos,
hembras que dudan entre la costa y la montaña.

Ven, tienen algo para ti, además de su sonrisa.
Los tizones ardiendo son pasado: ahora
hay otro fuego con el que pueden defenderse:
pues son menos dóciles que las chicas que tiernamente azotaste en la isla de Anafe.

Acepta, dirígete a la plaza. Es primavera.
No veas, si es posible, rostros ni escotes. No te distraigas.
Ignora la fama de sus piernas.
Concéntrate en los yins que las muchachas atrincan
—en ese gesto suyo tan perturbador como necesario.
Tus manos son de noble pero tienen bordes de navegante.
Quizá encuentres en su espalda baja inscripciones de sus propios viajes
o el elástico que algunas muestran con desgano.
No las pidas sin ropa, no es necesario:
sus prendas bajo la cintura son como lazo que aprieta y resalta.

§ Me pregunto con qué soplo, en esta tierra, insufló la Diosa esa carne que te agrada.
  Hazlo con las palmas pero aprovecha el impulso del brazo
  como si dieras mandobles con la espada.

  O como si abanicaras una criatura en una noche de verano.
  Eres el maestro, no he de enseñarte.

  Marcha sobre la falda, el vestido, el pantalón:
  ve tras las ninfas, las jóvenes, las señoras.
  Arma alboroto como zorro en gallinero.

  Tus favoritas quizá sean las que acortan el chor calzando zapatillas.

  Ahí las tienes: amplias, redondas, respingadas,
  ámpulas que revientan bajo el sol de las doce
  y salpican la ciudad y tu ocurrencia y tu sonrisa;
  cuencos con que es posible regar la mañana;

  abismo que presagia vértigo y zozobra.

  Disipa tus dudas sobre cuál elegir y corre tras ellas.

  No te sorprendas si tus dedos rebotan
  de vez en cuando, acaso esas obras sean las menos perfectas,
  propias de sirenas de bisturí que no quisieron escapar a tu pureza digital
  y acoplaron su forma a tus impulsos y deseos.

  Recuerda que en este juego sus uñas acrílicas te brotan como escamas.
  Nadie dijo que entre matriarcas, carne de mercenarios,
  sería fácil celebrar la vuelta a casa.
  (El festín —quizá habría escrito Octavio Paz— de Ares y Afrodita.)

  Idas, vuelve: estarás exultante en Culiacán.
  Quizá tus yemas sangren, tu boca resople y quedes ciego.
  Aun así que siga el jolgorio y el griterío, si gustas.

  Como el castigo de los dioses, tu festival promete ser eterno.

VERÓNICA ZAMORA

LA MIEL CELESTE

Veneno de las vírgenes
agua original,
vino que no se bebe en copa de cristal.
Lluvia en el rostro de las cortesanas,
gota de fuego,
semilla de mi padre.
Vergüenza en el vientre de la hembra estéril,
miseria de los que se disfrazan de mujer
y encuentran agua amarga en las colmenas.
Jugo sagrado,
tributo para reinas,
homenaje del exhausto varón
al vientre de la tierra.

No pertenece al mundo
la miel
con la que fueron creados
los poetas.

EVA

A Claudia Camberos

Yo soy una mujer que nada extraña,
alguien que ha visto al mundo pasar
como un fantasma sordo.
Hablo de mí
con lentos adjetivos:
Yo soy una mujer sin dote
que se baña en el río,
que da hijos al viento y no va a misa.
Soy el hueco en la mano de un hombre.
Una serpiente asustada y ciega.

(1965.) Nació en la ciudad de Colima, el 6 de mayo de 1965. Además de poeta, es investigadora, antóloga y promotora cultural. Ha publicado tres libros de poesía: *Hablar con la serpiente* (1985), *La miel celeste* (1985) y *Libro de conjuros* (2007).
Lecturas recomendadas
La miel celeste, 2ª edición, Conaculta, México, 2003.
Libro de conjuros, Gobierno del Estado de Colima, Colima, 2007.

Nada me corresponde,
mis amigas cocinan pasteles los domingos.
Soy lo que otros inventan
un gran demonio bobo
una hechicera en apuros.

Soy el cuerpo de una niña que flota en el lago.

PRESENCIA INVOCADA

Sabe de ti esta lámpara que duerme
la presencia del fuego en la recámara.
¿De dónde viene esta pequeña flama
sino del sueño angosto que me acecha?
Cifras la exaltación de este momento
porque a través del viento miro
a una mujer velando a la Luna.
Se levanta para encender la vida a media noche
Y sabe que hay un hombre disparando a su sombra
Lejos de ahí.
No le sirve de nada esta visión
Y espera una señal para volver al sueño.
¿Qué le pide la noche?
Está furiosa y no puede romper ningún cristal.
Yo cuido de esa casa,
La protejo de algún doméstico demonio,
La cuido de sus manos,
De ese hombre que ahora no la abraza.
¿Qué busca de ella ahora la magnífica Dama?
La noche está en sus manos
y no logra saber
qué hacer con ella.

MI DUEÑO

A Alejandro

Marcada a fuego
Con el herraje de tu casa,
Como una fina yegua
De crines azabache,
Así espero la mano de mi dueño.
Soy dócil en todas sus
Conquistas;
Soy la que pone el pecho
En las batallas.
Cuando ha dejado mis lomos y se apea,
Acaricia y besa.

Entonces va con ella,
La señora que espera
Y ella le dice ¡ven!
Pero mi dueño dice
Estoy cansado.

¡AH! EL LOCO...

¡Ah! el loco.
Está contento, ama:
Lara rí-lara rá.
Está ebrio de besos y de flores.
Da vueltas por jardines
que rebozan de aguas vivas,
torrentes clarísimos.
No te detengas, loco,
Ama, no traiciones tu vocación jamás.
Loco mío,
Corazón mío.

REGALO

A Daúd

Es para ti
Este animal que corre,
bestia de lomo tibio
donde montar la grandeza de un sueño.
Es para que un anhelo de libertad
te invada y seas un rey del cielo.
Subido en él contemplarás el horizonte
Y querrás ir más lejos.
No para conquistar tesoros de la tierra
Sino alcanzar tu reino verdadero,
legado oscuro de crines cepilladas por ángeles.
¿Qué hará tu corazón de niño cuando te llame el mundo?
¿Seré la mano que detenga entonces el rayo y la tormenta?
Tendrás sobre tus hombros todo el peso de tu nombre,
Tal vez dirás qué frío, tal vez dirás qué sed,
Y no estará la mano de mamá para ofrecerte
El alivio de aquello que atormente tu alma.
Pero este obsequio de la vida irá contigo
como un padre amoroso que en silencio te educa,
te señala una senda, te muestra los refugios.
No serás como yo, torpe abeja rendida,
ni como él, victoria desdichada.
No serás una aurora desierta,
ni luz equivocada.

JOSÉ EUGENIO SÁNCHEZ

MICK JAGGER NO CANTARÁ SATISFACCIÓN A LOS 50

estabas en los brazos de tu madre
y el país en manos de díaz ordaz

la pantera negra enloqueció wembley
la bola de hechicera en sus botines:
el pasto: una alfombra a palacio: pero no

bobby moore —qué seriedad—
el muchachito burgués que untaba la pelota
con melancolía
& gordon banks dándole vuelta al sentido de la gravedad
(entre las espantosas tomas del video)
alzaron la jules rimet
con el gol fantasma que todos vimos que no entró
la jules rimet se dejó besar por la realeza
sí isabel ii a la que le dieron un botellazo a su auto en belfast

y franco: españa llena de polvo y calles grises
johnson bombardeando haiphong hanoi
y nueva delhi aprobando la matanza de vacas sagradas

marlon brando filma motín a bordo
y compra por 200 000 dólares
a madame duran la isla tetiaroa en tahití
con la promesa (muy hippie de su parte) de no talar ningún *tow*

y luego tragedias: los beatles se niegan a dar conciertos
paul mccartney le borra las pistas a ringo y graba otra batería encima:
yoko ono inicia su maléfico plan para destruir el cuarteto

(1965.) Nació en Guadalajara, Jalisco, el 30 de junio de 1965. Además de poeta, es guionista y músico. Ha publicado ocho libros de poesía: *Tentativa de un sax a medianoche* (1992), *El azar es un padrote* (1995), *Physical graffiti* (1998), *La felicidad es una pistola caliente* (2004), *Escenas sagradas del oriente* (2009), *Galaxy limited café* (2011), *Suite prelude a/h1n1* (2011) y *Jack Boner & the rebellion* (2014). Entre otros reconocimientos, ha merecido el X Premio Internacional de Poesía de la Fundación Loewe a la Joven Creación (1997), por *Physical graffiti*.
Lecturas recomendadas
Escenas sagradas del oriente, Almadía, Oaxaca, 2009.
Galaxy limited café, Almadía, Oaxaca, 2011.
Suite prelude a/h1n1, Toad Press, Claremont, 2011.
Jack Boner & the rebellion, Almadía, Oaxaca, 2014.

§ balbuceabas y la gente hablaba de la muerte de george duhamel
   buster keaton anna ajmátova andré breton
   de la guardia roja en pekín
   de fidel castro y la encíclica de paolo six
   del polipropileno la terlenka el poliuretano expandido
   o peter paul & mary

   : todo mundo andaba ocupado
   yo por ejemplo
   me dedicaba a comentar cualquier cosa
   acerca del culo de brigitte bardot

(a mi padre)

ESCENAS SAGRADAS DEL ORIENTE
[Fragmentos]

i

consternado como vaca que acaba de pisar por primera vez el pavimento

ii

en el restaurant vegetariano
parecíamos un par de vacas discutiendo
el precio de la leche

iii

qué nobles son las vacas
han de sentirse orgullosas de ser vacas las vacas
se han de creer importantes

han de preguntarse nerviosas entre ellas
a cuánta gente van alimentar
vestir calzar
los cepillos que harán con sus cuernos   sus pezuñas
los látigos que saldrán de su corteza

en cuántos almanaques posarán
y la cantidad de caca que han de dejar en la vereda
para sentirse orgullosas de ser vacas las vacas

iv

los orientales dicen que (nosotros) los occidentales tenemos ojos de vaca
los occidentales decimos que ellos tienen los ojos igual que nosotros pero al revés
los orientales dicen que los occidentales delatamos con la mirada nuestras intenciones
y nosotros decimos que ellos no sólo delatan sus intenciones con la mirada
       sino que tienen un reducido repertorio de ellas

los orientales se burlan de nosotros porque dicen que todos somos iguales
son racistas con nosotros porque no se han percatado que entre ellos hay
        amarillos claros y amarillos oscuros

I'LL BE PART OF IT (BRUNCH REMASTERIZED)

frank canta las mismas canciones y siempre las canta igual
jugo de naranja al despertar
no ve noticieros no sabe el top ten no contesta el teléfono
pasa las tardes en la caminadora frente a un póster de málibu
secretario días libres bailarinas músicos sacerdote particular
flota el rumor de la mafia como bramido de mar
uña de gato guaraná piel de foca tai chi black jack
pero la esposa de frank es tranquila como agua de piscina
controla calefacción servidumbre alarma alhajero
usa bata y antifaz para dormir
pide desde hace años por teléfono rostbeef al restaurant
y aunque su hija se desnude borracha en cada fiesta
y trague tantas pastillas como haya
no pasa nada
ni pasará
frank canta las mismas canciones y siempre las canta igual

FRENTE A MI CASA VIVE DIOS

en una casa muy grande
que tiene un inmenso jardín donde viven todos los gatos

el jardinero de la casa de dios es un tipo musculoso
que trabaja sin camisa

y de vez en vez vemos a dios en calzones
escuchando música en su cochera

o abrazando como dios a una muchacha
que lo abraza de la única manera en que se puede abrazar a dios

dios observa a los gatos que persiguen el amor
y las cucarachas

y con un gesto riega las plantas cierra las puertas
revisa su correspondencia o descorcha una polvosa botella

así todos los días hasta que un día y de pronto
desaparece

una ambulancia afuera de su casa
nos hubiera dejado un poco más claras las cosas

pero no
sólo se esfumó y ya

o los gatos le dijeron: lárgate para siempre porque no has hecho nada bueno
o durante su siesta las cucarachas se lo comieron

NOCHE DE ESTRENO

y no podía cerrar su pantalón
no podía caminar
carajo
era una vida realmente triste la del hombre de la verga grande
sufría: no tenía inspiración
ni un buen vino ni un buen paisaje en la ventana
por fortuna junto a una buena botella llegó bernardette
que no se aparecía desde aquella vez cuando la abandonó
—con las reservaciones de un viaje a hawaii—
un ejecutivo que mordisqueaba la barbilla de otros ejecutivos
bien afeitados con sacos de piel y radiolocalizadores
pero bernardette es así: busca casos perdidos
por eso llegó aquí
y cada vez que bernardette visita al hombre de la verga grande
se emborracha y se deja chupar las tetas pero nunca penetrar
una eggwarmer resentida en busca de consuelo
que huye cuando ve a alguien tan necesitado como ella
y el macho egoísta que llora y patalea
se queda solo con su vergota
uf
: como muchos que nos hemos quedado con la vergota así
solos   solos
y obviamente el hombre de la verga grande decide masturbarse
—de una manera especial—
digo bernardette no es cualquier teaser
un trozo de sandía escurriendo jugo es su coño y no se puede comer
distinguida exótica y de abolengo
por eso el hombre de la verga grande toma el florero oriental de porcelana que le regaló su madre
y arranca las flores artificiales con tanta furia
como si fuesen las bragas de bernardette
y lo recarga en el dintel de la ventana
donde antes el culo de bernardette se balanceó
(negándose dos veces
: en una cerró las piernas y en la otra gritó: por ahí no es amor)
y lo aprieta como si moldeara las redondas nalgas de bernardette
y respira hondo   respira   respira y empuja:
plop
la porcelana envuelve el glande
y lentamente cubre el tronco como lama al río
el hombre de la verga grande se mueve con seguridad en el florero
y refleja una sombra inmensa en la pared

interpuesto entre el espacio del tiempo y la materia
y antes de que la gran verga dispare diamantes perfumados de opio asiático cintilante en ese adorno místico
crack
el florero que soportó más que bernardette
se desmorona como una realidad muy cruel que tasajea todo
y hay sangre mucha sangre mucha sangre
la verga tiene múltiples heridas y sigue erecta
emergencia emergencia
un torniquete
el hombre de la verga grande está en el hospital
lo atiende el doctor robert —famoso por sus prescripciones—
y lo sutura y le advierte cuando le extiende una receta
: a muchas les gusta que se la metan toda
y las muelan pinole hasta que se les irrite la garganta por tanto grito
y a otras nomás les basta que les chupen las chiches
y eso es un misterio inexplicable:
tendrás la verga así las próximas semanas
no te quites las vendoletas cero puñetas nada de alcohol
y toma estas pastillas si te sientes aburrido:
y el hombre ahora con una momia entre las piernas
desencajado frente a un futuro incierto
sigue sin poder cerrar su pantalón
sin poder caminar
carajo

FREEDOM FRIES

la libertad no dura
se pudre antes que un tomate

creí ser libre al hablar
y creí ser libre al cerrar la boca
y la libertad aún está disparando
desde un submarino que no detectan los radares

un puñado de granos de los pulmones a la cara
y el taconeo de muletas mutiladas

la libertad es una verde señora francesa
que ilumina con su antorcha el puerto de new york

la libertad es tan libre que no se ha detenido con nosotros
es esclava de lo que le viene en gana y no le importan las consecuencias

y es que la libertad en sí misma es desnuda y feliz
por eso las autoridades nos protegen muy bien de ella

LA FELICIDAD ES UNA PISTOLA CALIENTE

la eta mató a estudiantes guardias choferes enfermeras ministros
el ira a señoras que iban al súper
idi amin a congresistas campesinos jardineros obreros militares jockeys
pederastas sacerdotes
augusto mató las relaciones diplomáticas
nn mató a kennedy
la cia mató a jimi hendrix al wilson jesucristo karen carpenter
janis joplin john lennon beavis & butthead
el fbi a ma baker vincent vega
tommy larrin al capone felix pappalardi
la kgb a maïakovski trotsky y bukowski
la bbc mató a lady di
y a la madre teresa de calcuta
y a 1551 pasajeros del titanic
y a 17 tribunas de la liga premier
la kraft mató a la heinz
la pepsi a la coca
la coca a los gringos
el ddt a los piojos
el lsd a los protestantes
el pvc al poliestireno
al qaeda a sí mismos
el kkk a malcom x bob marley martin luther king garrincha y otelo
jp ii mató a jp i
aburto a colosio
yolanda a selena
camelia a emilo
fuenteovejuna al comendador
el aburrimiento a syd vicius
o jota simpson no mató a nadie
la policía mató indígenas en chiapas
el manchester con gol de último minuto mató las esperanzas del bayern
la emi mató a the beatles
la us army mató a miles de agresivos ancianos y niños
de korea japón vietnam nicaragua panamá irak yugoslavia
y a 140 de un edificio en oklahoma
el video mató a la estrella de radio
el pri mató 1 972 545 kilómetros cuadrados
la pgr mató dos pájaros de un tiro
la sep mató la ortografía
william burroughs a su esposa

: la vida es un invento del dinero

JESÚS MARÍN

LA ORFANDAD DE LAS HORMIGAS
[Fragmentos]

I

Yo crecí en una casa de dos patios
de ojos desorbitados
y afligidas paredes
con sangre de adobe quemado al sol
y silencio antiguo.

En el jardín reinaba gigantesca higuera.

En el corral dormían los corucos
y cantaban los gallos.

Había una cisterna
refugio de ciega tortuga
que sostenía al mundo en su caparazón,
cisterna donde una vez
se ahogó una muñeca de mi prima.

II

Mi primera sombra fue la higuera.

Ahí lloré cuando murió mi madre de crianza:
abuela con sus ochenta años
heridos por la nostalgia de su niñez.
Herida por las negras mariposas de la muerte.

Crecí entre las macetas de mi madre,
entre las lágrimas de mis mujeres
y la crueldad disimulada de mis hombres.

(1965.) Nació la ciudad de Durango, el 7 de julio de 1965. Es egresado del Tecnológico de Durango donde estudió ingeniería eléctrica. Además de poeta, es narrador y periodista. Es autor de cuatro libros de poesía: *Zona siniestrada* (2002), *Manual para cazar palomas despanzurradas* (2003), *El hombre que cazaba ballenas* (2007) y *Si quieres te digo cosas tiernas* (2007). En 2008 antologó su obra poética en el volumen *La orfandad de las hormigas*.
Lectura recomendada
La orfandad de las hormigas. Antología poética 1999-2007, Instituto de Cultura del Estado de Durango, Durango, 2008.

Ocultándome en recónditos roperos
de los ojos sombríos de la casa
que me gritaba su desamparo.

Crecí con el azoro
por las historias de espantos
relatadas por mi abuela mestiza,
pero más miedo me daba la noche.

Contaba mi abuela
que la noche escondía al curro
y era reino de lechuzas.

Contaba que la noche
era cosa de ánimas en pena
y de sombras por los dos patios.

Y es doliente y cabizbaja.

En ella se ocultan las mujeres para llorar
y de ella se alimenta el miedo de los hombres.

Yo en aquel entonces no entendía de llantos
ni de murmuraciones frente al espejo.
No entendía de ojos quebrados de mujer.

Yo sólo sabía de dulces de cajeta
y de buñuelos con canela.

Yo sólo sabía de risas tras una pelota
y de siestas a la una de la tarde.

Y de la sabia ignorancia de ser niño.

Crecí entre la orfandad de las hormigas
que aprisionaba en mis dedos,
del agrio sabor de su miel,
de su muerte de inocencia.

Crecí entre el rodar colorido de canicas
brillando en las soledades de la calle
en el desquiciante sol del mediodía,
en la frágil candidez de la ignorancia.

Crecí entre arrancarles alas a las moscas
por envidiarles su oficio de astronauta.
Por envidiarles su volar tan alto
y su vivir de asombro multiplicado.

§ Crecí entre el giro enloquecido de los trompos
desafiantes de nuestras ansias de crecer.

Crecí entre pescar tepocates
que a mí se me figuraban enormes ballenas
luchando en mares enloquecidos.

Crecí con la fe de un niño que lo cree todo.

III

Nunca tuve más hermanos que la soledad de dos patios
y el libro de estampas en la cama de mi cuarto
y el polvo acumulado de mis muertos
y el triste viejo soldado que perdió una pierna en batalla
y el viejo apache despostillado sin tribu ni dioses.
Y un perro que murió de ancianidad
del cual no supe su nombre.

Por hermanas tuve las muñecas de mi tía:
blancas caras de porcelana,
ojos fijos como la tristeza de mi sangre;
muñecas hijas de mi solterona tía
vergüenza de familia por no haberse casado,
por nunca haber aprendido a envejecer.

Crecí dueño de luminosos domingos
de dos cajas de cerillos vacías
donde guardaba un alacrán muerto,
de una corcholata bruñida
medalla de mis méritos de coronel,
de un grueso manojo de estampas.
Y de tres clavos oxidados bendecidos por la luna.
De una resortera de pino
como única arma contra las apariciones de la noche,
contra los traidores ojos de la oscuridad.

Crecí dueño de las calles,
de las piedras,
de los árboles que trepé
sin pensar en piernas rotas
o lamentos de miedo.
Míos fueron los arroyos,
los charcos tras llover
donde al mando de una flota de barcos de papel
fui capitán pirata que conquistó imperios,
y triste marino que se perdió en una isla.

Isla de la que aún no he podido salir.

VII

Abuela nunca dormía.
Pasaba las madrugadas mirando el cielo,
inventando historias para invocar al sueño.

Me contaba de la niña que muere de tristeza
cada noche que pasa lejos de su niñez.
Y cuya alma se convierte en negra mariposa.

Entonces sus ojos se le iban extinguiendo
y guardaba las perlas entre sus labios
y se convertía en piedra viviente
y de su boca volaban mariposas.

No la comprendí hasta el día en que murió,
cuando una mariposa negra se posó bajo la higuera
justo encima de mi cabeza.

Entonces supe que la niña triste
en realidad era mi abuela.

XIII

De mi padre puedo decir
que heredé la orfandad.
Heredé este oficio que me acompaña desde niño
de esconderme en los patios
de una casa que ya no existe.
Herencia de saberme ajeno,
de sentirme incompleto.

Y refugiarme en las historias de mi abuela
que escucho desde las flores de su tumba,
desde el tizón de sus ojos que vienen a sitiarme
muertos de mi sangre,
muertos que me alimentan.

Y las tibias manos de mi madre
es el recuerdo que me sostiene,
es mi cruz del mundo
y mi paz de difunto.

XIV

Yo crecí
entre la orfandad de mi padre
y las lágrimas reprimidas de mi madre;
la nostalgia de la abuela
por sus curros y lechuzas.

§ Los rezos muertos de mi otra abuela.

Y el recuerdo de un abuelo
que no me enseñó a soñar blancos tigres.

Y nunca he logrado crecer
y nunca he dejado de tener siete años.

XVI

No hay desolación más profunda
que la orfandad de las hormigas.

Yo lo comprendí desde niño
cuando su único destino es morir solas,
cuando su único destino es caminar tristes
cargando al mundo y su tristeza.

Yo de niño las apretaba entre mis dedos
apurando su muerte,
librándolas de su destino de esclavas.
Y no comprendía su sometimiento
ni su afán de no llorar.

Y las llamaba cobardes a mis siete años
y las pisaba llorando de rabia.

Aún no entendía su orfandad,
aún no entendía el destino compartido.

Ya grande
supe que su destino
es destino de hombres:
compartir la soledad
y la esclavitud del desamparo.

Somos las hormigas del mundo,
hermanas de destierro
con la orfandad que nunca termina,
que crece cada día
y que una mañana nos ahogará.

JESÚS RAMÓN IBARRA

DEFENSA DEL VIENTO
[Fragmentos]

I

El animal avanza. Camina con lentitud, siempre atacando por un costado al sueño. No le sorprende tu claridad ni tu sabiduría de niña. No lo detiene la mesa ni el armario robusto.

Su lenguaje es un sax tenor palpitante: una rama curva en tu pensamiento de virgen a la deriva.

Su huella deja un terremoto en la sombra: intrincado mapa que se descifra en la aparición de tu desnudez.

II

Extrañabas la ciudad en días de tromba, el tambor del sábado en tu cubil, el tiovivo del alcohol y los carteles.

Camaleón danzante en la tristeza del bar, me decías: un gato se oculta en las botellas, en su furioso cascabel un desastre.

X

La cerveza y el sax son cosa de gitanos, igual que la baraja.

Cortamos ruta por el camino agreste, con el cielo en su brújula más firme. Avanzamos como en los andamios el albañil, con el corazón templado en su propio silbo. Con el pan en la lumbre dispuesto a los reposos.

Vendrá el día en que el pasado nos dará su más alto adiós.

Habitante de su jaula, nunca nos alcanzará su grito.

(1965.) Nació en Culiacán, Sinaloa, el 29 de julio 1965. Ha publicado cinco libros de poesía: *Defensa del viento* (1994), *Barcos para armar* (1998), *El arte de la pausa* (2007), *Crónicas del Minton's Playhouse* (2010) y *Heroicas* (2013). Entre otros reconocimientos, ha merecido el Premio Nacional de Poesía Clemencia Isaura (1994), por *Barcos para armar*, y el Premio Nacional de Literatura Gilberto Owen (2007), por *Crónicas del Minton's Playhouse*.
Lectura recomendada
Crónicas del Minton's Playhouse, Conaculta, México, 2010.
Heroicas, Andraval, Culiacán, 2013.

RILKEANA

Todo ángel es terrible

Algunos desde el alba cultivan
su feroz melodía.

No le hacen daño a nadie
y sin embargo
siempre hay un corazón desfalleciendo
de lo desconocido.

Otros son lazarillos de tristeza:
al furor de los autos
nos cruzan la avenida
haciéndonos volar calladamente.

Todo ángel es terrible

En ese golpe de alas
y en su rostro que invita a la amargura
hay un suicidio lento,
una lenta caída
que nos desarma a todos
cuando llega el instante
de recorrer el mundo.

AMIGO DE LAS ISLAS

Relampagueante crece la ciudad de mi infancia, nacida de la luz
y sobre el ancla de un galeón mortero.

Crece y canta su sombra en los jardines
en un patio ceñido a cal y piedra
entre girasoles y botellas de ausentes.

Yo no tengo ciudad: tengo una casa bajo las oraciones
un perro torvo en su sueño de ángel
y un gran pozo sin luz para los aquelarres.

Tengo casa que es golfo y calafateado esquife
osario crepitante para las tempestades
y la capitanía de mis años sin remo.

Por hoy tengo una casa
y la camisa de mi padre es vela.

*

En la inmensa caléndula de agosto, donde los bordes del mar y la niña avivan un relámpago en la playa, un galeón de proa hendida, la palabra *galeón* escrita al viento, a pierna ancha de niña sobre sus castillos.

En el velamen de esos pájaros que sonrojan el poniente, en esa nube de pasaje augusto: gris sobre gris en la blanca hoja de Dios. La sirena y su melodía: un mismo puente de donde arroja piedras esta infancia.

*

Ángel retobado en su lecho de hojas, un pájaro canta la dicha del jardín, el vaivén del columpio y la fijeza de los tendederos.

Un cincel era tu cuerpo, Madre, en ese conjuro de plumas sobre el tronco del sol; también una nota fugaz que alcanzaba la mañana. Café en la lumbre, pena de tango en el disco y nosotros a reconocer los manifiestos del polvo, su consigna.

Y tú vagabas, Madre, en la cantinela de un gorrión dibujado en las hojas y en la azotea que miraba al cielo, Madre, cuando subías a tender la ropa de los ausentes.

*

Nosotros somos los ausentes. Perdimos brújula llegando al socavón, a la abierta boca de lobo y a los aguijones del vacío.

Ayer islas, hoy remontamos la luz por un arco de caza y contemplamos la ciudad a lo lejos, ahíta de quejas bajo el aire de un invierno forjado en cristales.

Dejamos nietos e hijos con el calendario roto; lebreles en la trampa, líanos vencidos con el baile de nuestra osamenta. Las chirimías abriendo cielo con su bisturí.

El *Son del ahorcado* para los ausentes; capitanía para estas islas deshechas en aletazos de temporal. Aceite para lustrar los sepulcros.

Nosotros somos los ausentes. Hoy capitulamos la luz en los médanos; aplacamos un rayo en el estanque henchido; soltamos una voz a la gaviota que escribe nuestros nombres llegando al faro.

*

A Miguel Ángel Hernández Rubio

No la marea
ni el estallido que aguardienta las aguas
al punto de los arrecifes.
No las escampavías feraces
con su deslizamiento de pez astillado
ni el pentagrama que se desborda en luz de cormorán.

Un corazón para esta isla en arpones de amanecer.
Un riel de agua cautiva entre canceles rotos.
Un estro de corredores interminables.

Un barco en la botella de enero gana esta isla llegando al mar.
Mensajería de pájaros y chiflones turbios en el velamen.
Un cuerpo traspasado con banderas.

Otear desde la cama
con brújula en barrunto de tornados
(ancla en vertical cordaje)
para ganar la isla que fundó este canto:
Ayer quemé las naves.
Hoy camino en las aguas más profundas.

DOS APUNTES EN EL CEMENTERIO DE HOLLY CROSS

I

Hablarás con encono de la muchacha que capitula tus viajes en un cuaderno quebradizo. Verás en la ceniza de tu memoria su faz centelleante: un dibujo en papel, hecho con la firmeza de un niño que se lía a su jardín original. Te dirán el nombre de ella y pensarás en los que te precedieron: tinieblas de un conjuro que despide al barco en su rada, y minuciosa puebla esta bitácora de infortunios.

II

Conocerás el cielo
y el turbión agreste que lo ciñe a tu barco

Conocerás la piel del cielo
animada lisura que doma nubes con música del aire

Conocerás el tambor del cielo
sonido tumultuoso medrando tu bonanza

Conocerás la mujer del cielo
anegada en la hondura de tu lecho fúnebre

Conocerás el amor del cielo
paloma que trae el mensaje del jazmín
y deposita en tu mano la plenitud
de una sola palabra

SAMUEL NOYOLA

YO ABANDONÉ LAS AULAS...

Yo abandoné las aulas con un lápiz sin luz
que me dieron demiurgos tan venerados.

Ni Nabucodonosor en toda su elocuencia
salió a buscar a Dios
—esa antigua necesidad del sacrificio—
entre las armas de una revolución tropical
con vivísimo fondo de palmeras.

Bajo ese tórrido sol en la memoria
hoy veo el acento delirante del hombre
pintado como el cuervo de Poe sobre su cabeza.
Nevermore: histeria de la historia.

Tarde pero temprano también decidí desertar.

Volví.
Entonces ellos me colgaron un precio,
y yo seguí con mi bohemia silbando
su enamorada llama adolescente por los caminos.

VÉRTIGO CANTADO

Es la mujer del hombre lo más bueno.
LOPE DE VEGA

Te quiero de golpe, amor
somos el reflejo terrestre de alguna estrella.
Para ti la llama espiritual de mis besos
y el sol profundo del deseo,
déjame a mí la altura y el abismo del corazón,
déjame el rascacielos en la sangre.

(1965.) Nació en Monterrey, Nuevo León, el 4 de octubre de 1965. Es autor de tres libros de poesía: *Nadar sabe mi llama* (1986), *Tequila con calavera* (1993) y *Palomanegra Productions* (2003). En 2011 se publicó su poesía reunida con el título general *El cuchillo y la luna*.
Lectura recomendada
El cuchillo y la luna. Poesía reunida, Consejo para la Cultura y las Artes de Nuevo León-El Tucán de Virginia, México, 2011.

§ Porque desde la firme rosa madre vengo cayendo,
como abeja en celo volaba vagabundo
hacia la soledad de un jardín más oscuro,
caí largo hasta que el vértigo me hizo mártir,
luego me perdió para siempre el infarto del amor.

ROLLING STONES Y SAN JUAN DE LA CRUZ

A Juan Villoro

El caballo de San Juan de la Cruz
todavía galopa en el aire: esa
percusión que hace reír al espíritu
en ascenso, incienso
de una música de calle: mucha
estridencia, mucho frenesí para
darle a la palabra alcance: que
el cielo vulnerado entre
las llamas del éxtasis asoma, que
todos escalamos esta noche
en un remolino de sentidos y saxofones.

PARADISE LOST

Ahora sí, yo también me vuelvo.
Saco mis libros de la casa de tu madre,
le digo adiós al perro, a tu padre
—que nunca me devolvió el saludo—,
y a tu confuso desdén.

Te convencí de ir juntos al paraíso,
pero te espantaste
ante aquel fulgor desafortunado
de la espada encendida por el caduco arcángel
que ronca todavía a sus puertas.

Difícil e irritado era entonces creer
que ese lugar fuera el mejor.

Por eso yo veo con limpieza la duda
del mendigo arrostrado ante el súbito oro
ofrecido al instante.

Si es que tú también alcanzaste a comprender,
en el centro de una realidad imantada
a la espiral venenosa del encanto,
que hasta en aquel hermoso y perfecto jardín
existe un árbol bajo la luz del cielo

cuyo afán apunta sus ramas hacia una ley diferente;
hacia donde —ahora recuerda a Milton:
"y recogieron los duraznos más hermosos del edén"—
no ha nacido aún medida para lo perfecto.

LOS TODÓLOGOS

Yo los he visto,
orgullosos alumnos de dorada estrellita en la frente.
Niños malditos de facultad,
con una afilada certeza por cuchillo
que blanden al ver un laico.

Ilustres especies del aula.
Fetichistas de la cita y la discusión.
Neófitos del diccionario.
Marxistas de cantina y café, sin fe.
Gloricuelas locales.

Yo los he visto mostrar con solemnidad su biblioteca
(a tres libros de *El capital*
está la colección *Selecciones del Reader's Digest*)
como quien se ampara en el firmamento sin vacilaciones,
ebria la lengua de pretensiones enciclopédicas.

Ortopédicas también, por lo impotente.

NOCTURNO DE LA CALZADA MADERO

A Roberto Vallarino

Aquesta viva fuente que deseo,
en este pan de vida yo la veo,
aunque es de noche.
SAN JUAN DE LA CRUZ

No le temo a los perros que me saludan
en el fondo de la noche
como niños hambrientos de luna,
con aullidos de alucinante sombra
y enamorado viento de las esquinas.
Porque mis días se han levantado
contra una ciudad enjoyada de mendigos,
circos donde la razón atraviesa aros de fuego,
pirámides con sacerdotes adorando la cifra y el puñal.
Y donde ciertas desnudeces de cantera
—imitadoras del pulso de Miguel Ángel—
se alzan virtuosas de muslos y de pechos

en el centro de la plaza pública,
pero con una mueca de asombrada Medusa,
ya vuelta piedra por el destello del espejo
arrullado por el terror, transparente
como la respiración de los ciudadanos,
cuando corre un alcohol dividiendo la sangre
de otras ninfas de cintura anochecida.

Y donde los frutos de un follaje centenario
altos y eléctricos
                    se debaten
como un galeón anclado por un tonelaje de peste
contra el aire podrido de fábricas y tubos oxidados,
cuando ya silba el maguey de filosa punta
—violenta ceniza desde la orilla del siglo—
por los desiertos del norte:
helado y sonoro monzón de la sierra
hinchando la carpa de una comedia desconocida.

Y porque los pasos de la bellísima
resuenan como cascos de caballo en mi memoria,
casi trayéndose espectros de carretas tristes
y elegantes sombreros de ala tuteadora
a este bulevar, hasta aquí,
donde el resplandor de su nuca lejana y dormida
ya baja por mis hombros, se instala como una canción
en el centro de mi pecho cerrado,
hasta el pozo de tiempo de mi corazón.
De este corazón que limita al norte
con esa madre loba de dulce camada,
y al sur, un poco al poniente, hacia los bares
donde el miedo también sueña,
y la vida modorrea con la mejilla rasurada
contra el piso vomitado de la cantina,
junto a los ciegos que palpan la música y la moneda
frente a vitrolas luminosas como dentadura de calavera.
Allí donde la puta, el califa y el maricón
se deslizan orgullosos de su techo de estrellas,
como una corriente afiebrada que va puliendo las mesas,
el vidrio turbio de las botellas
donde respiran rumorosas abejas,
orillan la espuma de la cerveza
y levantan burbujas hasta el ojo ebrio,
que revientan con el tambor y las maracas
si dos bailarines se tallan
entre el viento dorado de una cumbia.
En el sitio donde enviuda siempre el filo de los puñales,
cuando un vértigo de águila o mosca
entra en la noche,
como el aciago brillo de aquel farol.

§ Creo en los sacrificios sobre la piedra oficial
donde la pupila de los policías se contrae
siseando madrugadora la sangre en la cuneta
al tibio encuentro con la tinta de los periódicos.

El Señor de las Leyes —harto como un gusano—
se entroniza, y a su mirada ciega
responde la ciudad entera
con un silencio de cementerio.
Un rojo de semáforos late en mis sienes.

Allá, donde se empieza a abrir el horizonte,
silba un tren fantasma, chispean fuego sus ruedas,
como incendiando un tiempo de catedrales profanadas:
no le temo a los perros que me saludan
en el fondo de la noche.

Monterrey, 1983.

LA VANGUARDIA ES FRESA O EN EL DÍA DEL TRABAJO

Los poetas son como Edipo ciego.
Si no es la madre es el poder
lo que se cruza en su destino.
No me interesa la pregunta de la Esfinge.
Si el sol es sol, el centro es todo,
verano derramado en un soneto,
la nada cede ante el pífano de luz.
¿Y si atrás de la idea sólo hay nada?
Ella es la verdadera madre.
Ojo y hoyo, el avestruz lo sabe,
y un desfile de árboles sonoros.

Por eso me enamoré de Joseta
en un pueblito donde el agua caliente es el cuerpo.
Se respira lo verde del cielo,
logos incorregible: la historia secreta.

Con un espejo a cada lado
Favela me mira, y su mirada se suspende
entre una conversación de reflejos:
constelación entregada en fuente.

Lo demás es el ser, los ojos solos.

LA ESPERA

Podría esperar a que la inspiración
me muerda una oreja, y en la espera
encender el incienso de mariguana,
el televisor o llamar a Tábata
para que me traiga una botella de tequila,
beberla en el cuenco de la calavera.

Pero puede llegar cuando distraído
más ando, cuando me saco un moco
o duermo enamorado. Sin embargo,
sospecho que Doña Inspiración no me espera.

Así que me acerco al Libreto, paro
la oreja, miro la realidad con estrías,
y su ojo descarado me contempla.

TÁBATA

El rostro anubarrado en un día de tormenta infantil
y el último sello de cera derretida
sobre las cartas de la Estrella y la Fortuna,
la mente en blanco bajo el día azul,
con la banda de urracas contra las losas de mármol
masticando un lenguaje de clavo y canela,
una gramática de uñas negras y métrica secreta,
chisporroteando en la hoguera de la pequeña bruja.

ASISEA

Ridículo padre
bajo el cielo de Tucson
que mandas todavía cartas de amor
a la madre.

No olvido mi nombre sellado en tu cara,
herrado a tres sílabas
y en labios de ella generoso chispazo
abriendo con fe lo oscuro:
fuego en el espejo desvelado del alba.

No venga más memoria
a perturbar
flor de sangre inquieta en el costado.

JORGE FERNÁNDEZ GRANADOS

NON SERVIAM

No tengo intención de tener un hijo.
De verlo crecer en esas tardes en que nada espero.
No tengo frases para amarlo
cuando me pregunte a dónde voy
o de dónde vengo tan cansado.
No tengo una mujer con suficiente alevosía,
inocencia o amor para darme ese hijo.
Tampoco la he buscado.

Por eso no lo tengo.
No tengo dinero ni paciencia para su tos,
para sus preguntas, vacunas, calificaciones,
su primitiva maldad, sus diminutas catástrofes.
Pero sobre todo no tengo corazón
para heredarle la tristeza
que madurará en sus ojos
cuando su alma abra las velas.

LOS OJOS

Me pesarán tus ojos
de aquí hasta la muerte.
La culpa ha sido mía:
yo no debí mirarlos.

Creo que cabe mi vida
en la esférica tristeza de tus ojos

(1965.) Nació en la ciudad de México, el 31 de octubre de 1965. Realizó estudios de música. Además de poeta, es narrador, ensayista y antólogo. Ha publicado siete libros de poesía: *La música de las esferas* (1990), *El Arcángel Ebrio* (1992), *Resurrección* (1995), *Xihualpa* (1997), *Los hábitos de la ceniza* (2000), *El cristal* (2000) y *Principio de incertidumbre* (2007). En 2012 publicó *Si en otro mundo todavía. Antología personal.* Entre otros reconocimientos, ha merecido el Premio Internacional de Poesía Jaime Sabines (1995), por *Resurrección*; el Premio de Poesía Aguascalientes (2000), por *Los hábitos de la ceniza*, y el Premio Iberoamericano de Poesía Carlos Pellicer para Obra Publicada (2008), por *Principio de incertidumbre*.
Lecturas recomendadas
El cristal, Era, México, 2000.
Los hábitos de la ceniza, Conaculta-Verdehalago, México, 2003 [2ª edición corregida].
Principio de incertidumbre, Era-Universidad de las Américas-Secretaría de Cultura de San Luis Potosí, México, 2007.
Si en otro mundo todavía. Antología personal, Almadía-Conaculta, Oaxaca, 2012.

que parecen de siempre estar mirando
tras la lluvia en el cristal de una ventana
otra lluvia, ya borrada. Otra lluvia.

Qué silenciosamente cabe un mundo en esos ojos
y me pregunto dónde terminan,
cuál es la orilla oscura del relámpago que guardan.
Qué antiguamente caen estrellas
al fondo de esos ojos,
qué justicia o qué barbarie o qué secreto
les dio tal vez la ingobernable luz del cielo.

Ahora que la noche será mi enorme casa
voy a llevar tus ojos oscuramente míos.
Con ellos, la luz será un recuerdo
íntimo y sencillo.

Quiero habitar en ellos sin peso, vaga forma
detenida un instante
en la amorosa memoria de su fuego,
sólo para estar en ti, contigo,
en esa última razón
de mí que son tus ojos.

LAS COSAS

Se van yendo las cosas
en un ritual tranquilo.

No sé si desaparecen
o sólo cambian de lugar.
Pero cada vez son menos
las cosas y parecen perderse
alrededor de mí
en una blanca neblina.

Esa luz de la tarde las protege.

Los días se van llevando las cosas que he querido.
Con pasos secretos, a mi espalda
se desvanecen. Las cosas
pequeñas, provisionales. Las cosas
que supuse que eran mías.

Y cada vez me siento
más solo, pero más ligero.
Un emigrante, digamos,
que va perdiendo su equipaje
pero no lo lamenta.

§ Creo que mi vida
  ha sido un ir dejando cosas
  extraviadas, inútiles
  y queridas
  en lugares que he olvidado.

TAO

mi madre era una mujer que llevaba su casa a todas partes
mi padre era un hombre que llevaba sus ruedas a todas partes

mi madre era una mujer que dondequiera que vivía buscaba arraigarse
mi padre era un hombre que dondequiera que vivía buscaba la hora de irse

mi madre era una persona que necesitaba un espacio para hacerlo suyo
mi padre era una persona que necesitaba un espacio para recorrerlo

ella quería saber siempre el nombre del lugar a donde llegaría
él quería saber la hora anticipada en la que emprenderían el viaje

ella hacía todo lo posible porque pasara lo que pasara las cosas volvieran a su sitio
él hacía todo lo posible por remover el lugar fijo de las cosas

ella medía el tiempo en círculos
él medía el tiempo en una línea de fuga

lo que aún es un enigma para mí
es por qué en los últimos años de sus vidas cambiaron de papeles
y cuando tuvieron un jardín
mi madre sembró plantas que dan flores
pero mi padre sembró plantas que dan frutos

MP3

ella descarga 2:59 minutos de música a través de la red donde las estrellas han caído
y venden las melodías inmortales que mueren con cada generación

tiene luego una o dos horas antes de dormir para salvarse (provisionalmente) tiene esa tonada una frase
    en la cabeza que ronda y regresa
suena simple pero inagotable pequeña llave que la lleva (provisionalmente) al *aleph* de la memoria

una canción ese himno íntimo
a punto de apagarse siempre como el cansancio de un largo día en el lado siniestro del pecho
un lugar remoto pero más real a veces que la realidad un lugar que aparece todavía entre sus dedos como
    un gastado talismán con el oriente de aquellos sueños de san francisco

muy poco queda intacto a decir verdad en el desvencijado departamento donde no deja de repetir ese *track*
    como invocando el eco diminuto de algo inmenso
e incierto como cierta canción que la llena de flores (fantasmas) en el pelo

LOS DISPERSOS

y en una equivocada edad donde caminan
los dispersos los que no han abierto
su verdad al mundo aún al resuello como la quitanza
de lo que todos saben pero no
han pronunciado

perduran o perseveran en lo limpio los dispersos
en la desigualdad del orden donde guardan
como la sed como la musitante sed su avinagrado día
en ese digno
afán con una cifra
en la orilla de los números del mundo

miserables los dispersos reiteradamente juntan
cuatro cosas y el alegre respirón de un aire viejo
se saludan
se sospechan
desde la mutante memoria del amor
o la palabra (cualquier gesto) los agrupa
y los retiene
convidados de piedra confundidos en todo

casi se pierden casi se dan
por omitidos unos a veces
y apagan con los dedos una llama
escriben en la arena dicen que son niños
soplan en el polen transparente
y se ríen
pasan con su piedra ardiente rotan como púlsares
se impacientan se distraen se despiden
los dispersos

unas veces no
los hallaremos más nadie diría petrificados
sus jardines su reloj sus herramientas
su triste manera de mirar algo tan lejos
muy algo tan lejos

qué raros son
los dispersos
a nadie le gusta tenerlos demasiado tiempo cerca
parecen ácido o luz
queman sorprenden incomodan no sabe uno qué hacer
abre la puerta
deja que salgan
toma gracias adiós
y que dios
te cuide
pero no vuelvas

§ ruido
ruido en el corazón
de los dispersos
eso
debe pasar porque enmudecen
gritan cantan
sufren se despiertan
porque se van a pie distancias
que nadie quiere caminar
y no se cansan
sólo se mueren a veces
porque en su respiración hay un murmullo que parece canto
una razón
que no los deja vivir que no los deja quedarse
y cómo hacer cómo decirles
que ya no
hay casi lugar
en esta cárcel para ellos

LOS VENTUROSOS

algo aguarda siempre dentro de nosotros
hasta ese día cuando estalla íntegro
como un fulgor en la noche de los huesos
o un saber ya súbito central irreversiblemente nuestro
cuerpo adentro un salto sucedido un
temblor o nacimiento
y lo que llamaste equivocarnos
fue sólo nuestra única manera
de encontrarlo

era un *instante justo*
como el que decide todo ante lo que nombramos
el destino tal vez ese minúsculo y monstruoso
puente donde el tiempo se concentra
en dura claridad y despertamos
en su apurada luz guardada en aquella apurada grieta
abierta de pronto en lo indistinto por ese *instante justo* y ahora sé que fue sólo aquel *instante justo*
donde adiviné que el alma era aquello que iba dispuesto
desde el principio a entrar en esa grieta y temblar bajo esa luz
íntima atónita plenitud y era tal vez el don
dentro de ese extraviado diamante y el precio
de encontrarlo que el tiempo nos enseña
que fue puramente justo

pues algo aguarda dentro de nosotros
hasta el día del encuentro
con esa maniobra que ya no es nuestra
sino inescudriñable jugada en el juego

del azar hecho ajeno el incierto
dios del que surgimos
o sencillamente el juego donde marcha
secreto desbocado alerta
lo único que nos distingue de los muertos:
este corazón jugando

LOS FANTASMAS

el arte de olvidar comienza recordando

alúmbralos escúchalos una vez más
devuélveles un cuerpo
a tus fantasmas

esa demorada forma de decir adiós
a lo que fue y amaste y ha brillado
con su huella imperfecta pero firme
en el recuento de las cosas
que guardarías como un tesoro

hay que amarlos hasta que se vayan
mirarlos hasta que desaparezcan
oírlos hasta que el silencio
detenga al fin su corazón
herido todavía de palabras

pudieran ser a través de tu llegada algo que no se ha ido
del todo o un mendicante
amor que ha extraviado en alguna encrucijada
su camino de regreso
o sólo cierta vieja luz
que por momentos vuelve

no huyas de ninguno
recuerda que todos como tú mismo están de paso
dales audiencia y justicia
con la misma dignidad que a los vivientes
pues si los ignoras
habitarán tus actos
porque también forjan los invisibles eslabones de tu miedo

déjalos alumbrarte desde su ausencia
acaso el itinerario de vivir
requiere presenciarlos
y ellos son la mitad de su belleza

y ten en cuenta que el arte de aprender
también comienza recordando

LA HIGUERA

creo que fueron los mejores años de mi vida
los que no comprendí
y sólo pasaron

aquel verano donde rompimos los frascos delicados de la infancia
aquellos días de sol
donde guerreamos y caímos
llenos de música de ruedas de sangre en las rodillas
ese lugar
veloz
donde no éramos sino velocidad

inventando vehículos para vencer
en el camino cuesta abajo
por esa áspera pista de tierra negra hasta golpear con el cuerpo
contra el tronco de la higuera

la meta era la vieja higuera

metros de locomoción por ese camino de tierra acelerados sólo por la gravedad
y el transparente combustible del sol en nuestros ojos
fija para siempre en esas ramas nudosas y desnudas
nuestra insignificante meta

aún tengo en la boca
el polvo de esos vehementes metros el vertical día
de un verano hacia el golpe de la gloria

y de algún modo inventamos vivir
aún ahí
en la milpa donde no éramos más que criaturas inquietas y salvajes aún ahí
en el lugar que ya no existe
sino en la memoria
de gente común como nosotros
que fuimos tanta velocidad
aquel verano de la higuera la furia y la primera vez
de las heridas y el vértigo y como si abriéramos allí acaso una alegría
primitiva de rodar por la tierra y no sé es parecido a gritar es como si alguien pusiera en esa carrera
su juventud su miedo su amor su orgullo
con todo el cuerpo
bajo el cielo y el torturado esplendor
de aquella vieja higuera
donde pintamos un verano nuestra meta

los que no paran todavía de rodar cuesta abajo
los pilotos con ruedas rudimentarias de metal y las rodillas raspadas los que van con todo hacia el final
    del camino donde se levanta la vieja higuera esos pequeños desharrapados y sonrientes vehículos de
    fe me retan todavía a rodar
desde los mejores años de mi vida

JOSÉ HOMERO

TODA LA NOCHE...

Toda la noche ha caído la lluvia
la noche entera ha sido la lluvia
la noche afuera se pierde en la lluvia

la lluvia toca con sus dedos tus labios
la lluvia con su terintín de niña
en el piano verde de la noche urbana
la lluvia caracola que ha perdido el oído

la lluvia la lluvia su
                    lavar de sílabas
abismal monólogo de niño perdido
extravío de luces   amnesia de horas
lluvia en las láminas y entre los terrados
lluvia chaquiste compota libélula
lluvia con olor a espliego a sapo a piedra
lluvia de los pies alados mensajera ebria
cantilena siena solterona sepia
que vuela que gira que enreda
su cordel de mimbre en cabellos de ámbar
lluvia de la cintura quebrada cadera de espuma
ola que baila al pespuntear del peine
que trenza se piensa se tensa
se va de puntitas
                    se desploma exangüe

lluvia miríada mirada mirada reflejo del mundo
origen del día por el día sus venas
por la sangre el fuego por su tez la lava

(1965.) Nació en Minatitlán, Veracruz, el 2 de diciembre de 1965. Es licenciado en letras españolas por la Universidad Veracruzana. Además de poeta, es narrador, ensayista, crítico literario y editor. Ha publicado cinco libros de poesía: *Sitio del verano* (1998), *Vista envés de un cuerpo* (2000), *La verdad de la poesía* (2001), *Luz de viento* (2006) y *La ciudad de los muertos* (2012).
Lecturas recomendadas
Luz de viento, FCE, México, 2006.
La ciudad de los muertos, FCE, México, 2012.

se lavan las costras las costas
las cuestas laderas las eras del año
se cosechan brezos se levantan besos
que llevan a cuestas las horas del baile

e hilan sus cuentas en hebras de aire

EL DESCUBRIMIENTO DEL TÉ

Apenas es murmullo el trópico
estropicio de la fiesta.
Mirar desde la calle las largas cabelleras
rubias reverberando metálicas bajo la luz
confusa de la tarde, envueltas en rumores de fragancias
una especie de papel de china
aromático a especias y a jazmín
los vaporosos vestidos emanando sutil
aroma de té, de hojas alisadas por las manos
tan cuidadas que sugieren porcelana
ese matiz de rosa y aire caldeado
que demora la brisa en los puertos
y en los pórticos y tiene un gusto
ácido, gotas de lima y a veces uno o dos clavos
para perfumar los labios
enardecer la piel
que se agosta tras de tules y retamas
de encaje lerdo.
Mirar las cálidas despedidas,
la renuncia a dejar ir a la amada,
cierta premura por rodear su cuerpo
en público, acercar los labios en una barra
o tocar su cuerpo sólo para sentir
cómo se erizan sus músculos, cómo
se resiste a la entrega que adentro
en la recámara propicia
despojándose de su pantalón
derramando su lengua sobre el pecho
ocultando con su cabellera
esa boca que devora las tetillas.
Hay un rencor en la mirada
que atisba en la distancia
cómo el cielo va cambiando sus colores.
Se sabe excluido de la fiesta
Sabe que es otro quien recibe
el calor de su mirada, quien
se contagia viendo su sonrisa.
Ahora siente que sus dedos palpan
aire, siente que el aire se está tornando ocre
pero no es el color ni el perfume de la rosa marchitándose

sino el de las hojas secas que el otoño barre
y levanta no se sabe bien
hacia dónde:
dicen que así se descubrió
el té.

LITERATURA RUSA

Las coincidencias cesan de ser coincidencias
Los objetos encontrados dudan entre la correspondencia
o el indicio paranoico
No debió morir Joseph Brodsky
y no tenía tampoco por qué escribir sobre su obra
Supongo que al decidirlo convoqué tu aparición
No había reparado en el Elemento
Que no sólo está en Venecia y el recuerdo inmemorial del primer cordado
También en mis lecturas sobre creaturas marinas
            no sé si recuerdas que en ese mesón de cantina en algún momento hablamos del
            lenguado el rodaballo el extraviado
No advertí tu emblema
La especularidad que es también agua
            esa inversión donde la cópula o los signos cristianos
                    Un dato más sería que es cuaresma
            y sufro justamente cuando todo exige ser de agua
Un dato más sería que este año es bisiesto
            Hubo un cometa
            y una lluvia de estrellas esa madrugada del veintiséis de enero
            un mes justo antes que nos encontráramos
En fin   podríamos encontrar explicaciones tan raras que la cabeza nos dolería pues comenzar a pensar
        sobre el origen implica perderse
tanto como pensar si todo ha ya acabado si podremos recomenzar si nos veremos en cinco años y nos
        precipitaremos en brazos del otro
significaría no parar nunca
            ¿Por qué no pensar sobre el Ser de ya no ser nada?
Éste fue un amor de casa de muñecas
bajo un corazón de rojo vidrio
            en una habitación de estrellas simuladas
                    amarillas como si el mundo estuviese recién formado
y nosotros fuésemos
            pequeñas creaturas arrebujándose en una cueva
en un camastro de edredón amarillo
Donde una niña aún yace
Muñeca rusa
cuyas sonrosadas mejillas temí herir con mis labios agrietados.
            De algún modo surgió Ana Ajmátova
La extraña maga que confió su secreto a Brodsky
            y es curioso que para hablar de ti evocara una imagen
                    del brujo confiando en su aprendiz

                    esa historia está en Blavatsky que también fue rusa

§ Ordenando periódicos descubrí unas cartas de amor de Tsvetaieva
Por supuesto nada tienen que ver con nosotros
                              O sí
Porque en otro periódico hubo un ensayo de Brodsky sobre ella
Porque Ajmátova pensando en ella dijo
Cada quien está un poco de visita en esta vida
              Vivir es una costumbre
O también porque estas palabras
Si todo lo hace el destino
y no el azar
                    "No habrá ni tu voluntad ni la mía.
                    no habrá ni podrá haber un tú y un yo
              Dicho de otro modo: todo esto no tiene ni valor ni sentido"
              Aunque parecen inscritas en el frontispicio de nuestro relato
Y de este modo Tsvetaieva, Ajmátova, Brodsky, incluso el poema de Walcott sobre Mandelstam que Rivas
      me leyó la otra mañana,
cónsones se encuentran con nosotros
Y porque te quería comentar estos detalles
He marcado tu número telefónico una y otra vez desde las dos de la tarde
Cada cinco minutos
              Cada cinco minutos
                    Esa voz metálica dilatándose por la casa vacía podría ser mi voz
llamándote desde el sueño
pues el silbato no ha sonado
              Si sientes una mirada detenida sobre tus cejas
              Si cuando frunces el ceño recuerdas cómo me gustaba ese gesto
y una mañana eliges cierto brassier que ya todos conocen pues reverbera en el poema
Puede ser que esté soñando y te visite
              llamando: *hay alguien ahí   hay alguien ahí*
              por favor   contesten
sabiendo que por siempre he de girar en el vacío
              como esos astronautas escindidos de su nave
      satélites de sangre hueso deseo y carne
        en busca de otro cuerpo de hueso carne deseo y sangre
            cuyos reclamos inundan nuestros sueños
              una y otra vez nuestros radios nuestros telégrafos
                  para recordarnos que hay cuerpos sin descanso
                    pasiones sin respuesta
                      que no cuenta el tiempo
                        que algunas cosas vuelven
              ¿Qué
                    acaso
                        tu teléfono no suena?
¿O una
      extraña interferencia
quizá el nudo que siento en la garganta
                              lo ha descompuesto?
No importa
Sólo quería que supieras
              Que aún alguien por ahí busca un teléfono de monedas

diciendo
        "Operadora, ¿podría esperar un minuto en la línea?
           No puedo leer el número que me ha dado,
              algo en los ojos me molesta,
              igual que cuando pienso en la mujer que creí me salvaría"
De pronto advierto que al fin y al cabo ha sido bueno no hallarte
pues escribí este poema
      y estoy tan feliz
que marco tu número para celebrarlo
      coloco mi mano sobre el teclado digital
          y tarántula tentaleo como cuando uno se desliza por la tabla ouija

        en espera que un fantasma conteste

LA VERDAD DE LA POESÍA
[Fragmento]

II

¡Qué bueno que a nadie le interese la poesía!
Libres al fin de las exigencias de la métrica
de la retórica de la ética del sentido
hagamos fiesta retocemos en los prados
de las líneas —yo sugeriría
incluso enfrentar los ojos demudados
del lector como niños jugando al cíclope y decirle
Trato o truco
luego
degollarlo
al cabo
de su cabeza podrán hacerse
siempre tacos
y con los huesos
agujas para enhebrar mejor relatos.
La poesía debería dejar de aspirar al otro
y convertirse en un acto religioso
tan íntimo y solitario
que nadie se atreviera a decir soy poeta
por miedo a que oyeran otra cosa
preguntando cuánto pides
Libres de esa necesidad
por qué no imaginar que todos escribimos poemas
en la soledad de nuestras casas
cuando duermen la esposa el marido los hijos la sirvienta
ajenos a los crímenes perpetrados por
un mundo de poetas donde nadie sabe qué dice el otro

VALERIE MEJER

MOISÉS ESCUCHABA...

Moisés escuchaba conversaciones ajenas mientras contaba sus dulces. Eneas lloraba en el extremo del café y los generales vestidos de vidrio bebían sangre de la consagración. El mar era una noción invisible en las paredes de mi sueño. Me pareció familiar el rostro del rey (conocido bailarín) que se retiraba con su cabeza entre las manos y su corona era mía y era de nieve y se derretía al contacto.

    La luz estaba lejos: en su propio mundo.

ERA INVIERNO EN LA LUNA...

Era invierno en la luna. Siempre era invierno. Recorríamos los pasillos de un hospital blanco luna, blanco bata de enfermera nórdica y armada de jeringas. Su pulmón tenía cuatro puertas abiertas a la muerte voluntaria. Ese pulmón era mío. En el sanatorio me ahogaba en una lluvia de monzón en pleno invierno. Por la ventana veía flotar las avenidas. Los tripulantes de esta luna padecían por diversas guerras y oían voces de bestias lamiendo las paredes. El hospital navegaba las inundaciones con sus heridos. Por esos días pensé que la muerte era blanca como el médico amable que auscultaba mi pecho y que olía como él a lavanda del cielo. La respiración me alejó del blanco y caminé por la línea que divide los frentes. Las balas pasaban junto a los pájaros en el acuático espejo de los charcos.

ACERCA DEL ESQUELETO DE LA SELVA

En el sopor de la brisa llena de agua se abren las ramas y descubren su valiente esqueleto. Esta selva es un cerebro de flores y piensa cosas turquesas y azuladas. Tal vez sea por la cercanía del mar o por los que vuelan sobre su pila de huesos. Sólo una nube corona la cima. Éste no es un país para el aire; para subir hay que atarse a una cuerda y girar como lo hace el agua en el molino. Al centro un animal enorme se tendió a morir. Su piel se fue retirando poco a poco y las aves de rapiña dieron cuenta de su carne. Se dice que fue más alto que un caballo y más fino que un elefante, que es cierto que es un mamífero porque el espacio del sexo está a simple vista. Costillas innumerables como nichos se extienden por sus costados. Se sabe: no nació de huevo. Es paciente como los perros con los niños y nos deja subir a su cima, recontar sus escalones, inventar su apócrifa vida de animal carnívoro, su esmerada relación con una diosa hambrienta.

(1966.) Nació en la ciudad de México, el 31 de mayo de 1966. Vive en San Miguel de Allende, Guanajuato. Es licenciada en psicología por la Universidad Iberoamericana. Además de poeta, es pintora y traductora. Ha publicado siete libros de poesía: *De elefante a elefante* (1996), *Ante el ojo del cíclope* (2000), *Esta novela azul* (2004), *Geografías de niebla* (2008), *De la ola, el atajo* (2010), *Cuaderno de Edimburgo* (2013) y *Rain of the Future* (2013). Entre otros reconocimientos, ha merecido el Premio Internacional Gerardo Diego (1996), por *De elefante a elefante*.
Lecturas recomendadas
Geografías de niebla, El Tucán de Virginia, México, 2008.
De la ola, el atajo, Amargord, Madrid, 2009.
Cuaderno de Edimburgo, Amargord, Madrid, 2013.
Rain of the Future, traducción de C. D. Wright, Forrest Gander y Alexandra Zelman, Action Books, 2013.

Perezoso acepta la lluvia y el excesivo verde. No suda como lo hacemos todos en Veracruz, piensa. Sólo está viva esa parte de su cuerpo con la que especula. La inmisericorde historia no alcanzó a herir ese diminuto centro. Recuerda sonidos y cuellos de muchachas. Sabe contar y siempre está viendo el cielo. Tú podrás bajar, olvidar sus ordenados cráneos y volver dentro de muchos años, la selva podrá avanzar sobre él como una segunda piel, lo podrá rondar algún sobreviviente de leopardo, que él seguirá ahí con su actitud de triángulo, soberbio como el que espera de pie al relámpago, seguirá ahí, en Tajín, pensando.

LOS PESCADORES DE PERLAS

En la clave tonal de la luz que muere en los objetos
alzas la llama que me alumbra. El cabello
me crece, la nariz se me adelgaza
y un anillo de niebla estrecha mi cintura. Soy un poco mejor que ayer
                y por fin sé que estoy a tu derecha,
y que lo que está en tu mano flota en un cáliz.
Tu boca es lo que has visto
y que nunca veré.
Los pescadores de perlas tientan la oscuridad
de Atotonilco y desgajan al pez como a un fruta.
Escamas y luz: dos propósitos del cielo.
              Una cinta de niña ata la cruz indígena
a la cruz española y tú ves en un dulce sus ocho esquinas.
Nos hablan del día ordinario en que se libró la batalla de Lepanto:
            Sanguinario milagro azucarado.

Hace diez años, el pez, transfigurado, se sumergió en un pozo
y yo me llené de rayas. Imitan a un tigre
pero no bastan para serlo. No me hacen invencible. Los que las tienen saben que
son como un herraje o un número,
         la clave con la que los melancólicos se reconocen entre sí.

Los pescadores de perlas
vuelven de la noche como astronautas,
con las palmas llenas de semillas de luna
y dejan el día tendido al sol
como si pudieran desprender la tela sagrada,
       la tela del resplandor del fuego sobre la superficie del agua.

Zurga incendia su propia casa, su propio bosque
para que los amantes escapen de la ópera. Se alza un coro de pescadores.
Tú metes el dulce a tu boca, las cruces se desatan.
Te digo quién fue El Manco de Lepanto.
Nos dicen que los espejos de la iglesia están pegados con cera,
que los cerdos se han ido.

      Y estando a tu derecha
reconozco las rayas que se asoman en tu cuello
y las semillas perladas con que has llenado tus bolsillos.

EL DESENLACE

Arrastrado por una brisa tropical,
un árbol de navidad cae tres pisos.
Esto que podría ser el final trágico
es sólo una de las primeras caídas.
El padre lo arroja. Las esferas se revientan. Rojas y verdes
suenan como granizo.
El sapo sale de su cubeta y escupe una estela blanca
(no una estrella) la niña grita.
Mientras más violenta es la historia
menos hablan los personajes de sí, consigo,
con otros. Hay un ritmo irrespirable.

Se me figura que he hablado contigo,
mientras el cielo se enjambra de ovejas.
Y tal receso me parece evangélico.

Un día hablaste de un hueso mío y yo lo engarcé en el collar del cielo.
El resto es profano.

Dibujar cientos de cuerpos que caen
antes de que tu hermano caiga no es un presentimiento:
Es una palabra de un poema sin aliento.

Acaricias la superficie
de una frase como si fuera una cara.
Como si eso la ayudara a encontrar un destino.
Y tal vez sí, aunque el desenlace
puede ocurrir mucho antes de que se termine el poema.

SED

Veo una cacería, un rastro de órganos.
Aún en este museo hay pájaros que huyen y su chirrido ronda el espacio escribiendo fragmentos de su fuga.
La sed revienta a los caballos
y la persecución se coagula en la pintura que miro.
Todavía no es de noche y ya tengo las manos preparadas para el sueño.
El mundo en el que me desplazo ha vuelto su cara hacia la tuya.
Es la hora en que recuerdo los dientes que no perdí en tu cuello.
En que recuerdo cómo lo que no ha ocurrido me ha devorado:
que soy tu página, que mi espalda es el dorso de tu mano.
En mi frente la fuga avanza por bosques de cerillas
quemando las puntas de dedos inocentes.
En el estanque se congela la luna
hasta recuperar su condición de moneda.
La canción de la fuga cuesta un saco de centavos.
Los que huyen pagarían con sus órganos
por salir de este círculo.

Hasta la Vía Láctea es jaula de canarios. También la luz encierra
al disponer el orden de los objetos de mi celda.
Hay palabras que derrotarían cauces
y mi garganta sería resucitada por tus ríos.
La sed sigue en el cuadro.
Siguen las piedras que se raspan en calles de monedas perdidas.
A través de la mesa miro el edificio
de murmuraciones reunidas en el mínimo espacio
que hay entre tu ceño y tu fleco.
En la cocina se calienta un guisado que emborrona de vapor tu cara.
En la canción que aún no existe hierve el cordero.

TODA EL HAMBRE DE MI VIDA

Al norte, en un interior cosido a mi alrededor
vestida en él,
donde me siento a oír una canción de cuna
que nunca había escuchado:
            cada flor tiene su propia montaña…
Y yo que apenas me acostumbro a estar
aquí entre cordilleras
que nos rodean como un solo cuerpo, una sola mano:
            no hay un sitio a donde pueda entrar
            sin sentir toda el hambre de mi vida.

Casi mitológica, ella arrancó de su cuello un collar,
y las cuentas salieron volando:
mira cuánto se parecen los planetas
a aquellos corales.
            Piensa ahora en Saturno, en sus anillos
y ahora en esa madrugada, a punto de reventar
las flores amarillas,
él está saliendo de tu casa bajo la lluvia:
Todas las cosas tristes se parecen entre sí
y esta lágrima
            se parece a las otras.

Muéstrame tu lado humano
            y tu torso, dime algo
para que la espuma, la lejana espuma del mar
entre a la habitación
mientras te vas quedando sin la cara
que llevas en la calle.
Dulcemente un dios se oculta en tu frente
arredrado como un animalito en pánico.
            (Aquí me voy a quedar
            hasta que se anime a salir.)
Tengo pan, la lumbre encendida,
algo de sopa   y tiempo.

§ Llevan razón los que saben: hay que vivir
y amar y nunca morir.
Hay que hacer caso a los anuncios
y ¿por qué no? a Schopenhauer
todo al mismo tiempo.

Y hay también que aborrecerlo todo
    sentir el túnel que se abre adentro de tu casa
    donde es mejor lo que falta que lo que sobra
es mejor ese espacio,
    el gran espacio que te permite mirar
    a tus anchas,
    el frío espectáculo de este cielo nocturno.

LA CONDICIÓN HUMANA

Lo que se disuelve es la visión, el triste día del simio.
Ella ha olvidado el fuego, la tierra húmeda, las lomas como dunas
de un país del que se ha arrancado. Un corazón con casas. En el sueño
el simio pasa el tiempo abrazándose
y es poco lo que ve por esa ventana. Un día el mar
diez años después el campo. Pero es la misma casa
con su grifo roto y el agua goteando en el tejado,
con sus duelas de madera vieja, con aquella copia de un Goya
y su inacabado cielo. El simio conoce la azotea,
ha espantado palomas mientras el sol se levanta.
Y ahí le pegó un susto el gran círculo,
el giro inmenso que da la vuelta entera y que es mar y campo,
campo y mar. Sus ojos brillan como el mercurio
pero es imposible mirarlo de frente. Yo lo sé
hasta en el sueño. Vuelvo a alimentarlo y dejo un plato
que destella y el simio espera a que me vaya para acercarse. La luna
es lo único para él. No puede hablar pero en el sueño dice
aquello y tal vez lo canta. Quiere tomar un baño, vestirse, llevar
a una novia a la Alameda. Quiere ser hombre. Quiere poder
quitarse la vida, querer quitársela. Quiere mirar ojo a ojo
y caminar mano a mano. Hemos dormido uno cerca del otro,
y uno de los dos ha pasado frío. Por una ventana amanece en el mar,
por la otra en el campo. Más tarde se callarán los pájaros
y nadie que mire hacia fuera tendrá voluntad para ponerse en pie,
llorar, lavar los platos. La monumental espalda del simio
será un muro infranqueable
y la luz sobre el plato una luna que mengua.

FELIPE VÁZQUEZ

PALIMPSESTO
[Fragmentos]

No puedo escribir las palabras que escribo
y las escribo
Nadie escribe lo que escribe

Escribir una palabra incluye
no escribirla

El poema estaba muerto y dijo
estoy muerto y resucitó de sus palabras
Se dijo

Hay siempre una piedra bajo el río
                        ¿habla de nuestra fugacidad en la fijeza
o de nuestra fijeza en la fugacidad?

Hecho de nombres, él pule a la palabra y la penetra
y yeso en yeso
                        no es ya lo que refleja
ni el más allá que vemos en su cuerpo si lo tiene
sino aquella piedra no más piedra
cuando ella se mira mirada por las aguas

¿La página es más blanca si anochece
en ella la palabra
página?

                        *

En busca de sí misma la palabra
                        se enrosca caracola
se abisma en su infinito hasta vaciarse

(1966.) Nació en la ciudad de México, el 14 de mayo de 1966. Además de poeta, es narrador, ensayista y crítico literario. Ha publicado dos libros de poesía: *Tokonoma* (1997) y *Signo a-signo* (2001). Entre otros reconocimientos, ha merecido el Premio Nacional de Poesía Miguel N. Lira (1991), por *Tokonoma*, y el Premio Nacional de Literatura Gilberto Owen (1999), por *Signo a-signo*.
Lecturas recomendadas
Tokonoma, JGH Editores, México, 1997.
Signo a-signo, Difocur Sinaloa-Ediciones sin Nombre, México, 2001.

hasta cruzar del otro lado
                    más allá de sí misma
más allá de todo y aún más allá de la nada
y sin embargo
nunca la palabra encuentra su palabra
En su cuerpo la ausencia de sí misma cobra cuerpo

                              *

Es oasis y tiene el yeso la forma de la sed
Pero quién sabrá del otro pergamino
¿Quién sabe leer? Aquí
el yeso no lleva sino al glaciar del yeso mismo
Espejo se escribe en otro espejo y sin embargo
entre la página y el yeso
palpita un muro blanco donde estuvo la escritura
Y nadie rasga el yeso
                    El poeta ha muerto
acaso la poesía no sea sino el yeso de su muerte

                    LLEGAR AL SIN AHÍ

En lo alto de la peña,
honda cuchillada contra el cielo
fue mi padre. Un cazador de lejanías
en la afilada transparencia del verano,
y sin embargo tierra,
                    surco él mismo,
y más que tierra, olor a tierra
al paso del arado. Los murmullos
no del fémur de su padre junto al muro,
del hacha que en él reverdecía. Supe,
atado a la noria de su muerte, en llamas
por sus duelos de túnel sin salida, que
antes de nacerme —acaso
antes del qué, del toro y de las hachas—,
ese mal de lejanía, ese tajo de vacío
desde el fondo de sus ojos, me invocaba.

                              *

Llegar mañana es no llegar, al sin ahí
se llega por la llama. El que despierta
de su muerte, nos convida
pan de palimpsesto. Al pie del sicomoro
mira el desollado la ceniza de su cara,
¿y si llega del umbral y dice,
dice qué? Al filo de la zarza,
de raíz el haya se devora. Sin ahí,
en las ruinas de hoy murmura el reino.

"Vuelve caracola tu vacío", me dijo,
"y haz resonar el cielo del desierto". Pero
llegar es no saber, en qué ciudad
yerran estos pasos. En qué hierba
sin nadie, el "reino que estaba para mí".

*

No lejos de la ofrenda,
esta roca
donde tantos
ataron su calvario y tantos
la esposaron, ciñe
de azahar unas cuadernas;
y al pie de lo que fuera
un verde litoral, oxida
el vino viejo del quebranto,
el mirar que no halla en qué
decir el arca —excepto
en esa roca, roja de naufragios.

*

Cuando el ser que ser se sabe
no estalle contra sí,
　　　　　　　　no diremos
el porqué de muchos nombres ni
el nombre sin por qué, ¿seremos
carne de qué,
　　　　　　　relámpago encarnado?

"El rojo sin por qué rotura
en sí una falla
　　　　　　　y cede
al canto del abismo, labra
un porqué a la medida de su nada."

TZOMPANTLI

Cielo arriba se despeña, pez
de río vertical, esta columna

se alza de mi voz, sin ironía
restaura la vasija, encarna

el torso del cielo, casi esquirla
lejos del aura, del oro, de lo ido.

*

Había vuelto de la nada, no
era nada pero estaba, casi
caída hacia adentro, menos

torso que mi tarso pero ahí
con su roja sed. En la glacial

pira de tu carne, el toro bebe
espejo, y tu sed lo deshabita.

*

Estuve aquí pero no pude, estar
más fuera que pez abisal. Celoso
del trovar clus, casi un celacanto
incrustado. Yerro en este muro,
más errado que un caballo ciego.

Estuve aquí, en tu boca de gacela
muerta. La bella sale de mi voz,
un pez rojo centellea en la arena.

*

Una sierpe de cráneos en la espina
dorsal de cada ser, como si nada
a lomo de mar desde la aurora.

En sesgo la ballena corta el cielo
con vértebras de luz, sobre la arena
un sol oscuro el alma nos troquela.

*

La muerta faz del viejo, no veré
a mi madre cavar entre la lluvia.

El rojo laurel no danza río abajo,
ara hacia la fuente. De mercurio

es el árbol de mis venas, una red
en el agua sin peces de la noche.

Una cara de sal, no de turquesa,
se nombra mar. En mi escritura
él se labra su máscara sin lluvia.

ERNESTO LUMBRERAS

EL GUARDADOR DE REBAÑOS

Dormido oye el ovejero el tibio silencio de su silbato. Rumiante la siesta del rebaño, un azul recién pintado como azoro de perdiz revienta su bostezo. Oye su silencio de agua entre las manos, rompe el sol de la piedad persiguiendo su sombra.

Dejémosle ir sin abecedario al mirador de una colina. Comisario sin estrella, su ladrido guarda el polvo de los confines, la numeración del trébol sostiene y continúa. Miope de soñar la lluvia, simulará un orden de tablero.

Corre para demostrar nuestro pensamiento. Dispersa al impostor y a la noche de un campo de maíz maduro. Nos previene el corazón con su nariz, señalando los augurios del temporal y de la aurora.

Dejémosle ir un domingo de primavera a remover la luz de una colmena. Turbado por un clarín de aguijones regresará siendo otro, atento a la música de una cocina al levantarse.

UN MUCHACHO EN LA HIERBA

En el prado de la perversión, de cara al cielo, reanuda su heroísmo. Ambidiestro de mañas, lo fortalece el silabario de llegar antes que nadie.

Párroco de cabras, ensaliva el bastión hasta escaldarse: agudo trombón conteniéndose en un brote de pólvora. Bebe del pezón solar, saturado del vértigo de un pescador de esponjas, maravillado y aturdido en las profundidades.

Repasa el corolario de fisgón, inspirándose con la mirada en blanco. Se vuelca con premura de colibrí tras el surtidor consuetudinario. Arremete el pedaleo de montaña, atisba la serenidad entre silbos. Respira hondo, solícito a su muerte momentánea.

(1966.) Nació en Ahualulco de Mercado, Jalisco, el 10 de junio de 1966. Además de poeta, es ensayista, antólogo y traductor. Ha publicado siete libros de poesía: *Clamor de agua* (1990), *Órdenes del colibrí al jardinero* (1991), *Espuela para demorar el viaje* (1993), *El cielo* (1998), *Encaminador de almas* (1999), *Numerosas bandas* (2010) y *Lo que dijeron las estrellas en el ojo de un sapo* (2012). En coautoría con Eduardo Milán publicó, en 1999, la *Antología de poesía hispanoamericana presente: Prístina y última piedra*, y en coautoría con Hernán Bravo Varela, en 2002, *El manantial latente: Muestra de poesía mexicana desde el ahora, 1986-2002*. En 2008 reunió su obra poética, de 1986 a 1998, en el volumen *Caballos en praderas magentas*. Entre otros reconocimientos, ha merecido el Premio de Poesía Aguascalientes (1992), por *Espuela para demorar el viaje*.

Lecturas recomendadas

El cielo, FCE México, 1998.

Caballos en praderas magentas. Poesía 1986-1998, Aldus, México, 2008.

Lo que dijeron las estrellas en el ojo de un sapo, Bonobos-Fondo Nacional para la Cultura y las Artes, Toluca, 2012.

UNA MAÑANA EN EL JARDÍN

Para Eduardo Langagne

Hay un gato en la barda del jardín de la casa.
El resplandor en la hierba igual que un cubo de agua
lo tensa y lo acobarda. Un círculo de pájaros
entre migas de pan despierta en su nariz
una alegría de alas. Si no estuviera un perro
absorto al movimiento de ir y no ir por su almuerzo
otro gallo cantara. Como una gota de agua
en un terrón de azúcar el gato se consume
en preparar su salto. Nunca lo hará, lo sabe
de cierto y con mayúsculas. Tal vez la historia cambie,
añora el bigotón, cuando un muchacho tome
su cuaderno y su lápiz y dibuje esta fábula.

UN FÓSFORO EN EL AGUA

Al fondo del estanque descubro una canica.
Siempre de un lado a otro como un brillo de escamas
se extravía y regresa. Es una yema de huevo
pulida por el agua y las conversaciones
de dos lavanderas. El rey de las canicas
todos me llamarían, si entre el pulgar y el índice
este sol de verano al centro de la rueda
con tino lo lanzara. Sondeo lo profundo
del estanque ayudado por una rama seca.
"La vida es como un juego" dijo siempre mi padre.
Lo recuerdo al hundirme, apenas vislumbrando
un fósforo en el agua. Entre mi falta de aire
y la noche del lodo, salgo a la superficie
dejando atrás mi cuerpo.

LA MAÑANA ENTRE EL BARRO

En el centro del patio romperé mi alcancía:
un faro bienhechor con el martillo en mano
dirige el movimiento del asombro en mis ojos.
Golpeado por el ansia estoy alegre y triste
como la flor nocturna oliendo su perfume
en un sótano rancio. Sospecho que el marrano
sonríe por la música que lleva en sus costillas.
De pronto y sin aviso dejo caer el hierro
sobre el lomo del cerdo. Cegado por el brillo
de los peces saltando en mi red de guijarros
me digo complacido: "No más filosofía
sobre cómo encontrar la mañana entre el barro".

De tuertos generales cada moneda tiene
la tarde de un domingo en casa de mi abuela.

EL CIELO
[Cuarta parte. Fragmentos]

El cielo
puede venirse abajo esta mañana
de no tener un sauce o por lo menos
un arco de violín. Por la ventana,
miraré a Dios echado de su casa
de no levantar un muro de piedra.

*

Una cuadrilla de albañiles llama a mi puerta. En su caja de herramientas traen una porción de música. Me hablan de nubes como de un caballo cruzando un puente.

*

Al excavar los cimientos del muro encontramos un tigre dientes de sable. Más abajo, tras dinamitar una capa basáltica brotó un río subterráneo. Empezábamos a picar piedra en el monte Purgatorio, cuando una campanilla, dulce como la noche en un jardín, nos interrumpía llamándonos a comer.

*

Mi pasión por Helena tiene nombre: mover follajes. Aunque también la llamo: irrumpir en el relámpago.

*

La construcción del muro avanza. Un sentimiento de aquiescencia me domina. ¿De qué temblor o incendio esta formación de piedra nos protege? En sus extremos ordené construir dos hornacinas. En una reposa el sol rodeado de peces. En la otra, un diablo se masturba delante de un colibrí.

*

Las primeras nubes chocan contra el muro de piedra. Una bugambilia roja, me aconsejan, plante junto a su basamento. Para Helena, la construcción provocó en su libido ciertas tentaciones: copular con un chorro de alcohol, parir un cangrejo.

*

Hoy es el día de la cruz. Helena destapa botellas de cervezas. Remueve la carne en el asador. Juega con los albañiles a que ella es un ojo de agua. A que le arrojan piedras. A que chapotean en sus olas. A que sobre su cuerpo desnudo miran pasar las nubes.

*

Para Luis Alberto Navarro

Mandé colocar una argolla en el muro. Ni pondré un reloj de sol ni colgaré una cabeza de toro. Lo que deseo ahora es atar un caballo: colérico entre un cúmulo de moscos, manso como un hilo de agua.

Dominado de la armella, su brida es la prolongación de un relámpago en una isla amarilla. Paso sobre su crin un cepillo. Paso por su lengua un terrón de sal. Lo que deseo ahora es montar el caballo. Seguir las tormentas. Alcanzar la noche.

UN ADOLESCENTE CONVERSA CON SUS DEMONIOS TUTELARES

Hacia la noche, pienso, viajan las migraciones.
La propiedad privada de un estanque de lotos
traspaso sin cautela, burlándome de todo,
del perro, del fantasma, de la alambrada eléctrica…
Y repto sobre la hierba ¿como una sombra en el agua?
entre el dolor de verlas, a punto de llegar,
a punto de marcharse.

No te acerques de noche:
el vigilante ronda. Insomne como un muerto
mira la primavera caer sobre su granja.
Ayer, ni más ni menos, llenó de municiones
la cabeza de un toro. Para ver las parvadas
te propongo la aurora. Así, recién nacidos
vamos al estupor, a tocar con los ojos
las primeras palabras.

Poco sé de la vida
para hablar de la muerte, pero, si soy sincero,
esas aves me embriagan con sus interrogaciones,
con su saber sanguíneo, con su turba sin pólvora.

"Del potrero de Jalpa a los vados del Lerma
su rumbo nos exige la tensa yugular,
la imantación del índice, el punzante delirio
de un campo de cebada."

Me iría con sus gritos a recorrer el mundo
pensando con la sangre, tal vez, como se piensa
el espanto o las nubes.
Para hallar mi deseo,
con todas sus gargantas, haré un puente colgante.

EL JEFE DE LA ESTACIÓN DE TRENES, EN SU VEJEZ, PASA REVISTA A SUS NOVIAS DIFUNTAS

Pasó la vida sin verme enamorado
de todas las muchachas. Las quería
corriendo tras el canto de los grillos,
excitadas y trémulas, perdidas
en la luz del rayo verde que rocía
mis mejores ensueños. Ya pasaron
y me dieron sus ojos para verlas
todos los días y todas las noches
desde la casa azul de mi deseo.
Aquí no duermo más. Siempre despierto
las oigo ir y venir como a la lluvia
en las selvas del trópico. Muy lejos,
el pito del tren me vuelve a mis faenas.
Sin embargo las amo, bellas todas,
y no pienso dejarlas, vivo o muerto,
irse sin mí, llevando el pensamiento
de respirar el aire que las viste.

Corran, ríanse, canten, busquen grillos.
Con sus ojos las veo. Con mis ojos
las veré irse, como a la primavera,
cuando vuelve al infierno. Tropezando
con topos, con hormigas, con mis huesos,
algún día vendrán, aquí, conmigo,
a descifrar la música y los sueños
del agua que corre bajo la tierra.

LUIS TOVAR

DICCIONARIO DEL MAR
[Fragmentos]

Agua. Mármol blando con que el mar ensaya eternamente su forma definitiva.

Botín. Miradas, palabras y, a veces, hasta caricias.

Costa. Se descubre al mirar, desnuda, a una mujer a contraluz.

Fragua última del árbol, el astillero devuelve a la madera, multiplicado, el orgullo de escuchar enhiesto la voz del aire.

Luna. Cómplice, a veces menguado, del mar.

Mar. Dícese de todo aquello que nos aterra // Único cementerio donde vale la pena ser enterrado.

Náufrago. Nombre que se le da a todo aquel que ha perdido su mar.

Recalar. Sufrir la intempestiva irrupción de un recuerdo que duele y da placer al mismo tiempo.

Salvavidas. Puede adoptar la forma de un aro lleno de aire, una llamada a tiempo, un beso…

Tesoro. La única forma de poseer uno es habiéndolo enterrado y no recordar ni dónde quedó el mapa.

UNA JORNADA EN EL OTRO TIEMPO
[Fragmento]

Todas las tardes el tiempo se rinde ante su propia generosidad. Nunca se sabe cuál será, pero siempre hay una hora entre la mañana y la noche cuando al tiempo se le sale de la bolsa un puñado de belleza que tenía pensado conservar para otro instante. Se le desfondan las alforjas y el cielo desparrama una sensación que debe escribirse con mayúscula.

Un silencio violeta pone el dedo sobre los labios insolados de la prisa.

(1967.) Nació en la ciudad de México, el 18 de febrero de 1967. Estudió la licenciatura en letras hispánicas en la UNAM. Además de poeta, es narrador, ensayista, crítico cinematográfico y editor. Ha publicado tres libros de poesía: *Diccionario del mar* (2008), *Una jornada en el otro tiempo* (2009) y *Palabra el cuerpo* (2012).
Lecturas recomendadas
Diccionario del mar, Universidad Veracruzana, Xalapa, 2008.
Una jornada en el otro tiempo, Ediciones sin Nombre, México, 2009.
Palabra el cuerpo, Ediciones del Ermitaño, México, 2012.

PALABRA EL CUERPO
[Fragmentos]

Esta nada que soy
Cansado de no ser sino eso
Acaso viento
Ya no me necesito
Ni me tengo
Pueden venir las horas
A rellenar sus relojes
Con mis huesos

*

Puesto que todo ha de seguir
Tal cual es y sin que importe
Lo que haga o dónde
Quiera cantar
Poner un beso
Dejo para siempre las raíces
En el agua o en el aire
Que mis dedos visiten
Mañana y después
Una espalda incógnita
Aun si de algún modo
La conozco desde antes
Que tuviera manos
Para tocar deseo
Para existir

*

Dejo de pensar
En las personas que conozco
Lo que sucedió este día
Lo que no hice y lo que hice
Permanezco un instante
Rodeado de silencio interno
Me siento sin mí
Me siento mejor
Me siento bien
Regresa el mundo
A mis ojos ahora limpios
Todo es claro
También oídos adentro
El ruido de la razón
Se interponía
Entre yo y el infinito
Que no soy del que soy
Una pequeña parte

Que ha de ser vista
Por los otros
Cuando sin pensar
Se miran

*

Cuerpo de palabras
Ni pose ni eufemismo
Lo único que tengo
Sólo la voz me pertenece
Soy letra y soy vocablo
El resto es mundo
Afuera ajeno lo que es Otro

Fugaces contingentes
Carecemos de importancia
Acaso a veces
Nos habite la belleza

Desapareceremos
Vueltos al silencio
Lo mismo la luz que la sangre
La risa y la memoria
El mar la pena
Los colores el tiempo

Habrá todavía gestos
Señales y llamados
Un rescoldo en el invierno
Un abrazo una piel como refugio
Las aves y los pianos
El camino y el café
La noche siempre alta
El fuego la pureza

Habrá el deseo los ríos
Alguna señal de persistencia
De aquello que respira
Ha de brillar un segundo
Borrarse sin miedo
Sin nostalgia
Porque sí
Porque nada
Y a la nada
La suave
Inexistencia

JAVIER ACOSTA

VICIOS DEL ESCRIBANO

Escribir sobre un árbol
donde el otoño encienda su lámpara de viento
y en la oficina tomarse con paciencia
la profesión de acomodar
palabras junto a otras
como omitir el punto y coma
pasar a la siguiente línea
colocar un ejemplo después de los dos puntos:
apagar esa lámpara
y salir en silencio.

HAY UN DIOS PARA DIOS

Existe un dios creador de cada cosa
uno del mediodía
uno de los relojes suizos
un dios para encender los hornos del verano
uno para contar las vueltas de la Luna
uno para la lentitud y sus insectos
Debe existir alguno que viva en esta línea
un dios que haga girar el punto de la i
otro para mi ombligo
uno mejor que cuide el tuyo
otro que incline campanarios
Hay un dios de las cosas que no existen
de momento
es uno de mis dioses preferidos

(1967.) Nació en Estancia de Ánimas, Zacatecas, el 16 de junio de 1967. Realizó estudios de derecho y filosofía en la Universidad Autónoma de Zacatecas y es doctor en filosofía por la Universidad Complutense de Madrid. Además de poeta, es ensayista, investigador y traductor. Ha publicado siete libros de poesía: *Allen, tómate una tableta de eucalipto* (1994), *Melodía de la i* (2001), *Regla de tres* (2007), *Cuadernillo del viento* (2007), *Largo viaje al presente* (2008), *Libro del abandono* (2010) y *13 poemas al oído del perro* (2012). Entre otros reconocimientos, ha merecido el Premio Nacional de Poesía Ramón López Velarde (2006), por *Regla de tres*, y el Premio de Poesía Aguascalientes (2010), por *Libro del abandono*.
Lecturas recomendadas
Regla de tres, Universidad Autónoma de Zacatecas, Zacatecas, 2007.
Largo viaje al presente, Mantis, Guadalajara, 2008.
Libro del abandono, Era, México, 2010.

Hay un dios para Dios
seguramente
otro para ese par. Y así hasta que te canses
Será tal vez por eso que un gracioso desorden
silba de vez en cuando su propio vals vienés
su no te vayas a morir —su no despiertes
O puede ser que exista sólo un dios
pero eso tiene poca gracia.

ELOGIO DE LA VIDA EN EL CONDADO DE MCALLEN (TEXAS)

Para Leandro

Conozco a una muchacha que escribía
puntos y líneas de amor a los insectos
que en mi niñez descuarticé
con ética impecable de naturalista
Corta es la vida. Lo sabe todo el mundo
pero más corto el lapso que se traza
sobre la superficie de la muerte
que lleva sin remedio hasta la vida de otra cosa
Pues los insectos tienen —según los entomólogos—
la eternidad garantizada
No así mis compañeros hombres
por ejemplo mi abuela
que oyó la voz de la muchacha
y sólo consiguió dejar para después su infarto cerebral
hasta llevar a los ochenta y cuatro
su ruidosa versión del mes de agosto
Mi otro bisabuelo —ese tal Marcos
a quien la ninfa del telégrafo aconsejó tan mal
que se fugó con una cincuentona de McAllen
a bordo de un Ford Falcon de dos puertas
que aún pagan a plazos los sobrinos
Conozco a esa muchacha
si supiera su nombre lo pondría a una de mis hijas
si tuviera hijas. Hablaríamos en morse entre nosotros
Quizá nos mudaríamos todos a McAllen
Conozco a esa muchacha que escribía
telegramas de amor a los insectos
No sé cómo es. Cómo se llama
Nadie de mi familia
ese tal Marcos
mi tía abuela Dominga
mis hijas —si tuviera—
Nadie sabe por qué precisamente a los insectos
Qué nos quiere decir con tanto punto y raya.

TOM WAITS HA ESTADO BEBIENDO

The piano has been drinking, not me.
T. W.

A poca gente agradan sus canciones,
ni siquiera al mesero, ni a las minifaldas,
si acaso a mí,
cuando Tom Waits se embriaga como un piano
y me caigo al escote de mujeres que fuman.
Cuando mi amor huye a Los Ángeles,
cuando degüella el pavo de año nuevo
y las estrellas se depilan los muslos con neblina.
Los perros y las perras
aúllan
para que el frío no muera de catarro.
Pero
mis pantalones se orinaron, el vómito se ahoga en el retrete.
En el congelador está mi oído izquierdo, el derecho confiesa
que tampoco le gustan las canciones.
El piano de Tom Waits sigue borracho.
Yo envío por correo mi cuello a California
y alguien escribe el remitente con saliva.
Mi boca está en el suelo.
A la navaja de afeitar le crece óxido en la ingle.
El agua tibia se fugó a Malpaso.
El refrigerador fuma de nuevo,
el frío tiene enfisema, el pubis rubio las estrellas.
Tararea la neblina
que alguien tiene axilas de tomillo
que Horacio ha estado bebiendo.
No he sido yo. Tom Waits. No yo.
Not me. Not me.

SALMO DEL ASCETA

No estropees
mi despego
Señor
no me depares
la gracia
de la iluminación.

EL YO ES UN POETA MUDO

Existen tantos
poetas en mí
que escribirían
poemas memorables
Yo los mantengo a raya.

LUCHÉ CONTRA MI ALMA...

Luché contra mi alma. La derribé mil veces con golpes bajos y poderosos. Luego con mil palabras injuriosas. Luché contra mi alma con melodiosas diatribas. La tomé por el cuello y le espeté mi vida: de momento a momento, de tropiezo a tropiezo. Luché contra mi alma abandonando todas las convenciones de la guerra. Luché contra mi alma sin ninguna estrategia. La perseguí con mil perros, con flores y montañas, ruiseñores y brujas. Luché implacablemente. La perseguí hasta perder el rumbo. Dilapidé mis fondos, quedé sin posesiones, me quedé ya sin fuerzas, sin palabras de odio y sin palabras de amor, sin palabras de indiferencia. Enmudecí y mis movimientos adquirieron el vigor del rocío: renuncié a mis costumbres. Luché contra mi alma abandonando la piedad y el odio. Lo perdí todo luchando contra ella; y se quedó pura y victoriosa, libre de mí.

LA LUCHA CON EL ÁNGEL

Tomé un ángel con tus manos,
lo sujeté por el cuello,
lo sujeté por los cabellos,
lo sujeté por las alas,
lo sujeté por las orejas,
lo sujeté por la voz,
no lo solté hasta que te bendijo.

Lo solté hasta ese día
en que leerás estas palabras.

CUANDO AÚN ME AMABAS...

Cuando aún me amabas
lloraba a diario
pensando en estos días

abandonada a mi suerte
debo volver a la desdicha
de no estar a tu servicio

me ordenaste no pensar en ti
buscar otros amantes
ahora soy doblemente infeliz
pues te desobedezco.

NATALIA TOLEDO

ÍQUE LIDXE' NABEZA...

*Í*que lidxe' nabeza
ridxi sti' bihui,
riuunda' sti' bigose
ne guiba' yudu'sti' Xavicende quám, quám, quám.

ZUBA GUISU BIZAA BIRUBA LU DÉ...

Zuba guisu bizaa biruba lu dé
candaabi ló, lólóló
ñaabida runi gueta
bia' ladxido' Lylyly, pé, pépé.

RA RILUXE GUIEECAHUI...

Ra riluxe guieecahui ni dié' ne guiiba'
riaba yuxi sti' ca dxí ma gusi hué, hué, hué,
naa ribee xcapa nisa ti qui guioxo' lidxe'.

NDAANI' BATANAYA' GULE...

Ni guicaa T. S. Elliot

Ndaani' batanaya' gule jmá guie' naxiñá' rini
ziula' ne sicarú,
qui zanda gusiaanda' dxiibi guxhanécabe naa guirá ni gule niá'.
Guzaya' xadxí ne batanaya'
bitiide' guidilade' ra dxá' beñe
ne ndaani' guielua' bidxá yuxi nuí.

(1967.) Nació en Juchitán, Oaxaca, el 17 de noviembre de 1967. Además de poeta bilingüe zapoteco-español, es narradora y diseñadora. Ha publicado cuatro libros de poesía: *Paraíso de fisuras* (1992, en coautoría con Rocío González), *Mujeres de sol, mujeres de oro* (2002), *Flor de pantano* (2004) y *Olivo negro* (2005). Entre otros reconocimientos, ha merecido el Premio Nacional de Literatura Nezahualcóyotl (2004), por *Olivo negro*.
Lecturas recomendadas
Flor de pantano, Instituto Oaxaqueño de Cultura, Oaxaca, 2004.
Olivo negro, Conaculta, México, 2005.

SOBRE EL TEJADO DE MI INFANCIA...

Sobre el tejado de mi infancia
el grito del cochino,
el canto del zanate
y la campana de San Vicente, quám, quám, quám.

LA OLLA SOBRE EL FOGÓN...

La olla sobre el fogón
hierve ló, lólóló el frijol tostado,
mi abuela hace tortillas
del tamaño de su corazón Lylyly, pé, pépé.

EN LA ÚLTIMA CAPA...

En la última capa azul del cielo
cae la arena del tiempo hué, hué, hué,
yo saco mi paraguas para que mi casa no envejezca.

DE MIS MANOS CRECIERON...

Para T. S. Elliot

De mis manos crecieron flores rojas
largas y hermosas,
cómo olvidar el miedo con que fui despojada de toda certeza.
Caminé con las manos
y metí mi cuerpo donde había lodo
mis ojos se llenaron de arena fina.

Gula'quicabe láya' Mudubina
purti' gule' luguiá nisa.
Guriá yaachi naxí gudó yaa' ti beenda' cayacaxiiñi' naa
ne guca' Tiresias biníte' guielua',
qui niquiiñe' guni'xhí' ora guzaya' stube ndaani' ca dxí ma gusi.
¿Guná nga ni bisanané binniguenda laanu?, ¿xí yuxi guie
bisaananécabe laanu?
Ca xiiñe' zutiipica' diidxa' guní' jñiaaca'ne zazarendaca'
sica ti mani' ripapa ndaani' guí'xhi', ne guiruti zanna tu laaca'.
Guirá beeu nuá' neza guete'
balaaga riza lú nisa cá tini, ni rini' xcaanda' guielua' pe'pe' yaase'.
Zabigueta' zigucaaxiee xquidxe',
ziguyaa xtube xa'na' ti baca'nda' ziña,
chupa bladu' guendaró ziaa' zitagua'.
Zadide'laaga' neza luguiaa, ni bi yooxho' qui zucueeza naa, zindaaya' ra nuu jñiaa biida' ante guiruche guirá beleguí.
Zaca' xti bieque xa badudxaapa' huiini'
ni riba'quicabe guie' bacuá íque laga,
xa ba'du' ruuna niidxi sti guie'
zabigueta' xquidxe' ziaa' si gusianda' guie lúa.

YOO LIDXE'

Dxi guca' nahuiini' guse' ndaani' na' jñaa biida'
sica beeu ndaani' ladxi'do' guibá'.
Luuna' stidu xiaa ni biree ndaani' xpichu' yaga bioongo'.
Gudxite nia' strompi'pi' bine' laa za,
ne guie' sti matamoro gúca behua xiñaa bitua'dxi riguíte nia' ca bizana'.
Sica rucuiidxicabe benda buaa lu gubidxa zacaca gusidu lu daa,
galaa íque lagadu rasi belecrú.
Cayaca gueta suquii, cadiee doo ria' ne guixhe, cayaca guendaró,
cayaba nisaguie guidxilayú, rucha'huidu dxuladi,
ne ndaani' ti xiga ndo'pa' ri de'du telayú.

NI NÁCA' NE NI REEDASILÚ NAA

Ti mani' nasisi napa xhiaa ne riguite.
Ti ngueengue rui' diidxa' ne riabirí guidiladi,
naca' ti badudxaapa' huiini' biruche dxiña cana gutoo ne qui nindisa ni
ti dxita bere yaase' riza guidilade' ne rucuaani naa.
Rucaa xiee ti yoo beñe zuba cue' lidxe',
naca' layú ne guirá lidxi.
Ti bandá' gudindenecabe,
ti miati' nalase' zuguaa chaahui'galaa gui'xhi' ró.
Ti bacuxu' sti nisa, sti yaga guie', cadi sti binni.
Naca' tini bi'na' Xabizende.
Naca' ti bereleele bitixhie'cabe diidxa' gulené.

Me llamaron la niña de los nenúfares
porque mi raíz era la superficie del agua.
Pero también fui mordida por una culebra apareándose en el estero
y quedé ciega, fui Tiresias que recorrió sin báculo su historia.
¿Cuáles son las raíces que prenden, qué ramas brotan de estos cascajos?
Tal vez soy la última rama que hablará zapoteco
mis hijos tendrán que silbar su idioma
y serán aves sin casa en la jungla del olvido.
En todas las estaciones estoy en el sur
barco herrumbrado que sueñan mis ojos de jicaco negro:
a oler mi tierra iré, a bailar un son bajo una enramada sin gente,
a comer dos cosas iré.
Cruzaré la plaza, el Norte no me detendrá, llegaré a tiempo para abrazar a mi abuela antes que caiga la última
    estrella.
Volveré a ser la niña que porta en su párpado derecho un pétalo amarillo,
la niña que llora leche de flores
a sanar mis ojos iré.

CASA PRIMERA

De niña dormí en los brazos de mi abuela
como la luna en el corazón del cielo.
La cama: algodón que salió de la fruta del pochote.
Hice de los árboles aceite, y a mis amigos les vendí
como guachinango la flor del flamboyán.
Como secan los camarones al sol, así nos tendíamos sobre un petate.
Encima de nuestros párpados dormía la cruz del sur.
Tortillas de comiscal, hilos teñidos para las hamacas,
la comida se hacía con la felicidad de la llovizna sobre la tierra,
batíamos el chocolate,
y en una jícara enorme nos servían la madrugada.

LO QUE SOY, LO QUE RECUERDO

Una libertad que retoza y no se ha hecho fea.
La sensibilidad de un loro que habla,
soy la niña que se le caen las cocadas y no las levanta,
un huevo de gallina negra me recorre y despierta.
Soy una nariz que huele el adobe de la casa de enfrente
un patio y todas sus casas.
Una fotografía regañada,
un trazo delgado en medio de la selva.
Una flor para el agua, para otras flores y no de las personas.
Soy una resina que lloró San Vicente.
Soy un alcaraván que ahogó su canto en otro idioma.

GUCANU JLAZA DIUXI...

Gucanu jlaza diuxi,
guie', bidxiña ne migu
 gucanu yaga gucheza bele,
bacaanda' ne libana guní' bixhoze bidanu.
Biabanu ndaani' gui'xi'
gubidxa bitiidi' baxa sti' ladxido'no,
gucanu pumpu ¡au!
gucanu nisa ¡au!.
Yanna nacanu dé biaana
xa'na' guisu guidxilayú.

DIIDXA' NE GUENDA

Guyuu tu gucua nisa dondo bi'na' guidila'du',
tu guzá de íque de ñeeu
ne qui nuxhalelu ti ñunibia' xtuxhu gubidxa.
Guyuu tu gudxiru lu guendaró
ne qui niná ñe' dxuladi male ne cuba ladxi guenda.
Guyuu tu bigaanda ti pumpu nalaa xa'na li'dxu'
ne qui niná ñuni saa.
Qui ganna ca binni huati pa ti guie' biaba layú
guie' ru' laa dxi gáti'.

ZABE LII XIIXA LÁ?...

Zabe lii xiixa lá?
Xa badu dxaaapa' huiini' guxubiná ti bidxiña
 xa'na' bacaanda' xiñá'rini sti' yaga biidxi qué
napa ti ngolaxiñe ca yoyaa neza rini cuxooñe guidilade.
Ti duuba' na'si' ndaani' xhaba
nutaagu' na' nisa sidi laa.
Dxí gúca' baduhuiini' nabé guyuladxe' saya' ndaani' beñe
njiaa ruquii guiiña' ruguu lade bicuini ñee
ti gusianda ra gucheza beñe.
Nganga ca dxi guiruti qui ni guu bia' naa
purti binni xquidxe' tobi si diidxa' guní' ne ca za.
Zabe lii sti' diidxa' lá?
gunaxiee' lii purti qui niná lú' ñananeu bandá'
biluí' bizé stine lii
ne guyé lú' ndaani' yoo ra ga'chi'xquipe'
bie'nu' xhiñee bichaa gúca stobi
binibia'lu' tu naa ne laaca gunnu zanda chu' guendanayeche ra naxhii.
Na lu': Gudxi naa xhi sa' bisiaasi ne cabe lii
ya, gunie':
Nuu jmá diidxa' naca beenda'
galaa deche caní' guahua'

FUIMOS ESCAMA DE DIOS...

Fuimos escama de Dios,
flor, venado y mono.
Fuimos la tea que partió el rayo
y el sueño que contaron nuestros abuelos.
Caímos en el monte
y el sol nos atravesó con su flecha,
fuimos cántaro ¡au!,
fuimos agua ¡au!
Ahora somos ceniza
bajo la olla del mundo.

TRADICIÓN

Hubo quien probó el mosto de tu piel,
te caminó de la cabeza a los pies sin abrir los ojos
para no descubrir el resplandor del sol.
Hubo quien sólo pellizcó la comida
y no quiso beber el chocolate de los compadres
y el pozol de semilla de mamey.
Hubo quien colgó en la puerta de tu casa una olla rota
y no quiso pagar la fiesta.
No supieron los tontos que una flor caída al suelo
sigue siendo flor hasta su muerte.

TE DIGO UNA COSA...

Te digo una cosa
de aquella inocente que acariciaba el venado
bajo la púrpura del almendro
sólo queda un escorpión que atenta contra sus venas.
Una huella hundida en su propia forma
cubierta de agua salobre.
Cuando era niña
me gustaba caminar en el lodo
mi madre metía entre los dedos de mis pies chiles asados
para cicatrizar las heridas,
en ese entonces era eterna
porque mi linaje hablaba con las nubes.
Te digo una cosa más
te quise porque no te conformaste con la imagen que te ofrecía mi pozo
y fuiste a la casa de mi ombligo
y entendiste por qué tuve necesidad de ser otra.
Conociste quién era y cómo entre tanta maleza también hubo felicidad
Dijiste:
Dime de qué canciones está hecha tu cuna.
Sí, dije:

ma giruti rinié niá'
ma bisiaanda' diidxa' guní' ca ni qui ñapa diidxa'.
Ma bilué tu naa
ma bixiaya' guidi lua'.
bandá' stine riní' ne guirá ca ni ma guti
bi bixhele ca xpiidxe'
guche xcú busuhua' necabe naa
ne guzaya' ma qui ñuu dxi nu dxu gueta lua'.

GUIE' STI' CA BA' DU'

Ni guicaa ca ba'du' nanaxhi xquie ne cani naxii xquie

Ti xquie nga ti nite ziyasa guiba'
ti guindaa guisu xti' ca dxiñahuiini',
ti íque bigu rusaba biidxi ndaani' guidxilayú
ti xquie nga ti mudubina rale lugiá nisa
ribigueta' ra nuu xcú neza yagañee ne ribee lú ti dxi.
Naca ni ti gui'chi' rigapi ne rundaa bi rua guendaracala'dxi'.

XTUÍ

Gula'qui' xtuxhu
beeu guielúlu'
ne bichuugu' xtuí nucachilú
ndaani' xpidola yulu'.
Biina' guiehuana' daabilú
de ra guixiá dxaapahuiini' nuu ndaani' guielulu'.

LIDXE' NGA LI' DXU'

Stale ni die'rizá galaa ique'.
Guendaguti naca ti berendxinga zuba beza
ruaa bandaga li'dxu'.

XCU BADUDXAAPA' HUIINI'

Napa' ti bandá' biree lu gui'chi' die' guendadxiña
dxa' nisa guielua' ne ruaa' nagapi ti guie'
guyuu tuxa ndaani' bandá' gui'chi'
ne guxha de xcú xa guie'.

Hay una babel enroscada sobre mi espalda
pero ya no hablo con nadie
dejé de hablar la lengua de los silentes.
He revelado mi signo
ya no tengo rostro.
Mi retrato es un soliloquio con todo lo que dejó de tener vida
el viento desarticuló mis semillas
mi raíz hizo crac y me fui caminando sin volver la vista.

LA FLOR DE LOS NIÑOS

A los niños de pito dulce y pito salado

Un pito es una caña que se eleva en el cielo
para romper la piñata de los dulces,
una cabeza de tortuga que siembra semillas en la tierra del mundo
es el pito un nenúfar que se preña sobre el agua
retorna a su raíz por el tallo y florece un día.
Es sobre todo un espantasuegras en la boca del deseo.

VERGÜENZA

Pon el filo
de la luna sobre tus ojos
y corta la vergüenza que se esconde
en tu canica de tierra.
Llora espejos enterrados
hasta que desaparezca la niña.

MI CASA ES TU CASA

Orlas se tejen sobre la cabeza.
La muerte es un grillo que aguarda
sobre la hoja de tu puerta.

NIÑA CON RAÍCES

Tengo una foto en sepia
con los ojos llenos de agua y una flor en los labios
alguien entró a esa foto
y arrancó de raíz la flor.

ERNESTINA YÉPIZ

LOS INSOMNES Y EL MAR

Deambulan con su sombra
de espaldas a la luna
llorándole al mar

Náufragos
dibujan en la espuma el rostro del deseo
desnudando el oleaje

En delirio absoluto
    lo acarician
    lo huelen
    lo tocan
      sin tocarlo

Entonces
  enloquecen

Nada puede salvarlos.

EVA EN EL PARAÍSO

La serpiente aparece entre tinieblas
salta de rama en rama los árboles del Edén
Dios le ha dado la palabra
Balbucea al oído de Adán
—murmullos apenas perceptibles—
Todo se oscurece todo se ilumina
velos caen velos se levantan

(1967.) Nació en Guasave, Sinaloa, el 20 de noviembre de 1967. Es maestra en literatura por la UNAM. Además de poeta, es narradora, ensayista y editora. Ha publicado tres libros de poesía: *La penumbra del paisaje* (1998), *Los delirios de Eva* (2003) y *Los conjuros del cuerpo* (2013).
Lecturas recomendadas
Los delirios de Eva, Ediciones sin Nombre-Difocur, México, 2003.
Los conjuros del cuerpo, Andraval, Culiacán, 2013.

§ Luz y Fer
  ángel predilecto de Dios
  recostado en el tronco del manzano
  inventa palabras
  de su lengua emanan tempestades

  Eva desnuda
  erguida al pie de un espejo de agua
  adivina cada parte de su cuerpo
  se mira las manos
  se toca los senos
                        el pubis
  los labios cáscara de manzana

  Adán observa
  le hormiguean las piernas
  ignora que amar es disputar a Dios
                              el poder de creador del paraíso.

DESNUDEZ

Duermes y la noche duerme en ti
Lo intento pero no logro despertar a ninguno de los dos
Entonces (convencida de que todo abismo posee un cuerpo que lo contiene)
Visto las sombras con tu piel desnuda.

A LA DERIVA

Para Alejandra Pizarnik

Convencida de que no existe
Muelle donde atracar
Puerto que pueda albergarme
Después de haber desplegado las velas de mi barco
Me dejo llevar por el vaivén de los vientos
Que me arrastran como un pez herido

Benditos
Bienaventurados
Los amores que nunca pudieron realizarse
Los que no duermen sobre mi almohada
Los que se fueron lejos
Arrastrados por las mareas de la luna
Por soles que no terminaron de ponerse
Por noches sin estrellas sepultadas por la niebla

Bien por todos los que nunca volvieron
A beber de mis labios los rencores del abandono

Los sinsabores que me dejaron otros cuerpos
La hiel del tiempo acumulado

Bien por todos los que han dado vuelta a la página
Y en estaciones de paso
Han visto pasar los trenes
Correr las manecillas del reloj
Sin inmutarse

Bien por todos los que han desdeñado amores
Como el sabor de un vino en el paladar equivocado

Criatura extraña
Rara —dicen de mí—
Son los adjetivos que me endilgan

Cansada de navegar
Sin un par de brazos
Un cuerpo hermoso que me albergue
He decidido   no buscar más
Y tenderme
Simplemente tenderme
Sobre un lecho de flores amarillas.

CONTEMPLACIÓN

La página
Vuelo de mariposa
Cierra las alas
El poema
Se queda quieto
Entre tus labios.

SABIDURÍA

Para Inga que es sabia en todos los sentidos

Sin duda
La embriaguez
Es el estado perfecto
A la hora de amar
Ya que tiene el don
            de eliminar por completo
                los falsos pudores.

COMBATE

El espejo dibuja dos cuerpos
Como el amor consiste en alcanzar lo imposible
Se desafían e intentan ser uno.

PRETENSIONES

Después de la bella tormenta
Llega la predecible calma
Me pongo los zapatos
Salgo a la calle
Sacudo las ramas de los árboles
Sedienta bebo las últimas gotas de la lluvia
Quiero creer que puedo provocar un huracán.

PRESAGIOS

Las suicidas duermen
Esperan la hora en que el sol termine de caer
Que llegue la noche con su trajín de sombras
Que las aguas del mar inunden la habitación
Que los delfines les hablen desde el fondo del océano
Que les enseñen a devorar peces

Están solas
Lloran la presencia de un amor ausente

La tarde cuerpo de caballo se pinta de rojo
En medio del festín se da de puñaladas
Espera la lluvia para lavar sus heridas

Las suicidas
—Quienes no van a misa por el horror que les causa el Cristo crucificado—
Reverencian el fuego que cuelga de la última nube

Fuman el último cigarrillo
El polvo de la ventana les hace recordar que se encuentran solas
Sienten miedo de la voz que las persigue

Para salvarse sueñan.

ENZIA VERDUCHI

LAS ORILLAS DEL VIENTO

Decidimos aquella tarde recorrer la costa.
En silencio nos preguntamos acerca de la lejanía,
del espejo que nos separa del origen,
el mar.

¿Sabías que te concibieron en un llano rodeado por siete colinas?

Aún no conoces la tierra de tu padre,
que pudo haber sido la tuya.

He visto al Mediterráneo disolverse tras el rastro de una estela.

Izela y yo guardamos fragmentos de sueños
en pequeñas petacas, zarpamos hacia lugares
que sólo conocíamos en cuentos que relataba la *nonna*
para resucitar a su marido *bersagliere*.

(Mamá, con su breve globo terráqueo,
caminaba decidida por los aeropuertos:
Madrid
Montreal
New York)

Nos ciñó la lengua extranjera
la idea de explorar un continente ajeno
poblado por abuelos, tíos y primos.

Naciste con los nortes de diciembre
Dalva (¿por qué ese nombre portugués?)

En italiano mal pronuncias, dices:
"Me gusta Campeche… Roma está muy lejos".

(1967.) Nació en Roma, Italia, el 24 de noviembre de 1967. Vive en México desde los cinco años de edad. Es licenciada en periodismo y ciencias de la comunicación por el Instituto Campechano. Además de poeta, es narradora. Ha publicado dos libros de poesía: *Cartas de usurpación* (1992) y *El bosque de la hormiga* (2002).
Lecturas recomendadas
Cartas de usurpación, UNAM, México, 1992.
El bosque de la hormiga, Ediciones sin Nombre, México, 2002.

§ Observamos cómo se borraba el trazo elíptico de un ideograma en la arena.
Tengo el recuerdo de un día augusto y un nocturno bolero.
Comprendí entonces que el viento siempre es el mismo.

PALABRAS PARA UN DÍA DE CAMPO

Para Coral Bracho

No conocimos la experiencia de un mantel
a cuadros sobre la hierba, no presenciamos
la huida de un sombrero de paja con el viento.
Quizá segar el campo hubiera sido útil
como importante es para las mujeres
lavar la ropa juntas, contarse anécdotas
que jamás sucedieron.
No existió tiempo, el necesario,
para la contemplación.
Demasiados acres nos alejaron
de la ilusión posible, del paso
de la hormiga por la pierna.

RADIO DE ONDA CORTA

A oscuras mi padre sintonizaba la radio:
una pelea de box en japonés,
la crónica de un atentado en italiano
o la caída de un avión en ruso.
Aunque los periódicos al día siguiente
desmintieran sus versiones, él se entendía
con la frecuencia y la estática.
Fiel receptor de hechos incomprendidos
a lo largo del cuadrante, insomne
en las ondas de alguna estación.
Mientras, junto a él, mi madre
soñaba encontrar un interlocutor.

NIEVE EN LA TERRAZA

Dicen que conocí la nieve en una terraza,
pero jamás la he tocado,
su blandura o su dureza desconozco.
En cambio recuerdo esa terraza
por un pino enorme en una maceta,
por mis padres bailando *Lady Day* en voz de Sinatra,
por la felicidad que ofrecía el mirar hacia todos lados.
No, yo no conozco la nieve,
aunque me muestren una fotografía y casi me convenzan.

Sólo sé que cuando nos despedimos de ese espacio
—propio para la sobremesa en el verano—
comprendimos que ningún lugar nos pertenecía.

GEOGRAFÍA FAMILIAR

La familia sólo coincide en bodas o entierros,
los parientes se reparten estrechos abrazos,
retoman una conversación nunca concluida:
las mismas preguntas, las mismas respuestas;
como si el domingo hubieran compartido la mesa
o el miércoles se prestaran el hilo dental.
Nos hemos convertido en una tribu aburrida
que se escandaliza cuando alguno
decide ser alpinista o bailarina de cabaret.
Pero siempre tenemos presente a nuestros muertos,
aquellos que no harán las mismas preguntas, quizá
porque no tendremos que dar las mismas respuestas.

PIETRALUNGA

Para María Volpi

Regresaste, María, a la tierra cansada
que aún engendra la semilla de anís:
Pietralunga del terco dialecto.

Las mujeres manchan sus dedos en el aroma
de las almendras, detienen la vista
ante la colina preciada por su reserva de caza.

Regresaste para olvidar la sombra inútil
de un avión, tender al sol sábanas blancas
como hermosas banderas.

Umbria es el ciprés camino a Gubbio,
son los hombres que fuman en la plaza,
nombres ocultos bajo piedras:
Pietralunga son tus manos entre un nido de águilas.

MAR DE IRLANDA

Para Mauro Bozeto y Marino Zeppa

Las piernas sostenían el galope de animal
luchando contra el aire:
corre, corre, muchacha.

Tanto mar para una isla,
laderas por recorrer,
tanto cielo sobre la bruma.
Desde Dún Laoghaire
se escucha ese golpe de agua
y se desborda el índigo en las landas
de la península de Dingle:
corre, corre, muchacha.
Amigos, jóvenes desbocados,
gritaba: "¡No seré la última en llegar!".
De lodo y viento fue su alegría
en el linde de los acantilados de Moher;
era el mar en los ojos, Dios en la tierra.

SEÑORA LEXOTAN

Para Alfredo E. Quintero

Qué son seis miligramos
tres veces al día si con ello
se pueden anestesiar los sentimientos,
si controla la ansiedad del todo.
No ríes, no lloras, no percibes
ni el principio ni el fin del mundo.
Basta con abrir la boca:
el ama de casa no es indecisa
ante la gama del supermercado;
los adúlteros no discuten
la orfandad en el tálamo;
nada agrede al taxista
sólo el alto que obliga el rojo.
Señora Lexotan, con usted
no hay cabeza que perder.

JUAN MANUEL GÓMEZ

DUERMEVELA

Instead of the cross, the Albatross
About my neck was hung.
                          COLERIDGE

1

Un ave aterriza en mi sueño
Bate sus enormes alas violentamente
Negro albatros
gigantesca e imposible ave negra
irrumpes en un territorio estéril
Te posas en la única rama seca de mi tibio sueño
que al despertar permanece

2

Hay una hora secreta en que los gatos se transforman
Duermen
pero andan a tientas por la oscuridad
estáticos
entre las ruinas de un sueño
Esta noche está llena de gatos que atraviesan su cuerpo
como si fuera un espejismo Ana Luisa

pero es tan real como ellos

3

Si un día llegara a alcanzarme
esa mano que vehemente sigo
que tanto tiempo he anhelado estrechar

(1968.) Nació en la ciudad de México, el 3 de marzo de 1968. Es licenciado en ciencias humanas por la Universidad del Claustro de Sor Juana. Además de poeta, es ensayista, antólogo, traductor y editor. Ha publicado tres libros de poesía: *3 cuadernos de navegación* (1996), *Ballenas* (2003) y *El libro de las ballenas* (2004).
Lectura recomendada
El libro de las ballenas, Conaculta, México, 2004.

pero de la cual escapo al punto
terminaría este retumbar de sangre en el estómago
con un sonido seco

Serviría entonces
por lo menos
para cerrar mis párpados rígidos
por última vez

4

El barco que sumergido en el tiempo
surca el mar de la duermevela
varado en el fango
con su blanca vela recorta el horizonte abisal
No hay en él alma alguna que sepa decir una palabra
Leve la tempestad lo tambalea
A punto de desdibujado desaparecer
reconozco en él apenas una línea tenue
de lo que fui
No me resigno a perder lo poco que había en mí con vida
Un puñado de pólvora seca para incendiarme
Un leve resplandor
siempre habrá

UNDERGROUND

1

En el remolino de la memoria
Giran objetos del pasado
Ante mis ojos incrédulos
Ineptos a veces para reconocerlos ya
¿Qué es eso que parece un caballo de madera?
¿Y aquel barco? ¿Y esa melena pelirroja que hondea?
¿Acaso bebí un día de esos labios resecos?
¿Estuve quizá perdido en esta misma apretada niebla? ¿Dónde?
Y pasan de largo imágenes insólitas
Innumerables
Fotografías desgastadas
Que poco a poco
Empiezo a olvidar
Se desdibujan los contornos
Las aves se vuelven el cielo enorme
Entre esta maraña vertiginosa
Sin embargo
Llega puntual
Siempre
Como un pequeño planeta

Trazando su órbita
A paso lento
Un recuerdo intacto
La madrugada en Brooklyn
Los muelles solitarios
Tu cara y las luces de Manhattan
El puente
Un abismo desbordaba tu piel
Y, tras los ruidos incesantes de la ciudad,
Una dulce voz de mujer que repite
ne me quitte pas

2

Nada que reportar
Éste es un tren circular
No hay tampoco cosa alguna
Que pueda perturbar
Su monótono viaje
En donde las paredes
Queda claro
Son las mismas
Y
Queda claro también
Se repiten en ciclos de trepidante
Meteórica
Frecuencia exacta
Pasa
Por ejemplo
Que te sales tú
Aquí
En la estación Jardín de las Nubes
Una meta sin ti
La renuncia
El dolor
Y el llanto
Y la alegría después
Todo a medias
Te vuelves a subir
A la siguiente vuelta
Y sucede
Entonces
Que este temperamento melancólico mío
Se enajena
La estación Hoja Muerta
También se repite en ciclos
Horas
Besos secos
Cama-Ataúd es la misma
Contigo o sin ti

Cama-cancha de futbol
Tren ruidoso
Éste
Pero de una esterilidad aterradora
Sin embargo
Cada vez que Espejo Negro se cruza
Veo mi silueta tremendamente acorralada
Y mi barba más cana
El tumulto de Atocha es el mismo
Cada vez que paso por La Gran Vía
Alguien se baja
Ya no me saben los dos minutos que dejo el tren en Escapatorias
La tentación de quedarme ahí es cada día más grande

3

Prefiero este tren
Porque bajo el metal de sus ruedas
Aun ausente
Se escucha el crujir de las hojas secas
Porque solo
Rumbo al otoño
Marcha sin detenerse
Prefiero este tren
Porque nadie lo ha visto
Acaso ruinas de sombras
Con grietas
Que dejan escapar
Luces violentas
Prefiero este tren
Porque extiende sus alas
Estructuras de acero
Montañas
Y surca los aires
Como una brisa
Como unos pocos cabellos de mujer que se rebelan
Prefiero este tren
Porque a su paso
La tierra tiembla
Cuando sus violines
A lo lejos aúllan
Y se estremece el corazón del mundo
Prefiero este tren
Porque en su interior
Un caballo
Corre desbocado
En dirección contraria
Azotándose contra las paredes
Atravesando con el hocico las ventanas
Rompiendo sus cascos

Rompiendo sus cascos
En las frías aristas de los vagones
Y cae
Y grita desesperado
Y se resbala con su propia sangre
Prefiero este tren
Porque una tras otra
Bandadas de aves
Y miles de peces
Y las rocas
Y manadas de búfalos
Lo atraviesan
Como si fuera un espejismo
Prefiero este tren
Porque sólo quiere llegar al otoño
Y cuando llega
Como una ráfaga
Pasa de largo
Por andenes cubiertos de hojas secas
Prefiero este tren
Porque cuando emerge del mar
Abre sus puertas
Carcomidas por el salitre
Y las luciérnagas se alejan
Despavoridas
Prefiero este tren
Porque vuela
Clavándose hondo en el suelo
Y por sus ventanas se asoman
Escombros
Fragmentos prietos y negros y blancos
De seres que alguna vez fueron hombres
Prefiero este tren
Porque se mete en los sueños
Sin ser visto
Y se prende la aguja de los
Escalofríos
Que nadie recuerda

VUELO VERTICAL

Vertical avanza
abriéndose paso entre la oscuridad.
La cerrada noche
se le pega a la piel
como un traje elástico;
penetra honda,
hurga el primer esmeril de sus blancas cicatrices.
Ni siquiera recuerda,

al sentir de pronto ese helado contacto,
cuál es el origen de los caminos y sus bifurcaciones,
—arroyos, ríos, lagos enormes cristalinos,
diminutos remansos ennegrecidos donde crece el loto—,
ni el fin ni el centro
ni los escalofríos, corrientes eléctricas al fin,
ni la lágrima inútil
que terca brota y terca se separa del cuerpo,
oteando un miserable rayo de luz que la haga ser lo que ha soñado,
antes de chocar con cualquier insignificante basurilla y despedazarse.

Cae, sí, vertical,
pero lenta, muy lentamente.
Su desplazamiento es apenas un soplo,
una silenciosa palpitación
que se abre paso en la mar gruesa,
sin perturbarla.

Sola, una ballena estática,
completamente vertical,
acaso suspendida por imposibles cuerdas tirantes
o cinturones de acero
o sobre un potro.
Sola, mientras sus vértebras saltan,
una ballena descansa,
agotada, con los ojos cerrados
en medio de la noche abisal.

Tan hondo el mar es quieto,
sus aguas enrarecidas y turbias son como el fango.
Tan hondo la luz no llega,
sus rayos se detienen, moribundos, y desaparecen.
No hay arriba
ni abajo
ni viento.

MARIO BOJÓRQUEZ

OISSEAUX

Siete pájaros persiguen el verano.
Tres pájaros piensan que el verano está en el Sur.
Dos de ellos creen que el Sur es una región de los Cielos.
El tercer pájaro les sigue.
Otros tres esperan en una montaña al Séptimo Sol.
Alguien cuenta que el Séptimo Sol es un pájaro del Sur.
El Séptimo Sol en su vuelo va sembrando veranos.
También el último pájaro conoce la historia.

LA INNOMBRABLE

Era la noche
y un pedazo de luna íntima.

Nunca nos conocimos
y hacíamos el amor
como desde lejos.

Besabas mi cara
desde la otra acera.

(1968.) Nació en Los Mochis, Sinaloa, el 24 de marzo de 1968. Es licenciado en letras hispánicas por la UNAM. Además de poeta, es ensayista, crítico literario, antólogo, traductor y editor. Ha publicado quince libros de poesía: *Pájaros sueltos* (1991), *Penélope revisitada* (1992), *Los domésticos* (1993), *Bitácora del viaje de Fortúm Ximénez* (1993), *Nuevas coplas y cantares del Temible Bardo Eudomóndaro Higuera Alias El Tuerto* (1995), *La mujer disuelta* (1995), *Macehualiztli, canto y baile mexica* (1995), *Contradanza de pie y de barro* (1996), *Diván de Mouraria* (1999), *Pretzels* (2005), *El deseo postergado* (2007), *Y2K* (2009), *El Cerro de la Memoria* (2009), *Hablar sombras* (2013) y *La Julianada* (2014). En 2012 antologó su obra poética en el volumen *El rayo y la memoria*. Es autor de la antología *El oro ensortijado. Poesía viva de México* (2009). Entre otros reconocimientos, ha merecido el Premio Nacional de Poesía Enriqueta Ochoa (1994), por *Contradanza de pie y de barro*; el Premio Nacional de Poesía Clemencia Isaura (1995), por *La mujer disuelta*, y el Premio de Poesía Aguascalientes (2007) y el Premio Alhambra de Poesía Americana (2012), por *El deseo postergado*.

Lecturas recomendadas

Diván de Mouraria, 2ª edición, Universidad de Guanajuato, Guanajuato, 2007.
Y2K, Círculo de Poesía, Puebla, 2009.
El Cerro de la Memoria, Ayuntamiento de Culiacán, Culiacán, 2009.
El deseo postergado, 2ª edición, Valparaíso Ediciones, Granada, 2012.
El rayo y la memoria. Antología de primeras letras (1991-2005), Conaculta-Círculo de Poesía, Puebla, 2012.
Hablar sombras, Andraval, Culiacán, 2013.
La Julianada, Cartonera La Cecilia, Zacatecas, 2014.

§ Eras tú y lo tuyo
nunca yo
y fue lo mejor.

Era mucho el dolor
para vivirlo a solas.

CASIDA DE LA ANGUSTIA

I

Un ácido durazno
                    una escaldada lengua de durazno
un picante y ardiente y amargo y picante durazno
en la escaldada lengua, oh tristes,
                              eso es la angustia.

¡Ah! sonrisa estudiada, aligerada ensayada en el espejo
de lo que no digo.
¡Ah! estúpida respiración despepitada, oprimida, deletreada
veneno inocuo
              ulceración.

Qué frágil corazón para el que sufre angustia
qué lenta máquina, qué desastrada
y lenta máquina es el corazón.

II

No conoció la fiebre
mi lengua no conoció la fiebre
no se alzó enardecida para un canto febril
sólo un cantar alegre
                        oh tristes
sólo un cantar alegre
                    cantaba mi lengua en su canción.

III

Este veneno ya estaba en mí
en mi sangre
antes de mí, mi sangre ardió,
antes de mí, mi sangre envenenaba a otros,
mi padre y su padre y sus abuelos, todos heridos
hasta el principio primordial.
Todos ardían como yo
todos arden conmigo.

IV

Pero el veneno escalda la lengua más feliz
Oh, tristes.
Hablo de mí, sólo de mí.

CASIDA DEL ODIO

I

Todos tenemos una partícula de odio
un leve filamento dorando azul el día
en un oscuro lecho de magnolias.

II

Todos
tenemos una partícula de odio macerando sus jugos,
enmarcando su alegre floración,
su fruta lánguida.

¿Pero qué mares
ay, qué mares, qué abismos tempestuosos golpean
contra el pecho y en lugar de sonrisas abren garras, colmillos?

Levanta el mar su enagua florecida, debajo de su piel va
creciendo una ola dispersada en su vacua intrepidez elástica.
Levanta el mar su odio y el estruendo se agita contra los muros
célibes del agua y atrás y más atrás viene otra ola, otro fermento,
otra forma secreta que el mar le da a su odio, se expande sábana
de espuma, se alza torre tachonada de urgencias; es monumento
en agua de la furia sin freno.

III

Todos tenemos
una partícula de odio
y cuando el hierro arde en los flancos marcados
y se siente el olor de la carne quemada
hay un grito tan hondo, una máscara en fuego
que incendia las palabras.

IV

Todos tenemos una
partícula de odio.

Y nuestros corazones
que fueron hechos para albergar amor
retuercen hoy los músculos, bombean
los jugos desesperados de la ira.

Y nuestros corazones
otro tiempo tan plenos
contraen cada fibra
y explotan.

V

Todos tenemos una partícula
de odio
un alto fuego quemándonos por dentro
una pica letal que horada nuestros órganos.

Sí, porque donde antes hubo
sangre caliente, floraciones de huesos explosivos,
médula sin carcoma,
empecinadamente, tercamente,
nos va creciendo el odio con su lengua escaldada
por el vinagre atroz del sinsentido.

VI

Todos tenemos una partícula de
odio
y cuando el índice se agita señalando con fuego,
cuando imprime en el aire su marca de lo infame,
cuando se erecta pleno falange por falange,
¡ah! qué lluvia de ácidos reproches,
qué arduos continentes se contraen.

El gesto, el ademán, la mueca,
el dedo acusativo
y la uña,
 ¡ay! la uña,
corva rodela hincándose en el pecho.

VII

Todos tenemos algo que reprocharle al mundo,
su inexacta porción de placer y de melancolía,
su pausada enojosa virtud de quedar más allá,

en otra parte,
donde nuestras manos se cierran con estruendo
aferradas al aire de la desilusión; su también,
por qué no, circunstancia de borde, de extrema lasitud,
de abismo ciego; su inoportunidad, sus prisas.

VIII

Todos tenemos algo que decir de los demás
y nos callamos.

Pero siempre detrás de la sonrisa
de los dientes felices, perfectos y blanquísimos
en sueños destrozamos rostros, cuerpos, ciudades.

Nadie podrá jamás contener nuestra furia.

Somos los asesinos sonrientes, los incendiarios,
los verdugos amables.

IX (CODA)

En alguna parte de nuestro cuerpo
hay una alarma súbita
un termostato alerta enviando sus pulsiones
algo que dice:

ahora
y sentimos la sangre contaminada y honda a punto de saltarse por los ojos,
las mandíbulas truenan y mascan bocanadas de aire envenenado y la espina
dorsal, choque eléctrico, piano destrozado y molido por un hacha y los vellos,
las barbas y el escroto, se erizan puercoespín y las manos se hinchan de amoratadas
venas, el cuerpo se sacude convulsiones violentas y todo dura sólo, apenas, un segundo
y una última ola de sangre oxigenada nos regresa a la calma.

EL DESEO POSTERGADO
[Fragmentos]

Escucha cómo late tu sangre
Cómo pierde el oído su pulso acelerado
Escucha el ardor de las venas bajo la coraza de tu piel
Súbete en el caballo desbocado de tu sangre en la vena
Dale sangre a tu vena
Dale vena a esa sangre para que corra

Ahora que ya es tuya
Que vas con ella montado en su sonido
Observa que cojea, que su potro ha quedado mordido por el hambre
Que un destino ha baldado su galopar esbelto
Que se oxida la grupa

§ Corre en tu sangre los caminos vedados a la conciencia
Siente la espina injertada en el casco

*

Sin tierra que me cubra
Sin tierra van mis blanquecinos huesos
Sin tierra, sin ya no más, sin tierra

Puse mi corazón, puse mi frente
En otro sueño inalcanzado apenas
Tejiendo con mis huesos alegres un futuro
Tejiendo con mi amor jardines plenos

Puse mi corazón, puse mis ansias
Puse todo de mí para servir al día

*

Caminar por entre espinos secos sin ya reconocer
La propia tierra, el solar demarcado por el amor y el sueño
El alto sueño

No vi crecer los árboles que un día
Me llenarían de frutos y de sombra
No vi crecer el polvo que cubriría mis huesos

Que se oiga la canción del que levanta vuelo

*

Lava tu cuerpo a la orilla del agua
Que se lleve tu angustia corriendo hacia otros mares
Talla la costra acumulada en tus pliegues
Sin miedo a que se lleve también tu propia piel
Lava tus manos de toda su impiedad
Que nunca más señale ese dedo la infamia
Que nueva y limpia, que inocente
Pueda estrechar sin duda las manos de otros hombres
Lava tu cara y tu cabeza en el agua corriente
Que se borren los gestos miserables
Pensamientos funestos
Lava tu alma corrige tu escritura

LEÓN PLASCENCIA ÑOL

ENJAMBRES
[Fragmentos]

Viste morir los soles del deseo,
las dalias negras que el viento cubría como un arcángel paciente.
(En el acantilado un caracol aguarda la señal del vigía.)
Soñaste con una casa soleada, su patio cubierto con flamboyanes y limoneros,
su olor de cafetal y jazmines en la cocina,
sus fantasmas azules vagando en las habitaciones
y al fondo de todo eso, en el lugar de siempre,
dos lagares y uvas en donde obtener el mosto.

Dijo aire; el viento arroja su trébol de agua en las mañanas.
Impaciente el viaje de los corderos y las vacas,
cencerros del mediodía, canicas multiplicadas en la frivolidad del bosque.
Toda mirada en la nerviosa curiosidad, en la adorada caricia
y el fuego no puede izar un pájaro,
no puede en el calmo recuerdo traspasar las barreras de la incongruencia en donde había
    delfines errantes y ciruelos que balbuceaban tu nombre.
Si en el secreto se deslíen las ramas
el Errante comprende los pasos de la Madonna,
los disfraces del Músico Pordiosero: húsar pálido,
reina egipcia que guarda en su túnica un ave ciega,
caracol leve, mortecina sombra que avanza y todo lo oculta en el oscuro furor
    de las ausencias, en los cocoteros y en la bahía arrogante y anónima.

En el claroscuro se suspende la brisa (espejo),
dormita el segador su siesta de tortugas
y sabe que en el cielo una parvada arroja sus espuelas, fiebre de invierno,
    flor del desasosiego.

(1968.) Nació en Ameca, Jalisco, el 21 de mayo de 1968. Además de poeta, es narrador, guionista, editor y artista visual. Ha publicado once libros de poesía: *El desorden de tu nombre* (1990), *Blues de septiembre* (1991), *Arden las bestias al costado del insomnio* (1993), *Estación llena de pájaros* (1993), *En los párpados del aire* (1994), *Bitácora de anunciaciones* (1997), *Enjambres* (1998), *El árbol la orilla* (2003), *Zoom* (2006), *Revólver rojo* (2011) y *Satori* (2012). Entre otros reconocimientos, ha merecido el Premio de Poesía Álvaro Mutis México-Colombia (1996), por *Enjambres*; el Premio Nacional de Literatura Gilberto Owen (2005), por *Zoom*, y el Premio Iberoamericano de Poesía Jaime Sabines para Obra Publicada (2012), por *Satori*.
Lecturas recomendadas
Zoom, Aldus, México, 2006.
Revólver rojo, Bonobos, Toluca, 2011.
Satori, Era, México, 2012.

§ Alrededor de la tarde el mundo sucede, lienzo de sabores,
la mirada es un tentáculo líquido. Aquí, aire.

*

En la cima de las palabras escrutándose
(el nardo se perfila). Caen una a una,
despacio, en la sorpresa del bosque. Otro día.
Comienzo del idioma (sitio).
Merodea el aire como siempre, visible anguila.
El lenguaje es la alabanza de los mapas, cisne deseoso,
ortiga (allí en el corazón se olvida todo).
En el aposento los sucesos,
hormigas pálidas, pócimas para el empedrado, humo delirante.
Hoy el viaje es visible (ruta enmarcada por la risa).
Dijo aire; penumbra al fin, refugio.

*

Incógnitos los ojos resplandecen entre el cielo y el aire: los ojos: el ángel.

*

Mudo el aire cercano al parque,
los árboles del estupor crecen en tu rostro,
las hojas son la memoria del otoño,
su luz precipitada,
su herida que es viento, agua
como fiebre, párpados: piedra.
¿Qué haremos ahora después de tanto aire?
En el alba de los asombros
tocas su mano desnuda, su risa
y el mediodía tiene su paciencia animal.
Dijo aire; vocales borradas por la ausencia.
Miras por encima de sus ojos un pájaro hechizado, un volcán y
una rosa: éste es el comienzo de todos los inicios.

IMITACIÓN DE JOSÉ WATANABE, QUIEN A SU VEZ IMITA A BASHO

Los dragones voladores despiertan
una insospechada duda: ¿cuánto del río subsiste
en el poema? Aletean minúsculos frente a mí y yo quisiera escribir
un *sijo* para ti. Tengo compasión: la roca
está cansada por el paso del agua, choca contra ella y la rebasa. No
hay molde para contener un ejército de dragones alados enfrentándose
a la brisa que sale de los juncos. Quería hablarte en este poema
sobre la belleza roja del paisaje. Fue sólo un momento. Vi el agua
descender abochornada por el río: se cubría los pliegues y aparecieron ellos,
un ejército marcial y fiero. Todo el rojo no cabe aún, explota

silencioso. Las hojas del árbol parecen garras que se abren rojas
también en su melancolía. Quería escribirte este poema. La lluvia no me deja. Sólo
conservo del paisaje lo que ya olvido. ¿Cuánto del río subsiste entre nosotros?

ENCONTRADO EN UNA LIBRETA DE MP

This is what I am doing now.
MP

Esto lo estoy haciendo ahora.

Colinas rojas frente al cementerio, dices.

Una superficie brillante en la mesa, papeles dispersos, un chorro cayendo en el búcaro, desperdiciados
colores entre el humo.

Como un brazo extendido.

No hay escritura visible.

Dice: al borde del hombro, en el pliegue de la boca. O cambias de posición en la tumbona—
Letras que se oscurecen.

Me gustaría irme a Madagascar. Aprendí a encontrar los signos ocultos de la lámpara.

Di: Esto lo estoy haciendo.

Di: El muelle es algo que te mencioné. Como mi nombre,
la botella y guijarro.

Posiblemente la puerta entreabierta. El lenguaje.

Di: las nubes de Hong Kong son muros, dices.

Estas brisas.

Estos árboles que perdí, me acostumbré a decir, dices.

Hubo un camino.

Antes de saberlo, las olas tuvieron algo de familiar. Es lo mejor que pude hacerlo—

Di: ahora una seguridad, unos lugares.

Di: la playa afecta a la alabanza.   Lenguaje, dices.

La primera estela, la rompiente.

No hay complejidad en los suburbios. Johnson, Blake, Williams.

¿Antes hubo amor?

Hablo como un recolector de algodones, dices.

El lenguaje es un guijarro.

PAISAJE Y GESTOS

Para Cecilia, porque pudo salir de sus infiernos

Si fuera tú, le digo,
esperaría primero una imagen antes
de intentar un *discurso natural*. Por ejemplo,
preguntaría sobre las gotas esparcidas
en las baldosas y no por el duque de Sforza.
Lo vimos aquel día, ¿lo recuerdas? Aunque creo que lo olvidaste,
como las flores que tiramos a la basura. Hay gestos
tan livianos que están presentes: un poco
de café en tus labios, el dedo
que toca la expresión de extrañeza de tu ceja. Una nube
que es serpiente. Algo de Valéry
diría pero callo. Había montículos
de arena, zonas abandonadas, un estrella reluciente
en pleno azul y una franja de robles al cruzar
tan sólo la avenida. Si fuera tú, detendría la vista
en este paisaje de edificios. Son hormigones, concreto
que se alza. Pero no hay abandono, hay belleza
entre los escombros, la grúa que gira, los castillos
que sostienen estos mundos. Una estela, un muro
de lluvia ligera no ahuyenta la visión
de que algo ha cambiado. En ciertas horas
hay reiteración en el orden natural
de la luz. No podría decirlo.

RECONSIDERACIONES PARA UNA MONOGRAFÍA

　　Disfruta
el propósito púrpura del día (Ángel Ortuño).
Disfruta. Hay una historia que ejemplifica otra historia. Es otro
día, por ejemplo: un cuadro de Tàpies: Barcelona: la lluvia, por ejemplo
hay fuego en la torre o en el cielo. Es otro
el nombre: púrpura el alfiler y la ola casi. Una columna, eso,
una columna, una tarde de otoño: trazos de Cy Twombly,
eso, por ejemplo: es el propósito: oscuro de Dios
en esa historia: ¿cómo fue la luz de San Vito en *ese* día? Disfruta
de los naipes de África, de las figuras diminutas de Boltanski
que algo decían. Esto no dice nada. No podría (Ortuño, *dixit*). Cómo
entonces la historia en otra historia, por ejemplo:

un tren rumbo a Granada: molinos eólicos. Hay tiburones
que se hunden en el living. No es así, por ejemplo otro día,
un propósito, eso, nada más o *La piedra de la locura*,
ya lo sabes, eso, sí, un cuadro pequeño: otro día. Un poco de lluvia,
un poco, en el mar de árboles. Algo se dijo: disfruta,
por ejemplo, el cabello mojado y el frío. No podría. Las aves
son como hélices blanquísimas, por decir algo ese día:
un propósito, hubo, por ejemplo: flexionar las piernas en otoño: hay
perdigones en la sangre, eso. Un día de gamuza y marineros,
de Tramp Steamer y gaviotas. *Esto no dice nada.* Rauschenberg
y un limón maduro en el bolsillo: disfruta el púrpura del cielo,
eso, y el cementerio judío que es otro cielo, eso, nada más.

PENTIMENTO
Seúl, julio de 2007

bajo la fractura del árbol hay una secreción. no existe equilibrio entre la belleza y el nombre musitado.

trazos del paisaje que se quiebra. algo de luz en lo negro. fisura accidental: un sesgo, un pliegue, una herida. todo está.

bajo los tejados hay una luz impenitente. golpea con fuerza el viento detrás del muro. volverá el ciervo a pisar el amarillo de tu nombre.

esas casas son como los rostros que tuvo el dios de las cosas vacías. casas para siempre o un momento. la no-palabra.

un estanque con lotos es fuego apacible. o casi quebradura, quiebre. o casi velada profusión de susurros. o casi un estanque de lotos.

hay palabras que nunca dijiste. como la lluvia en los álamos temblones y los pinos. estoy en la montaña: es la herida roja.

no decir aún o desde luego. (los caballos rojos pisan con premura tu ácida costumbre de negar.) hay algo nuevo no nombrado, vuelo del *kkachi* en la ventana.

negro sobre negro o arboladura que dura un instante.

el reflejo de la grulla en el lago. el reflejo del reflejo. tensión. casi expansiva. todo orden requiere que tu voz se abra a lo negro. breves pespuntes de lo negro sobre blanco.

un bosque de bambúes es un dardo en el paisaje. verde en lo rojo del paisaje.

la lluvia tiene algo de desolado desconcierto. vi dos *kkachis* guarecerse en el álamo temblón. manchas opacas entre el verde.

negación o cuchillo dentro de la herida. la fiebre del agua choca contra las rocas. un golpe, otro: el buda se deslava.

§ no. hambre del no. como el tejado y las grullas. no. a veces lo pensaste: dos piedras calizas hacen una barca perdida en el horizonte. no el resplandor, es el destello que choca entre las rocas lo venidero. hambre del no. negrura.

a través de la ventana llegan cientos de luces que podrían ser otra cosa: una hoja de bambú, una rama de *neeti*, una pata de *kkachi*. los ojos apresuran lo no cierto. esta lluvia trae signos aparentes.

un muro de juncos y el rumor del agua. despertar los sentidos a la no-acción. estado de alerta. un muro de juncos. explota la palabra entre la arboladura roja del camino.

mirar de cerca los objetos: su otra vida no evidente. romper de tajo el cerco que tienden las palabras.

se va con lentitud por las montañas. cierra lo verde. aspira a no saber. destrúyete como una azálea en medio de los bancos, y olvidada.

esta lluvia no miente. deslava puntual el camino. quedan las pisadas matutinas, un agrio olor que no se disipa, y tu rostro que hiere con la tristeza amarilla de los carpinteros.

la lluvia se levanta lentamente rumbo a la montaña. es una gasa húmeda: rastros del cielo que vuelve.

es muy espeso el nombre de lo nombrado. no tiene cabida. como el amarillo de las hojas. como el negro de los surcos en tu mano.

diferentes lenguas, casi como ríos diferentes. o diques que contienen consonantes ácidas, quiebres ante el fracaso y un poco de dolor. pero el cielo está vacío.

tus ojos se extravían en la luz: nada acontece. primero un rayo, luego lo negro. tienes frente a ti un bosque de árboles rojos y el estruendo del río que desciende. nada en el pozo: vago pronombre que dijiste.

ríos de luz en el riachuelo. casi la sobre luz. fugaces insectos. ya no quedan rastros de los nombres en la piedra. un dragón volador se aligera.

ÓSCAR SANTOS

A VECES LA NOCHE...

A veces la noche es la pesadilla más larga
y no es posible despojarse de la oscuridad
que llena con palabras a nuestros corazones
abatidos por la lluvia.

Entonces andamos a ciegas por la casa.
Derramamos un poco de nosotros
cada vez que el reloj de la avenida
se detiene.

Viajo en las naves del viento.
Repico las campanas de la niebla y apresuro
el paso de las horas que mueren.

No hablamos jamás acerca del amor
Que nos sostiene en el mundo.
No tomamos parte nunca
en las alianzas de Dios entre los hombres
ni miramos en las calles los rostros
de los desamparados.

Por eso es tan larga la cadena del invierno.
Por eso esta noche se desatan los demonios.

UNIVERSO PARALELO

Existe un lenguaje y un número infinito de palabras. Ahora, mientras esto escribo, algunas de ellas acuden como insectos convocados a la luz. ¿Por qué comienzo así? Porque el día amanece con su sol cubierto de nubes y también porque recuerdo el primer año, y el segundo, y los que vinieron después. En el espejo del

(1968.) Nació en la ciudad de Aguascalientes, el 17 de junio de 1968. Es ingeniero civil por la Universidad Autónoma de Aguascalientes. Ha publicado ocho libros de poesía: *Palabras largas* (1992), *Afuera, la ciudad* (1992), *Dos habitaciones* (1996), *Geometría de acróbatas* (1996), *Debajo del trapecio* (1998), *Bajo los anillos del invierno* (2000), *Libro del entendimiento* (2009) y *Chernóbil* (2011). Entre otros reconocimientos, ha merecido el Premio Nacional de Poesía Efraín Huerta (1995), por *Debajo del trapecio*, y el Premio Nacional de Literatura Gilberto Owen (1996), por *Geometría de acróbatas*.
Lectura recomendada
Chernóbil, Mantis-Universidad Autónoma de Nuevo León, Guadalajara, 2011.

agua recién llovida miro mi rostro y encuentro a otro a mis espaldas. Miro un par de ojos que me miran y en ellos otra agua está llena de preguntas como peces. Más allá, casi fuera del campo visual, un árbol se agita levemente. Aves como hojas como ojos que devuelven la mirada. Soy yo en otro tiempo y en otro lugar como éste. Alguien más se acerca. Reconozco el vuelo de su falda al andar así, siguiendo al viento. Te detienes un segundo y después, te desvaneces. De este lado del espejo llueve nuevamente.

LAS FUERZAS DE DEFENSA DE ISRAEL BOMBARDEAN LÍBANO

Una abeja se ahoga en mi vaso. En la radio el locutor anuncia que han bombardeado nuevamente un edificio lleno de civiles. La guerra esparce su enjambre por el aire y otra vez los muertos son los más pobres. Los más pequeños (dice que han encontrado los cadáveres de 45 niños). La abeja que se ahoga en mi vaso se agita levemente. Los ojos azulados del insecto miran en todas direcciones. Derramo el agua en el césped para que el sol seque sus alas.

APUNTES PARA UN TRATADO DE CARDIOLOGÍA

Figura 1:
El corazón es una fibra impaciente pero tensa que tiene en los extremos dos demonios tristes y en el centro una campana puesta allí para ahuyentarlos.

Figura 2:
En todo corazón hay un jardín. Encerrado en la bóveda del pecho y rodeado por la sangre, un árbol pequeño echa raíces en el ventrículo izquierdo y crece un poco para que en las ramas que saldrán por la aorta, anide cuando llegue, el pájaro ligero del amor.

Figura 3:
Vestíbulo del tórax: Corazón abierto en su latir sonoro (un tambor llama a la noche).

Figura 4:
Tam-tam-tam (escuchas entre sueños). Tam-tam-tam (escuchas a lo lejos). Tam-tam-tam (cuando despiertas).

CRIATURAS IMPERFECTAS

Ahora que recuerdo el árbol de la infancia tenía siempre algunas ramas secas. No importaba que en marzo de cada año fuera azotado con varas de membrillo o que al llegar la pascua un talador viniera a cortarle las mismas ramas siempre. Al árbol de la infancia [quizás un pino o tal vez una acacia] le crecían de nuevo primero como tallos. Después eran bastones cubiertos por un vello tenue casi un pelaje y que morirían antes de junio. Al jardín lo alfombraban siempre esas vainas pequeñas y curvas que en la araucaria [ése era su nombre] pretenden ser las hojas. Mi madre por las noches acerrojaba bien las puertas. Quería dejar afuera el ruido de las vainas al quebrarse bajo el peso invisible de un porvenir que [ahora lo sabemos] traería pronto la muerte. En la mesa tres tazas vacías. Una silla apenas arrimada al borde y ella de pie [siempre de pie] poniendo algo al fuego [cualquier cosa]. Esto que digo lo veo claramente [sin defecto] en la memoria. Tal vez es el recuerdo que se han inventado los años. Una manera distinta para atar las alas del pájaro cruel que anida en el ventrículo derecho [el del rencor, el de la ira] o un sueño.

ESCAPE DE CRETA

Regreso al principio. Al primer día en el mundo. Y lo que veo es una nube emanando de un pocillo. Y lo que huelo es el té de yerbabuena para el cólico de mi madre. Hay, además, un sonido leve. Un tímido arrullo que proviene de afuera. Yo no lo conozco y sin embargo sé que es el ulular del sol cuando amanece y sólo los oídos más jóvenes pueden escucharlo. Y lo recuerdo todo. No el parto. No la larga noche. Más bien el otro sol y las otras nubes. El calor derritiendo la cera. Y las plumas desprendiéndose. Y el alto oleaje alrededor del risco.

UN ALAMBRE LE DA LA VUELTA AL MUNDO

Considera esto: es verdad que un arco te cubre: es cierto que una voz al otro lado del muro ha dicho tu nombre: una mujer que conoces tal vez está siendo amada ahora: algo diferente y cruel sería la noche sin niños durmiendo: en otro continente estalla una bomba: es la energía cinética del hierro en torno a ella lo que abre un abismo en tu corazón: mañana habrá más huérfanos y viudas: un ciego enterrando a su hijo: un arco te cubre: considera esto.

GRAVITACIONES

El continuo puede ser curvado hacia sí mismo por la presencia de cuerpos masivos. En la vecindad de tales objetos el tiempo se dilata de tal forma que un reloj ubicado en ese marco de referencia se detiene. Aparentemente. A un observador situado fuera del fenómeno le parecería que tal reloj desciende por una ruta infinita. Eterna. Se dice.
Eventualmente el universo colapsará en un espacio no mayor que un punto. De manera que el sentido de las cosas yace en el símbolo que espera después de estas palabras y es el único lugar en donde no hemos buscado.

HIJAS

Hay un balanceo sutil en las palabras que las novicias dicen. Un deseo no confesado por gritar dentro del templo. Una terrible ansiedad que se encarna cada noche entre los mantos.

Estas mujeres no miran a los ojos.
Se descuelgan de los más altos éxtasis sagrados cuando un temblor imperceptible las hace gemir cada mañana.

Las solitarias acróbatas de Dios alzan el vuelo.

VISITACIONES

Una mujer que conozco ha venido a visitar la casa.
Puedo verla mientras hace el recorrido desde el vestíbulo hasta el cuarto donde el polvo yace.
Sigue la ruta de los grillos. Toca con las manos de aliento los espejos.
Despacio llega frente a mí. Con el rostro cubierto por el velo de los años me mira.
Habla serena sin mover los labios. Habla conmigo, el que duerme a mi lado.
En otro lugar del mundo, al mismo tiempo, yo de pie frente a la cama de una mujer que sueña y me conoce.

CORIOLIS

El equilibrista está meciéndose al amparo de las altas velas. Los banderines en la cúspide del viento hacen con su cuerpo de listones una reverencia al mundo.
Allá abajo entre los rostros incrédulos de niños una ola de ojos azorados se levanta.
Por el camino de alambre el anciano y su pértiga se alejan.
A cien metros del asfalto el sol más cerca de su centro le somete.
Desde la última ventana de la torre puede verse el balanceo final, y la caída.

CHERNÓBIL
[Fragmentos]

Dicen que tu corazón es un pequeño a rastras sobre el piso. Que no hay nada por hacer sino esperar la noche. Dicen que la noche es el lugar que necesitas. Que en la oscuridad del mundo, cuando él duerme, todos somos iguales. Sin embargo tú sabes que el peso de un latido siempre es distinto del siguiente. Tú sabes que hubo una vida antes y que te fue negada. Que sólo tienes seis años y estás perpetuamente anclada a una camilla. Que le tomaría a tu cuerpo nueve millones de días para sanar. Tienes sólo seis años y ya sabes que el tiempo es infinito.

Darya Zakhanchuck: sufre un mal cardíaco.

*

Los niños en la escuela te ponen apodos. Las niñas no quieren jugar contigo. Al terminar el día vuelves a casa siguiendo al sol que se oculta detrás de un manto gris y polvoriento. (Recuerdas a tu padre que decía que el día en que naciste cayó una lluvia negra.) Detrás de otra nube, se esconde un sueño. El sueño de un hombre adulto, con una mujer, con un futuro. Y tú lo miras apenas pues no te reconoces en los hijos que crecen. Sin la carga pesada que te agobia.

Ramzis Fisullin: 16 años, hidrocefalia.

*

Escuché decir que los mismos vientos que mueven al cosmos son los que me mantienen fija al mundo. Que existe algo microscópico que me ha atravesado el cuerpo y me ha dejado clavada para siempre en la infancia. No comprendo eso que dicen. Lo único que sé es que este lugar no deja de crecer y tengo miedo. Miedo de que algún día, al despertar, me vea envuelta en una sábana enorme y mamá no pueda ya encontrarme.

Ainagul Aksuatsky: 6 años, dejó de crecer desde los 3.

JEREMÍAS MARQUINES

TAU

*Sabes que volverás, que te hallas condenado a regresar, humilde,
donde fuiste feliz.*

FÉLIX GRANDE

Qué voy hacer con ésta mi alma entristecida,
con el este ojo pudriéndose en la eternidad de los espejos.
Con esta ciudad donde acecha la luna
bajo el párpado del loco y uno ya no sabe por qué en los muros
alguien abre un hueco para estar a solas.

Qué voy hacer con mis adioses, si voy al mar cuando los barcos ya se han ido, cuando los pájaros revientan
de tristura entre las rocas.
Entonces digo mar y es el caracol cayendo en su espiral sin fin hasta el vacío.
Entonces ya no basta el silencio para estar triste.

Digo.

Qué voy hacer con ésta mi alma entristecida.
Con este cementerio de nostalgias marineras.
Con esta tristisura que llega sin prisas con el viento.
Qué voy hacer entonces con las voces de mis muertos.
Qué voy a decirles cuando al fin llegue el olvido a desterrarnos.
Quizá prenderles una llama.

Quizá reír frente al espejo hasta descubrir que el aquí no es más que el reflejo de un allá donde gira el ojo
en el agua líquida del fuego.
Donde ojo y pez se transfiguran en el su aniquilamiento formal de las miradas.

Qué voy hacer entonces con ésta mi alma entristecida
Si alguien dice que se muere cuando el viento silba entre los juncos,

(1968.) Nació en Villahermosa, Tabasco, el 15 de agosto de 1968. Radica en Acapulco, Guerrero. Además de poeta, es perio-
dista. Ha publicado diez libros de poesía: *El ojo es una alcándara de luz en los espejos* (1996), *De más antes miraba los todos muertos*
(1999), *Las formas de ser gris adentro* (2001), *Las formas del petirrojo* (2011), *Ensayo para simular un petirrojo* (2003), *Duros pen-
samientos zarpan al anochecer en barcos de hierro* (2002), *Varias especies de animales extraños cubiertos de piel jugando en una cueva
con un pico mientras Richard Dadd observa desde un calabozo de Bethlem* (2008), *Bordes trashumantes* (2008), *¿Dónde tiene el hoyo
la pantera rosa?* (2009) y *Acapulco Golden* (2012). En 2013 reunió su poesía en el volumen *Obra poética 1997-2012*. Entre otros
reconocimientos, ha merecido el Premio Nacional de Poesía Efraín Huerta (1996), por *Del polvo y del olvido*; el Premio Interna-
cional de Poesía Jaime Sabines (2008), por *Varias especies de animales extraños cubiertos de piel jugando en una cueva con un pico
mientras Richard Dadd observa desde un calabozo de Bethlem*, y el Premio de Poesía Aguascalientes (2012), por *Acapulco Golden*.
Lecturas recomendadas
Acapulco Golden, Era-Conaculta, México, 2012.
Obra poética 1997-2012, Universidad Juárez Autónoma de Tabasco, Villahermosa, 2013.

Cuando las olas depositan en las playas blancas salpicaduras de espuma y el mar golpea contra la quilla
　　de las barcas amarradas en los muelles.
Qué voy hacer entonces si todo lo se vuelve lento al su principio, si estas rompidas palabras de amor no
　　dicen nada.

DE MÁS ANTES MIRABA LOS TODOS MUERTOS
[Fragmento]

25

Sucede cuando las vigilias, nos decía, el ojo coronado en sombras
se aluza con las llamas que del viento vienen, asemejan la lluvia,
los más chicos llegan al sonido de campanillas de plata, un día se
van y vienen los grandes y se sientan todos a la mesa entre aromas
de flores, caldo de pollo y pan fresco.

De más antes miraba los todos muertos.
Así, en la calladez de estar ensimismado gota adentro me voy viendo,
como quien se ve en medio de los charcos y se sorprende de ser otro.
Éste era mi cuento de todos los santos,
mi lagañal de perro trayendo visiones de lo que está perdido,
mi visionarla toda Su
como una muchacha que abre las rendijas de su corazón para tragarnos.

—*Con viento suben los muertos y bajan con lluvia*, repetía.
—¿Con lluvia, como un pájaro de agua cuya presencia humedece hasta el último polvito de castigados huesos?

—Por friolenta es que da miedo.
Es decir,
así mi lagañal trayendo lo que sólo el ojo adentro ve.

—Como el pájaro que ahora trae en el pico una ramita de verde sauce.
Como la muchacha que sólo aromas trae el viento.
Ya entonces mi rutinario ver se va enfocando a lo que el viento y sus ganas de voltearlo todo.

—Por eso llueve.
Pero la calladez es de la gota donde el avecilla anida,
entonces sólo están los todos santos, ya uno solo todos santos.
Es por eso que la lluvia viene tan así a entristecernos entre palomas de lamento.

¡Oh! ¡qué luz ha hecho enfermar
mis ojos! que repetidos van
como cortejo de alunados peces

LAS FORMAS DE SER GRIS ADENTRO
[Fragmento 19]

> *Y me encontré de pronto solo en aquellas calles vacías. Las ventanas*
> *de las casas abiertas al cielo, dejando asomar las varas correosas*
> *de la hierba.* *

Después de nosotros, los que quedamos, nos fuimos acostumbrando al luto de los trenes, a los paraderos donde el crimen disimula sus vellos de prostituto virgen, sus caderas de rosedal y fósforo, su espuma indócil como un lagarto edénico de limpísima ternura.

Después de nosotros, vino haciéndonos falta la tristeza. La mención de la noche era la huella de una viscosidad salada en nuestra boca anticipando las palabras, las reverberaciones de todo lo morido.

Los que quedamos, se nos vino haciendo puro susto el alma. La carne propia reblandecida por las señales contradictorias del desafecto y todo puro desnudez el miedo como un pájaro amordazado que no nos atrevemos a tocar, que no nos atrevemos porque el corazón no tiene sinónimos precisos para el dolor.

Nos fuimos acostumbrando al calendario del otoño que reparte navajas a las sectas suicidas y arranca la costra de las cosas muertas. Al incumplimiento de las profecías revestidas de carne humana, a los ritos bárbaros del Poniente donde los ciegos expían sus culpas ardiendo en las pupilas de la luna.

Pero sólo hablábamos de la tristeza, de cómo los perros rompen sus labios contra los segmentos afilados de la tarde, de cómo nos fuimos quedando atrás de nosotros como un viejo molino de palomas.

BORDES TRASHUMANTES
[Fragmento]

> *Mi madre,*
> *volante pétalo de Dios.*

Quizá regreses, quizá no vuelvas nunca.
Preguntas con tus ojos si afuera está
lloviendo porque te falta el aire.
Tus ojos igual a dos charcos pequeñitos
donde espero junto a migrantes afligidos
la incandescencia del alba.
Preguntas si ya comió el gato que
sueña tiburones abajo de la mesa.
Sospechas del viento que conversa con bestias
milenarias en los derruidos andenes de tu pecho.
Te incomoda el silencio de la respiración
que envía señales erráticas a tus labios.
Preguntas si ya comió el gato.
Afuera el día se quita su escafandra.
Avanza por un sendero de magnolias igual a una
muchacha desnuda que entrega besos azules a las aves.

* Juan Rulfo, *El Llano en llamas*

No olvido que estás en esa balsa de sábanas blancas
que difícilmente haces flotar con tus manos.
No olvido que tu cuerpo es un pétalo volando.
Tu cuerpo, que un día fue ciruelo bautizado
contra el viento en el agua feliz de Dios.
No olvido tus manos en la pequeña estufa
donde dejaron de brillar tus ojos, igual que
una playa sola.
Tus manos como una pared desnuda que
me han sacado al mundo en una pérgola
de hojas de plátano junto a un río que pide
a Las Gaviotas una lápida decente.
Preguntas si ya comió el gato.
Ves a tu hijo arreglándose para irse
a tomar una fotografía.
Afuera deben estar los otros.
Sé que ansían venir pero no pueden.
Pienso que aún podemos salir a buscar
reliquias paganas y comer fruta a los
pies de un ídolo desnudo.
Como siempre, tú irás al frente de la expedición y
me enseñarás los nombres secretos de las plantas.
Pero no se puede orar entre cortinas verdes,
y ya no quiero comenzar todo de nuevo.
Preguntas si ya comió el gato.
Afuera los niños deben estar saliendo de
la escuela. El grito de los vendedores de
paletas, la risa sobre la hierba. Los coches
mirándose enojados.
En días como hoy extraño el olor del río.
Me siento en esta silla a escuchar tu corazón.
A ver pasar un viejo tranvía por tus venas.
A ver en la vida el centelleo de una ola y
preguntar de nuevo si ya comió el gato.

ACAPULCO GOLDEN
[Fragmentos]

20 DE OCTUBRE, 1936

En la cara oeste de La Que-
brada había un grupo de
ortoclasas semejantes a un
puño roto. Guardé algunas
muestras para examinar-
las más tarde.

Las que afloran en la lade-
ra norte de este pico tienen

Yo me llamo Malcolm.

Es la primera vez que escucho mi nombre como si alguien me llamara.
Tal vez voy a morir pronto.

Tengo manos inservibles,

nunca han servido para matar,

aunque lo he deseado.

una rotura recta del color de la carne; me recuerdan los muñones de los solda-dos heridos por esquirlas. A través de las fracturas rocosas, forman intrusiones tabulares donde la grama se sitúa oblicuamente.

Ya casi no se oye el trepidar de las excavadoras; el sol vuela alto junto a un zo-pilote que hace nudos en el aire. Abajo, la bahía repo-sa igual que un chinchorro vacío.

Aún soy un crío que monta la cadera de mi madre lleno de terror.

Me inclino sobre el agua con una vela encendida.

Interrogo a mi padre que baila en el fulgor de las piras.

Sus mejillas son muy suaves, su voz es esa playa donde me quedé esperándolo.

Yo soy Malcolm, le digo.

Tengo la cabeza envuelta en trapos, la sensación de que nadie me mira.

Soy tu saliva con polvo negro, la caricia de tus dedos.

Busco encima del humo mundos olvidados.

Vestigios de una chispa que brilló por instantes.

Yo soy Malcolm,

he aprendido a moverme como un salvaje dentro de mis vísceras.

Soy esa planta trepadora que agrieta las ruinas,

el momento de ilusión delante de las puertas.

MISMO DÍA

Cerré los ojos y vi la playa. De pronto tuve la sensación de estar ahogado. Un tipo hacía guardia frente a la en-trada de un platanar, usaba gafas oscuras y hablaba di-bujando las palabras.

Entonces yo no sabía cami-nar, y mi madre me lanzaba besos desde su cama de hos-pital. Abrí los ojos; una si-lueta rosa pasó frente a mí; venía saliendo de un dibujo. "Te acuerdas de mañana", me dijo, y se perdió en la pared. De nuestra sombra huía el tiburón ballena.

Miro la vida en el blanco de tus ojos como un *cajón de juegos indefensos.*

Allá están las tachaduras en la pared, las calaveritas de dulce que me recuerdan la conciencia. La ropa que medita en los tendederos, las piedras que lastiman los pies.

Ven conmigo, baja aquí conmigo.

No hagas ruido, las mujeres de la casa duermen.

El mundo esquiva nuestros pasos.

Ven, cruza los horarios de la puerta.

Yo soy Malcolm,

¿tú, quién eres?

31 DE OCTUBRE

*Después de dos días de llu-
via, reanudo la exploración.
Hallé esta mañana, cerca
de la fortaleza de San Die-
go, una muestra de gneis
con orientación definida en
bandas; es roca metamórfi-
ca de la misma familia que
el granito. El gneis produce
brillos al ser percutido, por
eso en alemán gneist signi-
fica chispear. La variedad
de aquí es del tipo que los
antiguos sajones pudieron
llamar decaído, putrefacto
o posiblemente sin valor. Es
una piedra que se usa para
peldaños y adoquines como
los que vi en las ruinas del
Fuerte.*

*De vuelta al hotel, atravieso
el poblado de casas mal ali-
neadas; las piedras hierven;
decenas de perros errabun-
dos vagan por la playa y se
meten en los patios.*

*Camino indiferente y con-
fiado como el viejo marino
que sabe que a la derecha
de ese sendero, en una es-
quina polvorienta, espe-
ra fresca una cantina sin
nombre.*

Deja que todo pase,

la memoria, la carne.

Los fantasmas de ayer, su ropa sucia.

Los ruidos del amor, su infierno solitario.

Deja que todo muera sin explicaciones:

la aflicción de Cristo, la culpa en tus costillas,

los cables del rencor, el resorte del odio;

los mapas que recuerdan lo imposible.

Nada tiene remedio, la vida no tiene remedio.

Deja que todo pase:

la humillación, el miedo que acomoda tu cama.

El color de las uñas, la prudencia del vidrio que no te pide nada.

El sueño que nos ayuda a reír ante los lobos.

Es bueno que lo sepas, ya no te queda tiempo.

Ya nadie tiene tiempo

de escribirse una carta, de tomarse otro trago.

De volverse imprudente sin mirar el reloj.

El mundo está cerrando, quebrado por el tiempo.

Ya nadie tiene casa, sólo tiene una sombra.

Deja que todo pase, es bueno que lo sepas,

y si no eres feliz porque no tienes sombra,

es bueno que tú sepas que mi sombra es la tuya.

ARMANDO ALANÍS PULIDO

ESCUPIR HACIA ARRIBA

. . . y me sentía tan seguro
como un adolescente con condones en la cartera,
pero una ráfaga afilada de discursos en contra del amor
(humos y vapores que estallan del lado izquierdo)
fueron el boleto de tu partida.

Mientras abordas el avión que te llevará lejos de la rutina (lejos de mí)
miro al cielo y escupo tu nombre.

PUNTO DE FUGA

Hoy quiero saber
cómo serán los hijos que no tendré contigo.

Quiero saber
dónde viviré los días que me faltan
y si existe el amor a primera vista.

Tantas cosas dejarán de aturdirme
al terminar de darle el trago a la cerveza.

(1969.) Nació en Monterrey, Nuevo León, el 15 de enero de 1969. Estudió las carreras de administración y artes en la Universidad Autónoma de Nuevo León. Además de poeta, es investigador y promotor cultural. En la veintena de libros de poesía que ha publicado destacan los siguientes: *Ligeras sospechas* (1995), *Gritar por poder gritar* (1997), *Los delicados escombros* (1998), *La tristeza es un somnífero interesante* (1999), *Náufrago cantando un himno urbano* (2001), *Combustión espontánea* (2003), *Poemas de la región cuatro* (2007), *La costumbre heroicamente insana de hablar solo* (2007), *Tu respiración es el asunto* (2009), *Nada que ocultar* (2011) y *Revivir de entre los vivos* (2012). Entre otros reconocimientos, ha merecido el Premio Internacional de Poesía Nicolás Guillén (2008), por *Tu respiración es el asunto*, y el Premio Nacional de Poesía Experimental Raúl Renán (2009), por *Nada que ocultar*.
Lecturas recomendadas
Los delicados escombros, 2ª edición, Conaculta, México, 2005.
La costumbre heroicamente insana de hablar solo, Aldus, México, 2007.
Tu respiración es el asunto, Universidad de Quintana Roo, Chetumal, 2009.
Nada que ocultar, Aldus, México, 2011.
Revivir de entre los vivos, El Tucán de Virginia, México, 2012.

LA CIUDAD SE PARECE A MIS BOLSILLOS

Entre los semáforos y la prisa
en cada esquina, una pelea a muerte.

A veces tan vacía…
a veces tan llena de todo —menos de lo importante—.

La ciudad se parece a mis bolsillos.

ONOMATOPEYA DE LA CONCIENCIA

Me da sueño leer mis poesías.
NICANOR PARRA

Y así sucesivamente…
La noticia más importante del día es meteorológica.
Adoro la teletransportación.
Relajémonos.
El desvelo es el combustible de mis noches.
Mi contención es un arrebato.
Estás espléndida y quieres que te lea un poema.

Un diablito que habita en mi hombro derecho,
discute con otro diablito que habita en mi hombro izquierdo.
Cuestión de conciencia.

UNA ROSA ES UNA ROSA SÍ, ¿Y QUÉ?

Odio a las rosas, marketing del amor,
si compro una no salvo de la pobreza al que las vende en el crucero,
además hay flores más bonitas y eso de rosa roja, rosa blanca es una contradicción.
Lo relacionado con el amor debe de ser absoluto.
Conclusión: Rosa es el color de una pantera.

TODOS FUIMOS TALLA 29

Anhelábamos poner una boca más pequeña dentro de la nuestra
pronunciar las palabras mágicas:
Muy buenas tardes bienvenido a MacDonald's puedo tomar su orden
a nadie absolutamente a nadie le presumíamos nuestra felicidad
éramos capaces de tener veintinueve o treinta sueños en el trayecto de la escuela a la casa.
Hoy los sueños son años.

SOY LA PERSONA MENOS INDICADA

Soy la persona menos indicada para conjugar el verbo rebuznar.
Sin embargo
este entusiasmo (casi sagrado)
formidable
históricamente falso
morbosamente eterno
y encantadoramente afilado, es el epígrafe:
Yo rebuzno, tú rebuznas, él rebuzna…

ESTO NO ES UN POEMA DE AMOR ES ALGO MÁS SERIO

Hace ratito fui raptado por una ráfaga de suspiros,
daba pequeños saltos, saltaba planetas.
También no hace mucho soñaba que tenía insomnio.
La noche duerme, las casas se elevan, los mitos se desmoronan.
Ésta es una manera de enterrar al silencio, podría escribir mi historia en tus labios.
Permíteme ser espontáneo:
El amor da más de trece kilómetros por litro.
Permíteme ser cursi:
Volteo los ojos y me miro por dentro
tengo los bolsillos vacíos y el corazón del lado izquierdo.
El amor no tiene nada que ver con las canciones de José José.
                              Mil perdones príncipe.

DISCURSO DEL QUE NO SE CONFORMA CON JUSTA PORCIÓN DE OXÍGENO

Revoquemos al clima al amor mismo que nos desconoce,
se trata básicamente de masas que a tal efecto chocan.
Nubes.
En fin, esto no es el fin
(y si esto fuera un poema) —es un discurso según el título—
terminaría con una pregunta
(que formuló Edmond Jabès pero que a mí se me ocurrió primero
sólo que nací unos años más tarde)
¿Y si el adiós fuera tan sólo el principio de un perpetuo comienzo?

NO HAY NADA MÁS IRÓNICO QUE EL AMOR

Hoy para renovar mis ideas visité el lugar donde alguna vez intenté suicidarme
no era un puente alto ni algún frasquito con interiores amargos,
era una carta firmada por un romántico que entre otras cosas decía:
No hay nada más irónico que el amor.

POR QUÉ NO FUI UN DIBUJO ANIMADO

Yo te decía:
A mí no se me alargan los brazos como a *Red Richards* pero puedo alcanzarte
Era un tiempo fantástico.
Ya sabes lo que tienes que hacer —me dijiste—
yo, obviamente no lo sabía.
El amor no se improvisa.

PRIMERA PERSONA

Soy inofensivo, no porto armas de fuego, no porto ningún virus.
Soy incapaz de burlarme de alguien que no sea yo,
también soy incapaz de estacionar un tráiler con doble remolque.
Soy un buen ciudadano mexicano (pago las multas que generan los impuestos que no pago).
Soy bueno, si tuviera amigos te lo dirían.

COSMONAUTA EN MINA NUEVO LEÓN

Para Javier Narváez

Un paso, un pequeño salto por estas regiones desérticas donde no hay carencias porque no hay nada.
Qué pequeño se volvió el desamparo.
En la bitácora anotó su desaparición sin por ello asumirla.
—presintió su naufragio, su resurrección—
Pensó abrir la lata de conservas, desistió.
Cerró los ojos y se dejó llevar por las olas…

ESTA SITUACIÓN EN QUE ME VEO

Para Ricardo Yáñez

Era como que la armonía, como que el caos
era la puerta, la puerta abierta de la jaula,
la jaula llena de aire preso sin delito,
y el veredicto del que no habla,
era la seña,
la mano que igual saluda que te dice adiós que te da un golpe.
Era como la respuesta a una pregunta no formulada.
Era como la explicación a esta situación en que me veo.

JUAN CARLOS QUIROZ

EPÍSTOLA

Bendíceme padre pues he pecado   he roto mis promesas
más de una vez he mentido   he violado la bondad del
prójimo   he destrozado la razón que pusiste en mis
manos   No quiero clemencia ni consuelo ni
perdón

                              no me arrepiento

SOLICITO UN JARDÍN...

Solicito un jardín de saetas   un racimo de
polen
          una casa de huecos para morir despacio

es verdad

yo también
a fuerza de versos vivo

EVOCO AQUÍ...

Evoco aquí
la claridad de un nombre

lo dejo que crezca

lo pulo
contra los espacios en blanco

(1969.) Nació en la ciudad de Aguascalientes, el 25 de abril de 1969. Es licenciado en letras hispánicas por la Universidad Autónoma de Aguascalientes. Ha publicado ocho libros de poesía: *Tauromaquia* (1995), *Crónica de navegación (los demonios)* (1995), *No había mar* (1996), *Versos para morir despacio* (1998), *Elegía en azul* (2000), *Tótem* (2004), *Adán y Eva* (2007) y *El poeta de la casa* (2013). Entre otros reconocimientos, ha merecido el Premio Nacional de Poesía Joven Salvador Gallardo Dávalos (1994), por *Crónica de navegación (los demonios)*.
Lecturas recomendadas
Versos para morir despacio, Conaculta, México, 1998.
Elegía en azul, Fundación Cultural Trabajadores de Pascual, México, 2001.
Adán y Eva, Fernández Editores, México, 2007.
El poeta de la casa, Taller Cartonera Cecilia, México, 2013.

§ y soy su carne prolongada y distante

su brizna que protesta
                         bajo la precisión de una piedra

soy su sangre

un puño

un carajo ardor que sigue
                           y sigue
                               y sigue

ELEGÍA EN AZUL
[Fragmentos]

Padre   tú sabes quién soy
bebo sangre en tu nombre

*

Del odio
          me levanto
para escribir
estos versos
de amor y lodo

entonces
digo tu nombre
y en el aire
estallan tus palabras

*

Después de todo

te miro despacio
descender por la noche

entre
el paso
vacío de la armonía
y el grito
invisible
de la aurora

despacio
como la bruma
se ilumina
          de sonidos

§ como el alba
  se tiñe
       de palabras
  y el corazón más viejo
  se rinde
        hasta el último latido

*

Para qué decir
cómo te recuerdo

si yo
con mi voz tan vulnerable
no fui capaz
de llegar a tu costado
si tú
como sustancia escondida
no viste la razón
        que dejaste en mi pecho

por qué nombrar tus brazos

para qué buscar una secreta reconciliación
            entre los sueños

para qué decir entonces
cuánta cólera
      se hunde en mi vientre

*

Si nada quedará de ti

  ni la gravedad de tus impulsos
         dispersos por el patio

  ni la intimidad de tu garganta
         iniciando el fuego
ni tu breve inclinación por las cosas transparentes

nada quedará

ni siquiera
el ruido más común de tus piernas
        caminando hacia algún lado

CONCÉDEME SEÑOR...

Concédeme   Señor
el miedo
    y la discordia

haz de mi nombre
        un salterio

purifica
estos ojos

estas líneas
que arden en la tinta

Señor

déjame hundido
en esta imagen terrestre

que mi deseo por la ansiedad
sea una cuerda colgando

un ave
    un trazo

que sea
el más incandescente
    de todos los reflejos

EL POETA DE LA CASA

Escribo versos porque en mi casa no me dejan hablar.
Por ejemplo, cuando hablo de la rosa y el fuego,
o del profundo giro del vuelo de un pájaro,
mi sobrina Ana, que tiene el pelo largo y negro y los ojos hermosos,
me dice: "¡Tío, ya cállese!"
Después, cuando describo la misteriosa profecía de las aguas del mar,
mi madre me dice: "¡sh sh sh sh sh...! por favor,
mejor deja que hable tu hermano".
O cuando menciono la intensa melodía que brilla en la cima del universo,
mi hermano Martín, que le tiene un enorme pavor a los ratones,
dice: "¡Ah, ya va a empezar éste con sus tonterías!"
Es por eso que escribo versos, porque en mi casa no me dejan hablar.
Y aunque los publique,
casi nadie los lee.

ISOLDA DOSAMANTES

RESPIRADERO

A Edgardo, Pilar y Sebastián

Las calles de Beijín son agridulces
el cielo es bruma
neblina oscura que te ciega
y sin embargo, sus luces arco iris son caricia
caminas sin el miedo de asalto en occidente,
andas con la confianza del pueblo de la abuela,
con el canto en la boca de una sílaba extraña,
con la certeza de llegar al puerto
tus pasos son libres unas horas.

En cada pensamiento que te aleja
una flor de la vida en el oriente
callejones con sus puestos de fruta
repletos de alegres gritos guturales.

Caminar en Beijing es ser el pez
el alma de sí mismo.

El viento flota espeso y no ves nada
sólo tus pies uno tras otro disfrutan su aventura
descubren el silencio de la noche
el canto de los grillos
las flores del verano que termina
adornando los pasos del transeúnte.

Anduve paso a paso sin destino
tropezando con bicis y tenderos
en cada recuerdo una vivencia que cambia de rumbo al pensamiento.

(1969.) Nació en la ciudad de Tlaxcala, el 20 de julio de 1969. Es maestra en creación y apreciación literaria por la Casa Lamm, y especialista en literatura mexicana por la Universidad Autónoma Metropolitana. Además de poeta, es investigadora. Ha publicado cinco libros de poesía: *Utopías de olvido* (1997), *Altura lustral* (2000), *Gótico florido* (2001), *Paisaje sobre la seda* (2008) y *Apuntes de viaje* (2012).
Lecturas recomendadas
Paisaje sobre la seda, Verso Destierro, México, 2008.
Apuntes de viaje, Praxis, México, 2012.

§ Beijín es siempre gente, noche condensada
en la que te abres paso como selva
es un disturbio de mente entre los hombres del *Tai qi*
y el trajín diario, cotidiano, es el *huton* y el edificio,
el jardín y una barranca de cemento.

A LA HORA DE LA LUNA

A Mei mei, la pequeña amiga de Xiangtan

En el silencio de la noche
surge el llanto
alguien tiene nostalgia
del brazo de mamá y la sonrisa de la abuela
alguien recuerda el calor de la casa
que se quedó vacía despojada de niños
alguien se ha quedado sin rumbo
sin raíz que lo ate, sin pasado
de tajo se arrasó con él y anda perdido
en busca de origen
la infancia se quedó en casa
desde la mañana que fue a la escuela
y luego de diez años no recuerda
ha hecho de sus amigos su familia
de su escuela el hogar
y se siente perdido
desesperadamente solo
frente a la luna y su pastel
de trago en trago termina un té de girasol para dormir
se abraza de sí mismo
de la luz de la luna
y los recuerdos surgen en el aroma de la cena de un vecino.
Entonces la infancia regresa a su lugar
al pueblo del origen
al sabor de la casa
al plato preferido de mamá.

PETIT BAR

A Valery Saint Germain
y a todos aquellos que llegan del norte de Canadá

Mi voz se escucha desde las montañas
traigo la gaita en el alma
soy la mestiza de pelo negro
la de ojos grandes
esa que entra a tus oídos con tonada de blues.

§ Mírame. He bajado del frío para verte,
para hacerme de ti
de tus pequeños bares,
de tus entrañas
de tus calles afrancesadas,
de tus sótanos fríos
de tu vida nocturna.

Tómame completita
como si fuera el vino de tu copa,
el río,
la estación de metro,
un café de *Tim Hortons*.

Mírame de frente, escúchame,
déjame escuchar tu piel,
vengo de lejos como muchos,
vengo del norte y hablo inglés,

Montaña de Mont-Royal
ciudad de los sueños del artista,
Villa Marie,
me urge ser tuya,
una galería,
ser de tus bares
ser una voz del saxofón nocturno de tus calles.

LE PETIT CHICAGO

A Sara Martínez

Desde mi habitación del Bank Hotel
escuchaba tu música nocturna,
los jueves salsa latina,
merengue, chachachá,
y me daban las cuatro,
se erguía entonces un silencio nocturno
un silencio que se rompía
                        con las carcajadas del último borracho,
o el taconeo sonriente de alguna muchacha.
Los lunes,
los lunes me encantaban,
noche de jazz
y a lo lejos se escuchaba un sax
una guitarra,
la voz de un jazzista de renombre,
los cuatro lunes del Bank Hotel
disfruté el piano y ritmo del jazz desde la cama
lo disfruté bebiendo un vino

fumándome un cigarro,
en el vuelco del placer.
Luego, lunes tras lunes quise beberme un tinto entre tus mesas,
y pasaron semanas,
en que desde el aula de *promenade de portage* 55
escuchaba el ritmo apenas insinuado de un jazz,
la sombra apenas de ritmo
entre subjuntivos y ensueños.
Lunes tras lunes quise beberme tus vinos tintos
y te miraba con esa nostalgia absurda
de saberte mío, porque eras mi bar,
donde solía leer en las tardes
fumándome un cigarro,
el bar pequeño de Capote,
el de Chicago
el bar de la chica que soñaba siempre en subjuntivos
y no entendía
por qué los demás no podían simplemente dejarse ir,
y soñar, soñar las cosas que adoramos.

EN UN RINCÓN

Recuerdo tus manos perfectas sobre mi espalda
y esos ojos en los que me perdía,
buscando algo más que un brillo primigenio,
cuando eran dos espejos
que reflejaban mis trenzas deshechas,
y una sonrisa que irradiaba todo mi cuarto de centellas
y era esa luz la que iluminaba los días,
cuando te esperaba atenta los lunes de cantina,
los martes de recreo,
los miércoles sobre mi escritorio de maestra,
los jueves pensando ya en los lunes,
los fines de semana en soledad;
ese resplandor me convertía en loto
fulgurante para el lunes.
Entonces con tu arribo de cómplice perfecto
se hacía la luz en la cantina,
pues en algún lugar de la ciudad
nuestros cuerpos desnudos
desatarían sus botones de la espera
en una brasa de la noche.

A. E. QUINTERO

ME GUSTA LA PALABRA HUMILDAD...

Me gusta la palabra humildad
porque me recuerda a las moscas.

Nunca es grande la humildad.
Y nunca
será una palabra que llegue sola.

No me interesa la polémica que
en su silla de ebanista
dice que el sol es humilde
y que la lluvia
camina sin zapatos
con su vientre de muchacha fértil
sobre el agua.

Pero no.
La humildad es la sombra de una jaula
que lo ha intentado todo.
La humildad
es un sin remedio; es
la tela que se le agrega, que se le cose al pantalón roto.

Las reses
son humildes, ¿qué les queda?

Y no hay nada más humilde
que una gallina bajo la sombra pequeña de un árbol de
duraznos.

(1969.) Nació en Culiacán, Sinaloa, el 8 de agosto de 1969. Es licenciado en letras hispánicas por la UNAM, y doctor en teoría de la literatura por la Universidad Autónoma Metropolitana. Ha publicado seis libros de poesía: *Un tragaluz en la memoria* (1991), *La mesa de los portarretratos* (1992), *Corceles de agosto* (1996), *Postigos del verano* (1998), *Cuenta regresiva* (2011) y *200 gramos de almendras* (2013). Entre otros reconocimientos, ha merecido el Premio Nacional de Poesía Enriqueta Ochoa (1996), por *Postigos del verano*, y el Premio de Poesía Aguascalientes (2011), por *Cuenta regresiva*.
Lecturas recomendadas
Cuenta regresiva, Era, México, 2011.
200 gramos de almendras, Andraval, Culiacán, 2013.

§ Porque sacrificarse por el mundo
no es un acto de humildad.

Si yo pudiera también separar las aguas
o saber
que las puedo volver hacia el vino
tintas.

Pero humilde
siempre será una oveja que no tuvo
para comprarse otro disfraz
que no fuera el de oveja.

Y seguro
siempre soñará con ser el lobo.

ME ENTERO QUE UN LEÓN AFRICANO...

Me entero que un león africano
se cruzó con un tigre hembra, y digo
bueno, pues tienen cuerpo.

Lo mismo una cebra macho
y una hembra de burro, y me digo, bueno,
tienen cuerpo, ¿no?

Luego que un buldog, me dicen,
le mató dos loros a la vecina.
Y bueno, ¿qué se puede hacer si tiene cuerpo?

Lo mismo: que un relámpago
en una noche de ésas
le quitó al árbol
lo árbol. Y lo mismo
digo, tiene cuerpo.

Igual que el gato que no quiere hacer
lo suyo
sobre el arenero. Tiene cuerpo.
Así como el muchacho que se promete no beber
y bebe. Y se promete no masturbarse,
o no masturbarse tanto.

Y mi esposo me pasa el periódico,
como todas las mañanas,
y leo que dos chicos se violaron mutuamente,
y que mutuamente los padres entablan juicio,
se demandan. Y digo

§ bueno,
pues tienen cuerpo los chicos.

Pero ¿y los principios? ¿Y las leyes?
¿Y las normas de conducta? Me preguntan
y digo, bueno,
si tuvieran cuerpo.

HOY ME HE QUEDADO…

Hoy me he quedado
haciéndole compañía al refrigerador.
Escuchando
el trabajo que le cuesta
funcionar, cumplir,
estar al día
con sus frías labores, con sus tareas congeladas.
Lo que se espera pues
de un refrigerador de cocina.

Y literalmente
tomé una silla y me puse en ella
a su lado. Y ahí estuvimos.
Quejándonos. Oyéndonos mutuamente funcionar,
respirar.
Pensando en las cosas que deben congelarse
para que el mundo siga. En nuestras cosas,
supongo. En la vida
mecánica o no, eléctrica o no. Programada.
Lineal, independientemente de la curva, o el zigzag,
que marca, en el monitor de pulso, el pulso.

Y ahí estuvimos
prestándonos dos horas de nuestro tiempo.
Sin conclusión alguna
respecto a nuestra última estancia
por seguir:

eso que es congelar lo que se lleva dentro.

¿Y QUÉ SI EL CHICO?…

¿Y qué si el chico
ocupa la moneda para droga?

¿Y qué
si la emplea para comprar un cigarro suelto
o para estopa?

§ ¿A ti, qué? ¿En qué te ensucian sus versiones de irse,
sus maneras de evitarse,
el transporte colectivo
en el que sueña no estar rumbo a su cuarto de cemento?

¿A ti qué
si ocupa esa moneda para no ver a su padre
cuando llega a verlo?

Si la gasta en comprarse
invisibilidad, o se emborracha
antes, ¿a ti qué?
¿Le vas a dar trabajo?
¿Le vas a borrar de los ojos los ojos de su madre?
¿Le vas a cambiar los huesos
para que duerma más cómodo en las calles?
¿O sólo le vas a hablar de la multiplicación de los panes
y las ventajas de llevar una cruz al cuello?

¿Tú cómo te evitas? ¿Cómo evades tanta conciencia?

¡Coño, dale la moneda y ya!

LA PALABRA JOTO…

La palabra joto
siempre logra que un niño se esconda
y salga de sus ojos disfrazado. Y salga
menos joto. Cuidando los ojos
y lo que miran los ojos.
Imitando, aprendiendo,
militarizando el vuelo de las manos:
su certeza de pájaros navieros
sobre el mundo que queda, que se hace olas.

El golpe en la nuca
que papá asentaba para evitar mis pies sobre las aguas,
para hacerme rudo,
para que la vergüenza fuera una enorme palabra
sin romperse. Y sin romperlo.

El miedo no es una escena única,
un vocablo aislado,
una sola cosa. O una sombra que pasa.
El miedo
es una escuela con muchos niños.
Un patio de recreo.
Una persona que no quiere ser persona
y se queda en el salón de clase

escondiendo
un ratón blanco en el bolsillo del suéter, o en las mangas del suéter.

El miedo
es ir con mamá al supermercado
y que alguien te descubra, te imite, te arremede, camine como tú:
se vaya volando
como volaría un loco en los pasillos de un psiquiátrico.

Que le abran los ojos a mamá
como una niña se los abriría a la abuela que finge dormir,
y me viera;
eso es el miedo.
Que tus hermanas descubran
que en la secundaria
te gritan colores rosas cuando pasas cerca.

La palabra joto
es un niño que siempre alguien está por descubrir
y tiene miedo. Y sólo un ratón caminando
por las mangas del suéter.

UNA JAURÍA DE NIÑOS DISFUNCIONALES...

Una jauría de niños disfuncionales
lo persigue.
Lleva sus ojos, el gato
intenta arbustos, ramas, banquetas,
debajo de un auto,
filos de barda
donde antes pudo esconder su amor oscuro.

Los niños están encendidos como pilotos de estufa, explotan
como fósforos.
El gato es diferente a ellos. No los sigue
como un perro. No se deja morder.

Pero cayó en la trampa.
Los niños lo rodean como un mínimo pelotón de fusilamiento.
Por un instante
otro tipo de muerte baja hasta sus ojos. Los niños
echan espuma por la boca, entonan cantos indios y tambores,
se sacan los golpes de sus padres —y las flechas—
entre los colmillos y los caninos. Los imitan:
comienzan el fusilamiento después de orinar.

Así que esto es la homosexualidad.
De modo que así inicia.

Ninguno querrá recordar lo que pasó esa tarde.

JULIO TRUJILLO

CELEBRACIÓN DE LAS COSAS

Y las cosas se apoyan en mí,
como si yo, que no tengo raíz,
fuera la raíz que les falta.
ROBERTO JUARROZ

Dispuestas en la mesa las cosas se enarbolan,
la mesa se enarbola con las cosas.
En un segundo espléndido
se colma el lomo de ávidos emblemas
buscando el ojo que los cifre
y los detenga.
Blanden su cuerpo estricto,
danzan la danza de su forma persuasiva,
se inflaman hasta el filo de sus lindes
y hacia adentro,
hacia su corazón de cosa ilusionada.
Me cortejan.

No estoy aquí sino en la cosa,
la doto del impulso de mi sangre
y la echo a andar hacia su centro:
la cosa crece alas,
vuela en el cielo íntimo y preciso
de su carne,
celebra coincidir con ella misma,
corresponder al ritmo de su ritmo,
ser la armonía,
el centro de las cosas.

No existe afuera ni mañana ni porqué,
todo es las cosas reinando en el instante,

(1969.) Nació en la ciudad de México, el 16 de septiembre de 1969. Además de poeta, es ensayista, crítico literario y editor. Ha publicado ocho libros de poesía: *Una sangre* (1998), *Proa* (2000), *El perro de Koudelka* (2003), *Sobrenoche* (2005), *Bipolar* (2008), *Pitecántropo* (2009), *Ex profeso* (2010) y *La burbuja* (2013).
Lecturas recomendadas
Bipolar, Pre-Textos, Valencia, 2008.
Pitecántropo, Almadía, Oaxaca, 2009.
Ex profeso, Taller Ditoria, México, 2010.
La burbuja, Almadía, Oaxaca, 2013.

el cántico de estar
y pronunciarse,
lo más pequeño y su pancarta:
el alfiler altivo
en su menudo coto de dolor,
el clip solícito,
la astilla saltimbanqui,
el feo pero tenaz pisapapeles.

Todo es lo que los ojos manifiestan,
y todo lo demás desaparece.

ESTE LIMÓN

Este limón, lo sé,
cifra en su óvalo apretado
una respuesta.

¡Alforja de agua y vidrio,
mansión
del jeroglífico!

De su millar de labios
manan
sólo esdrújulas.

No lo entiendo,
su lengua es atropello
y garfios.

Me observa.
No es fácil sostener
tal iris.

Me desespera,
pica, me instiga
y no se calla.

No conoce la calma
este panal de luces:
lo que sabe lo enciende.

¿Qué preguntarle al erudito
bizco
e iracundo?

Este limón me está gritando,
tira de mis patillas,
desenvaina un sable.

§ Su acero zigzaguea,
me hiere los meñiques:
ha mordido mi lengua.

¿Qué quieres, arrogante?
¿Por qué demueles a punzadas
esta calma?

Acerco el oído,
el codo,
lo escucho con las puntas.

Limón limón,
turbia
chispa del aire.

Limón,
tupida
insinuación.

Devuélvete girando
hacia la médula,
concéntrate.

Oh agrio
mi indescifrable amigo,
olvídame y olvídate.

TANGO DEL MIOPE

Soy miope incluso cuando gasto gafas,
porque olvidé el perímetro,
porque me quedo con el centro de un volumen.

Los empellones de la gente
me transportan,
y tan incierto es mi destino como un rostro lejano.

De cerca veo mejor,
pero mis ojos quieren la escritura
de los pájaros.

Mis ojos quieren de los árboles más altos
la nervadura de una hoja
transparente.

No sé por qué —y eso me angustia—
acudo siempre al mango del cuchillo,
nunca al filo.

§ Si al sol quería de niño dibujar
lo hacía representando
la inmediatez de un orbe acalorado.

Incluso con anteojos no distingo
la urdimbre de los días
que se acercan.

No puedo o no sé leer los argumentos
de una historia.
Soy un lector de actos.

Todos los días me desengaño un poco
al acercar frente a los ojos
algo que era mejor cuando era vago.

VISITA DEL TUTÚ

...el pájaro perfeccionó el diccionario
JOSÉ LEZAMA LIMA

Aunque eres de rapiña me tuteas
y ostentas de inmediato
tus colores:
verde en el lomo
y en el pecho azul,
manchado en la cabeza y en la cola
y en las alas manchado.
Tutú entrecomillado,
tutú entre la tutriz y el tutumpote,
no arrebates, voraz, con esos garfios,
mis viandas racionales.
No hay nada aquí que pueda alimentarte
que no sean mis entrañas,
pero tú, tú,
¿acallarás el canto que te ensalza?
Así que lleva tu hambre tornasol
a carnes menos líricas
y deja que mi voz haga el pregón
de tu visita,
oh cómplice tutú.

ON THE ROAD

Fuimos desenrollando entre los cuatro
la ansiada carretera
—o inventándola:
delante de las ruedas

nada,
y el instante —que es todo—
bajo ellas.
Cada quien supo aliar a su manera
el rumbo del asfalto con el rumbo
de sus venas y arterias.
Eran entonces cuatro carreteras,
querido Wallace Stevens,
¿y cuántos mundos sobre cuántos ejes?
(tal vez la ciencia es sólo
coincidencia).

En mi versión,
el tema era la gloria del desplazamiento:
andar y andar y andar sin puntuación
ni tope que atentara contra el gusto
de ser velocidad
(los signos son colores de un semáforo
que enseña a respirar).

Hubo un espacio abierto.
Las rutas las fraguamos
los cuatro que soñábamos despiertos.

DRAGONCITOS DE KOMODO

Con las manos sobre la superficie de la mesa
mi hijo me está explicando
cómo atacan
los dragones de Komodo:

"Se acercan a su presa lenta,
pero tan lentamente,
que no parece que se están moviendo"
—y su mano derecha se desplaza
(con menos lentitud de la que él
seguramente quisiera)
hacia la incauta izquierda.

"De repente
—la mano se crispa un poco—,
de un solo movimiento potentísimo
—dispara una mano rauda—,
atrapan con los dientes a su víctima"
—ya envuelve una mano a la otra con furiosos
tendoncitos.

"Alcanzan hasta 20
kilómetros por hora en ese impulso"

—le digo yo porque espié
la página que él había estudiado.

Me mira con asombro
pero sé
que le he robado un dato
y que mi aportación científica es muy pobre
frente a la caza contundente
que me ofreció con sus manos.

ELLA Y ÉL

A tal velocidad bates tus alas
que no se ven,
que parecieras no moverte, piedra.
Cargas el peso de los siglos,
el moho escribe en ti
los más viejos vocablos, colibrí.

POLIPODIO

El frágil polipodio
es una catedral de simetría,
un grácil instrumento oximorónico.
Se pasma en sus reflejos:
sí es no,
no es sí,
aquí es allá y allá es aquí.
Es
el hechizado de oponerse a sí.

REPTIL

La nube asume a lo largo de horas largas
la forma de una iguana
ya imposible.
Reptil
fue la mirada.

MARCOS DAVISON

MUERTE DE NARCISO

Las aguas y el espejo producen este día,
los gritos son burbujas que estallan en deseo,
suspiro, corazón, relámpago, aleteo,
la suma de confines que el hado predecía.

Aquí es la fuente clara, aquí la imagen mía,
que calla lo que callo y mira lo que veo,
y sólo veo letras y en ellas me releo:
intento decir algo y el eco desconfía,

intento decir nada y el hábito repite,
palabra tras palabra, tu nombre inexistente,
mi tiempo prefijado, total de nuestra suerte,

pues quiere la memoria que su reflejo imite
recuerdos de recuerdos, amor nuestro, latente,
haciendo luz y sombra, uniendo vida y muerte.

PIEDRA EN EL AGUA

La voz hecha de roca
se hunde en el silencio como en agua quieta.
Su trayecto sonoro incluye nuestro nombre:
somos una playa
donde cada granito equivale a una letra.
Menos de treinta signos
forman mares, peces, balsas, trampolines.
La voz es un clavado desde lo más alto.
Al hablar nadamos, decimos tiempo,
hondas palabras que brotan

(1969.) Nació en la ciudad de México, el 3 de octubre de 1969. Estudió antropología social en la Escuela Nacional de Antropología e Historia, y pintura, en la Escuela Nacional de Grabado, Pintura y Escultura "La Esmeralda". Además de poeta, es pintor e ilustrador. Ha publicado cinco libros de poesía: *Narciso* (1995), *Residuos de la voz* (1999), *Surf* (2004), *Alba* (2005) y *Transcurso* (2005).
Lecturas recomendadas
Surf, edición bilingüe, traducción al inglés de Mark Witucke, Malasuerte Editores, México, 2004.
Transcurso, Conaculta, México, 2005.

iluminadas por el día:
ondas, piedra en el agua.

RECUERDO

Parte la voz y rueda
cuesta abajo hacia la historia.
Ha sido tanto polvo como piel
o imagen sola.
Inmersa en el profundo día
no acaba de morir.
Es una huella
petrificada en la memoria.

MAR VACÍO

Dentro hay sal y sal afuera
disuelta en agua soñolienta.

Mueren de sed las olas,
el mar no llega a tiempo.

Las redes pescan sombras
y los peces nadan en lo hueco.

BOSQUE DE CIRUELOS

Las bardas no permiten que se estire el bosque,
seccionan en jardines la extensión.
Acomodadas a cada verde perfil
rocas de pirámide hieren algunos troncos,
sacrifican órganos vegetales.
Mural tendido hacia Yautepec.
En los filos las lagartijas toman sol.
En las grietas los grillos callan.
Zumba un silencio de piedra.
Es la hora lenta en que el bosque se alimenta.
Deglute, mudo,
restos que transforma en brotes fosforescentes.
Cambia de estación masticando la hojarasca,
leña, secos cadáveres de palo
caídos de sonoras copas
que habrá de vaciar febrero
en puro cristal de madera.
El sediento ramerío, sin embargo,
exhala savias
que lo mantienen como invernando en primavera.

Dará fuego inusual,
tizne a los mapas del sonido,
un alfabeto negro, funde-espejos:
ni tú ni la imagen, desierto,
tú mirándote sin ti
a la luz de tu lámpara enterrada,
invisible luna diaria,
sol de medianoche alumbrando China.
Encandilada el alma bajo el foco
supone rastros de hueso, humores, ondas,
lo que parece que los perros captan,
pero no logra distinguir —le falta olfato—
el golpe de las pasas al caer
de los pasos de la gente.
¿Quién vive..? Nadie responde.
Vienes de la huerta de cortar ciruelas.

SOBREVIVIENTE

Devuelto a la playa por el mar
el náufrago
vomita su ahogo
y pide ayuda,
que alguien lo socorra.
No puede caminar,
penosamente se arrastra,
busca la seguridad de las palmeras
donde un enorme cocotero
lo recibe disparándole
su fruto fulminante
justo a la cabeza.

FLORES EN EL AGUA

Un jardinero se arriesga a morir
por querer cortarlas,
por querer llevar consigo
rosas bajo las plantas,
olas prisioneras
en una tabla,
fatalmente tentado
por la fragancia
del jardín marino
que seduce y arrastra
y entierra los cuerpos
o los devuelve a la playa
(a veces son cadáveres
con la piel quemada).

EL GRITO DE UN PÁJARO...

El grito de un pájaro arde al contacto con el aire.
Su voz inflamada es una brasa que vuela.
Los dardos de sus plumas dejan atrás un humo de colores
paralelo al horizonte de párpados entreabiertos,
paso que reverbera en la sangre de la tarde
ráfagas de sonidos entintados
y baja escalones ocultos en busca de la noche.
El pájaro atraviesa el pecho de una piedra.
El eco estalla y llueven palabras a medias
(era en lugar de fiera y oro en lugar de adoro),
medianoche y mediodía bajo los ojos del sol
que obvia el cansancio del año agonizante
y se apoya —viejo cojo— en los edificios y los cerros
para poder llegar a su casa sin cortinas ni muros ni luz.
Calles que el fuego ablandó se escurren por las coladeras,
precipitan la caída de las cosas en el desgaste.
Todo por servir (o no servir) se acaba.
Nada dura más que la mirada. La mirada calla,
permite al cerrar los ojos que se incendien los oídos.

AL MAESTRO CETRERO...

Al maestro cetrero lo visitan,
en verano, las aves que adiestró
para la caza y liberó después
de años de convivencia y sociedad.
Juntos escudriñaron cielos, valles, cañadas,
juntos pasaron hambre, juntos cobraron miles
de presas a lo largo del crepúsculo;
compartieron, alegres por el triunfo,
la carne de conejos y de peces,
la sangre fría de la cascabel...
Un día los halcones y las águilas
se van, se elevan sobre su tutor
—padre entrenador, cómplice de acecho—,
que los despide dando gritos en el idioma
de los pájaros y los ve volar
hacia elevadas cumbres intocables,
hacia la intimidad de las corrientes
más altas y espirales,
hacia la primavera y el invierno
mientras entibia un huevo entre sus ropas.

KARLA SANDOMINGO

LOS SILENCIOS

Los de mi padre tendido sobre todo, esos que mudos gritaban y la madre sujetada al prendedor.

La ocasión que hablaba por la mía de no entender camas con hombres, menos ésta en la que lo veo a él con su silencio (el más fuerte).

Hay algo de barco en esa cama encallada, de cielo en este muro blanco en que se mira mi padre. Algo de orilla del otro lado de su sueño que ya no veo y él va cruzando.

TRISTE

Me ponen triste mis hijos, triste mis gatos y esa silla arrumbada donde debía sentarse alguien. Árboles sombrean los bordes de hojas que si arranco es para darles buen telar. Que las abran, pongan nombre a todas las mujeres que llevo haciendo con mis manos que también me ponen sola frente a la silla vacía del comedor que tengo enfrente a la silla en que estoy sentada y triste.

DICE LA ABUELA...

Dice la abuela
decía
que las aves negras son afables
con lentitud de agua
puentes que contemplamos sin cruzar.

Difiero de su boca negra
que contaba cuentos negros.

Y se fue lenta
como los cuentos de su mano
como los puentes desasidos que contuvo.

(1970.) Nació en Guadalajara, Jalisco, el 14 de marzo de 1970. Además de poeta, es narradora. Ha publicado diez libros de poesía: *Afonía en la lengua* (1995), *Venir del agua* (1996), *Los círculos del fuego* (1997), *Navío de tu agua* (1998), *Tríptico del ángel* (1999), *Salomé del caos al vuelo* (2000), *Si acaso hubiera* (2000), *Instrucciones para dividir pájaros* (2001), *Madera sola* (2004) y *Después de la luz, la piedra* (2007).
Lecturas recomendadas
Madera sola, Conaculta, México, 2004.
Después de la luz, la piedra, Mantis-Gobierno de Jalisco, Guadalajara, 2007.

Los pájaros que asistieron a su entierro
los vuelos de las aves negras
aves que se quedaron en este ojo
con el que estoy pensando.

DESPUÉS DE LA LUZ, LA PIEDRA
[Fragmentos]

Bajamos escalones, el cemento bajamos.
En el centro, el pasto; en la grada, yo
esperando que volvieras los ojos
me miraras y dieras suavidad para la piedra.
Te sentaras junto a mí
viéramos la pelota blanca
oyésemos los gritos.
Y salir del estadio tomada de tu mano
como si una barda entre nosotros
se disolviera con la tarde.

*

Te supe cerca, a veces
cuando el reclinatorio nos unía.
Pangelinguagloriosi.
Recuerdo tu voz
diciendo bondadoso pelícano de fauces rotas.
Agua derramada con pez ebrio.
¿No sirvió de nada esta rodilla que te detuvo?
¿Mirar los pliegues no sirvió
las cortinas que cubrían a aquel desconocido
que adorabas?
¿Era fantasma o pelícano sin plumas?
Te supe, sin embargo, te supe: redondo y flexible.
Lo que de árbol callado se sabe.
Pero no tuve abono ni sierra.
Tú, imperturbable
aun de rodillas a mi costado.

*

Tu ojo sobre mí. Siento tu ojo sobre mí
ardiendo.
Un ojo verde, hermoso
de mirada como cuchillo
que los cuchillos abren.
Tu cuchillo sobre mí, hiriente.
Verde, como hojas blancas
que en las miradas caen
sobre algo que no existe.

Brilla tu ojo sobre el vacío, ardiendo
sobre el vacío, glorioso
iluminando la sombra
verde la mirada filosa de tu cuchillo
dentro de tu ojo
sobre mí.
Ábreme. Hazme
roja como fruto que se olvida de sí y entrega
su jugo a la mirada.

*

Se abren tanto las bocas que giran
y se comen
su rostro.

*

Echar a Isaac a las aguas del corazón de Dios
o a las aguas del corazón de Abraham
para que no use el cuchillo
que abre frutos rojos y tiernos
y llegue Isaac
flotando hasta los brazos del latido.
Isaac es un fruto hermoso.
Una sonrisa eterna, una piedra que brilla
un hijo.
Mancha de sangre las puertas de su piel
para que no lo vea su padre.
Y no es Isaac quien debe conocer la muerte
sino el otro dios.
Podría buscar con una mirada
la mirada de Abraham
su dolor de matar a un hijo
o sentir que ese cuchillo debe hincarse
en las carnes de Isaac
a pesar de sí mismo.
Podría dejar de lamentarse y elegir.
Yo elijo.
Un cuchillo sobre Isaac. Sobre una piedra.
No.

*

Siento tu rojo sobre mí, ardiendo
el boceto de tu boca que avanza hacia el ardor.
Siento el ardor de tu silencio sobre la arcilla
y la piel que levita y la piedra roja.
Sé que las piedras se queman sobre el hierro
que tiñen pieles de oscuridad

que se ponen de buenas
si encuentran materia para un baile.
Siento tu silencio en la piedra
en el domingo cualquiera
en la carne mía marinada desde hace años
por tu naranja.
Tu ojo, ocularmente callado, tu ojo sobre mí
sobre la sal.
Pinzas dándome vuelta desde niña
encima del comal.

*

Tu dedo en mi garganta
detiene la palabra lengua
entre dos mundos y tu dedo.
Se vuelve un puente
que cruzo desde la palabra niebla
y la palabra piel se estaciona
y desbarata otras palabras.
Que se abra aquel paisaje, cerrado alguna vez
que se abra el pétalo, la lengua
la palabra dedo
mi palabra tiembla.

*

Tengo un amor que me asalta y cobija, me comprime y expande. Tengo un amor con rostro de agua. Tengo una casa dentro de ese rostro, por donde miran dos paisajes. Una habitación negra cuando es de día, y grande cuando es futuro. Un cuerpo que me mira con sus células que tiemblan, con la piel de luciérnaga que se enciende cuando la noche vuelve. La velocidad es un respiro, porque tengo un respiro que observa sin ser de aire. Tengo un hombre de agua que es respiro. Un hombre de luciérnagas por la noche, de madera por el presente. Tengo un hombre. Tengo una mujer que tiembla en mí cuando lo tengo. Una madera, un cielo, un amor que se parece más a un bosque que al instante. Un árbol que germina. La distancia y la hondura de una voz palpitando en la memoria. Y la hora que gotea en la hora interminable, las palabras y la mirada lenta, transparente, y la niebla de un país deshabitado, que me aterra y es mío. Y el asalto, el cobijo y el rostro de esta casa sin llave que me habita. Y una dicha tengo, que se dice bosque abierto. Una dicha, como mar desconocido, que flota en la madera. Tengo un oleaje que tiembla en mi frente y en tu pecho. Tengo un dulce naufragio, como amor conocido y sin nombre.

SERGIO BRICEÑO GONZÁLEZ

PÍNDARO...

Píndaro, coleccionista de ombligos.
En su libreta de notas
la anchura y el aspecto.

Los ordena
brotados o secretos; si los circunda un vello
o miran como ojo escarnecido.

Cada ombligo es un mundo.

Cada botón de rosa
su apariencia. Luna simple
bajo la noche de la blusa.

Píndaro. Obligado por ellas
a pintar. A dibujar el tallo
del origen.

Baya en el queso hundida.
Amarra de los vientres.
Ancla de los besos
o lacra en la parafina sepia
de la piel.

Padre del Monte Venus.

Estanque donde un pequeño césped
baila como los sauces ante Orfeo.

Copa comprimida. Dígito.

(1970.) Nació en la ciudad de Colima, el 16 de noviembre de 1970. Además de poeta, es ensayista, traductor, crítico literario y editor. Ha publicado ocho libros de poesía: *Corazón de agua negra* (1994), *Catorce fuerzas* (1996), *Saetas* (1997), *Ella es Dios* (1998), *Náqar* (2003), *Trance* (2005), *La hembra humana* (2007) e *Insurgencia* (2011). Entre otros reconocimientos, ha merecido el Premio Internacional de Poesía Salvador Díaz Mirón (2001), por *Trance*, y el Premio Internacional de Poesía Jaime Sabines (2011), por *Insurgencia*.
Lecturas recomendadas
Saetas, Conaculta, México, 1997.
Ella es Dios, Praxis, México, 1998.
Insurgencia, Consejo Estatal para la Cultura y las Artes de Chiapas, Tuxtla Gutiérrez, 2011.

§ Píldora que acalambra
al ser besada.

Cicatriz de los vivos.

Memoria concentrada
en una yema.

FUROR

Huele a cuerpo extranjero
el cuerpo de tu amante

Hay indicios de sal
en sus mejillas
y en la boca resabios
de un beso de otras tierras

Usurparon su carne

Un temblor que anuda
la quijada
y un estrépito

La inquietud

El insomnio

Juntos se agolpan
quiebran
desbaratan la paz
de los amantes

Pero nadie se queje
de una mujer que engaña

Dios hizo el cuerpo
de la hembra
semejante a un depósito

Igual que urna de paso

Y si observas verás
entre sus piernas
lugar para llenar

Una mitad que ocupa su mitad

§ Por eso no te agriete
el mazo de los celos

La mujer es de todos

Y ay de aquella
que no se entregue un día
por unos cuantos lujos
al obelisco infame
del gandul

Arranca tus cabellos
y desgarra tu rostro
rompe tus vestiduras
y gime entre los muros

No alcanzará tu amor
a gobernarla
pues la hembra es atroz

Tiene en los labios
sangre derramada
y en las uñas pedazos
de rencor

Llámala puta o zafia

Llámala madre hermana
amante hija

ATARSE

Con plomada muy fuerte
han atado mis pies
y no me dejan   no

no quieren que de la Tierra huya
y la plomada basta
para que yo no escape

y elijo así sufrir como un pequeño arbusto
y nadie me toca o me consuela
y atado estoy al fondo de mí mismo
y de mí me alimento
y sólo el sol altísimo me entiende
que ya no quiero estar
con este canto en la garganta
y con aquel centenar de pájaros
burlándose de mí
al abrir las alas rumbo al cielo

ALUCINACIÓN

Se llama Dolores
la morena
del pantalón acampanado
que entra al bar

Largo el cabello
rizadas las pestañas

con la boca roja
pinta
el caballito
de tequila

Lo beberá de Hidalgo
y en sus tobillos
sonará la campana
de mezclilla

Para después lanzar un guaco
de ebriedad
o de lujuria

Un grito de contento
al tomarse de golpe
el ruidoso licor

Y allende su cintura
el galopar
de unas bragas
encendidas de blanco
olorosas a crin

Acampanada mulata
que bebe hasta las heces
cada copa de agave

Y a cada Hidalgo
que le piden
sonriendo
los amigos
del bar
suena una campana
silenciosamente dulce
entre sus piernas negras.

CLAUDIA POSADAS

CASA EN EL VIENTO

Una ventana a mitad de la espesura,
lo recordado en la noche de sombras hirientes.

(*Evocar una casa al final del bosque,*
aquella donde aguarda tu heredad
y en la que un rostro, más allá de la niebla,
te miraba con una tristeza incomprensible para ti aunque angustiara tu corazón;
un rostro cuyo desconsuelo
—pero tú no lo sabías—,
era el de quien conoce la herida esperándote en algún lugar del camino.)

Una ventana lo que se guarda solamente de todo aquello reducido a polvo,
sofocamiento, colapso de lo que se creía la casa de la sangre
una ventana,
quizá la única pertenencia verdadera
porque fue la primera noción de inmensidad
(la más íntima y poderosa),
la promesa del mundo.

Por ese liminar escenario de la materia y la luz
se fue consumiendo la rotación de los días:
en el estío, el vapor de la lluvia disolviéndose en la plaza,
al igual que el murmurar de los insectos guardianes del jardín;
la *spira* de hojas secas del otoño,
nubes como espíritus salvajes de los aires,
luces de la ciudad aglomerándose en murmullos creciendo-decreciendo,
el frío incandescente del haz lunar.

El cielo, en ocasiones, era el espejo reflejando la edad de la pureza
en el que solitarios cometas se perdían como niños arrojados al viento
(*el deseo de tripular la cauda*),

(1970.) Nació en la ciudad de México, el 6 de diciembre de 1970. Es licenciada en periodismo y comunicación por la UNAM. Además de poeta, es periodista y promotora cultural. Ha publicado dos libros de poesía: *La memoria blanca de los muros* (1997) y *Liber Scivias* (2010). Entre otros reconocimientos, ha merecido el Premio Internacional de Poesía Jaime Sabines (2009), por *Liber Scivias*.
Lectura recomendada
Liber Scivias, Gobierno del Estado de Chiapas, Tuxtla Gutiérrez, 2010.

o donde minúsculas esferas, en la víspera de aquellas noches de magia de los primeros años,
eran lanzadas a los aires como pequeños satélites que llevasen nuevas de este mundo a otros mundos
(el deseo de enviar una palabra, la música, el pensamiento…)

Y alguna vez, cumplida la unión entre el fuego solar y las separaciones de vientos contrarios,
La Fata Morgana
(sus ejércitos sidéreos custodiando la Rosa Coronada),
la ciudad fluctuante desde una ventana del sueño…

Todo era una fuerza prodigándose a través del ventanal,
pero por sobre todas las cosas,
el oro de la tarde.

Y el cielo y el viento como el reino prometido
aunque en el consumir de los años
y de esas fatalidades anunciadas por quietudes repentinas del paisaje,
por retrocesos de las aguas augurándonos Tsunami,
la ventana de la casa natal se tornó una costumbre,
el resquicio por el que se fugó la promesa.

La ventana como un respiradero mínimo en lo alto de los muros,
la ventana como evidencia de la cárcel, de la asfixia
y respirar era imposible
cercado el aspirar por el odio que sigue atormentando a los muertos de esa casa.

Y sin embargo también fue la hondura de luz,
el argumento del escape.

Pero hoy es lo que resta del naufragio de la casa cuyo principio y fin era el derrumbe,
sostenerse en el espacio que se abisma.

Y al perder el andamiaje de una casa,
qué sentido tiene lo habitado y dicho en esa entraña,
o es que todo fue un mal sueño,
una deformación de los deseos de luz y de mundo,
la trama de una conciencia ajena,
o un desafío más en los que debe aquietarse el espíritu.

Dónde quedó la inocencia,
acaso una mentira su pequeño, pero inolvidable goce,
qué fue de sus objetos amados,
el caer de la arena de un reloj,
los insectos de luz orbitando alrededor del asombro,
el cuaderno de los primeros signos que no pueden recordarse.

*(Evocar el fuego de una casa donde nadie vivía,
una casa a lo lejos de la noche y del bosque;
también, la vaga irradiación de una piedra de la suerte…)*

§ Qué fue de la inmanente pertenencia al reino,
  o es que la pureza y lo vivido existen en lo ausente,
  o en el espejo extraviado en memorias que no sucedieron.

  Será posible mantener el temple sin los hábitos de una costumbre
  y sin historia,
  porque la historia misma es la negación de la voluntad construida;
  cómo arrancarme la angustia de encarar en sueño a los muertos,
  cómo alejar aquella furia que atraviesa la noche
  y que en el día invade mi gesto como un llanto,
  como una potencia indomeñable.

  Y de nuevo hallarme en medio del bosque y las hilarantes sombras
  y sin mi piedra de la suerte;
  no saber el camino a casa porque pájaros oscuros se hayan comido el rastro que me llevaría de regreso,
  o es que a lo mejor no hay un camino porque no supe trazarlo
  estancada en la trinchera de impotencia con que defendí mi índole-mis llamas
  de esos muertos deformados en el hervir de su miedo.

  O quizá dibujé el camino en el mapa que até en las caudas del cometa y de la esfera,
  y que ahora son lejanos puntos de luz errando en el infinito.

  Alcanzar la cauda y tal vez recuperar el mapa,
  y descifrar la ruta a una casa del bosque,
  o el conjuro de un retorno sin duelo ni furia a la casa del odio.

  (*Alguien enciende un fuego en la casa a orillas del lago;*
  el haz del incendio, como un desborde atravesando puertas y ventanas,
  alumbra el camino…)

  Alcanzar la esfera y el cometa y ser como esos niños perdidos en el viento,
  con su sola libertad y su tristeza
                              desafiando el vacío inmenso.

                              UN LEJOSNATO

                              A mi padre, Adalberto Posadas, quien me diera la palabra…

  Los tuyos habían partido a murar otros desiertos,
  mas tú permaneciste al pie de una infinitud de oro
  consumando los votos de tu Orden:
  "Cultivarás con esmero la rosa de la estirpe,
  guardarás la cifra ardiendo en el Cáliz hasta cumplir la gemación de las piedras,
  no trastocarás el velo entre la gravedad y la música".

  Pronto llegaste a mí con el Alba en tus umbrales
  y no pude consagrar la joya;
  desde entonces conservé esa luz íntima y secreta
  en el tahalí que solía apretar contra mi pecho,
  hasta que un día me fue arrebatado.

§ No supe más cómo llamarte,
   no dejaste un nombre,
   un camino hacia el país de tu destierro,
   y desde entonces, y a deshoras,
   o en los instantes de plenitud o derrumbe,
   comenzó a dolerme la añoranza de un Castillo.

Pero te bastaron mis *lamentos* al creer mirarte en cualquier destello de la *vespra*;
te bastaron mis recuerdos y sueños luminosos de tu cauda,
y la ofrenda en que solía invocar la certeza de tu luz;
te bastó, finalmente,
la Visión de una Ciudad de niebla gravitando sobre el agua para volver a tu refugio
y ser cauterio que bajó como relámpago a mi carne muerta;
tampoco supe la manera de llamarte,
elusivo emisario,
aunque siempre me rondara tu andar de transparencia:
fuiste el aroma bajo el viento adverso,
la pequeña lámpara con la que resistí la madrugada,
la palabra salvadora en el invierno de la fe.

Sos lejosnato,
y ningún temor el tuyo mas que el disolverse de tu historia
en el desmoronamiento del mundo.
Sos lejosnato,
y tu corona es tu soledad oficiante de la gracia.

Astrólatra,
sidéreo,
escuchas la rotación celeste para nombrar el sitio exacto donde brillará,
por ese día,
la *Scala Infinita* por la que han llegado tú y tu ascendencia.

Pero no ascenderás hasta que tu vigilia fructifique.
Mientras,
seguirás avivando el campanario o el Al-manur,
según traspasemos el umbral de redención o de caída.
Cada elevarse de la sombra extinguirá el fuego de tu lámpara;
cada victoria de quietud nutrirá la llama.

Mientras,
en la inmovilidad de nuestro sueño,
seguirás quemando las ataduras de la nieve,
y tejiendo los vislumbres que enciendan el camino de lo ausente
y que en el día miraremos como leves prodigios de luz.
Cada paso ganado o perdido en esa ruta,
nos acerca a la estancia en que la sed arderá en Agua Bienaventurada,
y la Unción de estrellas sanará las heridas.

Ésta es tu gran batalla,
una alquimia imperceptible.
En tu celda pulsa el astrolabio

que mide el almicantarat de nuestro corazón al cielo;
en tu Atanor decantas el aceite de ira quemando mis arterias
y albeas la sombra con agua del pozo;
en el silencio consagras el *Liber Divinorum* de tu Ordenanza.

De nuevo llegarás a mí y estaré con una rosa entre las manos,
recibiendo lluvia.
"Que el orden constelado sea en tu memoria",
me dirás en el torrente,
y el ámbar de la tarde,
como bautismo de la luz,
descenderá sobre el Alcázar.

Entonces,
sólo entonces,

comenzará el tránsito espiral hacia el origen.

QUIETUD

En el arco
donde el ámbar de la tarde se desborda,
oro esplendente
en la serenidad de los rostros,
oro estremecido
en el tañer del campanario.

En esa brevedad donde el incendio es entregado a su catástrofe
y el pensamiento hierve en una tibia luz,
un gesto de extrañeza
ante el mínimo temblor de una sombra que no vemos.

En ese espacio,
crisálida que guardamos de la ira,
en esa pequeña inmensidad donde el amor fluye
como una respiración pausada,
el resplandor de la miel,
y el té de manzanilla.

El dolor por fin nos abandona.
Su íntima,
su antigua,
su espesura en la garganta,
su raíz envejecida en este cuerpo.

El esqueleto del odio se derrumba,
se deslíe en el sedimento de la luz;
las raíces,
aceitadas por la música,

se desprenden de sí mismas
y el amor fluye como una armonía caudalosa y fresca…

Guardamos,
en el sueño,
el fulgor del agua donde nace el astro,
y en la sangre un pulso tibio,
ajeno a orfandad y la intemperie,
mas no la gracia,

sino su quietud.

TERCERA PARTE

Los setenta:
en vísperas de un nuevo siglo

LUIGI AMARA

MINERALIA

El placer antiguo
De una piedra en la mano.

Cómo cantar a la roca
—a este peso tranquilo—
si en mi voz no resuena
si con ella no vibra,
si no es guijarro, ni piedra,
el sonido que escucha
en la palma mi mano.

Y cómo evitar,
sin embargo,
no cantar a la roca,
si el silencio —está claro—
no despierta
no evoca
su latido de pez
o su ansia de pájaro.

LUCIÉRNAGAS

La silla

el muro

la ventana

(1971.) Nació en la ciudad de México, el 6 de enero de 1971. Además de poeta, es ensayista y editor. Ha publicado seis libros de poesía: *El decir y la mancha* (1994), *El cazador de grietas* (1998), *Pasmo* (2003), *Envés* (2003), *Las aventuras de Max y su ojo submarino* (2007) y *A pie* (2010). Entre otros reconocimientos, ha merecido el Premio Nacional de Poesía Joven Elías Nandino (1998), por *El cazador de grietas*, y el Premio Hispanoamericano de Poesía para Niños (2007), por *Las aventuras de Max y su ojo submarino*.

Lecturas recomendadas
El cazador de grietas, Conaculta, México, 1998.
Pasmo, Trilce, México, 2003.
Las aventuras de Max y su ojo submarino, FCE, México, 2007.
A pie, Almadía, Oaxaca, 2010.

§ ignoradas
  —virtuales—

diurnas luciérnagas
esperando la noche de los ojos.

EL CAZADOR DE GRIETAS

Sólo la luz reviste las paredes
de la habitación vacía.
Sin máscaras ni espejos,
sin clavos que proyecten su descaro.

Busco el error y la hendidura.
Soy un cazador de grietas,
de pequeños pasajes, de señales,
hacia mundos con sombras.

Basta una aparición en la cal
—la fugaz estrella de una araña—
para atar con líneas rectas
a este mirar insomne,
alerta,
para saciar su sed de formas.

Busco el error en la lisura.
El estruendo de un punto
en el abismo blanco.

EL PARÁSITO

Nada como el deleite de contemplar la acción
y no mover un dedo;
estar completamente absorto
y en silencio
siguiendo el hilo del evento más nimio.

Nada como apoyar el rostro en el marco del vaho,
con boca, frente y manos cual siniestras ventosas,
mirar la gente que cruza,
sucediendo despacio;
la distorsión de la calle en las gotas del vidrio.

Estoy viviendo el gozo de un bostezo muy largo.
Contento en mi postura,
en la pesantez de mi carne,
nada se escapa,
con nada se interfiere,

me place la manera en que me pego al vidrio,
cómo el cuerpo se adhiere,
se adelgaza,
se engasta,
sonriendo inútilmente
me descubro translúcido.

ORNITOMANCIA

No ha llegado esta noche un cuervo a mi ventana
—tal vez porque no encuentro las preguntas propicias.
Ha llegado la sorna envuelta en pájaro,
el salitre y hollín de su plumaje roto;
un pájaro sin nombre, sólo un pájaro,
alzándose a la altura de mis propias preguntas.

No he visto mi rostro reflejado en su ojo nervioso,
ni entendido el clamor de su mirada afónica.
Simplemente ha llegado —ni presagio ni aurora—
con lá prestancia de las cosas sin voz;
un pájaro sin nombre,
inquieto, raudo,
que sin mirarme
ha querido callar.

MIGRAÑA

Oprimida en la prensa
de las horas inútiles,
como una nuez deforme, huraña,
que descree del castigo,
de tal modo en tensión
y torturada,
sostengo mi cabeza entre las manos,
mientras el mundo silba, lejos,
su insultante salud.

Debajo de la lengua
una nueva pastilla se disuelve
con el dulzor de la promesa.
"Los suplicios más simples
comportan la belleza del mal."

Las gotas se suceden
una a una,
siempre en el mismo punto,
en descargas de furia
de un reloj de dolor.

Todo brillo me hiere
y todo brilla;
cada latido es un tambor que irrumpe
con modos de aprendiz
en la caja del cráneo.

Traslado mi cabeza
como un jarrón de Ming
entre mis torpes manos,
y afuera el mundo canta
su terrible esplendor.
"Tanta salud ofende"
—insisto.

AVIÓN DE PAPEL

Una carta de amor vuela desde el décimo piso

Planea muy suavemente
susurrando
por los senos del viento

Una carta plegada con esmero y candor
gira y sigue su trazo japonés entre los edificios

se inclina suavemente

Y un náufrago burócrata debe de estar viéndola flotar
como mensaje al aire

en sonriente equilibrio

acariciar la calva de una estatua
entrar en esa calle estrecha

un roce casi abstracto
que ha inquietado a las cosas

pero no a ella

EL TURNO DE LOS PIES

Al margen de las sábanas,
como cuatro extranjeros
expulsados
del manto de la concupiscencia,
friolentos e intranquilos como topos
que se montan a tientas y hacen nudos

en una lucha sorda,
un diálogo pedestre de la piel
donde las uñas
confían en la caricia,
pero exiliados al fin,
apóstatas, obreros,
tan lejos de los labios y la vista,
en ese más allá del cuerpo
que se da por supuesto,
en ese límite perplejo de uno mismo
que propende a lo amorfo,
los pies buscan los pies,
se abrazan a su modo y hacen nudos,
se acometen y empalman ateridos,
raspan sus callosidades entre sí,
toscos pedruscos
que quieren reencender el fuego.

EL DENTISTA

Era una de esas consultas de rutina,
la boca abierta, la luz inquisitiva,
y el ruido del taladro
como una prefiguración del dolor.
Tal vez era mi baba burbujeando
o esa atmósfera de asepsia demencial
en que todo parece rendirse
al dios del cloro,
pero el caso es que allí entendí
de golpe (mientras un grito imaginario
hacía estallar los matraces, las jeringas,
el florero de la recepcionista),
que él no luchaba contra el sarro,
no combatía la muerte ni siquiera
bajo la forma ladina de las caries,
sino que era su sombra, su sonriente emisario:
con qué tesón sacaba brillo a los molares,
qué minuciosidad para pulir mi calavera.

JULIÁN HERBERT

AUTORRETRATO A LOS 27

Yo era un muchacho bastante haragán
cuando me asaltaron las circunstancias
sábados y domingos cantaba en los camiones
ahorraba para unas botas Loredano
y besé a dos
no
a tres muchachas
antes de mudarme a esta ciudad

Aquí me extrajeron el diente cariado
y de paso me arruinaron la sonrisa
este relámpago de fealdad por donde asoma
involuntariamente
el ápice más claro del pozo que yo soy

Aquí firmé facturas
documentos de empleo
paredes silenciosas
y también me tomé fotografías
me hice archivo me hice historia me volví
un detalle en el paisaje de la suma
no encontré nada mejor
lo dije antes
yo era un muchacho bastante haragán
y la gente desconfiaba de mí
cómo iba a enamorarse uno tan mal vestido
cómo tendría razón

(1971.) Nació en Acapulco, Guerrero, el 20 de enero de 1971. Vive en Saltillo, Coahuila. Es licenciado en letras españolas por la Universidad Autónoma de Coahuila. Además de poeta, es narrador, ensayista, antólogo, músico e investigador. Ha publicado cinco libros de poesía: *El nombre de esta casa* (1999), *La resistencia* (2003), *Kubla Khan* (2005), *Pastilla camaleón* (2009) y *Álbum Iscariote (2013)*. En 2014, en Ecuador, se publicó su antología poética *Las azules baladas (vienen del sueño)*. En 2005, en colaboración con Rocío Cerón y León Plascencia Ñol, publicó el volumen antológico *El decir y el vértigo. Panorama de la poesía hispanoamericana reciente (1965-1979)*. Entre otros reconocimientos, ha merecido el Premio Nacional de Literatura Gilberto Owen (2003), por *Kubla Khan*.
Lecturas recomendadas
El nombre de esta casa, Conaculta, México, 1999.
La resistencia, Filodecaballos, Guadalajara, 2003.
Kubla Khan, Era, México, 2005.
Pastilla camaleón, Bonobos, Toluca, 2009.
Álbum Iscariote, Era, México, 2013.
Las azules baladas (vienen del sueño). Antología poética, selección y prólogo de Mauricio Medo, Ruido Blanco, Quito, 2014.

§ Pero tuve razón algunas veces
   y si no
tuve al menos esa ira luminosa
que convierte a la estupidez en una revelación

En cambio no podría hablar del amor
   —y que conste que a mi lado también duerme y bosteza
el verboso maquillaje que entre cedro y caoba
declaraban en falso los poetas provenzales—
pero tengo el recuerdo de una tarde en el bosque
ardillas mirándonos desde una roca
inmóviles
y nosotros dos guardábamos silencio

Desde entonces algo crece a través de mis ojos
y en mis testículos
y en el rumor que hace mi pensamiento
algo de mí crece en mí como un saludo
como una tregua
como una bandera blanca

Pero no hablo de amor
sino de que me gusta agitar esta bandera

Bastante haragán es cierto lo confieso
tres muchachas besadas cuando llegué a la ciudad
quién me viera hoy caminando por la calle Juárez
mi hijo gritándome papi
mientras pienso en los asuntos de la oficina
en el traje Yves Saint Laurent que me vendieron de segunda
en los exámenes que falta revisar
en la amistad que mansamente se vacía
o se llena

Pienso en la desnudez
en los malos olores de la gente que pasa
testimonios de salud o promesas de la muerte
pienso en mi país que es sólo un plato de lentejas

Y también pienso en este poema
que hace 27 años se fragua dentro de mí
y nunca termina
nunca dice las palabras exactas
porque es igual que yo
un muchacho bastante haragán
una verdad fugaz como todas las verdades

Tengo derecho a hablar de mí cuando hablo del mundo
porque hace muchos años miro al mundo
tengo derecho a sentirme verdadero

fugazmente verdadero
porque mi voz también puede abrazar a la gente
aunque no sea la voz de un santo
ni la voz de la lluvia
ni la voz de una madre que llama a su hijo difunto
ni la voz de un sabio antiguo
mi voz también puede abrazar a los que pasan
a los que escuchan
a los que abren el libro al azar y en silencio
y a ti
sobre todo a ti
mi voz también puede abrazarte
mi voz también puede abrazarte

Aunque sea la voz de un hombre al que hace años
le arruinaron la sonrisa
aunque sea la voz de un haragán
mi voz también puede tomarte por los hombros
y decir suavemente
"estoy cantando
estoy cantando para ti"

EPIGRAMA

¿Qué mujer hay en ti,
que me siento contigo
más triste que en mis fotos,
más alto que en mi cuerpo,
más cómodo que en una
butaca reclinable,
simple como las manos
de quien parte los panes,
dueño de la distancia:
un francotirador?

OVIDIO. *TRISTIA*

La epístola que lees dibuja un mapa.

Primero es una valla de maderas podridas;
las chispas que fabrican borrachos los obreros
contra el muro al apedrear una garrafa;
anuncios que prohíben nadar en calzoncillos;
el frío como un fantasma de acero inoxidable;
la marea del exilio azotando la costa
como pez de pelea,
igual que pasa el vino
a través del bulboso cuello de un centurión;
las auroras; Dobrudja; los estanques de Escitia;

el recuerdo de las hijas de César con un gramo
derramado sobre plata de Numancia;
el deseo de ser un dios o un albatros los lunes;
la velocidad de una escollera que comienza a meditar.

Y por último el Bósforo al fondo del paisaje,
descollante
como una botella rota.

SANTIAGO DE VORÁGINE. *LEYENDA DE SAN JULIÁN EL HOSPITALARIO*

Dicen que luego de matarlos vivió siempre llorando
en plazas y hospitales llorando
y llorando en los vagones del metro con la túnica raída
los remos sobre el hombro igual que una escopeta
un letrero muy sucio colgado de su pecho
yo maté a mis padres

Lloraba con ese ruido sucio
que hace la lluvia al caer en los mercados
se encolerizaba cuando todos dormían
lastimaba muñones escupía a los internos
robaba su dosis de morfina a los heridos
para obligarlos a llorar con él

Dicen que lo encerraban
lo empastillaban
lo madreaban
le metían un trapo en la boca y unos electrodos en la cabeza
y después giraban la perilla
pero nada ablandó su crueldad
porque era santa

Una noche encontraron su cuerpo en los canales
le habían molido la cabeza con los remos
su letrero ensangrentado sobre el rostro
con este sobrescrito
por fin se callará

El gobierno del pueblo se negó a sepultarlo
pero nosotros lo consagramos desde entonces
como santo patrono de la hospitalidad

(Por eso
tú que diste positivo en los análisis
o yaces aguardando la próxima descarga
o no encuentras doctor que te venda una receta
o te lames las manos mientras te embarga la ansiedad
rézale a él
y dale sólo a él toda la fe de tus plegarias)

GASPAR OROZCO

TODO POEMA ES UN ESCRITO PÓSTUMO...

Todo poema es un escrito póstumo
el que escribió esto ya está muerto
cada palabra es una paletada de tiempo sobre la anterior
no hay tiempo ni de fabricar a gritos una despedida
el cero es un pozo sin fondo
vivo en caída libre dentro de él
el poema es una piedra estrellándose contra el agua
aún no escucho nada

BIENAVENTURADAS...

Bienaventuradas
las ciudades atravesadas por río
pues su memoria será tan antigua como la sed

Bienaventuradas
las ciudades atravesadas por río
pues cada día será el de su fundación

Bienaventuradas
las ciudades atravesadas por río
pues serán el espejo de su propia destrucción

HAY UNA HORA...

Hay una hora en la que se queman todos los pájaros. La página te deja sin sentido. Una hora. No hay manera de saber cuándo puede llegar. Algunas veces crece en el día, otras en la noche. La lumbre cruza lentamente las horas y elige una. La página comienza a sangrar oscura astronomía. De lo que se trata,

(1971.) Nació en la ciudad de Chihuahua, el 10 de febrero de 1971. Vive en Los Ángeles, California. Además de poeta, es ensayista, traductor, músico y documentalista. Ha publicado siete libros de poesía: *Abrir fuego* (2000), *El silencio de lo que cae* (2000), *Notas del País de Z* (2009), *Astrodiario* (2010), *Autocinema* (2011), *Plegarias a la Reina Mosca* (2011) y *Juego de espejos / Game of Mirrors* (2014).
Lecturas recomendadas
Notas del País de Z, Universidad Autónoma de Chihuahua, Chihuahua, 2009.
Astrodiario, Bagatela Press, El Paso, 2010.
Autocinema, Conaculta, México, 2011.
Plegarias a la Reina Mosca, Universidad Autónoma de Nuevo León, Monterrey, 2011.
Juego de espejos / Game of Mirrors, en colaboración con H. U. Lian, traducciones de Jing Du y Anthony Seidman, 2014.

según dicen, es de tensión. De la tela del cielo o de la lona de la sangre. La página comienza a cerrase en sí misma. La hora casi siempre se precipita en el centro del solitario. Otras veces cae entre pequeños grupos a los que les dispersa la vista. La página comienza a arder con un pájaro en su orilla izquierda. Esta noche la superficie puede ser también la de la lente. Yo he visto el apresurado dibujo de un alcaudón volar en esa esfera. Yo he visto al halcón romper el hilo azul que lo une al antebrazo del asesino. El azul de las letras que nunca veré. Entonces se extiende la distancia entera de la escara. Arrancar la página. En blanco.

HUIZONG

El Emperador Huizong
pintó en algún momento de su reinado
una pareja de pinzones
posados sobre
una rama de bambú

Como punto final
el Emperador
especialista en la pintura de aves y flores
colocó con delicadeza
una gota de laca
en el ojo de los pájaros

El reino se derrumbó en 1125
y Huizong
cautivo y en el exilio
murió en 1135

Los ojos
de los pájaros
aún brillan

SABER QUE CADA ESTRELLA...

You were right about the stars
Each one is a setting sun
Wilco

Saber que cada estrella es un sol poniente sobre nuestra ciudad, saber que cada estrella se hundirá en el horizonte sin dejar rastro, saber que cada estrella seguirá su trayecto en otra noche, en otra mirada. Saber que huirá cada lucero que encuentren nuestros ojos, saber que el astro ganado es el astro perdido. Saber que la supernova de hoy, es el hoyo negro de mañana. Saber que en esta noche incalculable tenemos las estrellas contadas. Saber que no nos quedará una sola. Saber que no olvidaremos ninguna.

FILM VISTO EN UN "WUNDERKABINET" DEL EBANISTA ULRICH BAUMGARTEN (1600-1652)

Para Monika Zgustova

Ciudad nocturna el gabinete del coleccionista. Arribará el viajero siempre a la hora del austro y de la marea alta. Desde cada cornisa te observa un pájaro. Arquitectura, razón sombría. En el hueco del nicho descansa una botella con agua de lluvia de febrero. En la escalinata del templo, destella un trozo vivo de coral rojo. ¿Es música lo que se desprende desde el filo del obelisco? ¿Es otra forma de tiempo? Bajo las vértebras diáfanas del arrecife, la mano dormida traza un círculo dentro de otro círculo: no hay constelación que rompa la noche del ébano. Pero la llave de oro arde en la última puerta. Por una rendija, descubres al caracol rayado como un tigre de Amoy. El rugido dulce del mar.

OTRO

Atrás de la película, hay otra película. Atrás de los actores, se filtran los movimientos de otros actores. Adentro de esta ciudad, existe otra ciudad. Al fondo de la luz, otro resplandor parpadea. Bajo las palabras, se escuchan con claridad otras palabras, pronunciadas por otras voces. Más allá de la sombra, gotea otra penumbra. Atrás de la música, avanza en silencio otra música. Atrás de tus ojos, otros son los ojos que ven.

¿ALCANZASTE A LEER?

¿Y si el poema no fuera más que un subtítulo que arde apenas un segundo y desaparece bajo el agua del tiempo?

DORADO 70

Para Antonio Martínez

El cine clausurado. Permanece el nombre incompleto de la última película. Dentro de los huecos rotos de la marquesina anidan hoy palomas grises que entran y salen a lo largo de la noche, bajo una luz que da sombras naranja. Y pienso que no es un mal destino el que las letras de nuestra última palabra se transformen en pájaros secretos que sobrevuelan la ciudad nocturna.

MEMORIAL DE LA PEONÍA
[Fragmentos]

Alquimia de los ojos abiertos. La peonía vista antes de nacer. Su luz queda suspendida en la mirada hasta que en la superficie encuentra su forma única, su identidad entre los diez mil seres. A partir de ahí comienza a fluir, a diluirse el otro color de la historia — los cobres elevados, el muy breve cobalto de las desapariciones. Alquimia de los ojos cerrados. La flor que nunca deja de abrirse, que no termina de desvanecerse. Fosforescencia que late en el corazón de todas las sombras, afilado rocío que cubre a la isla en su desintegración a través de la noche.

*

De una gota, rehacer el mar. De una piedra, volver a alzar la montaña. La hoja guarda en sí al bosque entero como el grano de arena posee la memoria de todas y cada una de las dunas. Con la última mancha de luz que se desvanece en la pared se puede escribir de nuevo la historia del tiempo.

A partir de este pétalo, reconstruyo para mí un imperio.

*

Al escribir la peonía recordada, al volver a marcar el trazo de su dédalo, no llegaré al final. No es que no haya manera de alcanzar al fondo en una materia que es transformación perpetua —la memoria, lo compruebo, es una gota de agua que metamorfosea y evapora sus paisajes a cada minuto. Más bien, creo en dejar abierta la puerta de la casa, en olvidarme de cerrar las ventanas para que el mar de la noche entre y se convierta con nosotros en día, para que el país del día termine convirtiéndose con nosotros en noche. No hay conclusión. No hay final. La peonía deja abierto en nuestro ojo su dibujo inacabado, perfecto en su imperfección.

MARAT

Jean Paul Marat debió ser un experto en la fragilísima naturaleza que poseen las cosas de este mundo. Sus ojos vieron y registraron innumerables veces el nacimiento, el vuelo y la muerte de aquello que, entre objeto y criatura del aire, llamamos burbuja o pompa de jabón. En 1788, en sus "Mémoires Académiques, ou Nouvelles Découvertes Sur la Lumière", incluyó un apartado titulado "Sur les Boules de Savon", pequeño tratado sobre los efectos prismáticos de la luz en las burbujas. Ahí, afirmaba que las burbujas están formadas de tres materias colorantes —amarilla, roja y azul— que se tocan, se atraviesan y toman su lugar en la quebradiza esfera. La coloración amarilla forma la parte superior, la roja la intermedia y la azul se asienta en la zona inferior, de acuerdo al peso de cada color.

La mañana del 13 de junio de 1793, Marat accedió recibir a Charlotte Corday en su baño. La mujer, simpatizante encubierta de los girondinos, guardaba entre sus ropas un cuchillo. El desenlace de la historia lo sabemos ya. Podríamos pensar que, sumergido en las aguas medicinales de su bañera, en el momento en que entra su joven visitante, Marat fija su mirada un momento en la piel iridiscente de una burbuja que, un segundo después, se quiebra en el aire.

ESTRELLA DEL VALLE

ISLA ANGUSTIA

Es jueves,
el mar aparece en tus ojos,
desborda la luna ceniza de los labios.

Anclas tu mirada
                    en la Isla Angustia.

El infortunio explora los húmedos instantes,
palabras que ansían abrazarse a nuestras olas,
y los sueños
como lluvia
se pierden del océano y de la ínsula,
irrumpen en la tarde,
se bañan con la ausencia del navío.

Es viernes.

Navegamos terriblemente solitarios.

CANTO DE LA HERMANA GORGONA

Un líquido de sueños, un abismo,
un caminar desnuda en tu conciencia,
una luz que poseo en las tinieblas,
un pabilo de amores como espuma,
se tuercen, se entremezclan, son de redes,
de un tósigo perdido en la memoria,

(1971.) Nació en Córdoba, Veracruz, el 11 de febrero de 1971. Vive en Estados Unidos. Estudió pedagogía. Además de poeta, es narradora. Ha publicado cinco libros de poesía: *Bajo la luna de Aholiba* (1998), *Fábula para los cuervos* (2001), *La cortesana de Dannan* (2002), *El desierto, dolores* (2003) y *Vuelo México-Los Ángeles puerta 23* (2007). Entre otros reconocimientos, ha merecido el Premio Nacional de Poesía Efraín Huerta (2000), por *Fábula para los cuervos*; el Premio Nacional de Poesía Ramón López Velarde (2000), por *La cortesana de Dannan*, y el Premio Latinoamericano de Poesía Benemérito de América (2003), por *El desierto, dolores*.
Lecturas recomendadas
Bajo la luna de Aholiba, Conaculta, México, 1998.
Fábula para los cuervos, Ediciones La Rana, Guanajuato, 2001.
Vuelo México-Los Ángeles puerta 23, Praxis, México, 2007.

la oquedad onanista perturbada,
el despertar sintiendo que envejezco,
nos flagela, lastima la tristeza.
Descubre que yo soy su antagonista.
En el templo de Apolo me persigue
porque arrojo las culpas al espejo,
porque multiplicando la tortura
no hay nada más oculto que el espanto,
la densa división que reconozco
son bestias más veladas que Teseo.

MANUS STUPRARE

La mano es una isla sin puntos cardinales,
cuerpo que nos lame las heridas y el delirio.
¿Será un secreto ritual de la vigilia
poseer la concha que despoja de su savia?
Algo de mí se hunde en este ultraje,
algún abismo devora la entrepierna.
Caracolas y peces fecundan la nostalgia,
cubren recebo el festín que la flagela.
Las manos, evocación de lo perdido,
hermosa ínsula perversa y solitaria,
complaciente, retorna mi placer anónimo;
ante su asombro me disfruto tan completa
sin Dios para ofrendar mi dicha oculta.

ANTÍDOTO

Su cuerpo está quemándome,
diciéndome al oído que soy veneno,
lascivia de su carne.
La falta de respeto a toda lengua
que conjugue con pureza.
Venérea tentación de sus sentidos.
la bestia. La locura marcada por etérea:
le digo que me pruebe. Soy más
que la manzana, más que el verbo.
Soy larva ponzoñosa y el tóxico que mata lentamente;
no obstante también la sanguijuela
que se pega a su cuerpo para hacerle saber
que puedo ser demiurgo y revulsivo de la mortal
enfermedad que le calcina.

EL MÍNIMO INFIERNO

El alacrán de las nocturnas soledades,
el que vierte su veneno y te deja morir en el insomnio,
esperando que Ella toque a la puerta de tu casa,
como una perra hambrienta, como una hembra perdida
que busca su refugio entre tus muslos,
y te pide. No. Te exige, con torpeza,
que seas tú quien la penetres y la hagas ser mujer;
aquella que recordarás hasta tu muerte
y estarás esperando en la ventana,
mientras tejes su espasmo entre tus versos, sin saber
que ese animal rabioso que te heredo,
tu compañero de infierno, te lo he inventado yo.

LOS CUERVOS

Somos cuatro y aún jugamos
a querernos, a simular amor sobre la mesa
y sentarnos al pórtico a platicar de historias anormales,
mientras mamá prepara el alimento
y escucha devorarnos la carne.
Mi padre vendó los ojos de todos mis hermanos
y antes de abandonarnos, cubrió los suyos con sus ropas.
Mis hermanos se columpian de la mano de mi madre,
no soportan ser ciegos por culpa de papá
y se dan picotazos uno a otro para expiar
no sé qué clase de pecado.
Sé que me sacarán los ojos si me acerco,
por eso me santiguo por las noches
y rezo un padre nuestro por todos.

GENEALOGÍA

La primera mujer que levantó mi estirpe
fue una desconocida que cortó una manzana.
Ella parió con lágrimas el amor de su hombre,
alguien le dio a la estupidez por apellido
y desde entonces, todas gimoteamos el haber
nacido torpes y perversas.
Ésa es la historia que nos cuenta mi padre,
pero yo sé, que en otro tiempo,
la primera mujer que llenó nuestro nombre
fue la heroína de los cuentos prohibidos
que abandonó a mi abuelo por un cortador de caña.

EN LA REVISIÓN NOCTURNA DE SAN CLEMENTE

ya me tienen cansado con tanta revisión, tantos papelitos.
Pero ahorita van a saber quién soy yo. Sí señor, voy a
hacerme respetar por estos rinches, van a saber lo que es
un hombre. No saben con quién se meten, caballeros,
para esto me pinto solo. Chillen perros, hoy estoy más lúcido
que nunca. Mi madre fue una maestra normalista que
regresaba a casa con unas cuantas monedas en su bolsa
y los zapatos gastados por el lodo y una bolsa de pan
y una bandera roja. Hoy no creo en políticos sectarios.
Estoy desdibujando un verso con las manos y construyendo
otro. Hoy no creo en el espacio en blanco ni en políticos
de izquierda, pero en noches como éstas milito.

SE ACABÓ LA FIESTA

ya, prefiero una nena barbuda que la postmodernidad,
prefiero una falta política que la ortográfica
perfecta de los desertores. Ya baby, puedes subirte esa
falda, arréglate el cabello, mira que esto es un laboratorio
de metáforas y no das buen aspecto. Creo que no eres lo
que busco en términos de literatura comparada. Ya,
prefiero a Yolanda Vargas Dulché que todo este marasmo
en que te has vuelto; mírate, tienes bien empolvada la nariz,
arréglate el sostén de la oficialidad y date por despedida
con la parte del botín que llevas entre manos.
Y cuando salgas chica, pon el letrero de "don't disturb",
quiero pensar si todavía debo ir a San Francisco.

NO VAYAS A JALARLE DEL GATILLO

preciosa, hoy estoy más vivo que ninguno, tengo ganas
de morirme pero no de matarme, niña, si muriera
lo haría en la sierra de Bolivia o en el Cuartel Madera.
Mira muñeca, todo el mundo lleva una guerrilla adentro
tratando de aventar una granada por la boca. Por eso
te lo digo, ahí estás bien plantada en tu trinchera. No jales,
por favor, podrías arrepentirte. Hoy la traición es un asunto
entre el Estado y grupos radicales, pero no tuyo, preciosa,
que tienes la vida completamente amueblada por tus padres.
No vayas a disparar aquí en medio de las calles,
la calle no es del pueblo, bien lo sabes. No vayas a jalarle
del gatillo. No dispares.

MARÍA RIVERA

…SI LA LLUVIA PUDIESE…

. . . Si la lluvia pudiese, si la lluvia. Si la lluvia pudiese escribir este poema, decir todo el amor que soy, que fuera. Si fuera la lluvia, si fuera. Corto de riendas, corto, este amor se me hizo piedra, se me hizo. Como si el hacer fuera este fruto. Corto mis muñecas, me hago grieta y no apareces, no aparece Dios sobre las aguas. Si la lluvia pudiese, sí, la lluvia, sonreírte con mis labios, si pudiese. Acercar mis palabras a tu oído, rescatarme de los voraces agujeros que me tienden. Tender un puente de voz para mi muerte, si la lluvia, si pudiese.

ESTÁBAMOS EN ESO DE SALVARNOS

Estábamos en eso de salvarnos, estábamos
heridos sobre el pie tembloroso
                                               del silencio,
amargos y oscuros
sobre el caballo del tiempo.

Tú no me veías,
debí saberlo. Tú no me veías
zozobrando.

Una tarde sembré un brazo de siempreviva
porque estábamos en eso de salvarnos
y yo pensaba en los retoños
                                             con apasionada inocencia,
mientras el mar, su cadera turbulenta,
nos arrojaba entre médanos de niebla.

Era el cielo tendido entre dos mares,
el grito acallado en la garganta
con hirvientes alfileres,

(1971.) Nació en la ciudad de México, el 1 de junio de 1971. Además de poeta, es promotora cultural. Ha publicado dos libros de poesía: *Traslación de dominio* (2000) y *Hay batallas* (2005). Entre otros reconocimientos, ha merecido el Premio Nacional de Poesía Joven Elías Nandino (2000), por *Traslación de dominio*, y el Premio de Poesía Aguascalientes (2005), por *Hay batallas*.
Lecturas recomendadas
Traslación de dominio, 2ª edición, Conaculta, México, 2004.
Hay batallas, Joaquín Mortiz, México, 2005.

§ pero estábamos en eso de salvarnos,
porque pensaba "qué hermoso sería
salvarse entre dos manos".

Porque estábamos en eso de salvarnos,
caminé tras de otros pasos
con la voz atenazada por la asfixia,
una urgencia de metales y campanas,
mientras las llamas devoraban
la maleza que crecía entre nosotros,

porque estaba en eso
de caminar sobre la cuerda,
y era nada más salvarse,
para no poner
el pie sobre el vacío, poner
el pie sobre la cuerda.

Fue por eso,
porque la muerte tenía
la blancura toda para ella,

que anduve de cima en cima
                    desterrada,
y los frutos todos
              amargaban mi lengua;

porque estábamos heridos y solos
en esa desventura, en esa
tierra donde los hombres
se conocen a sí mismos,

mientras los otros, envilecidos como hienas
                              y voraces aves de rapiña,
nos miraban persiguiendo
                    estrellas en un pozo:

la perra que viste vestirse de cisne,
la muda nutria desangrada,

y porque sabía ya de esa sombra,
de su hondura casi agua, casi cielo,

porque había que cerrar los ojos,
no ver hacia adelante,

porque adelante estaba ya la tierra,

porque en su negro rumor,
entre sus brazos,

vi nacer un manantial,
toqué sus aguas,

y la tierra tenía sabor a pan,
                                    a fruto,

porque vi, cayendo, todo el amor
                                    desbordado y cierto
una noche sin palabras.

DERMOGRAFÍA

A Marina Bespalova y Susana Pagano

Escribo
sobre la piel sedosa
una grafía torpe y sencilla.

Se desvanece. Se desvanece.
Vuelve a su sereno estado
el dorso de mi mano.

No para durar. Ha sido hecha
esta palabra.

No fuimos hechos. No para durar.
Como la línea, la palabra
—tómala de la mano—
se irá muriendo.

He escrito en el cuerpo del mundo,
en su piel sencilla, unas palabras
simples.

Un lenguaje derramado,
un tropel de piezas rotas,

flor del instante,
se desvanecen.

No para durar. Escribí
—tú, yo, nosotros—.

No para durar. El niño mira,
el enamorado sueña.

Porque no fuimos hechos.
No, para durar.

RESPUESTA

A Luigi Amara

"y… ¿por qué no escribes un poema feliz?"

No tengo corazón para las cosas,
para verlas rodar en su caída,
para el largo murmullo
en su agonía.
No tengo corazón para las cosas
felices de este mundo:
no me alcanza el corazón para la risa,
ni el ojo para el ave,
ni la mano para la gota.

No, no tengo corazón.
No alcanza su hipo a la hipérbole
ni sus dedos se congelan con la nieve.

Y aunque quisiera rendirse, a veces,
tumbarse sobre la hierba,
su sombría pesadumbre se lo impide.

Me falta corazón para las puertas,
para las manos de los hombres.

Me falta. Me falta morir
para encontrarlo.
Tenderme
sobre el lomo de su rayo,
cabalgar sobre su grupa.

A veces, ya muy noche, pregunto
al enorme silencio del mundo
cómo puede morir
el corazón entre las manos;
a veces, muy temprano, pregunto
a la gran algarabía del mundo.

Asombrada,
miro su torpe ánimo,
su paso incierto,
su lenta caída.

Es triste, lo sé.
Pero no tengo corazón para las cosas
felices de este mundo.

LUIS VICENTE DE AGUINAGA

OLVIDOS

y había un país entre la vida y la muerte
JUAN GELMAN

Hay un país entre la espera y el fuego.
Un largo territorio, como playas.
El cielo se carga de gaviotas, y esa nube
parece recordarte.

Hay un país entre las naves y el puerto.
Cuando vives en él, eso te han dicho,
el agua bebe de tu mano
y se mece tu cama bajo la respiración de los tigres.

Hay un país entre los muros
de la sangre y la huella
impar del trueno. Ante la vida
y la muerte, la viva

imagen de todo lo que un tiempo
fue las nubes, el agua, las gaviotas.

(1971.) Nació en Guadalajara, Jalisco, el 6 de octubre de 1971. Es licenciado en letras por la Universidad de Guadalajara y doctor en estudios románicos por la Universidad Paul Valéry de Montepellier, Francia. Además de poeta, es ensayista, crítico literario y traductor. Ha publicado doce libros de poesía: *Noctambulario* (1989), *Nombre* (1990), *Piedras hundidas en la piedra* (1992), *El agua circular, el fuego* (1995), *La cercanía* (2000), *Cien tus ojos* (2003), *Por una vez contra el otoño* (2004), *Reducido a polvo* (2004), *Trece* (2007), *Fractura expuesta* (2008), *Adolescencia y otras cuentas pendientes* (2011) y *Séptico* (2012). Entre otros reconocimientos, ha merecido el Premio Nacional de Poesía Efraín Huerta (2004), por *Por una vez contra el otoño*, y el Premio de Poesía Aguascalientes (2004), por *Reducido a polvo*.
Lecturas recomendadas
Reducido a polvo, Joaquín Mortiz, México, 2004.
Trece, Lunarena, Puebla, 2007.
Fractura expuesta, Mantis, Guadalajara, 2008.
Adolescencia y otras cuentas pendientes, Conaculta, México, 2011.
Séptico, Simiente, Cuernavaca, 2012.

DE LOS OTROS LUGARES

Razonablemente se llaman Iguazú, Groenlandia
o la casa de enfrente.
Sus nombres dicen que no estamos
ahí, en el punto azul o atenuado por las horas
que nuestros dedos exaltan sobre el mapamundi,
pero también, de algún modo,
que no estamos en ninguna otra parte,
que las cuentas del gas y del teléfono
no deletrean el nombre que nos toca,
que las cartas no llegan
porque no hay dirección que nos agrupe, nos dé una sola cara, unos dientes,
porque bien pueden ser muchos los lugares
donde alguien dice aquí,
aquí no estoy, no hay nadie,
mientras recorre los mapas que te incluyen,
las sombras de la casa
que sin problemas ve desde la suya
y parece muy sola y sin secretos.

LA SUMA DE LAS PARTES

Ignoro si haya bosques pasajeros,
aguas provisionales
o troncos de grosor indiferente.
La palabra flotó sobre las aguas
un día —una noche—
que ya las arboledas eran eso: tinieblas.
El bosque apenas me pregunta nada
y yo apenas respondo.

En cambio, sé —más o menos lo sé—
que las palmeras y los fresnos,
en la ciudad, parecen solos

o simplemente no parecen
hayas ni jacarandas, tules ni desmedidas
parotas de otro tiempo. Algo semejan:
voces
por lo sonoro extintas, de idiomas extraviados,
por lo sólido huecas, hundidas por su altura.
Lenguas remotas, o apagadas,

o incipientes
aires del fin, del término, aseguren
el paso de mi cuerpo entre la sombra
y el fuego, de una calle
a la otra,

y junten con sus partes
la duración de un bosque permanente,
aunque yo no responda.

FIN DEL INVIERNO

Junta el aire las hojas en mi contra,
las agrupa en estrictos batallones
y, al ordenar su furia, va dictando
la victoria del humo contra el día.

Si polvo es lo que soy, soy esta noche
giratoria, imprevista, codiciosa
detrás de cuyos dedos astillados
una cara se oculta, o ya no es cara.

Pero ese mismo círculo de viento
da vueltas enseguida, y me desmiente,
y aparezco de nuevo en su perímetro.

Si polvo es lo que soy, que no lo creo,
tras el polvo estás tú, sol que regresa,
renacida figura de la tarde.

SONETO DE LA ESPERA

Urgen constancias, actas, credenciales,
cuatro fotos tamaño pasaporte,
un discurso en favor de los discursos
y la fecha, y la firma, y dos testigos.

Úrgenme, desde ahora, otras dos manos,
tres pies, un gato, un dios que no se burle
ni de mí, que no sé, ni de quien sepa
cuánto tarda en cruzar un cuervo el cielo.

Tanto tiempo que dura una jornada
laborable, o labriega, o laboriosa,
y uno sin alcanzar la ventanilla

donde quizá le informen, de haber suerte,
cuánto tarda un minuto en ser un año,
cuánto tarda uno mismo en ya no serlo.

LA DISYUNTIVA

Entre la soledad
y estar solo,
escojo lo segundo.
Lo mismo entre la dicha
y ser dichoso:
lo segundo.
Entre los años y los días,
lo segundo. Entre mi nombre
y tú al decirlo.

Hay quien me ve llegar
con paso lento
y escoger lo segundo,
lo que viene detrás, de peor es nada;
me ve con piedad intransigente,
con lástima implacable
de cazador apenado por su presa.
Yo recojo los restos,
hago con ellos un sombrero, una corbata,
y saludo a la usanza cavernícola.

Entre la espera y lo esperado,
lo segundo.
Entre los puntos
y las comas.
Entre los ya
y los todavía.

OTRA VEZ CON LO MISMO

Coincido, con alguna objeción, en que la vida
se va en un parpadeo.
Los años vuelan y pasan las generaciones
y uno lo admite porque sí,
con la mirada fija en ese tránsito.

El tiempo —nos han dicho—
no sabe más que irse,
pero también está frente a nosotros
como un caballo a media carretera.

Mejor no preguntarse
por qué, siendo tan breve un año,
tan milimétrica la escala
de la noche y el día,
ciertos lunes parecen infinitos,
interminables las mañanas de los martes
y robustos los miércoles en horas de oficina.

§ Todo en el tiempo es obvio,
como es obvio que hay tiempo
después del tiempo,
detrás, antes y abajo
y es trivial, y es fugaz, y mide nuestra muerte.

DOS CANCIONES

No me importa mi amor; me importa el tuyo.
Panes de ayer, alfombras desteñidas,
un ajedrez al que le faltan peones
y miércoles que hubieran sido viernes
erosionan el mío,
que no respira por su cuenta
ni sabe deletrear sus pobres apellidos.

El tuyo, en cambio, apacigua los motores,
ordena la sombra en el verano,
convence a las moscas de alejarse
y añade ventanas a los muros.

Esquiva el pez la red
contigo, y junio las tormentas,
y se alargan las noches de silencio
y huele a caravanas
de romero y azufre, de algodón y petróleo,
y a sudor de animales no advertidos
cruzando una ciudad como la nuestra:
dispareja, tenaz en la fealdad,
hierba y cemento como dos canciones
cantadas al unísono.
No me importa mi amor, que apenas es la red
y apenas la tormenta —grandes voces
temibles, aunque inofensivas—;
me importa el peón faltante,
y es que al mirar su ausencia en el tablero
cabe ignorar al rey, las torres
y el resto de las piezas.

JORGE ORTEGA

NOVEDAD DE LA PATRIA

La fecha nos congrega en la explanada
para conmemorar la Independencia.
Ascienden los silbidos como fuegos
de artificio,
                    y estallan en lo alto.
El domo de la noche va mostrando
una constelación más terrenal,
el surco de faroles imprevistos
desvanecidos luego por el aire.
"Soplan vientos de cambio":
                    ya el verano
empaca sus fervores demenciales
y cede la tropósfera al otoño.
La gente usa chamarra, luce alegre
como si el clima entrante denotara
la virtual solución de sus problemas.

SEÑALES EN EL CAMINO

El clima reverdece en el otoño
con las propagaciones de la menta;
el aire se adelgaza y respiramos
un gramo de genuina claridad.
El césped va trocando de semblante,
los árboles también, desmadejados

(1972.) Nació en Mexicali, Baja California, el 2 de febrero de 1972. Es doctor en filología hispánica por la Universidad Autónoma de Barcelona. Además de poeta, es ensayista e investigador. Ha publicado once libros de poesía: *Crepitaciones de junio* (1992), *Rango de vuelo* (1995), *Deserción de los hábitos* (1997), *Cuaderno carmesí* (1997), *Mudar de casa* (2001), *Baladas para combatir la inanición* (2001), *Ajedrez de polvo* (2002), *Bitácora del nativo* (2003), *Estado del tiempo* (2005), *Catenaria* (2009) y *Devoción por la piedra* (2011). Entre otros reconocimientos, ha merecido el Premio Internacional de Poesía Jaime Sabines (2010), por *Devoción por la piedra*, y en 2005 fue finalista del XX Premio de Poesía Hiperión (en España), por *Estado del tiempo*.
Lecturas recomendadas
Ajedrez de polvo, 2ª edición, Editorial Tsé-tsé, Buenos Aires, 2003.
Estado del tiempo, Hiperión, Madrid, 2005.
Catenaria, Pen Press, Nueva York, 2009.
Devoción por la piedra, Consejo Estatal para las Culturas y las Artes de Chiapas, Tuxtla Gutiérrez, 2011.

por el viento alopécico que espulga
la oronda tupidez del panorama.
Revela el mes de octubre su esqueleto
y bajo un cielo terso gana forma
el hongo de un aroma presentido.
Nadie nos llama en sí, nada inusual
sucede alrededor, tan sólo el gesto
de las felicidades transitorias.

FIESTAS BOREALES

> *y en este mismo instante*
> *alguien me deletrea.*
> OCTAVIO PAZ

Diciembre pule el cielo por adentro
haciéndolo más nítido. La noche
es un cristal distante que denuncia
la pequeñez del hombre, su anodina
soberbia de protón huracanado.
Nos miran las estrellas desde el fondo
del pozo sideral, del agua oscura;
mas cuanto registramos desde aquí
son visos de luciérnaga, minucias
en la profundidad del firmamento.

MARTES DE CARNAVAL

La primavera asedia jardines descubiertos.
Bajo el toldo del patio la sombra todavía
es un invierno calmo. Las plantas lo confirman
menguando la cintura de sus tallos soberbios.
La luz pega en el césped y estampa un azulejo
de amable incandescencia. El sol se posiciona:
naranja, bola; ojo
                            borrosamente inmóvil
sobre las abisales honduras del zodiaco.
Un pájaro complica la equidad del recuadro
echándose a volar por el campo nudista
que es la amplitud de miras.
                                        Hierve la transparencia,
y entre los corredores de esta selva escondida
el pájaro y la sombra tienden su dialogismo
como un dorado hilo inaccesible al tacto.

HALLAZGO

Una mujer dormida en el vado del alba.
Una mujer dormida
en el sector más bajo de los sueños
como un guijarro liso
al fondo del estanque.

Bien parece una muerta. Lo pregonan
la escuadra que postula su rodilla,
los brazos en un gesto de abandono,
el dorso en posición un tanto incómoda,
la ausencia de resuello
por tiempo indefinido.

Alguien se viste a un lado
cuidadosamente, tratando
de no hacer mucho ruido o alterar
el agua del sepulcro que la habita,
su nivel.

La luz va esmerilando los contornos.

Pensar que no estarás cuando ese cuerpo
renuncie a ser un monte
y se convierta en un papel volátil

que al curso de las horas encandile
—con un fulgor quizá más necesario
que el sol de los cristales—

los zócalos de casa
donde la transparencia que lo cubre
despliegue el manuscrito
de todos sus enigmas.

GUERRA FLORIDA

Ya se acerca el verano:
                                te presiento
en la tibieza que insemina el aire
hervido con la pira del deseo
de quien esconde un sol bajo la lengua.
Tu nombre migra y llega a mis oídos
como un rumor de árboles inmensos
movidos por la brisa de la tarde;
te anuncian los follajes, pero nadie
comprende ese lenguaje de elegidos.
La mente hilvana. En unas cuantas horas

coincidiré contigo en algún punto
del atlas citadino que comprende
la suma de lugares que procuras.
No es necesario ponerse de acuerdo;
tan sólo con salir, prender el auto…
Los hilos del presagio habrán de guiarte
a ciegas por los fiordos de la noche
hasta endosar los labios en un sitio
del cual soy un vestigio desde ahora,
antes que ocurra lo que nos consume.

NOCTURNO DEL ALBAICÍN

El agua es la sangre de la tierra
—seguramente ya se ha dicho antes.

El agua es la sangre de la tierra
y viaja desde lejos,
                              por debajo,
para surgir del centro de la piedra:
hidrante mineral de las edades,
profundo corazón.

                              Y viaja
desde lejos o cerca
para volcar su curso
al pie de nuestra sed.

Mira el dorso del río
tatuado con las hojas del castaño;
míralo y queda curado,
recobra la vista una vez más.

Oye la fuente allá, con su continuo
monólogo de dios que se desangra
pero que nunca llega a doblegarse,
sino por el contrario,
que adiestra nuestro oído
para el cantar del pozo.

Es medianoche y alguien sigue hablando
entre las parras y la hiedra oscura.

Suave dicción del agua que no cesa
de transcurrir detrás de los postigos
como una serenata primitiva.

Danos, oh numen, el punto de apoyo
para sobrellevar este prodigio
aunque no comprendamos su lenguaje.

ROCÍO CERÓN

CIENTO DOCE

I

Ciento doce escalones como escape,
aptitud del que conoce largos inviernos del oído/

Trastabillo de vocal; rizoma desdoblado en hoja fugitiva;
qué otro modo tendría de hablar el odio/

Cara o cruz de un alfabeto zanjado por desgarradura;
partida doble, juego en puntos suspendidos/

Reza, no el Padre nuestro o el Ave María,
nombra por su acento lo que hay;

encima del cuero la dura anatomía, sin escolta ya de pecho:
el pavor embadurna al hombro/

Reíamos en la playa La Herradura esclarecidos los miedos;

de pedazo en pedazo la geografía marcaba los toletes tallados a mano/
boca de pozo francotiro órgano;

siglo XX, tallado a mano en relieve, sin bisagras,
espejo central biselado, patas macizas, algo adusto el decorado,
mármol negro de la época; dígase reliquia para entendidos/

(1972.) Nació en la ciudad de México, el 19 de junio de 1972. Estudió arte y filosofía en la Universidad del Claustro de Sor Juana. Además de poeta, es editora. Ha publicado once libros de poesía: *Litoral* (2001), *Basalto* (2202), *Soma* (2003), *Apuntes para sobrevivir al aire* (2005), *Imperio* (2008), *La mañana comienza muy tarde* (2010), *Tiento* (2010), *Gramática del Nudo* (2011), *América* (2011), *El ocre de la tierra* (2011) y *Diorama* (2012). Entre otros reconocimientos, ha merecido el Premio Nacional de Literatura Gilberto Owen (2000), por *Basalto*.
Lecturas recomendadas
Imperio / Empire, 3ª edición, Conaculta, México, 2009.
America / Amerique, Centro Pompidou, París, 2011.
El ocre de la tierra, Ediciones Liliputienses, Madrid, 2011.
Diorama, Universidad Autónoma de Nuevo León-Ediciones Tabasco 189, México, 2012; Amargord, Madrid, 2013; Díaz Grey Editores-McNally Jackson, edición bilingüe, traducción de Anna Rosen Guercio, New York, 2013; Phonema Media, edición bilingüe, traducción de Anna Rosen Guercio, Los Ángeles, 2014.

§ Entonces la risa desvanecía todo oropel, falla y angustia,
nombrábamos la letra N para contradecir hora y censuras;

desciende del ojo de luz —tracería radial, que los santos devoren tus años/

Gira el carrusel horadado de balas, ni la hojarasca
o el rayo solar hablan de voces cautivas;

atrás de lo inmóvil los amos y un par de viejos ciegos:
aire sofocante en trono/

Gira la espuma/

Cáscaras de pijuayos, arazás,
restos mudos donde se ha fundado la palabra *certeza/*

Golpea la puerta, desciende, aprieta;

pulpa argolla nudo profético, trituración donde gravita el odio/
los pájaros entonces dormitaban/

Aguarda la boca una intensa geografía de espigas;
no carcelero no verdugo no deudor no quien oprime el petálico pecho del infante/

Levanta la noche, sábado o viernes, cordaje que adecua la potencia del golpe/

Hosanna Hosanna Hosanna/

La notación servía de medio, retícula de lo informe,
partituras o esbozo donde brota caligráfica la hoja/

ramazón verdinegro donde apenas,
fuga rendija orificios secretos donde la edad apremia: *ojos/*

Le explico, el orden alfabético terminará por desaparecer/

Largos otoños pentagonales del pecho;
bisagra entre gesto y sonido, ar-ti-cu-la-ción,

sobre la montaña negra se comparte el mismo telón oscurecido por la sangre,
da lo mismo si proviene de mar, río, cordillera o público festín de trozos, cadáver/

Aquí, el público tiene la libertad de salir cuando quiera;
al hartazgo del espectáculo se le confiere el nacimiento de la desmemoria,

periodicidad histórica, dirá el entendido/

Desvencijado lenguaje aristocrático, dolido hasta el tuétano,
balbucea transoceánico, deambula entre casas de tormenta y brama;

§ la letra más ebria del castellano
—N nuclear metronómica ad líbitum insolada— ya dicta:

"un yunque sonoro abate la caja timpánica,
ejercitado acorde de negrísimo espanto
donde se guarda el siglo".

II

Ciento doce escalones con olor a llegada,
aptitud del que vive largos veranos debajo de la lengua/

Anidación de petreles para evitar la resurrección; causa primera para mirar por encima de escombros/

Recuerdos anidan (sobreviven) en lugares: realidades táctiles, llaga/ *verbaliza el color, el brillo de la fisura/*

Supercuerdas —topoi— filamento vibracional en neuronas —sin puertas, sin foco de luz, sin eje fijo: sólo espacios mentales al fondo/

Quema tus pertenencias. Desciende al lago salival de las masas. Dientes y mejillas sucias/

Observa: escalones calles laberintos favelas zonas donde la pupila se desmaterializa/ manos en-tin-ta-das/

Depredación del boscaje auroral: "mañana habrá agua para lavar los cuerpos pero no comida, la fruta llegará tres días después"

A párpado, la noche no es más que una cerca de días pálidos; brocal hogaza plantío, el sabor del agua es algodón sobre la frente/

Cuerpo pulsar, fina flor de Jamaica o palmera de mangle: belleza de la miseria en residuo/

Ahí había profusión de voces. *Reemplazables.* Partículas de espectros vistiendo a la moda/

Tanto griterío tanta cabeza girando tanto dictador en acecho a ojos cerrados;

suda la multitud en el metro, sudan las manos del hombre que extiende el cheque: estrellada avispa en radiador/

Depredación. Minutos antes la tormenta.

Fiesta patronal, fuegos y cohetes: testigos, anestesiada conducta. —Lebrel, sobre el lebrel la sal/

Medida exacta de lo que se tenga a mano, gramos, en el bolsillo se guardan monedas del

Ministerio: estación de servicio cámara de seguridad banco, proteínas en alta cantidad para el hurto.

Sabía de los lugares de sol sin sol, de hombres sentados que hunden los cuerpos entre cuerpos/

Sabía de las construcciones sin techos, cerrados a los ojos, sabía. Y que todo sólo incumbe al oído/

§ *Sabía de la voluntad de crear de nuevo Roma, del fuego vocablo golpe matadero. Sabía/*

Flores blancas y rosas del África, en las aguas del lago no hay Báltico ni Pacífico. Hay serpientes/

Círculo abierto: adentro filamentos hilvanando espectros para decir un nombre, Juan o Gustavo, cardencha/

Cuerpo migrado a alteridad; boreal, la boca era aurora boreal, negriverde o rojinegro amarilloli-la: potencia del soplo dentro de, en/

Devenires para liberar a, —infección viral, hartazgo de presente, "el café no tiene ya carga, deséchalo, desecha todo", camuflaje:

oído fino para escuchar sonidos inarticulados, viento rompeolas canciones de cuna gritería de hordas palpitaciones ultra rápidas 2507 petaflop cuchillo picando cebolla vía láctea transcurriendo/

suspensión, sangre en suspensión/

después de todo, ¿qué otro modo tendría de hablar el odio?

KENIA CANO

LAS AVES DE ESTE DÍA
[Fragmentos]

En el centro del mundo hay un laurel
y desde ahí los pájaros desploman

despuntan   anuncian la caída

el canto en cada ojo

cubren   ensanchan   abren sus alas

Con su hora cruel y en punto
empluman cada uno de nuestros deseos

también las alas se ajustan al cuerpo para caer
como la palabra *hubiera*

*

En el centro del mundo hay un laurel
y desde ahí los pájaros

nos miran   abatirnos   movernos

(1972.) Nació en la ciudad de México, el 21 de junio de 1972. Vive en Cuernavaca, Morelos. Es licenciada en ciencias de la comunicación por el Instituto Tecnológico y de Estudios Superiores de Monterrey, y maestra en letras por el Centro de Investigación y Docencia en Humanidades del Estado de Morelos. Además de poeta, es artista plástica. Ha publicado ocho libros de poesía: *Hojas de una sibarita indiscreta* (1994), *Tiempo de hojas* (1995), *Acantilado* (2000), *Oración de pájaros* (2005), *Las aves de este día* (2009), *Retratos de caza casa y otros poemas* (2011), *Su cuello y la jirafa o recuerdo de un grabado de Utamaro* (2011) y *Autorretrato con animales* (2012). Entre otros reconocimientos, ha merecido el Premio Iberoamericano de Poesía Carlos Pellicer para Obra Publicada (2010), por *Las aves de este día*.
Lecturas recomendadas
La aves de este día, Lunarena, Puebla, 2009.
Retrato de caza casa y otros poemas, Doble Fondo, Bogotá, 2011.
Su cuello y la jirafa o recuerdo de un grabado de Utamaro, Separata, Querétaro, 2011.
Autorretrato con animales, Fondo Editorial Instituto de Cultura de Morelos, Cuernavaca, 2012.

§ Presencia

la plaza abierta

nuestros cuerpos son el mensaje de que algo hacemos bien

*

El centro del mundo gira perplejo
por cada palabra
que salió de la boca sin sentido

> *Crece la hierba al fondo del jardín*
> *lo que no se ve sigue intacto   preciso*
> *igual el camino de hormigas no escuchado*
> *el rayo de luz sobre las hojas*

*

En el centro del mundo hay un laurel
y desde ahí sus pájaros nos guardan el misterio

con qué indiferencia miran y se posan
con lo que recuerdan de la noche insomne

zanate   sáname   sánanos

¿Por qué tantos pájaros han muerto?

Son aquellos que no pudieron volar desde esta boca

Muertos en los trenes
muertos bajo el río
pájaros debajo de las piedras

*

Bajo la sombra que proyecta el laurel

     los novios se pasean

inician el amor   alas apenas
y el dolor bajo la planta de los pies

erguido el grito del ave en esa rama

     promesa   perdón

el amor fiel a sí mismo entre la zarza

*

§ Del laurel penden todas las lenguas
palabras colgadas como los hombres por hilos invisibles

Movidas por nuestros deseos se balancean limpias
unas junto a otras se mecen sin tocarse
sin producir imágenes

Se mueven en tiempos muy distintos
no responden al aire sino a la respiración:

　　　Si los amantes prometen otra vez
　　　cada palabra dicha se agita bajo la sombra

　　　Si el médico decreta enfermedad
　　　la palabra supura desde el árbol

　　　Si el niño señala con un dedo
　　　y de su boca vuela una mariposa
　　　la palabra desde el laurel abre y cierra sus alas
　　　iniciando una plegaria:

　　　danaus chrysippus
　　　catocala nupta
　　　levana

　　　elévanos

　　　　　　　　　*

　　　　¿Será que alguien nos mira pasar
　　　　como una sola hormiga?

　　　　camina sobre el árbol
　　　　un movimiento vacilante   incierto

　　　　al final de la vara inclina la cabeza

　　　　Las hormigas que ocupan esta boca
　　　　construyen galerías de palabras
　　　　mientras un lenguaje muerto las guía

　　　　　　　　*

En la rueda del cuerpo de este mundo
lo que no fue piel abierta   aceptación   florecimiento
es hoy una voz ofrendada por los ancestros:

　　　　amantes   artesanos de barro   perdónanos

por los días en que no vimos tu gesto en el amado
por las horas en que nuestro cuerpo fue un templo sin luz
recógenos en tu palabra para ser de vuelta niños

*

No es el árbol que miro cuando digo

laurel

es la palabra
dos sílabas que se hunden
mientras vuelven al punto de partida

nacer   hundir   meterse

entrar en la piel de los otros
antes de inclinar los párpados

Todo comienza donde se cierran los ojos

TANTAS VECES MUERTA

Devuelta al río
flotas como una vara quebrada
junto con otros restos fluyes
tu cuerpo ya no pesa sobre el agua
tus ojos abiertos

habrán visto demasiadas estrellas

Los peces comen algo de lo que diste
con tanto amor a los hombres
tu piel aún alimenta   deseada
hinchados tus órganos hasta el hartazgo
por fin lo tomas todo

toda el agua del río

Del fuego beberás
de la encendida boca de la poesía
para ser devuelta a las cenizas
al papel que tantas veces te dio casa:

Madre
domestícame
guía mi propia muerte en el libro

§§ El cuchillo sobre su piel
es una oración concéntrica:

Tómala
antes de ser lanzada otra vez

el centro aguarda

¿Hay una muerte en el aire?

El poeta recuerda a una mujer
cubierta por cientos de abejas
suspendida en una cuerda en el acantilado

¿Qué tanto debió ver con un solo ojo?

¿Cuánto debió orar para olvidar el miedo?

Con ese solo ojo vio despeñarse a la tarde
mientras su cuerpo rendido caía como un zumbido muerto

PASTARÁN

Pastarán los animales mansos sobre mi cuerpo
y mis fuerzas habrán cumplido
y habrá valido aquello que vieron ya los ojos:

Pastarán los animales mansos sobre mi cuerpo
y habré dejado de querer interpretarlos.

Pastarán y mi cuerpo se devolverá a la hierba
para recuperar su inocencia.

Habré dejado de reprocharme tantas cosas:
no contar las sílabas exactas,
la injusta proporción en el poema.

Pastarán las bestias y los otros,
mis congéneres,
seguirán cumpliendo la tarea puntual:
reparar los puentes
recibir los últimos alientos.

Mi cuerpo vuelto a la horizontal,
mi carne como un legado para las hormigas.

Pero no será mi cuerpo
sino el nuestro,

nuestro cadáver compartido,
la alianza final en la que sí hablaremos,
el polvo generoso de las uniones,
el lenguaje cumplido de las larvas.

No habrá sido inútil amarnos de algún modo,
el imperfecto,
el punto en que no comunican nada los zanates
y el colibrí se pasma de igual modo
frente a la flor que no desea comprender.

Pastarán animales mansos sobre mi cuerpo
y no sabré si ciervo, vaca o buey
salivarán mis células,
rumiantes mis últimas palabras
rozarán su paladar puro al fin,
la cúspide de aquello que deseé haber dicho.

Desde este silencio honraré la lucidez de Virginia,
el templo cerrado del ermita, pero más.

Me importa la devoción del hombre
puesto como una rama para sus hermanos sin alas,
el equilibrio que gana aquel que duda,
el gozo de los niños que todavía no pierden.

No habré prometido eternidad y aún las bestias
se nutrirán de mí,
nosotros,
de aquella mujer llevada y seca ya en el río.

DANIEL TÉLLEZ

EL AIRE OSCURO
[Fragmentos]

3

Llamas sazón al agua y eres como el ciego más sordo que escupe
lo que sostienes en otro lenguaje es otro día, con otro polvo
vuelta de la mano que no sombra tres horas después. Cae
en superficies boreales con hueco olor a cigarro
—delicado faro sempiterno aire de una lerda adolescencia
despoja en los cabellos soporíferos toda interrogación desmesurada.

8

Fuera de tus vísceras deja la amputación del escrito
que las manos cargantes reproduzcan el peso del reptil cuerpo
lleguen dos congojas a mi oído cuando el olor membrillo de la tarde sea
y vuelen en parejas hasta ti mis dulces cuervos
casamata de polvo en dos mejillas asfixiadas.
Alza los ojos cuando te veas caer en la recámara
un niño con fiebre repetirá tu nombre de memoria
velará la aladrada frente de tu mujer de selva
celará la nada de tu polen de arcilla.

11

Cómo siembra la lectura de luto. Cómo herrero de casa nueva
cómo todo, cómo océano de desnudas lomas
cómo limitas abrupto espinazo mis antojos
cómo hombre de taller de vidrio campeas en Seminario
cómo culminas anhelos viriles

(1972.) Nació en la ciudad de México, el 21 de julio de 1972. Es licenciado en educación por la Escuela Normal Superior de México, y maestro en letras mexicanas por la UNAM. Además de poeta, es ensayista y crítico literario. Ha publicado cuatro libros de poesía: *El aire oscuro* (2001), *Asidero* (2003), *Contrallaveo* (2006) y *Cielo del perezoso* (2009). Entre otros reconocimientos, ha merecido el Premio Nacional de Poesía Joven Elías Nandino (2001), por *El aire oscuro*.
Lecturas recomendadas
El aire oscuro, 2ª edición, Conaculta, México, 2004.
Cielo del perezoso, Bonobos-Conaculta, México, 2009.

cómo la brava poesía tejida en cuerpo fuerte
es el azar del perro y el león de carne.
Baste cazador de pumas de 1947.
En tus trampas no cae ninguno, ni una zorra de fuego.
El ruedo familiar se nutre de tus cuentos.
Lautaro Yankas te reescribe traspuesta la Frontera.

ASIDERO
[Fragmentos]

V

En el día del eclipse el ocaso de la linterna
el cangrejo mayor espía por delante de nuestra garganta. Los cristianos mendigan
identifican el resabio de mi navaja en la frase que no dirás nunca
la tenacidad devorará tu cabeza Ludmila en el espanto de los hombres
futuros hombres que perpetuamos aquí sentados tu padre y el mío
arrancando tus dientes cuando naces parlante
en la ladera anónima de la desnudez
corsaria
y yo me quito los guantes para contarte del asco
del aliento sin recodos y de los floripondios.

XI

En la arista de los labios floreo.
Danza el florecimiento por los ensayos en la trampa
por los párpados tatuados antes que diciembre expulse el azoro
antes que la risa violente las mejillas cárdenas
que el carbón —dices— turbe el cortejo la fiebre del escorpión
que los demiurgos conduzcan legiones de batracios a tu cama
que la golondrina acierte a entrar a la jaula que habita en medio de nosotros.

ENVÉS

Sólo
al envés
el ángel
[el meteorito numérico
de un niño]
organiza una razón
del fuego para el
amor. del iris hoy
hará el jardín
de los disfraces.

RISA

el ángel en mí
alborota y cuesta
reír la fibra
y de la fiebre migraña
desollar llanto
tanto / tan alto
en algún paraje del poema
tras meses tres
                torrentes

CANTO

sin dilación entonces
el ángel canta *el cincel en el hueco*
y luego el resquicio
tres golpes *dos segundos*
y uno *tres segundos*
y opaco el pájaro
entreviene en horizontal
mirada / postura
del ángel / *pienso en ti*
/ pienso del mediodía
        ; el ángel canta
        ; el niño pájaro trovo
        ; canta
el ángel

GYM HOSPITAL
[Fragmentos]

2

hay un reino vegetal
atravesado
una bandera entre las piernas
un gatopardo en piedra
una cuna de Judas

devuelto por la tercera cuerda
el pelícano cayó de la muralla
cuatro caminos rotos
sobre el oratorio
debajo de la cama

4

la cara más fiel
se aferra
la del tronco cazador
de los muslos funerales

rotunda moraleja

al fondo
terco el insecto
cuida el ataque de malaria
vela el monólogo de las luciérnagas

al fondo
el fiel idiota
vela la temperatura de la máscara
pústula del desfiguro izquierdo
de la mordida del caimán

BRINCAMOS LA SUPERFICIE LUNAR

brincamos la superficie lunar
brincamos la extensión lacra
rebajo
retozamos la superficie angular
a manera
omitimos la cábala que habían gesticulado
hacia fuera danzamos la peña menor
cuadró para la estampa
[robamos cámara a modo]
y calcaron la toma con el doble cristal
escondida la agitación ella arbitró agotarse
de cilicio no contenido en vasta parcela
la cabriola y la iridiscencia
nos sisaron los párpados a la recuperación
cuando hubo que destrincar la palma de la mano del simio
irnos del índice a meñique estallados
nos alzamos en la faja palmar
enteros

ALEJANDRO TARRAB

SEGUNDOS ERRORES DE RAZONAMIENTO

en cierto punto del colegio
una oración para los enfermos

la escuela de la comunión
fue durante largo tiempo un hospital

en este espacio ahora anegado
se pronunciaron posibles para los enfermos

los terrenos de descanso del otrora hospital
hoy son patios de árboles sintéticos

mentira
lo que antes fueron árboles en un espacio de descanso
hoy son palmas plastificadas sembradas en jarrones

plantas artificiales de punto cinco por uno y medio de largo
ordenadas en los patios de la escuela

no-árboles repeliendo los martirios de esas plagas
la leucemia

las oraciones para enfermos resuenan en las inundaciones de esta explanada

donde se dijo *cristo no-enfermo* hoy se dice *cristo no-enfermo*
con una voz algo más grave

como una repetición más profunda en estos terrenos *santo cristo doctor*
una cruz en forma de aspa

(1972.) Nació en la ciudad de México, el 23 de septiembre de 1972. Es licenciado y maestro en letras por la UNAM, y licenciado en ciencias de la comunicación por el Instituto Tecnológico y de Estudios Superiores de Monterrey. Además de poeta, es ensayista. Ha publicado cuatro libros de poesía: *Siete cantáridas* (2001), *Centauros* (2001), *Litane* (2006) y *Degenerativa* (2010).
Lecturas recomendadas
Degenerativa, Bonobos, Toluca, 2010.
Litane, 4ª edición, Instituto Veracruzano de Cultura-Conaculta, Xalapa, 2013.

§ comulgo *cristo* en silencio
comulgo *cristo* sin haberme confesado porque soy judío

digo *judío* como decir *ateo* como decir *nada* en una confesión
en los patios de esta escuela

porque da pena hincarse en el recinto de los sacramentos sin una religión
porque da pena esparcirse como una plaga para los enfermos

pronuncio *nada* en oración en un contraveneno
enfermo pronuncio *plaga* en esta eucaristía

digo *intervención de una enfermedad* digo *calamidad* sobre las florestas artificiales
como una realidad algo distante

repetición de cristo mantra de krishna bajo una fronda adulterada
desde esta inundación renuevo hoy los martirios

revulsión

concatenación

lamento

una oración de nada para los enfermos
un propagar el eje de la voz para estos contagiados

VARIACIÓN A UN PASAJE DE WALTER BENJAMIN

EL TEDIO ES UN PAÑO CÁLIDO Y GRIS FORRADO POR DENTRO CON LA SEDA MÁS ARDIENTE Y COLOREADA. EN ESTE PAÑO NOS ENVOLVEMOS AL SOÑAR. EN LOS ARABESCOS DE SU FORRO NOS ENCONTRAMOS ENTONCES EN CASA. PERO EL DURMIENTE TIENE BAJO TODO ELLO UNA APARIENCIA GRIS Y ABURRIDA. Y CUANDO LUEGO DESPIERTA Y QUIERE CONTAR LO QUE SOÑÓ, APENAS CONSIGUE COMUNICAR ESTE ABURRIMIENTO. PUES ¿QUIÉN PODRÍA VOLVER HACIA FUERA, DE UN GOLPE, EL FORRO DEL TIEMPO? Y SIN EMBARGO, CONTAR SUEÑOS NO QUIERE DECIR OTRA COSA. Y NO SE PUEDEN ABORDAR DE OTRA MANERA LOS PASAJES, CONSTRUCCIONES EN LAS QUE VOLVEMOS A VIVIR COMO EN UN SUEÑO LA VIDA DE NUESTROS PADRES Y ABUELOS, IGUAL QUE EL EMBRIÓN, EN EL SENO DE LA MADRE, VUELVE A VIVIR LA VIDA DE LOS ANIMALES. PUES LA EXISTENCIA DE ESTOS ESPACIOS DISCURRE TAMBIÉN COMO LOS ACONTECIMIENTOS EN LOS SUEÑOS: SIN ACENTOS. CALLEJEAR ES EL RITMO DE ESTE ACONTECIMIENTO. EN 1839 LLEGÓ A PARÍS LA MODA DE LAS TORTUGAS. ES FÁCIL IMAGINAR CÓMO LOS ELEGANTES IMITABAN EN LOS PASAJES, MEJOR AÚN QUE EN LOS BULEVARES, EL RITMO DE ESTAS CRIATURAS.

(WALTER BENJAMIN)

Mi padre entonó el sueño de los tedios.
Sacudió los cabellos de su mesa de trabajo todas las noches. Mi padre tiñó las órbitas de la caligrafía; escribió el signo de las cruzadas en mi cabeza. Yo replico esos tonos en su nombre. Me envuelvo en el mismo paño cálido y gris, con visos de seda ardiente, con que él se cubrió para soñar. Sueño, como el embrión que emprende, desde el santuario de la noche, la vida de los animales. Para volcar de un solo golpe el revestimiento de los días. Entonces me siento a escribir y entono las visiones grises y aburridas de mis antepasados, que son las visiones de mi cuerpo y de mi pensamiento. Miradas deslucidas de caminatas largas por la ciudad.

El pulso acompasado de los pasajes donde compramos, por decir, una tortuga de pecho quebrado. El desaforado pulso con que observamos ese animal recluido, para después salir desaforadamente a encarnar otras visiones. Con el pulso siempre de estas criaturas
quebradas y rollizas.

CABLES

En la ciudad hay cables.
La ciudad es el espacio, los cables la secuencia. Cables tendidos, perpendiculares al lugar de mi mente, en ese intervalo. Perseguidas cuerdas por una cámara lo más pequeña para mil novecientos ochenta y tres u ochenta y seis: mini-DV, D1, 8mm sin cables. Algo digital escondido en el airón de un pájaro, un ave de tomas aéreas. Tomas paralelas, recíprocas a los cables. Cables. Instalados firmemente de *A* hacia *B* —en el espacio visual—, un *C* a *D* casi desatado. Recuerdo electrocutados por cables. Descargas que pararon trenes. Mi espacio visual fue, durante largo tiempo, un eje. No hileras de convoyes, rectángulos pequeños. Troles impulsados por cables movidos por descargas. Mi embalaje, mi punto de observación. Cables curvos como el horizonte de la tierra, líneas que desembocarían en lenguajes extraños: trabalenguas, disparates, marañas arrojadas por la boca. Me recuerdo frente a la ventana hostigado por la vista de los cables. Con un gesto suicida, arrojando por la boca. Recuerdo hebras de mi garganta seguidas por cables conectados a fragosidades: *había una madre godable, pericotable y tantarantable que tenía un hijo godijo.* Me he sentado hoy a la orilla, a la orla para describir esta mentira: hay cables con rótulos, con proclamas *no pude, no resistí.* Sábanas negras con palabras difíciles para esos años. Con gis blanco: *aramida, butilo, polivinil, gradiente.* Hay cables aislados que cuelgan sin descarga, como un doble asesinato. Entretejidos alambres con zapatos de correa. Cables seccionados por tenis, botitas de vecinos que colgaron sus agujetas. Cables mausoleo. Pudridero de cables con añicos. Lianas que provocan polilla, ocelo, saquitos de avispa. Los cables de mi observación son los cables del rojizo mundo de estampa, postal violenta de una ciudad con dragones, estotra cosa artificial. Hules oscuros, membranas que llevan fugaz, guiños de beat por segundo. En la ciudad, en esta ciudad charreada, ocurren cables que uno lleva a su niñez: lombrices dilatadas por engrudo y plasma. La secuencia que al entrecerrar los ojos se torna en cables con pequeños seres caminando, balanceados apenas. Se puede matar con el mismo juego, llevando cables a los cuellos de las personas, despeinando sus cabezas con la estática. Sus aureolas atadas lentamente, suspendidas como un tendedero de apóstoles en cables. A saber mil novecientos ochenta y tres o uno nueve ochenta y seis, de *C* hacia *D*. Desatados cables desde mi embalaje, desde el puesto de observación, en maraña,
ahí se precipita.

ARTE NUESTRO

Nos odiamos. Con canciones folk
tristes y golpes duros con piedras de sonido, nos damos. Toques bajos, en la cara. Nos gusta lo que hacemos. Estamos aquí para odiarnos, para escupirnos y sacarnos por la cara. Con agujas en el pecho, corazón. Centro, cetro. Bailamos. Juntamos de tal manera las cabezas, que podemos oírnos: arte nuestro. Construimos un refugio, un altar con retratos: nosotros hablando sinsentido, bailando a empellones, recio. Después vemos las fotos daguerrotípicas, quemadas y amarillas, y lloramos casi. Juntos. Con agujas en los ojos, corazón, construimos lo nuestro: canciones tristes, golpes duros que proyectan y pueden leerse, un polvo fino posándose apenas en la piel. En esas fotos hay niños en formol. Engendros diluyéndose en la imagen. Aberraciones de dos cabezas diciéndose al oído arte. Las vemos e imploramos por nosotros, por los hijos de lo hijos y así. Acabamos pronto riendo. Es conmovedor. ¿De qué manera una cosa lleva a otra?, ¿de qué manera un extremo queda atrás y nos arrastra hacia otro extremo? Reírse de lo que somos, con las agujas ya cediendo. Sedación. Contracciones de alegría. Empellones de alegría juntos. Entonces, sentimos un nuevo

impulso por crear. Algo que llamamos *nuestro*, que no es tuyo ni mío. Algo heredado, fundamentado, ligado a una historia, pero que no es historia. Algo ajeno no-original, que nos quema y debemos decirlo. Algo flagrante sin su autor. Una performance que acierte en el no-centro de lo creado. Tu cabeza junto a la mía (percusiones, casi no puedo oírte). En secreto me cautivas *hay que bailar. Algo efímero, aciago y fraccionado. Azaroso.* Led, golpes duros contra la piedra. Estamos aquí para odiarnos. Hay una canción cuya letra dice (no soy bueno traduciendo): nos quitaremos la ropa en la oscuridad y con los dedos ellos repasarán los huecos de tu columna.

LO QUE TE DIGO SE DESHACE EN EL AIRE

Lo que te digo se deshace en el aire.
Esto que te digo, escúchame bien, se enciende, se deshace en el aire.
No palidece y cae para estrecharse entre las ramas y las brozas
y los restos de una naturaleza ya caída,
se pica y se impacienta,
se enciende e incinera antes de llegar.
Su destino. Esto que te digo,
no es sublime, sino etéreamente irreconocible.
Llega a tus oídos (pavesa, reliquia del carbón), porque lo que se alza y se arroja tiene que llegar,
tocar algún punto en su impaciencia.
Aunque lo hace —rebasa, quiere meterse— como algo ya crispado,
ya molido en su agitación y su prisa.

De ser algo, esto que te digo, sería la neblina implacable de ese paisaje al pie del Lago.
Un lago que, tras la vehemencia, descansa en sus heridas,
un lago que no vi, pero que me mostraste como una imagen distante y blanca:
aquí estuve sin ti. Éramos algo.

Antes de decir, lo que te digo, antes de rayarse en el aire,
las palabras si acaso serían eso: eclipses,
paisajes de nada que aparecen de pronto y vuelven a romperse.
Ciudades derruidas, almas derruidas, consumiéndose en el aire.
Pero lo que se alza y quiere penetrar nació para perderse:
la palabra *escucha*, imperativa y perniciosa, la misma palabra *protectora*,
con su bardo de maldición, la palabra sorda, auscultando los ritmos lentos,
las palabras *remanso de las palabras* se queman y se acaban en el aire.
Estas almas, estos seres convulsos que en algún momento fueron visos,
señales de orientación para las civilizaciones farsantes,
hoy crecen y se escuecen en la boca.
Yo las digo con una maldición. Yo las digo
para verlas romperse y llegar a su destino incierto ya perdidas.
Con un olor de inmisericordia en el aire. Esto que digo
se deshace, se pierde como los emporios y las almas en su clamor contrario:
la neblina de una embocadura. Esto,
mi resabio negro todavía encendido, mi asolada y tonante, envilecida.

DIEGO JOSÉ

CANTO ESTACIONAL
[Fragmentos]

Un silencioso aleteo sobre las ramas
del árbol sin follaje

Las nubes fluyen en el aire congelado
como desvaneciéndose

Las cosas están en su sitio
incluso el espíritu que me mueve a escribir

*

Acompañado por menos palabras agradezco al árbol
y a la hoja que cae sin premura

Miro las cosas naturales
evitando en lo posible nombrarlas

*

Todos los pájaros en el ramaje
dormido
se reúnen para mirarme
Pero en realidad son ajenos
a las horas humanas del dolor
Su naturaleza es ligera
yo nunca podría ser un pájaro
Escribo y pienso como un hombre enfermo
a quien le duele la ausencia de alas

(1973.) Nació en la ciudad de México, el 19 de marzo de 1973. Es licenciado en ciencias de la educación y tiene un diplomado en estudios filosóficos por la Universidad Panamericana. Además de poeta, es narrador, ensayista y editor. Ha publicado tres libros de poesía: *Cantos para esparcir la semilla* (2000), *Volverás al odio* (2003) y *Los oficios de la transparencia* (2007). En 2010 reunió su obra poética en el volumen *Las cosas están en su sitio*. Entre otros reconocimientos, ha merecido el Premio Nacional de Poesía Carlos Pellicer para Obra Publicada (2000), por *Cantos para esparcir la semilla*; el Premio Nacional de Poesía Efraín Huerta (2002), por *Volverás al odio*, y el Premio Nacional de Poesía Enriqueta Ochoa (2006), por *Los oficios de la transparencia*.
Lecturas recomendadas
Los oficios de la transparencia, Libros del Umbral, México, 2007.
Las cosas están en su sitio. Poesía 2000-2007, Consejo Estatal para la Cultura y las Artes de Hidalgo, Pachuca, 2010.

LA HERENCIA DEL JARDÍN

Mi padre cultivó un jardín como se inventa un laberinto;
una víspera de pájaros, mientras oropéndolas
se apoderaban de las ramas,
creímos presenciar una pascua fértil en cada hoja.

Un puente pequeño atraviesa los dominios del estanque,
a orillas del tiempo
　　　　　　　　　　　entre el sauce y la memoria
floreció la Luna bajo los pliegues de un capullo.
Las estaciones cumplieron entonces su ciclo,
no volvió al estanque el negror del cuervo en la primera lluvia.

Mi padre inventó en un día de abril su peculiar invierno;
no lo detuvo ese puente colgante que lleva a la nada,
no los botones de la camelia agostados en la tierra.

Ciñó a su frente la tiara de los cortadores de rosas,
se calzó las sandalias de los plantadores orientales,
fue hacia dentro del follaje como las estatuas de polvo.

MILONGA DEL ÁNGEL

Me gusta imaginar que sufre,
porque su paso displicente es quebradizo como si cargara la humedad de un lirio.

Desconozco el sitio donde duerme, la gruta donde acaso se transforma en fauno envejecido.

Me duele suponer que un ángel desdichado va por las calles buscando su armazón de cisne.
Y está parado bajo el arco de un portal en ruinas como un roto bandoneón que tiembla.

Me duele el barrio cuando se prenden las farolas y veo su figura cabizbaja.

Me gusta imaginar que un día tuvo miembros de caballo
o cerviz y cornamenta taurina.

Que cenizos pájaros nacen con su muerte
y que el eco de su voz seduce a los narcisos.

Me gusta imaginar que sufre,
　　　　　　　　　　　　　tan distante,
que nadie se fija que sobrevive mutilado.

Por eso bebe malgastando lo que le queda de cisne
y se jacta del atrevimiento de un día
en la edad en que desafiar al sol fue divertido.

§ No más los áureos rizos
ni los pálidos lotos de su frente,
está solo, sucio, *algo gris*,
harto de mirar el falso destello
en el charco del desconsuelo.

Ni siquiera el amor propio podría salvarle.
Mira largo y piensa,
                              cómo es posible
viajar en subterráneo cuando se ha vivido en las alturas.

ATARDECER EN LA ENRAMADA DE LIMAS

Bajo la enramada de limas
está tejiendo una diadema.
Habla en voz baja,
yo tomo sus palabras como si fueran frutos;
estoy con ella unos instantes
y me demoro para despedirme.

La tarde desciende como un tigre por el monte,
llenando mis ojos con su furia naranja.

Me quema la reposada turgencia de su pecho
y se lo digo;
está tejiendo palabras hermosas
que yo escucho con mi lengua porque saben a fruta.

Ella no sabe
que una barca se mece mientras platica,
que duraznos y anonas cuelgan en el ramal de su ensueño
mientras entreteje palabras en la enramada de limas.

AL PAIRO

Desgarrados ya los arpegios,
rotas, terriblemente rotas y vejadas
las cuerdas que temblaron apacibles.

Llamas que propagaron una marejada
de flores,
y este pellejo que se curte
bajo el escozor de la noche.

Yo escribí signos ilegibles en tu vientre
y dentro tuyo creció una criatura rota.

Más voraz que el deseo es el rechazo.

§ Anclada en mi memoria estás desnuda,
manos que son aves o peces
revolotean en las copas,
en el jardín sin sombra de tu cuerpo.

Lo que duele en la piel
es el nombre de una mujer como un árbol plantado
que se curva con el viento perdiendo su follaje.

Yo recuerdo una caída de agua,
un camino como cicatriz a mitad del monte,
iluminado por el tajo de la luna.

Recuerdo…

Adagios en el sitio de la piel
para celebrar las primeras horas,
y el ramalazo de sol sobre tu cuerpo temprano
que yo palpaba sigiloso,
mientras retornabas del sueño
más dueña de ti misma.

Recuerdo un patio azul
donde estallaron las gardenias
para perfumar la envestida de los cuerpos.

Yo fui torrente de savia y viento grácil,
tú la risa de una muchacha
que sale a mojarse a pesar del frío.

Recuerdo…

El lecho nupcial convertido en holocausto,
el andrajoso corazón lanzado en gargajos,
y grietas por donde los ojos
fingen interesarse por las cosas.

Recuerdo…

El tiempo en que mirar es aprehender lo que se mira
más allá de la extinción de lo palpable.

Y sin embargo…

Afuera los jóvenes quisieran otro mundo,
decir tal vez, rasgar la noche,
entregar el diamante mas piedra todavía.

Y sin embargo…

§ Basta una risa de muchacha
    para reconquistar los días.

Amar al pairo,
                    permanecer equidistante
dentro de una circunferencia
donde confluyen, irremediables, las dudas.

Frugal y despojado,
                    amar al pairo;
encerrarse en el cuarto con un letrero en la puerta:
favor de no perturbar mientras muero.

Clavar un poema como un cuchillo.

Suplicar una última palabra que agite las velas extendidas.

Amar al pairo,
abandonarse al golpe,
tormenta adentro;
quebrar de amor,
                    a puro pulso,
en orientación al oleaje;
hasta romperlo todo
y salvar lo que el temporal decida,
allá en el fondo o en la superficie.

RICARDO VENEGAS

CONVICCIÓN

Luna, lunita
Si bajas un momento
Vuelves encinta

TAÑIDO DE SILENCIO

¿Cuánto dura la vida?
He visto la caída de una gota
disipada en el suelo;
efímera,
más que la hormiga que merodea mis pasos.

Vengo también de un cielo espeso.

Como gota vigía que se esfuma
me detengo a esperar ese momento.

CARAVANA DEL ESPEJO

Asida de un hueco interminable
cae,
absoluta ciudad de manicomios viejos,
como si ángeles nocturnos
vinieran a decirnos cada noche
"la absolución de insomnios viene en nubes",
dibujo vagabundo dice la voz de Dios que anda enfermo.

(1973.) Nació en la ciudad de San Luis Potosí, el 26 de octubre de 1973. Vive en Cuernavaca, Morelos. Es licenciado en letras hispánicas por la UNAM, y maestro en literatura mexicana por la Benemérita Universidad Autónoma de Puebla (BUAP). Además de poeta, es ensayista, investigador, antólogo y editor. Ha publicado seis libros de poesía: *El silencio está solo* (1994), *Destierros de la voz* (1995), *Signos celestes* (1995), *Caravana del espejo* (2000), *Turba de sonidos* (2009) y *La sed del polvo* (2013). Entre otros reconocimientos, ha merecido el Premio Nacional de Poesía Efraín Huerta (2008), por *Turba de sonidos*.
Lecturas recomendadas
Turba de sonidos, Ediciones La Rana, Guanajuato, 2009.
La sed del polvo, Eternos Malabares-INBA-Conaculta, México, 2013.

§ Aunque bajo los astros
   ni la humildad ni el tiempo alcanzan.

Hace dos lunas las sombras abandonaron cuerpos
por unas cuantas lumbres que llevaba el viento.

Hace muy poco el aire se posaba en manos de los muertos
y hoy
            la oscuridad halló su nombre en el silencio.
Me vienen a buscar los que han visto en la luna
el porvenir de los desiertos.

He visto la ira desbandada sobre el aire,
la infancia recorrida con el cuerpo roto
bajo el cielo prendido del canto triste de una tarde.

Y duele el desamor de tantos años.
Si germina un espejo con agua del verano
leo mi nombre y el rastro malabar de la ceniza:
he visto a la Voraz cuando aparece
tragarse la presencia de cuanto amo.

He callado el amor
con una píldora de insomnios,
he negado la sombra del Creador
por la moneda del decoro,
he bebido ese cáliz
que agota la verdad del que respira,
pero hoy amaneció nublado el corazón
y antes de irse
me ha dicho que le escriba,
que sólo escriba a la deriva de las horas.

"Arde la sed del cielo en tus entrañas,
he vivido en el centro de tus causas
con una muchedumbre a solas:
y en esta habitación cuento los años
y de principio a fin somos abismo."

TURBA DE SONIDOS
[Fragmentos]

V

Yo te perdono, Dios,
desde la infancia,
desde el niño llorando
por su premonición de gota de agua,
en medio de los vientos

que dejaste para encender el fuego,
perdono al pasajero
que deja su oración
para otro nómada.
Miro los páramos
y soy la voz en el desierto:
ábrete cielo,
abre la brecha a tus caídos,
ésa es la puerta que nunca se cerró.

X

Nadie está aquí para siempre
sabían los antiguos
y vine a conocer el alma
en el prodigio de otros.
Alzado en tempestad el brazo del Creador
expulsa los demonios de sus siervos.
La fuente que Moisés hizo brotar nació del llanto,
del báculo de Dios que hirió la roca.
Así la absolución nos llega
talando el corazón endurecido.
Así el guerrero Arjuna se encontró con Krishna
rendido en el temor que nubla el dharma,
así se levantó del miedo en el incendio,
así comienza la disputa por el reino.
La primera palabra,
un bumerang en llamas.

AVARICIA

He visto a los poetas
guardar materias intangibles,
celosos de sus verbos los entierran,
guardan hasta el final
el último fragmento del poema.

En su lápida dice:
Copy right.

ÁLVARO SOLÍS

ESCRIBANO

Alguien dicta al oído lo que escribo, nadie más escucha su palabra de sombra sin voz, sin labios, sin diafragma. Alguien dicta lo que escribo, su voz habla a mis manos, yo no escucho, no es palabra el sustrato; es latido.

Cuando a media noche me despierta el sobresalto de la pluma inaccesible, del inmarcesible papel en blanco ¿quién despierta?, ¿quién se queda dormido?

Alguien dicta la tristeza, lo que no soy, lo que nunca he sido.

Alguien dicta, deletrea, suyo el impulso, lo que sin darme cuenta digo, suya la, pausa, el gesto de isla entre tormentas, y cuando no digo,

él es quien calla.

NINGÚN RECLAMO

A Jorge Kuri, in memoriam

Morirnos todos fue la consigna,
no importa si en grandes cruces (y con renombre),
pero morirnos, cerrar la puerta al salir
y con cerrojo.
Morirnos todos
de uno en uno o por montones,
pero ausentarnos de nuestras casas,
de la oficina y de los bares,

(1974.) Nació en Villahermosa, Tabasco, el 16 de marzo de 1974. Es licenciado en filosofía por la Universidad Autónoma de Tlaxcala, y maestro en literatura mexicana por la Benemérita Universidad Autónoma de Puebla. Además de poeta, es ensayista e investigador. Ha publicado ocho libros de poesía: *También soy un fantasma* (2003), *Solisón* (2005), *Cantalao* (2007), *Los días y sus designios* (2007), *Ríos de la noche oscura* (2009), *Todos los rumbos el mar* (2011), *Diarios del mar* (2012) y *Bitácora de Nadie* (2013). Entre otros reconocimientos, ha merecido el Premio Nacional de Poesía Amado Nervo (2006), por *Ríos de la noche oscura*, el Premio Nacional de Poesía Clemencia Isaura (2007), por *Cantalao*, el Premio nacional de Poesía Joven Gutierre de Cetina, por *Los días y sus designios*, y el Premio Alhambra de Poesía Americana (2013), por *Bitácora de Nadie*.
Lecturas recomendadas
Ríos de la noche oscura, Universidad Autónoma de Nayarit, Tepic, 2009.
Todos los rumbos el mar, Ediciones de Medianoche-Universidad Autónoma de Zacatecas, Zacatecas, 2011.
Diarios del mar, Gobierno del Estado de Tabasco, Villahermosa, 2012.
Bitácora de Nadie, Valparaíso Ediciones, Granada, 2013; Universidad de Costa Rica, San José, 2013

ausentarnos de las esquinas donde el semáforo
detiene los pasos nuestros hacia la tumba.

Morirnos todos y para siempre,
fue la consigna, que algunos cumplen
antes de tiempo.

CONVERSIÓN

Aunque estoy a punto de renacer,
no lo proclamaré a los cuatro vientos
ni me sentiré un elegido:
sólo me tocó en suerte…
VIRGILIO PIÑERA

Una mañana en la mañana
mi cuerpo comenzó a languidecer.
Se volvieron mis huesos quebradizos,
polvo, lodo en el tiempo breve de un instante.
Los huesos de mis manos, de mis brazos,
mis hombros lánguidos sin fuerza para sostenerse
y mis ojos sustrayéndose en sus cuencas.
Cada vez más lejana la tensión del músculo,
la tersa rima de las vértebras,
más líquidas mis venas que mi sangre.

Una mañana en la mañana, sencillamente,
fui el río que extravió su cauce.

LA ESPERA

Para Antoni Marí

Desde el fondo de la soledad y aún
más de la desdicha, si es dado que una
ventana se abra, se puede, asomán-
dose a ella, ver, pues que andan lejos
e intangibles, a los bienaventurados.
MARÍA ZAMBRANO

Siempre estamos solos, el mundo no existe allá afuera,
ni la apretujada multitud, ni los campos, ni los bosques,
ni las playas propicias para el sosiego.

Cuando acecha el sueño o la esperanza o el dolor,
estamos solos, nadie nos espera de vuelta,
nadie recuerda nuestros mejores momentos
(nuestra fugaz parcela de felicidad).

§ Cuando acecha el insomnio o la incumplida promesa o la fe,
cerramos los párpados como para dormir
y la memoria repasa con precisión los despojos del día,
porque estamos inquietos y reinicia la mañana en sus vendimias ásperas,
su duermevela en todo lo que está al alcance
entre los sueños infantiles y las reumas de la vejez.

Cuando estamos en medio, miramos hacia atrás sin remordimiento
el paso del recuerdo que no produce temor,
reconocemos el odio,
negamos abrir los ojos porque ha sido insuficiente la noche
y escuchamos el mundo que nos llama,
su ayuna indiferencia, sus trajeadas prisas,
los desocupados asientos de la fortuna que se han alejado del todo
aunque sigamos tan solos, aunque sigamos tan solos,
aunque sigamos tan solos y solos y solos, como para morir.

DOLOROSAMENTE

A Federico Vite

Hay días que duelen
por el silencio al que nos condenan las grandes ciudades
o porque el mendigo de la esquina ya no está

hay tardes también
oscuras   donde la soledad es estandarte
y la locura es otra opción que pocos toman
donde amar es un acto que no pertenece a las costumbres civilizadas
porque así es el amor
porque uno se cansa de estar frente a la ventana esperando lo que sea
con el tanto de fe suficiente para no morir por cuenta propia

hay días que duelen   sí
porque también el dolor es necesario

STYX

Largo, lo que se dice hondo,
es el cauce de los ríos que no llegan al mar
y llevan en sus aguas a todos nuestros muertos.
Hondo, lo que se dice largo,
es el río que no abandona su cuenca.

Largo y hondo, lo que se dice ancho,
es el río que lleva a la amargura,
invisible por debajo de las calles
en el dolor de la madre que ha perdido a su hijo,
en el dolor del hijo que nunca conocerá a su madre.

§ Largo, hondo, lo que se dice invisible,
   recorriendo el tiempo de la vida cotidiana,
   la luz de los semáforos,
   y en las llantas desgastadas de la ira,
   río, invisible río,
   que de tan hondo, que de tan largo,
   parece no llegar y llega.

   Largo, lo que se dice hondo,
   hondo, lo que se dice turbio,
   amargo es el río que será necesario cruzar cuando anochezca.

LO QUE IMPORTA

Solo, acaloradamente solo,
meciéndome en una hamaca sin importarme el tiempo,
sin echarle ganas a las cosas que debo,
sin importarme nada de lo que sucede afuera.
Solo, meciéndome con el pie derecho.

Y son largos los días que paso metido en esta red que me mantiene en el aire.
Y me fijo en el detalle de la mosca que desprecia las migajas de la cena.

En la hamaca, sin rascarme siquiera la cabeza,
no me importa el tiempo de los trámites bancarios,
ni los pagos con fecha de vencimiento.
No me importan las guerras.

No me importa el avión que hace un momento se derribó en África.
Me importa una cosa:
Me pregunto a quién, además de mí, le serás ahora indiferente,
quién ha disfrutado de los dones de tu cuerpo,
los húmedos y salados dones de tu vientre.
Quién estará junto a ti, pensando en la mujer de la oficina,
la de sonrisa fácil y cortas faldas.
Quién te mirará dormida, buscando la manera de decirte
que es necesario darse tiempo, conocer otras gentes,
que todo ha caído en la costumbre, que el amor no existe y la pasión no da para tanto.

Quién te romperá el corazón, alejándose sin explicaciones.

Y pienso: Es mejor que no estés,
porque no existe nada peor ni más incómodo
que compartir la hamaca
con una mujer que piensa en otro.

ROGELIO GUEDEA

BIOGRAFÍA

Parió la playa nocturna
a la mujer de sandalias ajustadas

sus manos dos antorchas
sus labios afilados por la brisa de abril

toda una tormenta embravecida
    sus pies descalzos

su corazón es huella que no acaba
su vientre malagua que al tiento quema

con senos de tronco sazón
depositó su miel en la rompiente

Desde ahora es roja la espuma

COLMENAR

Colgada
en ramas delgadas

tupida
de hierbas finas

(1974.) Nació en la ciudad de Colima, el 1 de abril de 1974. Es abogado por la Universidad de Colima, y doctor en letras por la Universidad de Córdoba, España. Además de poeta, es narrador, ensayista y traductor. Ha publicado doce libros de poesía: *Los dolores de la carne* (1997), *Testimonios de la ausencia* (1998), *Senos, sones y otros huapanguitos* (2001), *Mientras olvido* (2001), *Ni siquiera el tiempo* (2002), *Colmenar* (2004), *Fragmento* (2006), *Borrador* (2007), *Razón de mundo* (2008), *Kora* (2009), *Exilio* (2010) y *Campo minado* (2012). En 2007 antologó su obra poética en el volumen *Corrección*. Entre otros reconocimientos, ha merecido el Premio Internacional de Poesía Rosalía de Castro (2001), por *Mientras olvido*; el Premio Nacional de Poesía Amado Nervo (2004), por *Razón de mundo*, y el Premio Adonáis de Poesía (2008), por *Kora*.
Lecturas recomendadas
Senos, sones y otros huapanguitos, Conaculta, México, 2001.
Corrección, Praxis, México, 2007.
Kora, Rialp, Madrid, 2009.
Exilio, Ediciones Rilke, Madrid, 2010.
Campo minado, Aldus, México, 2012.

§ florece
en el corazón
del bosque

escucha:

su rumor
es una colmena rota

ASONANCIA / I

no sirvo para nada   es cierto
otro corazón puede amar lo que yo amo
otras manos cortar el pan con un cuchillo
     chato

no sirvo para nada
con trabajar nada hago
subir una escalera
quejarme de un empleado
caminar una calle sin que me digan herido
     abandonado

hoja que cae sobre un charco
cerillo
tenedor
como araña moribunda   ando

no sirvo para nada   cierto
pero déjenme dormir tranquilo en esa cama
     donde se quieren   a veces
     el tonto dios y el sabio diablo

ASONANCIA / II

quiero decir que el calor de la noche
     me deja
los ojos salados
decir que fuimos al cine y bebimos amargo
que es de ciegos caminar a tientas
contar los besos   el salario
y sentarnos a esperar que un perro nos muerda
o un niño nos mire en la hoguera sentados

cuántas veces no he dicho estoy triste
a mi tristeza amarrado
cuando en el poste miro   alegre   a un muchacho
     enamorado

decir en los mercados me conoce Juan
en los teatros Pablo
comprar el periódico a las once
comer con un desconocido   abrazarlo

que todos me quieran a la misma hora diario

que cuando llegue el amor   todo el amor de una vez
no me encuentre cansado

ASONANCIA / IV

una niña falta en esta casa   amor
un niño que por ella venga a visitarnos
el columpio   el capricho   los regaños

una hija para no dormir toda la noche
toda la vida una hija   recordando

y traerle grillos en una caja de zapatos
y cantarle al mediodía cuando llegue sucia
    como un trapo

hace falta   amor   en la mesa otro plato
correr por el jardín   caernos en un charco
llorarnos como un sapo amordazado

una hija que nos libere del espanto
una hija nada más   amor   para no pelear
    ya tanto

ESTA CANCIÓN CANTADA EN LA MUJER

esta canción que estaba yo cantando, canción cantada
por chalino sánchez, canción herida de palabra
o pelícano en su propia maravilla/

esta canción culpable en su ejercicio de sonar,
sonora como escritura que no quiere nacer
y nace pero magullada, atravesada por lo blando/

esta canción cantada atravesó los ojos de esa mujer,
pasó por ella como barco que llevara piedras,
pasó por ella partiéndola en dos vuelos.

NO ES LO MISMO UN POEMA…

no es lo mismo un poema
caído de la noche,
que una noche, blanca, de tu voz
nacida/
un camino es otro cuerpo
andado a pie, descalzo
como el recién parido río
o ruiseñor/
ese ruiseñor a nuestro
amor unido, une a nuestro
canto su dolor.

EL QUE BUSCA EL CANTO…

el que busca el canto,
el deseoso, acaba por cantar/
el que la purísima mujer
encuentra, morido de su
ausencia va, renacido
en fuego tierno,
por la piedra de dios resucitado/
no muere el canto del que ama,
muere el que calla
su cantar.

CAMPO MINADO

dicen que cómo puede vivir un poeta así llevando
dentro una madre ausente, una casa en ruinas,
caminando por las calle construyendo castillitos
imaginarios o armando rompecabezas como libros
que nunca leíste, y que escribí para agradarte/
dicen que un poeta así no se libra de ésta aunque huya o echen
de su país, ni aunque viva en otro país lejano, ajeno
como tus manos ya, escribiendo más libros que escribí
para que tú los leas algún día y no para ganar,
dicen, fama y fortuna, sino para ganar la batalla de tu amor, madre:
país al que volveré, jamás.

CÉSAR SILVA MÁRQUEZ

AVANZAR

desde el grillo la noche es una bandera despierta
y tu cabello la dentada suave que hiere lo oscuro

yo te decía —el obsequioso mar aún unge el eco de mi trazo—
desde tu nombre que se agolpa en el brindis te decía
—en la mejilla, el tiempo abre la palabra—
y desde la luz, eras un ala herida y extensa

por eso tu rastro es el gesto nocturno
y la pregunta una historia sin lengua
golpe magnífico que me recibe con su garra enfadada
avanzando hacia ti
sobre el filo de un cuchillo

OTRO DÍA

no hay más

sólo el trago
y mi sitio

sólo este polvo
de soltería
en mi ventana

(1974.) Nació en Ciudad Juárez, Chihuahua, el 10 de julio de 1974. Estudió ingeniería. Además de poeta, es narrador. Ha publicado cinco libros de poesía: *ABCdario* (2000), *Par/ten* (2000, en coautoría con Édgar Rincón Luna), *Si fueras en mi sangre un baile de botellas (doble disco)* (2005), *La mujer en la puerta* (2007) y *L'affaire de L'orchidée Dorée / El caso de la orquídea dorada* (2009).
Lecturas recomendadas
ABCdario, 2ª edición, Conaculta, México, 2006.
La mujer en la puerta, Gobierno del Estado de Veracruz, Xalapa, 2007.
L'affaire de L'orchidée Dorée / El caso de la orquídea dorada, Écrits des Forges-Mantis, Ottawa, 2009.

SUMERGIBLE

sumergirme en la piel, saber el cuerpo
bajar por la garganta a los rincones donde duerme el pez

refugiarme en la sangre, besar la sangre

conocer la vasta forma
que proteges y llamas
polvo
      libros
            faro
                 mundo

CUARTO VASO

afuera la lluvia se hunde en los juegos de la lengua
y soy en mi vaso dedos
que avanzan para perderse

bebo para escanciar el beso continuo
para dar fe al pensamiento armado y cantar
los fracasos de quien escucha la palabra

desde cualquier parte
el agua arrebata del corazón al mundo
como quien va a morir
y sabe que va a morir

está lejos la hora de cerrar
afuera la lluvia se hunde en los juegos de la lengua
y anochece

POEMA JAZZ

> *buenas noches, Bill*
> *buenas noches, Lou*
> *buenas noches, May, buenas noches*
> T. S. ELIOT

me despido
y en la página
queda la historia de espumosa rama

partir es ya el hondo y robusto día que arde
donde arde la hora
y el río es más viento arenoso que dicta
su pájaro de niebla
buenas noches, adiós

§ fue como siempre
ápice de árpagos
ala de lo sido
y de qué argucia
dirán si todo
ya cabe dentro

el rosetón fúnebre
de oscura
galana

buenas noches, bill
un agreste de filos para ti y para tu mujer
un pie sin vela
donde mis dedos acaricias la o de hoja
y porque al día siguiente seas un turista
a la orilla de la sábana

buenas noches, lou
para ti la historia profusa
de la guadaña sin fondos
y porque los aires te miren desde la vidriera
cuando leas la última página

buenas noches, may
para ti la luminosidad
y posteriormente el matrimonio
y que los tranvías en los túneles se colapsen por ti, para ti
para retener esa luz al final más tiempo;
puñado de días rotos
orilla del pájaro en la rama

para todos ustedes
buenas noches, adiós, adiós
adiós

AMANECER DEL MUNDO

decir el día crece
es decir el día viste su mar y su montaña aún frías
el escarabajo somnoliento bebe rojas gotas de agua
el árbol tiene sombras a los pies de la aurora

brota el día con la palabra, cae
se multiplica como la espina del cacto
día danzante en el tallo del mundo:
girasol, cuerpo en vigilia entre alba y atardecer
corola descubierta por el verso iluminado

§ escucho el ruido primero de la multitud
su prisa envuelta en murmullos
escucho en esta recámara cómo rozan la puerta

muerta la oscuridad
el día sale a construir su reino

AGUA A PRIMER FILO

he aquí la gracia del agua:
un cántaro reverbera en los párpados del mediodía
una fuente es un arco tenso
una flecha cae, hace brotar luz del pozo

gota a gota la piedra muere
los yerbales danzan
la nube se quiebra:

como una espada, el río abre al mundo

EN UN BAR DE REFORMA

mejor quedarme con este trago entre las manos

quedarme, por ejemplo
en el sabor del primer whisky que bebí
en tal cuarto de tal playa ante
un atardecer con los cristales sucios

digo salud y mi voz se vuelve
un pájaro arrastrado hacia el invierno

qué tristeza se nos va quedando
qué se restriega bajo la casa y nos habla
con su polvo de voces

soy una cama rota
un sillón olvidado

soy este cuarto que alguien dejó
con la puerta abierta

CARLOS ADOLFO GUTIÉRREZ VIDAL

SARCÓFAGOS
[Fragmentos]

La mañana derrama su esplendor

sobre la tierra
yace la sangre apacible
espera la llegada de la muerte
arrastra y protege a las bestias

el verano
se nombra monumento

*

en sueños uno puede imaginarse
una habitación llena de placer
una dulzura que dure varios días

no necesitamos mucho tiempo
bastará un instante y el resto
será un eco más de la no noche.

los sueños conducen a la muerte

la vida transcurre
y la luna abrasa nuestro cuerpo

(1974.) Nació en Mexicali, Baja California, el 19 de julio de 1974. Es licenciado en ciencias de la comunicación, maestro en estudios y proyectos sociales, y doctor en estudios del desarrollo global por la Universidad Autónoma de Baja California. Además de poeta, es narrador, ensayista e investigador. Ha publicado seis libros de poesía: *Sarcófagos* (1993), *Nortes* (1994), *Befas* (2000), *Toros* (2005), *Endechas* (2007) y *Pausas* (2012).
Lecturas recomendadas
Endechas, Fondo Editorial de Baja California, Mexicali, 2007.
Pausas, versión para Kindle, 2012.

NORTES
[Fragmentos]

las ramas se suicidan
en la transparencia del patio
se aman   arrastran sus manos
hacia el sueño hasta que caen las hojas

hasta que caen al fuego
las hojas saben que son polvo

*

y qué yerba hemos visto
crecer en los campos de cebada
entre las espigas   toda mala

del cuerpo venimos al hallazgo

un radio nos toca la miseria
las fibras más sensibles

delicia la vergüenza

adanes   evas corriendo
cubriéndose con máscaras

venimos a pelear por el último respiro

BEFAS
[Fragmentos]

se prolonga la voz y de súbito la vida

tragar apenas basta
comodidad ajena al dogma y a la suerte

en silencio   un par de trozos y una boca

*

nada perece si conviene a su costumbre
dispersa el agua

perdida en la espera
sabe que la edad no existe
que no hay consuelo o diferencia
entre dos cuerpos recostados
en una eterna siesta

*

en nuestra tierra el paisaje

el cielo es una befa
los árboles escasos y las piedras muchas

junto al seco regajo
los muertos borregos danzan

en un desfiladero
las voces de otro mar se acendran
aguardan el solsticio de los tiempos
y no dudan en perturbar a los viajeros

camino adentro
el repentino incendio de un suspiro y un cirio nos alumbran

*

otro mundo nos espera en la mañana
una mansa vida
la hermandad de siempre
más allá de la agripnia

las ruedas de la santimonia

la arrebatada puericia

*

fuimos una zona minada
en un futuro múltiple
descubrimos la falacia del amor
supimos que no existe precio para nuestro tiempo

traspasamos la obviedad

algún día
moriremos con miedo
y una metáfora en los labios

*

nadie dijo que fuese yo gracioso
no adornaron mi frente con guirnaldas
ni bebí de los pechos
de mujer alguna

acaso me quedaron las entrañas
un piso de madera y unas sombras
para ilustrar las tardes sin asombro

nadie dijo que mis muslos fueran dulces
pero se mueven sin dificultad
y a veces danzan

*

porque nos duele el sueño
guardamos el pan para mañana

porque la vida es corta
tejemos nuestro cuerpo
como un tapiz que ha de verse
mejor en otro sitio

ADRIANA TAFOYA

ANIMALES SENILES V

Al cuerpo de Andrea

Envuelta en el cristal
del vítreo y quebradizo ataúd
húmeda te encuentras
para que nadie te empañe
de sus gruesas pupilas

de lascivos ancianos
de pómulos resecos
rodeas tu cuerpo
con ramilletes de encarnadas gardenias
que aroman con el perfume
de un animal negro y yerto
carne de cera
tu mano
que curvada y elástica
te arropa
el lánguido pudor de la cara
la ceniza
pelusa en tus pestañas
indicios de la tierra
donde tus ojos fueron sepultados

pausa el tiempo

te germinan ángeles antiguos
también velludos gatos enroscados
que retorciéndose levemente

(1974.) Nació en la ciudad de México, el 28 de julio de 1974. Realizó estudios de turismo en la Escuela Internacional de Nuevas Profesiones. Además de poeta, es antóloga y editora. Ha publicado siete libros de poesía: *Animales seniles* (2005), *Enroque de flanco indistinto* (2006), *El matamoscas de Lesbia y otros poemas maliciosos* (2009), *Diálogo con la maldad de un hombre bueno* (2010), *Malicia para niños* (2012), *Mujer embrión* (2013) y *Los rituales de la tristeza* (2013). En 2012 antologó su obra poética en el volumen *El derrumbe de las Ofelias*. Fue finalista en el Premio Nacional de Poesía Tinta Nueva (2010).
Lecturas recomendadas
El derrumbe de las Ofelias, Inferno, México, 2012.
Mujer embrión, Verso Destierro, México, 2013.
Los rituales de la tristeza, Rojo Siena, México, 2013.
El matamoscas de Lesbia y otros poemas maliciosos, 3ª edición, Cátedra Miguel Escobar, México, 2014.
Diálogo con la maldad de un hombre bueno, 2ª edición, Inferno Ediciones, México, 2014.

se estremecen
bajo las satinadas mantas

En este matraz ornamental
no te quebranta el dolor de las caricias
ni el desgaste por el tacto

La mordedura de la boca
carna otros labios
que develan de la muerte
su nítido e invisible significado

      El derrame
de tu cabello
embadurna
de sombra
el descenso
hacia los pies
minúsculos pequeños
y atrofiados

      Nacer bajo las gasas del luto
ondularse inmune
al daño
al tedio
al espanto
y laxa al fin
no florecer más
en los jardines
agria
seda
desvaneciéndote

ANIMALES SENILES XII / BARRO TIBIO

Cuánta belleza carga Susana
es difícil decidir de sus reflejos el más bello

Un hueco, la cavidad de la voz
el arco del pie
la luna del dedo

Su piel es espuma de nata
su vello, una sombra al carboncillo

      Regreso para besarla

Camina con la canasta seca de las frutas
que sostiene el teclado de sus dedos

y un teñido vestido
con la fresca tinta de las frambuesas
vaporoso la envuelve

Bella es Susana
le lagrimean los cabellos

Pero se traga el viento las hojas
y caen muy delgadas las aguas

El fruto es la unidad de lo finito
y los pájaros de tan maduros revientan

Se guarda Susana
y tiene miedo

presiente rostros oscuros y añejados
como aceitunas negras
se abriga de soledad
en el recipiente de su casa
escucha resuellos, murmuraciones

el sonido es el golpe de la violencia de las cosas

Grita, insulta
pero la palabra sólo rasguña

Siente que un mar sucio, espeso
la rodea, la aprieta

lame las lunas de sus uñas

le pasa el dedo por la planta del pie

la manosea
con numerosas manos la unta
con la tintura de un sexo
que se vuelve una bestia
de ojos cuajados

Un racimo de testículos
la aporrea, le rellena la boca

Ella, se calla (enmudece)

(No hay nada más frío que las claras yemas de una novia)

Susana es un arroyuelo de cabello

§ Los ancianos le miran
y son verrugas hinchadas de malicia

Para besarla ya no regreso

Susana se deshace
y desaparece

EL MATAMOSCAS DE LESBIA

Regreso agitada y burbujeante
presionando con los dedos
el cuello
del cristal que envuelve al vino

Regreso redonda y satisfecha
frondosa y perfumada
con las carnes tambaleantes
y envinados mis sabrosos frutos

él dijo:
me molesta tu perfil
de gesto seguro y suficiente
sólo eres una mosca gorda
mosca negra peluchuda
e inflamada
de siniestros pelos

Ruedo por la inmensa cama
        Me desprendo de una tela
entallada y descosida
le confirmo
que soy negra y sucia
negra de carne dulce
carbón de azúcar
mosca exótica con vientre acústico
forrado de terciopelo
una cajita pequeña de resonancias

Confirmo que soy negra
        y deliciosamente gorda
y que en alguna parte olvidé las pantaletas

él dijo:
me enoja cuando bebes
arrogante elevas el meñique de tu mano
eres perra añeja
que provoca

carnívoros deseos
dan ganas de hacerte tierra
y cocer un jarrón de tu barro

Sonrío
me acomodo y le reitero
que soy negra y *mala*
negra de labios gruesos,
que la forma de la hembra madura
se impone
y concentra la elegancia
                              de lo abundante,
le da poder al cuerpo

que tengo los pezones zarzamora
que estoy desnuda
y se me dibujan grietas
que adornan mis nalgas
con la textura del satín

él dijo:
me haces falta

Adormilada
abro las piernas
que atesoran mi sexo oscuro
inflamados sus pequeños holanes magenta

                    en esta flor clava su lengua

            no me molesto con él
                    sé que tiene hambre

HERIBERTO YÉPEZ

PREPARATIVOS PARA EL CRUCE

A pesar de las evidencias
—desplazarme
          la mayor parte del tiempo
en zigzag bípedo—
           dubito muy temprano
           que sea exacto
           que sigo respirando.

Miro mi vida, espiral.

  Y lo que hasta hace poco
  parecía una incitación salutífera
  ahora me parece quingo, moribundia.

Los mismos muros de ayer
murmullan ya sus antítesis.

En este cauteloso encierro que cultivo con ahínco,
a mi sabiduría zombie
no le convence esta pura inercia pulmonar.

Bien podría ser otro quien me sostenga. Alfalfa y miasma.

No, no soy un tipo imponente.
      Nunca lo he sido. Qué va.
Pero tampoco soy un cuarrango.
      No me rajo con facilidad.

Y, definitivamente, mi cuarto está más íntegro
que su autobiografía.

(1974.) Nació en Tijuana, Baja California, el 2 de septiembre de 1974. Es licenciado en filosofía por la Universidad Autónoma de Baja California, maestro en psicoterapia por el Instituto de Terapia Gestalt, y doctor en lengua y literaturas hispánicas por la Universidad de California, en Berkeley. Además de poeta, es narrador, ensayista, traductor e investigador. Ha publicado tres libros de poesía: *Por una poética antes del paleolítico y después de la propaganda* (2000), *El órgano de la risa* (2007) y *El libro de lo post-poético* (2012). Entre otros reconocimientos, ha merecido el Premio Nacional de Poesía Experimental Raúl Renán (2007), por *El órgano de la risa*.
Lecturas recomendadas
El órgano de la risa, Aldus, México, 2007.
El libro de lo post-poético, Instituto de Cultura de Baja California, Mexicali, 2012.

§ Es como si yo hubiese sido sometido
a la prueba de orina.
                            (Aquella en que la vida o te mea
o te hace cálculo).

Y, caray, miccionado no fui.

No he tenido la suerte de correr junto al agua.
(Soy prófugo del caño).

A mí, al parecer, la vida me ha enrocado.

Así que a partir de cierto punto y aparte,
no me deterioré como correspondía.
A partir de entonces, sobrevivo
en una especie
                    de pausa pétrea,
buffer zone bufón,
                        entretanto,
nepantla
            o como quiera llamársele a esta tregua.

Estoy atorado
entre este y el otro lado.

Y cuando mi salto está presto:
                            se desplaza la raya.

Y cuando la raya se ha distanciado lo suficiente
para que decida olvidarme de cruzarla,
la línea condenada
                    me tienta
                    deslizándose hasta mi mejilla.

Aspiro la raya de una jalada.

Y aparece de inmediato otra línea paralela.

Aspiro y aspiro:
                las líneas jamás se terminan.

Lo confieso: siempre he sido avorazado.

Aunque para otros menesteres
soy indefinidamente desjarretado.

Es mi aguante, en uno y otro caso,
lo que nunca me ha permitido llegar
a la última línea.

§ No estar jamás del otro lado de la raya.

¿Todavía mi mente coordina?
                                    ¿Y qué tanto perdura la suerte
en esta geografía?

No hay manera de saberlo.

A muchos, el hábito los ha lanzado a la otra orilla,
la orilla aún más putrefacta, pero a mí,
dado el *impasse*, el hábito varado,
(al menos hasta ahora) aún no se ha alterado
la equidistancia absoluta que mantengo
con todas las cosas.

Y es que, como me gusta mantenerme alejado
de las influencias nefastas,
                                    de la pésima compañía,
me alejo del mundo
y,
    sobre todo,
                me alejo
                    lo más posible
                            de mí mismo.

Yo soy mi propia barricada.

No quiero ser tiburón. Quiero ser mi propia rémora.
Así estoy mejor.

Los pocos que me han visto hablar
con mi habitación, los objetos que me rodean
o el aire intercalándose en mi existencia
dicen
que deliro.

Incluso mis mejores amigos
me hacen llamadas consubstanciales
para solicitarme que deje de desvariar en las calles.

Pero a mí toda herrería común
ha dejado de importarme.

El yunque no entiende
que en todas partes la vida pulsa

no porque el mundo rebose de sentido,
sino
precisamente
porque

carece
completamente
de
teleología

       y cada cosa
                apenas puede
quiere escapar
de su insignificancia.

Cada cosa chupa,
             reclama.
¿Aquella araña?
          Viva.
¿Aquel zapato?
          Vivo.

¿Aquella cuadra?
¡Viva! ¡Loca! ¡Peligrosa! ¡Colmada de su propia coseidad!

Incandescente reside
cada nimia zona.

¿Aquel foco intacto?
Esperando en su caja
¿Esperando qué?
            Entrar a la vida, paladar o pocilga.

Aguardando, cada cosa, su turno.

Su entrada intranquila
A la garita en que a la postre
Pierden las entidades cada una de sus orillas.

¿Aquella cobija? ¡Viva! ¿Aquel gancho? ¡Vivo!
¿Aquella cortina? ¡Viva, viva, más que viva!
Cada cosa. ¡Viva!
         Todo. ¡Amenazante!
¡Urgido! ¡Aullante! ¡Grito! ¡Todo vivo!

Cambio de opinión a cada instante. No se me culpe.
Soy testigo de este mundo: me desdigo.
Soy mamífero variante.
Y, en última instancia, no soy el responsable.
Hago lo que me toca:
me empeño en destruir esta fortaleza
(pero estas rocas no se revientan).

Así que si la locura se ha olvidado de mí
hay olvidos que no me incumben.

§ La locura y la muerte, lo sé, no se dan abasto
en la ciudad liminal en que fui escupido.

No lo olvido: junto a mí
en esta misma noche de polvo aspirado
soy apenas uno más
de los centenares de miles de peticionarios.

Hay una larga cola para permitirme el ingreso, ya lo sé.

Y la muerte es lenta en atender las solicitudes de Visa.
Y la muerte demora. Y la música silba.

Todo lo que muere aprieta su propio andar.

Y es que la muerte deviene agente de migración inepto,
lento *asshole*.

Y no tiene para cuándo abrir su puerta
a un insomne más. La piedra es su propio lupanar.

Estoy en una interminable lista de espera.
Una fila más de esta frontera.
Una fila muy extensa antes de llegar a la caseta.

Y, sin embargo, espero,
que si mi vida no tuvo ningún principio
tenga, al menos, *un* final.

Y es que espero en verdad
que el otro lado
cruce a mi cuerpo
como un arponazo.

Y la muerte inextensa
Sea aún más intensa
Que la vida concreta.

Y cruzar al otro lado
no contenga posibilidad de reversa
pues por más que yo declare
que esta vida me parece enjuta
he llegado a pensar
que cruzando allá,
durante el primer metro cuadrado
del otro lado
voy a querer dar vuelta.

Para entonces gritar
con todo enjambre de fuerzas

que de este lado bestial
pensándolo bien
no ha de sacarme
nadie
     jamás.

Soy un hombre de frontera. Mi obsesión es el umbral.

UNA ÉPICA SEXY

"Una épica sexy".
Una alianza insólita
de vocablos.
Una prosti-clave de nuestro tiempo
(una época que tiene poca madre).

Una edad pusilánime o ridícula.

¿Qué hubiera dicho Homero
si hubiera visto esta película?

¿Se hubiera acongojado de este estupro

o no estaría ni siquiera repuesto
de la existencia misma de Virgilio?

ÉDGAR RINCÓN LUNA

QUIÉN

A quién le corresponderá morir mientras escribo
a quién
—mientras la vida me abraza amable—
le tocará el disparo por accidente o con propósito

Quién
—mientras digo— es la noche esta calle que cruzas
dirá lo mismo como algo último

Quién mientras me pregunto quién
mientras escribo esto
estará pidiendo que algo se detenga

EL CERCO

En algún momento
después de haber salido de casa
pensaste que algo se te había olvidado
un objeto
algo desconocido
y que era necesario regresar

alguna vez
en medio del juego infantil y la risa
una palabra te tomó por sorpresa
y volviste tus ojos a otro sitio buscándola

Entonces entre el miedo innegable
una voz te sorprendió mientras hablabas
otra
simplemente otra

(1974.) Nació en Ciudad Juárez, Chihuahua, el 8 de septiembre de 1974. Además de poeta, es editor y promotor de la lectura. Ha publicado cuatro libros de poesía: *Aquí comienza la noche interminable* (2000), *Par/Ten* (2000, en coautoría con César Silva Márquez), *El silencio de lo que cae* (2000) y *Puño de Whiskey* (2005).
Lecturas recomendadas
Puño de Whiskey, Ediciones sin Nombre, México, 2005.

y cuando la noche se te ofreció vasta
recorrible
te diste cuenta
de cómo entre el polvo y las ciudades
la poesía nos fue levantando un cerco.

MUCHACHAS ENVEJECIENDO

Las he visto
hermosas
con lágrimas dibujar el adiós en sus rostros
amables
amables labios pronunciando palabras oscuras
he visto sus cuerpos
inmóviles sombras del beso
                              eclipsadas
por un cuerpo más rosa y más dispuesto
                              más animal mordiendo el día
                                        y a la noche

mientras el sol de sus cuerpos está alejándose
la luz de sus cinturas adolescentes
                              envejece

ÍCARO

He tenido en mi mano el rostro de la llama
el fuego inmerso en los vértices de tu piel
no el rescoldo
no la ceniza
sino tu cuerpo y su laberinto de incendios
tu caricia y el escozor que dibujas

De qué fuego te puedo hablar yo
Ícaro vencido en el intento de tocarte

Yo que sediento busco el mar
de qué incendio te puedo contar historias
a ti que del fuego haces barcos
que incendias buitres para salvar a Prometeo
de qué otra llama puedo sostenerme
mientras las cenizas y el humo
comienzan a cubrir mi rostro.

LEONARD COHEN RECUERDA UN IMPERMEABLE AZUL

Hay un pedazo de noche que recuerdo claramente
con mis ojos sumergidos en alcohol
como dos peces flotando en el corazón de un acuario

hacía frío
y yo llevaba mis manos enterradas en la ropa
tenía hambre de largarme
de pronunciar el adiós como lo que es
                              una pesada piedra que se arroja a un río
                              un muro de nieve que atraviesa el corazón
tenía frío
y de tantas palabras sangrando en mi oreja
                                        estaba cansado
              de tantas lágrimas devorando noviembre
de tanto evitar con ese adiós el filo del invierno estaba cansado
y por qué no de ese impermeable azul
              de aquel abrigo de lluvia que llevaste contigo
              debo aceptarlo
              estaba cansado

LA TRAICIÓN DE RAINER MARIA RILKE

Pobre aquel que crea que con su voz ha dicho algo nuevo
pobre el que sueñe que su voz es tan fresca como la lluvia
del próximo día

pobre el que busca
pobres nosotros de tan necios ya tan viejos
cargando esa piedra pesada y luminosa
hartos de encontrarnos
los mismo sitios en otros libros
igual dolor en una palabra ya tan vieja
la misma noche dolorosa en nuestros tiempos
buscando

Al igual que Rilke yo creía en la noche

él murió primero

CIUDAD JUÁREZ UNPLUGGED

De la infancia sólo guardo el miedo
a que un extraño aprovechando la oscuridad
entre a casa
de ahí mi amor por los relámpagos
a esa luz perseguida por el ruido
a ese brazo fracturado de la muerte
que nos descubre las vértebras del cielo

entre la oscuridad y el relámpago
la palabra y la lluvia son un murmullo
los niños parecen negros cartones recortados

en la oscuridad
uno escucha el andar del agua entre las calles
y gracias al relámpago
podemos ver de nuevo nuestras venas
nuestros huesos afilados en cada esquina
de esta ciudad que ya no es
ahora suenan
el río que regresa
el barrio que se hunde
otra vez tierra y agua en los zapatos
en ese ruido nos damos cuenta
de que la infancia es un relámpago
que aparece en la nube de los años

y en esta lluvia que en silencio cae de nuestros ojos
agradecemos esa luz que nos permite ver
las ruinas de una ciudad que para nosotros ya no existe

entonces comprendemos
que la constancia de la lluvia
la persistencia de la oscuridad
no borra el rostro
ni los nombres
de los amigos muertos.

BALAM RODRIGO

EL CORAZÓN ES UNA PITAYA MADURA

Aquí todo es vasto, y los cerros, lomas y sierras parecen destilar una eternidad y un tiempo que nosotros no entendemos. Aquí hay más calma que memoria y un sol furioso que no pueden abarcar los ojos. A lo lejos, danzando como una serpiente, viene la lluvia. Le brillan los ojos e ilumina con rayos la llanura. Llueve en el desierto y plantas y animales parecen despertar de un antiguo hechizo. Del conjuro del agua nacen los seres inimaginables que cantan y danzan con una poesía que no precisa palabras. Aquí no se necesita la poesía. Aquí todo es poesía. Sólo basta detener los ojos en cualquier punto, y entonces surge como un pájaro el poema. Hace unas horas, una pareja de cuervos descansaba en un mezquite. No estaban abrazados, pero compartían la misma rama y las mismas alas. Tengo una pluma de cuervo, y sé que llevo un pedazo de la noche en mi cuaderno. Si cae la noche, saco del mismo cuaderno un ala de mariposa y aparece el día. Cuando saco la pluma y el ala, viene caminando como un hijo la poesía. Aquí uno escucha el rumor del aire caminando por los cerros, uno escucha quebrarse la mazorca del día y derramarse poco a poco el agua de la noche. Aquí el corazón es una pitaya madura, y el amor no es una uva. Esta ausencia me duele en el cuerpo, es una espina de coyonostle clavada en el pecho. Tus espinas vienen caminando de muy lejos. Ve y platica con las hormigas, ve y derrama tu llanto sobre la ceiba, ve y lava con agua de luna mi corazón para que lo derrames en tus manos. Ahora puedes verme,

/mi sangre es el espejo recién pulido
que tienes en las manos.

(1974.) Nació en Villa de Comaltitlán, Chiapas, el 11 de octubre de 1974. Es biólogo por la UNAM, y tiene un diplomado en teología pastoral. Además de poeta, es antólogo e investigador. Ha publicado trece libros de poesía: *Hábito lunar* (2005), *Poemas de mar amaranto* (2006), *Silencia* (2007), *Larva agonía* (2008), *Libelo de varia necrología* (2008), *Icarías* (2010), *Bitácora del árbol nómada* (2011), *Cuatro murmullos y un relincho en los llanos del silencio* (2012), *Logomaquia* (2012), *Braille para sordos* (2013), *Desmemoria del rey sonámbulo* (2014), *Libro de sal* (2014) y *Morir es una mentira grande que inventamos los hombres para no vernos a diario* (2014). Entre otros reconocimientos, ha merecido el Premio de Poesía Joven Ciudad de México (2006), por *Libelo de varia necrología*; el Premio Nacional de Poesía Efraín Huerta (2011), por *Cuatro murmullos y un relincho en los llanos del silencio*; el Premio Nacional de Poesía Ignacio Manuel Altamirano (2011), por *Desmemoria del rey sonámbulo*; el premio de poesía del Certamen Internacional de Literatura Sor Juana Inés de la Cruz (2012), por *Braille para sordos* (2013), y el Premio Nacional de Poesía Rosario Castellanos (2013), por *Morir es una mentira grande que inventamos los hombres para no vernos a diario*.
Lecturas recomendadas
Hábito lunar, Praxis, México, 2005.
Libelo de varia necrología, Conaculta, México, 2008.
Bitácora del árbol nómada, Jus, México, 2011.
Cuatro murmullos y un relincho en los llanos del silencio, Ediciones La Rana, Guanajuato, 2012.
Braille para sordos, Gobierno del Estado de México, Toluca, 2013.
Libro de sal, Posdata, Monterrey, 2014.
Desmemoria del rey sonámbulo, Monte Carmelo-Secretaría de Cultura de Guerrero, 2014.
Morir es una mentira grande que inventamos los hombres para no vernos a diario, Universidad Autónoma de Yucatán, Mérida, 2014.

LAS VIGILIAS DE LA MARIPOSA

No duermo. Lleno mis ojos con las vigilias de la mariposa. El iris avanza como las nubes, seguro de la lluvia. El aire que mece mis cabellos está huérfano de árboles. Abro la ventana que da justo al río, a los cantos rodados, a las huellas que va dejando el agua en la memoria. No puedo elegir entre el pez y el escarabajo, mas la médula del agua canta a mi oído. Camino desnudo por el laberinto de mármol que crece en el jardín. Nadie ha podado los pájaros de luz y sus cantos se enredan en mi boca, como la hiedra. En la fuente oxidada yace la luna como una moneda rota. Las estrellas dispersas picotean mi espalda. Llevo los pasos en mi mano y desciendo por escalinatas de arena, por senderos de plata. Las uvas maduran si las tomo de tus manos. Apenas te nombro en el ensueño: ¿Acaso tiene nombre aquel que nunca se marcha? Las nupcias de la palabra son efímeras, pero la golondrina nos trajo ramitas de hierbabuena. Pequeños pasos con música de madera. Las sombras danzan de puntillas. Un eclipse de polen se acerca. Abro los párpados para cortar la luz. Empuño una daga de aire mientras escribo esta carta en el vacío.
/Lotos amarillos en el lecho de la muerte.
Ruinas de cielo en mis ojos degollados.

HIPÓTESIS DEL HOMBRE ROTO

A lo lejos, el amante de Kervala
gime por amor
bajo los astros olvidados
de la noche,
los niños ciegos de Da Ñang
ríen a carcajadas
mientras arrancan alas
a los pájaros de octubre,
y el mulato gris del Mato Grosso
llena con rocas de sal
la boca de un jaguar ungido
de muerte.

Dijo el anciano de Corinto
bajo el almendro:

Si pudieran volver de Ítaca
los barcos,
y los huesos del águila
crecieran nuevamente en nuestros brazos,
entonces,
volveríamos a ser hombres.

LA CASA DE LOS DESNUDOS

Mira que he puesto mi casa entre tus piernas.

Mira que soy lengua sobre el mundo:

Terráqueo voy de salivas por tu cuerpo.

Bajo tu vientre algodón para teñir mil soles.

Acróbatas del fuego, caemos del amor,
                                                    hasta
                                                       el
                                                    amor.

Nos acostábamos para ensayar el aire,
para untarnos de luna la entrepierna.

Aprender a contar el tiempo en el respiro,
en el gemir de los dioses olvidados:

He ahí el oficiar de los desnudos.

Yo digo del amor que es un muñón
que nos desgarra.

Yo digo que es acuática la efigie de tus pechos
que me ladran.

Yo digo del amor que es una grupa
donde muero desde el sur hasta la lluvia.

Yo digo del amor que es una lumbre
es una lengua
                que del aire nos escarba.

Sordos al espanto de los odios,
implacables,
                        levitamos en el agua:

Amar es el naufragio de los dioses.

Los tranvías, los caballos, los soles,
todos regresan heridos,
los días agotados:

§ *El andar de los desnudos les fatiga.*

Los desnudos sueñan con su sombra,
sueñan con su casa desde el aire
hasta la lluvia:

Su ahogado corazón me sabe a sidra.

La Casa de los Desnudos está limpia de recuerdos:

Un alto corazón viene rodando la escalera.

Nada sino la flor, la tarde rota,
la madurez caída.

Porque no hay más casa para el desnudo
que el silencio en que trajina,
que el pulmón en donde el otro le respira.

Al aire que duerme entre tus pechos
yo le besé la boca y me dejó tu vos.

Ebrio estoy de tu redonda leche
y no de vino:

La altura del hombre ha de ser siempre
la manzana,
la grupa exacta,
los pechos limpios
de su mujer desnuda.

De lo que sueñes, corazón, quiero las uvas.

Astrísima y venena, pájara y ponzoña,
vos desnuda,
              mutílame de ti.

CLAUDIA SANTA-ANA

HALLAMOS LA SED DEL VERANO...

Hallamos la sed del verano al final de su nombre.
Un desierto atado a los hombros
como un fajo de caminos desenraizados.
La tarde nos otorga una moneda que frota en su mano
y recogemos la ración de una ruta nueva.
Sólo el mástil más humeante nos dirige
sobre el equilibrio imposible de una cuerda
sostenida entre las horas.
Los vientos dominantes, eso somos.

EL MUELLE [I]

La noche corre cubierta de hojas.
Tengo en los párpados el oleaje
pálido de una barca oscilante.
La lluvia punza en la luz
fría en que he nacido. De ella he hablado antes:
de las sustancias que el dolor anima
entre bestias apacibles a merced de la niebla.

Niños dejan la embarcación
con ojos devorados. Caminan sobre la arena.
He tenido que ocultarme.
Oler mi propio acíbar bajo la madera.
Encorvarme como una rama cubierta de hojas agitadas.

(1974.) Nació en la ciudad de México, el 26 de octubre de 1974. Vive en Aguascalientes. Es arquitecta por la Universidad Autónoma de Aguascalientes. Además de poeta, es investigadora, promotora cultural y editora. Ha publicado tres libros de poesía: *Quinta estación* (2000), *Un sable en la memoria* (2001) y *Oratorio del agua* (2008). Entre otros reconocimientos, ha merecido el Premio Nacional de Poesía Salvador Gallardo Dávalos (2000), por *Un sable en la memoria*.
Lecturas recomendadas
Un sable en la memoria, Instituto Cultural de Aguascalientes, Aguascalientes, 2001.
Oratorio del agua, Alforja-Seminario de Cultura Mexicana, México, 2008.

LA JAULA

Señor
la jaula se ha vuelto pájaro
Qué haré con el miedo.
ALEJANDRA PIZARNIK

La sombra que se alarga desde el corazón extiende sus alas. Las últimas horas son de los postigos. Al pie de la cama duerme y siente frío la infancia. En el mueble escurre la cera. Una jaula se proyecta en el fondo de la noche.

Ha tocado mi frente la lluvia entre los barcos; en altamar alguien, sin saberlo, me recuerda y canta. En otra habitación se escucha una canción de cuna.

EL ANDANTE

A Jorge Fernández Granados

Aun cuando lo advierta volver,
aun cuando no posea más penumbra que la ausencia,
llevaré las manos al temblor de mi cuerpo:
el rostro retraído de mi infancia.
Recorrerá otra vez los vestigios, la memoria
con el brazo sepulcral del faro
en la península de la Andrómeda sumergida.
Vendrá
porque a veces despierto en el corazón
desleído de la niebla,
porque me balancea en la noche
lo mismo que a la péndula de un puente antiguo.
Cuando lo advierta
pondré oraciones de por medio
como quien deja un puño de arena sobre el agua.

NIVEL DE LA NOCHE

Ha venido
coronada con incendios
entre la arquería que emerge de los mares:
La sibila la impronunciable la alada
ojos de piedra; ha venido envuelta
como la noche, arrojando en puño
crepitante perdigón de estrellas.

La escucho aguzar mis huesos,
servirse de mi boca dispuesta en la noche,
someter el vuelo de mi sangre confundida.

EL MUELLE [II]

Vuelven los vientos sobre el agua tenue,
aceite ondulante entre las rocas
donde el océano se fragmenta.
Vuelven de los osarios y su rumor de árboles.
Vuelven a la saya vaporosa
que mide aún la extensión de una estrella sin luz.
Vuelven,
a la sombra de agua donde gravita la noche.

Vuelven, se escucha,
y se agita la hierba que pende bajo el muelle.

PRÍSTINO CONJURO

Nombro los ríos
para que hagan resonante la noche.

Nombro los ríos
frente al rostro del sueño,
como el que llama
desde el émbolo nocturno de los mares.

GEOLOGÍA

Poco sé de la niña que salta
de charco en charco
y levanta la lluvia sin romper su imagen.

Su luz como un grano de sal
en la tierra oscurecida queda.

EL JUEGO [II]

Apenas un telar
de luz retiene los muebles
las desleídas cosas.
Nombrada está la casa.

Afuera los niños se dispersan:
Juegan a esconderse
donde el vagón impostergable de la lluvia
volverá sin pertenencias.

No, mujer.
No entrarán del huerto enardecido

los pájaros del Norte.
No abrirán los ojos
las setas del bosque adentro.
Sólo aprieta los puños
mientras deslizo el agua
y el jabón sobre tus hombros.

LOS HUERTOS

El viento tensa la luz en los huertos. El lindero de la tarde se aleja con los pájaros. La lluvia ha dejado en la era sus semillas misteriosas y el esfuerzo de las últimas gotas que penden en las vides. Las hojas pequeñas rodean la caída de la estrella madura.

HE VISTO...

He visto cómo significa la hierba entre los brazos
al avispero de la lengua extinguirse
con el fuego genuino del mundo,
la altitud vencida de mi sombra que se aleja.

No me incorporo.
La tierra ondula
hacia el frío de la orilla,
vuelca la noche a la torrentera
de ríos que han pasado.

Tengo en las manos el zumbido
del silencio, en la garganta una aguja
que imantada se quiebra hacia la luz.
A mis costados, gira el mar
su estéril tronco, erosiona un viento
negro sus límites de roca. Me conjura,
balancea.

Tendido así
con la hierba entre los brazos
—*el cuerpo extendido en tenue estrella*—
formo otra vez la pira en torno mío
hasta quedar dentro del círculo difuso:

Me llaman *Autista*,
el que cubre la boca de los muertos.

JULIO CÉSAR FÉLIX

OTRA VEZ 1° DE NOVIEMBRE

Creo en los muertos,
hoy platiqué con uno,
me invitó un cigarro
y hasta comí de su pan entre velas,
olores de copal y cempasúchil.

Porque también los muertos fuman,
beben, escuchan,
corren a carcajadas por pasillos
impregnados de sueños:
      uno dijo que la vida no es un juego,
      sino una coincidencia con el sueño de Dios;
      un gritar profundo a las entrañas marinas,
      una intemporalidad cruel, engañosa;
que la vida no es corta
o efímera (pues no es un vino),
que la vida no es difícil o fácil,
que la vida es vida.

ESA CONTRADICCIÓN CONSTANTE

¿Cómo puedes creer
               en las alas del sol
cuando niegas al viento
               que puede hacer volar al cuerpo?

(1975.) Nació en Navolato, Sinaloa, el 4 de octubre de 1975. Es licenciado en letras hispánicas por la UNAM. Además de poeta, es ensayista, investigador y editor. Ha publicado ocho libros de poesía: *De noche los amores son pardos* (1999), *Al sur de tu silencio* (2005), *De lagos, lagunas y otras danzas* (2006), *Desierto blues* (2007), *Imaginario de voces* (2008), *Mis ojos el fuego* (2010), *En el norte ya no hay playas* (2011) y *Nacimos irritilas en el acuario del mundo* (2013). En 2013 antologó su obra poética en el volumen *Laguna's Night Club*.
Lecturas recomendadas
Mis ojos el fuego, Universidad Autónoma de Coahuila, Saltillo, 2010.
En el norte ya no hay playas, Andraval, Culiacán, 2011.
Nacimos irritilas en el acuario del mundo, Andraval, Culiacán, 2013.
Laguna's Night Club. Antología personal, Secretaría de Cultura de Coahuila, Saltillo, 2013.

CONMEMORACIÓN DE LOS SIMBOLISTAS

Leo a Herrera y Reissig:
evocador de los últimos mundos sensibles
donde se exalta el símbolo
ante la agonía poética
y se renuevan las figuras alegorizantes:
Verlaine disparando
metáforas oxidantes
conversando en la melodía
de la nueva música… Debussy;
Mallarmé en el grito verbal:
esto es un hechizo,
un aura matinal que emite humos
de la gran fogata que susurra
una erupción floral
sobre tu cuello de autopista
donde transitan Baudelaire,
con aromas de benjuí,
almizcle
a incienso.

RELÁMPAGOS SUCESIVOS

Soy un hijo más de la catástrofe,
otro sobreviviente,
pero soy el primer eco
del relámpago,
el aire es el aliento
de mi alma;
soy la resurrección
de la hierba
que refresca los alrededores
de tu vista;
ya he dicho que nací bajo la lluvia
y que el movimiento de mis pies
explora la tierra
para descifrar el aire
y el fuego.

PENSANDO EL TIEMPO, PENSANDO NADA

A César Vallejo

La nada en su tinta
crea un silencio largo…
fiebre,
angustia de pensar

que hemos nacido,
como decía aquel hijo del sol,
aquel poeta que nació un día
que dios estuvo enfermo.

No creo que perecer
sea quedar sin voz:
quien piensa demasiado
sufre más las horas.

La nada
Es el inicio del tiempo.
El tiempo
Es el inicio de la nada.

RECITACIÓN LÍQUIDA

Un niño dice agua
y delfines aparecen
en el trampolín de su lengua
el desvelo de tus recuerdos
sugiere una elipsis metafórica
en la voluptuosidad de tu cabello
    y en la palidez de tu respiración
    el alma canta peces
    el agua es la música
en la frontera de la razón
y la locura violeta de los astros.

EN LA LLANURA CON RILKE

En la llanura había una espera
un no poder dormir y un silencio:
Los huéspedes decidieron marcharse.
El jardín no pregunta y, menos, se inquieta;
sonríe malicioso.

Entre los pantanos ociosos
la noche desnuda las calles
las sábanas,
las lunas;
las manzanas han dejado de temer
a las ramas;
se desprenden
vuelan,
cada soplo de aire anochecido
las electrifica.

CAMILA KRAUSS

TEMAZCAL

Vista desde la nada
la luz de la tierra
es una gema de fuego,
un capullo hirviendo,
una palomilla anaranjada.
La oscura luz incandescente
enciende la pulpa de los órganos.
El miedo es sudor.
El cuerpo atrapado en sí mismo
flota en agua de miedo
y en agua que lo relumbra.
Corre todo disuelto,
en un flujo rojo de sangre,
antes y después de las palabras.
En el barro no existen
el tiempo y las conjugaciones.
Es de tierra la ira y el bálsamo,
la vida, la muerte;
la viva muerte latiendo.
Llora lo niño de encierro,
llora de rasgadura.
El vapor se vuelve peligro:
Mi padre, la ciega gigante ausencia,
son esta cueva,
dentro todo es locura.
Ni nacer ni ser nacida.
No consigo serme feliz.
¡Puerta!
Inocencia,
quiero salir.
De no sé dónde como el misterio,
como lo amniótico,

(1976.) Nació en Xalapa, Veracruz, el 29 de febrero de 1976. Es licenciada en letras hispánicas por la Universidad Veracru-zana. Además de poeta, es ensayista e investigadora. Ha publicado tres libros de poesía: *Consagración de la primavera* (2003), *El ábaco de acentos* (2008) y *Sótano de sí* (2013).
Lecturas recomendadas
El ábaco de acentos, Ediciones sin Nombre, México, 2008.
Sótano de sí, El Dragón Rojo, México, 2013.

un té limón nutre y arrulla.
Afuera de mí
todo se acaba,
afuera,
en lo múltiple,
en otra cueva o en un final de tierra.
En la abertura
todo es
escalar la luz
como escalar sin saber
el costillar de una ballena.
¡Puerta!
Inocencia,
báñame tú.

TODO ES SED

Todo es sed en tu infancia de sal y de salitre.

Correteas cangrejos,
colonias de sargazo y tesoros de botellas rotas
cuando no juegas a huir de una patrulla,
de la dieta del asco y la litera promiscua,
de la soga del sol en tu garganta.

Pescas olas con una estaca,
clavas peces que el sol revienta
y cuando el mar nada te arroja,
eres el pez, la ola
o el líder furioso de la tribu
ensartando corazones de niño,
ensartando penes de niño.

Buceas en un océano de sed y resistol
donde los pies no tocan el fondo
ni la conciencia vive de oxígeno.

En el agua eres un elemento de agua.

Nadas en la ilusión de espuma
donde tienes lo que afuera no existe:
una guanábana fría puesta en la mesa,
unos tenis nuevos con suela transparente,
una mujer que baila como las algas verdes,
el brillo incitante de una navaja suiza.

Tu radiante pertenencia:
la desnudez,
un cardumen de animales anfibios.

SOY NADIE (RETRATO DE EMILY DICKINSON)

Mil setecientos setenta y cinco versos
para confiarnos la urna de tu encierro.
Deshilado el encaje puritano de tu blusa,
con hirsuta paciencia,
esperas que el tiempo cobre la presa
y sus perros hambrientos no celebren el triunfo.
Desnuda te hundes en la nieve,
y te muerden los pezones palabras que imaginas.
En horas de júbilo,
calculas que el alpiste pase por el ojo de la aguja
y la muerte huela el pañuelo que bordas.

NO TODAS LAS ISLAS...

Para Zazil Collins,
que tiene un verso que dice:
"tiémblame mundo"

en la angosta península
de La Baja se juntan
los huesos animales
del mar y el desierto
de lado y lado
la bravura del agua

no todas las islas
se hicieron de lo mismo
no son los continentes
todo lo que flota

es invisible, pero no
improbable que la sal
y el viento erosionen
la materia luminosa
de una península que es
para ti todas las cosas.

DESAIRE

un árbol inconveniente
un visible meteorito
la madrugada del nueve
de diciembre aquel árbol
de toronja la que no
me pide permiso y
estalla

en latitudes donde
por esta vez, este año
el invierno es la ocasión
cítrica con todo
y las botas abrázame, dice
por lo redondo, ácida
la toronja del patio
dos veces de noche
dos más de día
temprano en
la ciudad los labios
partidos de madre
amor, qué desatino
los árboles crecen, no miran
el amarillo pálido
de la toronja el fermento
azucara, contra el piso
habrá de caerse
la toronja, chica
¡apura!
no te lo tomes así
que se pudre
como si la fragancia, la nieve
son copos los pétalos
y esa fruta por dentro
ni sosa ni tibia
como plato, puesta la luna
en la mesa no saben
a cuenta de qué se deshizo
aquel meteorito y la pulpa
de la toronja, el desaire
de un puto diciembre en el patio.

Sin esdrújulas y lo que quieran, pero tributo a Gonzalo Rojas

JOSÉ LANDA

MIRANDO CIERTO MUELLE

Mira el muelle
la brisa que dirige a sus naves el deseo
la brisa y su ojo codicioso
la brisa y su entrepierna caliente

Toca el muelle
—su neblina araña rostros   oculta heridas
cuida los muros que levanta el silencio
la agonía   la ceguera del puerto—

Muerde la arena
degusta su pepita amarga donde ni Francis Drake
ni Morgan previeron nuestros pasos
donde sólo nos queda la memoria   ese vómito
marino

LAS NAVES

*Para Blanqueto, Celis, Pacheco y Vadillo,
en la ebriedad de sus memorias*

Las naves que no fueron   las que nunca han sido
otra cosa que traficantes de fierezas

(1976.) Nació en la ciudad de Campeche, el 13 de junio de 1976. Estudió humanidades. Además de poeta, es narrador, ensayista, artista visual y editor. Ha publicado once libros de poesía: *Tronco abierto* (1992), *Habitación del cuerpo* (1995), *La confusión de las avispas* (1997), *Álbum extraviado en aguacero* (2005), *Sonidos como cascos de un galopar* (2005), *Casa en la mirada* (2007), *Meditación de lejanías* (2008), *Placeres como ríos* (2009), *Naviguer est un Oiseau de Brume / Navegar es un pájaro de bruma* (2010), *Tribus de polvo nómada* (2011) y *Ciego murmullo de ciudades portuarias* (2011). En 2008 antologó su poesía en el volumen *Dicho está*. Entre otros reconocimientos, ha merecido el Premio Hispanoamericano de Poesía de Quetzaltenango (2007), por *Casa en la mirada*; el Premio Internacional de Poesía Ciudad de Lepe-Huelva (2009), por *Un reino de bruma*, y el Premio Mesoamericano de Poesía Luis Cardoza y Aragón (2010), por *Ciego murmullo de ciudades portuarias*.
Lecturas recomendadas
Dicho está, Mantis, Guadalajara, 2008.
Placeres como ríos, Instituto de Cultura de Sinaloa, Culiacán, 2009.
Naviguer est un Oiseau de Brume / Navegar es un pájaro de bruma, Écrits des Forges-Mantis, Quebec, 2010.
Sons como os cascos de um galope / Sonidos como cascos de un galopar, Mantis-Selo Sebastião Grifo, Guadalajara, 2010.
Tribus de polvo nómada, Renacimiento, Sevilla, 2011.
Ciego murmullo de ciudades portuarias, Editorial Cultura, Guatemala, 2011.

buscan un sitio en la memoria de hombres
pobladores de los muelles
sus esqueletos quedan ahora como cascos
habitación del óxido después de una batalla
vencedores de una pelea víctimas de la hecatombe
del invencible tiempo
sangran
la sangre es un río sin desembocadura
el grito una espina muda en la ingle

De aquellas naves ninguna dura las arenas
hablan de capitanes y marineros que nadie conoce
los libros cuentan de ladrones asesinos
escoria de otros siglos blanco del odio
y la indiferencia de estos días
ya el salitre recorre antiguos nombres apellidos
que son moneda corriente en las calles
Ya el olvido recobra lo que le pertenece
incluso la huella
que alguna vez dejaron esas naves en la brisa
para alabanza y gloria de sus héroes

Han pasado los años sólo quedan
de las hazañas de fieros navegantes
estas palabras que nada cuentan de ellos
ni los alaban
y esta obsesión de pensar que existieron

PEZ BOQUIABIERTO

Luego del pez
el poeta caerá en su propio anzuelo de palabras

Amante del dolor
colgará su cuerpo de un alambre con púas
la carne gritará maldiciones
fantasmas que estuvieron siempre sin querer

Cuando el grito se suspenda en el aire
como una cuerda de violín
las escamas se abran a la tortura
no brillará la sangre del poeta como su lengua
sin infierno

EL AFILADOR DE ESPADAS

Para Marianne Toussaint y Bernardo Ruiz

El afilador de espadas
siente la misma dicha que el constructor
o tal vez más

Acerca primero la punta de la lengua metálica
al cuello de la roca   —piensa entonces
en la mujer que dejó esperando—
acaricia la porosidad del esmeril con el filo
es tal su concentración que desaparece todo
en derredor suyo

La espada para él es un espejo
todo el que se refleja está signado por la sangre

El afilador de espadas ama el filo y el riesgo
quien ama espadas se eterniza
quien ama espadas
tiene los ojos entre las manos de los muertos

EL PUENTE

Para Jeremías Marquines

El Puente de los Perros se extiende al infinito
su nombre puede ser una contradicción
las personas sedentarias piensan que —como ellos—
los perros no viajan   no huyen de la ciudad

Mas el viajero —el nómada   el inconforme—
tiene —dicen— patas de perro
el perro y el caminante son lo mismo:
al estar en un sitio recorren otro

El puente conecta la bahía con el Atlántico
Maqroll rayó en él sus iniciales con grafito
Caronte lo eligió para cruzar el agua sin mojarse
cuando estuviera solo
y por allí se incorporan
los visitantes de tierras extrañas

Algún día caerá el Puente de los Perros
cuando esto ocurra
todas las ciudades se hundirán en sí mismas
la historia del Nautilus se repetirá
Babel será nuevamente dios y demonio

el campo y la ciudad serán mundos perdidos
y estas palabras ya no serán más
pero hasta entonces   el Puente de los perros
indicará nuevas y viejas rutas
comunicará esta página con el viaje de nunca acabar

UN PUENTE HACIA OTRAS AGUAS

Para Cosme Álvarez

1

Capitán —marinero en tierra—
contemplabas el horizonte
El abismo que hay detrás —pensabas— *será mío*
Nos haremos amantes y tendremos hijos
Si no fuera por mi madre y mis hermanos
Mi padre que vive allá donde se curvan los caminos
Quizás   ahora   despojaba ese abismo

Si no fuera   Capitán   es de entenderse
por los retratos amarillentos en el clóset
la gota del abuelo   la abuela y el óxido de su matriz
el temor de la adolescencia
que se mueve en la camisa cuando sube la marea
y sopla el viento
las voces de los muchachos —tus amigos—
que van por ti para llevarte a los burdeles
en fines de semana
y mirar el pubis de las bailarinas
como un oscuro remolino en altamar
las tardes en la plaza   las mañanas en el muelle
el tedio de ciertas noches
en el pasto del jardín de tu casa
la brisa y los pájaros
que llevan el nombre de distintas ciudades
los trozos de infancia que repartiste en varios pueblos
los baluartes   las murallas

Si no fuera   Capitán   por tus murallas
si no fuera   otra ciudad le cantara a tus ojos

2

Una madrugada soñaste Veracruz   era tan tuyo
los hombres recibían tu cargamento
(pesaba como el muro de tu recuerdo más íntimo)

§ Allí estaba tu gente
  —la que te vio salir de la cueva de tu madre—
  el molinero   el pescador   el sastre y la partera
  la madre Juliana de cien generaciones
  los unos y los otros allí estaban

  Sólo brillaba la ausencia de un hombre
  —imberbe aún y flaco   a quien no miraste
  como no puede mirarse un espejo desde adentro—
  temeroso de ver la luz de un nuevo puerto

3

  Sólo el Tíber quedó tan fugitivo
  por donde los muchachos huían también de sus ciudades
  en otro tiempo   quizá   los conociste
  corrías tras fantasmas cuyos olores eran el futuro
  y avanzaban hasta hundirse en el agua
  vestías otras ropas   hablabas otra lengua
  y ahora no puedes traducir tus viejos pensamientos
  olvidaste esa lengua   esas arenas
  el sueño también es fugitivo y permanece

4

  Al Canal de la Mancha arrojaste una piedra
  deseabas escupir todos los muros de la vieja península
  todos los caminos fueron tuyos
  todas las construcciones
  dos guardias reales te apresaron
  por orinar en la cama de la reina
  cuando el rey te perdonó
  reíste al orar por el espíritu de todos los reyes católicos

5

  Grandísimo canalla   capitán de tercera
  deshazte de esas anclas
  y olvida ya ese suelo que ni siquiera es tuyo

  Esos retratos que amarillea la sal nacieron de otras aguas
  tu madre es de otros campos   tu padre de otros ríos
  en otro cielo te parió la lluvia
  no en este que hoy contemplas
  naciste en un camastro   has de morir en otro

LUIS ALBERTO ARELLANO

AÚN

¿Quién llora
que no pueda llorar
desde los cuencos secos?
JOSÉ ÁNGEL VALENTE

Ha dicho el oscuro:
                    Todo es fuego
Pero no al mismo tiempo
Aquí es al mismo tiempo
                    todo fuego
Aquí el sonido es fuego,
la mácula es fuego
los árboles son de fuego, de fuego los hogares
y el cielo una gran sombra de fuego

Aquí todo es al mismo tiempo
todo sucede y acaba mientras el resto sucede
sucede que todo acaba
porque todo es de fuego
todo acaba y todo sucede
el fuego sucede y acaba
pero la llama persiste
porque todo es
                    al mismo tiempo
Todo es aquí y ahora
el cielo y la niebla son aquí
son ahora los niños de fuego
y la memoria del fuego es ahora
Yo soy ahora, soy aquí una llama
un nombre ígneo

(1976.) Nació en la ciudad de Querétaro, el 21 de noviembre de 1976. Es licenciado en psicología y maestro en literatura mexicana por la Universidad Autónoma de Querétaro. Ha publicado cuatro libros de poesía: *Erradumbre* (2003), *De pájaros raíces el deseo* (2006), *Plexo* (2011) y *Bonzo* (2012).
Lecturas recomendadas
De pájaros raíces el deseo, Écrits des Forges-Mantis, Ottawa, 2006.
Plexo, Conaculta, México, 2011.
Bonzo, Ediciones el Quirófano, Guayaquil, 2012.

§ Debimos llamarnos de otro modo
  más oscuros, más sigilosos
  pero es tarde
  y la tarde es también de fuego.

LA MANÍA DEL VIENTO

De nada sirve volar
                rodeado de puro aire
Es mejor remontar las alas entre la negra tierra
Entre el risco metálico
En lo profundo del silencio
Volar ahí
          a brazada molida con lo pétreo

Habría que luchar con el polvo desde su origen de polvo
con su condición de roca en desgaste
mancillar directamente al elemento en la química de su primer resuello
         ahí volar
            mancharse las alas de mullidos terrones

Habrá que remontar el metal en su pulido osario
para que la roca hable
para que el fuego se escuche bramar sus motivos

De nada sirve respirar siempre aire
habría que respirar fuego
        llorar fuego
          escribir fuego con los dedos encendidos
soñar agua
y tener miedo siempre del vacío

Habría que llorar tierra y fuego
       metal y viento
       O sostener la respiración un largo rato
       mientras las alas terminan de crecer bajo los costados
       y el aire se ensucia con los rastros de la sangre
                que cae.

ESCRITO CON CENIZA

El hombre que duerme hace dos años
en el parque frente a mi casa
me ha dicho que mis poemas
le transmiten mensajes cifrados
desde un planeta más allá
de Alfa Centauro

me ha pedido que pare
que detenga mis ganas de joder
y que ya nada le diga de los genios
que habitarán la tierra dentro de mil años

Que me guarde las coordenadas precisas
de la abducción
y otras minucias siderales que a nadie convienen

Que no le recuerde lo que ha visto con horror
con ganas de volver las entrañas

Que me calle
que no escriba
que no dé la razón a los ángeles
de tristes alas que le recitan el código civil
en vocales muy cortas todas las tardes

Yo lo miro y tiemblo de pies a cabeza
como un pez fuera del agua
que empieza a boquear con resistencia
y se deja ir lentamente
hacia la muerte

Le he dicho que sí
que nunca más
que esto no puede seguir
que también a mí me resulta insoportable

Así que estas líneas
no tienen ningún mensaje oculto
ni nada que se le parezca
aunque haya quien /lleno de esperanza/ afirme lo contrario.

LUIS JORGE BOONE

LA INCERTIDUMBRE DE LLAMARTE POEMA

El nombre de las cosas debería cambiar
según el ánimo de quien las mira.
Palabras camaleón
adecuadas al humor que nunca es el mismo.

¿Cómo debo llamar al océano
cuando cala esta tristeza?
¿Inmensa lágrima, profundidad deseada,
territorio que se enciende con el sol
(justo en el momento del atardecer
en que edificios y catedrales quisieran ser rojos),
para volverse un mar de cenizas por la noche?

No quiero decirte amor todos los días
qué si me dan ganas de llamarte puta,
o dejarte sin nombre una semana
y desconocer tu cuerpo
y luego bautizarlo en el nombre del agua y el aceite
y de otras cosas que se ocultan
para asomar sólo
cuando no hay distancia entre los cuerpos.

La sombra debe tener otro nombre
si cubre un orgasmo, una muerte. No es la misma:

(1977.) Nació en Monclova, Coahuila, el 30 de junio de 1977. Es licenciado en administración de empresas por la Universidad Autónoma de Coahuila. Además de poeta, es narrador, ensayista, investigador y antólogo. Ha publicado ocho libros de poesía: *Legión* (2003), *Galería de armas rotas* (2004), *Material de ciegos* (2005), *Traducción a lengua extraña* (2007), *Novela* (2008), *Primavera un segundo* (2010), *Los animales invisibles* (2012) y *Versus Ávalon* (2014). Entre otros reconocimientos, ha merecido el Premio Nacional de Poesía Joven Salvador Gallardo Dávalos (2004), por *Material de ciegos*; el Premio Nacional de Poesía Clemencia Isaura (2006), por *Discovery Channel y otros poemas*; el Premio Nacional de Poesía Joven Elías Nandino (2007), por *Traducción a lengua extraña*; el Premio Nacional de Poesía Joven Francisco Cervantes Vidal (2008), por *Novela*; el Premio Nacional de Poesía Ramón López Velarde (2009), por *Los animales invisibles*, y el Premio Nacional de Poesía Sonora (2012), por *Versus Ávalon*.
Lecturas recomendadas
Traducción a lengua extraña, Conaculta, México, 2007.
Novela, Conaculta, México, 2008.
Primavera un segundo, Universidad Autónoma de Coahuila, Saltillo, 2010.
Los animales invisibles, 2ª edición, Conaculta, México, 2012.
Versus Ávalon, Instituto Sonorense de Cultura, Hermosillo, 2014.

es a veces onda como una cama,
otras basta un diente para hacerla pedazos.

Mi madre es a veces mi padre
cuando habla conmigo de hombre a hombre,
y una desconocida
cuando se encierra a llorar
y no tengo nada en común con ella.

El silencio de pronto es infierno,
el cielo es espejo,
los perros me saludan mejor que personas,
la noche es principio,
fin, casa,
corredor con puertas cerradas,
llave que no abre.

Y justo en este instante
no pueden llamarme de forma alguna:
estoy en espera de quien sepa nombrarme.

MONOCROMÍA

Esta es una antigua fotografía
del tiempo en que los hombres
retrataban a sus muertos:
en blanco y negro
el rostro del difunto,
las manos
cruzadas sobre el pecho,
la falda larga, los tacones bajos,
la expresión que ningún reloj puede ya medir;
las camisas a cuadros de los vivos,
los sombreros que descansan en las manos,
las mujeres cubiertas con rebozos,
la certeza de que cada uno
habrá de ocupar el lugar del muerto
en una futura fotografía.

En este último retrato familiar
antes de volver a la tierra
todo se encamina hacia el blanco,
como si los años soplaran niebla
que se acumula en silencio
sobre las páginas de un álbum.
Es la muerte que elige su color,
nos iguala a nuestros padres,
nos abraza a los abuelos,
nos sienta a compartir la misma mesa.

§ Leves cifras separan
la vida y la muerte,
mínimas claves,
señas invisibles
como el dolor,
la sed,
el pensamiento.
Los rostros —los gestos—
son briznas de una máscara sin importancia.

La imagen completa se funde en el blanco,
una disolvencia se dilata
y borra la soledad en todas las miradas.
Para su retrato
la muerte no necesita dos colores,
y al paso de los años
—entre el blanco y el negro—
elige el blanco
para los hombres,
los objetos,
para el mundo que ha de existir
una eternidad
detrás de estas fotografías.

ÚLTIMA ZOOLOGÍA

Cuántas veces preguntaste el verdadero nombre del amor
y temí ser devorado,
esfinge, por tus ojos.

Cuántas veces te sorprendiste viva
al día siguiente
y repudiaste el plumaje de fénix
que te hizo resucitar luego de unas horas tan oscuras
que creyeron ser las horas de tu muerte.

En cuántos días amargos tus alas de cera
se derritieron en mis brazos;
me volví estatua de piedra
buscando mi rostro en el fondo de tus ojos;
hipnotizado por tu canto te llevé lejos del mar,
donde tus escamas se secaron.
Cuántas horas me viste en armadura de caballero,
en mis trabajos de semidiós
apenas sostenido en la montura de las leyendas.

Era verdad lo que decías:
somos una bella especie en extinción.

DEFENSA DEL "KILLER"

Su cuerpo no fue una carnada.
Los pezones que abultan bajo la blusa,
los jeans que se ajustan a la piel,
la espalda descubierta,
el sol tatuado en su cadera.
Toda ella era un letrero luminoso
advirtiéndome el peligro.

A decir verdad nunca me confesó su amor pero
no importa:
Señores del jurado, no pregunten:
creí sus mentiras,
acepté sus besos,
la prisa con que se desnudaba
como un desesperado bebe cianuro,
se ata una piedra al cuello y
al mismo tiempo
se abre las venas en la tina de baño;
como si ningún suicidio fuera suficiente.

Vi sus colmillos hundirse en mi piel,
su mirada de coleccionista.
Fui una mariposa atraída por la luz.

Ante este tribunal lo dejo claro:
nadie podrá culparla de nada:
　　　　　　　　　　　　yo deseaba morir.

CORBATA

La corbata que llevó
el día de su entierro
fue la mía.
No lo noté de inmediato.
Ahí estaba: gris, a rayas azules y negras,
y tuve que verla unas cuantas veces
para entender
que se trataba de esa misma,
y que no podría usarla
ni yo
ni nadie
nunca más.

Meses después supe que mi mujer
sin saberlo había entregado la corbata casi nueva
junto con la ropa de su padre
para vestirlo en su funeral.

"¿No te inquieta que él la use ahora?",
me preguntó después de un silencio tan largo
como para bajar a lugares profundos en la tierra
y subir de nuevo.

No le confesé que algunas noches
me he soñado
en medio de un gran baile,
paseando por plazas oscuras
o escribiendo frases
en las paredes de una casa en ruinas.
Llevo un traje oscuro
y la corbata.
No puedo verla, pero sí
tensar el nudo, alisar con los dedos
el gris, el negro y el azul.

Y siempre, antes de despertar,
la desato y la dejo
ahí,
en algún lugar del sueño.

ATADURAS

En la pared del traspatio,
dentro de la argamasa que une los tabiques,
mi madre enterró una parte de sus hijos al nacer
—líneas de sangre que los alimentaron
antes de llegar al mundo,
cuerdas que atan más allá
de la fuerza de los nudos—,
como anclándonos unos a otros
y a la tierra oscura de nuestra infancia,
y a esta casa que hace cuarenta años abandonamos
como si fuéramos a regresar al poco rato,
siendo que jamás nadie
volvió para habitarla.

Hoy vuelvo a este refugio y su catástrofe.
A enredar el hilo del carrete de mis venas.
A mirar la lluvia,
cómo desgasta el adobe,
cubre las paredes del polvo
que tomo con los dedos
y pongo en mi lengua, para volver del todo.
Justo como a los cinco años,
cuando, sin saberlo,
éste que ahora soy
era entonces el futuro.

JAIR CORTÉS

LA NOCHE, UNA MANTIS

¿Quién pudo robarte el sueño?
            La noche avanza,
retrocede,
retrocede y avanza;
es un péndulo.

El sudor no amaina con las horas.

Ahí está el minuto y su espada segundero;
el insomnio como una mantis que te mira, Papá.

¿Quién tuvo el filo de esa suerte para llevarse tu descanso?

La noche se detiene, se niega a caminar.
Ahí está el insomnio, te mira:
un insecto que no puedes matar.

LEJOS, TE HE SENTIDO CERCA

Lejos, te he sentido cerca,
y he dicho que siempre será así:
cerrar los ojos y escuchar en mi latido
el acento de tus palabras,
el abrazo inquebrantable en el centro de una muchedumbre ciega y manca,
el beso en la frente, como un lunar,
imborrable:
aun cuando ya no digamos nada, mamá,
y en el río sólo se refleje la pureza de este aire.

(1977.) Nació en Calpulalpan, Tlaxcala, el 30 de junio de 1977. Es maestro en literatura mexicana por la Benemérita Universidad Autónoma de Puebla. Además de poeta, es ensayista y traductor. Ha publicado siete libros de poesía: *A la luz de la sangre* (1999), *Dispersario* (2001), *Tormental* (2001), *Contramor* (2003), *Caza* (2007), *Enfermedad de Talking* (2008) y *La canción de los que empiezan* (2012). En 2013 antologó su obra poética en el volumen *Ahora que vuelvo a decir ahora: una reconciliación poética*. Entre otros reconocimientos, ha merecido el Premio Nacional de Poesía Efraín Huerta (2006), por *Caza*.

Lecturas recomendadas
Caza, Miguel Ángel Porrúa, México, 2007.
Enfermedad de Talking, Gláphyras, México, 2008.
La canción de los que empiezan, Granada de Mano, México, 2012.
Ahora que vuelvo a decir ahora: una reconciliación poética, Eternos Malabares-INBA, México, 2013.

FUNDACIÓN EN LA AUSENCIA

Para mis hermanos, Janeth y Omar

Si tengo que apoyarme en tu hombro
¿por qué no está tu hombro?
¿Por qué mi súplica es una resonancia paseándose intranquila
por la habitación vacía incluyendo mi vacío?

No sé por qué siento mi letra sin acento, mi sueño sin sueño.
Hace frío. Hace tiempo que tiemblo como temblara una fruta sobre el hielo.

Mi mano en el olvido, qué inútil la encuentro tratando de quitar de mi piel esta bruma, esta ausencia.

Si yo pudiera, andaría por ti dos veces el camino.
Si yo tuviese el hombre que en este instante mi mano no encuentra,
si no tuviera esta jaula de nostalgia que me captura desde adentro,
si yo supiera qué hacer conmigo…

DIGO MI HISTORIA

Digo mi historia
y es la historia de otro
                        vista por mis ojos
océano que se rompe en la palma de las manos
                        carne que tiembla

Caigo en mí mismo y me levanto
                        los nervios a flor de piedra

No soy yo
sino el verdadero

Cuento mi historia
                y es la historia de otro
enredado en el sin fin de la luz y del delirio

Lo eterno
es un río que no conozco…

PIENSO EN LO QUE PUDE ODIAR

Pienso en lo que pude odiar
y sin embargo amé de ti.

Amé de ti ese rizo dócil de tu frase,
tus ojos en silenciosa estancia distraídos por el mar.

§ Amé de ti la carne,
esa prisa interna
que nos hace amar a cualquier precio.

Pero también amé de ti
la forma afilada de la uña en tu caricia,
amé la piedra del pecado
y la burla de tus gestos.

Pienso en lo que pude odiar
Y sin embargo…

MI DESTINO

Para Verónica Volkow

Mi destino:
                plato vacío,
                            la puerta abierta.

No la vergüenza,
                no la culpa
                y no el arrepentimiento que arrastran los muertos hasta la tumba.

Con el filo de la desgracia en la boca
                            voy cortando aquello que nombro.

La navaja es mi palabra
                y me hablo de frente para irme en gajos.

                Sangro la verdad de ser yo el que habla.
Mi esencia es esta herida que lastima,
                            este cortar sin reposo.

ENFERMEDAD DE TALKING

Puso incendio para el café,
quitó la tapa del cerillo
y se sacudió los perros de la cabeza.

La ventana de su librero
dejaba entrar la caja vieja de zapatos
que días antes había visto envuelta en el diciembre agrio y tostado del vaso.

Miró su rostro en el cajón:
sintió entonces la pintura correr por su latido,
ánimo del suelo el de su cuerpo recostado sobre la fina azotea comprada en Venecia.

§ Preguntó por ella:
respondió el toc (tictac) toc de un pájaro que voló dentro de la licuadora.

—*No sé más de mí*—
contestaron las voces terribles de su gripe
que, a estas alturas de la fragancia, habían ya cocinado una pasta
        compuesta con letra de molde.

Dijo adiós,
pero un ligero, casi imperceptible bosque,
le abrazó de pronto, y ella, de sí,
volvió otra vez a lo real
y contempló la cuchara ciega
que buscaba, esta vez,
azúcar por encima de la mesa.

CRISTO DE CORCOVADO

Para Bere, amor

En este camino no hubo comienzo:
esa pendiente es la prolongación
del agua con la que lavaste tu cara,
de la luz que encendiste en la hora oscura
cuando despertaste.

Asciendes. Te elevas entre los vivos.
Lenguas. Idiomas encontrados de repente,
puestos en el mismo vagón
para mezclarse con el aire.
Ya en la cumbre,
cada piedra, vocablos pétreos
y sus brazos están abiertos para recibirte,
a ti, que llegas con los labios cosidos al pasaporte
y no sabes cómo, qué tan grande, cuál meridiano,
quién como Él, que tiene los brazos abiertos y dice:
MIRA, mira lo que yo miro,
esta maravilla
también es para ti.

RODRIGO FLORES SÁNCHEZ

CAMERAMAN
[Fragmentos]

EXPRESIVIDAD

Soy profesional de la desaparición. Pero no seré testigo de mi muerte. Soy quien permanece fuera de campo. Miro. De la banqueta izquierda emerge una multitud de abrigos. Observo. El sepia aclara su marcha despavorida. A continuación vigilarás mi estremecimiento en un paneo que trastoca el vértigo. Del lado derecho aparece un convoy militar. Informo. La televisión nacional sueca cubre un motín conocido como "Tanquetazo".

PROSODIA

"¡Hijos de puta, soy periodista!" Bang. Sólo en la muerte la cámara se va a blancos y mira el cielo. Antes, no existe interrupción, sino continuidad con relieves. El ojo no se cierra, pierde equilibrio. Tras el sacudimiento mi mirada deja de observar y tras el sacudimiento tu mirada observa que mi mirada deja de percibir. Zoom out. Nuevamente recargan sus armas. Después, el ojo hostigado se plantará en el suelo. Echa raíces mi muerte y restituye a su creador la autoría de mi imagen durante una fría y soleada mañana en el cruce de Agustinas y Morandé.

FONDO Y FORMA

Me acuerdo de mí mismo. Del preciso instante de mi muerte. Y vivo. Vivo y muero y viene a mí el fulgor. Se ensancha el destello. Amanece con lluvia. Hay una fotografía tomada antes de mi muerte y existe una película que registra la epifanía. Contiene palabras altisonantes e incluye escenas que pueden afectar a ciertas personas. Aflige a las dos hermanas últimas y a Miguel que ha muerto. Me aflijo más cuando salieron mis balas de tu corazón.

CONTRA**BIOGRÁFICO**
BIGBANG O EN EL PRINCIPIO ERA EL VERBO

Los rostros de mujeres. Los rostros pintados de mujeres refiriendo mis ausencias. Mis ausencias viriles son estos poderes de carencia. Los rostros de la madre son las paredes de mi casa. Mis rostros con marcas de la ausencia de mujeres. Mis madres todas son acusatorias de las marcas de bilé con que llegan los borrachos.

(1977.) Nació en la ciudad de México, el 25 de agosto de 1977. Es licenciado en comunicación por la Universidad Ibe-roamericana, y maestro en creación literaria por la Universidad Pompeu Fabra de Barcelona. Además de poeta, es ensayista, editor y traductor. Ha publicado cuatro libros de poesía: *Estimado cliente* (2005), *Baterías* (2006), *Zalagarda* (2011) y *Tian-guis* (2013).
Lectura recomendada
Tianguis, Almadía, Oaxaca, 2013.

Mis padres borrachos con crayones en la cara. Los celos femeninos del bilé enternecido. Las marcas con crayola en los rostros de ciertas mujeres que me faltan. Sus marcas con crayola. Los gestos con crayones de colores en los muros de mi casa. Las paredes de la casa con pintadas de crayola. Manazos. Nalgadas por pintarle gestos a la casa. Los reclamos por pintadas a mi padre. Los gritos que escucho cuando pintan las paredes. Los reclamos porque el marido llega con marcas a la casa. Pintadas de labial en el gesto culpable de mi padre. La culpa que es el poder de las ausencias. El gesto viril escondido entre la ropa. El gesto ausente por pintadas. La madre que no borra estos gestos que escucho en las paredes.

CONTRA**BIOGRÁFICO**
SAN JACINTO / 5 DICIEMBRE 2005

Se estilan
compartimentos, ventanas.
Se estilan
ubres mordidas sobre ubres rojas sangrantes,
automóviles detenidos, se estilan
frente a compartimentos azules, naranjas,
naranjas algunos con faroles, rejas, ventanas
algunos con emblemas frente a automóviles blancos compactos,
rojos, verdes, frente a una plaza de piedra,
de ubres sonoras sangrantes. Juegan,
corren los niños, la plaza. Se estilan
frente a compartimentos ubicuos,
automóviles junto al balón, corren los niños,
las ubres compactas, móviles.
Detenidos, la iglesia, la noche, los árboles,
las piedras frente a algunos
balones. Suenan, botan los niños,
compartimentos, algunos brotan
con pintura, desprendiéndose azul,
naranjas, las calles de piedra, de niños,
las ubres sangrantes,
se estila la noche y el árbol.

CONTRA**BIOGRÁFICO**
CUANDO EL FINAL ESTUVO CERCA PROBAMOS EL KEPE BOLA

Y si alguien me dice que lo piense, y no sólo que lo piense. Incluso me dice que lo diga. Mas aún, me dice que lo deje de pensar. Y no sólo que lo deje de pensar. Incluso me dice que lo comience a decir. Que lo deje de pensar para que lo comience a decir. Que lo diga. Que lo comience a decir. Que diga lo que sucede. Así, lo que sucede. Incluso me dice que no sólo lo diga. Me dice que diga lo que sucede mientras en el estéreo se escucha Frank Sinatra. Se debe escuchar a Frank Sinatra a un volumen bajo mientras se dice. Mientras se dice lo que sucede o, lo que es lo mismo, mientras se dice lo que se piensa. A un volumen bajo, eso me dice. Y el que piensa y escucha, escucha a Frank Sinatra cantar *My way*. Y se escucha a un volumen bajo. Y es entonces que lo escucho cantar y lo digo. Me escucho decirlo. Digo que escucho *My way*. Y es entonces que pienso que lo debo decir para saber que lo he hecho a mi manera. A mi manera, me digo. Debo decirlo. *A mi manera*. Saber que lo que hago y que lo que digo es a mi manera. Pero no sé qué hacer para pensarlo ni para decirlo. Para decir que es a mi manera. No sólo es pensar que es a mi manera, es decirlo. Y es entonces que pienso que no sé si lo que pienso y si lo que digo es a mi manera o puede ser a mi manera. Mejor sería dejarlo de pensar aunque se siga diciendo. Aunque pueda decirse que lo hago a mi manera, puedo al mismo tiempo pensar que no hago nada a mi manera ni pienso nada a mi manera, y entonces y por lo tanto, tampoco digo nada a mi manera. Sólo escuchar pasar los coches aplastando y abatiendo las hojas caídas de los árboles es hacer algo a mi manera, puede ser algo a mi manera. Es eso lo que escucho y lo que pienso a mi manera, sin saber nada de nadie ni decir nada de nada. Sin saber incluso quién dice que diga hojas caídas de los árboles, vida abatida de los sábados. Incluso sin saber nada sobre quién dijo que lo dijera escuchando a Frank Sinatra.

CONTRA**BIOGRÁFICO**

BICENTENARIO / 1810

¿Cuál es el problema? ¿Cuáles son las preguntas que debo formularme para resolver ese problema? ¿Cuáles son los pasos a seguir para formularme esas preguntas? ¿Debo llevar a cabo los procedimientos con los ojos abiertos o cerrados? ¿Es mejor no llevar a cabo procedimientos y actuar con intuición? ¿Puedo aún actuar con intuición? ¿Puedo dejarme llevar por las cosas? ¿Se trata de un problema demasiado abstracto y por lo tanto no es el problema verdadero? Los problemas son tangibles y la formulación de estas preguntas no tiene que ver necesariamente con el problema verdadero. Por lo tanto, ¿son estas preguntas una evasión para no formular el problema verdadero? En caso de ser así, ¿por qué no deseo formular el problema verdadero? ¿Olvidé el problema verdadero? ¿El problema verdadero es llegar a casa? ¿Camino hacia la casa o me alejo de ella? Al formular esta pregunta, ¿busco alejarme de casa o deseo regresar a ella? ¿Cuál es el camino a casa? ¿Hay un camino a casa? ¿Estoy en la casa? ¿Alguna vez hubo camino a casa? Una hipótesis: parezco demasiado extraviada pero en realidad sé perfectamente qué camino tomar. En caso de ser así, ¿deseo tomar ese camino? ¿Ahora tengo los ojos abiertos o cerrados? ¿Tengo la boca abierta o cerrada? ¿Tengo las piernas abiertas o cerradas? ¿Estoy llorando o riéndome de mí? ¿Tengo las manos en las orejas o en los senos?

VIDA DE SANTOS

Escuchamos el apareamiento de gatos. Dibujamos países serenos cuando los felinos se riñen. Actúas como mártir, te gusta imaginar que provienes de una vida ejemplar. Nuestra ropa forma montículos de diversos colores. Está dispuesta arbitrariamente sobre rosetones naranjas. Ella se asusta y mide las dimensiones del cuchillo. Su orondo desliz en el viento. Su agudo ingreso en la carne. Encontré la llaga en su mano. Observé el cuchillo con que ovilló su hagiografía. ¿Pelaba zanahorias? ¿Hacía la ensalada? ¿No midió la navaja? ¿Voluntariamente deslizó el acero en el aire? ¿Calculó la entrada en su mano? Santa Águeda con el seno cortado. Santa Felícita muerta con sus hijos. Tenemos alergia a la saliva de gato. Busqué a la cucaracha en la habitación. Estornudamos. Pisé una paloma mientras corrimos en el parque. No quería asustarla. Santa Filomena traspasada con flechas. Santa Prisca arrojada a los leones. Escucho a las piedras rasparse. Escucho a sombras unirse. Veo a nuestras paredes engendrar ropa escarlata. Ella sostenía el cuchillo y gozaba. Es una isla rodeada por montañas de ropa. Reía y bailaba. Confiado, interrogo a nuestras cicatrices. Experimentamos éxtasis. Nos cubrirán las costras si no bisbiseamos. Arrojé mi cabeza contra la puerta. Puse los ojos entre mis manos. Lobo, ¿estás ahí? Vaciamos los cajones mientras buscamos vendas para suturar las heridas. Introducimos cucarachas en nuestra boca para saber si vivimos. Asciende la ropa cuando los insectos recorren el cuarto. Es peligroso escuchar a los gatos acoplarse porque se matan. Él quemó sus cabellos y le susurró cosas sucias. Me gustaría saber qué cosas le dijo. Observamos gritar a los gatos en el país de los mártires. Ahora sólo hablamos de cómo impedir el paso a los bichos. Tal vez con el dedo me señaló a mí y, musitando, apuntó a más de mil hombres que el amor hizo que dejaran esta vida.

SARA URIBE

EN LA HORA EQUIVOCADA

Los nombres no vuelven a decirse...
LUIS VICENTE DE AGUINAGA

En la hora equivocada
su nombre nunca supo del mío
el fuego   el olvido   lascas de azar
la vorágine de todo lo no dicho
juega con el silencio y los rostros
con la niebla transparente de lo posible
a otros pertenece su memoria
y en sus pasos descansa su sed
como una moneda
que turbiamente desciende
hacia la nada.

JARDÍN

mi madre tenía un jardín de mariposas y todos los días regaba sus raíces con la savia de su llanto con la húmeda corteza de sus lágrimas tejía una red de palabras que sólo las mariposas sabían descifrar ellas a cambio sólo le daban el silencio de sus alas de su vértigo aéreo la muda respiración de sus frágiles cuerpos ahora mi madre está muerta y las mariposas han huido del jardín

JORNADA

hace ya tanto tiempo que fuimos parias que alargamos la mano pidiendo palabras y sólo silencio recibimos hace ya tantas muertes que construimos la noche en busca de la noche y en pos de un lenguaje inrrecorrido en las calles en los solitarios cafés de un puerto sin esquinas largas jornadas deletreamos frente a los espejos frente al hambre que se nos escurría entre las manos como un líquido vacío y resbaladizo

(1978.) Nació en la ciudad de Querétaro, el 13 de enero de 1978. Vive en Ciudad Victoria, Tamaulipas. Es licenciada en filosofía por el Instituto de Estudios Superiores de Tamaulipas, y maestra en innovación educativa por la Universidad Pedagógica Nacional. Además de poeta, es ensayista y editora. Ha publicado siete libros de poesía: *Lo que no imaginas* (2005), *Palabras más palabras menos* (2006), *Nunca quise detener el tiempo* (2007), *Goliat* (2009), *Magnitud/e* (2012), *Siam* (2012) y *Antígona González* (2012). Entre otros reconocimientos, ha merecido el Premio Nacional de Poesía Tijuana (2005), por *Palabras más palabras menos*, y el Premio Nacional de Poesía Clemente López Trujillo (2006), por *Nunca quise detener el tiempo.*
Lecturas recomendadas
Siam, Conaculta, México, 2012.
Antígona González, Sur+ Editores, Oaxaca, 2012.

GOLIAT
[Fragmentos]

Pienso en mi padre sentado al filo de la cama. *Algo está desapareciendo.* En la casa que a orillas del río abandonamos como prófugos enfebrecidos. *Algo está desapareciendo.* En la serpentina luz. En el vértigo.

Nunca aprendí a nadar ni he vuelto a esa ribera. *Alguien está hablando del humo, de su voz oculta entre el follaje: disfraces, disfraces.* Todos estos años he asediado el recuerdo de la noche en que nos convertimos en nómadas y dejamos atrás la casa intacta.

Alguien ha estado hablando del humo.

A través de la pequeña ventana que daba al patio aún puedo ver los pasillos iluminados, mi desordenada habitación, la consola junto al sofá, la vajilla azul de la que faltaba un instante   *él pensaba que los poemas eran sombras*   y en la mesa puesta, mi padre y yo sentados, esperando que alguien entre a servirnos la cena.

*

Ser piedra cayendo entre la niebla, vinagre derramado en el odre de los días. Ser este afán de cosas imposibles, esta palabra agostada que se agrieta y se derrumba. Ser mi muerte bajo la tuya, el agua convertida en vino, el pan multiplicado. La resurrección de los leprosos, de los ciegos. La torpeza de los tullidos.

MIRIÑAQUE

Para Angélica Gallegos

Se trataba del agua de los ríos revueltos, de trasminarse en paredes sucias.
De la luz breve entre cortinas. Ir hacia la ceniza. Filtrado.
Lo infiltrado es tu lenguaje que a mis dedos subyace. Distorsión.

Cuerpo adentro lo que crece sin mesura es incierto.

Viejas fábricas. Motores.
No hay ahora. No en tu nombre. Combadas superficies.
Nunca las hubo.

Estropear fue el mecanismo.
Astillas en el aire las palabras.
Inhóspitas.
Malabares.

¿Acaso es este el sitio
donde bocas maternas
cantaron canciones para dormir?

Acaso. Sí. Puntual el llanto. La inclemencia.
De los somníferos el estupor.

§ El primer indicio.

Lo no dicho era tu nombre, tu dominio. Investidura.

Lo no dicho era tu ausencia. El cubierto inútil sobre la mesa.
Tu latir desorbitado tras los cerrojos. La anunciación.

Lo no dicho era tu mejor forma de decirte.

Se trataba de renunciar a ser fantasma.
De buscar el ojo exacto. La certeza de saberte ahí.
Aquí.

Se trataba, sobre todo, de tu omnipresencia.
Fragmentos de lo incorpóreo. Figuraciones.
Tijeras para la memoria. Habría que recortar tu sombra.
Bordarla con hilos transparentes. Descoserla. Refilarla.

Se trataba, como siempre, del ámbar.
De tardías barcazas. Atracaderos.

Línea en blanco. Incómoda. Toda esa quietud.

Había que llenar los formularios.
Por eso los detalles del duelo.
Revocación de censura.
Imposible bitácora de años perdidos.
¿Y qué cosa podrían contar de ti los años perdidos?

Tan estéril como preguntar si serías ahora la misma.
Si dejarías otra vez que alguien más eligiera tu fortuna.
La celda. El verdugo. El cadalso. Tu destino.

Tan tardío como cuestionar la mansedumbre.
La vileza de ciertas madrugadas. El frío.

A la distancia tus pasos. Pulsación. Intermitencia.
Luego más cerca. Más dentro. Penumbra de mí. Escozor.

Ese impune apropiarse.

Como quien invade
una casa antigua de techos elevados y amplias habitaciones
con esos pisos de mosaicos pequeñísimos que ya no se fabrican.

Como quien paracaidista
hace suyo lo que no le pertenece.

§ Largos mis pasillos para tus tardes sosegadas.
   Patios de altos muros mis noches. Fortín de la vigilia.
   Luces encendidas. Zaguán. Cerraduras.

   Como quien ingenuo
   se cree capaz de huir de los rencores.
   Así quise esconderme. Impedir tu sitio.
   Como quien amurallado.

   Pero tú empezaste a dormir en mi cama. A comer de mi plato.
   A beber donde mis labios sed.
   A besar donde mis ganas.
   Pródiga de ti. Ubicua.

   Cuerpo adentro lo que crece sin mesura es incierto.

   El eterno retorno es un cantar de lotería.
   El hospital. La sala de espera. El corazón. La caída.
   Ese deshacerse. Dejar de serse. Ser en otros.

   Sueño adentro lo que emerge.
   Sin mesura.

   Reverso de los días tu asedio.
   Lo que emerge es un loop.
   Alambique.
   Sedimento.

   ¿Lo que emerge es real?

   Lo que de ti emerge me deconstruye.
   Decir no puedo despertar es decir también he muerto.
   ¿Qué cosa es una hermana? ¿Una pesadilla?

   Hay algo que dices, algo que gritas. Gesticulaciones.
   Allá. Del otro lado. La ribera.
   Alzo mi mano y te saludo. Te sonrío. Pero ya no puedo oírte.
   Lo que emerge es un loop.

CLAUDIA BERRUETO

POLVO DOMÉSTICO

Una mujer que arrulla sus anillos en la cocina
despierta,
viene de soñar una casa llena de caballos enfermos
y se levanta a entender el polvo que dejaron sobre ella
porque cree únicamente en el polvo que su sueño le da.
una mujer que de niña comió esmalte de uñas
despierta,
y tarda en recordar su nombre
y mira la terquedad,
la permanencia de la muerte en su casa
porque ella va muriendo en ese polvo
desde que un caballo sarnoso habitó su realidad.

1996

sofía quiere mostrarme un experimento de su clase:
llena un globo con agua y le introduce otro que tiene un poco de arroz.
me enseña un "parto" en el lavabo el día de su cumpleaños
y yo recuerdo los periódicos de aquel 6 de marzo:
el secretario de la onu recibía un envoltorio con las imágenes de la
matanza de aguas blancas,
una foto de la celebración del 125 aniversario de maría, una ex esclava
brasileña
y el hallazgo de la momia de un niño primitivo en cuatrociénegas.
conservo esos periódicos como recordatorio
de que la vida,
llevada a tantos niveles, a tantos volúmenes,
franqueó tu llegada, sofía,
y que por ello
hay una mañana sobre mí que no se cierra.

(1978.) Nació en Saltillo, Coahuila, el 8 de mayo de 1978. Es licenciada en letras españolas por la Universidad Autónoma de Coahuila. Además de poeta, es editora. Ha publicado dos libros de poesía: *En el fondo una mantarraya* (2005) y *Polvo doméstico* (2009). En 2013 antologó su obra en el volumen *Costilla flotante*. Entre otros reconocimientos, ha merecido el Premio Nacional de Poesía Tijuana (2009), por *Polvo doméstico*.
Lecturas recomendadas
Polvo doméstico, Ayuntamiento de Tijuana, Tijuana, 2009.
Costilla flotante. Antología personal, Gobierno del Estado de Coahuila, Saltillo, 2013.

EN LA CASA VECINA AGONIZA UN PERRO...

en la casa vecina agoniza un perro.
asustados por sus gritos,
comenzamos a recordar en silencio nuestra infancia;
dentro de nosotros no mueren del todo esos días
de angustia y desamparo.
un animal dolorido nos mira desde lo más hondo de la memoria
y cada vez que reímos
le damos un poco de agua y acariciamos su lomo.

DOMINGO

las piernas llenas de várices y golpes de bola
de este niño
que amanece contento
porque todos los sonidos de la casa nos dicen que es domingo
son las de mi padre en pantalón corto
viendo el béisbol en la tele,
sonriendo,
a mi lado.

SAN CRISTÓBAL

amor extiende su peso sobre mí
como aquel niño que cruzó el río
sobre los hombros de un extraviado.
amor me instala
en el vagón de un tren antiguo,
me sienta a la mesa de tu voz.
amor me hace vocalizar,
me bautiza
con sus manos cometiendo noche.
amor extiende su peso sobre mí
y soy aquel extraviado
con el agua a la cintura,
observando,
absorto,
la sonrisa del niño
que viaja sobre mis hombros.

INSTRUCCIÓN

con actos nuevos
—dijiste—
ámame desde el fondo del laberinto.
y decidí no amar como hacen todos;
seguir tu instrucción.
entonces corté los hilos
y te di todas las dificultades para habitarme:
fuiste el más extraviado de mis caminos,
supe amarte
transformándote en el indigente
que a veces pasea iracundo,
bajo la lluvia,
en la ciudad de mi negación.

CIUDADCIUDADCIUDADCIUDADCIUDADCIUDADCIUDADCIUDADCIUDAD

fíngeme tus ojos, la suavidad de tu piel al menos.
bríndame el desfile negro y mudo de tus cabellos sobre mi vientre,
el cascabeleo de tu sueño a mi lado,
riega mi cuerpo con el latido de tu voz,
pierde tus manos en mi cuello,
déjame perseguirte, devorar tu color con mi boca entreabierta,
regodearme en el agua que nace de ti.
que tus hombros abran por fin este puño que se ha cerrado
desde un tiempo inmemorial en mi cuerpo,
concédeme perder la vista ante un amanecer instantáneo que anuncien
tus brazos,
entrégame la moneda quemada que vela como luna desde tu boca,
cauteriza todo el silencio que invade mi noche,
restalla mis piernas en lo más alto de tu cuello,
ízame como si todo esto fuera asunto de banderas,
finge deseo por este cuerpo,
ciudad,
y no dejes de ser mía.

FOLLAJE

casi convertida en caballo,
llegando a ese gesto de arranque interminable
—costillas separadas, brazos lustrosos—
con mis piernas taladrando el suelo
mientras simulan el baile que tanto te gusta,
quiero preguntarte:
¿alguna vez, realmente,
hemos estado ante una historia de amor?
¿ante su follaje?

LO VEO EN ALASKA...

Para Charles Chaplin

lo veo en Alaska
desencajado,
afilando cubiertos,
a punto de servir un zapato negro
sobre un plato blanco.
siempre devora con propiedad.
adorna un árbol en año nuevo
y envuelto en la miseria sueña que coquetea
bailando con sus pies de pan
sobre la mesa.
la blancura lo domina
y está en su cabaña de hambre
balanceándose
al borde de un precipicio de hielo y oro.
siempre hay música sobre él.
sé que esto debería romperme el alma pero lo disfruto:
tengo una alegría de almohadas que revientan
y cubren de plumas mi risa.

TNT

oh serpiente de trinitrotolueno,
lágrima de sol:
escáldame mientras me nombras,
ábreme el ruido de tu beso,
que no me abandonen tus antorchas,
hunde mi luna bajo un mar de agua fría,
encañónala,
mátala,
haz que su memoria de cuchilla redonda desaparezca
y se aparten mis huesos al fin
de su silencio.
chasquea sobre mis hombros,
serpiente.
dame un vestido
de filo azul.

IVÁN TREJO

DESCENSO

No soltaste mi mano/ ni un suspiro soltaste bajando por la calle 10/ el olor de la noche se empotra en la plazoleta frente a la iglesia/ el mismo olor que en una esquina/ esconde a un milico que sin quererlo posa para la foto del recuerdo.

María llevaba la noche en la cara/ empuja una carriola de donde brotan un par de cervezas/ al destaparlas viene la cuenta/ en sus ojos retumba la nostalgia de quien tropieza constantemente con un recuerdo.

prendo un cigarro/ el humo trompica por mi garganta/ como el niño aquel que ofrece remedios a los que adolecen de algo/ todo el mundo sufre/ dices/ algunos ni se dan cuenta/ es ya la noche dormida entre mis manos y un ventarrón nublando los ojos/ en esa iglesia alquilan llorones/ susurras/ por si a los tuyos se los llevó la guerra.

ESPERÉ...

Esperé
como un sordo espera la lluvia
para sentir que oye.

VOCES DEL HEREDADO ÉXTASIS...

Voces del heredado éxtasis inundan el jardín/
no pienses que he muerto/ ni lo sientas/
ni lo digas/ el silencio del estar es todo lo que poseemos/
otra es la voz del agonizante/ no la nuestra
que recorre los hombros desnudos de las preguntas/ no la nuestra
que habita todos esos lugares donde no estamos.

(1978.) Nació en Tampico, Tamaulipas, el 5 de agosto de 1978. Es ingeniero en sistemas computacionales, y cursa la licenciatura en gestión cultural. Además de poeta, es ensayista, traductor y editor. Ha publicado cuatro libros de poesía: *Silencios* (2007), *Los tantos días* (2009), *Memorias colombianas* (2011) y *Ensalmo contra la ceguera* (2013). En 2013 reunió su obra poética, de 2002 a 2012, en el volumen *Presagio contra el destierro*. Entre otros reconocimientos, ha merecido el Premio Nuevo León de Literatura (2006), por *Silencios*, y el Premio Regional de Poesía Carmen Alardín (2008), por *Los tantos días*.
Lecturas recomendadas
Silencios, Conarte, Monterrey, 2007.
Los tantos días, Conarte, Monterrey, 2009.
Memorias colombianas, Universidad Autónoma de San Luis Potosí, San Luis Potosí, 2011.
Presagio contra el destierro (2002-2012), Universidad Autónoma de Nuevo León, Monterrey, 2013.
Ensalmo contra la ceguera, Amargord, Madrid, 2013.

ENTRELAZADAS LAS MANOS...

Entrelazadas las manos/ imaginamos el rumbo de los pasos en el canto de la copa/ en el borde de los labios/ en el frío sin fin que nace afuera y tiembla/ sí/ es tango lo que te enseño/ las luces de aquella iglesia asoman por la ventana espantando las sombras de nuestros pies descalzos/ una luna/ otra luna/ firulete/ estoy atrapado en esa mirada que trascorda recuerdos/ caminadito al arrullo de los grillos y tú me abrazas/ como si de un suspiro fuera a tragarme la noche.

INSCRITO EN UN VAGÓN DE TREN

A Abril Posas

Hay noches
tan serenas/ que no son noches
ni son negras/ apenas pardas
como niña con los ojitos bostezando.

QUINTO PRESAGIO

Quisiera que el mar
saliera de entre tu falda y poder evocarte
como hacen los amantes saturados/ quizá
te nombraría para que seas letra que emprende vuelo
como un ramo de gaviotas/ diría que tu pelo
me inunda la cara con una marejada violenta/ que tus ojos
son parajes donde la noche duerme/ que la parcela de tu espalda
la trabajan mis manos y que tus caderas llaman al tacto/pero no/ no
porque no lo seas/ sino porque la mujer del poeta siempre está rota
y guarda un cuchillo blando entre los muslos/ se asoma por la ventana
esperando la hora del llanto y se vuelve con una sonrisa
entre las manos/ el poeta escribe para mostrarle
la ruta de la memoria/ el vuelo de la arena al tiempo
y el canto de las olas cuando las nubes se secan/
pero nada basta/ la luz no inventa el día/ las balas no
son en defensa propia y los poemas no pagan las cuentas/
por eso estas letras son las interminables patas de un grillo
que no cesa/ un canto que se troza en la fragilidad del deseo/
una mano que tiembla y no escribe/ una gaviota que entra al mar
y no vuelve.

DIME QUIÉN...

dime quién
los párpados te cerró/ quién
llamó a la ambulancia/ dime
qué tan blancos fueron los pasillos y
qué tan profundo el corte en ye/ quién

levantó la sábana y tanteó tu cara
sin ti en ella/ quién dijo
que no te podían cremar/ quién
que no debíamos verte/ qué frente
sobre tu pecho con los ojos desbordados/
qué mano enredada entre tu pelo/ qué puño
sobre tu carne hundiéndose/ qué grito
ahogado y no el mío.

BAJO LA LLUVIA...

bajo la lluvia
tres urracas cantan/ yo me sacudo el cabello/
de pronto nada existe más que el agua/ esta brisa
a mi costado es un recuerdo sin nombre
enunciando sus pasos/ la voz de los pájaros
hieren las sombras que al pasar de los días
como un lirio se abren/ esto sucede
bajo la lluvia cuando llego tarde
a mis recuerdos/ a los más breves/
una oculta calle brilla bajo el agua y me mira
como a un extraño/ hay umbrales húmedos/
puertas sin abrir/ nuevos pasadizos
por donde el agua salta como huyendo de algo/
aún conservo un trozo de vida y la medida de mi pan
de mis peces y de mi vino/ en mi bolsillo hacen eco
algunas preguntas/ pues nadie puede regresar
a ese otro que ya fue/ el agua es río
y uno olvida el camino a casa/ en un puente
bajo el monzón no hay principio/ fin o esperanza/
la noche se sienta a mi costado y uno se agota
de ser el viajero/ el extraño/
las preguntas son las mismas pero otro es el sabor
de la tierra/ la mirada se sostiene en el horizonte
que repta entre las piernas de la noche/ uno
es agua y no es nada/ los soñadores dirán:
has encontrado tu forma y tu lengua
y no perteneces ya a sitio alguno/
pero ni una palabra antigua ilumina
la noche entre las praderas/ no tengo nombre
ni jardín/ ni palabra alguna tengo/
sólo sé que tres urracas cantan bajo la lluvia
y yo me sacudo el cabello.

MIJAIL LAMAS

HE NACIDO OSCURO...

He nacido oscuro para el resto del día
y tras una nube
el ojo de Dios guarda silencio.

Soy la sombra de todos los rostros,
dependiente de tiempo completo,
maestro por horas de miseria,
desempleado frente a las marquesinas.

Hoy llevo un dolor de piedra entre las manos.

Lejos de toda caridad
soy profeta y apóstol jubilado de la fe en mí mismo.
Oficio los silencios de la página.

Soy héroe,
peatón del instante y la sorpresa.

Aquí guardo la plegaria del azar
y una sensación de sed como aguja en las palabras.

Hoy no tengo necesidad de fingir
que elijo la vida que me toca.

A BORGES

a Virgilio frente al Palatino Monte
a Heráclito en su múltiple cauce erguido
a Cervantes frente al sueño del Hidalgo
a ti Averroes, en el laberinto del lenguaje

(1979.) Nació en Culiacán, Sinaloa, el 22 de febrero de 1979. Es licenciado en letras hispánicas por la UNAM. Además de poeta, es ensayista, crítico literario, antólogo y traductor. Ha publicado cuatro libros de poesía: *Contraverano* (2007), *Cuaderno de Tyler Durden / Fundación de la casa* (2008), *Un recuento parcial de los incendios* (2009) y *Trevas. Canción del navegante de sí mismo* (2013). Entre otros reconocimientos, ha merecido el Premio Nacional de Poesía Clemencia Isaura (2012), por *Trevas. Canción del navegante de sí mismo*.
Lecturas recomendadas
Contraverano, Conaculta, México, 2007.
Cuaderno de Tyler Durden / Fundación de la casa, Ediciones sin Nombre, México, 2008.
Trevas. Canción del navegante de sí mismo, Andraval, Culiacán, 2013.

a Dante frente a los círculos del sueño
a Chesterton de bastón gastado y artilugio
a De Quincey con su opio y huestes de asesinos
a Mateo y Marcos que buscaban la primicia
al verbo de San Juan
a Shakespeare met the night mare
al horroroso espejo
al tiempo circular del Eclesiastés
al sol del tigre en la página de Blake
a los de Góngora raudos torbellinos
al paraíso: Alejandría soñada
a los dones que me roba la ceguera
a ustedes les digo:
(I Can't Get No) Satisfaction

HE TENIDO AMIGOS...

I'm so happy 'cause today
I've found my friends...
They're in my head...
(NIRVANA)

He tenido amigos de la fuga y el regreso,
sin libros que devolver,
sin consejos realmente valorados.
Quienes creyeron en la poesía y despertaron buscando trabajo
o renunciando a ello.
Quienes presintieron un poema a la orilla del sueño
y se hundieron por la vista en las arenas del lenguaje.
Quienes, en un intento de la más alta rebeldía,
se fugaron de una casa en la que vivían solos.
Quienes correctamente vestidos volvían sucios de la calle y la humillación.
Quienes creyeron en mi canto como en un balbuceo hermoso,
sin tigre ni relámpago,
quienes vieron caer los ideales de un siglo con los brazos cruzados
pero celebraron un juego de baloncesto,
dicha más grande que todas las revoluciones.

POR LARGA DISTANCIA...

A Rafael y Roberto Orozco

Por larga distancia te cuenta tu madre
que hoy podrías cocer un huevo en el toldo de algún carro si quisieras,
que no es conveniente salir a la calle al mediodía,
que hay 50 grados de un resentimiento para todos.

§ Te cuenta que el periódico de hoy señala
   que este año ya hay más muertos por el narcotráfico
   que caídos en la guerra de Irak.
   No sabes si decirle que exageran
   o que al final, tal vez, tengan razón.

   Será sólo el verano rugiendo sus bromas.

   Otro día la voz de tu madre tiene algo de gladiolo y tierra,
   todo porque no sabe explicarte
   cómo a veces la vida es un espejo que duplica la muerte.
   Entonces la voz de tu primo Rafael desde su tumba
   te sigue preguntando:
   ¿Qué es lo que hacen los poetas para ganarse la vida?
   Pero él ya no vive para poder explicarle
   que un poeta no se gana la vida,
   que la vida nos gana con trampas el juego
   y es un lugar común decir que es injusta como la muerte.

NO QUISISTE QUEDARTE...

No quisiste quedarte.
No quisiste aprender cómo quedarte.
Quedarte resignado a beber toda la luz que nunca muere.
De tal modo que el recuerdo te soborna,
te hace dudar hasta llevar tus manos a tocar lo que no tienes.
Para tocarlo primero hay que saber decirlo, decirlo muchas veces.
Mucho tiempo has pensado destejer, una tras otra,
las tramas que se te van enredando entre los dedos.
Mucho tiempo quisiste enumerar cada partícula de polvo, cada capa de tristeza,
enumerar también cada puñetazo de la frustración,
cada truco para engañar el mediodía que te cortaba en sombra la figura.
Pero no puedes y te llevas una mano a la cabeza
y descubres que en ese recuento
hay una imagen que tienes de ti mismo y te es extraña
que sólo en sus contornos y a lo lejos, apenas en su sombra,
podrías reconocer.
Hay algo que ahora te detiene.
Has dicho demasiado y te has metido en un problema.
El añejo dolor que te conserva despierto y a la sombra
guarda para ti un sentimiento de revancha.
No puedes avanzar lo que quisieras,
el desierto que pretendes recordar se vuelve más extenso.

LO QUE ANTES FUE DESIERTO...

Lo que antes fue desierto aún persiste
y en unas cuantas líneas crees recuperar todo de nuevo,
recuperar aquel paisaje donde el verano cumplía su destrucción inapelable.
Pero hay algo diferente,
las calles que recuerdas tienen zanjas más hondas,
las paredes de las casas tienen grietas como relámpagos de piedra.
Crees que puedes volver a llenarte de polvo los bolsillos,
crees que puedes patear lejos de aquí remordimiento, rabia y rencor
como si de cosa pequeña se tratara.
Crees que puedes volver y una sensación de sequía en tu garganta te sorprende.
Te sorprende también aquella disposición al cariño que justificaba cada golpe,
aquella sensación de no sentirte solo sin creer que dios te vigilaba.
Y pronuncias en voz baja
una blasfemia que solamente a ti te reconforta.
¿O es qué todo lo que has dicho no deja de ser una conjetura
o una ávida reconstrucción de los hechos
o una manera de legitimar una mentira,
porque eres otra presa del olvido
y herido por el sol en el costado,
se han calcinado todos tus recuerdos?
No hay nada,
te cuesta trabajo creer que no hay nada.
Regresas para buscar en ti algo que permanezca
y compruebas que lo único palpable que posees,
ahora que ya es tarde y tienes sueño,
es el cuerpo de una mujer que no puede dormir
y te espera en otro cuarto.
Dejas la pluma que habías tomado para escribir eso que no alcanzas a fijar,
apagas en silencio cada una de la luces de la casa
y el desasosiego no se extingue por completo.

Quisieras continuar pero ya es tarde.

ÓSCAR DE PABLO

NADIE (QUE YO CONOZCA) ES TOLOMEO III,

Y, sin embargo, ay, vivimos empeñados
en aumentar la gloria de la dinastía Lágida, llevándole al tercero de los Tolomeos, el llamado Everjetes,
    desde un sur casi mítico de puro verde, centenares de miles de elefantes.

Centenares de miles. Este martes quisiera pedir prestado un coche
y llevarte a comer carnitas a Huichapan. Este martes quisiera, pero es martes
y alguien debe llevarle a Tolomeo III, el llamado Everjetes, sus miles de elefantes.

Lo sabe todo el mundo. Por eso nadie va a prestarme un coche.

Centenares de miles de elefantes. Centenares de miles de máquinas de guerra
enhiestas de marfil y blindadas de lodo. Con ellas el Egipto
de los hijos de Lago
será temido hasta por los seléucidas. Centenares de miles de huracanes cuadrúpedos, en los que late acaso
    un corazón gentil, pero que afuera llevan el peso incontenible
de un tanque acorazado. Centenares de miles de máquinas de guerra.

Amo el cielo de plata de cuando acaba Hidalgo
y el olor a carnitas. Quiero una carretera despejada
en la que puedas otra vez contarme
lo que escribió Agatárquides de Cnido. Pero ya te lo dije: este martes no puedo. Quizá en Semana Santa.
    Todos saben que el martes
que sigue cae en martes. Y Tolomeo no pide que me case, pero sí que me embarque.

Todos sabemos bien que un elefante solo, que trasladar por mar un elefante solo, requiere de una nave de
    tremendo calado. Y todos saben bien que el piélago eritreo, donde el verde Sudán moja sus playas,
    es arenoso y demasiado bajo, apto tan sólo para las más leves

(1979.) Nació en la ciudad de México, el 22 de mayo de 1979. Además de poeta, es narrador, ensayista y guionista. Ha publicado cinco libros de poesía: *Los endemoniados* (2004), *Sonata para manos sucias* (2005), *Debiste haber contado otras historias* (2006), *El baile de las condiciones* (2011) y *Dioses del México antiguo* (2012). Entre otros reconocimientos, ha merecido el Premio Nacional de Poesía Joven Elías Nandino (2004), por *Los endemoniados*; el Premio Nacional de Poetas Jóvenes Jaime Reyes (2005), por *Sonata para manos sucias*, y el Premio Nacional de Poesía Joven Francisco Cervantes Vidal (2006), por *Debiste haber contado otras historias*.
Lecturas recomendadas
Los endemoniados, Conaculta, México, 2004.
Sonata para manos sucias, Universidad Autónoma de la Ciudad de México, México, 2005.
Debiste haber contado otras historias, Conaculta, México, 2006.
El baile de las condiciones, Conaculta, México, 2011.
Dioses del México antiguo, Mantarraya, México, 2012.

barquichuelas de remos. Todos nosotros, todos, y también Agatárquides, sabemos de memoria estas
      verdades. Mas Tolomeo III, como bien dice el título, que yo sepa no es nadie. Nadie que yo conozca.
      ¿Qué sabe un rey de naves, de arenas y de vados? Cántame una canción, aunque sea de tus tiempos.
      Cántame una canción. Que a lo mejor así
nuestra nave no encalla.

Aquí en las aguas verdes del Sudán, el mar es demasiado
profundo para un hombre
y demasiado bajo para un barco de carga. Al encallar la nave, la arena la rodea
y la va convirtiendo poco a poco en islote. Lejos del continente: demasiado. Es un lugar magnífico para
      que 12 hombres
y un inmenso elefante henchido de cadenas
hagan del sol y el hambre su tumba colectiva. Tienen suerte los débiles; son ellos los primeros en ser
      ejecutados, para economizar los víveres y el agua, porque así los que quedan
suman a sus pesares
tiempo y remordimiento
y tampoco se salvan.

¿Ya ves, ya ves? Te dije
que este martes tenía
ganas de ir a Huichapan. Cántame una canción. A lo mejor así dejo de oír las voces
de los seis compañeros que matamos
a cambio de una prórroga inútil de seis días.

Miles de expediciones como ésta, miles de martes muertos y encallados. Pero que siga el ciclo: por lo
      menos algunas
docenas de entre todos
podrán llevarle al rey
su carga de elefantes.

UNA BALA DE PLATA PARA JAN POTOKI

De plata santa asesina, de plata santa, loco de luz, de pura luz, Potoki
regresó a su país, su castillo boyardo de la Polonia oscura, a su humedad antigua de cabellos
amarillos y muertos
y de muertos, a su causa sagrada y varsoviana de conde jacobino. Regresó por la senda hollada de gitanos.
      Regresó con sus ojos y su mente, regresó con sus manos. Luz de cosecha tierna, agraz de luz, de
      vino, con su pureza dura, Potoki regresó
por donde vino. Vino de uva de luz, un disparo de obús, pureza dura, regresó pero vino, vino loco de
      pura, pura luz.

De plata santa asesina, de plata santa, te he leído y quedado
yo maldito también, sangre de cristo. Quémanos a los dos, sangre de cristo. Incéndianos los ojos, nuestros
      ojos, poseídos de mitos, nuestros ojos oscuros y malditos. Quémanos con tu luz blanquísima de
      plata, quémanos a los dos; ojos tocados de todo cuanto han visto. Luz de sol criminal, quémanos
      criminal, quémanos cristo. ¿Qué manuscrito hallaste, Potoki, en Zaragoza? ¿Qué manuscrito?

¡Quémanos! ¿Cómo dejaste que la luz española, la demasiada luz de la Sierra Morena, de ruidos moros y
      arena, volviera locos esos ojos tuyos, cincelados de sombra, para la sombra pura de Varsovia, con
      esa luz extraña? ¿Cómo dejaste que la luz de España

incendiara de luz tus ojos grises, lo negro de tu pelo hasta volverlos locos, brillantes como el cielo
maldito y español de azul zafiro? Ojos con los que miro y que en las viejas, silenciosas ermitas
serranas y malditas escucharon la luz ceder su hueco, moler de luz del seso del poseso Pacheco, tus ojos
de cobalto para siempre malditos, malditos de zafiro, curables solamente con la muerte, asesinables
sólo por un disparo solo, ojos con que me miro, por un disparo solo de plata santa asesina, de plata
santa: Tus ojos de vampiro.

De vuelta, de plata santa, la sola idea de no morirte nunca
resultó más pesada que milenios
de vida de no-muerto y de no-vivo, aunque no hayas vivido nada más que los otros, estabas ya maldito,
uva de luz de agraz, aunque no hayas vivido ni un segundo más
que por ejemplo alguno de nosotros. Ser inmortal es el mayor castigo, ahora que no hay testigo que te vea:
la sola idea, la ola, la pistola. Ser inmortal es el supremo mal, si la muerte es el bien: la sola idea, la
luz, el mal, punto final: Tu sien.

Por esa senda hollada, volviste hasta esa antigua custodia así labrada, que no custodia nada. Tómala con
la mente, en tu gran biblioteca, en tu heráldica sala, tómala con los ojos y las manos (volviste por
la senda hollada
de gitanos). Sácale con un mazo un pequeño pedazo de plata bienhechora, quizá de la pequeña cruz de
su remate, de plata luminosa de tan mala. Con ese mismo mazo, dale forma al pedazo, dale forma
de bala. A la cruz, al pedazo, dale pequeña forma
de balín o de bala. Tienes adentro el mal y la plata es el bien: es el bien en la bala, la pistola, que reviente
la ola
de luz contra tu sien, contra tu sien grisácea la pistola y la bala,
la bala que camina, la pistola que canta, de plata santa asesina, de plata santa, de plata santa asesina. De
plata santa.

MARINEROS

Y el mar es la ciudad hecha de lucecitas. Y su marea lo va
desenredando en mares. Y es también un desierto que se crispa de flechas, de luces y de espumas. Y se alza
de cerveza. Y se queda dormido como un tronco. Y despierta ciudad. Y son veinte millones de arcos
tensos, cada uno con su flecha. Y es una maquinaria. Y es una enredadera estrangulada
por su trama de hilos.

Por su trama de hilos de espuma. Y esta espuma
que gira en la obstinada danza de los carretes. Y la ciudad se estorba. Y camina y da vueltas de atolondrado
engrane. Y existe solamente en ese estorbo. Y es su coreografía. Y es aquí donde escribo mi mensaje.
Y donde, arquero yo entre los arqueros, disparo a las alturas mi bengala, y donde lleno el cielo con
esa misma espuma. Y la ciudad es parte de otra ciudad mayor. Y hacia arriba es también inabarcable.
Y es el Océano Mismo. Y es un valle industrial de carretes de hilo.

De carretes de hilo verticales
y tensos. Y unidos por la espuma, telegráficamente. Y el mar es la cuidad y la ciudad lo es todo. Y no
existen los puertos. Y no existen acciones importantes
que por su magnitud se basten a sí mismas. Y la tragedia ya no puede imitarlas. Y por eso esta épica de los
carretes. Y por eso esta época de los engranajes.

§ De engranajes y son las ocho y cuarto
de la mañana en punto. Y de la planta sale un olor amarillo. Y una peste de mar. Y es un mar que se pudre
    entre cuatro paredes. Y casi es una espuma. Y casi es un rocío. Y es una brizna tibia y es como la cerveza,
    pero su olor da asco. Y el mar es la ciudad y, en este mar, y en las cuatro paredes de esta nave fabril,
    huele casi a cerveza. Y a deshechos. Y a químicos. Y a orina. Y a taparse la cara y las narices. Y es la
    brisa marina la Modelo.

La fábrica Modelo y, en unas ocho horas, la marea cambiará. Y el turno cambiará. Y casi será sábado. En
    este mar que es casi una ciudad. Y entonces serán casi
nueve horas
de estar oliendo a químicos y a orina. Y a terrible cerveza. Y de estar recibiendo esta brizna en la cara.

Esta brizna en la cara terminará a las cuatro. Y acabarán entonces engranes y paredes. Y saldrán ya
    sedientos como los marineros
quienes ahí trabajan. ¿Y qué beberán luego? Sé que se inmolarán y contendrán el vómito. Y beberán
    cerveza.

Y beberán cerveza, y no vino ni wiskey. Y volverá ese olor. Y se lo pondrán dentro. Y será casi igual a
    aquella peste. Y el lunes otra vez regresarán a olerla. Ya mezclada con químicos, regresarán a olerla.
    Y ya en ningún lugar será la tierra firme. Y serán para siempre marineros. Y serán otra vez casi las
    ocho. Casi las ocho y es así la ciudad.

Y es así la ciudad y es el Océano Mismo, el océano sin bordes. Y no existe la tierra. Y sólo existe el mar y
    esta luz de bengala
que lleva arriba el mar, arriba el mar también inabarcable. Y esta luz de bengala que disparo sabiendo,
    desde un millón de arcos, que disparo, sabiendo que no hay puertos. Y que sólo hay un náufrago
    en busca de otros náufragos
que compartan con él su ciudad y sus náuseas, su sed de marineros. Marineros que somos, porque somos,
    porque aquí todos somos
marineros.

EPÍSTOLA DE LUZBEL

> *Preciso es que pague por ese delito su pena a los dioses, para*
> *que aprenda a soportar el poder absoluto de Zeus y abandone su*
> *propensión a amar a los seres humanos.*
>
> ESQUILO

Con alas, con sobaqueras, con espadas de fuego calibre .38, dos ángeles judiciales me trajeron aquí.
    Aureolados de rubio tras los anteojos negros, el más alto avanzaba sin dejar de insultarme
y el más gordo callaba. Siniestros como cifras de altura incomprensible, eran como dos ráfagas de una
    misma actuaría. Con alas, con sobaqueras, relucientes y hermosos como empinados nimbos, me
    trajeron a rastras a este rincón inhóspito, junto al fluir insomne de la carretera, al borde de la piedra
    cristiana de la culpa. Me trajeron a espaldas de todos los mortales
que habitan en las dunas de la sagrada Asia, de las guerreras vírgenes de la tierra de Cólquide, de las
    hordas de Escitia
y también de la flor belicosa de Arabia. Con alas, con sobaqueras, un código penal y una pistola enhiesta,
    ansiosos de combate latían en sus braguetas. Los traté de botones de un hotel de provincia. Les
    ofrecí propina y eso los volvió locos. Cuando estuvieron hartos de golpearme

con sus fustes de luz, el ángel gordo
supervisó las obras de mi encadenamiento. El otro fue a orinar. Luego se fueron. No pudieron gastar toda
　　　su rabia
y eso los dejó tristes. Me dejaron a solas
junto a la infinitud de mi condena. Imagínate, amor, la impotente ebriedad de los agentes (no olvides que
　　　te escribo para hacerte reír).

Señor de los Ejércitos, Padre de los Felices, *Él* tiene ideas muy fijas con respecto al amor. Él amó a Su
　　　criatura con un amor abstracto, y se puso de ejemplo. Eres tú Su criatura, no lo olvides, como aquél
　　　es Su coche, como aquélla Su casa, como éstas Sus hectáreas infinitas de tierra. Yo en cambio amé
　　　tu carne, tus olores a cosa
material, deletérea, tus defectos concretos y específicos. Y eso no le gustó, porque a sus altos ojos, no hay
　　　mayor arrogancia
que investir esos cuerpos bajos como los lodos
con pasiones divinas que sólo Él se merece; y todo amor concreto que no sientas por Él
constituye la peor de las lujurias. Por eso hay esta roca pesada como el mundo, en que mi cuerpo habrá de
　　　marchitarse, por eso esta aprehensión y estos nudos de acero, sin vislumbre de Heracles que venga
　　　a desatarlos
y esa niebla medrosa que adivino en tus ojos.

Con alas, con sobaqueras, mis ángeles custodios se alejaron volando, para dejar apenas su silencio
y un rastro luminoso de plumas y de odio, un polvillo de oro y una peste a tequila (imagina su angélica
cruda de la mañana). El silencio fue tal, que en ese mismo instante
extrañé sus insultos. Siendo seres de luz, de rabia pura, incluso su ladrido furioso era melódico. Compañía
　　　pese a todo, eran como dos perros abstractos e intangibles
de una misma jauría. Imagínate, amor, cómo suena el ladrido de los ángeles (no olvides que te escribo
　　　para hacerte reír).

FRANCISCO ALCARAZ

CRÓNICA PARCIAL DE LOS NOVENTA

Para Omar Cadena y Carlospacheco

Crucemos los dedos aunque no es verano del amor ni era de acuario
a nadie le sorprende nada ni estos años borrachos y aburridos
arrullados por el siglo quién iba a saber lo que venía la libertad
fue nube de paso y hoy caen ácidos del cielo
no hubo tiempo de veras no había tiempo
más que para nacer y acostumbrarse
a las portadas de revista
jamás tuvimos escenario un patíbulo de agujas
afiladas en el cuello de la histeria
ocupados en la virginidad ya no se derribaron muros
a cambio las pantallas nos gritaban
llame ahora el poeta de su estilo en línea
y hubo disparos monedas que caían
a la profundidad del corazón
Fidel Fujimori Pinochet los dinosaurios
de Spielberg y otras películas malísimas
viagra camisetas del Che en el malecón
todos comentaban pobre Magic Freddy Mercury
cantará por última vez en Barcelona y nosotros tan borrachos
aburridos seguros de que aquí no pasó nada.

HE VUELTO TRAS MIS PASOS Y LOS TUYOS...

A mi padre

He vuelto tras mis pasos y los tuyos
a las estrechas calles empedradas
del barrio que se está poniendo viejo.
Hay muchas caras nuevas, pero todas

(1979.) Nació en Culiacán, Sinaloa, el 5 de agosto de 1979. Es licenciado en letras hispánicas por la Universidad Autónoma de Sinaloa. Además de poeta, es ensayista, crítico literario y editor. Ha publicado tres libros de poesía: *La musa enferma* (2002), *Tiempo en vuelo* (2013) y *Principia mortis* (2013). Entre otros reconocimientos, ha merecido el Premio Nacional de Poesía Joven Elías Nandino (2002), por *La musa enferma*.
Lecturas recomendadas
La musa enferma, Conaculta, México, 2002.
Tiempo en vuelo, Posdata, México, 2013.
Principia mortis, Andraval, Culiacán, 2013

las fachadas tienen ese gesto agrio
que tuerce la madera de las puertas
mucho tiempo después de los velorios.
Quizá es porque los nuevos inquilinos
ignoran todo acerca de casi cualquier cosa,
y ni siquiera saben desde cuándo existe
el muro donde cuelga su foto familiar,
ni quién escogió el tapiz
que no se lleva con sus muebles;
no imaginan —no podrían imaginar— las caras
de quienes se sentaban en ese comedor,
ni qué sueños nacieron en su sala
y se murieron tristemente
detrás de un mostrador
o en una casa chica en las afueras;
y mucho menos la forma que adoptan
en su cuarto dos cuerpos casi niños,
desnudos en la luz oblicua
de la tarde, o los hijos que trajeron
el amor o el azar o el desamparo
y crecieron untando las espaldas
a los muros y ahora son apenas una sombra
de lo que alguna vez les ofreció el destino.
No saben que para limpiarlas
de fantasmas, para acallar la voz
que los asalta en el pasillo,
les hace falta haber vivido
la vida entera en esas casas,
y saber qué se siente no querer
volver a verlas nunca;
soñar intensamente con salir
y caminar sin rumbo, sin jardines,
sin muebles, sin cocina;
haber sembrado plantas
por cada conocido que enterraron
y verlas germinar como a los hijos,
que crecen de manera imperceptible
bajo los aguaceros del verano,
hasta que ya no caben más y piden
¡tierra, tierra!, porque sus raíces
se han ido muy profundo: más allá
de nosotros e incluso de ellos mismos,
y no nos pertenecen más
que las hojas que va arrastrando el viento.
Sólo entonces serán dueños de sus casas
y tendrán el legítimo derecho
a ser olvidados de manera inobjetable.

DE LA INFANCIA NI HABLAR...

De la infancia ni hablar: No hubo
sinfonías maestras ni precoces
actitudes. Mis padres terminaron
por conformarse con un vago
recuerdo de los juegos y combates
por honor, que en la mesa al otro día
cobraban estatura de homéricos relatos
—y alguna ninfa que, sin ser muy bella,
se dejaba besar como Briseida
atrás de un carro o ya muy tarde.

Lo intenté, pero tampoco fui Rimbaud
a los diecinueve, ni a los veinte
publiqué al estilo Goethe una novela
que causara arrobo en las muchachas
y empujara al suicidio a los imbéciles
y románticos novios enfundados
en gabanes amarillos.
La verdad es que me falta poco ya
para cumplir la edad de Cristo,
en la que mueren los Becerra
y los Ramón López Velarde,
y entonces sí: me habré encontrado
a mitad del camino de la vida,
perdida ya hace mucho la esperanza
de escribir un verso como Dante.

Lo único que espero es algún día,
no importa si es lejano,
poder al menos ser yo mismo.

¿Y A DÓNDE REGRESAR SI NO TE HAS IDO?...

¿Y a dónde regresar si no te has ido?
¿En qué tierra poner los pies
donde no esté tu huella intacta?
El tiempo no es un aire tan feroz:
aquí nada se mueve,
ni los legajos que arrojaste al viento
se dispersan.
Las calles están llenas
de piedras, barro y bocas
que nunca se besaron;
las palomas se hincan en el atrio,
como mujeres enlutadas
en Cristo Rey; y a los que quedan vivos,
la mitad de los que conocías,

la sombra de sus muertos los acecha
como silueta en la escena de un crimen
que quedó allí como un recordatorio.
Mejor que no preguntes si es tu sombra
la oscuridad que te persigue.

SE LLEGA AL PUNTO EN EL QUE EL POLVO...

Se llega al punto en el que el polvo
se acumula encima de las cosas
de tal manera que las hace ver más viejas
de lo que son en realidad.
Pareciera que siempre han sido así,
que han existido entre nosotros
caducas prematuramente;
que nacieron gastadas, sin cara visible
como las monedas de un país pobre,
hasta que algún plumero redentor,
un dedo quisquilloso,
les devuelve el brillo
de su verdadera edad.

Ha de ser eso hacerse adulto:
dejar que se acumule en nuestra espalda
el polvo del prejuicio,
que un tufo a mierda impregne el aire
que no hace tanto era tan puro
y convencerse de haber vivido siempre así,
colmados de certezas y muy cómodos
en un disfraz de rey desnudo.

De vez en cuando
la vida necesita sacudirse.

HE VUELTO A RECOGER LAS FLORES SECAS...

He vuelto a recoger las flores secas,
la piel negra de olvido de una fruta
que después de morder tímidamente
el verano tiró por el camino.
Así como la vida deja un rastro
de estaciones, como la estela
de cuerpos insepultos
que sigue a un general en retirada,
yo abandoné estos pastos crecidos a mi sombra
aquí y allá, como hongos en la página
que puso amarillenta la pátina del tiempo,
cansado de estar bajo la lluvia

y el musgo que desplaza sus ejércitos
de siglos, sentado como un ídolo
que fue primero un hombre
viendo cómo se abrían paso
las grietas en el techo y en los rostros,
y que a fuerza de mirar al pasado
un día despertó sal, austera piedra,
los ojos huérfanos como los clavos
donde colgó un retrato
y esa mirada asida por el mármol
en plena postración ante la sangre
como tienen algunas esculturas.
Pero volví. Porque era necesario
decir estas palabras, porque nunca
escuché a nadie hablar de tu cabello
que ondula como el trigo castigado,
porque he visto con qué sabiduría
tus muslos y tus pechos cobran forma
en los calientes hornos de la edad,
y por tus ojos, donde muy temprano
el sol regresa intacto de la muerte.

HERNÁN BRAVO VARELA

PLEGARIA DE ZENÓN

A José Antonio Lugo

Señor del Aserrín y del Patíbulo
Tiento del verdugo que se acerca
Niebla puntual del desahuciado

Tú que miras en mi celda y pones en la frente una amapola
dame pulso firme y la mirada en blanco
vuélvete un ungüento en mi muñeca
abre una herida que jamás resanes

Tú que llegas tarde desde el alba
y llenas en cambio mis párpados de seda
llévame al toque de Tu voz
ciego a la entrada de Tu reino

ESCLARECIMIENTO

A Darío Jaramillo Agudelo

Cómo se aleja lo que nos levanta,
el misterio de nunca propagarse.
Cómo se borra lo que está por darse
y no se da porque la luz lo espanta.

Cómo salir del canto a lo que pasa
si no se sabe lo que está allá afuera.
Cómo pasar la voz cuando uno espera
una palabra grave como casa:

(1979.) Nació en la ciudad de México, el 10 de noviembre de 1979. Es licenciado en literatura y ciencias del lenguaje por la Universidad del Claustro de Sor Juana. Además de poeta, es ensayista, traductor y crítico literario. Ha publicado cuatro libros de poesía: *Oficios de ciega pertenencia* (1999), *Comunión* (2002), *Sobrenaturaleza* (2010) y *Realidad & Deseo Producciones* (2012). En 2013 antologó su obra poética en el volumen *Prueba de sonido*. Entre otros reconocimientos, ha merecido el Premio Nacional de Poesía Joven Elías Nandino (1999), por *Oficios de ciega pertenencia*.
Lecturas recomendadas
Oficios de ciega pertenencia, 2ª edición, Conaculta, México, 2004.
Sobrenaturaleza, Pre-Textos, Valencia, 2010.
Realidad & Deseo Producciones, Bonobos, Toluca, 2012.
Prueba de sonido. Antología personal (1997-2012), Posdata-Conaculta-INBA, México, 2013.

cadáver vuelto a la respiración,
al esclarecimiento de su infancia;
nube de ayer, tormenta presentida.

Cómo acercarme al fin de la oración
si en un principio hablé de la distancia,
si voy de lo que pasa a lo que olvida.

VEINTICUATRO

…y esa vela velándote
la demasiada sombra
para verte,
tendida ahí,
en un aparte níveo.
Indecididos,
indeterminados,
no sé si el corazón,
corazonada,
o si exterior bodega,
como suele
pasar al dividir
la noche sobre dos.
Memoria mía,
están por apagarse
los pabilos posibles,
y esa muerte
va de pedir
a despedir
—se nos agotan olas
para romper con eso
que solía
hundirse en una trama—;
de cortar a cortar
por el camino
más largo hacia la sombra
en lo que vuelves
de no volverme a ti;
va de clavarse
a desclavarse,
y esa vela
te aluza muellemente
los ojos del dormir,
y el 24 en puerta,
el cuarto 24,
a las afueras
de cuanto nos fantasma,
no sabe ser un día
después
ni sus contadas horas.*
*José Alfredo Jiménez, "Las ciudades".

DESPOSORIO

A siempre dos

Tente, te digo ahora.
No le hagas casa
a los de más,
los mucho menos huérfanos.
Cáete con toda tú,
catástrofe querida.
Que no nos vengan
con gallitos,
su guerra de tercera,
navaja en atolones,
si no es por dar la cara
como das la hora,
que ya bastante ha sido
tenernos en la luz
difícil
de ojearnos contra el día.
Tente en el aire,
poca cosa.
Volarnos, despojados
del bien entre los bienes,
nos sienta aún
encima de esta tierra
quemada de tan vista.
El halo
de sol en tu anular
los dedos señalantes
nos basta a ti
y a mí. Tenme, guirnalda
de tu misma boda;
carguemos una cruz
con el perdón
de aquellos que olvidamos.
Vayámonos yo y tú.
Muerte de un hijo
no tenido,
tengámonos, tengámonos.

Y NUESTRA GRAN MADRASTRA, MÍRALA HOY DESHECHA
Estados Unidos Mexicanos

—Yo sería un perfecto
soltero de la patria,
pero se necesita
compromiso,
fidelidad a uno

sin reservas,
un amor que se oponga
al deseo civil
de los conscriptos
(lamer botas, decirle
que sí a mi general
y darle veinte abajo,
levantarse
a las cinco, sin moros
en la costa,
con la huella de un sueño
que no tuvo
sus cómplices de catre).

—Se pide mucho
en un lugar tan fértil
donde todo se da
en charola de plata:
aguacates y plátanos,
dulces de leche bronca,
chiles y cabezas
de jóvenes bautistas.

—Mi general, me toca
servirle a mi país
su par de huevos.
Viene con hambre y quiere
que alcance para todos.
Pero, si me permite,
¿no sería
mejor traerlos puestos?
Para servir nos falta
soledad, vocación
de ahorro, transparencia.
Y sabido es que somos
despilfarro, pólvora
quemada en infiernitos,
raza de bronce
volado de campanas.
(Mire nomás:
estoy aquí, diciéndole
sus cosas
cuando yo debería
estarle dando veinte
en un rincón,
creciéndome al castigo.)

—Se necesitan huevos
para comer a solas
cuando éstas pueden ser

las últimas gallinas
del pollero,
el bautizo final,
la caminera.

—Yo lo sería,
pero me llama el Ángel,
la selección, el triunfo
y el origen
de mi especie;
me llaman funerales
donde no cabe un alma.
Yo, que fui
abanderado en lunes,
que ordenaba los pasos
redoblados,
no sé dejarlo todo,
abandonar la escolta
y estar de autoservicio;
ponerme el delantal,
la camiseta sucia,
lavarme bien las manos
tras devolverle el cambio
a mi país.

—Pero antes que me cuadre,
que me ponga
la X en la frente
y salgamos vestidos
al deber,
a agarrar a esos perros
que se montan,
mi general,
démonos un gustito:
¿los prefiere revueltos
o estrellados?

IVÁN CRUZ OSORIO

CORIFEO

Vengo de gritar tu nombre,
de clamar a la vastedad de la noche
una palabra inofensiva
que sonó como el nombre de una patria.
Vengo de gritar que Malintzin ha muerto
y que su corazón quedó torcido
como el alma de sus hijos,
que Cortés llora la ausencia
mientras ordena las cargas sobre las muchedumbres,
y los pueblos se dispersan
como archipiélagos marcados con tiza.

Vengo de gritar tu nombre,
pero eso no importa,
la noche es blanca en los Andes y estoy solo,
y necesito una mujer que no diga
que no es tiempo para el amor,
que amar en estos tiempos
es lo mismo que flotar
como un cadáver frente a las playas;
por eso grito tu nombre
y traigo estas piedras del Chimborazo y el Aconcagua,
la arena sedienta del desierto de Sonora,
y este buchito de agua del lago Titicaca
para que sonrías
y pronuncies mi nombre,
que no recuerdo,
que me fue arrebatado,
y que quiero escuchar de tus labios.

La noche es blanca en los Andes.
Yo vi los triunfos en Cochabamba,
en Guanajuato,
vi a Hidalgo y a San Martín admirarse

(1980.) Nació en Tlaxiaco, Oaxaca, el 9 de abril de 1980. Es licenciado en letras inglesas por la UNAM. Además de poeta, es ensayista y editor. Ha publicado dos libros de poesía: *Tiempo de Guernica* (2005) y *Contracanto* (2010).
Lecturas recomendadas
Tiempo de Guernica, Praxis, México, 2005.
Contracanto, Malpaís, México, 2010.

cuando Quetzalcóatl sangró su miembro
sobre los huesos polvosos de Lautaro y Cuauhtémoc
para tornarlos al mar de la vida como hombres nuevos
y luchar por el país que pendía bocabajo como un ahorcado.

Vengo de gritar tu nombre,
de enseñar ola tras ola el mar de mi desesperación.
Vean mi sombrero, vean mi reloj,
yo pude ser Margaret Thatcher
y ganar una guerra más grande que ésta,
y hablar de países lejanos,
y poner mi bandera en islas
donde me cabe un solo pie.

Yo pude ser Pancho Villa
o Ernesto Guevara o Sandino,
y agitar en el aire nuevas banderas,
y llevar en la garganta
como un solo canto a nuestros pueblos,
pero las banderas se han vuelto trapos
flotando sobre los paredones,
y yo sólo soy un montañés
que no pudo ser un vagabundo de los puertos,
que no conoció los bares flotantes
de Rotterdam ni de Marsella,
y en cambio miró a Mar del Plata,
a Cartagena,
a Valparaíso,
y pudo sentir el rumor de todos los mares,
y los labios salados
de todas las mujeres de las costas.

Vengo de gritar tu nombre,
de ver a los marinos que tienden las velas,
y confían a los mares su destino.
Los heraldos han dicho
que la pampa está en llamas,
que arde el sitio en Cuautla,
que Morelos agita *el doliente de Hidalgo*,
que el Pacífico y el Atlántico
revientan en los cascos de los barcos,
que una mujer pasea sus lamentos
en las calles angostas

No vendrá nadie
a contar tu ceniza,
nadie gritará tu muerte,
invocarás su nombre,
pero ella no vendrá,
nadie te espera,
nadie te ha buscado nunca.

§ La noche es blanca en los Andes.
A diario cantamos un epitafio,
una historia más de desamor.
Todo el continente es desamor,
no un viñedo mendocino
abriéndose paso hacia la cordillera,
no el desierto boliviano buscando la salida al mar.

Vengo de gritar tu nombre,
pero eso no importa,
siento que he gritado todo el amor
y toda la desolación de nuestros padres,
sin dejar de estar solo,
sin dejar de tener miedo,
como un marinero a la deriva
que sólo espera el grito de las sirenas.

CONTRACANTO II

Tomamos café y hablamos
del árido paisaje de sangre,
del largo temor de siglos,
de los mayores y la miseria de su noche.

Ciegos, entre una idea y las sombras
que se detienen sobre la pared,
nos hemos demorado cómodamente sobre un cojín,
mientras Tiresias toma una taza de té
frente a la vidriera del Croissant,
y nadie nos oculta la muerte de Franz Ferdinand,
que también debería ocuparnos.

En el Volga cantan los insurrectos,
y hablamos de la desobediencia civil,
de los muertos que florecen en las calles,
de los caminos baldíos de las revoluciones,
mientras esperamos al Granma,
mientras esperamos la nave
que nos dicte los días del futuro.

Stalingrado cuenta a sus muertos,
y Madrid se estremece en ruinas
entre el humo y la conmoción,
mientras los milicianos
gritan consignas y nos cuentan su derrota,
antes de reír estúpidamente y tener miedo.

Tomamos café
y las ninfas caminan por calles angostas

con el humo de sus cigarros vacilando
sobre las cabezas calvas,
y eso que era imposible de decir fue dicho,
pero no podré preguntar

> *¿Qué es lo que cayó*
> *y no podrá crearse de nuevo?*

Porque tú y yo,
tierra muerta que se agita,
no estamos aquí,
ésta no es tu quijada rota,
no soy yo el que crece sobre
el candelabro de oro
y el ladrillo.

LOS DOMINIOS PERDIDOS

> *Llorad, amigos míos,*
> *tened entendido que con estos hechos*
> *hemos perdido la nación mexicana.*
> CANTARES MEXICANOS

No tenemos una patria,
tenemos un paisaje,
tenemos cólera, indignación,
tenemos divinidades rotas,
tenemos a los muertos hundidos
en las entrañas,
tenemos un puñado de escombros
que el viento intenta dispersar.

PAULA ABRAMO

PRESENTACIÓN DEL PANADERO ANARQUISTA BÓRTOLO SCARMAGNAN

prende el cerillo
ya lo enciendo

Ríspido, el cerillo enciende el horno.
El siglo está acabando; para el alba
faltan unas cinco horas más o menos.
No importa la hora, sólo importa
el gélido rodar del cielo
por los ríos. Hoy es algún lugar del Véneto,
y el horno.
Y sólo importa hoy la bóveda del horno.
La harina se hace pan, el pan es carne.
El pan son estos muslos que despiertan
muy noche adentro, al roce de otras piernas,
para luego salir antes que el día
a iluminar el horno y la madera.
Y en cuanto brota el sol, el pan no basta.
No brillan las constelaciones cernidas sobre el suelo
si todo está astillado de gendarmes
y es necesario huir sobre un vapor.

"ESTOY AQUÍ PARA COMBATIR LAS EPIZOOTIAS"

o también se prohíben
y entonces los cerillos
entre los dedos de un niño
que achicharra hormigas
mutila
caracoles
estudiando la crispación inmediata
la retrotracción de antenas
ojos y mucosas
son pequeñas lecciones de la materia

(1980.) Nació en la ciudad de México, el 2 de septiembre de 1980. Es licenciada en letras clásicas por la UNAM. Además de poeta, es traductora. Ha publicado el libro de poesía *Fiat Lux* (2012). Entre otros reconocimientos, ha merecido el Premio de Poesía Joaquín Xirau Icaza (2013), para obra publicada, por *Fiat Lux*.
Lectura recomendada
Fiat Lux, Conaculta, México, 2012.

y de sus crudelísimos
presupuestos

Esa oscuridad del nombre que infla
al ser que imaginas.
Piensa
qué clase de rarezas, qué bichos,
qué monstruos zancudhorrendos
serían las epizootias
que tanto combatía tu abuelo
bajo ese nombre híbrido
Marcelo di Abiamo du Nancy,
ni francés ni brasileño ni italiano,
disfrazado de extranjero, disfrazado
de extranjero, disfrazado de agrónomo
en Bolivia,
en la década del treinta.
Y eran batidas inmensas
eso de las epizootias orientales,
viajes de meses por montes y lagunas,
penetrando un país de sal y plata
para salvar al ganado,
entre insectos,
y cuántos:
escarabajos
coprófagos, como cómicos
Sísifos hediondos,
solífugos más sueltos
que la idea de la fealdad,
chicharras escandalizando metálicas
el campo antes del verde.

El viaje medido por artrópodos horrendos:
nubes de moscas negras,
ciclos marcados por mariposas
nocturnas, mariposas
blancas, guerras
de hormigas,
marabunta de insectos migrando,
poniendo a salvo sus larvas mustias,
y lluvias
de hormigas reinas,
avispas carnívoras, arañas
amputadas con gusanos dentro, moscas
panteoneras y otras esmeraldas:
esperanzas traslúcidas,
eclipsándose en amplias nervaduras dulces,
luciérnagas
marcando

las noches de llovizna
y sus olores.

Y allá en la casa, Anna Stefania,
revestida de paciencias y madejas,
estudia y teje en espera del marido.

¿Cómo
rodaría el tiempo viscoso
de la década del treinta?
Todo rodeado de *mirabilia*, en un país
de mucha mina
donde no había comida, y sin embargo
era posible, sin alardes,
mear argentinamente
en una rotunda
bacinica de plata
martillada,
escuchando el tintineo de la orina,
que iba pintando de *ater*
(*atra, atrum*),
sí, de opacidad de tizne,
su descenso,

y, al mismo tiempo,
el tintineo
de goteras hinchadas por el uso,
que iban a interrumpir
en la cocina de muy poco pan,
en la salita de exiguo mobiliario y cuarteaduras,
la plática del día,
llena de ecos.

Quedando como registro de la tarde
un mantel de flores que son tachuelas
en un mapa.
Registros de un paseo
por los confines.

(FALSA) LÍNEA DE CLASE

> *borrar muchas cosas porque son inadecuadas*
> *decir:*
> *son inadecuadas por lo tanto fuera*
> *de esta caja de fósforos*
> *cosas tamañas como:*

Bordadas en un mantel,
inflorescencias de toboroche,

flores del Chaco
boliviano,
como golpes ya pálidos,
en sordina de estambres y puntadas.
No la abstracción de la flor, la corola neutra,
en tono rojo que se da por descontado; aquí,
la flor felpuda, el borde
fronterizo de lo concreto, como decir
toboroche, *embaúda*,
luz de manganeso ardiente,
semillas de cilantro metidas en la olla de la cena
sobre un mantel con flores.
Las flores del Chaco borda Anna Stefania,
que ahora se llama Emilia
y es enfermera.
Y poco a poco va haciendo un mantel
de acabada precisión botánica,
como una crónica de viaje.
Entre un caso y otro y otro de fiebre amarilla,
traduce en fibras de algodón
rizomas, sépalos, pistilos,
bulbos y estambres de precisos tonos.

Y todo ese conjunto va en correo,
hatijo de colores, de costura y flecos
sin un patrón muy claro
en una desprolija
narración de cloroplastos
y bulbos, y raíces puntadas,
a ornar la mesa de la suegra
de anchas ancas.

Pero no adorna fiestas
ni alborota, con su estridencia silvestre,
la base diaria de polenta y panes.
Y cuando llega Anna Stefania del exilio
le dicen al entrar: esto es un trapo,
que saca lodo y mugre de la casa.
Límpiate aquí los pies,
sé bienvenida.

CUARTA PARTE

Nacidos en los ochenta:
el despertar del siglo XXI

RUBÉN MÁRQUEZ MÁXIMO

VIAJE
[Fragmentos]

IV

Es el viaje por palabras
que suben por veredas
y del verde van al verde
en medio de los negros
viendo vías lácteas espirales
nebulosas de espuma saliendo de la boca de la noche

es el viaje por el viaje
es el viaje
el viaje
viaje

eso que me da un vértigo cerúleo
cuando palpo los ápices del fuego
las dos puntas que despuntan elevadas

las aureolas
los círculos
los nimbos

las orillas del contorno
la vida saliendo de su límite

me detengo

eres la interrogante en forma de planeta
el viaje en forma de silencio

y de la altura desciendo para ir más alto
para planear más alto y seguir volando

(1981.) Nació en la ciudad de Puebla, el 25 de febrero de 1981. Es licenciado en letras hispánicas, y maestro en literatura mexicana por la Benemérita Universidad Autónoma de Puebla. Además de poeta, es ensayista e investigador. Ha publicado el libro de poesía: *Pleamar en vuelo* (2008).
Lectura recomendada
Pleamar en vuelo, Alforja, México, 2008.

icarizados
nebulantes
siendo árbol sin raíces
siendo raíces sí
pero de nubes
los espasmos de la tierra
la lluvia penetrando el aire
traspasando el cielo

y en medio de todo
hay un sol prendido de la noche
un sol con sus lenguas de fuego copulando en el espacio
con la noche de astrolabios

y la luna
derretida en blanco
hasta ser un charco de agua
se
hunde
en nuestros cuerpos.

IX

Voy hacia el misterio de tus aguas
hacia ese sonido dulce
que se desborda de los labios

hacia tu voz
hacia tu lengua
y los ecos atrapados en penumbra

voy a lo arabesco de tus aguas
caminando entre la humedad del día
entre gotas

precipitado lentamente
soltando las amarras
de este cuerpo
de estos pies que buscan la marea
naciendo en litorales

persigo la inmortalidad del agua
el tiempo girando en el centro del océano
con la presencia de los cuatro vientos

en un solo soplo

con el surgimiento del torrente
que se hunde.

POEMAS DE MAR Y VIENTO
[Fragmentos]

V

A Berenize Galicia

Nace la mirada de tus dedos de pintora
del color esbozado a la mitad de un pensamiento
del sentir de la seda y el beso
tiempo quieto escurriendo a goterones
racimos de existencia
pezones inquietos
con el roce húmedo de mi lengua de palabras
cuando por tus ojos brota mi mirada
y la derramas
por el cuadro cuerpo de tu olvido
vuelve al punto
remolino lejano
aleph de mis deseos flotando sobre el mar rayado
cama vacía donde nace el vértigo
me detengo
recorro tus muslos con las líneas prestadas
de tus cuadros
busco la mariposa negra saliendo por ventanas
y tus ilusiones grises
haciendo de estrellas en la página blanca
húmeda
justo al instante en que las palabras deambulan por tus labios
mientras te pintas observada por mis manos.

VI

Abordo tu piel
como si fuera un barco
un remolino

un viento de espuma luminosa
una nota

o una sílaba saliendo de la boca.

CARLOS RAMÍREZ VUELVAS

CANCIÓN DE TIERRA VERDE / IV

Avanzo sobre el Camino Real y la Calzada

Tengo doce años otra vez
Mi padre me mira con dos naranjas dulces
Muerdo su mirada como quien besa a su hijo

Tengo la edad de bronce de su piel

Pasamos frente a una ceiba
                              el Camino se hace más Real

Habla de mi incierto futuro con una seguridad eléctrica

Yo lo miro   lo escucho   lo siento con el alma

Alguien vende agua fresca
Voces cotidianas como puntos de luz en el Camino
Mujeres en las manos de mi padre
                                        Mujeres
desfilando por mis ojos de niño

El Camino Real es más grande a la sombra de la Lluvia de Oro
Espada que se blande en la hoja de la Palma   el corazón

Vemos los anuncios   los comercios   las ropas miserables
Mi padre va nombrando en mi rostro los árboles

Nos acercamos a la casa

(1981.) Nació en la ciudad de Colima, el 15 de junio de 1981. Es licenciado en letras y periodismo por la Universidad de Colima; maestro en letras mexicanas por la UNAM, y doctor en letras hispanoamericanas por la Universidad Complutense de Madrid. Además de poeta, es ensayista, investigador y editor. Ha publicado cinco libros de poesía: *Brazo de sol* (2000), *Cuadernos de la lengua y el viento* (2006), *Ruleta rusa* (2007), *Calíope baila con el poeta ebrio* (2009) y *Casa de tres patios* (2012).
Lecturas recomendadas
Calíope baila con el poeta ebrio, 2ª edición, Instituto Mexiquense de Cultura, Toluca, 2010.
Casa de tres patios, Puerta Abierta, Colima, 2012.

§ Él ha dicho que seré el hombre que ahora escribe

Mi madre nos recibe

Están sobre la mesa los frutos más sagrados.

CUADERNO DE LA TARDE LUMINOSA
[Fragmento]

En la turbia noche en la que enceguecido escribo,
atento al movimiento de las cosas,
veo desaparecer la certeza.
Hay algo que me duele cuerpo adentro
cuando la madrugada escucho derruirse
y con ella se incendia el calendario.

Hay una ventana, sin embargo, por la que mi corazón
daría su vida para asomarse a llorar desconsoladamente.
Pero el tiempo pasa,
al ritmo de la rueda, entre automóviles y gritos, devorando
las cosas que perecen por el óxido y el ruido,
por la sal de segundos que desgastan las tablas y el acero,
la bocanada de silencio en que sumergen las cosas sus oídos,
las tormentas cotidianas que aparecen como manchas de algo
y en manteles, las sábanas del cuarto, en cortinas.

Es el círculo de angustia que aparece y carcome
el suave contorno de la vida. Pero todavía persisten los dinteles,
la miel, las piedras preciosas, la ternura,
para que el lenguaje dé en las palabras un poco del cielo prometido.

Porque la flor magnífica no la toca siquiera la piedad. Es implacable.
Ah, la flor magnífica, la Poesía desnuda, a la que ciertos hombres
sacrifican sus pupilas para mirar y sostener
—fija la mirada, los pies quemados por la tierra—
el profundo y más salvaje abismo de uno mismo.

THELONIOUS MONK ESCUCHA EL AGUACERO

Es la primera lluvia de junio y el aguacero se llama Thelonius Monk

Lumbre de ébano sobre el fuego blanco del alcohol

El acorde de carmín donde la melancolía asienta el reino

Porque no hay luz más clara y más intensa que aquella
sangrando de las manos de un sabio

§ Que aquella que de tan negra es la sangre de la luz

Su lamento es una almohada para reposar los huesos cansados del alma

Escucho a Thelonius Monk y cruza la cervical un relámpago de ron

Una infancia con los miembros amputados

Un muñón del que se burlan mis hermanos

Pero que sea dulce el beso de la armonía para saciar la piel erizada del silencio

Que la vida vista sus trajes favoritos como niña
para decirnos que todo es muy sencillo

Porque Monk le teje un abrigo a Nellie
Un pedazo del corazón le deja en piel
con ciertas partes de un crepúsculo de octubre y la pupila de la lluvia
mirándola por dentro

Porque Monk desteje el corazón de Nellie y lo hace delgadísimas notas de música
que penetra y sangra y danza y muelle y lacera
como una nota de piano carcomiéndonos el alma

Para qué preguntar por la rabia en medio de este aguacero

Qué luz podría encontrar el desconsuelo
en un hombre que prepara la entrada de su amada al Infierno

Un bourbon   un whisky   una cerveza bastan

Y una trompeta de oro negro vibra y estalla en el cielo

Hay un hombre pudriéndose por dentro
mientras deja huellas de la luz más clara y más intensa

La tormenta se sonroja de su estruendo

Avanza el oscuro tapiz del aguacero

Después la melodía se hace más lenta

Alguien espera el obús para volarse la cabeza.

EPÍSTOLA DESDE SAN PEDRO DE LOS PINOS

Gozoso,
de veintidós años exactos,
en plena salud de cortarme el cabello

son las seis de la tarde de un día cualquiera
y alcanzo a ver el eco del sol por la ventana

Otra vez ajusto el cinturón y me preparo a contemplar,
con una flor en la solapa, la llegada
del hambre y de la histeria

pero otros demonios aparecen en la sala

el deseo, la sed, la furia

Arremango la camisa y ensayo
la cara más feliz de un hombre malo

sencillo como un pañuelo por usar,
frunzo el entrecejo

Nada hay que temer:
como se sabe,
es otra batalla que también
estoy a punto de perder.

SERGIO ERNESTO RÍOS

LAS PAREDES DEL PABELLÓN PSIQUIÁTRICO...

Las paredes del pabellón psiquiátrico eran de color blanco reciente.
Me quitaron el vendaje alrededor del maxilar, entonces tenía trece o catorce años.
Escuchaba *hélices* y un jardín de vencejos al fondo de la almohada, aunque los ruidos me tuvieron sin cuidado durante esos tres años. En cambio las voces, sobre todo las voces de monsergas donde aparecían mis tías y mi abuela, la anglicana, hacían menos remotos los imperativos, cualquier imperativo: la oración del buen zagal al Santo Esteban, de mañana; las manos puras, las palabras mansas.
Fue triste cuando los choques eléctricos desmoronaron mis dientes, primero fue el tartamudeo, la leche tibia, el pan remojado. Luego vendría mi amistad con aquel doctor que acertaba tan sólo a llamarme "mezquino" y "labio de conejo". Era un pacato lector de Dickens. Recuerdo el comienzo ampuloso que él tanto aplaudía de *Historia de dos ciudades*: "era el mejor de los tiempos, era el peor de los tiempos, era la edad de la sabiduría, era la edad de la estupidez, era la época de la creencia, era la época de la incredulidad, era la estación Luminosa, era la estación de las Tinieblas, era la primavera de la esperanza, era el invierno de la desesperación…"
Yo hablaba menos, porque casi todo sucedía en mi cabeza: el movimiento más nimio, la enfermera, un dulce de ciruelos, una pecera sobre el buró, el crecimiento desmedido de las uñas de mis pies.
De pronto despertaba babeante, con el sabor violento de las anestesias y nada era cierto afuera. El teatro siempre quedó adentro. Y ésa era la recomendación del doctorcito: "deje ese teatro adentro".
Ahora con el alcohol es diferente. Las voces vienen y van. Y son menos específicas. No tienen *una* presencia humana. No lo digo porque yo mismo tenga *una* presencia humana.
Pero ha sido, un poco, como apagar las luces de una casa y dejar a la noche sus ficciones.

DESDE UNA LÍNEA DE DEMOLICIÓN

ella es santino y fredo *shemales* caminando como androides sobre repisas naranjas esos días cuando el cielo es una envoltura plagada de reflectores carmesí una involución una manera de llegar al final del baile saltar como un ornitorrinco moverse con ortopédicos dentro de las piernas y los pies rocosos por químicos de cierta energía que tambalea de lado a lado pero esto sólo existe en la quijada como un puñetazo cinco veces mayor a una esfera de acero el ojo tokio de siete a nueve el ojo tokio como una quilla que confunde una cosa y otra tan sólo mirando murciélagos que se incineran en las nubes la música demasiado gastada

(1981.) Nació en Toluca, Estado de México, el 22 de diciembre de 1981. Es licenciado en letras latinoamericanas por la Universidad Autónoma del Estado de México. Ha publicado seis libros de poesía: *Piedrapizarkik* (2004), *De cetrería* (2004), SEMEFO (2006), *Searching the toilet in juárez av.* (2007), *Mi nombre de guerra es Albión* (2010) y *Muerte del dandysmo a quemarropa* (2012). Entre otros reconocimientos, ha merecido el Premio Nacional de Literatura Gilberto Owen (2006), por *Mi nombre de guerra es Albión*.
Lecturas recomendadas
Piedrapizarnik, Centro Toluqueño de Escritores, Toluca, 2004.
Muerte del dandysmo a quemarropa, Universidad Autónoma de Nuevo León, Monterrey, 2012.

de afilador no sé qué haré con el tokio que llora en alguna parte es un vuelo cardinal es una estrella de junco de utilería que se expulsa ella dirá princesa buenos días fredo rompiste mi corazón feliz año sólo leo libros para sanar el alma libros que me adentran en mis vidas pasadas badajos que me gustaría ver en un arreglo floral somos un clan tóxico faunos elásticos alrededor de tu vestido la propaganda que silba un fumigador aficionado al megalítico

ESTA CANCIÓN...

esta canción se llama lo que pido de ti
un catafalco alumbrado por moscardones que se derraman como un largo eclipse
eso que existe en una corona de oscuridad
la cabeza en el mástil
los pies sobre los vidrios
árboles que sacuden pequeñas cimitarras
tiza celeste
el libro en que repruebas la misericordia del elefante africano
la tierra plana
la sombra instrumental por el jardín ceñido

MERCADO NEGRO

Tampoco dijo bienvenido a la inseminación provenzal
Cavagnari

Mi novia murió en la irrigación nutrida de los tábanos cierto día de febrero.
Mi prometida sepultó sus pulsos sobre una bandeja de luces focales.
Mi enamorada en el ajuar de opalinas.
Tridente para la lírica a dos.
Cabeza que poseía una conciencia de crisis.
Deshoras en ciudades.
Ecuménica luz de los perecederos.
Circulizada en la turbina indefinidamente.
Tuve malas palabras para infiltrar adentro de su nuca.
Tuve corceles nupciales enchufados al paso de un águila quieta.
Pero nada le sirve de corona celeste.
De agua estancada.
De recaer las caudas.
De persuasión contra el semicírculo de las mañanas.
No existe.

MUERTE DEL DANDYSMO A QUEMARROPA

1. Usted es un especialista en excursiones al infierno.
2. Lo que lleva escrito equivale a un doble registro de nacimiento y defunción.
3. Cuántas flores retóricas pone sobre su tumba.
4. Se resiste a la luz y la genera, en la dirección de uno de sus más breves y contundentes versos es una "sobre-ausencia". Un graznido en un guante de seda.

5. Quiere cantar una canción iluminada por el sol, soltar las velas sobre los mástiles en el aire, soltar los tigres y leones en los patios.

6. Se trata de la muerte del dandysmo a quemarropa, avispas con peluca y jirafas tripulantes en paracaídas.

7. La gente prefiere leer su horóscopo en cajas de cerillos.

8. Lo siniestro puede ser condecorado.

9. La poesía es un crimen que no puede realizarse sin cómplice.

10. La poesía es un hospital donde cada enfermo está poseído por el deseo de cambiar de cama.

11. Si exprimiéramos el cerebro de un poeta el líquido obtenido semejaría almíbar al lado de la hiel que segregan algunas tristezas.

12. Cuando comparo mis poemas con los suyos me da la sensación de estar en un triciclo de pedales al lado de la turbina de un avión.

13. Es una catástrofe en ningún lado.

14. El último pensamiento es transformarse en un ruido, en un enorme cuarto oscuro, un cuarto lleno de ruidos.

15. Es la puerta que permanece cerrada.

16. Es un literato natural: tiene la espontaneidad de un esquimal muerto en un iglú.

17. También el uso aristocrático de las palabras puede ser condecorado.

18. El poema es la cabeza de un luchador de sumo que no se decide a bajar la resbaladilla.

19. Los poemas son como diminutas madres-topo desfallecientes dando a luz en una isla que en ese instante declara una ley para exterminar a las madres-topo y sus crías.

20. Se me figura la llamada de un extraterrestre desde una cabina telefónica pidiendo la dirección de una clínica para desintoxicarse, aunque en realidad se trata de una transmisión telepática completamente silenciosa y nadie lo advierte.

21. Pienso en el emperador de "El traje nuevo del emperador" agazapado en la torre de un palacio invisible.

22. No me canso de leer y releer su prosa-en-abismo. Muy debajo de la línea del silencio hay una cosa vecina de los brotes del inconsciente.

PÉROLAS

sistemados sistemiedos sistema excretorio en bocaluva en nudorehén patamares en robozin lata banguela como un puente arriba envuelvelata cielos sonecas cascos de cuadrilla de suíno desfiladeros de cancartaz área plomo papo celerado papo plaga desfiladeros cartaz de la ratatá playa ritual de vacamarte a los pocos los llamaré mis puercos nudoburacos

GIROFLEX

para que mis inimigos tengan varios mano y no me toquen para que mis inimigos tengan dedo duro y no me toquen para que mis inimigos paguen sapo y no me compren para que los cojita tengan pies y no me alcancen para que mis inimigos tengan pie de pato y no me alcancen para que mis inimigos tengan pie de plomo y no me alcancen para que los gambés tengan grampos y no me escuchen para que los muslitos me tengan encuadrado y no me vean y ni siquiera puedan tener el pensamiento de dañarme pete fusil oitón ni tanque mi cuerpo alcanzarán picos de naifa y quebrafacones se quiebren sin tocar mi cuerpo ni piedras zancadas ni carnificinas cobrasdevidrio pilantras y cadenas revienten sin amarrar mi cuerpo

ALÍ CALDERÓN

PÔLE POSITION

Y mi pecho una supercarretera
de ocho, dieciséis, treinta y dos carriles
con miles y millones de caballos de fuerza
vertiginosos corriendo
y derramando lumbre en mis arterias.

Aquellas peligrosísimas curvas
impostergables y letárgicas
y particularmente inabordables
cada vez que tú, Lesbia, no me miras.

Ese imperioso arrancar en segunda
cuando tus *sí* se vuelven indecibles,
impronunciables,
inminentemente pospuestos
turbiamente y con perfidia
por tus *no* unánimes e inconmovibles.
Sólo tú echas a andar este Ferrari rojo,
incalculablemente insaciable,
impaciente por recorrer solemne
las largas calles de tus piernas
siempre prodigiosas, siempre proféticas
y en lo que a mí respecta,
absolutamente litúrgicas,
plenas de infinitud.

(1982.) Nació en la ciudad de México, el 12 de febrero de 1982. Vive en Puebla. Es doctor en letras mexicanas por la UNAM. Además de poeta, es ensayista, investigador, antólogo y editor. Ha publicado cuatro libros de poesía: *Imago prima* (2005), *Ser en el mundo* (2008), *De naufragios y rescates* (2011) y *En agua rápida* (2013). En 2007 coordinó la antología *La luz que va dando nombre (1965-1985): 20 años de poesía última en México*, y en 2009, *El oro ensortijado: Poesía viva de México*. Entre otros reconocimientos, ha merecido el Premio Nacional de Poesía Ramón López Velarde (2004), por *Imago prima*, y el Premio Latinoamericano de Poesía Benemérito de América (2007), por *Ser en el mundo*.
Lecturas recomendadas
Imago prima, Universidad Autónoma de Zacatecas, Zacatecas, 2005.
Ser en el mundo, 2ª edición, Ediciones de Medianoche, Zacatecas, 2011.
De naufragios y rescates, Festival Internacional de Poesía de Granada, Granada, 2011.
En agua rápida, Valparaíso Ediciones, Madrid, 2013.

§ Que la batería desbarate su potencia
en tu cintura inenarrable
porque finalmente y después de todo:
este bólido, Lesbia, no carbura
sin tus estrechos jeans a la cadera.

POBRE VALERIO CATULO

A quién darás hoy tus versos, infeliz Catulo?
Sobre qué muslos posarás la mirada? Qué cintura rodeará tu brazo?
Cuáles pezones y cuáles labios habrás de morder inagotable hasta el hastío?
Termine ya la dolorosa pantomima: fue siempre Lesbia,
exquisito poeta, caro amigo,
un reducto inexpugnable.
A qué recordar su mano floreciente de jazmines o aquellos leves gorjeos
                                        sonando tibios en tu oído?
Para qué hablar del amor o del deseo si ella es su imagen misma?
Por qué evocarla y consagrarle un sitio perdurable en la memoria? Por qué, Catulo?
                                                            Por qué?

Que tus versos no giren más en torno a sus jeans, a su blusa sisada,
que tu cuerpo se habitúe a esa densa soledad absurda y prematura,
que su nombre y su figura de palmera y su mirada de gladiola
                                        se pierdan, poco a poco,
ineluctablemente y de modo irreversible,
                            en el incierto y doloroso
                                            ir y venir de los días.
Y que a nadie importe si se llamaba Denisse, Clodia o Valentina
qué caso tiene, pobre Valerio Catulo? ¿Qué caso tiene?

TRANSIBERIANO

Diariamente diez mil kilómetros
recorre
el tren transiberiano
para llegar de Moscú a Vladivostok, en Siberia.
Nosotros habitamos la misma ciudad y
todos los días nos cruzamos por la calle
pero nuestro encuentro es más frío que
una noche fría de Siberia
y nadie todavía
construye
el transiberiano que me lleva a ti.

UN POEMA DE AMOR

La crítica destrozó mis poemas:
opinó que hay mierda en cada uno de los versos.
¿Y cómo no? En todos aparece tu nombre.

NUNCA PENSÉ CUANDO TE VI...

Yo l vos publich: amar dretament vós
AUSIAS MARCH

Nunca pensé cuando te vi con collarín y sweater si recuerdo bien de tono lila
que terminaríamos haciendo lo que hoy con esta sofisticación gracias a las horas largas de práctica tan
    bien hacemos
Solía recurrentemente entonces delinear en la memoria tus caderas
mis ansias palpaban la inexorablemente inconclusa redondez del deseo de tu cuerpo
y pude intuir incluso suavidad y aroma de tu cuello bajo los deslices de mi lengua
Dónde estabas hace un par de años preguntaste
pero nuestra posibilidad latía decenas de centurias
antes de que tú y yo lo hubiéramos siquiera presupuesto
Aquí me siento en casa en mi verdadera casa
dulcificado por la seda de tus muslos
profesando y rindiendo culto a una nueva fe que en la consistencia de tu carne encuentra lo altísimo y sacro
    y etéreo
Cada día
una oscura y al propio tiempo luminosa transubstanciación nos vuelve parte de lo mismo
cobra sentido mi mano al ser sólo una extensión de la tuya
es por ambos que responde mi columna vertebral mis más de doscientos huesos
qué decir del agua en el cuerpo que cuando me miras   irrevocablemente   evapora y extingue
Por eso
en esta ya alta hora de la noche
cuando por única luz tengo un cierto brillo de tus ojos   ardo
me combustiono en una lumbre táctil
te beso   te libero de la blusa y tras vencer las varillas del brasier
libo con devotísimo fervor tus pezones hasta desgastarlos y adolorirlos
para no quitarme más de la boca   nunca   su sabor
Y reposar en tu vientre   modelar con mi palma tu cintura   cada centímetro del talle
tensar el arco que se forma entre tu espalda baja y las nalgas
sembrar papilas gustativas en pantorrillas e ingles
para finalmente...
Por eso
en esta ya alta hora de la noche
—le dije al oído mientras hundía en su piel mi pelvis—
por eso
me quema el pecho algo muy semejante
muy parecido
al amor.

CUANDO CIENO BRUMA Y NADA UNO SON...

Cuando cieno bruma y nada uno son
y ayuso arriba y todo ha fragmentado
cuando aquel que fuiste un día parece
otro un extraño pérfido a los ojos
y brama bruñe la penumbra en rostros
incognoscibles acres uno mismo
o si el terror la imagen
trastoca y envilece
y aún malogra corrompe por dentro
o si llegar a ser ha sido desasirse
de aquello que se fue y no se recuerda
si un accidente y no lo perentorio
somos un dato inocuo
sarcoma carcinoma la derrota que soy que contamina

Si desierto de mí depauperado
soy muchos a la vez y todos miserables
si dios que da la llaga
oculta niega tarda medicina
si sangre leucocitos y carne apoptosada
soy apenas los despojos
de un miedo que me lacra y trisca y lepra
al viento frágil flama que oscurece
o consume el susurro en luz ceniza
andadura y camino hacia la x
troverme so far y ostro en a punto
mutis hambre gozo gozne de la destrucción

Porque en sentido estricto nunca nada
fue tan todo jamás sino en mi ausencia
nunca ocupé el espacio
estuve siempre fuera
de lugar necrosado a la vista de la gente
en mí no hay nada mío
sólo descort y sombra y un crujido
que en oscur me perfuma de aspereza
un quebrar de cristales tras el pecho
que degrada mi condición de nadie

Y entonces desespero: me olvida la memoria de las cosas
soy lentas negras lágrimas y sangre
soy mácula y desprecio encabronamiento oprobio
y la ceguera soy la rabia contenida inoculada

Nada fui sino muerte entre las manos
Nunca podré colmar este silencio

RACIEL QUIRINO

HOMBRE HERIDO

El hombre busca ramas secas para calentar la noche. Relámpagos descubren su rostro marcado con el filo de las puestas de sol, la piel endurecida que recibió a la muerte. Herido en lo simple y tibio de la sangre, parece no acordarse del disparo que lleva en el torso, ni de su sombra que se extiende hasta ciertas lejanías del alma.

No obstante la sed que blanquea sus labios, sus ojos tienen esa calma que dan las derrotas; ya no se pregunta cómo vino a dar a ese desierto. Cruza renqueando la loma que lo separa del frío, deja un rastro que formaría un cuerpo si las piedras tuvieran el peso de lo que no existe. A su espalda se extiende un rumor de sangre, que siguen los coyotes, los perros, las miradas.

Exhausto se echa y se pone a acariciar la botella de bourbon como si contemplara el mar: la fogata que busca puede aparecer en cualquier momento a la orilla de la carretera que hay de un trago a otro. Hay ojos en todas partes, se dice aguzando el oído; pero los bandidos ya no regresarán sino hasta que acumule suficiente vida que puedan arrebatarle.

Está tranquilo. Sabe que todavía le queda en su revólver un nombre de mujer para cuando las cosas se pongan feas.

NO FUE A MANSALVA

Ni desnudez de flor, ni labios rojos,
era un diluvio aquello en tus caderas,
un coletazo de hambre, borracheras
de muslos y saliva. Y yo de hinojos,

fuera de mí, trabado en tus arrojos,
dejándome caer en tus fronteras,
sintiendo labios, hondas tembladeras,
precipitada sal entre sonrojos.

Ni primaveras blancas ni listones,
era un quejido en alto, un sol que clama
bajo vaivenes, acabar rendido,

como un alzarse herido por arpones,
un culebreo de luz que se encarama
sobre un cuerpo que triunfa desvalido.

(1982.) Nació en la ciudad de México, el 30 de marzo de 1982. Es licenciado en letras hispánicas por la UNAM. Ha publicado el libro de poesía *Western* (2012).
Lectura recomendada
Western, Conaculta, México, 2012.

NOCHE EN VELA

Cuando su padre recorría los llanos, las pitas eran gente que acechaba lejos, probablemente piedras o espantos. Sobre sus hombros, los halcones dejaban espirales lentas. Melladas carreteras relumbraban, más de una fogata aquí y allá en memoria de alguna mujer.

Así recuerda el hombre al padre, cuidando que los cirios se queden de pie hasta la mañana.

Ha puesto el revólver de rodillas frente al ataúd. No sabe rezar, pero a sus ojos llegan mujeres con rebozos negros.

El hombre se ha acercado a los precipicios. Al fondo distingue al difunto entre holanes blancos.

Sin saberlo penetra las cosas que nunca ha comprendido, los secretos que imaginaba arder en otra sangre.

RASTREO

Por aquí pasó un último empellón de vida o quizá una espina dorsal que arrastra su supervivencia. Por la forma en que se encuentra hollado el polvo, también se sabe que ha pasado aquel que sigue un rastro. Se sabe que todo ocurre ahora, no muy lejos.

No se trata de una persecución entre animales comunes. Lo que ha dejado huellas se desplaza sobre complicadas aristas y sesgos, avanzando circularmente, encharcado en la red tendida de su cola. Es algo que hinca fuerte las pezuñas al sentir murmullos, que guía sus corvejones con el tufo a miedo.

Al ver los matojos quebrados, el hombre desenvainó la 30-30 uniéndose a un baile silencioso. Lleva varios días supliendo con crujidos de ramas y huellas en la tierra, los nutrientes necesarios para dar en el blanco; tener hambre concede fe en lo invisible.

Algo viene y se aleja nuevamente. El hombre escucha y no percibe sus pasos ni los signos inscritos tantas veces en el mismo lugar, pero su sombra insiste en círculos la cacería.

CANCIÓN PARA ASESINOS

En el breñal se oyen sierpes que cantan
devorando su vieja piel:

renuncia a tus alforjas, olvida tu camino,
sangra, no brilles para siempre:
tal vez es cierto que morir despierta.

LA OTRA MEJILLA

Es un ataque inadvertido:
el enemigo espera una respuesta igual
a su rostro, a sus trajes de batalla,
disparo o puño, simplemente.

Su desconcierto será grande
cuando se agite este poema,
en el silencio de sus manos.

ÁRBOL QUE NO PUEDE VERSE

A mi padre y mi madre los colgó el viento
de un árbol que no puede verse.
Nunca los vi juntos.
Lo que supe de ellos sucedió en retratos,
fantasmas que los ancianos dicen.
Algo tendrán que ver con la ouija.
¿Pero qué podían hacer dos sombras en las paredes
con un niño real?

Se los llevó el cansancio.
Yo que he nacido puedo decir cuánto pesan
las lentejuelas en estos ojos,
los nombres de azúcar
en las frentes blancas.
No es cierto que no tenemos miedo a la muerte.

Mi madre tenía una escopeta
bajo su cama por si venían soldados.
A ella, una calavera grande.
A ella, una calavera con muchos adornos.
Mi padre se iba a los cerros y desenterraba
muñecos de arcilla.
A él, una calavera en silencio,
una calavera con lentejuelas rojas
para ver en la oscuridad.

Que las flores cubran los muros.
Que los retratos salgan de todas las flores.
Todos los días del año.
Porque no es cierto que nos reímos.
No es cierto que no tenemos miedo.

EN MEDIO DEL DÍA

En cada rayo de sol yace un viejo tigre, y por él tomas mi mano y miro tus ojos; en él nos encontramos. Eso invisible que descubre la luz es una caricia en la nuca, un vaso de agua que tiembla, un poco de sangre.

Las cosas regresan a su país natal, hacen memoria. La casa abre los ojos. Recobra su postura el aire, toman su lugar las puertas, las ventanas.

Lo sobrenatural,
que tus ojos vengan
de un puño de tierra.
Lo que duele
es el paso del tiempo.

El día que encuentre una arruga, no de sol ni de humo, qué sábila, qué sorbo de leche, arcilla, para tejerte un velo. Hay días que no miro tu rostro.

La luz ocurre y sales del sueño. Hablas de un niño en el aire de las habitaciones; la levitación cuartea los techos cuando hablo de ti. Y vuelves cada noche y lentamente el tigre viene y se posa en medio del día.

CLAUDINA DOMINGO

UN VASO

Su transparencia nos engaña:
no es espacio ni luz,
pero así, en general,
son las cosas:
un poco de ilusión
nos salva del vacío.

MUCHACHA TRISTE BAJO EL SOL

Para Elena Noémi

Agosto cae a plomo
sobre las palomas que pican
de su misericordia.
¿Espera, no espera a nadie?
¿Fue abandonada
o sólo es perseguida?
Resplandece
en la nota más alta de su belleza,
pero no oculta que está triste,
como una flor a la sombra.
No oculta, no puede ni podría,
que algo la ha mordido y la infecta
o que extravió una cosa
sin remedio.
No sabe ni sabrá
que su tristeza ilumina la mía.

(1982.) Nació en la ciudad de México, el 8 de septiembre de 1982. Además de poeta, es narradora y crítica de poesía. Ha publicado dos libros de poesía: *Miel en ciernes* (2004) y *Tránsito* (2011). Entre otros reconocimientos, ha merecido el Premio Iberoamericano de Poesía Carlos Pellicer para Obra Publicada (2012), por *Tránsito*.
Lecturas recomendadas
Miel en ciernes, Praxis, México, 2004.
Tránsito, Conaculta, México, 2011.

MEZTLI

…por delante estaba la gran ciudad de México.
BERNAL DÍAZ DEL CASTILLO

noviembre (principios) siete pe eme   una bandera presenta al frío su baraja de colores   el crepúsculo
escupe su última promesa rota y nos arroja a la calle "como luciérnagas ciegas"   apenas iluminadas por
un cielo que acumula su ira de cenizas

dije   yo no quisiera recordar (nada)   (dije) yo no quisiera perder más   "dije" yo no quisiera
volver a escuchar palabras (nunca)   (y balas de salva) monedas falsas navajas de aire   (las palabras
todavía murmuraron) "¿quién podrá sitiar Tenochtitlan?"

lo mejor de estar oscuro es transcurrir (tragaluz o enchufe)   medio iluminado súbitamente prendido
(consideré) "de seis a cuarenta grados está bien transitar"   por la ventana anochece   "aquí no
vendrán a buscarme los demonios" (el etanol y las fermentaciones presentarán sus filos en la puerta)
"entre la petrificación" las banderas reverberan (tras la voracidad del crepúsculo)   "mira (Malinche) mi
gran ciudad"

"estaba fundada en un plano muy espacioso" (intento entrar mientras una muchacha me vende mazapanes
en el octavo vodka)   (en su centro) el fuego y la sangre   molinos (ruecas que hilvanan trasatlánticas
memorias) "en cuyos lados tenía sus compuertas levadizas"   no tiene cimientos (o se tergiversan en el
agua) también la historia oficial   (escenografía barata) la gloria de los ancestros   retahíla de escalones
(agua) "probablemente olía a podrido"   y todavía por encima del último cúmulo de roca   "un cielo
perfecto" estrellas con estrellas   sosteniendo la catástrofe sobre la ciudad   "ésta"   despertarla de
su sueño de polen para traerla a un silencio reverberante donde las palabras (larvas) se agitan (pero no
florecen)

("¿quién podrá conmover los cimientos del cielo?")   (desde un cuarto piso) el ombligo de la luna
discurre gris   detrás de palacio nacional (una sepia arponada) derrama en el cielo su menstruo (casi
siniestro)   de no ser porque me doy cuenta   (y dudo) del tino de mis palabras   traigo ánimo de
arponero o de carnada   mis palabras buscarán (balas mojadas) la yugular de sí mismas   abrir la
alcantarilla de la siguiente   (buscarán) "se perderán"

tambores y ululares ¿nostalgias artificiales?   muertos los mitos (más momias que cadáveres)   los
fósiles (a ellos la inquietud)   "¿es ésta la médula del recuerdo?" ¿me muevo en el nervio más álgido del
territorio?   se cierra ante mí (quisiera renegociar)   "quítate el collar de cuentas de vidrio (yo te
ofrendaré dos de oro y calcio)"   amanecer entre las sombras con una imagen (glaucoma encendido sobre
mí)   (insisto) "aquí mismo" deben quedar jirones "sujetando de mar a mar todos los pueblos"   un
caballo entra por el sur (la pesadilla tiene cascos)   (el emperador de los malos presagios) hubiera dado
todo por estar bajo mi chamarra   cruzar Pino Suárez con un poco de frío y mucho viento (pendiente
de la próxima borrachera)

de nuevo el sosiego (que es el migajón del desasosiego)   "todos los tragos son amargos" (éstos hacen
magia)   lámparas (brujas) "la reconciliación se formula a razón de cuarenta y cinco mililitros por litro
de plasma" (cada media hora)   "destilados sobre diez metros de carbón"   recorro la estrechez del
horizonte con codicia de poeta en los ojos   "o si era verdad lo que por delante parecía"   la pulida
maledicencia del Zócalo nocturno   su relumbrón de piedra oscura (lustrosa)   su relucir de mugre
junto al "asta bandera"   ("nada tenían en común salvo la carne")   cierro los ojos (agruras de trigo)
(sospecho) tengo los labios(los párpados) hinchados   "y un ronroneo tierno y brutal en los pulmones"

§ (supongo) el capitán iba entonces como voy (semejante) alumbrado   (perdido ante sus ojos) perdido por sus ojos (cerrarlos a la inmensidad)   el viento te da en la cara (y en lo profundo) "imbatible" el filo de obsidiana   el capitán se mueve entre el espanto y el asombro   "con ánimo de toro astado   de rompehielos quebrado" (resplandezco de ignorancia y estupor)   histrión y payaso   remedo del albatros con complejo de Ícaro o águila que cae   (con ánimo de octubre) (supuse) otros han llorado peores derrotas

silencio (adentro)   (silencio) adentro   donde nadie puede hacer bromas imbéciles que me hagan reír   "se agita" boquea en la orilla   (solicita otro) "tónic también"   (juega conmigo al silencio) en él me muerde   con él me infesta   reacciono y busco en la alforja   (hechicería) "nombra el arma y sanará la herida"   (ni el arma ni la herida) las palabras corren tras ellas   exhaustas (se detienen) "mis lebreles" (les digo) tan perros flacos   (corrijo) "adentro" donde el silencio cura a mis lebreles un templo (la herida)

releo mis cabriolas (apenas una plasta de resentimientos superfluos)   pero yo tenía apetito de conjuros "de aquí a la eternidad"(pensé) mientras las reverberaciones de un par de tragos me hacían brillar en mi ineptitud   yo quiero la juventud ¿eterna?   la perfección consumada (aunque sea en su caída)   y en la oscuridad lanzo una advertencia al universo   "dame con la vida o con la muerte" (quiero dejar en claro mientras un taxi da vuelta)   la temeridad no dura por siempre   ("no te acobardes al filo de obsidiana")   reverberar reverbera (demiurgo el diccionario)   "ella me dio silencio y verborrea aérea" (dije) (y no) balas de salva   monedas falsas (navajas de aire) las palabras todavía reverberaron

(después de los quinientos mililitros) más vale confiar en las piernas "conocen su destino"   se quiebran mis metáforas (al dar vuelta a la esquina)   un cardumen de borrachos gusanea ante la puerta   (se abate) despereza el olor a sudor y cansancio forrado en madera   (un clavo detiene en su caída al crucificado)   "señorita" (al borde de un sacrificio sintáctico) la busco y me imagino que en el fondo de su soberbia (y contra la popular afirmación de que es usted una perra)   me dará (como una noble perra) un indicio que me reconcilie (ya sabe que me urge)   no sólo con la vida   enderezo la espalda (no se ve nada bien andar echándose sobre las mesas)   usted es menos de lo que veo (la magia es un engaño que signo)   gritos cristal madera un cielo bochornoso ("la ciudad que ha de ser dueña y señora de todas las demás de la Tierra")   el viento grave insiste en apuñalar una bandera (que ya no está)   el hálito de unos dioses energúmenos hacia el noreste (las gárgolas iluminadas)   el Zócalo despostillado (humildad o culpa)   (sólo los necesitados de espejismos la construimos)
      (tragaluz o enchufe) "seguramente incendio"

mis amigos   ¿lo son o sólo están intoxicados de noche? proclives a estar cerca de otros intoxicados "luego nos arrebatarán el placer como lo hicieron antes"   luego volveremos al insomnio como lo hicimos antes (como lo hicieran otros antes) y de nada habrán servido las palabras (bla bla bla)   hotel alfombra (todo menos calle) son útiles a esta hora   la luna circunscribe lucubraciones en el cielo (no se le puede mirar sin que reverbere)   de ella no quiero saber gran cosa   cabrona Selene (la gran estafadora) (apenas un cuenco mal hecho)   corcholata inexacta   hace rato que ya no hay metro (ni alcohol)   el Mar de la Tranquilidad me espera y no llegaré (hoy tampoco)

      señorita (clamé) basta de teatro (basta de camuflaje)

TRÁNSITO

(venir a menos) ¿desde cuándo? (¿desde dónde?)   (hoy es ayer "y nunca")   (cenizas retorcidas) no se sabe si es un árbol (o un remordimiento del paisaje)   la memoria (oficial) sitúa a un hombre bajo la fronda (herido o iracundo)   "destruir es necesario" (dejarse destruir es un enigma ferviente)   un árbol "cenizas" (suposición de incendios)

playa del Carmen   pasteles (rosa y azul) tiza (estragos sobre ellos)   seniles (las ventanas)   ¿qué es lo que parece tan vivo?   (¿qué es lo que arranca a la ruina su margen de gloria?)   (los gimnasios) el ferrocarril (su idea baldía) las escuelas (que hicieron historia) los hoteles rancios (nostalgias prematuras) "ya estás vieja" (ciudad)   "ya estás gastada" (siendo aún muchacha)

Cosmos "zombra"   metralla insólita (grafiti) tabaquillo   Daniel Delgadillo (de bajada) "tiene cara de puerto"   (¿dónde están los barcos?)   tacones rojos (vestidos náufragos de un carnaval tropical) secretarias y burócratas vestidos de gala   (zapatos relucientes) ansiedad adolescente afuera de los salones de baile   (tiene) "el estado incólume" de una ciudad al borde de una masa de agua   (su ebria somnolencia) su afición por la corrosión y el óxido   (tiene estatura de gran puta) necesidad de relámpago   (tiene) largos pasillos   contingentes de palomas (billares) "ruinas"   ¿necesidad? ¿necedad? "ímpetu"   (una ciudad) sostiene en vilo un puente abortado por la imaginación de un arquitecto de prisiones   (ya sabes) los muchachos hacen piruetas bajo él   (más adelante) una vinatería bien surtida   "¿pero es que hablo de una ciudad?"

(una cerca)   (ensimismados) los monjes muestran la semilla al gorrión   (estatuas) capilla de juguete (dedal)   (lo que para otras sería una maldición) "aquí" es una disposición de la belleza   las coordenadas de un señorío de espumas graves y brotes de alucinaciones   (el espacio) parquedad de diciembre (el sol) un foco bajo la descarga   (lo demás) su sacerdocio de semáforos

Cine Ópera   en su proa (y contra un imaginario espacio abierto) sus regentas sin brazos (aparejos metálicos)   (vicisitudes de la ruina) nave espacial (zarpar)   "bendición a mujeres encinta" (chasquido de fresnos) los restos del otoño   Cedro (caos) restañar ¿quizá? los sortilegios de la hiedra (una lluvia de manguillos y mosquitas)   (Tulipán) teatro en fuga   ventanas como ojales (ojales como hojas) laureles y escudos ciegos "daños estructurales"   pudrirse "es acercarse a la inmortalidad"   (anciana Santa María) tranquila en la restitución de sus rescoldos

Serapio Rendón (un edificio) se solivianta contra lo inerte   no conoce la desesperación   se aproxima a la vida desde su decrepitud   en el balcón (un boiler o un viejo hombre de hojalata)   chimeneas (volutas canceladas)   en el entretecho (una filtración) júbilo del verdor   (palomas) presagios de la corrupción angelical   palomas (abyectas) se posan sobre los lazos de la ropa   gorgojos (y otras poblaciones minúsculas) inquilinos morosos   "metralla" o el paso del tiempo en las paredes   (una ciudad que no teme al precipicio)
(una ciudad "es su limpidez")

LORENA VENTURA

MEMORIA DE LOS DÍAS

Déjame decirte
                una a una
las palabras que olvidé un día.

Decir
no por decir
que fueron tus ojos el pan sobre mi mesa
y tus manos del todo,
            como los árboles,
elementales.

(Vine a tu piel a navegar despacio
y en ella encontré algo de umbral y de atadura.

Hay una memoria de ti en cada ruta de mi sangre.
Hay una muerte de mí en cada ruta de tu sangre.)

Déjame enumerarte el tiempo infinito y duro de estos días,
poner tu abandono sobre la paz obligatoria de mis horas,
confundir las partículas del polvo con tu nombre.

(Tu nombre
—habla el recuerdo
se escribía con la misma tiza que la luna.)

Déjame medir tu ausencia con insomnios
y contarte cómo envejecen mis entrañas,
Cómo los lagartos han venido a destrozar
                la transparencia de los sueños.

(1982.) Nació en la ciudad de Oaxaca, el 9 de octubre de 1982. Es licenciada en lingüística y literatura hispánica por la Benemérita Universidad Autónoma de Puebla, y maestra en letras latinoamericanas por la UNAM en donde cursa también el doctorado en letras. Además de poeta, es ensayista e investigadora. Ha publicado el libro de poesía: *Bach para sentirse bueno* (2005), y tiene en proceso de edición su segundo libro: *Marcas de viaje*. Entre otros reconocimientos, ha merecido el Premio Nacional de Poesía José Emilio Pacheco (2004), por *Bach para sentirse bueno*.
Lectura recomendada
Bach para sentirse bueno, Universidad Veracruzana, Xalapa, 2005.

§ Porque ya no te veo más he ido olvidando los colores.
Y porque ya nadie me escucha temo incluso al diccionario.

Porque cada minuto es un instrumento
            que prolonga la amargura,
porque ya ninguna raíz nace de mí para crecer profunda
y porque ya no he de volver de este destino subterráneo:

Que la noche me oscurezca con sus horas.
Que mis zapatos sean tan pesados
            que llegue tarde a todos los crepúsculos
Y que el silencio de este poema sea tal
que sólo fantasmas puedan descifrarlo.

ESA TRANSPARENCIA EXISTE

Soy yo en esta ciudad sin puerto
bajo un laurel tan alto,
laurel como ninguno, sin una gota de sombra,
verde escalofrío de ramas.
Aquí hacen falta cocodrilos para llorar.

Junto a esta casa amoratada por las bugambilias
Junto a estos pericos con su jaula y su palabra aparte
Junto al hielo que naufraga en la ceniza de mi lengua
Junto al tiempo carnívoro.

Crece la ciudad de piedra vegetal de mis mejores días.
Con este verde yo hubiera construido un barco de cantera
y vestiría al mundo de inmóviles follajes.

Incinero aquí a la esclava que extravió su cuerpo
y se dejó hechizar por la palabra.
Ardo en las llamas esmeraldas de un relámpago
de insectos.

Se fueron los años en esta transparencia.
Tropezaron aquí todos mis fantasmas.

Aquí en Oaxaca la luz de la cantera
evita el tránsito del tiempo y por ella
mis retinas son cada vez más hondas. Venimos
de los días. Hacia días más profundos voy.

Como una contraseña tengo todavía
como entonces
mi infancia entre mis labios.

Todas las puertas se abrirán.

BACH MIRA LLOVER

Aquello que me fue llenando desde el fondo
          era su música.

Lo sé porque algo de mí
fue quedando entre los árboles.
Algo distinto de la lluvia
que no era trueno
ni rumor de pájaro
ni el aleteo negro de la ira.

El viento era una oleada de cristales rotos
que un ángel
—apresurado por la niebla
levantaba.

La tarde: un tumulto de estrellas imprecisas.

Para quien el amor es un colibrí dormido entre sus manos.
Para los murciélagos
—hojarasca de la noche
en cuya piel la luna resuena.

(Los murciélagos,
atados a una rama
entienden al revés la noche.

Y cuando duermen
son partidarios unánimes de la gravedad.
Y su amor es ciego)

Para los caracoles en su amor paciente:
espiral de aire cayendo en la floresta.
Para quien sufre como la afrenta de una espada
el fruto amargo de la noche.
Para la luna
—ritmo esférico limpiando
el pecado inmenso de la noche.
Para la primavera,
porque antes de sus pasos todo estaba abandonado

(Esta mañana vino la cuchara de una abeja
a averiguar algo entre las flores)

Y para todo lo que viene
que seguramente será rosado.

Aquí está su canto de pan y leche caliente,
de llovizna y animal dormido.

§ De fugitivo resguardado.

Aquí está su huella de animal dormido
a orillas del crepúsculo.

Ahora sólo queda esperar

el claro y sencillo chapoteo:
ruido hecho de mineral de cosmos,
arena-ritmo
        de girasol marino.

Tener cuidado de acallar
el tren ruidoso en nuestro pecho

Y no despertar a nuestro ángel de la guarda.

DALÍ CORONA

SUSANA DE LA MAÑANA

Susana de la mañana
tienes escritos hasta en la tarde…
RODRIGO GONZÁLEZ

Aquí se trenza el corazón; viaja
en camisa de once varas.
Se trenza la tripa, se rompe
y crea ríos,
mares que disuelven mi voz emponzoñada.
Aquí la agrura, la memoria cayendo a pedacitos,
lo grave de la sangre a fin de mes.
Aquí, Susana de mi boca.
Aquí, Susana envergadura de la tarde
se cae contigo el cielo,
se fragmenta.

DONDE LA NOCHE COME…

Donde la noche come
su grano de maíz,
su turbio canto rojo,
ahí mi voz es un felino ciego que se estira
para dejar justo el zarpazo,
la marca,
en mitad del rostro
por gracia del olfato y la memoria.
Piedad otorgo al que paz otorga,
al modo de los puros cardenales,
mas, si acaso, al cruzar el río,
de su legua brotaran como hienas

(1983.) Nació en la ciudad de México, el 1 de julio de 1983. Además de poeta, es crítico literario y editor. Ha publicado tres libros de poesía: *Voltario* (2007), *Ansiado norte* (2010), y *Cartografía del tiempo* (2012). Entre otros reconocimientos, ha merecido el Premio Nacional de Poesía Efraín Huerta (2009), por *Ansiado norte*, y el Premio Nacional de Poesía Joven Francisco Cervantes Vidal (2012), por *Cartografía del tiempo*.
Lecturas recomendadas
Voltario, Conaculta, México, 2007.
Ansiado norte, La Rana, Guanajuato, 2010.
Cartografía del tiempo, Conaculta, México, 2012.

mínimos reflejos de navajas o cristales,
atento, atento que te digo,
que he de cerrar los ojos
y soltar el garfio.

POSTAL

Con sus crenchas caídas,
con sus ojos de santo,
todo, todo desnudo,
casi azul, de tan blanco.
OLIVERIO GIRONDO

Cuando me acerqué a mirar el cuerpo
ya abundaban las patrullas y la gente.
Ya se contaban historias increíbles
de cómo fue que apareció
de no se sabe dónde.
Quedó a la mitad de la calle
deteniendo el tránsito del viernes;
tenía levantado el vestido
y uno de sus zapatos miraba hacia el bullicio
de la salida de una tienda.
No tendría más de quince años y su sangre
iluminaba el piso como un campo de manzanas.
Alcancé a ver, por arriba del hombro
de otro que al cuerpo se asomaba,
que de su mano pendía, como un badajo de campana,
su dedo meñique.
La ambulancia se llevó lo que quedó de ella,
y yo me quedé parado al filo de la calle
mirando pasar a los camiones.

LA VOZ DE MI HIJO...

La voz de mi hijo al despertarse
no es la misma que al cruzar
la puerta de la escuela.
Un río que en su viaje lleva peces
cuando a las siete en punto se levanta,
un páramo sombrío cuando suena
la campana que le muestra
que es la hora de empezar las clases.

Solemos platicar en el camino
de la casa hacia la escuela;
hablamos de los días pasados
y lo que haremos al iniciar las vacaciones.

Repasamos, juntos,
vocales y alfabeto,
corregimos
nuestra expresión verbal
para las cenas familiares.

La voz de mi hijo en las mañanas
no es la misma que al cruzar
la puerta de la escuela, algo,
como un banco de peces,
le cruza la garganta
y le impide decir "adiós, papá"
cuando me marcho.

CENTRO

No conozco bien el centro de la ciudad en la que vivo.
No sé los nombres de sus calles
y si ubico alguna
es por una plaza comercial o restaurante.
Aun así, me gusta caminar y suponer que sé
hacia dónde me dirijo. Me gusta
mirar los edificios y sugerirle al tiempo
algún cambio en la estructura de una casa
o más discretamente
en las ventanas.

Conozco cerca de diez cafés distintos
que creo siempre son el mismo; librerías
donde nunca he comprado un libro
pero que frecuento cuando paso. Casi siempre
como por la tarde en las cantinas, que son fáciles de hallar
cuando me encuentro muy perdido.

Me gusta ver desde afuera a las iglesias,
al vendedor de dulces en la entrada
que ya hizo a modo suyo la puerta y los peldaños.
No sé por qué lugar queda qué número,
para dónde se encuentra el sur o el norte,
quién baja las cortinas de las tiendas
cuando el último perdido se ha marchado.

No conozco el centro de la ciudad en la que vivo,
y aun así, ay, vestidos de novia, ropita de bebé para el bautizo,
ay, la tienda de sombreros, la catedral hundida,
ay, los pobres, la vendedora de juguetes.
Cómo me gusta caminar y suponer
que sé hacia dónde me dirijo.

MEAVE

The more you ignore me
the closer I get
you're wasting your time
MORRISSEY

Camino República del Salvador trece treinta de la tarde mientras helado napolitano
olor a torta de pastor y Coca cola veo pasar a la gente con rumbo a la alameda
Camino buscando no sé qué pieza para la televisión y Converse negros

Tu ausencia hace llover encima de mí
el espacio que queda entre la lluvia

Escucho una cumbia que me recuerda al tianguis de casa de mi abuela
Chambacúchambacú, mi lindo barrio querido
Chambacúchambacú, mi tierra que no la olvido
Miro el reloj y catorce cinco de la tarde
Camino a la otra acera para ver si atrapado por su pasado Carlitos Way y veinticinco grandes temas
de Laura León eres tú la que revisa unas calcetas
Te imagino acostada en tu colchón nuevo viendo de cabeza las fotos de tus amigos
no hay ninguna mía Kodak Polaroid Digital Cam
una plaza con palomar de la ciudad de Chihuahua
y hamburguesa al carbón con Pancho Villa

Ay, Santa Cocaína ron Arrecha
La Habana Essex Juárez Ciudad de México
Una puerta que se azota

Ahora *linda caleña caleñita de mi amor* y el trolebús de donde suben hombres mujeres y niños y bultos
de ropa sucia seguramente con rumbo a una colonia donde haya agua

Cómo me gustaría colgar de tu muro y que me mires boca abajo
salir famélico caballo por el parque y dar la vuelta
el tuyo rosa el mío más discreto
Pastel de cumpleaños comprar los reyes para el niño

Doscientos cuarenta pesos chip de arranque y sintonizador de canales digo que es mejor seguir
buscando y choco con se arreglan celulares de todas las marcas y modelos
Veo a una muchacha que arregla una laptop como la tuya y botas altas de gamuza
pienso en ti llorando mariscos en Huichapan

Ay, Santa Cocaína ron Arrecha
Y sospecho que hubiera sido preferible
quedarme con aquella perdida parte mía
y no con este casi todo
que aún sigue sin caer.

Por fin diecisiete veintidós metro bellas artes y hotdog tres por quince con boing de uva
Por fin control remoto y películas desde la cama
Por fin te amo y hemorragia de placer BrezzersOgsamatrixXvideo punto com

ZAZIL ALAÍDE COLLINS

RECUERDO

Cuando destapé la caja del abulón, un destilado de gardenias irrigó el cuarto y empujóme como ventisca. De pronto, recordé: los resquicios, la postal con el beso nunca dado, la abeja en ámbar, un boleto de avión caduco [AM158N/16E.No-Smoking], las fotografías, boca abajo. Me detuve, en blanco, ante los recuerdos [10"] Las fotografías.

Me abrazaba, mientras señalábamos al cielo.

Quise decir aquello que nos faltó, e hicimos el silencio.

Nos esquivamos los ojos. Al amanecer, una ola me lo arrebató.

El mar lo sorbió, como a las gigantas. Lo recuerdo en las caracolas que habitan mis macetas.

MOTIVOS DEL RETORNO

Pico el cebo. Los anélidos del recuerdo palpitan. Regeneran sus nódulos. El lanzamiento de las cañas me extrae las corrientes submarinas. El carrete aprieta las arquetípicas melodías que, como organillo, se elevan, agudas y repetitivas, implorando lutos para caídos, galas en nombre de lo genuino. Mi canto-sirena sostiene una letanía de quisieras. Heme aquí, otro invierno ripioso de remembranzas escleróticas. Me encauzan las migas de flores muertas y copas partidas, focos fundidos, espejos fracturados. Son las deudas. Esas deudas. Deudas de lo enfermo. Los momentos, como de costumbre con la rabieta, tienen los senos obstruidos, respirando por mi boca. Me acurruco. Un instante, recuerdo el instante y es la boca de la serpiente la que pelea por escabullirse en círculos concéntricos, besos azules. Y la loción de la amapola en un pájaro plateado, casi, casi. Y la amazona devorándolo. Y un salate o árbol de la india. Qué más da la espalda que mi dedo índice extraña, qué más. Acaricio el escroto. Hablo. Acaricio el escroto, tibio perineo. Hablamos. Siempre sobre el infinito, galopando en mármoles o mesas de billar. Frente a un espejo, sin mirar. Fue nuestro mejor papel. Hablo. Despacio. Como en las nupcias. Desenlazamos los listones de encaje. Me chupa. Duerme. Por detrás, hablamos, enlazándonos. Sí, sí. Señalábamos al cielo. Usaba mi ropa. Olía a mí. Pantalón crema y blusa carne, con escote. Al otro lado del árbol, fue el sueño. Encontrar los ojos de los *sally lightfoot* e incluirnos en el abecedario de los lunares y las pecas. En los pies. Sin desfiles. Hablamos desde el nada más que hacer. Salir, luchar. Pero antes, esparcir las cenizas en mar abierto, nombrando a cada trepidante. Había que volver a que la sal curara las heridas.

PLAYANA

De San Miguel de Guaymas
a la misión en ruinas de Mulegé,

(1984.) Nació en la ciudad de México, el 1 de septiembre de 1984. Es Licenciada en letras hispánicas por la UNAM, con especialidad en ciencias antropológicas por la Universidad Autónoma Metropolitana (UAM). Además de poeta, es ensayista y locutora. Ha publicado dos libros de poesía: *Junkie de nada* (2009) y *No todas las islas* (2012).
Lecturas recomendadas
Junkie de nada, Lenguaraz, México, 2009.
No todas las islas, Instituto Sudcaliforniano de Cultura-Conaculta, México, 2012.

siendo toda santa,
voy en mi fragata.

Quiero librar la soledad
cantando a la mar, esa vieja señora
que se llama Santa Rosalía
y, en otras nanas, San Sebastián.

Vengo de buen oriente,
disipando la baba marina
desde la cerúlea escafandra
del corsario Collins.

Vengo de un pueblo minero,
dividida en sus rastros,
esporas y acantilados huesos:
soy cachanía de mar y desierto.

Yo quiero librar la soledad
cantando a la mar, esa vieja señora
que se llama Santa Rosalía
y, en otras nanas, San Sebastián.

ROSAVENTO

A Bandarra y Pessoa, as ondas do mar

Cuando la rosavento
huela a sirope mediterráneo
remallaré mis medias
con las barbas del jeremías,

desde la sierra gorda
preguntaré por los forasteros
y los inexactos letreros
del trópico de cáncer,

regresará　　　no llegará
regresará　　　no

EL MONÓLOGO DE LA CALAFIA

A la partida de Tomas Cavendish con Leucótea

Cavendish prometió volver.
A babor y estribor,
sostenidos por obenques
y amantillos,

§ vamos a construir una nave
a la que no pueda sajársele el mascarón.

La Calafia perdió la razón.
Inmolé al cimarrón
en honor a las gigantas
de las múrices cuevas del Ado.*

Desnuda, en la tierra del cristal,
dormí en el gamellón del moro.

Cavendish no retornó.
Arrojemos la brújula al mar,
que se pierda en la panza de la ballena
cuando el sol tramonte;

mientras, aireemos la guerra
que sorbe a las gigantas.

La Calafia sola.
En el arcón de mi ósculo demente
se vislumbra el himeneo
ante el que nombro al que bien quiero,

si lo añoro,
las olas me prometen verlo volver.

La Calafia espera en un muelle de Cabo Pulmo.

Las Californias.

CORAZÓN DE VALVA

Ulúlame la conchiolina,
con tu canto, paria,

doméñame,

lústrame el nácar,
aunque sea de vez en cuando,

que las valvas de mi corazón
te modelarán sus lágrimas.

CHRISTIAN PEÑA

EL SÍNDROME DE TOURETTE

> *El síndrome de Tourette* […] *se caracteriza por un exceso de energía nerviosa y una gran abundancia y profusión de ideas y movimientos extraños: tics, espasmos, poses peculiares, muecas, ruidos, maldiciones, imitaciones involuntarias y compulsiones de todo género.* […] *El paciente de síndrome de Tourette constituye (tanto clínica como patológicamente) una especie de "eslabón perdido" entre el cuerpo y la mente.*
>
> OLIVER SACKS

> *Yo nací un día*
> *que Dios estuvo enfermo.*
>
> CÉSAR VALLEJO

En el principio fue el verbo
y luego nadie supo qué decir.
O quizá todos dijeron tanto que era imposible entender,
prestar oído a la voz ajena.
Alguien dijo: *Mi virtud es errar.*
Otro dijo: *La coz del caballo me destrozó el pecho y vació mi corazón.*
Uno más, envuelto en una fiebre oscura,
hincado ante el retrato de algún santo,
juró que rasgaría el cielo con un aullido
igual o parecido al de un lobo de monte.
Alguien fue cacofónico.

(1985.) Nació en la ciudad de México, el 9 de enero de 1985. Además de poeta, es ensayista, antólogo e investigador. Ha publicado siete libros de poesía: *Lengua paterna* (2009), *El síndrome de Tourette* (2009), *De todos lados las voces* (2010), *Janto* (2010), *Heracles, 12 trabajos* (2012), *El amor loco & The advertising* (2013) y *Me llamo Hokusai* (2014). En colaboración con Antonio Deltoro, publicó, en 2010, la antología *El gallo y la perla: México en la poesía mexicana.* Entre otros reconocimientos, ha merecido el Premio Nacional de Poetas Jóvenes Jaime Reyes (2008), por *De todos lados las voces*; el Premio Nacional de Poesía Amado Nervo (2009), por *El síndrome de Tourette*; el Premio Nacional de Poesía Joven Francisco Cervantes Vidal (2010), por *Janto*; el Premio Nacional de Poesía Clemencia Isaura (2011), por *Libro de pesadillas* (aún inédito); el Premio Nacional de Poesía Ramón López Velarde (2011), por *Heracles, 12 trabajos*; el Premio Nacional de Poesía Enriqueta Ochoa (2012), por *El amor loco & The advertising*; el Premio Nacional de Poesía Efraín Huerta (2013), por *Veladora* (aún inédito), y el Premio de Poesía Aguascalientes (2014), por *Me llamo Hokusai*.
Lecturas recomendadas
Lengua paterna, Ediciones sin Nombre, México, 2009.
El síndrome de Tourette, Mantis, Guadalajara, 2009.
De todos lados las voces, Universidad Autónoma de la Ciudad de México, México, 2010.
Janto, Conaculta, México, 2010.
Heracles, 12 trabajos, Universidad Autónoma de Zacatecas, Zacatecas, 2012.
El amor loco & The advertising, Filodecaballos, Guadalajara, 2013.
Me llamo Hokusai, FCE-INBA, México, 2014.

Alguien amenazó de muerte a su esposa.
Alguien lloró.
Yo estuve en el principio, por lo que he escuchado.
Yo dije: *Nada es relevante.*
Luego me contradije: *Todo tiene un valor.*
Luego mentí y quise contárselo a los otros.
Luego me arrepentí.
Alguno más dijo tres veces: *Lengua, lengua, lengua.*
Luego, alguien le dijo que estaba enfermo.
Otro preguntó: *¿Acaso no estamos enfermos todos?*
A mí me gusta oler las manos de la gente, a él le gusta comer moscas,
ése prefiere limpiarse las orejas hasta encontrar la sangre;
a ese otro le encantan las puertas giratorias,
aquél no deja de encoger los hombros.
¿Acaso no es eso estar enfermo?

Lengua larga. Lengua, otra lengua.

Por qué todo se repite.
En el principio fue el verbo
y luego nadie supo qué decir.
Por lo que sé, yo estuve en ese principio, pero quizás estuve en otro.
En ese principio alguien dijo: *Hay quienes piensan que soy un farsante, que mi enfermedad no existe; que me*
encuentro cómodo gritando obscenidades a los cuatro vientos. Hay quienes piensan que sólo hablo el lenguaje de
cantina y que no es cierto que la coprolalia sea un síntoma del síndrome de Tourette.
Otro dijo: *Todos tenemos Tourette.*
Vallejo estuvo ahí y dijo: *Yo nací un día que Dios estuvo enfermo.*
Vallejo dijo: *Golpes como del odio de Dios.*
Vallejo dijo: *El suicidio monótono de Dios.*
Yo lo sé, porque estuve en ese principio.

Lengua, lengua, otra lengua.

Desde hace días tengo ganas de gritarle a alguien: *Malnacido.*
Un malnacido dijo en ese principio en el que estuve,
y que no recuerdo ya si ocurrió de noche o al amanecer,
que su ingle olía al sudor del mundo;
que su mujer era la mejor amante del mundo;
que su dolor era humano y de este mundo;
que él había creído en el mundo hasta que cayó enfermo.
Otro más dijo: *A mí me duele el mundo, pero no me quejo.*
Otro lo interrumpió y dijo: *Yo nací mal: mi cuerpo se puso en mi contra desde el principio. Dentro de mí hay*
más de un centro, una cadena de mundos que chocan entre sí. Digo cosas que no pienso. Me muevo sin querer.
Nací mal, seguramente un día que Dios estuvo enfermo. Yo fui el dolor de cabeza del mundo, el malestar de Dios.
Yo soy el accidente.

Puterías. Muerdealmohadas. Soplanucas.

Alguien dijo ese día:
Qué vergüenza escribir malas palabras en un poema;

y más aún en un poema aislado,
un poema como una isla donde el lector no entiende lo que pasa
y sólo desespera e intenta en vano atravesar el mar.
Muchos le dijeron a ese alguien que estaba equivocado.
Otro le dijo que lo que había dicho era cacofónico, que rimaba.
Tal vez alguno estuvo de acuerdo. Yo no.
Yo estaba ocupado, diciendo: *Nada es relevante.*
Alguien, uno del que ya hablé,
ese día o noche del principio del que hablo, dijo: *Lo que yo tengo fue descrito por Georges Gilles de la Tourette,*
un neurólogo amigo de Freud. Lo que yo tengo, según Tourette, se caracteriza por tics compulsivos, repetición
de las palabras o los actos de los demás (ecolalia y ecopraxia), y por pronunciar de una manera involuntaria o
compulsiva maldiciones u obscenidades.

Lengua larga. Lengua, otra lengua.
Tengo un conejo gris que baño en leche.

Por qué todo se repite.
Ese día, o noche, del que aún no puedo contar todo,
yo dije: *Todo tiene un valor.*
Hubo alguien más que dijo:
Mi mujer tiene las piernas más duras de toda la ciudad;
sus pezones se erizan si acaricio su pelo o si escucha,
de pronto, un silbato en la oscuridad;
sus ojos negros muestran la pasión de un perro atropellado.
Alguien le contestó: *Eso que dices me hace ruido: oscuridad y ciudad riman.*
Otro dijo: *Yo tengo un amigo al que le gusta perseguir ambulancias en su auto.*
Hubo otro que escupió su rostro en el espejo.
Otro se mordió la lengua.
Otro gritó el nombre de su esposa.
Otro más, cansado de escuchar a todos, se encogió de hombros.
Vallejo dijo: *El traje que vestí mañana no lo ha lavado mi lavandera.*

Otra, otra, otra lengua.
¡Cuidado con el perro!

No sé si fue ese día, o noche,
cuando le lancé un guiño a la muerte, y otro, y otro.
Pero la muerte no quiso coquetear conmigo
y le grité hasta que los labios me dolieron y fue en vano.
La muerte sólo vino por los otros, yo conocí a alguno,
que sí murieron y ahora me llevan ventaja.
Uno de ellos, antes de morir, dijo:
La muerte es una señorita de escote pronunciado.
La muerte cobra por hora y no da besos en la boca.
La muerte es blanca; tiene la piel de gallina,
y cuando no está matando a alguien,
se mira en el espejo y se arranca las canas y los pelos de la nariz.
Otro, señalando al cielo, dijo: *Al amanecer el sol hará polvo las tumbas.*
Otro más, dijo: *En una urna de mármol tendrá lugar el desierto de mi piel y huesos.*
Vallejo dijo: *¡Hoy he muerto qué poco en esta tarde!*

Vallejo dijo: *No temamos. La muerte es así.*
Yo escuché lo que dijeron, aunque estaba ocupado diciendo:
Sé de memoria la fecha de mi muerte. Nada es relevante.
Alguien más, inmerso en su discurso, dijo: *Hay quienes piensan que hay algo primitivo en mí, que el síndrome de Tourette libera lo que habita en lo más hondo de mi inconsciente. Pero lo que yo tengo es un trastorno neurobiológico de tipo hiperfisiológico; una excitación subcortical y un estímulo espontáneo de muchos centros filogenéticamente primitivos del cerebro.*

Ramera, golfa, zorra, perra, puta.
Quiero tomar agua de alfalfa a medianoche.

Por qué en el principio fue el verbo,
por qué si nadie sabía qué decir.
Por qué nada es relevante.
Por qué alguien dijo que estaba a punto de rendirse.
Por qué otro aulló.
Por qué otro apuntó con un arma a su esposa.
Por qué otro encogió sus hombros.
Por qué otro insistió y dijo: *Mi virtud es errar.*
Por qué Vallejo dijo: *Tengo fe en ser fuerte.*
Por qué alguien más repitió: *Todos tenemos Tourette.*
Por qué alguien dijo: *A veces lanzo cosas que terminan por romperse en la pared; otras, relaciono extrañamente a un perro con mi madre. Mi atención y mi oído son llamados por lo raro, lo inusual. Hay momentos en que comienzo a escribir obsesivamente, ¿por qué?, ¿acaso escribir es sólo un padecimiento?, ¿la escritura es una consecuencia de la enfermedad? No lo sé. La enfermedad podría ser, en todo caso, un síntoma de la escritura. ¿Escribir es un acto involuntario, un reflejo crónico? Lo ignoro.*
Por qué alguien comenzó a aullar después de lo que se dijo.
Por qué todos nos creímos enfermos en ese momento,
en ese principio del que hablo.

Quiero comprar una dentadura postiza.
Quiero otra lengua, una larga.

Por qué el principio fue contradicción.
En ese principio era de día
porque los árboles tendían sus sombras al descanso,
las aves recogían migajas de la mano abierta de las banquetas
y una anciana llevaba lentes de sol.
Era noche, quiero decir, por qué todo es contradictorio.
Era de noche en ese principio porque mi corazón estaba oscuro
y los ciegos atenuaban su tiniebla,
pasaban desapercibidos entre la oscuridad de los otros,
y alguien quiso encender la luz, prender una vela,
y todos corrimos confundidos y alertas
y nadie supo qué hacer ni qué decir.
Por qué todo inicia con el caos.
Por qué la luz necesita la sombra.
Por qué no logro recordar si ese día era noche.
Por qué alguien preguntó si escribir es un acto involuntario.
Por qué dije: *Escribir no es relevante, nada es relevante.*

Por qué otro dijo: *Lo que yo escriba quedará impreso en la noche*
como una prueba de que siempre estuve solo.
Mi amor renacerá en cada palabra,
alguien escuchará ese canto afilado a la luz de una lámpara;
alguien dirá que era hermoso como el nacimiento de un leopardo;
otros dirán que era en verdad horrible
como una mujer amarilla de hepatitis;
otros dirán que nunca lo escucharon;
y alguien más, alguno, acaso, dará la vida por él.
Por qué los aullidos de alguien rasgaron el cielo
e interrumpieron intempestivamente lo que se decía.
Por qué Vallejo dijo: *¡Y si después de tantas palabras, no sobrevive la palabra!*,
por qué dijo: *Esperaos. Ya os voy a narrar todo,*
por qué dijo: *¡hay ganas de quedarse plantado en este verso!*
Por qué quiero otra lengua.
Por qué el mismo del que hablé hace un momento, dijo: *Lo que yo tengo puede ser utilizado creativamente.*
Cuando los touréticos nos exponemos a la música o a una actividad rítmica, puede producirse una transición ins-
tantánea de los tics descoordinados y convulsos a la capacidad de moverse de manera perfectamente orquestada.
Lo que yo tengo puede darme paz a ratos. Lo que yo tengo puede olvidarse, pero no sanar.

Quiero otra lengua.
Quiero correr hasta borrar mi sombra.

En ese principio en que fue el verbo, alguien dijo: *A veces, me imagino encerrado en un cuarto, con otros como*
yo: somos un griterío de personas a un mismo tiempo; una persona que lanza diferentes gritos. Comenzamos a
hablar sin ningún orden, a emitir sonidos extraños, a articular una lengua ininteligible, a tratar de decir lo que no
puede decirse; a repetirnos, una y otra vez lo que no puede decirse; a atropellar lo que no alcanza a decirse; a dar
la vida por oír lo que no puede decirse.
Por qué alguien le gritó a ese hombre: *Malnacido.*
Por qué alguien insistía en matar a su esposa.
Por qué alguien encogió sus hombros.
Por qué Vallejo dijo: *¡Y si después de tantas palabras, no sobrevive la palabra!*
Por qué otro dijo: *Se trataba de reunirlo todo en una sola voz,*
de conjugar un verbo en un tiempo estático;
de hablar otra lengua, una larga, una estática;
de formular entre el ruido una voz para todos.
Se trataba de tejer una red de lenguaje,
una red donde la palabra estuviera al alcance de la sed de todos,
de tener por siempre un verbo en la punta de la lengua.
Se trataba de tener qué decir,
de tener qué contar en el filo de un grito,
se trataba de un enjambre de gritos, de gritar al unísono.
Se trataba, más que de una cascada, de un despeñadero de sonidos.
Y luego ese alguien se detuvo.
Por qué, por qué demonios se calló.
Por qué demonios el aullido de alguien interrumpió lo que decía.
Y yo por qué demonios dije: *Nada es relevante. Sé de memoria la fecha de mi muerte.*
Por qué empecé diciendo: En el principio.
Si no sé en qué principio era, ni de qué hablaba.

KAREN VILLEDA

LEXICOGRAFÍA A
[Fragmentos]

—¡Ah! El llanto es un pretexto. La destreza mide el lagrimal adusto, una desviación más del "Nosotros" hacia *Lobreguez*. El escindir de hortalizas, la mirada retraída, el paramento del Dúplex, la permanencia de la sombrilla en su bolso… *No confía en mí. Soy lento en el hacer y el quehacer. Preciso la indicación: Eventualidad, olor del regaliz, creer que el rocío es un milagro sobre el pasto seco. Sin embargo, siempre la espero. (Rehacer la dicción)*. Mácula: Nada, nadie regresa… Ya está llorando para amonestar el retraso. ¡Fue un segundogénito! Concibo una nueva categoría para mi inventario: "Acompañamiento de algarabías". Femenino me da lástima. Olvido su nombre…

HORADACIONES DE *LOBREGUEZ* EN EL NIDO DEL ZORZAL

*

—¡Ah! Masculinidad conoce todas las piezas que no soy. Soy otra *todo Tiempo, nada Espacio*. Atribulación de Persona: Desprendimiento de posibilidad. Cedo a los años, insisto en la peculiaridad. No soy Ella. *La soledad se refleja en mi pluralidad de nombres.* ¿Quién soy? En la discordancia fijo la mirada en el cenagal. *Amor mío, ¿qué te he hecho? ¿Cuál es el fondo?…*

ZORZAL HUELE A MADRUGADA

LEXICOGRAFÍA O
[Fragmentos]

OBLICUÁNGULO

Los ángulos de la Pareja son el Rostro. La forma del miramiento es una figura circular que se inserta como lugar seguro interiormente de *Lobreguez*. La vena combatiendo la frente tiene como propósito demoler a

(1985.) Nació en la ciudad de Tlaxcala, el 4 de julio de 1985. Es licenciada en relaciones internacionales por el Instituto Tecnológico y de Estudios Superiores de Monterrey, y maestra en derechos humanos y democracia, con especialidad en políticas públicas, por la Facultad Latinoamericana de Ciencias Sociales. Tiene también una especialidad en derechos humanos y políticas de drogas por la Universidad Central Europea, de Budapest, Hungría. Además de poeta, es escritora multimedia, narradora y ensayista. Gestiona el proyecto LABO: *laboratorio de ciberpoesía* (www.labo.com.mx). Ha publicado cuatro libros de poesía: *Tesauro* (2010), *Babia* (2011), *Dodo* (2013) y *Constantinopla* (2014). Entre otros reconocimientos, ha merecido el Premio de Poesía Punto de Partida (2008), por *Tesauro*, el Premio Nacional de Poesía para Niños Narciso Mendoza (2005), por *Leopoldo y sus siete gatos*, y el Premio Nacional de Poesía Joven Elías Nandino (2013), por *Dodo*.
Lecturas recomendadas
Tesauro, Conaculta, México, 2010.
Babia, UNAM, México, 2011.
Dodo, Conaculta-Gobierno de Jalisco, México, 2013.
Constantinopla, Posdata, Monterrey, 2014.

la Pareja. El latido que no gotea revela a la circulación que se detiene (tráfico de glóbulos). El Rostro es alabastro: las facciones son serpentinas que se adaptan a las circunstancias de Pareja (situación que disgrega). El horizonte es el hundimiento, esperanza que apuntala en el jardín de cristal (escarchado). Hay nudo que jamás se desata, mientras el semblante se acopla al quicio (piensa en Shakespeare). Rostro busca al espíritu que, al compás de la espineta, anhela Tiempo y Espacio. Rostro se reconfigura en la cerrazón, en la pieza ósea de cal (grafía del ahogamiento). Rostro se tensa y es oblicuo. Rostro se rompe. *Ángulo jamás rectitud.*

OSTEOLOGÍA

Femenino y Masculinidad refieren al gimoteo en gradas (sucesión de escalafones y huesos). Nunca sospechan. No saben que el tendón espera al infinito, que el cartílago paraliza la tibieza. Piensan que la caléndula cura hasta el hueso, que el armazón es invencible. Este sostén no construye la casa, sólo un hombre y una mujer, ambos oblongos. El movimiento es ilimitado (o eso creen después de contrapeso del aerolito). En el andador observan que la médula espinal sube escalones, baja escalones. Da un respingo, está agotada…

BABIA

Desperdigo lutos.
Desperdigo lutos en la insolencia del herbaje alegando el nombre de la penumbra: Babia. Aquilato cada fisura en la clepsidra. *Se humea el ramalazo del acebo.* Pernocto la mirada (aparente alianza) sobre cernícalos de plata viva. *No cabe la oropéndola en el pecho.* Se malogra el rudimento de la espera. Es temporada de borrasca, los frunces del poniente demuelen artículos de fe.

*

Nadie desgarra este silencio. Brotan armillas de palique en mi lengua que derivan estatuas. Se tensa mi aliento, zanjando una reinvención de cementerio. "Habla la constelación de cenizas." No hay filamentos de saliva que se desprendan de la chicha. "Me hace falta un muslo para fraguarme." Aquí, en Babia, me juran rostros de caliza y aguijón. *Impensable es la aridez.*

*

Hay que apilar muslos en la incertidumbre del reguero.
El pliegue del muslo se abstrae.
La arquitectura de tensión corporal subyace en la facundia. Empuño mis dientes de leche en la piedra, corola geométrica, gran rosetón de la catedral. (Pétalos como migajas para una oropéndola desfavorecida.) Es la perspectiva de huesos, osario de músculos que se calan sin la caricia apropiada. Entreveo el rebosadero, filo de una respiración entrecortada.
Apetito genésico en la palabrería del afecto.
Cada ruego es una imperceptible repatriación a Babia.

*

Me sorprende tener corazón para la demencia.

*

Es la canilla de la estirpe la que manda. A cuentagotas se derrumban mis reflejos de sangre en una escalera corporal. "No hay cuesta arriba." Contrafuerte en el madero para bautizar los pozos arrojando *este* cuerpo sobre redondeles de carcoma. La trabazón de los dientes siembra sangre en la tierra agrietada de Babia, cesan los albores en el alfabeto del lodo.

No hay un reino para incendiar bajo las vendas de mis heridas. Hubo, entonces, un anhelo volcado para repartir en la heredad codiciosa, sin frutos que recoger y el hambre oculta en las encías. "Es lo único que hay para la tripa."

*

La saliva hace madejas de estambre níveo. *Este lenguaje me aturde, decapita mi lengua hasta labrar el aire con un azadón brumal.*

Temo empantanarme la boca sin más.

*

He codiciado este acebo por sus nidos transversales. El titubeo que se desprende de su tronco es propio de un firmamento sicalíptico. Deserto de la vanidad. *Se exaltan las entrañas de Babia pronunciando una mira de sombras.* Soy el vuelo quebrantado de la oropéndola. El acebo es el vaivén: Adagio de movimiento en el reposo. *Soy hacia ti por la movilidad del apenas, un soplo.* Da oídos a la llamada del acebo. Reencuentra la esquirla en la arborescencia.

"La oropéndola nunca cantó." *Me conformo con su chasquido sordo.*

Este árbol (malintencionado acebo) es sólo una iniciativa de vencimientos. No habrá escarcha en sus ramas mientras perdure el punto cardinal.

*

Sucumbí en la asimetría de la irradiación. *Eclipse ilegible de anonimatos que ceden al crepúsculo dragado.* No remuevo pechos, soy una amplitud sin horizonte.

"Soy los ojos de quien pudo pertenecerme."

*

"Un resplandor."

No hay que temerle. No hay que sobrevivir a la lujuria para desgraciar las carnes.

*

"Sin salida al mar."

No nos baldearemos en una ondulación de corales y sargazos. Éste es el destierro del agua, la presencia del pasado blandiendo el heno. "Estamos atrancados en la densidad del verdor." No crece la muscínea en nuestro rozamiento.

La sed por un alegato de furor carboniza la lengua con enigmas de argento.

*

Toda coartada de pecíolo hace reinos. "Séame Babia."

DODO
[Fragmento]

I. *GÜELDRES*

Siete barriles desvencijados. Siete barriles como pretexto para catorce brazos. Cuarenta y nueve sacos, sacos de harina de trigo sarraceno para el ánimo púgil. Moscas, un ciento. Siete camisolas que palidecen con siete barriles. Sal por puños. Catorce brazos rivales, siete mares, una escotilla.

*

Siete marineros con la lengua de fuera. El castillo decorado con guirnaldas de tulipanes. Catorce brazos disputando el nido del cuervo. Un trinquete cangrejo. Una campana y el vástago del timón. Un timón sin timonel, tanta encía sangrante. Un galeón flamenco que bautizaron como *Güeldres*.

*

Mástiles sin contar, siete masteleros, catorce mastelerillos. Cuarenta y nueve fardos para el frío. Moscas por docena. Un pescante de gata rasguñando el ancla. Una aguja de marear y un pañuelo. Una cacatúa de copete encarnado, el adiós. 1598, siete camisolas.

*

Sal por puños. Una pinaza, su armazón en luna menguante. Astillas de a montones y un catalejo. Siete marineros con la lengua de fuera. Catorce cañones los tienen en la mira. Sal, sal sin cuarenta y nueve sacos. El fondo de la carena y un tonel de agua dulce, el mar celoso.

*

Él —uno de nosotros— se hará hombre. A nuestra vuelta, será llamado "El Almirante". El viento se despereza, apretamos el encordado. Moscas por moscas. Siete barriles desvencijados, catorce brazos rivales y sal sin cuarenta y nueve sacos tradicionales. Siete arcabuces, una ráfaga y un féretro. Él picoteará nuestros pezones porque tendrá nombre.

*

Divisamos una isla. La sostenemos con el pulgar e índice. Paisaje, una mosca. Leyendas del Mar del Norte talladas en las costillas del *Güeldres*, siete marineros mordiéndose. Siete lenguas hinchadas y catorce brazos rivales. Siete cabezas que cuelgan de una ola. *Uno de nosotros ya morderá el anzuelo.*

*

El espejo de popa refleja siete camisolas. Todos se miran por encima del hombro. Catorce jorobas izando velas, el casco resbaladizo. Todos sueñan con cazar ballenas menos uno. La ola embiste escupiéndole a los soñadores. Seis cabezas batiéndose y un hombre cierto. *Apretamos el encordado.*

FRANCISCO TREJO

PARA QUE UN POETA ACTUAL CONSERVE A SU ESPOSA

Dedícale tiempo a tu mujer, Juventino;
deja de pasarte las horas en Twitter
inventando aforismos y crudos versos
para sorprender a tus seguidores.
Mírala verter su miel sobre las sábanas
y peinar la cascada de su cabello.
Mírala ungir sus piernas con aceite de coco
y perfumar sus brazos de porcelana.
¿Vas a ignorar el canto de la sirena
y dejar correr el agua del río?
¿No la ves arder en la pira del ansia?
¿No escuchas el crepitar de su carne?
Reflexiona, amigo, y no la descuides:
estoy harto de que sufra en la espera
y de tener que amarla
cuando no me corresponde.

LAS CRUZADAS DEL CABALLERO

Julio, tu mujer usa Facebook para destruirte:
confesó tu falta de armamento
para las cruzadas de la alcoba,
que no sabes montarla
y que tu hermano Francisco
es mejor jinete
que cuñado.

(1987.) Nació en la ciudad de México, el 7 de junio de 1987. Es licenciado en creación literaria por la Universidad Autónoma de la Ciudad de México. Ha publicado tres libros de poesía: *Rosaleda* (2012), *La cobija de Ares* (2013) y *El Tábano canta en los hoteles* (2014). Entre otros reconocimientos, ha merecido el Premio Nacional de Poesía Ignacio Manuel Altamirano (2012), por *El Tábano canta en los hoteles*.
Lecturas recomendadas
Rosaleda, Rojo Siena, Chilpancingo, 2012.
La cobija de Ares, Praxis, México, 2013.
El Tábano canta en los hoteles, Monte Carmelo, Comalcalco, Tabasco, 2014.

EL BESO

Miriam,
tus besos me provocan
opulentas humedades,
pero tienen el sabor
de los labios de Judas.

INVITACIÓN

Penélope,
¿quieres suicidarte
porque no te resignas
a vivir sin Odiseo?
Tengo debajo de mi túnica
una daga punzante
que te hará morir dichosa
cuando la introduzcas entera
en tu herida más antigua.
Anda, tómala y muere:
resucitarás en diez minutos
anhelando morir de nuevo.

BESTIALIDAD DEL MINOTAURO

Afuera, sólo soy un hombre:
déjame habitar
el laberinto de tu cuerpo.

JUEGOS FUNERARIOS

Al principio, cuando nada sabía de ella,
le escribí una oda y dos canciones.
Cuando supe que era casada
escribí su epitafio.

EPIGRAMA DE LA PROFESIÓN

León proyecta singulares edificios
—es arquitecto—,
pero otras manos los construyen.
También tiene mujer,
pero es otro
el que se encarga de ella.

PRESUNCIÓN DEL TÁBANO

Flora disfruta la punción
de la barba de su esposo,
pero no despierta un día
si no sueña con el pinchazo
del aguijón de Francisco.

POÉTICA DE GERIÓN

Si mi patria fuera otra, y no esta catacumba deplorable, mi pecho bucólico de hombre pájaro cantaría
otras cosas: soles y ríos, la espesura en el campo y la germinación de la noche verdemar. Pero mi patria es
infierno y laberinto, Troya en llamas y tortura, enjambre de ayes y rechinar de dientes. Por eso mi poesía es
venenario, punzante desazón, cólera, fiereza… Mientras siga rojo el escenario y el telón en llamas, seguiré
cantando pullas. Soy el monstruo con cara de hombre honesto y cola de escorpión.

ORACIÓN DEL EPIGRAMISTA

¡Te pido, Dios,
que por primera vez escuches
al desvergonzado Francisco!
Que me falte la caricia de mi madre
y el consejo amoroso de mi hermano,
la compañía luminosa de un amigo
y el ávido sexo de una musa;
pero por favor, Señor,
¡que nunca me falten enemigos!

VÍA LÁCTEA

Si Flora fuera puta,
como lo afirman muchos,
no hubiera elegido amar a Francisco,
el que le escribe versos
—estuviera entregándose a la muerte
en la cama de obtusos jardineros—.
Por eso le digo
que se vaya con otros,
pero que también sean poetas;
así la puta será su alma
y ellos tendrán, como yo,
siempre en la lengua,
las tetas de la poesía.

ÍNDICE DE AUTORES

ÍNDICE DE POEMAS

ÍNDICE DE PRIMEROS VERSOS

Esta obra fue impresa y encuadernada
en el mes de mayo de 2014,
en los talleres de Egedsa,
que se localizan en la
calle Roís de Corella, 12-16, nave 1,
08206 Sabadell (España).